돌 사진.

초등학교 6학년 때. 왼쪽부터 동생 이건복, 둘째누나 이예복, 아버지 이순구, 이태복, 어머니 이정숙, 큰누나 이향복, 앞줄 동생 이화복, 이영복.

예산중 3학년 시절.

고등학교 졸업기념. 왼쪽부터 이태복, 조종성, 이종원.

성동고 3학년 시절 .

1977년 학사제적 직전 주최한 창립8돌 화랑기쟁탈 통일촉진 웅변대회. 연설상 수상자 권선주와 함께.

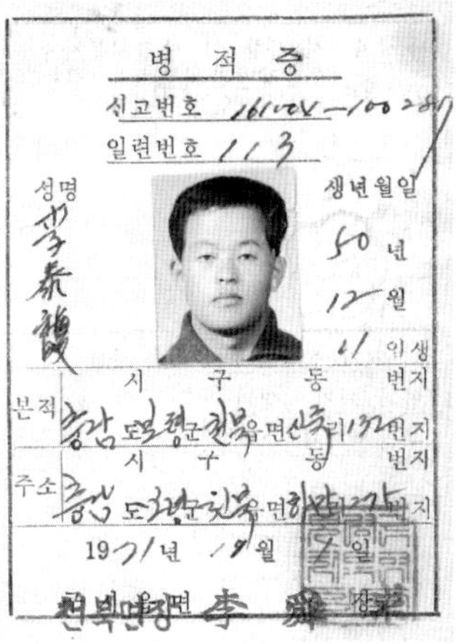

병 적 증
신고번호 161024-100281
일련번호 113
성명 李泰馥
생년월일 50 년 12 월 11 일생
본적 충남 도 청양 군 천북 읍·면 신죽 리 132 번지
주소 충남 도 청양 군 천북 읍·면 하만 리 225 번지
1971년 11월 1일
천북면장 李

강제징집됨에 따라 발부된 병적증. 직인란에 '천북면장 이순구'(아버지)라 되어 있다. 1971년 11월 1일.

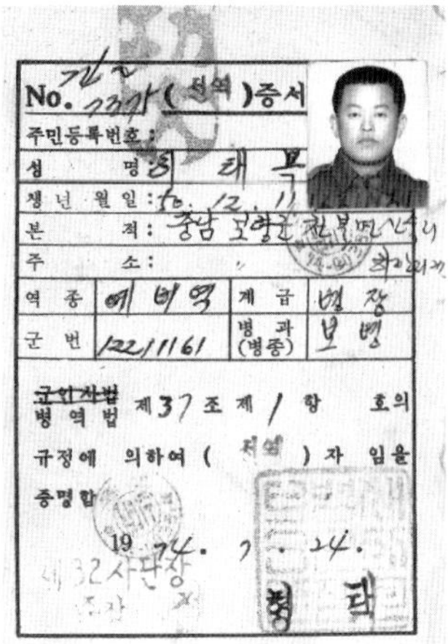

No. (전역)증서
주민등록번호 :
성 명 : 이 태 복
생 년 월 일 : 50. 12. 11
본 적 : 충남 청양군 천북면 신죽리
주 소 :
역 종 예비역 | 계 급 병 장
군 번 12211161 | 병 과 (병종) 보 병
병역법 제37조 제1항 호의 규정에 의하여 (전역)자 임을 증명함
1974. 7. 24.
제32사단장

전역증서. 1974년 7월 24일 만기 제대.

1977년 7년만에 대학 졸업.

'삶의 좌표'가 정해진 방책선 군대시절.

1976년 노동현장 활동 시절.

전민노련, 전민학련 동지들과 2010년 12월 30일 법정 밖에서. 이날 고법 판사는 '전원 무죄'를 선언하고 과거 재판부의 과오에 대해 용서를 구한다.

수감 당시 수감번호를 들고서.

감옥 밖에서는 민가협(어머니)과 종교계, 시민사회단체 등 수 많은 분들이 석방투쟁을 벌인다.

석방된 1988년 10월 3일. 2천6백71일 만이다.

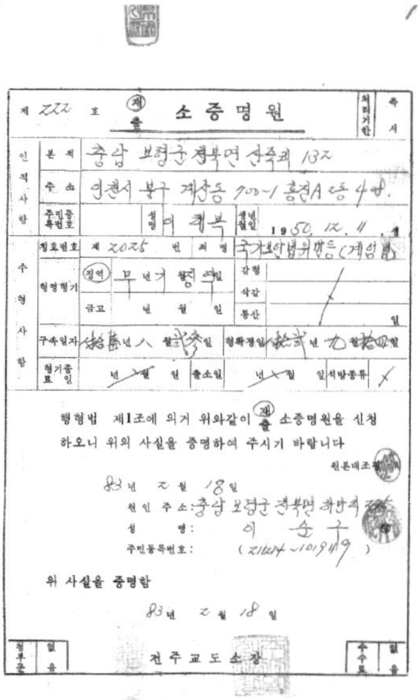

제 2222 호 재출 소증명원

처리기한 즉시

인적사항: 본적 충남 보령군 청북면 신죽리 132 / 주소 인천시 북구 계산동 700-1 홍진A 2동 408. / 주민등록번호 / 성명 이경복 / 생년월일 1950. 12. 11. 생

수형사항: 칭호번호 제 2025 번 / 죄명 국가보안법위반등(계엄법) / 형명형기 징역 무기 / 금고 년 월 일 / 감형 / 삭감 / 통산 일 / 구속일자 년 월 일 / 형확정일 년 월 일 / 형기종료일 년 월 일 / 출소일 년 월 일 / 석방종류

행형법 제1조에 의거 위와같이 재출 소증명원을 신청하오니 위의 사실을 증명하여 주시기 바랍니다

원본대조필

83년 2월 18일

원인 주소: 충남 보령군 청북면 하만리

성 명: 이 순 구

주민등록번호:

위 사실을 증명함

83년 2월 18일

전주교도소장

첨부물 없음 / 수수료 없음

전주교도소 재소증명원.

김수환 추기경 덕분에 사형을 면한다. 청와대 수석비서관 임명 직후 추기경 예방 장면.

1989년 6월 3일 김승훈 신부의 주례로 이뤄진 혼배성사.

양심수 전원석방 촉구 및 석방환영식.

01 1989년 9월 30일 주간노동자신문 현판식.

02 1991년 독일베를린대학 학생회 초청 공동 강연회에서 『노동의 역사』 저자 쿠친스키를 만났다. 인터뷰하는 장면.

03 제4회 노동자신문 가요제. 1993년

04 제1기 노보편집자 교육. 1990년 1월 2박 3일 일정.

05 1996년 노동자신문 창간 7주년 기념식. 〈제5회 노보·사진콘테스트〉 수상팀들과 함께.

06 노동일보 창간기념식. 1999년 7월 22일. 윤상원 열사의 아버지 윤석동. 오른쪽에서 두 번째. 노동일보 사옥을 '윤상원관'이라 명명하고 현판식을 가진 날은 1999년 5월 18일이다.

01 청와대 노동복지수석비서관 시절 대통령 내외와 함께.

02 2001년 5월 28일 국제앰네스티 창립 40주 기념 〈자유를 위한 건배〉. 감옥시절 '세계의 양심수'로 선정, 석방운동에 적극 나섰던 단체다.

03 보건복지부장관에 임명되자마자 찾아간 광주 윤상원 묘지.

04 2002 월드컵·아시아경기대회 준비 상황점검회의.

05 연예인들과 금연운동 스티커를 붙이며 홍보 캠페인하는 장면.

06 2002년 5월 1일 아동학대홍보대사로 차인표를 선정, 아동학대 예방캠페인을 명동에서 벌인다.

07 WHO대회에서 연설하는 이태복 장관.

01

02

03

04

05

06

07

01 2002년 8월 27일 이태복·심복자 부부출판 기념회. 자저선『쓰러져도 멈추지 않는다』와 심복자의 시사평론『낮은이의 이름으로 세상 껴안기』.

02 점핑코리아 연구소 창립기념 강연회. 2003년 4월 2일. 민생대책을 제안했는데, 이 작업들이 사)5대운동의 토대가 된다.

03 2004년 7월『대한민국은 침몰하는가』 출판기념 강연회.

04 2006년 10월『도산 안창호 평전』 출판기념 강연회.

05 2009년 6월『대한민국의 활로찾기』 출판기념 강연회

06 2011년 5월『토정 이지함』 출판기념 강연회. 서울을 비롯 지역 순회 강연회으로 이어진다.

07 2015년 모범장서가상 대상 수상.

01 북한의 평안남도 19개 인민병원에 후원하는 의약품 출항식.

02 "노인틀니, 건강보험 적용하자" 2008년 11월 7일 토론회를 시작으로 서명캠페인을 벌이고 법개정안을 제출한다.

03 2007년 5대거품빼기 가두홍보전.

04 2007년 4월 25일 5대운동본부 창립대회에서 깃발을 흔드는 장면.

05 태안기름띠제거 자원봉사. 2007년 2008년 5차례 1500명이 넘는 자원봉사자들이 참여했다.

06 삽시도에서 기름띠 제거작업하는 장면.

07 국회 헌정기념관에서 2011년 4월 22일 개최한 〈한국석유산업의 현실과 개선방향 토론회〉.

08 국민석유회사 설립운동 홍보배너 앞에서.

01 밀산 십리와에 세운 항일투쟁유적지 기념비에 헌화를 하고 있다. 2009년 10월 17일.

02 2018년 일본 가나자와 암장지, 윤봉길 의사 순국기념비 앞에 술을 올리고 있다.

03 2021년 9~10월, 만해 한용운, 유관순 열사 등 7명의 충남 독립운동가 추모, 선양 학술포럼을 이끈다.

04 2021년 12월 1일 〈임을 위한 행진곡, 윤상원〉 수원전시회에서.

05 2021년 6월 29일 청백리 삼산 이태중 청백비 건립식. 홍성 천년탑 부근 소나무 녹지공원.

국립5·18민주묘지 제2묘역에 안장되다. 비석 뒷면에 새겨진 묘비명.

이태복이라 믿는다

이태복이라 믿는다

휴머니스트 혁명가 이태복 추모집

초판 1쇄 펴낸날 2022년 12월 2일

엮은이 이태복기념사업회
지은이 조정래 외
펴낸이 이건복
펴낸곳 도서출판 동녘

등록 제311-1980-01호 1980년 3월 25일
주소 (10881) 경기도 파주시 회동길 77-26
전화 영업 031-955-3000 편집 031-955-3005 **전송** 031-955-3009
블로그 www.dongnyok.com **전자우편** editor@dongnyok.com
페이스북·인스타그램 @dongnyokpub
인쇄·제본 영신사 **종이** 한서지업사

ISBN 978-89-7297-070-5 (03330)

이태복이라 믿는다

휴머니스트 혁명가 이태복 추모집

이태복기념사업회 엮음 | 조정래 외 지음

동녘

빛이여 빛이여

-『이태복이라 믿는다』 추모집을 펴내며 -

조정래
(이태복기념사업회 이사장)

현재 우리를 에워싸고 있는 국내의 상황은 못내 어지럽고 불안하고 위태롭다. 좀 사려 깊은 사람들은 우리의 앞날에 대한 우려로 마음의 먹구름이 점점 짙어져 가고 있을 것이다.

러시아와 우크라이나의 전쟁이 몰아온 세계적 경제 불황, 서로 세계 1위를 다투는 미국과 중국의 정면 대결, 머지 않아 두 나라가 대만 해협에서 벌일지 모르는 무력 충돌, 그 불길을 피하지 못하고 휩싸이게 되기 십상인 우리나라의 처지…. 쉴새 없이 미사일을 쏘아올리면서 마침내 올해는 핵 선제 사용을 선언하고 법제화한 북한은 그때 우리를 향해 어떤 돌출행동을 할지 전혀 예측할 수가 없다. 세계적인 전문가들이 세계 3차대전을 염려할 정도로 상황은 몹시 불안정하고 험악하다.

그런데 국내 정치상황마저도 야단났다 싶게 시끌시끌하고 좌충우돌하고 불안불안하다. 이런 안팎의 혼란스러움을 지켜보면서 나는 이 나라의 기구한 운명을 되짚으며 비탄에 빠져든다.

나라 밖의 위기가 도저히 피할 길 없는 지정학적 운명의 비극이라면 그걸 모면하고 극복하려면 내부가 건실하고 튼튼하지 않으면 안 된다. 그런데 우리는 왜, 어찌하여 이 지경에 빠져 있는 것인가…. 이 우울 앞에서 나는 한없이 불행해진다.

강대국에 둘러싸인 반도 민족의 역사는 외침에 맞서 싸운 피어린 상처투성이의 기록이었다. 저 먼 옛날은 물론이고 일제 강점기에도 세계 유일한 의병투쟁은 3·1운동을 낳았고, 3·1운동은 무장투쟁과 광주학생운동을 낳았고, 그것은 다시 4·19를 낳았고, 4·19는 또다시 광주 5·18민주항쟁을 낳았고, 5·18민주항쟁은 30년 군부독재를 무너뜨린 1980년대 민주화투쟁을 낳았다.

그런 자랑스러운 항쟁과 투쟁의 역사 전통의 토대를 가진 이 나라의 현실이 어찌 이 지경이 되어 있을까…. 이런 안타까움과 회한 앞에서 나는 엉뚱한 생각에 빠져들고는 한다.

자기 희생을 무릅쓰며 1980년대 민주화투쟁을 이끌었던 혁혁한 인물들이 얼마나 많은가. 그들이 한 100명쯤, 아니 50명이라도 투쟁에 바쳤던 순수한 열정과 헌신 그대로 한덩어리로 똘똘 뭉쳐 신당을 만들고, 국민의 절대 신뢰와 지지로 정권을 잡고, 서로 양보하고 배려하면서 새로운 정치를 건설했다면 지금쯤 이 나라는 국민 모두가 행복을 누리는

발간사

얼마나 살기 좋은 천국이 되어 있을까. 그러나 이것은 상상하기 좋아하는 글쓰는 자의 부질없는 공상이고 망상인 것을 서글프게 깨닫는다.

우리는 그동안 권력에 몸담은 일부 386운동권들의 변질과 변절과 국민적 배신을 숱하게 보아왔다. 그 믿기 어려운 추한 모습과 욕심에 사로잡힌 천한 꼴들을 보면서 우리는 얼마나 실망하고 절망하고 다시금 인간에게 환멸을 느끼면서 체념을 곱씹었던가.

나는 그들을 또 하나의 반면교사로 삼으면서 글쓰기의 자세를 바로잡고는 했다.

그런데 인간 절망으로부터 나를 구해준 사람이 있었다. 그 사람이 이태복이었다. 그는 내가 알고 난 후 40년이 넘는 세월 동안 단 한 번도 비틀거리거나, 흔들리거나, 굽어지거나, 꺾이지 않고 한결같이 변함 없이 바른 길을 반듯하게 걸어 인간 절망에 빠져있는 나의 영혼을 구원해 주었다.

그는 내 80생애를 통해 발견한, 항심을 가진 아주 드문 사람 중의 한 사람이다. 그는 '항심'을 지니고 있는 아주 귀한 사람이다.

항심: 늘 지니고 있어 변함이 없는 떳떳한 마음.

국어사전의 뜻풀이다. 여기서 핵심이 '떳떳한' 마음이다. '떳떳하지 못한 것'은 항심이 될 수 없다는 뜻이다.

이태복은 항심의 소유자답게 언제나 올곧게, 꿋꿋하게, 굳세게 세상사에 맞서 나가면서도 또한 맑고 부드럽고 잔잔한 모습을 지녔던 그야말로 외유내강한 참사람이었다.

그런데 우리는 영어 공부를 잘 시킨다고 역사 시간을 줄였다. 그 결과 서울 한복판에서 저기 제주도 끝까지 한글 없는 영어 간판들이 세균 창궐하듯 하면서 역사 망실의 시대를 초래했다. 그 비극 속에서 젊은이들은 민족사의 넋을 잃어가고 있다. 꼭 기억하고, 따라서 배워야 하는 참되고 귀하고 소중한 사람 이태복을 모르는 것이 그 증거 중의 하나이다.

1주기를 맞은 이 추모집에 90명이 넘는 사람들이 하나같이 진심의 안타까움과 신뢰와 존경과 그리움을 담아낸 것은 그가 얼마나 이 세상을 변함없이 참되고 겸손하고 값지게 살았는지를 입증하는 것이다. 이 책이 수십만 수백만에게 읽히며 널리널리 퍼져 그의 넋이 이 어지럽고 위태로운 세상을 밝히는 빛이 되기를 간절히 소망한다. 그것이 외롭고 억울한 이태복의 넋을 진정으로 위로하는 우리의 작은 진혼제가 될 것이다.

이 책이 엮어 나오기까지 그가 두고 간 평생의 동지이며 아내인 심복자 박사의 노고가 컸다. 이제 그만 눈물을 거두시기를.

2022년 가을

차례 『이태복이라 믿는다』

1부
민주화와 사회개혁을 위해 '목숨' 건 실천가

2부
대중운동으로 ‘민생해법’ 제시한 경세가(經世家)

3부
애국선열을 '사표'로 부활시킨 선각자

4부
온화하고 청렴강직한 휴머니스트

이태복이라
믿는다

1부

민주화와 사회개혁 위해 '목숨' 건 실천가

이태복이라
믿 는 다

착하고 성실한 하느님의 종

구요비

(주교, 천주교 서울대교구)

제가 존경하고 사랑하여 마지않은 故 이태복 다니엘 선생님이 홀연히 저희 곁을 떠나 하느님 아버지의 품안에 안기신 지 벌써 1년이 다가옵니다!

선생님 선종(善終)의 비보(悲報)를 부인 심복자 선생님으로부터 전해 들으며 저는 "제 탓이요(mea culpa)! 제 탓이요(mea culpa)!"를 외치며 제 가슴을 쳤습니다!

고인께서 작년 이맘때 5·18 광주 민주항쟁에서 돌아가신 〈임을 위한 행진곡〉의 주인공 윤상원님을 위한 기념 전시회를 서울 인사동에서 개최하는데 저에게 축사를 부탁하셨습니다. 제가 처음에는 흔쾌히 허락하였는데 교회의 여러 일정으로 취소하게 되어 전화로 알려드리며 대화를 나눈 것이 마지막 인사가 될 줄을 누가 알았겠습니까!

선생님께서 간곡하게 요청한 일을 못 해드린 일이 참으로 마음 아프고 깊은 회한(悔恨)으로 남아 있습니다. 저의 기도 중에 선생님을 떠올릴 때마다 용서를 청하곤 합니다!

저는 이분으로부터 그 누구보다도 많은 은혜와 도움을 받은 가톨릭 성직자입니다.

제가 처음 인연을 맺은 때는 1993년경으로 가톨릭노동청년회(JOC) 한국지도 신부로 일하며 교회 노동사목의 활성화를 위한 도움을 받으려고 당시 〈노동자신문〉을 운영하시던 선생님을 찾아뵈면서입니다.

얼마 후 선생님은 제게 노동자신문의 칼럼난 〈쇳소리〉에 에세이를 써줄 것을 부탁하셨고 매월 몇 년을 쓰게 되었습니다. 선생님의 이 배려로 사실 저는 글 쓰는 법을 조금씩 조금씩 배우게 되었고 제대로 글을 쓰기 위해서 필수인 독서(讀書)의 끈을 놓치지 않게 되었습니다.

쇳소리

진리는 자유와 해방의 조건

구요비(신부)

오래전에 잘 알고 존경하는 어느 스페인 신부님에게 "당신의 나라에는 위대한 영성가, 신비가들이 많은데 그 이유는 어디에 있다고 보십니까?"하고 질문을 한적이 있다. 그 분은 "그들은 절대성, 즉 절대적인 진리를 추구했기 때문이다"라고 짧게 대답했다. 지금까지도 자주 마음으로 음미하게 되는 화두와 같은 말씀이다. 교회역사안에서 깊은 영성의 뿌리와 원천을 개척한 십자가의 성요한, 아빌라의 데레사 성녀의 혼이 담긴 저서들을 읽다보면 전부와 전부의 철저한 포기와 긍정, 절대성의 영역이 깊고 명확하게 드러난다.

오늘의 우리 사회가 여러면에서 과거와 달리 발전하고 있음을 인정하면서도 우리가 겪는 혼란과 불안, 좌절과 실망은 어디에서 오는 것인가?

그것은 아마도 인간 모두가 보다 자유로운 삶, 인간다운 삶을 누리기를 갈망하고 추구하지만 거기에 도달하는데 반드시 필요한 기초와 원리를 소홀히 하고 회피하기 때문은 아닐까?

현대의 과학과 기술문명이 어쩌면 인간의 주체적인 능력에 의해서 이루어지기에 인간은 모든 영역에서 주체요, 중심이 되고 있다.

이는 윤리성의 원천에 있어서 현대인의 절대적인 규범, 즉 진리에서 벗어나 인간 각자의 주관적인 판단에 의해 선과 악을 결정하려는 경향에서 잘 볼 수 있다. 현대인의 삶의 근저에는 자유라는 이름아래 인간의 편리함, 즐거움, 유익함 등에서 선과 악의 기준을 찾으려하는 경향이 큰데 이는 인간이 진리를 배제하고 진리에서 벗어나는 자유를 추구하기 때문은 아닐까?

지난 연초 네팔노동자들이 노동현장에서 받는 부당한 대우와 인격적인 멸시에 대해 항의 농성을 한 일이 있다. 그때 정부관계자들과 이야기를 나누면서 외국인 노동자들도 똑같은 인격자들로서 대우해 주어야 한다는 교회의 입장에 대하여 "아니, 저 사람들을 우리가 노동자로서, 인격적으로 대우해 주어야 한단 말입니까? 하고 거부할 때에 깊은 벽과 한계를 느낀적이 있다.

또 지하철 파업시 중재과정에서 회사측이 손해배상 청구 소송을 제기하면서 노조원들의 조합비를 가압류한 부분에 대한 협상이 진행될 때이다. 어느 덕망있는 교수님이 찾아와서 국제노동기구(ILO)조약문을 제시하며 "이 문제는 중재의 대상이 될 수 없는 국제법 상 너무나 명백한 노조의 기본권입니다"라는 지적을 해주어서 크게 부끄러움을 느낀적이 있다.

오늘날 노동계안에서 일어나는 노사갈등의 근본적 원인을 찾는다면 무엇보다도 정부의 노동정책이 부재하고, 새로운 시대에 분출되는 노동계의 요구를 수용할만한 정부와 사용자들의 아량부족, 노동자에 대한 불신 등을 꼽을 수 있겠다.

정부의 대북한 정책, 남북통일에 대한 경륜과 비젼이 부족하기에 남북관계는 늘 목전의 이익과 자존심에 연연하며 혼선을 빚고 있다.

검찰의 5·18 관련자 불기소 처분에 반발하여 특별법 제정을 청원하는 교수, 대학생, 일반국민의 요구가 점점 커져가는 요즈음 인간의 삶과 역사를 참으로 평가하는 선과 진리와 정의의 기준이 없다면 그 기준이 왜곡되고 변질되어 버린다면 이 사회를 지탱하는 기초가 무너져내리는 비극과 불행의 악순환이 계속될 것이다.

독일의 철학자 칸트는 인간의 순수이성으로는 신의 존재를 파악할 수 없지만 인간과 역사의 부조리 앞에서 정의로 이 세상을 심판하고 규정하는 신이 요청된다고 하였다. 인간과 사회가 추구하는 자유와 해방은 절대적 규범인 진리에서 벗어나는 가운데 얻어지는 것이 아니라 진리안에 기초할 때, 진리안에 머무를때 가능하다.

그러기에 참다운 진리는 자유와 해방의 조건이다.

노동자신문에 실린 필자의 쇳소리. 1995년 10월 10일자 신문.

우리 모두가 몸소 겪었듯이 1990년대 초는 한국의 노동운동이 커다란 사회적인 이슈로 자리잡던 격동의 세월이었습니다. 당시에는 국가 공권력에 밀리고 쫓기던 노동자들, 노조 간부들이 명동대성당으로 대피하여 장기간 머무르며 농성하던 일이 다반사였습니다.

그래서 어쩔 수 없이 교회가 정부와 노동계 사이의 갈등과 분규에 조정과 중재의 역할을 해야 할 때가 자주 발생하였는데, 이 중재를 이태복 선생님께서 늘 주선해주셨고 자주 직접 교회를 대신하여 해결사로 동분서주하시며 일을 처리해주셨습니다.

당시 서울 지하철 노동자 파업과 한국통신공사의 분규 때에 선생님이 노동계의 입장과 도움을 제게 전달해 오면 저는 바로 故 김수환 스테파노 추기경님에게 달려가 보고 드리고 지시받곤 하였습니다. 선생님의 이 역할은 그 후에도 첫 외국인 노동자들의 명동성당에서의 농성, 급기야 공권력의 명동성당 난입(1995년)때까지 계속 이어졌습니다.

돌이켜보면 당시 선생님은 노동자들과 함께 교회에 도움을 청하는 입장이었지만 오히려 교회가 가난하고 소외된 사회적 약자인 노동자들의 편에 서서 세상의 빛과 소금의 역할을 할 수 있도록 도와주셨으며, 그분들의 버팀목이 되도록 우리 성직자들을 일깨워주신 예언자적인 역할을 하셨다고 확신합니다.

故 김수환(스테파노) 추기경님은 1980년대 '학림사건'으로 이태복 선생님이 온갖 고문을 당하시고 감옥에 계실 때 어머님 이정숙 모니카 여사를 통하여 석방을 청하는 탄원서를 정부에 올리시면서 서로 잘 알

청와대 수석시절 김수환 추기경과 함께. 김수환 추기경은 늘 "이태복이라 믿는다. 이태복 다니엘이라 믿는다." 하셨다.

게 되셨습니다.

그 후 추기경님과 이태복 선생님 사이에 가족과 같은 우애가 지속되었습니다. 선생님이 보건복지부 장관이 되셨을 때 환호하며 기뻐하시던 추기경님의 모습, 추기경님이 돌아가셨을 때 명동대성당에 안치되어 계신 추기경님 영전 앞에서 주저앉아 펑펑 눈물을 쏟으시던 선생님의 모습이 지금도 눈에 선합니다.

선생님은 신앙심이 깊은 평신도(平信徒)로서 그 누구보다도 적극적으로 사회의 구원을 위하여, 한국 노동계의 복음화를 위하여 헌신하신 교회의 일꾼이셨습니다. 신앙인으로서 선생님은 참으로 드물게 매주 주일미사에 참석하셨고 아주 작고 어려운 수도원들을 도와주시고 사회복지에 관계된 어려운 일을 하시는 수도자들을 많이 돌보아 주셨습니다.

장관 시절 사)인간의대지 임원들과 함께 방문했을 때. 필자는 사)인간의대지 이사로 1기 때인 2001년부터 7기인 2020년 초까지 활동을 함께 했다.

이분을 사로잡고 이끌어 주신 복음의 좌우명은 아마도 "너희가 가장 보잘것없는 사람 한 분에게 베푼 것이 바로 나에게 베푼 것이다!"(마태 25,40)일 것입니다.

제가 알게 된 선생님은 청년시대에 광민사(光民社)를 운영하며 노동자 의식교육과 노동운동의 이론적인 기초를 마련해 주신 분만이 아닙니다. 노동운동의 성장과 발전 속에서 또 다른 축(軸)인 노동자들의 사회복지를 위해서 전문가적인 혜안과 정책적인 대안을 마련하고 그 실현을 위해 힘쓰셨습니다.

이분의 잠재되어있던 지적 능력이 천성과 같은 근면함과 합쳐져 불철주야 주경야독과 독서삼매를 통하여 노동문제에서 사회복지로, 더 나아가 정치, 경제, 사회, 문화영역으로 그 이해의 지평이 확대되어감을 보게 됩니다!

이분의 지사(志士)적인 삶과 도덕성의 뿌리는 흥사단 활동에서부터 형성된 도산 안창호 선생의 사상입니다. 한 나라를 경영하고 통치할 수 있는 경륜가의 뿌리는 선생님의 조상 어른이신 '토정 이지함' 선비에게까지 올라갑니다.

어쩌면 선생님을 존경하고 따랐던 우리들이 우리나라의 백성들과 이 사회의 공동선을 위하여 이태복 선생님의 경륜과 지혜, 애민정신이 펼쳐질 수 있도록 기회와 자리를 마련해 드려야 하지 않았는가? 라는 반성을 하게 됩니다.

우리에게 이태복(다니엘) 선생님을 친구이며 동료이자 지도자로 보내주신 하느님 아버지께 감사드립니다!

이분은 하느님 아버지에게서 이런 말씀을 들으셨을 것입니다. “잘하였다! 착하고 성실한 종아! 네가 작은 일에 성실하였으니 이제 내가 너에게 많은 일을 맡기겠다. 와서 네 주인과 함께 기쁨을 나누어라.”(마태 25,21)

경애하올 이태복(다니엘) 선생님,

자비로우신 하느님 아버지의 품 안에서 저희를 굽어보시며 기도해 주시기를 청합니다!

주님, 故 이태복(다니엘) 형제님에게 영원한 안식을 주소서! 영원한 빛을 그에게 비추소서! 아멘.

이태복이라
믿 는 다

귀하고 아까운 사람

조정래
(소설가)

'국민에게 국가란 무엇인가.' 이것은 '인생이란 무엇인가'와 함께 인간사의 2대 질문이고 의문이 아닐까 한다.

나는 무모하게도 그 난삽한 화두를 소설로 풀어보겠다고 나섰다. 그 작품이 바로 3권짜리 장편소설『천년의 질문』이다.

그 두 가지 의문과 질문은 인류사 수천 년에 걸쳐서 줄기차게 되풀이되어 왔으면서도 명쾌하거나 흡족한 답이 없었다. 역사와 철학과 문학이 그 답을 찾으려 부단한 노력을 기울여왔지만 결과는 늘 미흡하고 허술했다.

이 세상 사람들, 모두는 자기네 한평생을 사는 동안 '인생이란 무엇인가' 하는 질문을 몇 번씩이나 하는 것일까. 아마도 인생사가 많이 꼬인 사람일수록, 실패를 많이 한 사람일수록, 대인 관계에서 상처를 많이 입은 사람일수록 그 질문을 한결 많이 하지 않았을까 싶다. 그러나 그 질문에 아무런 위로나 해결이 되지 않는 무응답 앞에서도 사람들은 실망하거나 서운해 하지 않고 삶을 추슬러 나가고는 했다. 인생살이란 상대적 요소보다는 자기 주체적인 면이 훨씬 강하기 때문에 단념하고 체념하면서 애써 새 힘을 이끌어내고는 하는 것이다.

그러나 '국가'는 그와 사뭇 다르다. 개개인의 주체적인 면이 거의 없이 아주 강압적이고 착취적이다. 민주주의 국가에서는 엄연히 '국민이 주인'인데 무슨 소리냐고 할 수도 있다. 그러나 그건 순진하거나 아둔해서 일으키는 착각이다. 그래서 '국민은 선거 때만 나라의 주인일 뿐이다' 하는 말이 이미 정설이 되어 있다. 그만큼 모든 정치인은 자기들을 위해 정치를 하지, 국민을 위해 정치하지 않는 것이 사실이다. 그러므로 '국민이 주인'이라는 말은 헌법 조문에만 있는 것이지, 실제로는 그보다 더 국민을 기만하고 배신하는 말은 없다. 오죽하면 소설가 톨스토이는 '국가는 폭력이다'라고 극언하다시피 했을 것인가.

'운동권 식으로…'

따라서 '국민에게 국가란 무엇인가.'를 주제로 내건 소설 『천년의 질문』에서는 국민에 대한 국가의 폭력성과 기만성을 논리적이고 실증적으로 드러내야 하는 것은 필수 요건이었다. 그래서 나는 어느 정도 신뢰감을 갖고 있는 정치인들을 찾아 한동안 국회를 뻔질나게 드나들었다. 그 인터뷰의 마무리 단계에서 만난 국회의원에게 마지막 질문을 던졌다. "이태복 씨는 어떤 사람이었습니까?" "이태복 씨요…?" 그 사람은 뜻밖이라는 듯 잠시 머뭇거리더니, "좋지요, 정직하고 진실하고 능력 있고, 일을 잘 해요. 그런데… 일을 너무 운동권 식으로 하는 것이 좀…" 그러면서 그는 멋쩍게 웃었다.

그때 나는 하마터면 무릎을 탁 칠 뻔했다. 그의 머뭇거린 대답과 멋쩍은 웃음이 너무나도 절묘하게 조화되며 내 마음을 울렸기 때문이다.

일을 너무 운동권 식으로 처리하는 이태복과, 그것을 마땅찮아해 멋쩍게 웃는 그는 정반대 스타일의 인물이었던 것이다. 내가 굳이 그에게 이태복을 물었던 것은 두 사람이 지난날 함께 일한 적이 있었기 때문이었다. 그리고 나는 소설 속에 이태복을 실명으로 등장시킬 구상을 하고 있었던 것이다. 정치적 요령이 뛰어난 것으로 소문나 있는 그 사람은 내 판단과 선택이 틀림없음을 입증하고 보증해 주었다. 또한 '너무 운동권 식으로…' 그 한마디는 이태복이 얼마나 순수하고, 진실하고, 진지하게 공직 업무를 수행하려고 했는지를 여실하게 증거해 주는 것인 동시에 왜 그의 공직생활이 그렇게 단명했는지도 명증하게 나타내주는 것이었다.

『천년의 질문』

그 사실 하나만을 확인한 것으로도 그 정치인을 인터뷰한 목적은 충분히 달성한 셈이었다.

'너무 운동권 식으로' 이건 이태복을 올바로 이해하는 열쇠이고, 인간이 인간답게 사는 세상을 여는 열쇠이고, 사람들이 수천 년에 걸쳐서 '국민에게 국가란 무엇인가'를 물어 온 질문을 푸는 열쇠이리라 생각하며 나는 국회의사당을 등지고 있었다.

저항과 투쟁과 고통과 희생이 없었다면

세월은 무정하고, 사람들은 남의 일은 사흘이 지나면 잊어 버린다는 말이 있다. 그 흔해빠진 것 같은 말이 어쩌면 무슨 진리이고 명언이나 되는 것처럼 잘 들어맞는 세태를 보면서 문득문득 소름 끼치는 것을 느끼곤 한다.

박정희 독재와 전두환 폭정 아래서 얼마나 많은 사람들이 억울한 누명을 쓰고, 또는 투쟁을 하다가 끌려가고, 체포되고, 고문당하고, 징역 살고, 그리고 죽어갔는가. 그런데 30년 군부독재를 종식시키고 30여 년 세월이 지난 지금 우리 사회는 그 시대의 희생자들과 공헌자들을 얼마나 기억하고 있는가. 나를 비롯해서 세상 사람들 거의 모두가 그들을 멀리멀리 잊고 있다. 이것이 무정한 대중 망각이고 집단 무관심이다.

그들의 저항과 투쟁과 고통과 희생이 없었다면 지금 우리 사회는 어찌 되어 있을까. 모두 숨죽이고 굴종을 했으니 지금도 군부독재가 기승을 부리고 있을 것이 자명하다. 사람을 무작정 끌어다가 간첩을 만들고, 온갖 혹독한 고문을 가하고, 마구잡이로 죽여대는 세월이 60여 년이라니. 그런 지옥살이를 끝내게 한 사람들이 분명히 우리 곁에 살아 있는데 우리는 그 사람들의 공을 거의 다 잊은 채 태연하게 살아간다. 이건 죄가 아닐까…. 벌 받지 않아서 죄가 아닌 것처럼 착각하는 죄….

그 험난한 시대를 맨가슴으로 정면으로 맞서 싸운 대표적인 투사들 중의 한 사람이 이태복이다. 그가 너무 갑자기, 너무 허망하게 우리 곁을 떠난 지 어느덧 1주기. 그의 고통과 상처와 헌신과 공을 기억하는 사람들이 얼마나 될까. 70대 이상은 좀 기억할 뿐 그 아래로 세대가 내려갈수록 〈이태복〉이라는 이름은 망실되고 없다. 그 현실을 확인하면서 나는 우리 사회의 무관심과 비정을 차갑게 느끼며 낙담한다. 그리고 교육의 잘못을 다시금 확인한다.

일제 36년만 민족의 역사가 아니다. 30년 군부독재를 무너뜨리고 오늘의 민주주의 국가를 일으킨 것도 그와 버금가게 소중하고 빛나는 민족의 역사다. 그 역사도 중고등학교 역사 시간에 무게 있고 진지하게 가르쳐야 한다. 그러면 지금 같은 집단 망각은 일어나지 않는다. 몇 줄로 스쳐지나가는 형식적인 것이어서는 안 된다. 이 땅의 민주주의가 더욱 실하고 건강하게 자라나게 하기 위해서.

이태복은 김대중 대통령과 함께 전두환 폭정 아래서 '사형' 구형을 당한 인물이었다. 그 사실은 그가 틀림없이 '수괴'였음을 여실하게 입증해주고 있다. 그가 수괴로 지목되었으니 그에게 가해진 가지가지 고문들이 얼마나 가혹하고, 혹독하고, 잔인하고, 무자비했는지는 상상이 어렵지 않다.

잔혹한 고문행렬 2개월

전국적인 노동운동을 이끌고 있던 이태복은 1981년 6월 10일 체포되어 모처로 끌려갔다. 죽음이 밀어닥치는 온갖 고문을 당하면서 며칠만에 알아낸 그곳은 '남영동'이었다. 서울대생 박종철을 죽여서 유명해진 그곳은 '대공분실'로 그때부터 벌써 '한번 들어가면 고이 나오기 어렵다'고 그 악명이 운동권에 널리 퍼져 있었다. 그러니까 그는 박종철의 대선배로서 그곳에 잡혀온 것이었다.

고문자들은 혹독한 고문을 제멋대로 가해대며 두 가지 사실을 추궁하고 들었다.

"너 수괴지!"

"아닙니다."

"이 새끼, 어디서 오리발이야!"

소리치는 것에 장단이라도 맞추듯 몽둥이로 몸을 아무 데고 난타해댔다.

"너 콤이지!"

"콤이요? 콤이 뭡니까?"

"이 새끼야, 빨갱이말야. 너 틀림없이 빨갱이지!"

"아닙니다."

"이 새끼가, 뒈져봐야 알겠어!"

그리고 또 몽둥이가 전신을 두들겨 패댔다.

"이 새끼 이거, 몽둥이 찜질로는 안될 놈이야. 그래, 수괴 나으리께서 요까짓 몽둥이 찜질로 실토를 한다면 수괴일 수가 없지. 어디, 슬슬 본과목으로 들어가 보실까. 얌마, 너 인생이 불쌍해서 동정의 한 말씀을 해두는데 말야, 여긴 남자도 여자로, 여자를 남자로도 둔갑시킬 수 있는 곳이야. 지 아무리 독종 중에 상독종이라도 결국은 우리가 원하는 대로 인정하고 만다 그 말씀이야. 니놈 몸뚱이가 쇠로 되었다 해도 우리 손에 걸렸다 하면 다 노골노골해져 버려. 그러니까 눈치껏 놀라고. 미련하게 굴다가 평생 병신 되거나 꼴까닥 저승객 돼 버려도 어느 놈 하나 알아주지 않고 너만 서럽고 손해라고. 알아 들어? 그래, 너 수괴지?"

"아닙니다."

"야, 안 되겠다. 이 새끼, 빤쓰까지 홀랑 벗겨서 칠성판 들이대!"

얼굴이 더욱 험하게 변하며 반장이 부하들에게 외쳐댔다.

칠성판은 사람 하나를 누일 수 있는 배꼽높이의 튼튼한 널빤지였고, 자동차의 안전벨트처럼 목·가슴·허리·무릎·발목을 묶을 수 있도록 여러 개의 벨트가 주렁주렁 달려 있었다.

알몸인 이태복은 꼼짝달싹 못하도록 칠성판 위에 꽁꽁 묶여 눕혀졌다. 그의 전신은 이미 몽둥이로 수백 대를 두들겨 맞아 울긋불긋, 푸릇푸릇 멍투성이가 되어 있었다.

"이 새끼, 악질 중에 상악질, 독종 중에 상독종이야. 항복할 때까지 화끈하게 조져댄다. 처넣어!"

반장이 섬뜩하게 고함을 쳤다.

"이봐, 항복할 맘이 있으면 바로 이 엄지발가락을 흔들어. 더 몸 안 상하는 게 좋아."

칠성판이 욕조 쪽으로 밀어붙여지고 있는데 반장이 그의 귀 가까이 대고 소곤거리듯이 말했다. 낮은 그 목소리가 친절하다 못해 다정하기까지 했다. 완전히 병 주고 약 주는 잔혹함이었다.

이태복의 머리는 욕조에 찰랑거리는 물속으로 거꾸로 처박혔다.

목까지 욕조 속에 잠겼고, 꽁꽁 묶인 그의 몸이 들썩이며 요동쳤다. 그리고 거품이 물 위로 뽀글뽀글 솟아오르고 있었다. 그의 숨이 막혀 가며 몸으로 물이 억지로 들어가고 있는 것이었다.

숨이 막힌 그가 머리를 쳐들자 지켜보고 있던 두 사람이 양쪽에서 달려들어 머리칼을 잡고 사정없이 눌러댔다.

"항복해, 항복! 빨랑 발가락을 흔들어!"

반장이 물속을 향해 마구 외쳐댔다.

그러나 발가락은 흔들리지 않았다. 꽁꽁 묶인 몸이 힘겨웁게 꿈틀거리고 있을 뿐이었다. 그리고 솟아오르던 물거품이 잦아들며 멈추는 듯했다. 그러더니 분수가 솟듯 한 줄기 물이 솟구쳐 올랐다.

"꺼내!"

반장이 소리쳤다.

숨이 끊기는 것에 대처하는 그들의 숙달된 대응이었다.

칠성판을 물에서 꺼내줬다.

"빨랑 부어!"

칠성판이 수평이 되기 전에 반장이 명령했다.

그러자 두 사람이 민첩하게 달려들어 이태복의 입에 수건을 틀어막았고, 큰 주전자의 물은 입과 코에 들어붓기 시작했다.

"이 새끼 이거 정말 독종인데요. 이 정도면 다 발가락을 흔들기 마련인데, 이 새낀 대가리만 흔들어대지 발가락은 꼼짝을 안 해요."

이태복은 숨넘어가는 고통 속에 몸부림치면서도, '정신 차려. 꺾이면 안 돼. 이놈들이 무슨 죄를 뒤집어씌우려고 하는지도 모르는데 굴복해선 안 돼. 절대 안 돼! 절대 안 돼!' 그는 혼신을 다해 자신을 다그치고 있었다.

그런데 '전무'라고 불리는 두 사람이 새로 들어와 있었다.

"이 새끼 이거 눈동자 봐. 아직 독기가 살아 있잖아. 죽여! 항복할 때까지 더 세게 빵빵이 돌려. 요런 새끼들은 뒈지면 내다 버리면 그만이야. 우리가 어디 한두 놈 돌멩이 매달아 던져보았어!" 하며 화풀이를 하듯 이태복의 전신을 주먹으로 갈겨대고, 구둣발로 걷어차고, 코를 마구 비틀어대고, 귀를 찢을 듯 잡아당기고, 발가락들이 뚝뚝 소리를 내도록 꺾어대는 것이었다.

"야 이 생쥐 같은 새끼야, 광주에서 어떻게 알고 도망쳤어. 니놈들 광주에서 폭동을 일으키려고 작당을 했지? 망월동 공동묘지에서 니놈들이 기념식 하는 거 다 무비카메라로 찍어놨어. 너 이 새끼, 거기서 설래발쳤잖아."

이태복은 정신이 번쩍 드는 것을 느꼈다. 아니, 학생시위 혐의에서 광주폭동으로! 그럼 반국가단체의 내란죄를 뒤집어씌우려는 것이 아닐까. 무비카메라? 맙소사! 망월동에서 5·18 1주년 기념식을 할 때 이상스럽게 카메라들이 많았는데, 거기에 기관의 카메라들이 섞여 있었단 말인가! 아니, 아니, 이건 넘겨짚는 것인지도 몰라. 정신 차려! 이놈들의 조작음모를 정확하게 알아야 해. 그는 세차게 머리를 흔들며 정신을 가다듬었다. 반국가단체 내란죄면, 아무런 명분 없이 제놈들 멋대로 총구를 들이대며 불법 정권을 세웠듯이 제놈들의 정당성을 확보하기 위해서 '사형'으로 몰아칠 것이 명백했다. 정신 차려! 이 마수에 걸려들어서는 안 돼. 이 함정에 빠져서는 안 돼. 그때 노동운동을 함께했고, 광주 도청에서 진압군에게 마지막 대항을 하다가 깨끗이 죽어간 동지 윤상원의 얼굴이 떠올랐다. 윤상원이 피 흘리는 모습으로 손을 뻗쳐오는 모습이 생생하게 보이고 있었다.

"이 새끼, 더 사정없이 조져대. 죽여도 상관없으니까. 빨랑빨랑 무조건 항복받으라고!"

그 명령이 떨어지기 바쁘게 수건이 덮인 그의 얼굴 전체에 샤워기의 물이 거세게 쏟아져 내리기 시작했다.

그런데 얼마 못 가 이태복이 토하기 시작했다. 그들은 당황하는 기색이었고, 이태복은 마치 똥물 같은 노란 액체까지 숨을 헐떡거리며 계속 토하고 있었다.

눈이 허옇게 뒤집히기까지 한 이태복은 몸을 격렬하게 떨어대며 가까스로 토하기를 멈추었다. 고통이 극한에 처한 육신의 처절한 반응이었다.

"더 몰아쳐. 항복이 코앞에 와 있어!"

반장의 명령에 따라 두 명이 달려들어 코를 막고 입에다 호스를 밀어넣고 수돗물을 틀어댔다.

배가 곧 찢어지고 터지는 것 같은 격심한 통증에 휘말리며 이태복은 몸부림치고 발버둥쳤다. 급성 위경련이 발동한 것이었다. 그는 전신이 비비 틀리고 갈갈이 찢어지는 고통 속에서 정신이 아물아물해지는 것을 느끼고 있었다. 그는 정신을 차리려고 사력을 다하고 있었다. 그러나 깊고 깊은 낭떠러지로 한정 없이 떨어져 내리는 느낌에 휘말렸다.

"이 새끼 기절했어요."

"흥, 독종도 별 수 없지. 벨트 풀어."

이태복은 두런거리는 말소리를 들으며 깨어났다. 그는 맨바닥에 맨

몸으로 누워 있는 자신을 발견했다.

그들은 이태복의 얼굴과 전신에 물을 끼얹고 있었던 것이다.

두 사람은 재빨리 이태복을 일으켜세워 의자에 앉혔다. 그리고 알약 몇 개를 불쑥 내밀었다.

"이거 어서 드셔. 이거 김포 세관에서 압수한 특제니까 몸에 아주 좋아."

그게 무슨 약인지도 몰라 이태복은 이를 응등물었지만 소용없었다. 두 사람은 억지로 입을 벌리고 약을 털어 넣었다. 그리고 틀어댄 세찬 수돗물은 약을 목으로 넘어가게 했다.

"이봐 이태복, 독 부리며 버텨봤자 너만 손해야. 우리 기술 앞에 지 아무리 튼튼한 몸도 다 망가지고 걸레가 되게 돼 있어. 다 망가져 영원히 병신 되기 전에 어서 항복해. 너 말야. 서울대 교수하던 최종길이 알지? 너 같은 놈 하나 죽여서 최 교수 그 새끼 때처럼 자살했다고 발표해버리면 그뿐이야. 네놈도 여기서 죽으면 휴전선 철조망에다 걸어놓고 총 몇 방 갈겨서 기자들 불러 현장 확인시키면 만사 오케이야. 어느 놈이 월북기도하는 놈을 사살했다는데 이의를 달아? 만약 그런 놈이 있으면 그 새끼가 바로 빨갱이니까 우리가 쌈빡하게 손 좀 봐주는 거지. 이태복 씨, 알아들으시겠어? 어때, 이쯤해서 항복하시지? 그래, 항복이면 고개를 아래 위로 흔들고, 안 할 거면 좌우로 흔들어."

아, 아, 최종길 교수! 수사를 받던 도중 5층에서 투신자살했다고 모든 신문에 대대적으로 보도되었던 서울대 교수. 그때 세상은 얼마나 얼어붙고, 모든 사람들은 얼마나 겁먹고 주눅 들며 졸아들었던가. 서울대 교수도 그렇게 죽이다니…. 세상 사람들이 휩싸인 그 공포의 침묵 속에서 박정희 독재는 튼튼한 뿌리를 뻗어 내리고 있었다. 세상 사람들은 그때 최 교수가 투신자살 한 것이 아니라 그들이 고문을 해대다가 죽이고는 시체를 내던졌다는 것을 다 알고 있었다. 최 교수는 일본에서 인체에 치명적인 피해를 입히는 공해산업이라서 폐쇄시키는 공장을 우리나라에 들여와서는 안 된다는 칼럼을 썼던 것이다. 그러자 그 글이 박정희의 심기를 건드려 수사기관의 마수가 뻗쳤다는 소문이 쉬쉬하는 속에서 널리 퍼져 있었다. 서울대 교수를 저렇게 죽여 버리는데 우리 같은 것들 쯤이야…. 세상 사람들이 공통적으로 느끼는 두려움이고 공포였다. 그리고 휴전선 철조망에다 제놈들이 죽인 시체를 걸어놓다니…. 그렇게 죽어간 사람들이 도대체 얼마일가. 간첩 조작으로 억울하게 당한 사람들이 셀 수 없이 많은데 그런 끔직한 짓까지 하다니…. 이놈들은 박정희 전두환과 똑같은 악당이고 악마들이다. 정신 바짝 차려. 굴복해선 안 돼! 꺾여선 안 돼! 이태복은 순식간에 스쳐간 그 생각들을 붙들며 이를 세게 맞물었다. 그리고 그들이 똑똑하게 보도록 고개를 좌우로 세차게 흔들었다.

그러자 씨름꾼 같은 거구의 반장은 큰 주먹을 불끈 쳐들어 이태복의 얼굴을 무지막지하게 갈겨댔다.

"어쿠!"

이태복이 막힌 비명을 토했다.

"이 새끼, 인생이 불쌍해서 살려주려고 했더니 말귀를 못 알아듣고 되게 미련하구만. 안 되겠어. 더 세게 돌려!"

두 명이 잽싸게 달려들었다. 다시 칠성판에 꽁꽁 묶이고, 수건으로 입을 틀어막고 콧구멍에 물을 쏟아 붓는 고문이 다시 시작되었다.

이태복은 견디다 견디다 못해 기절했고, 다시 깨어났고, 그들은 심장호흡을 시키고 약을 먹였고, 그리고 또 물고문을 시작했고, 다시 정신을 잃었고, 깨어났고, 새로 물고문이 시작되고….

"이 새끼 이거 정말 미련하고 독종일세. 요런 병신새끼야, 그리 버티면 결국 죽는 길밖에 없어. 너 같은 놈은 휴전선에 널어놓을 필요도 없어. 니놈이 여기 잡혀온 걸 아무도 모르니까 시체에 돌 매달아 바다에 수장시켜 버리면 끝이야. 이 새끼 발가락을 흔들지 않으니 그놈의 발가락 좀 대접해주지."

그들은 막대기를 발가락 사이에 끼우고 마구 뒤틀어댔다.

이태복은 목 터지게 비명을 질러대며 몸을 비비 틀었다. 전신의 뼛속을 쑤셔대는 새로운 충격과 통증이 불길을 일으켰던 것이다.

"어때, 맛이 삼삼하지? 당할 만큼 당했으니까 더 고생하지 마시고 이걸 인정하시지. 이봐, 너 이 조직의 수괴지? 아무리 부인해도 넌 이 조직의 수괴가 되도록 되어 있어."

뭐? 수괴가 되도록 되어 있다고?

다시 들어온 전무라는 사람이 코앞에 디민 커다란 도표를 보며 이태복은 부르르 떨었다. 간첩을 조작하듯 완전 조작극을 꾸미는 것이었다.

이태복은 완강하게 머리를 내저었다.

"이 새끼야, 그만 버텨. 그렇게 미련하게 버텨봤자 닥치는 건 개죽음일 뿐이야. 여기서 개죽음 당하지 말고 적당히 인정할 것 인정하고 풀려나야 할 것 아냐. 그럼 느네 판에서 영웅도 되고 말야."

전무가 부드럽게 웃으며 나긋나긋하게 말했다.

안 돼, 저건 반국가단체 조직 음모로 몰기 위한 도표야. 저걸 인정하면 저기에 적힌 수십 명의 사람들이 줄줄이 여기 끌려와 당하게 돼. 수십 명, 수백 명에게 그런 피해를 입히고 결국 사형을 당하느니 차라리 여기서 죽는 게 나아. 그래, 나 혼자 죽어야지.

이태복은 다시 이를 옹등물며 다정한 척하는 전무가 똑똑히 보도록 고개를 좌우로 힘껏 저었다.

"이 새끼 이거 듣던 대로 독종일세. 우리 존심이 있잖아. 돌려, 더 세게 돌려."

전무가 도표를 접으며 돌아섰다.

"이 새끼가 사람 체면 똥 만드네, 돌려, 돌려, 뒈질 때까지 돌려!"

반장이 이태복의 정강이를 걷어차며 부하들에게 눈을 부릅떴다.

그래서 다시 물고문, 끊임없이 이어지는 전신 폭행, 잠 안 재우기, 밥 굶기기, 곧 바다나 휴전선으로 끌고 갈 것 같은 살해 협박…. 이태복은 기절하고 깨어나고, 다시 기절하고 또 깨어나고, 내장이 전부 뒤집히는 고통에 휘말리며 똥물까지 토해내고, 강압에 못 이겨 약을 넘기고, 다시 토하고, 또 약을 삼키고, 그 끝이 안 보이는 고통의 터널 속에서 몸부림치면서도 이태복은 끝끝내 굴복하지 않고 꺾이지 않으며 버티어냈다.

"이 새끼, 뭘 처먹고 살아서 이렇게 독하고 질긴 거야. 개새끼, 딴 놈들 백 명 다루기보다 더 힘드네."

반장이 화풀이하듯, 말장단을 맞추듯 이태복의 허벅지를 힘껏 걷어찼다.

이태복은 어금니를 맞물어 신음을 참아내며 그 한 가지 만은 절대 잊어서는 안 된다는 다짐 속에 또 하루를 꼽았다. 잡혀온 지 6일이 지나고 있었다. 그의 전신을 시퍼렇게 멍들어 있었고, 팅팅 부어올라 있었다. 온갖 고문과 구타로 만신창이가 된 그의 몸을 도저히 사람의 형상이라고 할 수가 없었다.

"야, 더 시간을 끌 것 없어. 전기 들이대, 전기!"

그래서 전기고문이 시작되었다. 발가락에 코일을 감고 몸에 물을 뿌린 다음 전기를 넣었다.

"으악! 아,아, 으아아…. 어머니, 어머니! 아, 아, 아버지… 하느님, 하느님…. 나, 나, 살려, 살려주세요오…."

"양심수 전원 석방"을 외치는 어머니 이정숙 민가협 의장.

이태복의 전신이 푸들푸들 떨리고, 벌떡벌떡 경련을 일으키며 지금까지와는 전혀 다른 비명을 질러댔다. 낮은 전압부터 차츰차츰 높은 전압으로 강도가 높아지면서 온몸이 속속들이 저릿거리고 쑤셔대고 찢기고 부서지는 극심한 통증의 소용돌이에 휘감기면서 혼백까지 파열하는 쇼크 속에서 그는 자신도 모르게 처음으로 어머니, 아버지, 하느님까지 비명으로 토해내고 있었다. 전압이 높아짐에 따라 비명소리도 커지고 있었다.

"새끼, 하느님 좋아하시네, 병신새끼, 세상에 하느님 같은 새끼가 어딨냐. 요 병신아, 있지도 않은 하느님 불러대지 말고 니놈 바로 앞에 있는 구세주한테 살려달라고 매달려. 너, 전기 맛 어떠냐. 이건 아주 생판 딴 맛이지? 왜 그런지 알아? 전기가 통할 때마다 피가 타들어가기 때문이야. 니놈이 항복 안하고 끝까지 버틸려고 했다간 결국 피가 다 말라붙어 바짝 쫄아 뒈지고 말아. 어떻게 할래? 너 전국 각지에서 무장폭동 일으키려고 한 거 맞지?"

"아닙니다. 아닙니다. 아닙니다."

이태복은 부들부들 떨며 외쳐댔다.

"개새끼, 아니긴 이 애비가 아니야. 더 쎄게 조져. 더 쎄게."

"우악! 으아아악! 나 살려어어…."

이태복은 목소리가 갈라지고 잠기도록 숨넘어가는 비명을 질러대다가 까무러치고 말았다.

"빨리 물 뒤집어씌워!"

반장이 침을 내뱉으며 악을 썼다.

"이 새끼, 정말 뒈질려고 작정을 했나. 이것도 저것도 다 안 통하게, 시팔."

부하 하나가 물통의 물을 이태복의 머리 위에 힘껏 쏟아부었다.

"너, 누이 좋고 매부 좋고란 말 알지? 니도 개죽음 하지 말고 살고, 우리도 좀 살자 그거지. 우리 타협하자고, 타협."

"…?"

"너, 수괴고, 콤이 아니라고 쳐. 그런데 그건 했지? 전국 조직!"

"아닙니다. 절대 그런 일 없습니다."

이태복은 고개를 짤짤 흔들어댔다.

"이 새끼 이거 안되겠다. 아주 죽여줘라, 죽여!"

다시 전기고문이 시작되었다.

이번에는 발가락 전기고문이 아니었다. 생식기에 코일이 감겨졌다. 그리고 전압이 최고조에 이르면서 한쪽 고환이 터져버렸다.

이 과정에서 이태복은 3번이나 항복했다. 고문 앞에 굴복한 것이다.

항복하면 다 구겨진 팬티를 입게 허용한다.

"항복하나?"

"예, 항복합니다."

"위장항복은 아니지?"

"아닙니다."

항복했다가 거짓말이 바로 들통이 나면 더 거센 고문이 이어지고, 다시 항복을 하고, 다시 고문을 가하고, 이 지옥이 3번이나 반복되었다. 이태복은 위기를 벗어나는 길이 항복이라 생각했고, 시간을 벌면서 사건을 최소화시키는 데 골몰했다고 자위했지만, 항복은 항복이기에 정신적 고통은 육체적 고통과 비교할 수 없을 만큼 커졌다.

그렇게 열흘이 지나가고 20여 일이 되면서 목과 코에서 피가 나오기 시작했다. 그들은 당황스러운 기색으로 가루약을 먹여댔다. 그러나 아무런 차도가 없었다.

"안 되겠다. 옮겨."

경찰병원에 실려가서 가슴 엑스레이를 찍고 급성폐렴인 것을 알아냈다.

한 달이 지나고, 경찰병원으로 통원치료가 계속되었다. 그러던 어느 날 그들은 반국가단체 부분이 빠진 단순한 집시위반과 불온서적 제작배포(출판사 광민사를 경영하며 발간한 노동운동에 관한 책들)에 관한 부분만 다룬 조서와 이제까지 강요한 반국가단체 활동에 관한 조서 두 종류를 작성하기 시작하면서 팬티를 입게 했다. 이태복은 팬티 없이 알몸으로 한 달 넘게 살았다는 것에 새삼 부끄러움을 느꼈다. "너를 바다에 빠트리지는 않겠어. 그러나 합법적으로 죽여주지."

그들은 무표정하게 말했다.

합법적…? 재판에 회부시키려는 것일까…? 이태복은 한 가닥 희망을 발견했다. 다음날부터 온몸에 안티프라민을 바르고 마사지를 한 다음에 압박붕대를 감았다 풀었다 하기를 1주일 이상 되풀이하니까 무슨 기적처럼 신통하게도 시커멓게 죽어있던 피부가 사라지면서 전신이 욱씬욱씬 쑤시고 아팠다.

남영동 살인지옥을 벗어나 1981년 8월 10일 서울구치소로 넘겨졌다. 꼬박 2개월이 지나 있었다. 그리고 재판에서 사형 구형이 내려졌고, 무기 선고를 받고 독방 감옥살이가 시작되었다. 그 세월이 7년 4개월, 2천6백71일이었다.

이태복이 온갖 고문을 다 당하며 죽음과 맞닿은 고통의 지옥 속에서 몸부림치고 있을 때 우리 모두는 어디서 무엇을 하고 있었던가. 그가 독방 감옥살이로 7년 넘게 시달리고 있을 때 또 우리 모두는 어디서 무엇을 하고 있었던가.

모진 고문도 이겨냈던 이태복은 죽어서는 안 될 나이에 갑자기, 느닷없이 우리 곁을 떠나갔다. 그가 없는 텅 빈 하늘을 바라보며 날이 갈수록 부채감이 커지고, 죄의식이 커지고, 아쉬움이 커지고, 아까움이 커지는 것은 무슨 까닭인가.

그대여, 이태복이여, 그대의 능력을, 그대의 가치를, 그대의 값을 제대로 받아들이고, 제대로 소화시키지 못한 이 사회가 야속하고 또 야속하고, 외롭게 옳은 일만을 하다가 표표히 떠나간 그대에게 미안하고 또 미안하다. 손아래 사람에게 이다지도 미안함이 사무치고 아까움이 절절해지는 것은 처음이다. 그대여, 그대는 이렇게 우리 마음속에 생생하게, 또렷하게 살아 있다. 부디 이 세상에 서운해하지 마시길.

상호신뢰로 머리를 맞대면 해법이 보인다

이태복이 대전교도소에 갇혀 있을 때였다. 민주화 세력의 분열로

1987년 대선에서 군부 세력에게 패한 것은 당연한 귀결이었다. 2백만 표로 진다는 이태복의 예단을 어머니로부터 들은 김대중 씨가 면회를 왔다. 김대중 씨는 언제나 '이태복 선생'이나 '이 동지'로 불렀다.

"이태복 선생, 면목 없고 미안합니다. 그런데 어떻게 감방 안에서 정확한 예측을 할 수 있었소?"

"헛것을 안 보고, 과학적으로 분석하면 다 나옵니다."

이태복의 분석과 논리는 철저히 '현장 중심'이었다. 대선 판세뿐만 아니라 지금 상황을 파악하고 신속하게 대처방안을 만드는 귀재였다. 정치 같이하자고 해서 흔들리는 그런 인물이 아니었다.

이태복이 감옥에 나와서 혼인한다고 인사하러 갔을 때도 김대중 씨는 정치 같이하자고 했지만, 거절하고 노동자신문을 만드는 고행의 길을 선택했다.

청와대 수석으로 입각할 때도 당시 상황을 잘 모르는 이들은 청와대 수석 제안 때문에 노동일보를 그만 둔 것으로 오해하는 경우도 있다. 하지만 아니다.

의약분업을 강행했던 청와대에 비판적인 이태복의 생각은 '대중의 지지와 참여가 없는 정책은 반드시 실패한다'는 소신을 갖고 있었다. 제 아무리 선진적인 제도라 하더라도 국민의 불편과 불만을 가중시키고, 게다가 국내 제약시장을 다국적 제약사에게 내어주게 될 것이 뻔한 정책, 더 나아가 앞으로 육성해야 할 바이오산업의 싹이 절단날 수 있는 정책을 서둘러 준비 없이 왜 하려고 하는지 이해할 수 없었다. 그래서 보류해야 한다고 했고, 반대했던 것이다.

그런 이태복의 비판과 예견이 현실로 드러나고 국민들의 반발이 전국적으로 거세지자, 불을 꺼줄 소방수가 필요해진 것이다.

물론 청와대의 필요와 별개로 이태복이 이 길을 선택한 까닭은 무엇이었을까. "정치는 나랑 맞지 않는 옷과 같다."고 한 이태복이 청와대로 들어가게 된 배경은 너무나도 간결하다. IMF관리체제로 인해 나라는 곳곳이 만신창이가 되었다. 재생산의 한 축이 무너져 내리고, 사회 갈등의 골은 깊어지고, 민주화와 경제발전을 위해 애써온 국민들의 피와 땀이 수포로 돌아갈 위기였다. 그런 상황에서 민생을 살피고 나라를 위해 그 난국을 자신이 해결해나갈 수 있다면 그것을 선택하는 것이 이태복이다. 세간의 이러쿵저러쿵하는 평가에 전혀 흔들리지 않았다. 오히려 어떻게 해결할지 해법을 찾는 데 골몰하는 것이 이태복이다.

이태복은 노동운동을 할 때나, 노동자신문을 할 때 노동현장의 문제나 노사대립문제를 '상호신뢰'로 풀어갔다. 의약분업 역시 이해의 여러 당사자들에게 머리를 맞대어 이견대립을 다 드러내어 하나씩 해결점을 찾아나가는 방식으로 풀어나갈 복안과 자신감이 있었던 것이다. 이런 방식은 사실 도산 안창호 선생으로부터 배운 원칙이고 사람에 대한 강한 믿음이었다.

청와대 임명 소식에 전국경제인연합회나 경영자총연합회가 환영 성명서를 냈다. 그러나 그들의 그런 반응은 의외의 것이 아니었다. 그들은 이태복이 10년이 넘는 세월 동안 〈주간노동자신문〉과 〈노동일보〉를 발간하면서 기업과 노동자 관계의 균형적 발전을 위해서 조화와 신뢰의 길을 꾸준하게 추구하고 제시해온 태도를 잘 지켜보아온 결과였던 것이다.

그런데, 이태복이 갖추고 있는 그런 사회적 신뢰와 영향력을 나는 이미 몇 년 전에 한 사건을 실제로 겪어서 익히 실감하고 있는 터였다.

어느 날 월간지 〈샘이 깊은 물〉의 발행인 한창기 씨가 급한 전화를

손병두 전경련 회장과 필자. 2004년 『대한민국은 침몰하는가』 출판기념 강연회 때.

걸어왔다.

"조 형, 날 좀 급히 도와줘야 할 일이 생겼어. 빨리 좀 만납시다."

언제나 여유롭고 관조적 멋을 지녔고, 사방팔방 발 넓기로 소문난 그분의 그런 전화는 전혀 뜻밖이었다. 더구나 나는 『태백산맥』에 이어 연달아 『아리랑』을 준비하느라고 10년 넘게 세상과 절연한 상태로 살고 있었다. 택시를 타고 그분 사무실로 달려가면서 아무리 생각해보아도 내가 그분을 급히 도울 일이 무엇인지 전혀 짚이는 것이 없었다.

"조 형, 노동자신문의 이태복 씨 잘 알지요?"

한창기 씨를 만나자마자 한 말이었다.

"예에, 그런데…."

그때 퍼뜩 내 머리를 스치는 것이 있었다. '여기 직원들도 혹시…?' 그 시절 회사마다 노동자 파업의 물결이 거칠게 일어나고 있었던 것이다.

"아, 잘 됐소. 지금 우리 회사 직원들이 난리가 났소. 며칠 째 일손 딱 놓고 파업 중인데, 내가 무슨 말을 해도 아무 소용이 없소. 그래서 몇 사람 동원해 설득해 봤는데도 요지부동이오. 글 쓰고 있는 사람한테 이런 부탁 안 하려고 했는데, 이젠 어쩔 수가 없소. 마지막으로 이태복 사장한테 부탁하는 방법밖에 없는데, 조 형 입장도 난처할 수 있는데, 어쩌겠소. 좀 도와주시오. 다 인연이 죄라 생각하고 말이오. 이러다간 이번 달 잡지 영 못 나오게 생겼소."

한창기 씨의 간절한 얼굴과 '인연이 죄'라는 말이 겹쳐졌다. 그분은 내 고향 선배였고, 단어 하나 하나의 맛까지 씹고 음미하는『태백산맥』의 열렬한 독자였던 것이다.

"예, 월간지가 제때 못 나와선 안 되지요. 알겠습니다."

전화로 내 얘기를 듣고 난 이태복씨는 그 톤 좋은 목소리로 여유롭게 허허허 웃었다.

"예, 알겠습니다. 제가 곧 가서 직원들을 만나보죠."

그 흔쾌함이 그렇게 고마울 수가 없었다.

"선생님『태백산맥』을 3부까지 감옥에서 읽었고, 4부는 나와서 읽었습니다. 어찌나 재미있고 슬프던지 감옥생활의 지겨움을 잊었고, 뒤로 갈수록 빨리 끝나는 것이 아까워 아껴 가면서 읽었습니다.『태백산맥』은 역사를 바꾸고, 시대상황을 변화시켰습니다. 선생님 작품 덕에 제가 쉽게 출감할 수 있었습니다."

이보다 더 열렬한, 극한의 독후감이 또 있을 수 있겠는가. 우리의 인연은 이렇게 시작되었었다.

'선생님 덕에 제가 출감할 수 있었습니다.' 이렇게 말한 두 번째 사람은 시인 김남주 씨였다.

이태복은 마술사였을까. 용한 도사였을까. 단 한 번의 만남으로 〈샘이 깊은 물〉 직원들은 파업을 풀고, 잡지는 제 날짜에 발간되었다.

"그분 위력 참 대단해요. 노동자들에게 그렇게 신뢰를 받고 있다니, 세상 참 잘 사셨어요."

자존심 강하고 위신 지키기 좋아하는 한창기 씨가 이렇듯 탄복을 금치 못했다.

대통령 한 분 보고 일 해

나는 『천년의 질문』에 쓰려고 '5대거품빼기운동'에 대해 취재하려고 나섰으면서도 엉뚱한 것을 불쑥 물었다.

"어떻게 …, 청와대 생활은 할 만했어요?"

"글쎄요…. 그러니까…, 대통령 한 분 보고 일을 했습니다."

이태복 씨는 더디게 말하며 씁쓰름한 웃음을 입가에 물었다.

나는 내 예상이 적중한 것을 느꼈다. 옳은 것만을 행하려는 곧음과 굽어지고 휘어지는 것을 용납하지 않는 그의 바름이 딴 성원들과는 좀

2018년 4월 6일. 신도림 사)인간의대지 사무실에서 『천년의 질문』 집필을 위한 인터뷰 중.

삐꺽거렸을 것은 짐작이 어렵지 않았던 것이다.

"딴 수석들이 거북해하고 마땅찮아하고 그랬겠지요?"

나는 작가 근성을 버리지 못하고 굳이 이 말을 입에 올렸다.

"역시 선생님은 다 점치고 계시군요. 말씀대로였습니다. 그들은 저를 '혼자만 양심적인 척한다' '혼자만 일 다 하는 체한다'며 뒤에서 수군거리고 외면하고는 했습니다."

그는 더 진하게 쓴 웃음을 지었다.

"아니, 왜 그런 소릴 하는 거죠? 이 형이 그런 말을 듣게 행동할 사람이 아닌데…."

나는 구체적인 말을 독촉하며 그를 똑바로 쳐다보았다.

이태복씨는 어이없다는 듯 실소를 흘리며 얘기를 털어놓았다. 그가 한 두 가지 얘기는 깜짝 놀랄 만한 것이었다. 참 믿기가 어려웠다. 그 얘기를 여기 옮겼다가는 청와대라는 최고 권부에서 일하는 사람들의 치부를 너무 노골적으로 드러내 국민들의 실망과 배신감이 지나치게 클 것 같아 삼가기로 했다.

그런데 국민들에게 김대중 정권보다 양심적으로나 도덕적으로 더 낮게 인식되고 있는 그 후의 몇 정권에서 그런 작태가 계속되어 왔을 것은 더 말할 필요가 없다. 이 대목에서 맨 앞에 언급한 그 국회의원이 "그런데…, 일을 너무 운동권 식으로 하는 것이 좀…." 한 말이 새롭게 떠오르고, 너무 올바라 너무 외로운 인간 이태복의 모습이 크게 확대되고 있었다. 그리고 문득 '악화가 양화를 구축한다'는 말이 떠올랐다.

"그럼, 대통령의 신뢰는 그런 왕따를 이겨낼 만큼 돈독했습니까?"

"예, 변함없이 절대적이었습니다. 어떤 행사나 모임 때 수석들과 악수를 나누게 되면 다른 수석들과는 말 한마디 없이 손끝으로 형식적인 악수를 하고 마는데, 저한테는 손을 깊이 꽉 잡으시며, '내가 믿는 것 알지요.' 이런 말씀을 꼭 하시고는 했습니다."

이태복의 목소리는 약간 잠기는 듯, 물기가 번지는 듯 했다. 그리고 그 얼굴에는 어떤 그리움의 기색이 엷게 스쳐가고 있었다.

손끝이 살짝 스치고 마는 것 같은 김대중 대통령의 그 '손끝악수'는 심심찮게 구설수에 오르고는 했다.

연로한 대통령은 매일매일 여러 사람들과 악수를 계속해야 하고, 크고 작은 행사가 있을 때마다 수십 번에서 수백 번씩 악수를 해야 한다. 그때마다 손을 꼭꼭 잡는 악수를 했다간 그 손이 어찌 되겠느냐. 사람들의 이해가 여기까지 미치기에는 감정의 거리가 너무 멀었다. 사람들은 대통령과 여러 번 악수하는 것이 아니었고, 단 한 번인 그 악수가 좀 깊고 묵직하기를 바라는 것 또한 당연한 일이었다.

나는 김대중 대통령을 두 번 만났다. 처음은 IMF사태를 빨리 극복하려는 한 가지 방법으로 국가 차원의 관광캠페인을 벌인 '웰컴 투 코리아' 행사의 명예대사 일원으로, 그 다음에는 무슨 위촉장을 받는 행사였다. 처음 행사에서 대통령은 50여 번, 다음 행사에서는 2백여 번 악수를 나누어야 했다. 나도 물론 그 '손끝악수'를 당해야 했다. 그때마다 내 기분도 푸대접 받은 것 같았다. 하지만 지금은 이해가 간다.

"예, 대통령의 그 신뢰, 알 것 같아요. 그 증거가 수석에서 장관으로 영전시킨 것이겠죠?"

"예, 잘 보셨습니다."

"그런데 왜 노동부가 아니고 보건복지부 장관이었죠?"

"대통령께서는 그 둘 중에 하나를 고르라고 하셨지요. 두 부서 다 위에서 정책을 결정해 내려 보내면 질질 끌기만 하지 신속하고 시원한 실행이 없었거든요. 대통령께서는 답답함을 참다못해 두 부처 다 장관 경질을 결정하셨는데, 제가 보기에 보건복지부 쪽의 일이 더 급하고 중대했습니다. 보건복지부는 그 범위가 훨씬 넓어 국민 전체의 복지와 건강, 삶의 질의 문제였으니까요."

구태의연한 답습행정을 바꾸고자 했는데…

이태복은 2002년 1월 29일 보건복지부 장관으로 발령을 받고 1월 30일부터 근무를 시작했다. 그런데 그 근무는 기상천외한 것이었다. 장관실에 야전침대를 들여놓고 밤샘을 하다시피 하며 업무 파악에 돌입했다. 숙식을 사무실에서 해결하며 밤낮없이 일을 파고드는 신임 장관을 보고 질겁을 한 것은 누구였을까. 다음 날부터 보건복지부 전체는 바짝 얼어붙고, 비상이 걸리고 말았다.

신임 장관의 그런 기행(?)은 건강보험재정의 적자문제를 해결해야 한다는 절대 절명의 과제와 밀접하다. 일반적인 업무야 청와대에서 1년 처리했기 때문에 이미 알고 있었지만, 구체적인 현장의 문제와 이해관계들을 정확히 파악해야 했다. 또한 일은 사람이 하는 것이라 사람에 대한 파악도 시급했다. 복지부 내부의 실·국장을 비롯한 실무책임자인 과장, 산하기관들의 인사문제, 복지부 밖의 의사협회, 약사협회, 간호사협회, 한의사협회, 병원협회 등 관련단체들을 파악할 필요가 있었다.

이 과정에서 몇몇 고약한 부패 관료들도 있었지만, 그것은 소수였고, 대부분 긴장하면서도 어려워하면서도 그간의 구태의연한 답습행정과 관성들에 대해 변화를 기대하고, 해보자는 분위기가 형성되었다. 그리고 이해조정 단계에서 첨예하게 부딪쳤던 대립과 갈등들도 현실의 문제를 보면서 양보도 하고 타협도 하면서 해법 찾기에 동참하고 지지하는 분위기가 형성되었던 것도 사실이다.

야전침대의 한달 간의 고행은 건강보험료 인상안 및 의료수가 인하가 마무리됐다는 평가가 있으면서 멈추었지만, 이 과정에서 이태복 장

금연홍보대사 위촉식. 필자와 가수 샤크라. 2002년 5월 29일 장관실에서.

관이 갑자기 쓰러지는 사건이 발생했다. 2월 중순이다. 가족들도 나중에 알게 되었지만, 과로 때문인 줄 알았다. 두달 후 WHO 방문 일정 때문에 미리 건강검진을 받으러 가서 심장 관상동맥이 99% 막혔다는 기가 막히는 결과가 나왔다. 병원협회와의 협의 문제가 시급했던 터라 가슴을 오픈하는 방식이 아닌 스텐트 삽입술로 기적처럼 몸이 회복되었다. 잘 아는 지인 한의사는 "심장이 원래 크고 튼튼한데, 아무래도 전기고문으로 인한 쇼크로 혈관의 확장과 이완이 심하게 오고가면서 혈관탄성문제로 생긴 것 같다."고 말했다.

김대중 대통령은 "쉬어야 하는 것 아니냐"고 걱정을 했지만, 다행히 시술은 성공적이었고, 일에 탄력을 받아 열심히 하던 가운데 청와대에서 장관 경질 통고가 왔다.

약가 인하정책 발표를 앞두고 준비 중에 있었고, 다음날은 만성질환자들의 불편을 해소하는 몇 가지 정책을 발표하기로 한 날이었다. 만성질환자 대책안은 일단 서둘러 발표를 해서 기정사실화시켰다.

이태복은 잠시 멈칫했지만 크게 놀라거나 충격을 받지는 않았다. 얼마 전부터 그런 불길한 조짐을 감지하고 있었던 것이다. 4천억 건강보험 적자 절감대책을 마련하고 5월에 대통령 보고를 하려 했는데, 일정이 잡히지 않아서 이상하다고 생각은 했었다. 하지만 7월 중에 업무보고를 할 예정이었기에 한편으로는 심각하게 생각하지 못했다.

나는 거기까지 이야기를 듣고 두 가지 말이 동시에 떠올랐다.

'아니, 장관의 발령도, 경질도 대통령 이름으로 하는 것 아닙니까'

' 대통령의 손바닥 악수가 손끝악수로 변했다는 건가요?'

곧 쏟아져 나가려는 그 말들을 나는 꾹꾹 눌렀다.

나는 쓸쓸한 표정의 이태복을 바라보며 다시 '악화는 양화를 구축한다'는 말을 어느 때보다 진한 실감으로 되씹고 있었다.

그런데 이태복은 장관 자리를 물러나면서 그 가혹하고, 혹독하고, 잔혹하고, 살인적인 고문지옥을 이겨낸 사람다운 결기를 보였다.

'장관직을 떠나며'라는 퇴임사를 통해 '다국적 제약사의 심각한 저항과 다양한 통로를 통한 압력 때문'이라고 못 박고 '청와대는 도와달라는 말 이외에 아무 말도 하지 않았다'고 밝힌 것이다.

그리고 "청와대가 제약사들로부터 로비를 받았느냐"는 기자 질문에 "정황상 가능한 일이다."고 말한 강단으로 많은 사람들을 놀라게 했다.

국민의 이익을 위한 세상으로 바꾸고자 했던 그의 꿈은 제대로 시작도 못하고 물거품이 되고 말았다. 장관 재직 5개월 14일 만이었다.

제2의 조광조

나는 인간 이태복을 물끄러미 바라보며 조선조의 개혁가 조광조를 생각하고 있었다.

건국 후 120여 년을 지탱해온 조선은 꽤나 타락하고 병들고 곪아 있었다. 그런 세상을 새롭게 바꾸려고 나섰던 인물이 조광조였다. 신진사류의 리더로서 중종의 총애를 받고 있던 조광조는 월권과 횡포를 일삼으며 타락한 정치세력 훈구파를 타도하고, 녹슨 구제(舊制)를 개혁하여 새로운 나라를 만들려고 나섰다.

그의 개혁의 칼은 중종 반정에 공을 세운 반정공신들에게로 향했다. 그들은 임금을 등에 업고 너무 많은 인원이 과도한 특혜를 누리며 정치를 어지럽히고, 부패해가며 나라를 망치고 있었던 것이다. 조광조는 공신의 4분의 3에 이르는 76명의 훈작을 삭탈하고 나섰다.

이 급진적 개혁에 훈구파는 강하게 반발하면서 반격에 나섰다. 훈구세력은 만만한 상대가 아니었다. 그리고 훈구세력에 오랫동안 에워싸여 온 중종도 조광조의 급격한 주장을 그다지 달가워하지 않게 되었다.

그런데 결정적 사건이 터졌다. 훈구파가 대궐 나뭇잎에 과일즙으로 '주초위왕(走肖爲王)'이라는 글자를 써서 벌레가 파먹게 한 다음 궁녀가 그 잎을 따서 왕에게 바치게 한 것이다.

주초(走肖)를 합치면 조(趙) 자가 되었고, 그건 조광조가 왕이 된다는 뜻이었다.

이 주도면밀한 모함 앞에서 임금이 얼마나 대노했을지는 더 말할 것이 없다. 조광조는 바로 능주로 유배되었다. 그리고 훈구파가 영의정, 좌의정, 우의정을 다 차지하게 되자 곧 사약을 받고 말았다. 그의 나이 서른일곱이었다.

5대거품빼기운동은 국민통합운동

장관 자리에서 물러난 이태복은 2003년 점핑코리아연구소를 만들어 장관 시절에 하지 못했던 일들을 구체화하기 시작했다. 현재의 경제위기와 사회적 혼란에 관해서 분석하고 지적하면서 위기 처방전을 준비

『윤봉길 평전』 책과 삶 이야기. 저자와 이야기를 이끌어가는 필자. 2019년 3월 28일 여의도 광복회관 대강당에서.

했다. 그 내용을 담은 책이 2004년에 낸 『대한민국은 침몰하는가』이다. 출판기념회도 아주 성대하게 치렀다.

"각 부처의 국장급 이상들이 이 나라의 연간 예산 10%씩을 먹어치우고 있습니다."

나는 그만 깜짝 놀랐다. 그렇게 많은 국민 세금을 먹어치운다는 데에 놀랐고, 그런 말을 이런 공개석상에서 거침없이 해버리는 데에 놀랐다. 서울 한복판의 공개석상에서 그런 폭탄선언을 이다지도 당당하게 떳떳하게 힘차게 외쳐댈 수 있는 사람이 몇이나 될까. 그게 흠 없고 결백하게 살아온 이태복의 모습이었다.

그리고 새로운 사회혁신운동을 시작했다. 그것이 바로 '5대거품빼기 운동'이었다.

그 발대식이 2007년 4월 한국교회 백주년기념관에서 개최되었다. 그

장소에 1천여 명 사람들이 그야말로 입추의 여지없이 들어왔다. 그 인파는 바로 이태복에 대한 신뢰의 표현이었다. 끈 떨어져 별 볼 일 없이 된 사람인데….

5대거품빼기운동이란 거품이 부풀대로 부풀어 있는 이 나라의 기름값, 휴대폰 수신료, 카드수수료, 약값, 은행대출금리 그 다섯 가지의 거품을 걷어내 가격을 낮추자는 것이다. 그래서 국민고통을 줄여주고 투명한 시장질서와 공정거래를 확립해 생활상의 실이익을 도모하고 불법 없는 맑은 세상, 서로 믿고 사는 신뢰사회를 건설하자는 사회개혁운동이자 경제민주화운동이었다.

그 다섯 가지 중에 제일 먼저 닻을 올린 것이 기름값 내리기였다. 현재 정유 4사의 단합된 지배를 벗어나 소비자들이 주주가 되어 직접경영을 하면 기름값이 20%나 싸지게 되는 구상이었다. 그 호응은 뜨거웠다. 국민주주를 모집하는 인터넷 약정운동을 시작해 한 달 만에 350억이 돌파되었고, 석 달 만에 500억이 넘었다. 그런데 약정자 대부분이 1~10주여서 실제 청약 단계에서 1천억이 가능하다는 전망이 확인되었다. 왜냐하면 약정자들이 독과점 폭리 구조를 꼭 바로 잡아달라, 한국경제를 대수술하는 계기를 마련해달라, 꼭 성공하기 바란다, 내 주변 사람들 모두 참여시킬테니 힘내시라 하는 격려와 응원까지 해주고 있었던 것이다. 최종 1,850억원이었다.

그런데 그때부터 방해공작이 본격적으로 시작되었다. 이 나라의 경제권력, 정치권력, 언론권력들이 한 덩어리가 되어 파상공격을 가해왔다. 죽을힘을 다해서 대항했지만 그들이 결탁되어 쌓아올린 이 사회의 장애의 벽은 높고, 깊고, 험하고, 첩첩산중이었다. 결국 국민석유는 청약금을 다 되돌려주고 백기를 들어야 했다. 그게 썩고 병든 한국사회의 실상이었다.

아까운 지도자

이태복의 갑작스러운 죽음은 건강관리의 부실 때문이었을까. 아니다. 분명 아니다. 그건 지독한 전기고문의 후유증이었다. 김근태씨가 온갖 고문의 후유증으로 일찍 눈을 감았듯.

그 느닷없는 결별의 슬픔을 감당할 수 없었던 부인 심복자 박사는 나와 아내 앞에서 쏟아지는 눈물을 주체하지 못하며 말했다.

"첫째도 신뢰, 둘째도 신뢰, 셋째도 신뢰인 사람입니다. 그래서 늘 존경했고 이래서 이 사람이 참 좋다 했습니다. 작은 것을 소중히 여기고 격려하고 배려해줘서 정말 선물 같은 사람입니다. 평생동지로 함께 생각하고 함께 일하고 함께 갈 줄 알았습니다."

이 세상의 하고 많은 남자들 중에 결혼생활 수십 년에 걸쳐서 아내에게 '존경'받고 사는 사람이 몇이나 될까.

심복자 박사는 그런 남편의 대를 잇기를 생전에 간절히 소망했다. 그러나 임신이 되지 않았고, 고민 끝에 의료의 힘을 빌리기로 했다. 그러

조종현 조정래 김초혜 가족문학관에서. 필자는 40여년을 한결같이 함께 했다.

나 몇십 번의 고역을 견디어 냈지만, 기대는 수포로 돌아가고 말았다. 그녀는 이제 홀로 남겨졌고 그래서 외로움까지 동반한 슬픔은 더욱더 사무치는 것이다. 1년을 하루같이 줄기차게 울었던 것도 그 사무치는 슬픔이 원천이었다. 그런데 그리도 힘겨운 노력에도 임신이 안 되었던 것은 무슨 까닭일까. 그것은 전기고문의 육신파괴 때문이었다. 악랄하게도 "씨를 말리겠다."면서 생식기에 코일을 감고 전기고문을 해댔고, 그래서 한쪽 고환이 터질 정도였으니 어찌 인간의 탈을 쓰고 이런 일을 벌인단 말인가.

생전에 이태복은 운동권 386세대들의 정치적 실패와 도덕적 타락에 대해서 늘 안타까워했다. 가장 잘 아는 아내의 눈에 흠결 하나 없었던 그는 분명 참 인간이고, 진실의 표본이고, 고결의 상징이 아닐 수 없다. 김수환 추기경님도 "이태복이라 믿는다."라고 늘 말씀하셨다. 그리고 "참으로 사람답게 사는 길이 무엇인가를 끊임없이 찾고 있는 사람"이라고 말씀하셨다.

이태복, 그대여, 어서 빨리 환생하여 이 나라의 큰 지도자가 되시라. 그래서 그대의 숭고한 뜻을 맘껏 펼쳐서 이 나라를 사람이 사람답게 사는 복된 터로 만들어라. 그대여, 어서 환생을 하시라.

어느덧 1주기를 맞으며 그대 없는 텅 빈 하늘을 바라보며 소리 없이 그대의 이름을 외쳐 부른다. 대답 없는 그대를 원망하며 긴 탄식을 토한다.

아깝고, 아까운 이태복이여….

이태복이라
믿 는 다

자유언론과 '실천'의 깃발

김태진

(전 동아투위 위원장, 다섯수레 출판사 대표)

이태복 선생이 간 지 1년이다. 그간의 인연을 생각하면 추모하는 글도 쉽게 나올 법도한데, 중압감은 큰 데 비해 실타래를 어떻게 풀어야 할 지 그 시작이 너무 어렵다. 왜일까? 한 달여 고민 끝에 나온 결론은 '자유언론'과 '실천'이라는 두 단어가 명치끝에 매달린 커다란 돌멩이처럼 나를 짓누르기 때문이 아닌가 싶다.

나는 평생 언론인으로 살았다. 나의 인생에서 가장 중요한 사건은 "자유언론에 역행하는 어떤 압력에도 굴하지 않겠다."는 1974년 10월 24일의 '자유언론 실천선언'이다. 동아자유언론수호투쟁위원회, 즉 동아투위는 사실을 보도하는 기자와 기사의 모든 행위를 감시하고 간섭하고 통제하는 권력에 맞서 싸웠다.

이태복 선생은 내가 동아투위 위원장을 맡고 있었던 1992년부터 5년 동안 매 행사 때마다 빠짐없이 참석해 격려해주었다.

당시 이 선생이 만든 노동자신문이 발행된 지 3년 차였고, 그 다음해인 1993년 주2회로 발행부수를 늘렸으니, 치열한 전투를 벌이고 있었을 때였다. 동병상련(同病相憐)이기에 서로 격려하고 도움을 주고 싶은 마음이었으리라.

그러고 보니, 이 선생과 나는 직업에 있어서 닮은 점이 있다. 이 선생은 광민사 출판사와 노동자신문, 〈노동일보〉를 만들었고, 나는 〈동아일보〉, 동아방송 뉴스쇼PD, 지금은 다섯수레 출판사를 이끌고 있으니, 순서는 다소 바뀌었지만 같은 출판언론인이다.

겉으로 드러난 직업만이 아니다. 비록 나이 차이는 13년이지만 서로 겪었던 시대가 같았고, '언론'의 본질인 '사고와 표현의 자유'를 억압하는 그 모든 행동에 저항하고 그것을 되찾으려 한 지향점이 같다.

우리가 1면 톱으로 기사를 싣지 못하면 제작 거부하겠다고 했던 그 기사들은 유신독재의 탄압에 항의하는 정부 규탄 학생시위, 전태일 분신사건 이후로 터져 나오는 노동자들의 기본권 투쟁, 청계천 철거민 이주로 비롯된 광주대단지사건의 후유증과 빈민들의 생존권투쟁, 민주회복을 위한 개헌투쟁을 주장하는 야당 정치인들의 기자회견 등 사회 곳곳에서 터져 나오는 자유를 향한 목소리들이었다.

이태복 선생도 군부독재정권에 항의, 대학병영화 반대시위를 하다가 강제징집되어 동쪽 끝 최전선에 끌려갔고, 제대 후에도 학생시위 배후조종으로 경찰서에 연행되고 강제귀향조치를 여러 번 당해야 했다. 그리고 노동자를 중심으로 운동을 전개해나갈 생각에, 용산 지게꾼도 해보고, 전국의 노동현장에서 현장활동을 하면서 노동자들의 역량을 강화시키고 노동운동가들을 규합했다.

서 있는 지점은 같은 시대의 사회현상과 사회문제에 주목해 자유를 향한 투쟁전선이었던 것이다.

또한 사실과 진실의 보도라는 내용 외에도 출판과 신문의 생명은 지속성이다. 광고와 구독이라는 젖줄이 있어야 하고, 배포와 판매라는 신경망과 혈관이 튼실해야 한다.

1974년, 〈동아일보〉에 광고를 내기로 했던 회사들이 무더기로 해약함으로써, 동아일보는 광고를 실을 수 없어 백지로 내보냈다. 전 지면의 광고란이 백지로 나간 적도 있다. 광고를 통한 실질적인 압박이 들어온 것이다. 그런데 이것을 메꾸어준 것은 아주 가난한 학생, 노동자, 시민들이었다. 돌반지를 내놓거나, 비번인 노동자가 〈동아일보〉를 길거리에

전국해직언론인원상회복쟁취협의회 회원 5백여명이 1989년 2월 22일 프레스센터에서 실천대회를 갖고 가두캠페인을 벌이며 전국해직언론인 원상회복을 촉구했다.

서 팔아 돈을 만들어주거나 '〈동아일보〉 너마저도 굴복하면 이민가겠다.'며 협박(?)하는 격려광고들이었다. 무려 7개월간 이어졌다. 신문과 구독자 간의 신뢰가 형성되었기 때문에 그들의 참여와 지지, 격려가 '자유언론'을 지키고 살리고 있었던 것이다.

시기는 다르지만, 이태복 선생이 경험한 출판사와 노동자신문 역시 마찬가지다. 노동자의 눈과 귀와 입은 저절로 만들어지지 않는다. 그가 깃발로 들은 '노동자 언론'은 가시밭길 그 자체였으리라. 구성원들의 월급은 빼놓더라도 종이값, 제판비, 인쇄비 등을 어찌 했을까. 그래서 이태복 선생은 '단체구독'을 주 수입으로 삼고, 출판사들의 책 광고로 초기에는 버틸 수밖에 없었다고 한다. 신문을 찍어야 하는데, 자금이 부족해서 단체구독 노조와 일반 구독자들에게 정기구독료를 보내달라는 편지를 발송하면, 그 달 안으로 거의 대부분이 구독료를 보내주었다 한다. 신문과 구독자 간의 신뢰가 형성되었기에 가능한 일이다. 물론 그 어려운 길을 1년도 아니고 10년 넘게 유지했다는 것은 치열한 생존경쟁 사회, 치열한 언론시장에서 '기적'이 아닐 수 없다.

광민사 출판사도 마찬가지다. 『노동의 역사』 산업신서 13권, 『위대한 거부』 광민신서 17권, 『나의 라임오렌지 나무』 등 30여 권이 넘는다. 현장에서 뛰어다니면서 필요한 이론 실천서를 냈다는 의미도 크지만, 언제든지 판금 조치될 수 있는 책들이기에 배포, 판매는 매우 중요하다. 놀랍게도 이태복 선생은 당시 만들기 시작한 지역의 양서협동조합을 적극 지원, 활용해서 보급운동을 벌여 판매의 어려움을 극복하고, 오히려 지역의 양서협동조합의 인맥을 든든한 후원자로 삼았다 한다.

'자유'를 현실에서 지켜내기 위해서는 '실천'이 뒷받침이 돼야 한다. 우리가 굳이 '자유언론 실천선언'에서 '실천'자를 붙인 까닭은 언론 자유를 앞으로 회복하고 지키겠다는 의미에서다. '언론 자유'는 누가 주는 것이 아니고, 저절로 이뤄지지도 않는다. 그런데 여전히 그 당시의 현실이나 지금의 현실이나 언론의 자유는 없으니, '실천'이 더욱더 중요해진다.

그런데 이태복 선생의 삶이야말로 '실천'으로 점철되어 있다. 노동개혁운동, 민주화운동은 물론이거니와 5대거품빼기 서명운동, 국민석유 설립을 위한 1인1주갖기운동, 노인틀니 건강보험적용 서명운동, 1만권 책보내기 운동, 의약품 후원 등 그의 모든 삶에는 '실천중심'이라는 기둥이 우뚝 서 있다. 이태복 선생의 블로그에도 '현장 속에 답이 있다. 실사구시하자'라는 캐치프레이즈가 걸려있다. 더 나아가 인터뷰마다 우

동아투위 회원들과 함께 2017년 광화문 촛불혁명. 왼쪽부터 장준하 큰 며느리 고 신정자, 필자, 이종대.

리가 치열하게 실천하지 않으면 사회는, 역사는 변질된다며 '목숨 건 실천'을 강조했다. 그래서일까. 이태복 선생의 묘비명에는 '이 땅의 민주화와 사회개혁을 위해 평생 삶의 현장에서 답을 찾아 실천한 휴머니스트 혁명가'라고 되어 있다.

그 모진 고문 후유증에 지칠 법도 한데, 지치지 않는 그의 실천력은 어디서 나올까. 어렵고 힘든 이들을 돕고, 국민생활을 안정시키고, 국가 발전을 위해 노력하는 것이 인생의 의미고, 행복이고, 목표란다.

그리고 대중의 참여와 지지가 없이는 어떤 정책도, 어떤 실천도 성공할 수 없다고 강조한다.

이태복 선생의 별세소식이 오기 1~2주 전인 2021년 11월 셋째 주로 기억한다. 이태복 선생이 만나자고 연락이 와서 다섯수레 출판사에서 만났다. 이 선생은 지금 잘못하다가는 대선에서 필패하고, 앞으로 상당히 어려운 상황이 닥칠 거라고 우려했다.

"2020년부터 국정쇄신을 요구하는 기자회견도 하고, 언론에 인터뷰도 몇 군데 했는데, 달라지지 않습니다. 박근혜 정부의 적폐는 대부분 재벌기업과 연계돼 있고, 촛불집회에 참여한 시민들은 이 같은 경제력 집중, 재벌편향 정책에 대한 개혁을 요구한 것인데 변화가 없습니다. 재벌개혁을 통해서 중소기업이 경쟁에 참여할 수 있도록 발판을 마련해 주어야 일자리가 늘어나는데, 정작 이런 일은 안하니 예산은 예산대로 낭비되고, 일자리는 임시방편적인 것만 나올 수밖에 없습니다. 개혁을 하려면 국민의 지지와 참여를 이끌어내야 하는데, 기득권세력과 싸움만 벌이고 시간낭비하고 있으니 국민이 등을 돌리는 것은 당연합니다.

이 정부가 실패하면 결국 민주화세력에게 책임이 돌아올 것이고, 그보다 더 큰 문제는 역사의 시계가 거꾸로 돌아가고, 국민들의 고통만 늘어날 텐데. 걱정입니다."

이태복 선생은 이대로 구경만 할 수 없으니 조만간 사람들을 모아서 대책을 논의해야겠다며, 참여를 부탁했다. 난 '좋다'고 했다. 곧 약속모임을 정해서 연락을 드리겠다 했는데, 그것이 마지막 만남이 되었다.

아! 애통하도다. 자유롭고 평등하고 정의로운 세상을 꿈꾸고, 민생을 위해 실천과제를 찾아냈던 혜안의 개혁가, 국민의 참여와 지지, 신뢰를 바탕으로 한 실천이어야 성공한다고 믿은 대중운동가, 어떤 역경에도 굴하지 않는 청렴강직한 용기 있는 실천가.

마지막 만남에서 했던 상황판단이 옳았고 지금 이태복 선생 같은 사람이 꼭 필요한데. 이태복 선생의 부재와 상실을 한탄하지 않을 수 없다. 그리고 그날 최근 고문 후유증으로 조금 힘들다는 얘기를 했었다. 결국 고문으로 살해당한 것이다.

오호 통재라. 작금의 상황을 보면, 사법부 할 것 없이 재벌언론까지 '자유언론'과 '실천'이 매우 필요한 긴급과제가 되었다. 이태복 선생을 좌표로 삼아 전진하는 것이 진정 이 선생의 명복을 비는 행위가 아닐까 생각한다. '자유언론'과 '실천'은 진행형이다.

이태복이라
믿는다

출판문화운동의 새 길

이기웅
(열화당 발행인, 파주출판도시 명예이사장)

나는 강릉의 선교장에서 어린 시절을 보냈다. "예로부터 이 집에는 만 권의 서책(書冊)이 있었노라."고 늘 칭송받던 집안이었다. 이런 전통에 힘입어서 나는, 1776년 궁중에 세워진 규장각이 국립도서관이라면, 선교장은 외진 땅 강릉에 세워진 '사립도서관'이라고 가업(家業)의 근거를 내세우곤 한다. 나의 5대조이신 오은(鰲隱) 할아버지께서 1815년 세우신 열화당에서 자라며 고등학생 때까지 살았으니 선교장은 나의 '학교'나 다름없었다. 사랑채 열화당(悅話堂)은 '가까운 이들의 정다운 이야기를 즐겨 듣는다'는 의미에서 붙여진 이름으로, 당대의 문인, 학자들의 교류의 장이었다. 이곳이 모태가 되어 1971년 서울에서 열화당 출판사의 문을 열었다.

그런데 당시 사회상황은 참으로 엄혹했다. 3선 개헌으로 대선이 끝나자 1972년 국회와 정당을 해산시키고 계엄령을 선포하고, 1974년에는 언론의 입에 족쇄를 채우는 사태가 벌어진다. '사고와 표현의 자유'

가 막히니 언론인뿐 아니라 출판인에게도 상황은 마찬가지였다. 출판의 여러 분야를 막론하고 좋은 책을 만들고자 하는 우리 출판인들의 꿈이 과연 이런 현실에서 온당히 싹을 틔울 수 있을까, 갈등이 많았던 시기였다.

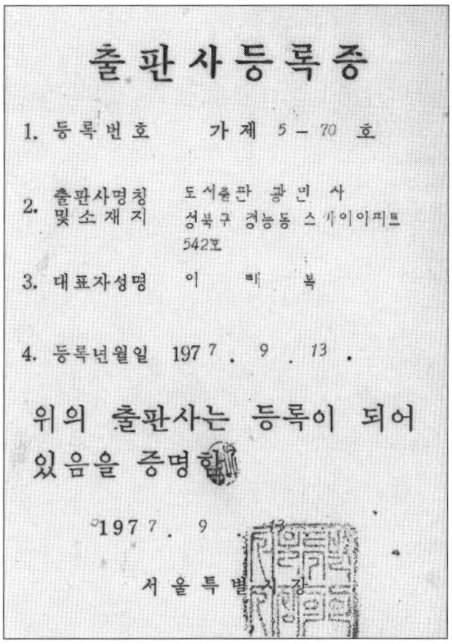
출판사등록증

1. 등록번호 가제 5-70 호

2. 출판사명칭 및소재지 도서출판 광민사 성북구 정릉동 스카이아파트 542호

3. 대표자성명 이 태 복

4. 등록년월일 1977. 9. 13.

위의 출판사는 등록이 되어 있음을 증명함

1977. 9. 13

서울특별시장

광민사 출판사등록증. 1977년 9월13일, 대표자 이태복이라 되어 있다.

한국의 출판문화는 1970년대 중반 이후부터 새롭게 전개된다. 비정치적인 책을 온건하게 출판하려 한다 하더라도 출판이 갖고 있는 기본적인 권리 즉, '출판의 자유'야말로 어떤 억압의 세력과도 부딪치게 돼 있었다. 이에 따라 나를 포함한 뜻있는 몇몇 출판인들이 '수요회(水曜會)'라는 모임을 결성하여, 양심적인 지식인들과 연대하면서 비교적 온건한 방법으로 유신정권의 강경한 정책에 맞서는 자세를 갖추기 시작했다. 예를 들면, 1976년 12월 동아투위로 해직된 김언호 대표가 설립한 한길사가 송건호, 리영희, 박현채 등 일명 '진보적 지식인'들의 글로 '오늘의 사상신서'라는 총서를 출간한 일을 들 수 있겠다. 이렇듯 유신 치하의 지식인 사회의 갈증을 조금이라도 해소하는 정도였다.

그리고 1977년 9월에 이태복 대표가 설립한 광민사는 한길사와는 또 다르게 독자적인 세계를 구축해나갔다. 『민중과 조직』『노동의 역사』 등 산업신서와 『유한계급론』『한국노동문제의 구조』 등 광민선서로 구분, 책을 발간했다. 당시 '의식 있는 책' 그것도 '노동'이란 글자가 붙은 책을 냈다가는 2~3개월 안에 문을 닫을지 모른다는 것쯤은 충분히 예측가능한 일이었다. 하지만 27살 젊은 이태복은 출판사 이름에서도 드러나듯 '국민에게 빛을 주겠다'며 강인한 소신을 드러냈다.

출판은 독자들이 필요로 하는 욕구와 갈증을 해소하는 샘물과 같다. 그런데 노동현장에서는 조잡한 외국서적 번안집을 교재로 쓸 정도로 목말라 했다. 이태복 대표가 전국을 누비면서 노동현장에서의 욕구들을 파악하고 그에 따라 책의 목록을 정해 놓는 등 준비기간도 2년여가 걸렸다 한다.

출판방향은 세 가지로, 순차적으로 할 계획이었단다. 첫 번째는 이미 출판된 논문집에서 쓸 만한 논문들을 모아서 내는 방법, 두 번째는 정부의 검열을 피할 수 있도록 근대경제학자들의 저술이나 외국의 노동운동 상황을 소개하는 방법, 세 번째는 노조간부들의 의식을 발전시킬 수 있는 값싼 문고본을 제작하는 방법 등이었다.

표지, 편집 등 출판의 완성도는 많이 떨어졌다고 본인도 시인했다. 아는 것도 별로 없고, 전문적으로 제대로 할 줄 모르는 변변치 않은 처지였지만, 노동현장과 학생운동 등 진보적인 세력의 수요자들이 기다리고 있으니 서두를 수밖에 없었다고 한다.

판매금지 처분이 내려진 책은 『한국노동문제의 구조』로, 광민사가 두 번째 발간한 책이다. 납본에 들어간 지 1주일 만에 판금조치가 떨어졌다. 납본 규정은 1961년 12월 30일 「출판사 및 인쇄소의 등록에 관한 법률」인데, 법률상으로는 등록제이므로 출판사가 2부를 납본했을 때, 담당부서는 납본필증을 교부하도록 되어 있었다. 그러나 문제가 있다고 판단되는 출판물에 대해서는 납본필증 교부를 보류하거나 시판 금지가 내려졌다.

사전에 판금 조치를 대비하여 책이 나오자마자 흥사단 아카데미 조직과 아는 선을 통해서 즉시 판매해 3천부를 다 팔고 2천부를 더 찍어 5백부 남은 상황에 납본에 들어갔다. 문공부에서 직접 나와 재고더미를 종이로 싼 뒤 뜯지 못하도록 관인을 찍었는데, 이른바 봉인 조치다. 이태복 대표는 출판의 자유를 침해하는 독재정권의 탄압을 수용할 생각이 전혀 없었기에, 봉인된 책은 건드리지 않는 대신, 몰래 다시 찍어서 폭주하는 주문에 대처했단다. 이 덕분에 출판사의 재정상황이 좋아져 세 번째 계획된 노동자 학습용인 산업신서의 출판의 실현이 빨라졌고, 활동자금도 조달할 수 있었다고 한다.

대신 남산 중정(中情)에 불려 들어가 문공부 출판담당 과장하고 군홧발로 구타당하는 고초를 꼬박 2박 3일간 당했는데, 조사과정에서 알게 된 판금 이유는 어처구니없게도 책 내용에 '역량'이라는 표현 때문이었단다.

일명 '의식 있는 책'을 내어 합법적인 영역을 개척한다는 것은 곳곳에 어려운 일들이 깔려 있다. 탄압도 탄압이지만, 자금이 있어야 하고 또 자금회전이 되어야만 지속적으로 책을 낼 수 있기 때문이었다.

이태복의 광민사 출판활동은 1978년부터 만들어지기 시작한 전국 각지의 양서(良書)협동조합이 전개한 양서보급운동과 결합해서 진행했다. 당시 양서보급운동은 협동조합운동의 하나로, 각 지역의 온건 합리적이되 진취적인 인사들이 집결해 있었다. 이런 전국의 양서조합이 광민사 서적의 보급지이고, 판금서적의 공급처였던 것이다.

또한 이들을 매달 정기적으로 만나면서 그 지역의 동향과 주요 인물들에 대한 평도 들어서 전국의 상황은 물론, 각 지역의 주요역량과 인물들에 대한 정보와 면식을 넓혀갈 수 있었고, 조직운동 과정에서 큰 도움이 되었다. 이 과정에서 전국 어디를 가나 환영을 받았고, 그의 정세분석과 문제제기에 대한 지지기반을 넓혀 나갈 수 있었다고 했다.

책은 개성이 있어서 쳐다보면 만드는 사람이 보이는 법이다. 광민사를 할 때는 직접 이태복 대표를 만날 기회는 없었지만, 진지하고, 부드러우면서도 강인한 부분이 읽혀져서, 광민사는 나에게 새로운 자극으로 다가왔다. 특히 『노동의 역사』 등 산업신서 13권은 손에 잡기 편해 작으면서도 부담되지 않게 얇게, 그리고 내용도 간결하고 이해하기 쉽게, 정확하게 다듬어져 있어서, 노동자들을 이해하고 사랑하는 이 대표의 마음이 느껴지는 책들이었다.

당시 나는 민중미술, 순수예술, 참여예술을 모두 아우르면서 내 페이스를 지켜 나가고 있었다.

1970년대 후반 출판문화운동에 대해 이 대표가 이런 얘기를 한 적이 있음을 나는 기억하고 있다.

"노동운동을 하기 위해 필요한 교재와 자양분을 만들자는 생각에서 책을 냈던 건데, 출판문화운동에 '뜻하지 않게' 참여하게 된 셈이다. 이런 출판의 경험은 독자들의 소리 없는 성원을 깨닫게 해 주었다. 오전에 주문받고 오후에는 배본하고, 지방 배본 갔다 와서 책을 싸서 저녁 늦게 서부역에 가서 부치고 하는 게 일이었다. 하지만 출판운동을 통해서 실핏줄처럼 이어져 꿈틀거리는 노동운동의 역동력을 모아나갈 수 있었고, 노동운동 세력이 본격적으로 대두하기 시작했다는 것은 놀라운 경험이었던 것 같다. 그래서 광민사의 간판을 내릴 경우를 대비하지 않을 수 없었다. 나의 구속 이후에도 지속적인 출판문화운동을 전개해 나가도록 장치를 걸어야 했다. 2선 대책으로 나온 출판사가 '동녘'이었다. 왜냐하면 출판문화운동은 우리 사회의 각종 현안문제에 대해 정확한 문제의식을 갖게 하는 작업이라서 기초 작업 중의 기초라 생각했다. 그래서 둘째 동생(이건복)이 구속되면 셋째(이영복)가 맡으면 된다는 생각을 했다. 결국 1980년대 중반에 둘째 동생도 구속됐다."

1979년 부마항쟁, 10·26사태, 1980년 신군부의 5·17 비상계엄 선포, 5·18 광주민주화운동, 1981년의 학림사건. 숨가쁘게 사건들이 터졌다. 이태복 대표의 동생 이건복 동녘 사장은 광민사의 영업일을 맡고 있었는데, 그때의 상황을 이렇게 회고한다.

"1981년 7월 27일에야 형(이태복)이 남영동에 있는 거를 알게 되었다. '수괴'로 지목되고 재판 과정에서 '사형' 구형과 '무기' 언도를 받았다. 그 와중에 1981년 8월 갑자기 문공부에서 3개월 휴업 처분이 내려졌고, 11월에 다시 영업을 재개하고 한두 달 했는데, 1982년 2월 또 문공부에서 폐업하라고 했다. 그때 시인 채광석 씨와 몇몇 형 친구 분들이 혜화동 사무실로 찾아와서 "네 형이 빨리 나오려면, 출판사는 그냥 하는 게 좋을 것 같다."고 말해서 유지하기로 했다."

사실 광민사 출판 등록 취소과정은 이러했다. 당시 청와대 정무수석이나 문화부 차관의 입장은 "국가 안위에 해당하는 일이라 어쩔 수 없다."며 창작과비평, 한길사, 평민사 그리고 광민사 등의 등록이 취소될 거라고 연락을 해 왔다. 이들 출판사 가운데 광민사만 제외한 세 출판사는 공교롭게도 모두 수요회 회원이었다. 나는 그때, 이렇게 다 폐업을 시키는 것은 안 되며, 하나라도 더 출판사를 살릴 수 있는 방법밖에 없었다. 그래서 같은 수요회이며 나와 생각이 같았던 민음사, 지식산업사 대표 등과 함께 청와대 정무수석을 만나, 구제안을 찾아야 했고, 그 과정에서 나는 대화를 통해 출판사 폐업을 최소화하자고 주장했다. 결국 다른 출판사들은 겨우 살아남았고, 광민사는 '불가피'한 이유로 강제 폐업할 수밖에 없게 되었다.

그런데 폐업 사건이 이태복 대표가 예비해 둔 동녘까지 사라질 위기를 초래한다. 이태복 대표는 1979년 12월만 해도 광민사와 동녘 두 개의 출판사 등록을 갖고 있었다. 10·26 이후 출판사 등록규제가 풀렸던 상황이었기에 가능한 일이었다. 이건복 대표는 이렇게 회상한다.

"학림사건이 나자, 고대 출신 몇 명이 찾아와 출판사를 시작하려 한다며 하나를 빌려 달라고 했다. 그래서 동녘을 빌려 주었는데, 나중에 '백산서당'이 된다. 그런데 막상 광민사가 폐업하게 되니까 나에겐 출판사 등록증이 없게 된 것이다. 출판사 등록이 동결된 상황이라 어쩔 수 없어서 수소문하여 '오거서'라는 출판사 명의를 사서 이름을 동녘으로 바꾸고 1982년 3월부터 동녘이 재개할 수 있었다."

이태복 대표가 감옥에 있는 동안, 나는 이건복 동녘 대표와는 가까워졌다. 그 무렵 수요회보다는 한걸음 진보적인 성향의 출판인들이 '금요회(金曜會)'를 결성했고, 금요회를 이끄는 힘을 보여주어, 종래에는 수요회와 금요회의 중심들이 출판도시를 견인했다고 나는 믿고 있다.

파주출판도시 추진은 1988년이었는데, 몇몇 뜻있는 출판인들과 함께 파주출판도시 추진을 입안하면서 나는 그 조직의 책임을 맡아 사반세기 동안 출판도시 건설에 힘썼다.

1만여 명의 출판 관련 종사자들이 일하는 450여 개 출판사와 인쇄, 디자인, 출판유통, 방송, 영화, 전시 업종 등 주요 업종으로 하는 기업들이 모였는데, 기업의 협동조합이 근간을 이루었다. '책의 도시'는 출판사와 인쇄소가 주인공처럼 보이지만, 다양한 업종들, 곧 단일 업종만이 아닌 다양한 이업종(異業種) 간의 협업을 추진하는 협동조합으로 유명한 사업이었다. 이 조합의 성공은 하나의 신화처럼 많은 사람들의 입에 오르내릴 정도로 명성을 갖게 되었다. 그런데 조합원들의 개개인 사업체의 건물은 성공적으로 마련돼 가고 있었지만, 공공건물, 즉 이 도시를 대변할 문화시설의 건립은 요원했다. 우리 개개 입주자들은 자신의 사옥을 마련해서 자신의 삶터뿐 아니라 직원들과 회사사옥을 옮기는 일까지 벅찬 이주계획에 시달려야 해서 너무나 힘겨웠다.

그런데 파주출판도시에 우뚝 설 ‘공공건물’의 멋진 위용(偉容)이 내 뇌리에서 잠시도 떠나지 않고 있었다. 개인시설이 살아나려면 공공시설이 필요하다고 생각해 문화체육관광부 장관에게 진정했지만, 좀처럼 먹히지 않았다. 결국 대통령에게 호소할 수밖에 없었다. 우선 박지원 정책기획수석을 면담하기 위해 이태복 복지노동수석을 찾았다. 그의 방은 공교롭게도 박 수석의 방과 가까운 위치에 있었기에, 나는 아주 편한 마음으로 그의 도움을 받았다. 나는 이태복 수석과 함께 박지원 정책수

2009년 파주출판도시 어린이책잔치 〈우리가족 · 우리집 · 우리도시〉 행사를 이끈 필자. 아이들 사이에 있다. 이태복은 필자로부터 왼쪽으로 다섯 번째.

석을 만났다. 그때 이태복 수석은 이 일에 깊이 개입하지 않았지만, 그가 마치 자신의 일처럼 출판계의 한 동료처럼 이 일을 함께 걱정해 주면서 따뜻한 온기를 보태 주었던 일을 잊을 수 없다. 대통령의 특별한 결심이 내려졌다. 관(官)과 민(民)이 힘을 합해 매칭펀드를 조성하도록 독려하여 지금 출판도시의 심장부로 '아시아출판문화정보센터'가 마련되게 된 것이다. 문화체육관광부 소관의 재단법인이다.

이게 인연이 되어서, 나는 이태복 이사장이 이끄는 사단법인 '인간의 대지'의 이사로 2008년부터 6년간 활동했다. 2009년 〈어린이 책 잔치〉에 이태복 이사장을 초대했다. 울산의 소호마을 분교에서 올라온 어린이들이 부른 노래와 노랫말이 살아서 깡충깡충 뛰노는 것 같다며 좋아했던 모습이 아직도 선명히 기억에 남아 있다.

파주출판단지를 둘러보며, 사람냄새 나는 출판사 건물이었으면 하는 소리도 생생하다. 출판사 건물은 사람의 인품을 좌우하는 책을 만드는 곳이라는 얘기다. 책은 사람들에게 생각하는 힘을 키워주고 그런 각 개인의 힘들이 모아져야 나라의 힘도 생기는 법이라며, 다행이 그 해답의 하나가 〈어린이 책 잔치〉라고 말했었다. '인간의대지'에서 전국의 저소득층 어린이들에게 책을 모아 보내는데, 아이들이 제일 좋아하는 것은 역시 책이라고 했다. 도서관이 약국만큼 많이 있어야 한다는 얘기도 했었다. 학교 도서관을 지역의 도서관으로 발전시켜 지역주민들에게 열어놓아 공공의 역할을 제대로 해야 한다는 얘기도 했었다.

책은 '밥'이요, '생명'이다.

책은 사유하는 공간이고, 인간미가 흐르는 공간이다.

출판인 이태복도 책의 생명력이 실핏줄처럼 이어져 노동운동의 역동

사)인간의대지 〈제3차 중국동포 청소년 가족상봉 및 역사문화체험〉 중에 열화당 책박물관을 견학했다. 2009년 8월 27일. 필자는 왼쪽에 의자에 앉아 있다.

력으로 전환되는 현실을 목도했다. 아마도 이 놀라운 경험 때문에 자신은 노동개혁과 민주화운동에 투신하면서도 출판문화운동이 지속되기를 원했으며, 동녘이 오래 남기를 바랐던 것이다.

또한 수많은 실천 속에서도 책 집필을 꾸준히 했다. 광민사에서 펴낸 30여 권의 책 외에도 그가 남긴 저서가 『도산 안창호 평전』을 비롯하여 13권이다. 자신이 분석하고 대안으로 내놓은 여러 현실타개책을 알리고, 지지와 동참을 끌어내는 공간으로도 삼았지만, 자신을 가다듬고 자신의 주장과 실천을 되돌아보는 반성과 쇄신의 공간으로도 사용했다.

아무리 바빠도 한 달에 두세 번은 서점에 가서 어떤 책들이 나왔나 둘러보고, 대여섯 권의 책을 살 정도로 책을 사랑한 사람이었다. 책에서 지혜를 얻고, 책에서 고민의 열쇠를 찾고, 책에서 용기를 얻었다 했다.

성찰하고 도전하고 사람 살리는 실천을 목숨 걸고 한 이태복 님을 오래도록 기억하련다.

이태복이라
믿 는 다

녹두서점과 광민사의 인연

김상윤

(사. 윤상원기념사업회 고문)

내가 녹두서점을 만든 것은 1977년 7월이었다. 그런데 광민사 역시 1977년 9월에 출발했다. 1980년 5월 17일 밤 11시 30분쯤, 내가 계엄사 합수부에 끌려가 보안대 지하실에서 혹독한 조사를 받고, 이어서 우리 식구들이 줄줄이 연루된 후 녹두서점은 결국 문을 닫게 된다. 그런데 광민사 역시 1981년 휴업에 이어 1982년 초 결국 분을 닫고 동녘출판사가 그 뒤를 이었다고 들었다. 참 공교로운 인연이다.

녹두서점은 처음에 헌책방으로 출발했다. 민청학련 사건으로 직업도 없이 지내던 내 형편에 상당한 자금이 소요되는 새 책방은 엄두도 낼 수 없었지만, 헌책방은 이른바 '불온서적'을 공급하기 위해서 나 자신을 '위장'하는 데에는 많은 도움이 되었다. 판매가 금지된 책들은 시중에 있는 여러 서점에서 몰래 가져와 판매하였지만, 어떤 출판사들은 헌책방인 녹두서점에도 책을 공급해주었다. 한길사, 일월서각, 청사, 광민사 등이 바로 그런 출판사들이었다.

『녹두서점의 오월』 출판기념회. 오른쪽부터 이태복, 김상집 저자, 김상윤 저자. 조계현.

당시 생긴 지 얼마 되지 않은 상기 출판사들은 주로 언론 자유를 위해 싸우다가 해직된 분들이나 학생운동 출신들이 운영하고 있어서, 사장들이 직접 수금을 하러 서점까지 방문을 하고는 했다. 그러다 보니 자연스럽게 김언호, 이태복 사장 등을 만나게 되었다. 그런데 이태복 광민사 사장을 언제 처음 만나게 되었는지는 기억나지 않는다.

다만 『한국노동문제의 구조』나 『노동의 역사』 같은 노동 관련 서적, 『유한계급론』이나 『자본주의 이행논쟁』 같은 학술 서적, 『대지의 저주받은 자들』 같은 제3세계 해방운동을 다룬 책들이 광민사를 통해 우리에게 소개되었다. 물론 『정글』이나 『나의 라임오렌지 나무』도 내 기억에 오래 남아 있던 소설들이다.

박정희 암살 직후, 그러니까 1979년 말에 녹두서점은 헌책방 거리인 계림동을 벗어나 전남 도청에 가까운 전남여고 옆으로 옮겼다. 이제 헌책방이라는 위장을 할 필요가 없이 마음 놓고 좋은 책을 팔아도 괜찮은 세상이 올 것이라 믿었기 때문이다. 그러나 세상은 한 치 앞을 내다볼 수 없을 만큼 어수선하기 짝이 없었다.

아마 1980년 초 무렵이었을 것이다. '전태일 노동교실'에 있던 이양현에게서 연락이 왔다. 이양현의 아내인 선점숙은 조광피혁에 이른바 '위장취업'한 상태였고, 이양현은 동일방직 사건 등으로 동분서주하고 있었다. 물론 그는 자주 광주에 내려와 노동조합을 만드는 일에도 열심이었다. 1979년에 YH노조가 신민당사에서 농성하다가 경찰의 무자비한 진압으로 광주 신안동 출신인 김경숙이 사망하는 참사가 발생했었다. 그런데 전태일 어머니 이소선 여사가 김경숙 어머니를 위로하러 광주에 오신다는데, 내가 안내를 해달라는 것이 이양현의 부탁이었다.

YH노조 신민당사 농성은 김영삼 신민당 총재의 제명으로 이어졌고, 부마항쟁을 촉발하여 결국 박정희 암살로 이어지는 큰 사건들의 시발점으로, 한국민주화운동이나 노동운동사에서 매우 중요한 사건이었다.

YH노조 최순영 위원장, 박태연 부위원장 등 노조원 몇 사람과 함께 녹두서점을 찾아오신 이소선 여사를 모시고 나는 김경숙 어머니와 만남을 주선했다. 그 만남 후 YH 노조원들은 나와 함께 다시 녹두서점으로 돌아왔다. 그때 매달 수금 차 들리던 이태복 사장이 서점 안으로 들어왔다. 내가 이태복 사장에게 YH노조원들을 소개하기도 전에 YH 노조원 전원이 이태복을 보자마자 큰 소리로 환호를 하는 것이 아닌가! 요즈음 식으로 말하면 "오빠! 오빠!"하고 크게 열광하는 것처럼.

나는 이태복 사장이 그냥 출판사나 하는 분이라고는 생각하지 않았으나, 이처럼 격렬한 노동운동 현장에 있는 사람들이 그를 보자마자 너무 기뻐하는 모습을 보고 많이 놀랐다.

'허, 이 사람. 보통내기는 아닌가 보네!'

나중에 알게 된 사실이지만, 그가 매달 수금하러 지역을 돌아다니는 것은 영업 때문만은 아니었다. 광주만 하더라도 전남방직이나 일신방직에서 여공으로 있던 분들은 이태복 사장의 노동운동 강의를 대부분 들었고, 나중에 노조 임원이 된 사람들은 "그분이 사주시는 밥도 많이 얻어먹었다."고 했다. 1980년 5월, 도청 앞에서 진행된 시민궐기대회에 전남방직이나 일신방직 여공들이 떼 지어 참석한 것도 사실은 이태복의 숨은 노력 덕분이었던 것이다.

그런데 녹두서점은 내가 윤상원과 함께 운영하는 구조로 만들었었다. 노동운동의 길을 모색하던 윤상원은 한남플라스틱이라는 공장에 위장취업을 했으나, 머지않아 그만두고 들불야학에 참여하면서 양동신협에 근무하고 있었다. 그래서 윤상원이 대학과 야학의 연결고리 역할을 하면서 새로운 길을 열 수 있도록 녹두서점을 그에게 넘겨줄 계획을 세웠던 것이다. 물론 윤상원이 새로운 길을 찾는다면 녹두서점은 또 다른 후배에게 넘겨주면 될 것이었다.

어느 날 윤한봉 선배가 나에게 찾아왔다. 윤한봉 선배는 '민주주의와 민족통일을 위한 국민연합' 광주지부의 사무국장으로 윤상원을 추천하면 어떻겠느냐고 나에게 물었다. 나는 윤상원의 의견도 듣지 않고 동의하였다. 윤상원은 대학 재학 시절에도 여러 차례 시위를 주도하려 하였으나, 그때마다 내가 말려서 주저앉고는 하였다.

"상원아, 나를 봐라. 계속 감시를 받고 있으니 행동에 제약이 얼마나 많으냐. 드러나지 않은 활동가가 많아져야 제대로 일을 꾸릴 수 있을 것이다."

그는 어쩔 수 없이 졸업 후 취직을 했고, 전남대 '교육지표사건' 이후 과감히 사표를 내고 광주로 다시 내려와 여러 가지 일을 도모하고 있었다. 윤상원은 마침내 '국민연합' 사무국장직을 수락하고 공개적인 활동을 시작하게 되었다. 그런데 그 무렵에 윤상원은 사실상 비밀단체인 전민노련 중앙위원이 되어 지하운동도 병행하게 되었던 것 같다. 윤상원은 전민노련 중앙위원이 되었다는 사실을 나에게도 알리지 않았다. 이태복은 윤상원에게 "그 선배는 훌륭한 분이시나, 이 일은 별개이니 절대 알려서는 안 된다."고 신신당부했던 모양이다. 또한 국민연합 사무국장직을 수락할 때도 이태복과 상의하여 최종 결정을 내렸다는 사실도 뒤늦게 알았다.

5월 18일 새벽에 윤상원은 찾아온 박관현을 만났고, 5월 1일에 제대한 내 동생 상집이를 녹두서점으로 불러냈다. 윤상원은 운동권 일선에 있는 사람들을 찾아서 이러한 상황에 대처하도록 동분서주했으나 실패했고, 박관현도 종적을 감추게 되자 오월항쟁 기간 내내 일선에서 싸우는 일을 숙명으로 받아들였다. 그는 5월 26일 시민군 대변인으로서 외신기자들과 처음이자 마지막 회견을 했고, 다음날 27일 새벽 전남 도청 민원실에서 장렬히 전사했다.

나중에 이태복에게 들은 바로는, 윤상원은 18일부터 수시로 이태복과 연락했고 상황이 몹시 긴박함을 깨달은 이태복은 21일에 아예 광주로 직접 오겠다고 했다는 것이다. 포항에서 김병구와 만나 광주진입을 시도하기로 결의를 한 모양이었다. 이태복은 순천에서 지금은 고인이 된 정광훈(전 전농회장)을 만나 그의 안내로 광주로 들어가려 하였으나, 정광훈이 나타나지 않아 광주 잠입이 무산되었다고 했다. 물론 그때는 광주와 외부의 통신이 모두 차단된 상태라 전화 연락도 불가능했다. 그

학림동지회 회원들이 2018년 12월 광주민중항쟁 유적지 답사와 윤상원 열사 묘지 참배 후 필자 집을 방문했다. 필자는 아랫줄 오른쪽에서 세 번째.

는 어쩔 수 없이 다시 되돌아갔다고 한다.

나는 윤상원, 박효선, 박관현 이 세 사람에게 마음의 빚이 있다. 윤상원은 말할 것도 없지만, 박효선 역시 자신의 연극 방향을 혁명적으로 바꾸는 데 나의 영향이 매우 컸다고 생각한다. 그는 함평고구마사건 1주년 기념식 때 나의 제안으로 광주 최초의 마당극을 만들어 연출했고, 1980년 당시에는 '돼지풀이'라는 마당극을 만들어 시대를 풍자했다. 그는 전남대 국문과 내 후배이기도 했고, 윤상원의 연극반 후배이기도 하여 이런저런 인연으로 들불야학에도 참여하고 있었다. 물론 그는 들불야학에서 박관현을 만나 아주 친숙한 사이가 되어 있었다. 그는 5·18 당시 홍보부장을 맡아 혼신의 힘을 쏟았고, 죽을 때까지 '오월극'이라 부를만한 장르(?)의 대부가 되었다. 나는 죽기 전에 광주에서 '박효선 연극제'를 만들어, 전국의 연극인들이 박효선의 이름 아래 광주로 모이도록 하고 싶다.

박관현은 계림동 헌책방에서 서석동 새 책방으로 이사할 때 들불야학 학생들과 함께 모든 짐을 옮겨주었다. 그날 저녁에 녹두서점 안에서 개업식을 하는데 그는 뒤뜰에서 들불야학 학생들과 함께 막걸리를 마시고 즐겼다. 그의 생각으로는 광주의 유명한 분들과 함께 있는 것보다는 들불야학 어린 학생들과 함께 있는 것이 더 소중하다고 생각했을 것이다. 박관현은 전남대 총학생회장이었기 때문에 당시의 동료들이 '관현장학재단'을 만들어 잘 운영하고 있다. 그럼에도 불구하고 나는 그를 위해 무언가 하지 못한 것에 대해 많은 자책을 하고 있다.

이태복이 들불야학 근처에서 자고 아침에 일어났는데, 세면장에서 얼굴을 씻고 나오니 옆에 박관현이 수건을 들고 서 있더란다. "이런 일은 옛날의 잔재이니 하지 말라."고 했단다. 박관현은 "수고하시는 선배께 이런 선물이라도 하고 싶었다."고 하더란다. 아마 윤상원과 박관현을 통해 이태복은 전남대 총학생회 일에도 간접적인 영향력을 행사했을 것으로 짐작된다.

내가 '윤상원기념사업회'를 만들어 처음 이사장을 한 후에, 이태복 선생을 이사장으로 추천했다. 그는 처음에는 망설이는 듯했으나 이내 이사장직을 수락했다. 윤상원 일이라면 물불 가리지 않는 사람이니 이사장직을 거절하기 어려웠을 것이다.

내가 이사장직을 맡고 있을 때 이태복은 임진택 명창이 '윤상원 판소리'를 만들 수 있도록 도와달라고 했다. 나는 당시 민형배 광산구청장을 만나 임진택 명창이 '윤상원 판소리'를 만들 수 있도록 예산을 만들어 주었다. 또한 하성흡 화백이 '윤상원 일대기'를 그리고 싶어 한다는 말을 듣고, 또다시 민형배 청장과 상의하여 예산을 만들어 주었다. 그런데 이태복 선생이 이사장을 맡더니, 하성흡 화백이 그린 '윤상원 일대기'

를 가지고 전국 순회를 하는 것이 아닌가? 역시 스케일이 나 같은 시골 서생과는 아주 다르다는 것을 느꼈다.

그런데 이태복의 윤상원 사랑은 여기에서 그치지 않았다. 내가 전남대 사회대와 상의하여 사회대 안에 '윤상원홀'을 만들었는데, 윤상원홀 개소식 때 축사를 하던 이태복 선생이 전남대 총장을 향해 "전남대를 윤상원대로 만들면 더 좋지 않겠느냐?"고 하는 것이 아닌가. 뜬금없는 소리에 모두 웃고 말았지만, 이태복은 정말 '전남대가 윤상원대'로 이름을 바꾸는 것이 좋겠다고 생각하는 것 같았다.

이태복이 이사장이 되고 처음 한 일은 광주광역시 이용섭 시장을 만난 일이었다. 그는 그때 이용섭 시장에게 200억 원 규모의 '윤상원기념관'을 만들자고 제안했다. 전혀 그런 생각을 해보지 않은 이용섭 시장에게 이태복은 "광주에서는 윤상원을 윤봉길만큼도 중요하게 생각지 않는 것이냐!"고 따졌다고 한다. 말문이 막힌 이용섭 시장은 '윤상원기념관'은 국비를 가져와야 가능할 것이라고 했고, 이태복은 국비는 우리가 만들 테니 광주시에서는 얼마를 출연할지를 물어, '25억 정도'는 광주시에서 출연하겠다는 약속을 기어이 받아냈다. 이태복은 말뿐만이 아니라 국비 확보를 위해 실로 동분서주했다.

어느 날 내 차를 타고 송정리역으로 가면서 이태복 이사장과 내가 이런 대화를 나눈 적이 있었다.

"강기정 정무수석에게 저를 추천해보라고 하세요."

"자네는 이미 오래전에 수석도 하고 장관도 했는데 무슨 직으로 추천하란 말인가?"

이태복은 전혀 망설이지 않고 바로 대답했다. "국무총리지요"

'뭐라?' 나는 순간 당황했다.

그러나 나는 강기정 수석에게 광주에 내려오면 만나자고 연락했고, 3일 후에 강 수석은 광주에 내려와 나를 만났다. '윤상원기념관' 예산은 이미 재경부 예산 편성이 끝나 지금은 추진할 수는 없는 상태고, 이태복 장관을 국무총리로 추천한다고 해도 총리가 될 가능성은 1%도 없어 보인다는 대답이었다.

몇 달이 지난 후 이태복 이사장이 담양 우리 집을 갑자기 다시 찾아왔다. 정세균 국무총리가 만나자고 하더니 자신을 차기 국무총리로 추천하면 어떻겠느냐고 의사를 묻더라는 것이었다.

물론 정세균 국무총리는 문재인 대통령에게 이태복을 차기 국무총리로 추천했다. 후에 국무총리 내정자에 이태복이 제일 먼저 거론되었다. 물론 하루 사이에 뒤바뀌긴 했으나, 이태복이 유력한 국무총리 후보로 거론된 것은 확실한 사실이다.

그런데 가만히 생각해보니, 정세균 당 대표 시절 당 대표의 비서실장이었던 강기정이 대권을 노리는 정세균 국무총리에게 이태복 장관을 국무총리로 추천하는 것이 매우 좋겠다는 의견을 제시한 것 같았다. 이태복은 윤석열과 같은 충청도 인물인 데다 광주와 인연이 깊을 뿐만 아니라 노동계와 깊은 인연이 있는 사람이므로 정세균 대권 도전에 매우 필요한 사람이라고 조언을 했을 것 같았다. 물론 나는 그런 짐작만 하고 확인을 해보지는 않았다.

왜 이런 이야기를 장황하게 하느냐면, 이태복은 나라를 위해 과감한 시책을 펼 수 있는 사람이 분명하지만, 그가 국무총리가 되었다면 주저 없이 '윤상원기념관'을 설립했을 것이라는 생각이 들어서이다. 그러나 이태복의 이런 생각은 '지나치게 과도하다'는 느낌을 나에게 주었다.

윤상원 기념사업을 광주시와 함께하지 않고 광산구청과 함께하는 것은 우리들이 능력이 없어서 그러는 것이 아니다. 광주시가 특정인을 위한 사업을 하게 되면 오월 관련자들의 항의가 빗발치게 되어 있다. 윤상원기념사업회를 만들었을 때도 직접 찾아와 항의하는 오월 관련자들이 있었다. "왜 특정한 사람만 영웅으로 만들려 하느냐?" 그래서 윤상원이 태어난 광산구와 함께 기념사업을 할 수밖에 없는 것이다.

지금 '5·18기념관'도 설립되어 있지 않은데, 200억 원이 넘는 '윤상원기념관'을 먼저 설립한다면 오월 관련자들의 동의는 고사하고 광주시민들도 매우 의아해할 것이다. 또한 '민족대학'이라고 자부하는 전남대학교에는 많은 민주 희생자들이 있는데, 학교 명칭을 '윤상원대학'이라고 할 수 있겠는가? 이태복의 윤상원 사랑은 이처럼 과도한 면이 있다고 할 것이다.

그렇지만 이제 이태복보다 더 윤상원을 사랑하는 사람을 찾기는 어려울 것이다. 이태복은 윤상원뿐만 아니라 그가 조직했던 단체와 조직원들에 대한 사랑도 과도한 사람이 아니었을까, 그런 생각을 해본다.

이태복이라
믿 는 다

노동자의 벗, 민중운동가

장영달

(사. 몽양여운형선생기념사업회 이사장)

많은 사람들이 아직도 갑작스러운 노동자의 벗, 민중운동가 이태복 동지의 죽음을 현실로 받아들이지 못한다고 합니다. 아파서 입원했다거나 집에 누워있다는 소식 한 번 없이 건강하기만 했던 '거인'이 어느 날 뜻밖에 우리 곁을 훌쩍 떠나버리니 충격만 남은 채, 우리는 그를 보내지 못하고 넋을 잃은 듯합니다.

이태복 동지는 국민대학교 법과대학 1학년 시절부터 박정희 군사독재에 맞서 싸우기 시작한 민주 투사입니다. 특히 도산 안창호 선생의 흥사단 운동을 통하여 전국적인 활동 영역을 개척하였습니다. 그러한 가운데에도 특별하게 노동자 권익에 천착하였습니다. 노동자의 권리가 사회구성원의 중심으로 존중되어야 한다는 생각이 이태복 사상의 중심이었습니다. 대단히 선진적인 운동 방향이었습니다.

독립운동 지사들의 바톤을 이어받은 세력이 독재 권력과 싸워 온 민주화운동 세력입니다. 이태복 동지가 바로 여기에 속합니다. 다른 점은 노동자를 분명하게 우리 역사의 중심에 세웠다는 사실입니다.

수많은 민주 투사와 이태복은 어디가 다를까요? 이태복 동지는 혁명가적 기질을 가진 민주화운동가였습니다. 비록 저는 이태복 동지와 대학 선후배이면서도 한 번도 일을 같이 도모한 적이 없었지만 그의 활동은 매사 굵은 선이었습니다. 사물을 넓게 보고 크게 접근하고자 하는 이태복 동지의 모습에서 혁명성을 느낀 것입니다.

그러한 지도자였기에 8년여의 장기간의 옥고 생활에서 석방되자마자 〈노동자신문〉부터 만들기 시작하지 않았을까 합니다.

『녹슬은 해방구』의 저자 권운상 동지와 더불어 우리 세 사람이 대학 동문으로서도 함께 멋진 활동을 그리기도 하였으나 이렇듯 우리는 헤어지게 되었습니다. 사회 중진들이 되어서라도 함께 걸어갔으면 싶었

2003년 4월 2일 점핑코리아 연구소 창립기념식에서 축사를 하고 있는 필자.

는데 저로서는 참으로 많은 회한을 느끼지 않을 수 없습니다.

그나마 이승을 떠나가던 날, 후배의 상임 장례위원장으로 뒤를 따르면서 세상에서 이태복과 생사고락을 함께 했던 많은 동지들을 만나면서 그런대로 위로도 서로 나눌 수 있었고, 사랑하는 후배 이태복에게 조용히 작별의 인사를 나눌 수 있어서 다행이었습니다.

이제는 살아있는 사람들이 그가 남긴 역사의 씨앗을 잘 키워갔으면 좋겠습니다. 그래서 사람은 떠났어도 역사는 미래로 힘차게 뻗어가는 법이라는 사실을 입증하면서 삶과 죽음의 단절을 넘어 함께 승리하는 우리가 되기를 바랍니다.

이태복이라
믿 는 다

선각자, 실천가이자 가슴 뜨거운 사람

김병구
(전민노련 중앙위원장)

존경하는 이태복 형제여!

어찌 이리도 수많은 아픈 가슴을 두고 먼저 가시었소! 나의 정신적 지주였던 그대가 없는 지금, 황망한 마음 금할 길 없구려.

지금부터 50여 년 전, 내 나이 20대 후반 강원도 삼척군 도계읍 경동탄광 노조 위원장으로 있을 때, 우리는 경동교회 강원룡 목사께서 진행하는 노동교육 현장에서 동기생으로 처음 만났습니다.

이때 유신통치하에서 한국산업화 과정의 노동운동 1세대라고 할 수 있는 이총각, 양승조, 유동우, 최순영, 방용석 등과도 교육과정에 같이 만났던 노동운동 동지였었죠. 마치 어제 일 같습니다.

그 이후 이태복 형제님은 『노동의 역사』 등 노동운동의 필수서적을 출간, 일반 노동자들이 쉽게 깨칠 수 있도록 노동서적 출판운동에 큰 역할을 하셨습니다. 이때부터 친형제 같은 우정을 나누면서 단순한 노동법 인식, 노동운동 경험과 지혜의 교류라는 차원을 넘어 인간사회에서

2011년 5월 24일 『토정 이지함 평전』 출판기념회. 왼쪽이 필자.

의 노동의 가치와 사회발전의 주체로서의 노동자라는 자긍심과 자존감, 그리고 이론적 지식과 실천력을 이태복 당신을 통해 한층 높여갈 수 있었고, 그래서 더욱 소중한 동지요, 형제였습니다.

박정희 독재정권이 무너질 때 노동운동의 전환을 예측하면서 우리는 1980년 5월 1일부터 3일간 인천 계산동에서 정세분석을 통해 현 단계 노동자의 대응을 논의하면서 전국민주노동자연맹(전민노련)을 결성하고 학생세력과 노동자의 결합으로 신군부와 대응하는 전략을 세웠었죠. 그때 광주 윤상원 열사도 2박 3일 일정을 함께했었습니다.

신군부가 광주를 피바다로 만들 때, 님께서는 5월 20일 포항으로 달려와 광주에서 윤상원이가 죽음 앞에 맞서있다고 하시며, 광주로 함께 가자고 했습니다. 포항제철이 보이는 형산강 강둑에서 소주를 기울이며 노동자세상을 논하셨죠. 다음날 새벽 광주 진입시도를 하였으나 군부대의 경계망을 뚫지 못해 진입에 실패하고 되돌아서야만 했습니다.

그때 중요한 역사 앞에 가슴 아파하시던 님의 모습이 지금도 눈에 선합니다.

2012년 10월 23일 국민석유 설립 경북준비위 출범식. 오른쪽 두 번째가 필자.

당신께서는 세상이 돌아가는 이치와 매 시기마다 전개되는 사회상을 올바로 분석하고 전망을 예시하며, 실천과제를 찾아내시는 지혜로움과 용기 있는 실천가였습니다. 당신께서는 대한민국을 품에 안고 하늘을 날 줄 아는 큰 사람이었습니다. 당신께서는 사회적, 정치적 '선각자'요 '실천가'이면서도 사람을 사랑할 줄 아는 인간애로 따뜻한 정이 가득찼었습니다. 세상을 바로잡는 일보다 '사람과 사람 관계의 사랑'이 삶의 힘이요, 필수요건으로 '사람 사랑'이 가득하였습니다.

님이 없는 오늘 세상사는 여전히 어지럽고 그대의 고귀함이 간절해집니다. 님이시어, 저 먼 곳에 계실지라도 늘 '사람 사랑'에 뜨거웠던 열정, 이곳까지 전해질 수 있길 기원해봅니다.

편히 쉬소서. 존경하고 사랑합니다.

이태복이라
믿 는 다

언제나 듬직했던 친구 태복이

신철영

(전 경제정의실천시민연합 공동대표)

태복이를 안 것은 흥사단 아카데미 활동을 통해서였다. 언제 인사를 했는지는 기억이 없지만 나는 서울대 아카데미 활동을, 태복이는 국민대 아카데미 활동을 했으므로 서로 부딪칠 일은 많았다. 그러나 만나면 인사하고 지내는 정도였지, 당시 특별히 일을 같이 했던 기억은 없다.

우리가 같이 일을 한 것은 전국민주노동자연맹 활동을 통해서였다. 나는 1978년 7월경부터 영등포산업선교회의 간사로 활동하고 있었다. 그러던 중 1979년 11월 경에 태복이에게 전화가 와서 만났다.

당시 정세에 대해서 의견을 나누면서 인식을 같이함을 확인했다. 공통된 상황인식은 두 가지였다. 첫째, 10·26사건 이후 많은 사람들은 민주화에 대한 열망이 크지만, 전두환을 중심으로 한 신군부가 실권을 잡고 있는 상황이라서 쉽사리 권력을 이양하지 않을 것 같다. 둘째, 노동자를 중심으로 한 민중의 힘이 커져야 확실한 민주주의가 될 것이다.

인식이 같음을 확인하자, 태복은 "노동자 조직을 함께하자."고 제안하여 그에 동의하면서 뜻을 같이 하기로 결정하고 처음으로 같이 활동을 하게 되었다.

우리는 '전국민주노동자연맹(전민노련)'을 조직하고 같이 활동했지만 곧이어 닥친 5·17 계엄확대와 광주학살로 활동을 활발하게 할 조건은 되지 못하였다. 나는 당시 영등포산업선교회의 일이 너무 바빠서 가끔 찾아오는 송영인과 공장 생활에 대한 이야기를 같이 하며 조언을 하는 정도밖에 참여하지 못하였다. 태복이는 직접 노동을 하면서 전국을 다니면서 조직을 하느라 애를 썼다. 특히 우리 중앙위원으로 함께 참여했던 윤상원 동지가 5·18민주화운동 당시 시민군의 대변인을 맡아 도청을 사수하다 살해된 사건에 우리 모두 안타까움을 금할 수 없었다.

그러다가 1981년 학림 사건이 터지면서 치안본부에 끌려가게 되었다. 1달 가까이 남영동 대공분실에 있다가 8월 10일 서대문구치소로 옮기게 되었다. 재판이 전국민주학생연맹(전민학련)과 병합하여 치러지면서 우리는 여자 2명(박태연, 노숙영)을 포함한 구속자 25명과 불구속 1명(박태주) 총 26명이 함께 재판을 받았고, 모든 사동에 우리 동지들이 있었기 때문에 전 사동에 소식을 전할 수 있게 되었었다.

우리 사건에 대한 면회가 허용되고 특히 재판이 시작되면서 불법구금과 고문에 의하여 사건이 조작되었다는 사실이 우리들의 입을 통하여 밝혀지면서 밖에서 유가족들의 투쟁이 시작되고 기독교와 가톨릭이 함께하면서 5·17 이후 최초의 본격적인 투쟁이 일어나게 되었다.

이런 영향으로 나는 2심에서 집행유예 판결을 받고 풀려나게 되어 후배들에게 아주 미안한 마음을 가질 수밖에 없었다. 재판장의 선고가 끝나자 누군지 "하느님 빽이 좋다."고 했던 말은 지금도 잊혀지지 않는다. 아마 내가 있음으로써 기독교계가 적극 투쟁하고 있다는 판단을 당시 정부가 했었던 것 같다. 집행유예를 받고 풀려나던 1982년 5월 22일은 우리가 "소 내에서 신문을 보고 뉴스를 청취하게 해 달라" "반입 서적에 대한 검열을 철폐하라"는 등의 요구를 내걸고 단식투쟁을 하고 있던 때였다. 석방되지 못한 우리 공범들은 즉각 지역으로 분산배치 되었음은 물론이었다.

내가 상고를 했던 것도 재판부의 판결에 대한 기대가 있어서가 아니었고 '하느님의 빽'으로 일찍 풀려난 내가 안에 있는 친구들과 같이 할 수 있는 일이 그것뿐이었기 때문이었다.

우리 사건에 대한 재심을 하게 되어 다시 옛날 동지들이 모이게 되었다. 여러 경로를 거치며 재심을 하게 되었고 2010년 12월 30일 고법에서 판사가 우리 사건 동지 전원에게 무죄를 선고하고 "우리 재판부는 과거 권위주의 시대에 국가가 범한 과오에 대하여, 그리고 피고인들의 작은 신음에도 귀 기울여야 할 책무를 다하지 못한 과거 재판부의 과오에 대하여 용서를 구한다."는 말을 할 때는 가슴이 뭉클해졌다.

재심을 청구하면서 회의적인 생각이 든 적도 있었지만 막상 재판장의 사과를 받으니 정말 국가가 우리에게 사과를 하였다는 생각이 들었다.

대법원 확정판결이 있은 이후에 1981년~1982년 재판할 당시 또 그 이후에 우리 사건을 위하여 수고하신 분들을 연락하여 고마움을 표하는 자리를 함께 가졌던 것이 뜻깊었다. 엄혹했던 시절에 애써주신 변호사님들과 재판정에 나서 증언을 서주시거나 책자에 대한 의견을 써 주셨던 학자분들과 구명운동에 도움을 주셨던 분들에게 늦게나마 고마움을 표하려 했던 자리였다. 그러나 애석하게도 어머니들 중 여러분을 비

학림사건 재심 이후 신도림 사무실에서 모여 향후 대책을 논의했다. 2012년 8월 14일 모임. 이태복 왼쪽이 필자.

롯하여 변호사님들 중 몇 분은 이미 이 세상을 떠나셔서 우리 사건이 정말 오랜 후에 재심에서 무죄 판결을 받았다는 것을 실감할 수 있었다.

다시 태복이와 일을 하게 된 것은 2013년 정도에 국민석유설립운동을 할 때였다. 태복이가 석방된 이후 노동자신문을 운영할 때 나는 노동운동을 하고 있었지만 일로써 함께한 적은 없었다.

당시 경기도 부천시에 살고 있던 나는 석유 4사의 독점구조에 구멍을 뚫을 수 있다는 희망을 가지고 이에 참여하였고 부천시에서 여러 사람들에게 이 운동에 참여할 것을 권유하기도 하였다. 1,850억 원 정도 주식이 인터넷으로 약정되었으나 석유 4사의 방해로 실제 주식에 참여한 액수는 100억 정도였던 것으로 기억한다. 태복이가 여러모로 상황을 돌파하기 위하여 애썼지만 성과를 거두지 못하고, 책임감이 컸던 태복이는 시골 땅까지 담보로 잡아 국민석유에 차입금을 대었고, 급하다고 호소하는 사람들의 주식을 사들이느라 자기가 빚더미에 앉게 되었다.

2016년 『빼앗긴 봄의 들판에서-81 전국민주노동자연맹, 전국민주학생연맹 사건 자료집』 출판 기념식에 가족들이 참여했다.

코로나로 인하여 활동을 못하였고 태복이가 건강이 악화되어 국민에너지(국민석유에서 이름을 고침) 대표직을 사임하게 되어, 마지막에는 내가 대표를 맡아 태복이 사후에 폐업처리를 할 수밖에 없었다.

태복이는 항상 침착하고 듬직한 친구였다. 전민노련을 조직할 때 그리고 국민석유설립운동을 함께할 때 언제나 믿음직한 친구였는데 그렇게 빨리 세상을 뜬 것이 무척 아쉽다.

이 세상에서 고단한 삶을 살았으니 정말 안식을 취하리라 생각한다. 노동자의 벗, 민중 운동가 이태복 동지의 부활 투쟁을 기대합니다!

이태복이라
믿는다

역사의 무게를 짊어진 선지자

염태영

(경기도 경제부지사, 전 수원시장)

소설가 최인훈님의 소설 〈화두〉의 머리글을 보면 인류의 진보를 거대한 '공룡'에 빗대어 설명하는 대목이 있습니다.

머리는 20세기의 끝자락에서 21세기를 넘보고 있는데, 꼬리 쪽은 아직도 20세기의 분수령을 넘지 못하고 진흙탕과 바위산 틈바구니에서 피투성이가 되어 안간힘을 쓰고 있는 공룡의 모습, 최인훈 작가는 이런 비유를 통해 의식이 그러할 뿐, 실제로는 자기 위치에서 떠날 수 없는 우리 사회 지식인들의 숙명을 설명했습니다.

고 이태복 이사장님이 우리 곁을 떠나신 지 벌써 1년입니다. 갑작스러운 비보를 듣기 이틀 전, 저는 이태복 이사장님을 〈임을 위한 행진곡, 윤상원 수원 전시회〉 개막행사에서 만나 뵈었습니다. 당시 이태복 이사장님은 윤상원 열사의 일대기를 담은 전국 순회 전시를 이끌고 계셨습니다. 그때 저는 수원시장으로서, 윤상원 열사 전시회를 수원컨벤션센터에서 유치했습니다. 개막식 행사 전 이태복 이사장님과 점심 식사를 함께 하고, 컨벤션센터를 안내한 후, 개막 행사에 나란히 참석했습니다.

2021년 12월 1일부터 개최한 〈임을 위한 행진곡, 윤상원 수원전시〉가 컨벤션센터에서 열렸다. 이날 전시회 작품들을 둘러보는 필자(맨 왼쪽)와 이태복.

그런데 안타깝게도 이 행사가 이태복 이사장님의 생전의 마지막 공식 일정이 되고 말았습니다.

그날 전시회 개막식의 특별 프로그램으로 이야기 한마당이 준비되어 있었습니다. 윤상원 열사의 생애와 광주 5·18의 진실에 관한 이야기를 나누는 자리였습니다. 이태복 이사장님은 좀 어지럽다 하시며, 토론에 직접 참여하지 않으셨지만, 토론이 끝나갈 무렵, 마이크를 잡고 이런 말씀을 하셨습니다.

"전태일 열사, 김상진 열사, 윤상원 열사 세 분의 삶과 죽음에는 공통점이 있습니다. 세 분 모두 제 몸을 던져서 이런 운동에 참여하신 것, 이런 결정들이 사실은 우리의 현재를 만드는 민주화의 큰 힘이 아니었나 하는 생각이 듭니다."

이태복 이사장님의 삶도 위의 세 분과 크게 다르지 않습니다. 모두가 평등하게 사는 사회를 향하고 있었습니다. 그 사회로 나아가기 위해 이

수원컨벤션센터 전시회 입구에 추모대를 만들었다. 필자가 추모기도를 올리고 있다.

태복 이사장님은 생의 어느 한순간에서도 그 거대한 공룡의 몸통에서 내려오지 않으셨습니다. 인류와 함께, 우리 사회의 가장 가난한 이들과 함께 힘겨운 역사의 발걸음을 떼기 위해 온몸을 던지셨습니다.

제 기억 속 이태복 이사장님의 마지막 모습은 윤상원기념사업회 일에 열정이 넘치셨고, 건강에도 큰 이상이 없어 보였습니다. 그래서 급작스런 비보를 접하고 보니 너무도 비현실적이어서 제 머리가 하얗게 비어지는 느낌이었습니다.

한 개인의 삶으로만 기억하기에는 이태복 이사장님이 남기신 족적이 너무도 분명하고 엄중합니다. 그리고 이사장님께서 평생을 바쳐 이루고자 했던 노동해방에 대한 염원과 복지국가 건설을 위한 열망은 현재도 진행 중입니다.

그래서 우리 후학들은 이사장님의 그 뜻을 오롯이 새기고, 그 길을 잇고자 다짐합니다. 故 이태복 이사장님의 영생을 기원합니다.

이태복이라
믿 는 다

노동의 전설

김정환
(시인)

노동은 노동의 노동이 노동의 전설이다.
노동신문 발행인은 물론 장관 자리에 있을 때도
그가 그 길을 솟구치지 않은 적은 없다.

높을수록 더 낮은 것과의 접촉을 심화 확대하는
노동의 노동
현현(顯現)

누가 무엇을 부르나 누가 무엇을 기억하나?
지금은 아무 것도 없는 발자국 발자국으로
그날이 오늘인 것과 같이 오늘이 내일의 미래.

역사의 무엇을 드러내나 무엇이 드러나나?
지금은 아무것도 없는 발자국 발자국으로

오늘의 찬란한 세계가 그날의 맨 아우성 세상.

노동의 전설로 그가 사라지지 않는다.
노동은 아무도 보내지 않는다.

먼 훗날 노동이 먼저 사라지기 전
노동의 전설을 영영 기린다. 그것이
최고 최후의 노동이라는 듯이. 왜냐면
노동은 노동의 노동이 노동의 전설이다.

쇳소리

라면의 문화

김정환 (시인·노동자문화예술운동연합 의장)

라면, 마아가린, 쇼트닝 등 식품업체인 삼양식품 오뚜기식품 서울하인즈 삼립유지 부산유지 등 5개 유명업체가 공업용 쇠기름을 사용했다해서, 그 회사의 꽤 높은 양반들이 쇠고랑을 찼다. 더군다나 삼양식품의 경우 라면 초창기인 20년전부터 그것을 사용해 왔고, 처벌법규가 올들어 처음 시행됐기 때문에 금년 제조처분만 문제삼겠다는 검찰측 설명이고, 그래서 '범법'당사자인 대기업이 모처럼 합세, 공업용 쇠기름의 인체유해 여부를 놓고 소송까지 벌이겠다는 적반하장이고 보면 우리의 경악은 더하다.

그러나, 경악이라고 했지만 자세히 반성해보면 그 놀라움은 사실 의외로 익숙한 놀라움이다. 세상은 항상 우리들의 경악의 상상력을 뛰어넘어 경악 이상의 것을 보여줌으로써 우리들을 심심치 않을 정도로 적당히 놀래키고, 또 적당히 길들여 왔던 것이다. 그래서 기업의 장사윤리가 어떻고 당국의 책임이 어떻고 시민건강이 어떻고 하는 '시민법'적인 혹은 '시민여론'적인 목소리로 적당히 분노하고 적당히 익숙해지기보다는, 아예 우리들 경악의 상투성을 재검토해보는 계기로 삼는 것이 적당하겠다 싶다.

단도직입적으로 사실 놀랠 것이 뭐 있는가. 상영자와 전두환 이래로 우리는 나는새든 할 것 없이 천문학적인 돈액수에도 놀랄 일이 없고, 서울지역 도시가스 폭발사고 이래로 우리는 가정과 살림에 대해 놀랄 것이 없고, 역폭탄 몇 개는 실히 터졌을 6·10항쟁의 최루탄 가스 이래로 공해에 대해 겁날 것이 없으며 그렇게 간덩이가 부을대로 부어 오히려 맞아 죽었건 자진해 죽었건 사고로 죽었건 피해의 정도가 '그것밖에 안되나'고 '놀라'는 편이 더 많다고 해도 과언이 아닐 정도가 되었고 그러는 동에 세상은 그 숱한 놀람에도 불구하고 엄존하는 현상태로 유지되어야 하는 그 무엇이 되었다.

즉, 놀람은 세상의 현상태를 인정하는 놀람이 된 것이다. '변혁'을 지향하는 자라면 이것은 밑져도 보통 밑진 장사가 아니다. 현정권은 자신의 부정비리까지 팔아, 짭짤한 소득을 올리고 있는 셈이다. 우리가 놀라야할 점은 무엇보다 이 점이다. 그 사실이 무시된 채 그냥 기업윤리를 따지고 시민건강을 한번쯤 되짚고 넘어가는 그 상투적인 분노의 주장이라면, 도덕이고 뭣이고 이윤에 눈이 먼 식료품 장사치한테 국민건강을 맡기는 것은 고양이한테 생선을 맡기는 것이고, 맡기는 놈이 한심한 놈이지 고양이한테 뭔 죄가 있겠느냐는 자본가의 주장에 한표를 찍는 것이 차라리 죽기살기 이판사판으로 속이나 편할 것이다.

이 모든 것은 당연한 것이며 그 당연함은 옳은 것도 행복한 것도 바람직한 것도 차선의 것도 필요악도 아니다. 그 당연함을 인식할 때 우리는 그 당연함의 정치-경제-문화적 연관과, 당연함의 운동의 발전과 해악을 인식하게 되고, 모든 면에서 보다 나은 사회를 건설할 가능성과 필요성과 필연성을 주력과 동맹자와 전략과 전술을 그 내재로 당연한 현실의 계급운동 속에서 보게 된다. 노동자·농민계급에게 그 주력-동맹자 역할을, 노동자계급의 핵심인 현대적 독점기업 기계공업 노동자에게 그 선위를 맡긴다는 것은 그 당연함의 현재와 미래에 관계된 것이다.

놀란다는 것은 아직 그 이전이라는 뜻이다. 우리가 우리에 대해 놀랄 일은 아직 많다. 라면의 문화가 그렇다. 편법으로 몇백원까지 호가하기는 하지만 물가상승에도 불구하고 몇년째 그야말로 믿음직하게, 백원선을 꿋꿋이 지키고 있는 라면 주종이 지금의 '과소비시대'에서 갖고 있는 의미는 많다. 그것은 정부에게 생필품 물가까지는 못가더라도, 정부가 최소한 비상식품 물가는 안정시키려고 노력하고 있다는 환상을 심어주려는 가장 평범한 홍보책자이고, 우리에게 있어 적당히 가난해야 훌륭한 예술이 나온다는 환상의 상징이고, '헐벗고 굶주린'노동자라는 운동권 감상주의의 축매물이며, 텔레비전 드라마게임으로 보시면 가난했던 그리운 시절에의 환기물이고, 대기업 라면광고로 보자면 단란한 가정생활의, 코흘리개 아들을 위해 정성스레 물을 끓이는 어여쁜 엄마의 안심매력의 구체적 표현이다.

그 모든 환상과 추억조차 자본주의적 이윤동기라는 괴물에 의해 연출된 것임을 보는 일은 끔찍하기는 하되 결코 놀랄 일은 아니다. 아직도 우리가 라면에서 가난을, 가난에서 그리움을 보는 추억에 젖어 있다면 그리고 오로지 거기서만 노동자계급과 예술의 힘을 본다면 그 비과학적이고 감상적인 인민주의야말로 정말 놀라운 것이다. 자본주의에서 노동자계급은 생산과 투쟁을 통해 더욱 생활이 윤택해지는 동시에 더욱 착취당하며, 예술은 최종적으로 노동자계급의 번영을 토대로 번영한다. 그것은 당연한 것이고 그것을 모른다는 것은 놀라운 일이다.

〈주간노동자신문〉 4호. 1989년 11월 10일에 실린 필자의 쇳소리 칼럼.

노학연대, 민생연대의 사회개혁가

이선근
(전민학련 중앙위원, 경제민주화를 위한 민생연대 대표)

내가 처음 이태복 선배를 만난 것은 1977년 5월 중순 흥사단 창단기념행사에서다. 나는 양길승 선배와 연루되어 투옥되었다가 나와서 집안의 식당일을 돕고 있었다. 소주를 기울이며 이런저런 얘기를 하다 이 선배가 곧 출판사를 열어 노동운동 관련서적을 보급하는 운동을 하려하니 출판사를 맡아줄 수 있느냐고 물어왔다. 나는 좋은 뜻이라며 함께하겠다고 하였다.

처음 낸 책은 『유한계급론』(소스타인 베블렌)이었다. 처음으로 교정을 보며 큰 감명을 받고 출판운동의 사명을 느꼈다. 그 뒤 몇 권의 책을 담당하며 마르쿠제의 『위대한 거부』를 기획하자, 이 선배는 아무 반대 없이 받아들여 주었다. 이 책은 뉴레프트 사조를 만들어낸 책이었다. 당시 안 망하고 용케 잘 나가는 출판계의 한 유명인사는 "넥타이공장(교수형을 의미한다) 갈 생각이냐!"며 조롱인지 걱정인지 모를 말을 건넸다. 그 정도로 당시 출판의 자유는 출판계 스스로 규제할 정도로 보장되지 않고 있었다.

그 상황에서 이태복 선배는 엄격한 금기의 영역을 과감히 깨어버렸다. 이어서 『한국노동문제의 구조』 출간을 강행했다. 대부분 이미 발표된 논문들을 편집한 것이었지만, 걱정을 많이 하면서도 피할 수 없다며 감행하였다. 서점으로부터 주문이 폭발하였다. 그동안 자립이 안 될 정도로 책이 안 팔렸는데 이제 제대로 풀리는 모양이라며 이 선배랑 몹시 기뻐했던 기억이 생생하다.

그런데 어느 날 갑자기 이 선배가 아무 연락 없이 사라져버렸다. 그리고 얼마 지나지 않아 문공부 출판담당에게서 연락이 왔다. 『한국노동문제의 구조』가 불온서적으로 분류되었으니 파기하러 광민사로 나오겠다고 하였다. 학술논문들을 편집한 것이 어떻게 불온서적이 되느냐고 항의했으나 소용이 없었다. 나는 책이 너무 아까워서 출판담당에게 그럼 이 책을 찢을 테니 그것으로 되겠느냐고 물으니 얼굴이 붉어진 출판담당은 그러라고 하며 남은 40여 권을 찢는 내 모습을 보고는 다 확인도 하지 못한 채 휑하니 돌아갔다.

그리고 며칠 후 이 선배가 아주 초췌한 모습으로 출근했다. 무슨 일

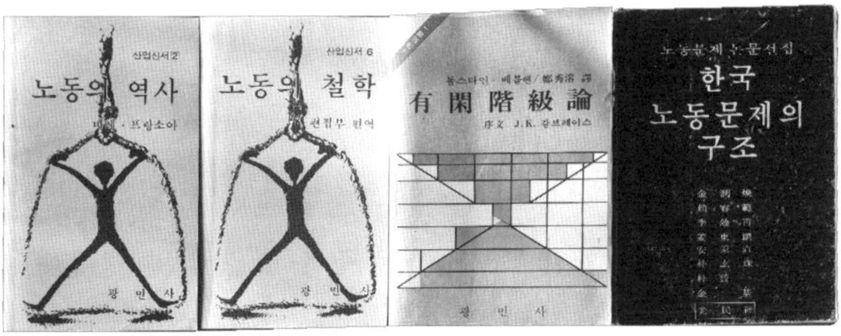

광민사 출판서적. 『노동의 역사』, 『노동의 철학』, 『유한계급론』, 『한국노동문제의 구조』.

이 있었냐고 묻자 남산에서 사흘 밤낮을 엄청 맞았다며 한숨을 내쉬었다. 걱정이 되어 그래도 출판을 할 거냐고 묻자 "전혀 중단할 생각이 없다."고 하였다. 그래서 이 선배와 함께 대충 가운데 24페이지를 잘라낸 책들을 다시 풀로 붙이는 작업을 하였다. 주문이 들어오면 그 책들을 배부하였다. 재판을 찍기가 께름칙했기 때문이었다.

그러나 계속 주문이 몰려들어 2쇄 3쇄 끝없이 찍었다. 비공식 베스트셀러로 광민사의 재정이 윤이 나게 되었다.

그러자 이 선배는 움츠리기는커녕 마치 기다렸다는 듯이 오히려 오래전부터 기획하고 있던 『민중과 조직』『노동의 역사』 등을 출판하기 시작했다. '넥타이공장'을 들먹이던 출판계 인사의 말은 귓등으로도 안 들었다.

그런 인연으로 나는 이 선배를 신뢰하게 되었다. 그래서 나의 실천활동의 경로에서 항상 의견을 묻는 멘토로 삼았다.

출판활동을 하면서 나는 대학 2학년 학생에게 엄청난 고문을 해대는 박정희 독재에 대한 분노감을 억누르지 못하고 있었다. 1976년 1월 보안대의 극악한 고문으로 나는 간을 다쳐 늘 피로에 지쳐 있었다. 그래서 분노감은 나의 일상적인 감정이 되어 있었다.

그런 나에게 이 선배의 뜨겁지만 차가운 논리의 세례는 세상을 바꾸는 데 무엇이 갖추어져야 하는지 구체적인 상이 떠오르게 하였다. 그는 자신이 체득한 '노학연대'를 나에게 전해주었다. 노동운동과 학생운동의 결합을 이론적으로 설명해 주었다.

70년대 말 유신체제가 극악한 탄압을 할 때 이에 맞선 학생운동은 성장도 했지만, 한계도 드러냈다. 그래서 이제는 노동자를 중심에 두고, 학생운동의 힘과 합쳐져야 강고한 군부독재를 물리치고 민주화를 완성

〈경제민주화와 국민석유〉 1차 정책토론회가 2012년 9월 19일 한국프레스센터 19층에서 열렸다. 필자는 왼쪽에서 다섯 번째.

할 수 있다는 논의가 비로소 이 선배에 의해 '노학연대'라는 이론으로 창안되었던 것이다.

나는 이 선배를 그냥 흥사단에서 만난 선배가 아니라 창의적이고 역동적인 이론의 창안자로 인정할 수밖에 없다. 또한 이 선배는 노동자에 대한 지식인적 편견을 갖지 않기 위해 현장노동을 열심히 실천하는 모습을 보였다. 1979년 10월 26일 유신체제 창안자 박정희가 심복 김재규 중앙정보부장에게 피살당한 날, 나는 일산에서 친구의 농사일을 도와 벼를 베고 있었다. 그 뉴스를 듣고 나는 바로 이 선배가 운영하던 광민사로 달려갔다.

『한국노동문제의 구조』, 『노동의 역사』 등 노동문제 관련 서적을 중점적으로 출판했던 이 선배에게 노동현장으로 가는 문제를 의논하기 위해서였다. 이 선배는 '좋은 생각'이라며 흔쾌히 현장을 소개해주었다. 그래서 필자는 구로공단의 한 섬유업체에 취업을 하게 되었다. 난생처음 여공들과 한 자리에 앉아 단추구멍을 뚫는 일을 하게 되었다. 늘 사탕을 주머니에 가득 넣고 다니며 늘 영양부족으로 지쳐 있는 여공들에게 나누어주며 대화를 이끌었다.

그런데 몇 달 지나 복학조치가 취해져 잠정적으로 생각하고 현장을 떠나 학교로 돌아가게 되었다. 자연히 '서울의 봄'이라는 미증유의 시기를 맞아 어떻게 민주화운동을 펼칠 것인가 논의가 벌어지는 현장을 목도하게 되었다.

실망스럽기 짝이 없었다. 전두환의 12·12 쿠데타로 새 군사정권의 수립이 예정되어 있었다. 그럼에도 김대중, 윤보선, 함석헌 등 국민연합의 기회주의적인 속성이 이번 싸움을 결정적으로 패배하게 할 것이라는 생각을 이 선배와 공유하였다.

그런데 한술 더 떠 학생운동이 그 동안의 축적된 역량을 제대로 발휘하기보다는 신군부와 정면승부를 피하려고 했다. 서울대의 주류세력이 된 이들은 국민연합의 시국관과 전술을 흉내냈던 것이다. 급기야 이들은 '서울역 회군'이라는 비민주적인 모략을 꾀하여 유신체제를 청산하지 못하게 만들었다. 광주만 외로이 남은 채 대학살을 당하고 광화문까지 진출하였던 15만 학생들의 비원은 허공으로 사라져갔다.

그래서 나는 평소 노학연대론을 펼치던 이 선배를 만나 "학생운동이 이렇게 자기보호 의지만 내보이고 희생은 치르지 않겠다는 풍조가 만연하니 새로운 학생운동조직이 필요하지 않겠느냐"는 의견을 제시하였다. 그러자 이 선배는 바로 '시의적절한 방향'이라며 적극 찬성하였다. 이 선배의 평소 지론인 노학연대가 1980년 5월 발족한 전국민주노동자연맹과 함께 1981년 2월 창립된 전국민주학생연맹이라는 실체로 본격

2012년 한국인권의학연구소에서 국가폭력 피해자들의 트라우마 치유교실을 열었다. 당시 학림사건 피해자들이 참가했는데 필자는 아랫줄 가운데.

적으로 실현되기 시작한 것이다.

이 선배는 그랬다. 방향이 옳다면 조금도 망설임 없이 도산선생의 무실역행을 금과옥조로 삼았던 것이다.

이 선배는 1981년 6월 학림사건(전국민주노동자연맹, 전국민주학생연맹)으로 남영동 대공분실에서 40일이 넘게 엄혹한 고문을 받았다. 수백명의 학생 노동자들도 끌려와 잔혹한 고문을 받았다. 특히 이 선배는 주모자로 형언할 수 없는 고문을 받았음에도, 오히려 수사가 끝난 뒤 용산경찰서 유치장으로 이감된 후에도 전민노련 수사로 그 후 매일 남영동 대공분실로 소환되었다. 그리고 많은 동지들이 힘겨워할 때 〈사노라면〉 노래를 부르며 모두에게 절망하지 않는 용기를 주기도 하였다.

7년이 넘는 옥살이 이후에도 이 선배는 노동운동을 통한 사회개혁을 멈추지 않았다. 〈주간노동자신문〉을 창간하여 〈노동일보〉로까지 발전시켜 노동언론을 만드는 데 혼신의 힘을 기울였다. 초기에 나는 〈주간노동자신문〉의 재정부장을 맡아 일하다 건강의 이상을 느껴 퇴사하였다. 보안대 고문 후 늘 지병이었던 간염이 더욱 악화되어 간암수술을 받게 되었다. 그 후 3번 수술을 받으며 이 선배와의 실천의 길을 함께할 수 없게 되었다. 참으로 안타까운 일이었다.

그 뒤로 나는 이 선배의 길을 멀리서 바라보며 지냈다. 청와대 사회복지수석과 보건복지부 장관 시절의 활동은 여전히 그의 연대를 통한 사회개혁의 철학을 훼손 없이 보여주었다. 낮은 곳을 그냥 향하거나 일방적인 시혜가 아니라, 낮은 곳에 있는 사람들의 손을 잡아 고통을 덜어주며 그들의 삶을 나아지게 할 수 있다는 희망을 품게 해주었다. 그래야만 사회개혁의 정당성을 그들이 받아들이고 함께 연대하여 사회개혁이라는 큰 목적을 달성하게 할 수 있다는 큰 그림이었다.

그 후 이 선배는 그의 창안개념인 '노학연대'를 더욱 발전시켰다. 민중의 삶에 큰 짐이 되고 있는 아젠다를 발굴하여 5대운동으로 기름값, 휴대전화비, 카드수수료, 약값, 은행금리 등의 독점가격 인하를 위해 범국민운동을 지속적으로 벌임으로써 '민생연대'로 이 사회를 한 단계 높이는 새로운 개념을 창안했다.

이렇게 이 선배는 끝없이 고민하고 연구하고 무실역행하는 지도자상을 나에게 각인시켰다.

이태복이라
믿는다

휴머니스트 혁명가

이덕희

(학림사건 동지, 한국지속가능발전센터 이사장)

가죽 수갑을 찬 사람

재판을 시작하여 1심 판결 기한인 6개월을 며칠 남긴 1982년 1월 13일 안강민 검사가 학림사건 26명에 대해 구형하였다. 수괴로 지목한 이태복에 대해서는 사형. 하지만 안강민 검사의 언급은 "극형에 처해주시기 바랍니다."였다. 왜 사형 대신 극형이라 표현했을까? 당시로서는 깊게 생각해보지 못했지만 잊히지 않는 기억으로 남아있다.

피의자는 사형을 구형받은 즉시 큰 변화가 생긴다. 이태복 선배는 가슴에 붙이는 수번이 빨간색으로 바뀌고, 가죽 수갑이 채워졌다. 이제 이태복의 목숨은 자기 스스로 어찌할 수 없고 국가의 이름으로 처분을 결정한다는 표시였다.

가죽 수갑은 '양팔의 팔목에서부터 팔꿈치까지 가죽띠로 허리에 고정하고 양 손목을 다시 쇠고랑으로 묶는 계구'를 의미하는데, 운동은 아예 불가능하고, 식사, 세면, 수면 등 기본적 생활조차 통제하게 된다.

「民主學聯」·「民主勞動聯」 사건
26명에 死刑~2年求刑

李泰馥 피고에 無期
「학림사건」 26명宣告…1명은 無罪

「학림사건」 오늘宣告
大學·企業體침투 비밀조직 확대 협의
東崇洞 「학림다방」서 자주만나…작년 시위14件 배후조정

학림사건 보도기사. 1심 사형 구형 때는 서너줄로 보도했던 것을 무기징역 선고 당일인 1982년 1월22일에는 3단, 4단 크기로 보도했다.

하얼빈역에서 이토 히로부미를 살해한 안중근 의사, 상해의 홍커우 공원에서 폭탄으로 시라카와 대장을 처단한 윤봉길 의사의 사진 어디에서도 그런 가죽 수갑을 보지 못했다. 자살을 방지하기 위한 목적이라고 했지만, 남영동에서 여러 차례 죽음의 고비를 이미 넘겼는데, 못다 이룬 이 땅의 민주화를 위해 할 일들이 많은데 왜 자살을 꿈꾸겠는가. 가죽 수갑을 채운 이유는 '사형의 구형'에 더하여 추가적인 징벌이자 겁박의 성격이 더 컸다.

공판 없이 서류로만 이루어진 대법원 판결을 제외하고 1심 15번, 고법에서의 2심 5번 모두 20번에 달하는 긴 재판과정의 무수한 기억보다도 가죽 수갑이 내 머릿속에 강하게 깊게 남아 있는 것을 보면 그들의 의도는 충분히 성공한 셈이다.

격동의 우리 젊은 청춘 시절, 그리고 학림

이태복 선배와의 첫 인연은 1978년 무렵으로 기억된다. 서울대 아카데미 활동을 하면서 77학번 동기 김성식과 함께 동숭동 흥사단 건물을 자주 찾게 되었고, 흥사단 단우이자 대학생 아카데미의 선배로서 성대 입구에서 도서출판 광민사를 운영하고 있었던 이태복 선배를 자연스럽게 만났다.

지금은 1978년 가을 관악서 연행과 1981년 학림사건으로 구속되면서 압수당해 갖고 있지 않지만 광민사가 출판한 『유한계급론』, 『나의 라임오렌지나무』를 비롯한 많은 책을 구입했었다. 당시 서울지역 대학생 아카데미 모임은 주로 동숭동 흥사단 건물에서 가졌는데 성대, 고대, 이대 등 타 대학 아카데미 회원들과 모임을 하다 늦으면 인천의 집까지 갈 수도 없어 회의실에서 자야만 했다. 신문지 한 장 깔고 다른 한 장을 덮고 잠을 청했다.

현실에 눈을 뜨기 시작한 나는 박정희 독재정권을 무너뜨리고 민주화를 이룩하는 데, 이 한목숨 모두 바쳐야 한다는 생각에 빠져 있었다. 대학에서의 전공은 무시하고 동기, 선후배들과 중국집, 자취방 등을 전전하며 많을 때는 한 주에 10번의 세미나를 하였다. 파울로 프레이리의 『페다고지』, 모리스 돕의 『자본주의 발전연구』, 광민사가 출판한 『노동의 역사』와 『한국노동문제의 구조』 등 세미나를 통하여 공부하고 논의한 것은 당시 내가 사는 현실을 제대로 이해하고 그 해법을 어떻게 찾을 것인가에 대한 고민 때문이었다.

예기치 않게 10·26 사태로 박정희가 죽었다. 절대적인 권력자의 공백이 생긴 상황. 우리가 그동안 준비해서, 그리고 그들과 열심히 싸워 이겨서 만들어진 상황이 아니었기에 당황했다. 당시 상황을 어떻게 이해해야 할 것인가, 그리고 우리는 무엇을 해야 하는가? 이것은 운동권 모두에게 매우 중요한 일이었다.

이태복 선배가 그 상황을 어떻게 판단했는지는 학림 재판과정의 공소장에 부분적으로 드러나 있다. 흔히 역사에 기록된 '80년 서울의 봄'은 결코 봄이 아니었다. 봄 같지 않았다. 춘래불사춘(春來不似春).

불행히도 3김은 그해 안에 선거를 통해 자신이 대통령이 되고 오랜 군사독재를 넘어 민주 대한민국을 열 수 있다고 착각했다. 하지만 12·12 군사 쿠데타로 군을 장악한 전두환 신군부는 1980년 1월에 김재규에게 사형을 선고했고, 4월 14일 전두환이 중앙정보부장 서리 자리를 차지하면서 국가의 최고 정보기구를 모두 장악했다.

반면 대권을 잡을 수 있다는 헛된 희망에 양 김은 분열했고, 학생, 노동, 농민 운동은 경험과 역량이 성숙하지 못했을 뿐만 아니라 기본적으로 제대로 된 조직을 갖고 있지 않았다. 가장 역동적인 역할이 기대되었던 학생운동은 빠르게 대중 역량이 성장해 갔지만, 지도부를 자처했던 서울대 재학생 그룹은 투쟁성과 상황 성찰이 부족했고 복학생 채널을 통하여 상황을 오판한 정치권의 영향을 고스란히 받고 있었다. 1980년 5월 15일 15만의 학생들과 주변에 모여들었던 20만의 시민들이 서울역 회군 이후 흩어졌지만, 1/10도 안 되는 시위 대중이 모인 광주 상황에서는 완전히 다른 전개가 이루어졌다.

이러한 상황 전개의 이면에서 1980년 5월 1일 이태복 선배는 유동우, 양승조, 신철영, 김병구, 하동삼, 김태연, 윤상원 등 지역과 산업의 대표적 노동운동가와 함께 조합주의적 노동운동의 한계를 극복하고 조직적 정치투쟁을 준비하기 위해 전국민주노동자연맹을 결성하였다.

또한 이선근을 통해 끓어오르는 학생 대중의 역량을 조직화하여 적극적 학생운동을 전개할 수 있도록 전국민주학생연맹을 준비시켰다.

학림 사건으로 공개된 두 조직 외에 이 선배는 대학시절 강제 입대 후 강원도 최전선 방책선 생활을 같이했던 대학 아카데미 동지 채광석과 심지연, 박홍석 등으로 짜여진 전국민주청년연맹 조직을 2월에 먼저 결성했다.

1981년 6월 남영동에 연행되면서 이태복의 노학연대를 통한 민주화투쟁은 1막을 내리게 된다. 제대로 싸워보지도 못하고 전민노련, 전민학련은 무너졌지만, 격동의 1980년대 초반 우리의 상황을 어떻게 판단하여야 했는지 그리고 우리에게 주어진 기회에 우리는 무엇을 해야 할 것인가에 대한 중요한 메시지는 남긴 것이다.

국풍 81로 형성된 전선

남영동 대공분실에서 지낸 지 20여 일이 지났을 때의 일이다. 치안본부 경무관이었던 집안 형님의 친구가 남영동을 찾아왔다. 총경이었던 박처원 남영동 대공분실장보다는 한 계급 위여서 그랬는지 대공분실장 방으로 나를 불렀다. 1981년 6월 20일 저녁 나선형 계단을 통해 5층의 고문실로 연행된 후 처음 방을 나선 것이었다.

당시 박처원 대공분실장의 방은 본관에 붙어있는 부속 건물 2층에 있었다. 남영동이란 곳이 어떤 장소이고 무엇을 하는 현장인지 서로 잘 알기에 "너희 하려는 게 옳은 면도 있지만 그게 가능하냐. 현실을 너무 모른다."라며 의례적인 대화를 나누다 돌아갔다. 내가 이런 관계로 아는 아이니 너무 심하게 다루지는 말아 달라는 부탁이자 당부였다.

그 대화 중에 1981년 소위 3허(허문도, 허삼수, 허화평)가 추진했던 '국풍 81' 이야기가 나왔다. 박처원이 국풍 81 때 학생들이 여의도 국풍 81 현장에서 대규모 시위를 준비했는데, 이태복이 "여의도는 다리만 차단하면 오도 가지도 못하는 섬으로 학생운동 세력을 일망타진하려는 함정일 가능성이 크니 하지 말라."고 이선근에게 지시했다는 내용을 이해구 당시 치안본부 4부장에게 보고했더니 무릎을 '탁' 치면서 "각하(전두환)가 바로 그걸 노렸는데…."라고 말했단다.

국풍 81이 쿠데타로 정권을 잡고 광주민중항쟁을 무력 학살로 진압한 5공세력의 3S 정책 일환으로 허문도가 기획한 관제 축제였지만, 다른 2허는 운동권 일망타진의 공작을 숨겨두고 있었다. 전민노련·전민학련은 당시 시작에 불과한 시점이었지만 전두환의 5공 정권과 전신을 부딪치며 나타나는 불꽃의 한 장면이었다.

묻지 못한 이야기

이태복 선배와의 두 번째 만남은 용산경찰서 유치장으로 옮겨진 7월 23일이었다. 남영동에서 한 달여 조사를 받은 동지들이 여러 경찰서로 분산되었는데 나와 이태복 선배는 같이 용산경찰서 유치장으로 옮겨져 부챗살 모양으로 나누어진 유치장의 위층 독방에 이태복 선배가, 나는 아래층 독방에 배치되었다. 나와는 비교가 안 될 정도의 심한 고문에 시달렸을 텐데 서로의 얼굴을 창살 사이로 스치듯 보면서 선배는 나에게 "몸은 괜찮냐?"며 밝은 표정으로 반가운 인사를 건넸다.

10여 일 남짓 살았던 용산경찰서 유치장의 기억은 모기와의 전쟁이다. 혼자서 담요 한 장으로 하루하루를 보내야 했는데 모기가 쉴 새 없이 공격해 왔다. 남영동의 처절한 고문을 벗어나자, 이제는 모기라니.

주삿바늘보다 작은 침으로 살갗을 뚫고 들어와 곪아 터졌을 피를 먹으러 공격하는 모기. 하루에 수백 마리의 모기를 잡았다. 사람과 사람 사이의 큰 싸움에는 지고, 그 작은 모기와의 싸움에서 이기다니. 형님은 그때 모기와의 전쟁을 어떻게 치렀는지. 고문의 통증이 더 커서, 아니면 이 싸움을 어떻게 풀어갈 것인지가 더 큰 통증이어서 모기는 느끼지 못했는지…. 언젠가 물어보려 했는데 그는 더 이상 이 세상에 없다.

열심히 바르게 살면 반드시 다시 만난다 – 학림 이후

학림사건으로 26명이 재판을 같이 받았고, 그중 1명은 1심에서 무죄선고로, 건강이 좋지 않았던 유동우 선배는 집행유예로 풀려났다. 이어 4개월간 진행된 2심에서 신철영 선배 등 4명이 집행유예를 받았다. 대법원 상고심은 공판도 없이 서류로만 진행되는 법률심이어서 더 이상 기대할 것이 없다고 판단되었다.

하지만 반국가단체 수괴와 간부로 국가보안법, 반공법 적용을 받은 이태복, 이선근, 박문식, 홍영희와 나 이렇게 5명은 판결을 받아들일 수 없다는 최소한의 기록은 남겨야 했기에, 상고했지만 2달 만에 기각되어 원심이 그대로 확정되었다. 이후 1982년 크리스마스 특사로 전민학련 후배들이, 1983년 광복절 특사로 나와 홍영희가, 그리고 그해 크리스마스 특사로 박문식이, 1984년 3·1절 특사로 이선근 선배가 형집행정지로 풀려났다.

국가보안법, 반공법 적용에 전국민주학생연맹을 북한과 동격의 반국가단체로 몰았지만 형 집행정지로 밖에 내놓은 이유는 무엇이었을까? 자기들도 고문으로 무리하게 조작된 사건이었음을 인정한 것이었다.

사형 구형에 무기징역이 확정된 이태복 선배는 두 차례의 감형을 거쳐 노태우 정권이 들어선 1988년 10월에야 자유의 몸이 된다. 먼저 밖으로 나온 전민학련과 전민노련 동지들은 집요한 사찰에도 불구하고 끊임없이 자기 역할을 찾아 분주히 움직였다. 그들은 깃발 사건, CA 사건 등에 직간접적으로 연루되며 두세 차례 더 징역을 살아야 했다. 전민노련의 노동자 출신들은 블랙리스트에 올라 이후 제대로 된 직장을 갖지 못하고 힘든 삶을 견뎌야 했다.

나는 1983년 형집행정지로 출소했지만 보호관찰 대상이어서 관할 경찰서는 물론 동네 통반장이 수시로 동태 보고를 하였고, 직장에까지 사복형사가 다녀가곤 했다. 선도한다는 차원에서 검사, 경찰국장 등이 만나 식사나 하자고 편지를 보내오기도 했다. 나름대로 타협한 결과로 공해추방운동을 하기로 마음먹었다. 공장에서의 화학물질 중독과 사고 등 원초적인 환경문제가 주를 이루던 시절이어서 과학기술 전공자로서 전문성을 살릴 수 있는 분야라 생각했다.

인천 지역 친구들과 인천공해문제연구회를 만들었고, 환경문제에 깊은 우려를 하고 계셨던 황상근 신부님 사제관을 찾아가 모임을 하곤 했다. 지금은 남동공단 건설과 함께 사라진 피난민 마을 백인부락 등 인천 갯벌 지역의 오염과 폐기물 처리 실태 조사를 같이했던 기억이 남아있다.

1984년 9월에는 김승훈 신부님이 계셨던 홍제동 성당에서 서울지역 반공해운동 소모임과 대학 연구모임들이 모여 반공해운동협의회(반공협)를 구성했다. 3년 뒤에는 공해반대운동청년협의회(공청협)로 명칭을 바꾸고 신대방동의 방이 딸린 상가를 사무실 겸 자취생활 공간으로 사용하기 위해 전세로 얻었다. 당시 은행 적금 탔던 돈 100만 원을 냈는데 그 돈은 그 뒤 공해추방운동연합(공추련)을 거쳐 지금의 누하동 환경운동연합 터 마련에 들어갔다. 1986년 결혼과 함께 전세로 얻은 부천의 23평 빌라가 9백만 원이었던 시절이라 백만 원은 결코 적은 돈이 아니었다. 아내도 동의했다. 우리 삶의 가장 중요한 목표가 개인적인 영달과 행복보다 국가, 사회의 민주화에 있었기 때문이었다.

공추련의 초기 활동으로 고리 핵발전소를 방문해 실태를 둘러보고 핵발전소 운영자들과 밤샘 토론을 하였는데 이 내용을 집중적으로 취재하여 보도한 것이 〈주간노동자신문〉이었다.

〈주간노동자신문〉 탄생에는 이태복 선배와 내 결혼의 주례를 서주셨던 황상근 신부님과 환경운동 시작에 큰 도움을 주셨던 김승훈 신부과의 특별한 인연이 숨어있다.

두 신부님은 김수환 추기경님, 윤보선 전 대통령과 함께 이태복 선배 석방운동에 누구보다 적극적이셨고, 출소 이후 노동자신문 창간에도 깊게 관여하셨다. 노동자신문 창간추진위는 합법신문으로 등록하기 위해 1989년 3월 25일 (주)주간노동자신문을 설립하여 등기하고, 4월 13일에 당시 정의구현사제단 대표 김승훈 신부님을 발행인으로 문공부에 정기간행물 등록신청을 하였으나 보름 만에 반려되었다. 정치적인 이유

노동자신문 발행인 황상근 신부. 〈주간노동자신문〉 현판식 때, 왼쪽에서 두 번째.

라고 판단하여 당시 가톨릭노동청년회 전국지도신부인 황상근 신부님을 발행인으로 바꾸고 제호도 〈주간노동자신문〉에서 〈주간전국노동자신문〉으로 변경하여 등록신청을 하였다. 6월 22일 비로소 등록필증을 교부받아 10월 20일 〈노동자신문〉 첫 호가 16면으로 발행되었다.

이후 나는 1994년 무렵부터 월 1회 정도씩 〈주간노동자신문〉의 〈탐조등〉에, 〈노동일보〉로 바뀐 뒤에는 〈오피니언란〉에 환경 칼럼을 기고하였다. 노동과 환경은 우리 사회가 갖고 있는 모순이 표출되는 다른 모습이다. 돌이켜보면 〈주간노동자신문〉, 〈노동일보〉에는 노동만이 다루어진 것이 아니었다. 이태복 선배는 노동이라고 해서 노동 자체에 매몰되지 않고 노동 관점에서 세상이 어떻게 구조적으로 연결되어 있는가를 이해하고 있었기에 정치, 경제, 사회, 문화 그리고 세계 전체를 조망했다. 세상을 바꾸기 위한 가장 중요한 창의 하나로서 노동을 다룬 것이었고, 그것이 세상의 변혁을 이룰 노동자들이 가져야 할 지적 무기라고 인식하고 있었다.

나는 학림사건 이후 환경운동에 매진하며 경험과 전문성을 축적해나가고 있었기에 이 선배를 다시 만나고 노동의 틀에 환경이라는 벽돌을 하나 올려놓을 수 있었다. 세상살이는 서로 바라보는 것이 아니라 같은 곳을 바라보며 가는 것이며, 그러면 언제가 서로 다시 만나게 된다는 것을 느꼈다.

재심을 통해 동지임을 재확인하는 학림동지회

2005년 노무현 대통령 시절에 진실·화해를위한과거사정리위원회(진화위)가 출범하였다. 당시 전민학련·전민노련 사건은 민주화운동관련자명예회복및보상심의위원회로부터 '민주화운동 관련자'라는 증서와 함께 일부만 생활지원금을 받았다. 그런데, '관련자'라니? 게다가 국가보안법, 반공법으로 판결된 내용은 그대로였다. 이태복 선배와 나는 가능성은 적겠지만 전민노련·전민학련 사건 재심을 추진하기로 논의하였다.

우리 사건에서 반국가단체 간부로 국가보안법이 적용된 이태복, 이선근, 박문식, 홍영희와 나, 다섯 명이 우선 신청하였다. 1년여 끌다 경찰청이 우리 사건을 진화위로 넘겼고 다시 1년여의 조사를 거쳐 2009년 진화위는 재심과 국가의 사과와 화해 조치를 권고하였다.

최병모 변호사님을 통해 서울고법에 재심을 신청하였지만 재심 결정은 법원에 달려있었다. 그런데 진화위 조사에서도 밝혀졌듯이, 박문식 연행에 대한 경찰청의 중앙정보부 보고 서류 내용에 6월 20일 불법 연행 내용이 기록되어 있어 남영동 대공분실에서의 불법 구금이 확인되었고, 김근태 고문 재판과정에서 이근안이 이태복에 대한 고문이 관행이었다며 인정한 증언이 나와 재심이 받아들여졌다.

서울고법에서의 재심은 두 차례의 공판 만에 전원 무죄가 선고되었다. 2010년 12월 30일의 일이다. 하지만 검찰은 상고하였고 대법원은

2010년 12월 30일 학림사건 재심 공판일. 두 번 공판을 하고 이날 무죄가 선고되었다.
앞줄 오른쪽 네 번째가 필자.

노동일보 창간 1주년 기념식이 열리던 2000년 7월 12일. 이때만 해도 민가협 어머니들은 많이 살아계셨다. 왼쪽부터 필자, 손형민 모친 하경자, 이덕희 모친 박승희, 홍영희 모친 한경자, 박문식 모친 김영희, 이태복 모친 이정숙, 민병두 모친 정계영, 그리고 이태복.

시간을 끌다가 2012년 6월에야 고법 판결 내용을 확정하여 1981년 시작된 긴 족쇄를 31년 만에 끊게 되었다.

이렇게 진화위 조사와 재심 이후 국가를 상대로 한 민사소송 때문에 학림동지들은 자주 보게 되었다. 이태복 선배가 시작하고 각자 동감하여 참여한 일이었지만 그로 인한 인생의 변화는 이루 말할 수 없을 정도로 기구하고 다양했다. 1980년 당시에는 조직 운동의 성격상 서로가 잘 알지 못했지만, 동지로서 남영동 대공분실에서 당했던 고문의 고통을 포함하여 서로를 깊이 있게 이해하고 알게 된 것은 이 시기였다.

이때 모임 대부분을 가진 곳은 신도림 이태복 선배의 '(사)인간의대지', '5대운동본부' 사무실이었다. 이태복 선배는 단순한 장소 제공을 넘어 긴 호흡의 문제 해결을 잘 선도해가며 전민학련·전민노련 동지들이 다시 만나게 하는 역할을 해주었다. 학림에 대한 평가는 역사에 맡겨야 할지 모르지만, 시간이 흐르면서 우리 사건에 도움을 주신 많은 분들, 특히 재심으로 무죄 판결과 명예가 회복되는 것을 보지 못하고 돌아가신 부모님들이 계셨다. 하루빨리 최소한의 기록이라도 정리하여 남겨야겠다는 생각에 1년여의 작업을 거쳐 2016년 겨울『빼앗긴 봄의 들판에서 - 81 전국민주노동자연맹·전국민주학생연맹(일명 학림)사건 자료집』을 냈다. 1980년 전후 우리가 세상을 어떻게 보았고 우리는 무엇을 하려고 하였는가에 대해서는 나중의 숙제로 남겨야 했다.

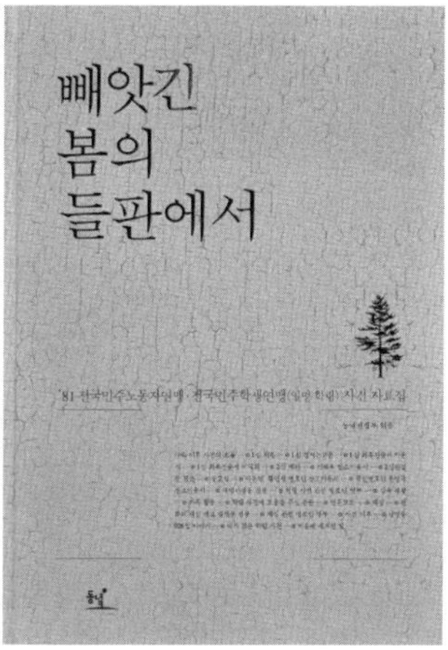

『빼앗긴 봄의 들판에서』

평생 가슴에 묻고 살았던 아! 윤상원

무엇보다도 이태복 선배에 대해 강렬하게 남아있는 기억은 2021년 〈윤상원 열사 일대기 전국전시회〉다. 광주 민주투쟁위원회 대변인 이전에 1980년 5월 결성된 전민노련 중앙위원의 한 사람이었던 윤상원 열사. 사회에 조금만 눈을 감고 외면하였다면 남들이 부러워하는 은행원으로 삶을 살아갈 수 있었을 텐데 윤상원 열사는 6개월 만에 주택은행을 그만두고 노동운동을 하려고 광주로 내려갔고 그후 광주민주항쟁의 중심에 서게 되었다.

(사)윤상원기념사업회 이사장으로서 이태복 선배는 1980년 5월 광주민주항쟁의 본질을 제대로 밝히고 그 중심에 섰던 윤상원 열사를, 평생 가슴에 묻고 다녔던 동지 윤상원을 부활시키려고 노력했다. 후배이자 동지였던 김상집을 통해『윤상원 평전』을 쓰게 했고, '글과 수묵, 사진으로 만나는 임을 위한 행진곡 윤상원'은 그가 생의 마지막 해에 행한

공적 업무였다.

내가 윤상원 열사 수도권 전시에 깊이 참여하게 된 것도 운명이었을까? 2019년 퇴직 후 (사)한국지속가능발전센터 NGO 일이 예전보다는 시간적 여유가 있어 자주 신도림 사무실을 찾게 되었다. 2021년 9월 추석 지나서 만났을 때 서울, 인천, 원주 등 수도권에서 이어가려고 하니 역할을 하라고 하셨다. 그래서 환경운동 과정에서 알게 된 전문 전시기획자인 성효경 대표를 참여시키고, 이어 다큐멘터리 사진작가 성남훈이 가세하면서 입체적으로 조망하는 종합 전시로 탈바꿈되었다.

마침내 서울 전시는 인사동 코트 갤러리에서 2주간에 걸쳐 성황리에 개최되었다. 광주, 부산, 울산에서의 전시가 하성흡 작가의 수묵화와 김광례 작가의 윤상원 열사 흉상이 전부였지만, 서울 전시에서는 1층과 3층 500여 평에 성남훈의 사진과 김상집의 평전으로 가보는 '5월 그날의 현장', 열사의 일기로 보는 노동운동가 윤상원, 여기에 더하여 이태복, 김상윤, 김상집과 윤 열사와 최후의 항전을 같이 했던 이양현, 광주 5월 민중항쟁의 기록 '죽음을 넘어 시대의 어둠을 넘어' 서자인 전용호 등 5인의 '그날의 증언'이 김지욱 작가의 작품으로 소개되었다.

또 쿤낫, 주용성의 아시아 현장 사진전을 통해 홍콩, 미얀마 등으로 광주의 정신이 세계로 확대되는 모습을 보여줬다. 오프라인 전시와 함께 온라인으로도 전시를 이어가 국내는 물론 해외에서도 전시를 볼 수 있게 하였다. 특히 이태복 윤상원 기념사업회 이사장, 김상집 『윤상원 평전』 저자, 이선근 학림동지회장이 참여하는 이야기 마당을 통해 1980년 5월 광주의 진실을 소개하였고, 코로나 팬데믹 상황임에도 광주의 윤상원을 서울 한복판에 화려하게 부활시키는 자리가 되었다.

전시 규모가 확대되면서 필요한 예산을 마련하지 못한 상황이었지만 이태복 선배는 기획한 대로 모두 진행하라고 하였다. 윤상원은 목숨까지 내놓고 싸웠는데 돈이 문제냐는 생각이었다. 부족하면 언제나 그랬듯이 개인재산을 털어 메꾸겠다는 복안이었다. 죽어서도 사는 사람이 있다. 윤봉길이 그렇고 윤상원이 그렇다. 그런 면에서 윤상원 서울 전시는 이태복 선배가 평생 가슴에 품고 살았던 윤상원을 세상에 부활시킨 순간이었다.

고인과의 마지막 만남이었던 2021년 12월 1일. 수원 전시 개막식에 앞서 염태영 수원시장, 김삼호 광주 광산구청장, 김상집 윤상원 평전 저자와 함께 점심을 먹고 원천호수를 바라보며 차를 마셨다. 이어진 개막식에서 인사말을 하고 전시장을 같이 둘러보았으나 이야기 마당에는 나서지 않겠다고 하셨다. 그러나 정작 이야기 마당이 시작되고 나서는 참지 못하고 당신이 직접 알고 있는 윤상원과 박관현의 관계와 상황인식에 관해 설명하였다. 두 사람은 광주민중항쟁 이전에 광주 노학연대의 두 축이었다.

이 선배는 그들과 만나 강조하고 같이 인식했던 내용을 설명했다. '80년 봄은 없다' '군부가 재집권한다' '선거는 불가능하다' '80년대는 결국 싸워서 군부의 재집권을 막고 철저하게 어떻게 미래를 열어갈 것인가가 중요하다' 등등이었다. 윤상원 열사가 최후의 항전을 결정하게 된 배경, 박관현 열사가 1982년 옥중 단식 끝에 윤상원 열사를 찾아가게 된 내면의 세계를 이해하게 된다.

이태복 선배가 마지막 남긴 말은 이야기 마당에서 거론된 전태일, 김상진, 윤상원 열사에 대한 평가였다. '이 세 분은 현대사회를 만드는 데 굉장히 중요한 역할을 하신 분들인데, 세 분의 공통점이 목숨을 던져 운

〈윤상원 전국전시회-수원편〉 2021년 12월 1일. 행사 진행을 받은 필자. 왼쪽 첫 번째.

동에 참여했다는 점이다.' 자식이 죽으면 부모는 가슴에 묻는다고 한다. 이태복 선배는 도산 안창호와 매헌 윤봉길을 머리에 새기고 살았다면 동지인 윤상원을 평생 가슴에 안고 살았다. 우리가 매년 5월이면 〈임을 위한 행진곡〉을 부르지만, 노랫말처럼 살아남은 우리는 그들을 따르고 있는가를 다시 한번 상기시키고 있었다.

그리고 12월 3일 심복자님으로부터 전화가 왔다. '장관님이 돌아가셨어…' 무슨 일인가? 수원전시 개막이 12월 1일이었으니 이틀도 지나지 않았는데… 김초혜 선생님의 시 〈탄식〉이 떠오른다.

어제까지도
가슴이 따뜻했던 그대를
불에 넣고도….

저승에 무슨 그리 급한 일이 있다고 인사도 없이 떠났단 말인가. 윤상원에 대한 그리움이었나. 그날 수원 전시장을 둘러보며 '이제 니들이 해야지…'라는 말씀은 마치 유언과도 같다.

세상에 대한 인식, 기회 그리고 선택

이태복 선배는 우리가 사는 대한민국의 현실과 해법을 가장 정확하게 인식하고 있던 사람이다. 큰 흐름에서도 그렇고, 예기치 못한 급변 상황에서의 판단은 누구보다 더 신속 정확했다. 군사독재 정권과 직접 대항하여 투쟁하면서, 그리고 이론적인 공부와 세상의 흐름에 대한 정보와 지식으로 저들의 속성과 수법을 파악했고, 여기에 학생운동의 경험에 더해 노동 현장을 누비면서 노학연대라는 대응 논리를 창안했다.

이태복 선배가 보여준 실천의 길은 선배의 책 제목처럼 『쓰러져도 멈추지 않는다』는 도산 안창호 선생의 무실역행의 다른 표현이자 이태복 선배의 삶 그 자체이다.

이태복 선배와는 노동자신문 외에도 '인간의대지', '5대운동' '새희망포럼' 등의 활동을 함께했다. 언제나 치열한 실천으로 시간을 분으로 살고 계셨음에도 매년 한두 차례씩 학림사건 어머니들을 모셔서 식사를 대접했다. 그렇게 세상에 대한 무한한 관심과 해법을 찾고자 노력하면서 직접 실천에 몸을 던졌던 그의 바탕에는 사람에 대한 따뜻한 애정이 있었다.

5·18 광주 묘역에 누워 있는 그의 묘비명으로 '이 땅의 민주화와 사회 개혁을 위해 평생 삶의 현장에서 답을 찾아 실천한 휴머니스트 혁명가'로 기록하고 한 발 비켜서서 나를 돌아본다. 그는 무슨 생각을 하고 있을까? 나는 이제 무엇을 해야 하는가.

이태복이라
믿 는 다

윤상원이 맺어준 인연

김상집

(사. 광주전남6월항쟁 이사장)

2021년 12월 3일 이태복 선배가 머나먼 길을 떠났다. 〈글과 수묵, 사진으로 만나는 임을 위한 행진곡, 윤상원〉 전국순회전시를 하던 중, 광주, 부산, 울산, 서울에 이어 수원 일정이 시작된 지 3일 째 되는 날이다. 12월 1일 수원 전시회에서 이야기마당 〈윤상원과 5·18의 진실〉을 할 때 굳이 청중석에 앉아있는 모습을 보고서 왠지 수척해 보여 걱정했었는데, 이틀 후 심복자 교수님으로부터 청천날벼락 같은 소식을 들은 것이다.

어쩌면 이태복 선배와 나는 5월 민중항쟁 당시 시민군 대변인 윤상원과의 인연으로 얽매여 있는 것 같다. 전민노련 중앙위원 윤상원이 이태복 선배에게 나를 추천하면서 인연이 시작되었고, 내가 『윤상원 평전』을 쓰도록 이 선배가 독려했고, 마침내 책이 나오니, 이제 5월 그날의 진실을 얘기해도 되겠다면서 전국전시회를 기획했기 때문이다.

윤상원이 전민노련을 소개하다

1979년 10월 경 윤상원은 군대에서 두 번째 휴가를 나온 나에게 자신은 노동 현장 일을 해야 하니 들불야학에서 손을 떼겠다고 말했다. 윤상원은 광천동 시민아파트 방으로 나를 데리고 가 김영철과 박용준을 소개하고 함께 막걸리를 마시며 많은 이야기를 나눈 뒤, 김영철과 박용준이 자리를 떠나자 말을 꺼냈다.

야학은 교사들이 노동 현장을 이해하고 현장에 투신하는 데 많은 도움이 되었지만, 한편으로 교사들과 형제들의 갈등이 끊임없이 일어나고 있었다. 민중과 지식인 논쟁이 주된 것이었지만 소소한 갈등도 많았다. 그런데 나는 광주일고 재학 시절 시위 경력 때문에 전남대 입학시험에서 블랙리스트에 올라 면접 평점 D를 받아 입학이 불허되었기 때문에 대학생 신분이 아니었다. 우선 형제들과 갈등의 소지가 없었고, 이미 나는 고교 졸업 후 나주 다시면에서 재건중학교 수학교사를 한 적도 있었기 때문에 야학을 운영하는 데도 아무런 지장이 없으리라 생각했던 것이다. 나에게 제대하면 공장에 다니며 야학에도 참여하라고 권유한 것은 그 때문이었다. 특히 대학 출신이 아닌 김영철과 박용준과는 금새 친해졌다. 박용준은 나와 나이도 같았고 그들은 만나자마자 금방 친해졌다.

윤상원은 내가 이미 이양현을 잘 알았기 때문에 이양현의 소모임과 노조 지원 활동 등을 예로 들면서 자신도 이런 일을 해야 할 시점이며 들불야학도 중요하지만 노동 현장 문제에 집중하고 싶다고 말했다.

1980년 3월경 내가 말년 휴가를 나왔을 때 윤상원은 전민노련을 얘기하며 제대하면 일단 공장에 자리를 잡고 이태복을 만나 함께 일하자고 말했다. 자신이 전민노련 중앙위원이며 광주전남지역 책임자로 일하게 됐는데 함께 일할 믿을 수 있는 활동가들을 조직하고 있다고 했다.

전민노련·전민청련·전민학련의 동분서주

윤상원은 군에서 제대한 내가 5월 6일부터 전남방직에서 일하기 시작하자 나를 추천하기 위해 이태복과 연락하려 했으나 이태복은 도통 녹두서점에 나타나지 않았다. 당시 윤상원은 1979년 말 녹두서점이 계림동에서 장동으로 이사 오면서부터 녹두서점을 큰형 김상윤과 함께 운영하고 있었다. 광민사에 연락을 했는데도 연락이 없어 기다리고 있는데 5월 15일에야 연락이 되었다.

전민노련의 이태복은 5월15일 회군 결정 이후 군부의 검거에 대비하기 위해 전국민주노동자연맹과 전국민주청년연맹의 간부들로 하여금 주거지를 이동하고 비상 상황에 대비하라고 했으나 윤상원 등 일부만 연락이 되었다. 15일 늦게 서울역에서 거점으로 돌아온 이태복은 윤상

2020년 4월 25일. 필자의 5·18기록화 전시회. 윤상원 마지막을 그린 그림 앞에서.

원과 통화하여 서울과 전국 상황을 전하고 일부 조직의 침탈이 있었다고 전했으나, 전국민주청년연맹 조직은 윤상원이 모르고 있었기 때문에 군이 알리지 않았다. 다만 검거 작전이 시작될 것이니 그에 대비하고 매일 통화하며 상황을 공유하기로 했다.

이태복으로부터 서울역 회군 소식을 들은 윤상원은 서울역 회군을 격렬히 비판했다. 심지어 미 대사관을 포위하여 국군통수권을 갖고 있는 미국으로 하여금 한국의 민주화운동에 군부가 개입하지 않도록 요구해야 하는데 이마저도 서울역 집회에서 적극투쟁을 주장한 이선근을 빨갱이 같은 소리한다고 몰아 붙였다는 것에 분노했다. 사북탄광 진압 때 공수들이 출몰한 것처럼 전두한 군부 세력은 사회 혼란을 빙자하여 쿠데타를 꿈꾸고 있음이 명백했다. 그런데도 선거를 통한 집권을 노리는 국민연합의 행태를 윤상원은 비판한 것이다.

나는 5월 14일부터 날마다 전남방직에서 일을 마치고 퇴근길에 유동삼거리에서부터 전남대 시위대를 따라 도청 앞 분수대까지 걸어왔다. 그리하여 5월 15일에는 윤상원이 도청 분수대 부근에서 박관현의 연설을 듣고 있는 나를 만날 수 있었다. 윤상원은 나에게 이태복과 통화한 내용을 알려주고 서울역 회군으로 대규모 검거 바람이 불 것 같으니 조심하라고 주의를 주었다.

그리고 이태복에게 위원으로 나를 추천했는데 이태복도 나와의 만남을 흔쾌히 수락했다며, 언제 만날지 상의하기 위해 다시 공중전화로 전화를 걸었다. 5월 21일은 부처님 오신 날이 내가 근무하고 있는 전남방직 회사도 휴무이기 때문에 5월 20일 밤 서울에서 만나기로 약속했다. 그러나 5·18민중항쟁이 발발해 이 약속은 지키지 못했다.

5월 20일 국민연합의 전국동시다발 집회를 알려오다

5월 19일 아침 일찍 서울에서 내려온 민주와민족통일을위한국민연합 간부인 최형호라는 사람이 녹두서점으로 전화를 했는데, 전남민주와민족통일을위한국민연합 사무국장인 윤상원을 찾는 것이었다. 윤상원과의 연락은 우선 광천동 자취방으로 전화해 보고, 안 되면 김영철 선배의 동명이네 가게로 전화하고, 그래도 연락이 안 되면 광천삼화신협으로 연락하기로 되어 있었다. 다행히 광천삼화신협에서 대기하기로 했던 김길만 선배와 통화가 되었다. 도청이 되고 있기 때문에 그냥 이름도 말하지 않고 '서점에 잠시 들렀으면 좋겠다'고 말씀드렸더니 잠시 후에 윤상원이 녹두서점 뒷문으로 들어왔다. 나와 윤상원, 최형호, 정현애 등 네 명이 서점 뒷방에서 대화를 했다.

"원래 5월 22일 전국 집회를 예정했지만 비상계엄이 확대되고 민주인사들이 예비검속 되었기 때문에, 5월 20일 오전 10시를 기해 전국 주요 도시에서 국민연합 주최로 동시다발적 가두시위를 벌이기로 했습니다. 광주에서도 그때까지 힘껏 싸워주세요."

이 말을 전하고 최형호는 조용히 서점 뒷문으로 빠져나갔다.

나중에 안 사실이지만 전민노련 중앙위원인 윤상원은 이태복의 동의를 얻어 전남민주와민족통일을위한국민연합 사무국장을 맡고 있었다. 때문에 수시로 전남민주와민족통일을위한국민연합 회장인 이성학 제헌의원과 연락하고 있었다. 그리고 5월 22일 집회에서 출범식도 함께 할 예정이었다. 윤상원은 전남민주와민족통일을위한국민연합 집회를 성사시켜야 하고 그러려면 우선 잡히지 않아야 하기 때문에 서점에 앉아 연락하는 일은 모두 나에게 맡겼다. 이미 상황은 이태복을 만나러 서울에 갈 수 없게 된 것이다. 우리는 이태복과의 만남은 포기하고 5월 20일 전남민주와민족통일을위한국민연합 집회에 집중하기로 했다.

2012년 9월 4일 국민석류 약정 400억 돌파 기념 중소기업 공생발전협약식. 촉매관련 2곳, 휘발유·경유 품질개선 2곳 등 7개 업체가 참여했다. 왼쪽에서 세 번째가 광주지역 대표인 필자.

전민노련·전민청련·전민학련의 윤상원 묘지 참배

1981년 5월 18일 오전 10시경 5·18광주민중항쟁 1주기를 맞이하여 전국민주노동자연맹 대표 이태복과 전국민주청년연맹 대표 채광석, 전국민주학생연맹 대표 이선근 등이 윤상원의 묘역을 참배했다. 이태복의 학림 사건 공소장에는 당시의 상황이 다음과 같이 기록되어 있다.

> "1981.5.17. 19:00경 전일다방에 광민사 편집장인 공소 외 선경식 녹두서점 주인인 같은 동생 김상집 위 유해우(유동우의 본명), 동 박태연과 만나 함께 선경식의 집으로 가서 자고 다음 날 08:00경 그곳으로 온 전민학련 중앙위원인 상 피고인 이선근을 만나 동일 10:00경 광주 사태 희생자 묘소에 있는 윤상원의 묘지를 참배하고 (…)"

1981년 4월 3일 나는 대법에서 확정 판결을 받고 며칠 뒤 전두환 대통령 특별시면으로 광주교도소에서 석방되었다. 그리고 5월 중순 경 광민사 출판사 편집장인 선경식으로부터 이태복과 전민노련 사람들이 윤상원 묘지를 참배할 예정인데 안내해 달라는 연락을 받았다. 5월 18일 10시경 윤상원 묘지 앞에서 만나자는 것이었다.

당시는 묘지마다 '군 ㅇ-ㅇ'으로 쓰여진 비목이 세워져 있었다. 참배를 마치고 일행을 시립묘지의 뒤쪽으로 안내해 수곡마을로 내려갔다. 당시에는 길이 전혀 나 있지 않아 논길을 알지 못하는 사람은 다닐 수 없었다. 나는 수곡마을에 내 고교동창이 살고 있어 그 길을 잘 알고 있었다. 우리 일행은 수곡마을 입구 승강장에 있는 신흥 토끼탕 식당에서 백반으로 점심을 먹었다. 식사 후 버스를 기다리며 담배를 피우고 있는데 이태복 선배는 조용히 내게 다가와 며칠 뒤에 영등포역에서 만나자고 하였다. 일행은 점심을 먹은 다음 26번 버스를 타고 시내로 나와 헤어졌다

사실 그날 망월동 시립묘지 제3묘원 입구에는 남영동 대공분실 요원들이 이태복과 전민노련 중앙위원들을 모두 체포하기 위해 대기하고 있었다. 그런데 내가 망월동 뒤쪽 수곡마을로 일행을 안내해버려 일망타진에 실패했다고 한다.

영등포역 앞 어느 방에서의 긴 대화

이태복 선배는 가게에서 소주 다섯 병과 새우깡 두 봉지를 사더니 어느 골목 안 자취방으로 들어갔다. 우리 둘은 줄담배를 피워가며 새벽까지 이야기를 나눴다. 요지는 광주에서 5인 이내로 조직을 꾸려 서울로 올라와 본격적인 노동운동을 하자는 거였다. 아침이 되자 이태복 선배는 갈 데가 있다며 헤어졌다.

나는 강종호 선배와 친구 노준현, 그리고 1년 후배인 전용호에게 이

내용을 얘기하고 곧바로 짐을 꾸리고 서울로 올라가기로 했다. 그런데 가기로 한 날 갑자기 연락이 안 되는 것이었다. 하는 수 없이 나 혼자 서울로 올라가 광민사 선경식 선배와 통화를 했는데 선경식 선배도 며칠 전부터 이태복 선배와 소식이 끊겨 연락이 안 된다는 것이었다. 그리고 며칠 뒤 전민노련 사건이 발표되었다.

다시 광주로 내려온 나는 강종호, 노준현, 전용호와 만나 우리끼리 이태복 선배가 짜 준 커리큘럼에 따라 학습을 자체적으로 하기로 했다. 전남경찰청 대공과에서는 계속 나를 찾고 있었다. 우리 일행은 봉선동에 있는 김정길 선배의 제각으로 책들을 몽땅 복사해 갖고 가서 잠자고 밥 먹는 시간만 빼고 원서를 읽어가며 토론했다. 어느 날 점심당번이어서 부엌으로 가려고 방문을 나오는데 갑자기 제각 뒤로 무언가 어른거리는 거였다. 이상해서 제각 뒤로 가보니 바로 대공과 내 담당형사가 서 있는 게 아닌가!

이 산속에 웬일이냐고 물었더니 뭘 별일 아니라며 산에 올라왔다가 내려가는 길이라고 하는데 당황한 눈치가 역력했다. 나는 대공담당 형사가 산 아래로 다 내려갈 때까지 지켜보고 나서 방 안으로 들어가 내 담당형사가 나타난 사실을 알렸다. 결국 원서강독을 중단하고 각자 집으로 돌아가게 되었고 나는 서울로 올라가 용산시장에서 배추장사를 하게 되었다.

40년이 지나 알게 된 사실

내가 이태복 선배를 처음 만나게 사연은 이러했지만 그날 망월동 윤상원 참배에 대해서는 단순히 전민노련 중앙위원인 윤상원 동지를 참배하는 것으로만 알고 있었다. 참배 당시 나는 윤상원과 내가 함께했던 항쟁과정과 서호빈, 박용준, 최미애 등의 죽음에 대해 설명하였을 뿐이

필자의 저서 『윤상원 평전』 출판기념회. 2021년 5월 22일 광주 YWCA 무진관에서 열렸다. 필자는 오른쪽에서 다섯 번째이다.

었다. 40년이 지나 『윤상원 평전』을 쓰면서 자세한 내용을 알게 되었다.

전국민주노동자연맹의 중앙위원인 윤상원은 광주민중항쟁의 중심에서 장렬히 산화하여 이미 신화가 되어 있었다. 그리하여 광주시민의 민주항쟁을 유린하고 등장한 독재정권을 무너뜨리려는 거사를 앞둔 전국민주노동자연맹·전국민주청년연맹·전국민주학생연맹의 중앙위원들은 5·18민중항쟁 1주기를 맞이하여 1981년 5월 18일 윤상원과 광주 영령들을 위한 추모식을 광주 망월동 묘역에서 거행했던 것이다.

그러나 공소장에는 이태복과 선경식, 유해우, 박태연, 이선근만이 나오는데 여기에도 사연이 있다. 1981년 6월 10일 서울 혜화동에서 체포되어 남영동 대공분실에서 고문을 당한 이태복은 바로 5월 18일 망월동 윤상원 묘소를 참배했던 인물들이 누구누구인지 이름을 대라며 혹독한 고문을 받았다. 온몸을 발가벗기고 물고문과 전기고문을 하면서 항복할 생각이 있으면 엄지발가락을 까닥이라고 했다. 그리하여 3번 항복할 정도로 혹독한 고문을 받은 끝에 나온 명단이 겨우 선경식, 유해우, 박태연, 이선근이었다. 동지들을 보호하기 위한 것이었지만, 5월 18일 당시 망월 묘역에서는 대공분실 형사들이 이미 묘역 주변에 잠복해 있었고 걸어 나오는 시점에 체포할 계획이었다고 한다. 대략 몇 명이 함께 있었는지는 알지만 함께 참배했던 사람의 구체적인 신원을 몰라 명단을 얻기 위해 고문한 것이었다.

그러나 이태복은 5·18 1주기를 맞이하여 미리 전날 내려와 선경식의 집에서 유해우와 박태연과 함께 자고 윤상원이 전민노련의 중앙위원이었기 때문에 묘소를 참배한 것뿐이라고 대답했다. 함께 참배했던 사람들 대부분은 망월동 묘소에서 만났던 터라 누군지 모른다고 시치미를 뗀 것이다. 사실 전민노련과 관련이 없는 최권행도 선경식을 만나러 묘소에 와서 함께 참배했다.

당시 남영동 대공분실 팀은 제2의 광주 폭동을 미연에 방지해 주요 인물을 검거하겠다는 그림을 그리고, 망월동 묘역에서 참배가 끝난 뒤 그들이 나오기를 기다려 검거할 예정이었다. 그러나 이태복 등 일행이 망월 묘역 뒷산을 넘어 수곡부락 쪽으로 나가는 바람에 검거에 실패했다.

남영동 대공분실 팀은 왜 전민노련·전민청련·전민학련의 윤상원 묘소 참배를 집요하게 캐물었을까? 이태복은 전민노련·전민청련·전민학련이 제2의 광주 사태를 획책했으며 시민군 대변인 윤상원도 전민노련·전민청련·전민학련의 중앙위원으로서 '빨갱이'라는 것을 강조하고 싶었으리라고 추측한다.

그러나 혹독한 고문을 견디면서도 동지들의 이름을 대지 않은 덕분에 전민노련·전민청련·전민학련에 대해서는 전민노련과 전민학련만의 조사로 조서가 마무리되었다. 이 과정에서 남영동 대공분실장 박처원은 자기들 뜻대로 조서가 작성되지 않자 마지막에는 박처원이 직접 이태복을 찾아와 '이놈이 거짓 항복을 한 체하며 조사를 엉망으로 만들었다'면서 이태복을 묶어놓고 샌드백 치듯이 두들겨 팼다.

농민과 노동자, 청년·학생을 동원한 전국적 조직망을 갖추고 제2의 광주 폭동을 일으키려 했다는 혐의로 조사를 하다가, 결국 내란이 아닌 일부 반국가단체로 기소했다. 이로써 전민노련 중앙위원으로서의 윤상원의 행적은 조용히 묻혔다.

그러나 윤상원은 5·18광주민중항쟁 기간에 이태복과 광주 상황에 대해 연락을 주고받았을 뿐만 아니라, 민주통일국민연합 사무국장 역할도 이태복의 동의를 받고 수락했다. 윤상원은 50가지 문답을 거쳐 전민노련의 중앙위원이 되었고, 이후 전민노련 중앙위원으로서 충실하게 활동했다.

지나칠 정도로 원칙주의자였고 민주화운동의 열정에 불탔던 윤상원

〈임을 위한 행진곡, 윤상원 전국전시회〉 서울전시회가 11월 17일과 24일 인사동 코트갤러리에서 열렸다. 이날 전시뿐만 아니라 특별프로그램으로 〈윤상원과 5·18진실〉 이야기 마당이 시작됐는데 당시 상황을 설명하는 필자.

은 5·18광주민중항쟁 기간에 국민연합 사무국장으로서의 역할과 전민노련 중앙위원으로서의 역할을 충실히 수행하면서 고립무원의 광주에 극히 적은 동지들과 함께 남아 죽는 순간까지 자신의 임무를 다했다.

이 과정에서 국민연합과 전민노련의 정세 인식은 달랐다. 국민연합이 개헌을 통한 국민투표, 즉 대통령 선거에 기대를 걸고 있었던 반면, 전민노련은 비상계엄 치하에서 국민투표는 이루어지지 않으리라고 보았다. 민주정부 수립은 조직된 청년·학생과 조직된 노동자·농민 등 민중이 함께 연대한 투쟁으로서가 아니면 실현하기 힘들다는 입장이었다.

윤상원 등 전민노련은 현장중심론에 빠지지 않았고 노학연대를 적극 주장하였으며, 나아가 모든 민주 세력이 연대하여 1980년 '서울의 봄'을 승리로 이끌어야 한다는 신념을 강하게 가지고 있었다.

그러나 5월 15일 대략 15만 명의 학생·시민이 운집했던 서울역 집회에서 국민연합은 '소요 사태로 계엄 당국이 개입할 빌미를 줘서는 안 된다'는 입장이었다. 시민·학생들의 열화와도 같은 민주정부 수립 요구가 대규모 군중집회로 이어지자 다급해진 국민연합은 이해찬과 김병곤을 보냈는데, 이 서울대 학생운동의 주류인 복적생들이 대우빌딩에서 회군을 결정하고 마이크로버스로 달려갔다.

당시 전민노련·전민학련은 서울역 현장에서 이선근 등 학생들에게 광화문까지 진출해 미국에게 '군부 출동 저지'와 '선거 보장'을 요구하라고 지시했으나, 국민연합 측의 회군론에 의해 발언을 봉쇄 당하고 빨갱이로 몰리는 상황이었다. 이른바 보수야권과 재야청년 세력의 선거전략에 따른 서울역 회군 결정으로 신군부에 탄압 기회를 주고 말았다.

서울역 회군은 결국 신군부의 계엄 확대와 시위 주동자 체포령으로 서울의 봄을 끝장내도록 만들었고, 광주 학살의 여건을 조성하고 말았다.

이러한 정세 인식의 차이는 광주항쟁 기간 내내 재야 수습대책위와 민주투쟁위와의 갈등으로 이어졌다. 물론 이러한 갈등도 민주통일국민연합 소속 단체와 회원들의 호응에 더해 이성학과 윤상원의 협력으로 하나하나 극복해나가게 된다. 더욱이 제헌의원 이성학은 윤상원 등 민주투쟁위원회의 입장을 확고히 지지하며 다른 재야 수습위원들을 설득하고 있었기에 계엄군의 진입 직전까지 함께할 수 있었다.

5·18광주민중항쟁 기간의 가장 큰 갈등은 총기 회수와 재무장 문제였다. 계엄군의 진입을 앞두고 벌어지는 극단적으로 상반된 갈등 관계에도 불구하고 재야 수습대책위와 민주투쟁위는 계엄군이 진입할 때까지 항쟁을 이끌어갔다. 민주통일국민연합의 지부장과 사무국장으로서 이성학과 윤상원이 재야 수습대책위와 민주투쟁위의 갈등 관계를 잘 풀어간 덕분이다.

이태복이 전해준 서울역 회군에 당시 애통했지만, 광주에서는 윤상원을 중심으로 결사항전하였던 기억이 새롭다. 이제 두 사람은 저 세상에서 그간 못다한 이야기를 하고 계실 것이다. 이제 편히 쉬시기를….

이태복이라
믿 는 다

"이젠 니들이 해라. 할 수 있다"

오세제
(사. 5대운동 이사장, 서강대 현대정치연구소)

내가 이태복 선배님을 처음 만난 것은 1994년 4월경 평창동에 있는 주간노동자신문에 찾아가서이다. 난 당시 부산에 살면서 금강출판사를 시작해 첫 책으로『브라질 노동자당과 룰라』라는 책을 만들었다. 최규엽 선배 부탁으로 브라질 상파울루 대학의 에미르 사데르 교수와 저널리스트인 켄 실버스타인 공저인『행복해지는 것을 두려워 말자』라는 책을 구로노동연구소가 번역해 제목을 바꾸어 출판한 것이다.

처음 출판업을 시작한 상황이라 어찌 광고를 할까 고민하다가〈길〉지와〈주간노동자신문〉두 곳에 광고를 하기로 결정하고 광고 의뢰를 위해 방문했다. 한 달 광고비를 냈는데 광고는 거의 일 년 가까이 해주셨다. 기사가 넘치지 않으면 항상 나왔다. 이후 반년 안에 1쇄 3,000부가 매진되었는데, 돈은 전혀 들어오지 않았다. 서울의 주요 대학교 앞 사회과학 서점 몇 곳을 돌며 확인한 바로는 서점마다 한 달에 100~200권씩 팔리고 있다는 것이었다. 연대 앞에 오늘의 서점에서는 이달의 사회

〈새희망포럼〉이 2006년 1월 20일 창립대회를 열고 정치·경제·사회 현안문제에 대한 분석과 대안을 제시하기로 결의했다. 둘째 줄 이태복 왼쪽이 필자.

과학 서적으로 선정해 상까지 줬다. 그러나 유통구조에 문외한이었던 나는 총판으로부터 돈은 두 번째 책이 나와야 밀어내기로 준다는 말을 처음 들었다. 그래서 이태복 선배님에게 연락해 책이 없으니 광고를 멈춰달라고 부탁했던 기억이 아련하다.

이후 나는 고등학교 시절의 YH사건이 이태복 선배님이 2년여 관여한 결과라는 사실을 알게 되었다. 고3이던 당시 기독교 학교인 신일고는 아침마다 학생들이 돌아가며 기도를 하는 전통이 있었다. 내 순서가 아니었는데 앞으로 나가 기도를 했다. "또 하루 역사의 어두운 밤이 지나갔습니다." 이 시작부만 기억을 한다. 한 명이 떨어져 사망했다는 보도를 보고 명복을 빌고 폭력을 규탄하는 내용이었다. 국어 시간에 친구들이 YH 여성노동자들을 위해 돈을 걷자고 했다. 그래서 4명이 학생 모자를 들고 교회 헌금하듯이 11만 4,000원을 걷었다. 담임이었던 전시홍 선생님에게 뺏겼지만…. 학교에서 집에 연락해 다음 날 학교에 못 나가는 사태가 생겼고 그럭저럭 마무리됐지만 그때는 이태복 선배님의 관계 사실은 전혀 몰랐었다.

이후 2006년 〈새희망포럼〉을 한다고 총대를 메고 조금 움직였다가 중도에 포기해버린 일은 나의 부끄럽고 아픈 기억으로 남는다. 이후에도 여전히 이 선배님은 나를 아끼고 얘기를 들어주시고 많은 얘기를 해주셨다. 숫자가 등장하는 이 선배님의 구체적인 현실 인식과 본질을 짚는 전략적 사고에 항상 감탄하였다.

그런데 부족한 나의 얘기를 왜 그렇게 들어주셨을까? 왜 자꾸 기회를 만들어주려 하시고, 발언하게 하시고, 오라 하시고, 사회 보라고 하셨을까? 나는 이 선배님과 운동도 신문도 사회활동도 같이 해본 바가 없다. 주장이 좀 있는데 하나도 실현도 못 하고, 고집이 좀 있는데 펼칠 기회도 없으니 도와주고 싶으셨나? 더구나 유언같이 5대운동을 맡기라는 말씀을 하셨다니? 5대운동 이사를 했지만 뒤늦게 박사한다고 바빠 사실 5대거품빼기운동 전개할 때 적극 참여하지도 못했다. 이태복 선배님은 가시면서도 나를 고민하게 만드신다.

이태복 선배님과의 마지막 기억은 태백의 홍춘봉 기자 〈'강원랜드 이야기' 출판기념회〉에 같이 다녀온 것과 〈윤상원열사 서울전시회〉였다.

11월 13일 사북의 강원랜드에서 홍 기자의 출판기념회가 있을 때 같이 가자고 하셨다. 아침 8시 사당에서 만나 새로 뽑은 소나타로 장시간 모시고 다녀왔다. 어쩜 이것이 마지막 여행이었다. 평소 물어보고 싶었는데 묻지 못한 얘기들까지 많은 얘기를 했다. 선배님은 평소 내 차가 아반떼인 것까지 안타까워하셨다. 그래서 신형 소나타를 보여드려서 나도 기분이 좋았다. 홍 기자 출판기념회는 성대하게 열렸고 이태복 선배님의 축사는 역시 따뜻했다.

끝나고 돌아오는 길에 영월 장릉에 들렀다 가자고 하셨다. 오후 4시에 능에 올랐다가 내려와 바로 앞 식당에서 약간 이른 저녁식사를 같이 했다. 아마 고속도로에 들어가기 전에 밥을 사주려고 하신 것 같다. 이제 생각하니 이별 여행이었다. 나중에 장시간 나눈 얘기가 블랙박스에 남아 있는 줄 알았는데, 용량의 한계로 계속 덮어쓰기 때문에 보존이 불가능하다는 얘기를 들었다. 안타까운 일이다.

11월 24일 인사동 코트에서 〈윤상원열사 서울전시회〉를 할 때도 전화를 주셔서 사회를 맡으라고 하셨다. 너무 바쁘다고 사양했다. 그러면 질문이라도 하라고 하셔서 나갔다. 당일 보시더니 앞에 나와서 앉으라고 하셨다. 그냥 객석에 앉아 질문만 하겠다고 했다. 끝나고 길 건너 식당에서 참석자 10여 명과 함께 식사를 했다. 마지막으로 함께한 저녁이었다. 12월 1일 수원전시회에도 오라 하셨는데, 못 간다고 했다. 그리고

2018년 4월 예산서 열린 '윤봉길 평화축제'에서. 왼쪽부터 필자, 이태복, 손석두.

12월 3일 비보를 들었다. 도대체 나는 무엇 하느라 성과도 없이 매일 바쁠까? 가시기 전까지 같이할 기회를 자꾸 만들어주시는데 결국 함께하지 못했다.

이제 생각해보니 연변에 갔을 때도 나는 초록정치연대 강의가 있어 하루 미리 귀국했다. 마지막 하이라이트 일정인 백두산에 가보지도 못했다. 다른 분들은 날이 좋아 천지까지 갔다 왔다고 했다. 〈최운산장군기념사업회〉 일로 몇 번 모시고 다녔다. 그러고 보니 이태복 선배의 관심은 어디까지일까? 안창호 선생, 윤봉길 의사, 이지함 선생, 이태중 선생을 넘어 잘 알려지지 않은 초기 항일무장투쟁의 진짜 주역인 최운산 장군 형제들까지 드러내고자 하셨다. 이 형제들의 결연하고 대범한 지도력과 물적 토대가 없었으면 봉오동의 찬란한 승리는 없었다고 말씀하셨었다.

선배님은 공부하지 않고 성과 내고자 하는 학자들이 아는 척하는 모습을 보기 싫어하셨다. 마지막 무렵 보훈처에서 원로들로 특위를 만들어 논쟁적인 문제를 해결하려고 했을 때도 자료 다 살펴보시고 참가하셔서 적극적으로 의견을 피력하셨다.

최진동 장군에 제기되는 몇몇 문제에 대해서도 말년에 아프셔서 누워 계실 때 젊은 부인이 한 일이고, 돌아가셨을 때 일본인들이 조문하고 조의금을 낸 일이 봉오동전투의 승리를 이끈 연합독립군 총사령관을 유공자에서 제외할 일이라고 생각하지 않으셨다. 오히려 특정인 위주로 돌아가는 무장독립운동 연구의 잘못된 흐름을 걱정하셨다.

이제 나의 일기 기록을 중심으로 11월 13일 나눴던 얘기 일부를 정리해본다. 일부 내밀한 얘기는 훗날을 기약한다.

2019년 12월 21일 안양천 주변을 걸으면서 정세 판단과 향후 대책 등을 논의했다.

○… 채광석은 두 살 위지만 친구다. 1971년 위수령 발동으로 같이 강제징집된 후 '유신정신 함양 웅변대회'에 나가라는 강요가 있었다. 채광석은 대회에 나가 상을 받았고, 나는 거부하다가 삽으로 머리를 찍혀 봉합수술을 받았다. 포상으로 채광석이 우리 부대에 와서 연설했는데, 내용은 유신찬양이 아니라 보급경제와 전우애여서 괜찮았다. 대대장의 외출허가를 받아 채광석과 인근 여관에서 소주와 막걸리를 마셨는데, 정중하게 연설대회에 대한 비판을 했다. 의상의 '권력의 길'과 원효의 '민중의 길'을 얘기하니 광석이 울었고, 나도 끌어안고 울었다. 나중에 채광석은 신협에 들어가고 나는 광민사를 만들었는데, 자주 만나 민주화운동에 대한 토론을 했다. 10·26 이후의 정세에 대처하기 위해 1981년 2월에 민주청년연맹을 결성했는데, 5월 메이데이 때 결성한 전국민주노동자연맹보다 앞서 만든 조직이다. 고문을 받으면서도 민주청년연맹을 안 불었는데, 1987년 교통사고로 채광석이 가는 것을 보니, 오히려 불걸 그랬나? 감옥에 있었으면 죽지 않았을까? 그런 생각을 한다.

○… 학생 때 운동을 좀 한 건 중요하지 않다. 이후 어찌 사는가가 더 중요하다. 위수령 때 탱크 진주 후 학생데모 진압되는 것을 보고 학생운동의 한계가 분명해졌고, 더 이상 중심일 수 없다고 생각했다. 노동자가 중심이 되어야 하는데, 아직 노동운동 역량은 약했기에 노동자 역량의

양성과 강화, 대중투쟁의 활성화, 진보적 학생운동가를 노동운동가로 전환시킬 필요가 있다고 보았다. 군대에서 노학연대를 고민했고, 제대 후 본격적으로 노동운동을 시작했다.

○… 광민사는 2년여 준비 후에 1977년 9월에 설립했고, 광주의 양서협동조합은 1978년 11월이다. 각 지역에 양서협동조합이 신협의 지원을 받아 만들어졌는데, 광민사는 양서협동조합을 통한 양서보급운동과 결합하여 책도 많이 팔게 되었다. 광주의 장두석 선생, 김상윤 선배, 부산의 김희욱 선생, 대구의 박영규 선생이 활발하게 움직였다. 특히 광민사 책이 실천적 이론서들이었기에 광주, 부산 등 지방의 서점이나 양서협동조합 사람들을 만나면, 나의 현실분석과 대안에 대해 경청했고, 전국적 지명도도 얻게 되었다. 덕분에 지역사정이나 인물들에 대한 정보도 쉽게 얻을 수 있었다.

○… 광민사 1호 책은 원래 『한국노동문제의 구조』였다. 제대 후 현장행을 준비하면서 어렵게 구해 읽었던 논문들을 모은 거여서 필자들의 허락만 받으면 되었다. 그런데 누가 들어가면 자신은 빠지겠다는 얘기들이 나왔다. 필자들 문제로 지체되어 할 수 없이 1호 책은 『유한계급론』이 되었다. 이때 박현채 선생님은 먼저 출판하고 나중에 양해받는 방법을 쓰자며 책임지시겠다고 해서 책이 나오게 되었다.

○… 『한국노동문제의 구조』로 남산 중정에 가서 2박 3일 구타를 심하게 당했다. 나중에 보증인을 쓰라고 해서 흥사단 이사장과 국민대 서임수 학장을 썼더니 서임수 학장을 아느냐고 해서 잘 안다고 했다. 김재규 부장과 잘 아는 서 학장 덕분에 바로 석방시켜주었다. 이후 광민사는 날개를 달았다. 사람들이 위태위태하다 했는데, 중정도 어쩌지 못하는데 싶어 자신감이 넘쳐 출판했다. 그리고 광민사를 폐간시킬 때를 대비해서 동녘도 미리 준비해두었다.

○… 남민전 신향식 선생과 만났다. 가입하라기에 식민지반봉건사회론 주장에 동의 못 한다 했는데, 내부 보고서에 '이태복 설득 실패'라고 썼다. 이게 있어서 남민전 조사 때 풀려나올 수 있었다.

○… 대전 감옥에서 장기수 대표 이인모 선생님과 대화했다. 1)식민지반봉건론은 선생님들 들어올 때는 몰라도 이제는 말이 안 된다고 하니, 우리가 감옥에 있어 현실 변화를 잘 모르고 공부가 안 되어 답변을 보류한다고 하셨다. 2)혁명투사를 프락치로 몰아 죽인 건 잘못이라 주장하니 큰 흐름은 있으나 좀 심했다고 인정했다. 3)한국전쟁에 대해서도 잘못을 지적했다. 남한 노동자계급의 힘으로 해야 한다. 북한은 간섭하면 안 된다. 김일성 주석의 오류가 있다고 말했더니, 수령에 대한 이 선생 문제제기는 인정할 수 없다고 했다. 이분들도 정보에 정통했다.

○… 1980년 서울역 회군의 문제도 매우 크지만, 내가 이선근에게 회군 반대하라 했더니 대중연설하다 간첩으로 몰렸다. 동지를 간첩으로 모는 행위는 있을 수 없다. 서울에선 우리가 학생회를 장악 못 했다.

○… 광주는 들불야학 강학하던 박관현을 전남대 총학생회장에 출마시키고 지원해 당선시켰다. 연설 때 옷이 없어 윤상원이 출근할 때 입던 양복을 입고 갔다. 헌데 5·18 나자 주변 사람들이 자기들 구속되기 싫으니 피신시켜 아무리 찾아도 없었다.

○… IMF 관리체제 때 초긴축고금리정책이 잘못된 거라고 얘기한 사람 나밖에 없었다. 노동자신문 사설에서 초긴축을 비판했고 금융노련에 고발하라 했다. 이제는 자기들이 잘못했다고 IMF가 인정했다. IMF 관리체제의 문제가 심각해 주체적 역량이 많이 부족했지만, 일간지 발행을 서둘 수밖에 없었다.

○… 김대중 정부 처음부터 들어오라는 제안이 있었지만 거절했다. 내가 감옥에 있을 때 민주세력이 분열해서 대통령선거를 하면 200만 표

차이로 질 거라 얘기했다. 선거 이후 어떻게 감옥에 앉아서 그렇게 정확히 예측했냐고 김대중 대통령이 물었다. 헛것을 안보고 과학적으로 분석하면 다 나온다 했다.

○… 독립운동가들이 처음에 레닌을 못 만난 게 아파서가 아니라 안 만나준 것이다. 창조파 신채호 틀렸고 도산 등이 주장한 개조파 입장이 옳다고 유권해석한 것이다. 군인들은 따로 총 주고 만난 것 같다. 3·1운동은 민주주의 차원에서도 큰 의미를 가진다. 이후 무장투쟁에 청년들 입대가 몰린다.

○… 부패 범죄와 반인륜 범죄는 시효를 없애야 한다. 박근혜 4인방도 계좌 추적 한번 하지 않았다. 이거 다 환수해야 한다. 의약분업 때 다국적 제약사에 돈 받고 강행을 주도한 사람들이 있는데 이런 세력과 절연하지 않으면 무능과 부패, 정책 부재를 끊을 수 없다. 더러운 돈 싹 몰수해 대학 무상화해야 한다.

○… 정유사들 횡포가 여전히 심각하다. 리터당 1,000원 이렇게 선포하면 된다. 국제시장에는 원가 400~500원 짜리도 많다. 국내 송유관도 90% 이상 다 민간에 매각해서 이제 나라가 통제도 못 한다. 소형 원자로는 수출뿐 아니라 더 기술 개발해야 한다. 국내에서도 사용 고려해야 한다. 캐나다에서 배웠지만 돈도 얼마 더 들지 않고 안전하다. 한 겹 더 만들면 된다.

이태복 선배님은 파격적으로 생각하는 신중한 실천가였다. 그분이 옆에 없다 생각하니 이제 누구와 중요한 문제를 상의하나 싶다. "뜻이 있는 니가 해라. 할 수 있다." 이것이 후배들에게 주신 진짜 유언이 아닐까? 이제 스스로 해야 한다. 그럴 때가 됐다.

품이 큰 '대지' 같은 선배

안병용
(법무법인 한결 대표 변호사)

선배님을 처음 만난 건 대전 높은 담벼락 아래였습니다.

서슬 푸른 그 시절, 얼굴 한번 본 적 없이 이름 석자 들으며 찐한 '유대감'을 느끼던 참 이상한 시절. 이름만 되뇌어도 뭉클했던 사람들 중 한 사람을 거기서 처음 만났습니다.

비둘기라고 했던가요, 안부를 묻고 소식을 전하는 갈색 투박한 종이, 그리고 오며 가며 꼬깃꼬깃 접힌 종이를 전하던 재소자를 '비둘기'라고 했는데. 함께 지내다 친해진 사람들을 통해 소식을 주고받곤 했지요

그러던 어느 날 처음으로 만났습니다. 그날 지금도 기억이 나네요. 어두운 동굴에서 라이트를 켜고 서로 빤히 얼굴을 쳐다보는 것 같았지요. 씨익 웃으시며 손을 내밀던 그 모습, 아직도 선합니다. 아랫입술과 윗입술을 포개 눌러 씨익 웃으며 아마 '고생 많았다' 한마디 건네신 것 같습니다. 키는 분명 저보다 작았는데 다부진 체격에 '품이 큰 사람'으로 다가왔습니다. 긴말 필요 없었지요, 몇 마디 이야기를 나누면 그냥 지나온 생활과 생각과 고심을 읽을 수 있었습니다. 고등학교 시험에서

자주 나오던 문제가 있었어요. 이심전심, 불립문자, 염화시중의 미소, 장삼이사, 이렇게 섞어놓고 뜻이 다른 하나를 고르라고 했지요.

그런데 충남 보령에서 1950년에 태어난 선배님과 경남 함안에서 1961년에 태어난 제가 대전 담벼락 한 모퉁이에서 처음 만나 단박에 이런 뜨거운 심장을 느낄 수 있었다면, 장삼이사로 자란 사람들이 이심전심 미소 하나로 깊은 연대감을 엮어낼 수 있었다면, 거기엔 뭔가 있었겠지요

선배님의 청년에는 유신의 겨울 땅이 있었고, 저의 청년에는 광주 금남로를 밟고 선 군인들 총칼이 있었습니다. 혼자 허우적거리기에 너무 거대한 '골리앗'이 서 있었고, 그래서 하나하나 모으고 깨우고 계란이 되고 차돌이 되어 "깨진 듯이 외쳐" 보았던 것이지요.

하나하나 나약한 사람들이 그래도 뜨거운 심장과 우애와 열정으로 버티고 밀어온 것이지요. 24살의 청년이 그렇게 처음으로 35살의 청년을 만났습니다.

군사정부가 민간정부로 바뀌고 정당정치와 선거의 형식이 갖추어지면서 노동자와 학생들의 '법외투쟁'이 정당과 언론, 노동조합과 시민조직으로 옮겨갔습니다. '민중 속으로'라고 했나요, '브나로드' 했던 숱한 사람들이 학교로, 생업으로 돌아갔지요. 뭔가 바뀐 것 같은데 분명 제대로 된 건 아니고, 많은 사람들이 걱정스럽게 자리 찾아 나갔지요. 물론 운동가와 학생들이 떠난 자리에 '현장'에 버티고 선 나무는 스스로 자라고 있었습니다.

그 와중에도 선배님은 평창동 아담한 양옥집에서 노동자신문을 창간하고 아직 싹이 채 자라지 않은 곳에 관심과 노력을 기울였지요. 뒤늦게 사법시험을 치른 저도 그곳을 기웃거리던 기억이 납니다. 정동현, 황인

2018년 광교산 산행에서 필자.

상, 제 친구들이 컴퓨터로 '전산화 작업'을 할 때 뭔가 못 미더웠는지 걱정스러워 하시던 모습도 떠오릅니다. 초창기 새로운 컴퓨터문화에 적응하기도 바쁜 시절이었으니까요.

거기 일하던 사람들도 야근이 익숙하도록 열정을 쏟았지요. '웅대한 미래'를 꿈꾸며 '힘겨운 하루'를 사는 고단함을 이야기하기도 했던 것 같네요.

노동운동이 제법 굵은 줄기를 보일 무렵 선배님은 복지사회, 경제민주화, 항일운동가와 민주열사 추모에 뜻을 두고 정말 한 걸음 한 걸음 쉼 없이 살아오셨습니다. 복지부 장관을 할 때는 선배님도 이른바 '재조 고위관료'가 되었지요. 색다른 광경이었어요. '작은 집 짓기'를 하다 이제 시민들이 살아야 하는 '큰 집 짓기'를 해야 하니 현실의 무게는 엄청 달랐던 것 같습니다.

푸른 하늘 별빛이 길을 비춰주던 시대는 행복하다고 했습니다. 그런데 다양하고 구체적 현실을 헤쳐 나가는 것은 소설을 창작하는 것만큼이나 아니 그보다 참 더 어려운 일이었던 것 같습니다. 재직하면서 하나의 정책을 만들 때도 그 복잡한 구체성에 고심이 깊다고 했습니다. 상식적이고 단순한 직관에서 진실을 찾기도 하지만 현실은 다양한 구체적 이해관계의 타협점, 균형점을 찾아가는 것이기도 하다고 말입니다.

국민의 정부를 거치고 참여정부가 들어설 즈음, 우리 사회가 민주화된 게임의 룰 속에서 경쟁할 수 있겠다는 희망이 커질 즈음, "인간의대지"라는 사회복지 법인을 만든다는 소식을 들었습니다. 이름 괜찮았습니다. 사람들이 함께 살아가는 대지, 특히나 큰 땅, 대지라는 이름이 선배님과 참 잘 어울린다는 생각을 했습니다. 그늘진 곳, 소외된 곳, 종교단체에서 관심 가질 만한 곳까지 들여다보시고, 부당한 가격 거래가 이루어지는 곳에는 '거품빼기' 운동까지, 선배님의 지칠 줄 모르는 열정과 헌신에 고맙기도 하고 부럽기도 하고 참 미안하기도 하였습니다.

후유증으로 시원찮은 몸으로 하루같이 할 일 찾는 모습에 미안함과 안타까움을 느끼기도 했습니다. 아마 이런 감정은 저뿐 아니라 선배님을 아는 많은 사람들도 함께 느꼈을 것입니다. 늘 새로운 문제를 마주하고 현장에서 답을 찾으려는 휴머니스트, 이런 세평이 떠오릅니다.

그런 어느 날 저녁 불현듯 선배님 생각에 전화를 했었지요. 여전히 낮고 굵고 밝은 목소리로 전화할 때만 해도, 그 얼마 후 갑자기 세상을 떠날 줄은 몰랐습니다. 아, 누군가가 마지막 목소리라도 들으라 그리 시킨 것인가요.

아픈 몸 이끄시면서도 나비처럼 날다 가신 김근태 선배님 아릿한 별자리 곁에 또 한 분 별이 되어 밤하늘에 새겨지네요. 시릴 만큼 가슴 아프지만 눈부신 한 시대를 살다 가신 분들, 그렇게 제 가슴에 새깁니다.

선배님, 고이 가십시오. 그리고 편안히 쉬십시오, 창공의 별이 되어. 이태복 선배님!

이태복이라
믿 는 다

노동운동의 전설

최윤태
(초원교회 담임목사)

작년 겨울, 이태복 선생님이 갑자기 서거하셨다는 소식을 접했을 때, 난 1980년 초 한신대를 다니던 엄혹했던 시절, 그렇지만 뜨거운 젊은 피가 흐르던 그 시절로 시간여행하는 듯했다. 이태복 선생님은 당시 학교 선배들로부터 '전설'처럼 들었던 이름이다. 1982년 2학년 때 내가 선배들로부터 접했던 '노동운동의 전설' 이태복 이야기는 검사의 사형 구형과 판사의 무기징역 언도로부터 시작된다. 사형과 무기징역이 무겁게 내 어깨를 짓눌렀던 기억이 생생하다.

천주교 정의평화위원회, 정의구현 전국사제단과 더불어 한국기독교교회협의회에 속한 교단과 한국교회 사회선교협의회, 한국교회여성연합회 등이 양심수 석방과 고문에 대한 탄원서를 내고 특히 한국기독교교회협의회 인권위원회는 홍보에 적극적이었다. '빨갱이'라는 프레임에 가두려고 했지만, 목사님들이 처음에는 개인적으로 서명하고 탄원서를 만들었다. 1982년 1월과 8월이었다. 1985년에는 고문 및 용공조작 저지 공동대책위원회도 만들어졌다.

나는 당시 한국기독교회협의회 인권위원회에서 발행하는 〈인권소식〉을 어렵게 구했던 기억이 있다. 언론이 제 역할을 못하던 시절에 A4 용지보다 작은 크기의 8쪽, 12쪽에 담겨진 〈인권소식〉은 등불이고 깃발이었다. 캐나다, 미국 등 해외에서 보내는 이태복 선생님의 석방과 기도를 한다는 소식들을 전했고, 목요기도회에 대한 소식도 보도했다.

먼 나라 캐나다의 외국인 부부가 보낸 서신 내용은 지금도 기억이 생생하다. 1985년 크리스마스 즈음이었다.

"우리는 이태복 씨를 위해 이 편지를 씁니다. 우리가 귀하에게 이 불행한 사람의 석방을 위해 최선의 노력을 기울여주기를 호소하는 것은 이태복 씨와 같은 분들의 자유를 위한 우리의 깊은 관심 때문입니다. 우리는 이태복 씨와 모든 고난받는 하나님의 자녀들을 위한 우리의 기도를 계속할 것입니다. 아울러 하나님의 사업에 힘쓰는 귀하와 동료들을 위해서도 기도하겠습니다. 하나님의 은혜와 돌보심이 늘 함께하시기를 기원합니다. 캐나다 온타리오 노블 부부 드림."

사회에 나가서도 간간이 〈인권소식〉을 접했던 나는 우연히 1988년 10월 〈인권소식〉에 이태복 선생님의 '까막소에서 본 새벽별'(제320호, 1988. 10. 27)이 실린 것을 보게 되었다. 아! 결국 출소하셨구나 했다.

"한쪽의 족쇄를 달고 나온 지 20여 일이 지났지만, 아직도 이 인간의 세계는 낯설다. 이제 겨우 1982년도의 신문과 잡지를 뒤적이고 있다. (중략) 어쨌든 지금의 나에게는 7년 4개월의 유폐된 독방의 '생존'은 1980년대 격변의 폭과 깊이를 가늠하는 데 커다란 장애가 되고 있음은

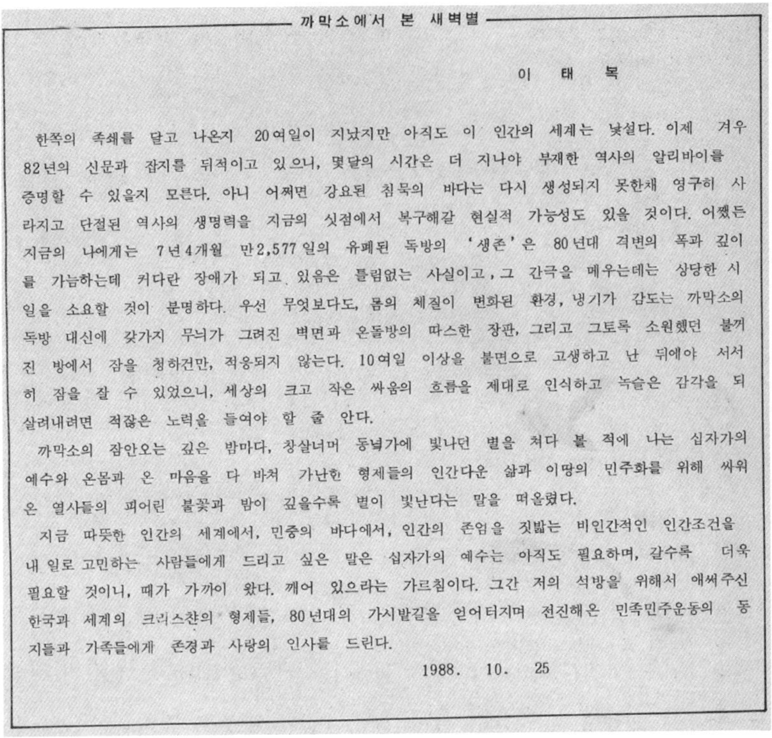

까막소에서 본 새벽별

이 태 복

한쪽의 족쇄를 달고 나온지 20여일이 지났지만 아직도 이 인간의 세계는 낯설다. 이제 겨우 82년의 신문과 잡지를 뒤적이고 있으니, 몇달의 시간은 더 지나야 부재한 역사의 알리바이를 증명할 수 있을지 모른다. 아니 어쩌면 강요된 침묵의 바다는 다시 생성되지 못한채 영구히 사라지고 단절된 역사의 생명력을 지금의 싯점에서 복구해갈 현실적 가능성도 있을 것이다. 어쨌든 지금의 나에게는 7년4개월 만2,577일의 유폐된 독방의 '생존'은 80년대 격변의 폭과 깊이를 가늠하는데 커다란 장애가 되고 있음은 틀림없는 사실이고, 그 간극을 메우는데는 상당한 시일을 소요할 것이 분명하다. 우선 무엇보다도, 몸의 체질이 변화된 환경, 냉기가 감도는 까막소의 독방 대신에 갖가지 무늬가 그려진 벽면과 온돌방의 따스한 장판, 그리고 그토록 소원했던 불꺼진 방에서 잠을 청하건만, 적응되지 않는다. 10여일 이상을 불면으로 고생하고 난 뒤에야 서서히 잠을 잘 수 있었으니, 세상의 크고 작은 싸움의 흐름을 제대로 인식하고 녹슬은 감각을 되살려내려면 적잖은 노력을 들여야 할 줄 안다.

까막소의 잠안오는 깊은 밤마다, 창살너머 동녘가에 빛나던 별을 쳐다 볼 적에 나는 십자가의 예수와 온몸과 온 마음을 다 바쳐 가난한 형제들의 인간다운 삶과 이땅의 민주화를 위해 싸워온 열사들의 피어린 불꽃과 밤이 깊을수록 별이 빛난다는 말을 떠올렸다.

지금 따뜻한 인간의 세계에서, 민중의 바다에서, 인간의 존엄을 짓밟는 비인간적인 인간조건을 내 일로 고민하는 사람들에게 드리고 싶은 말은 십자가의 예수는 아직도 필요하며, 갈수록 더욱 필요할 것이니, 때가 가까이 왔다. 깨어 있으라는 가르침이다. 그간 저의 석방을 위해서 애써주신 한국과 세계의 크리스챤의 형제들, 80년대의 가시밭길을 얻어터지며 전진해온 민족민주운동의 동지들과 가족들에게 존경과 사랑의 인사를 드린다.

1988. 10. 25

〈인권소식〉에 실린 이태복의 출옥 소감 '까막소에서 본 새벽별'.

틀림없는 사실이고, 그 간극을 메우는 데는 상당한 시일을 소요할 것이 분명하다. 우선 무엇보다도, 몸의 체질이 변화된 환경, 냉기가 감도는 까막소의 독방 대신에 갖가지 무늬가 그려진 벽면과 온돌방의 따스한 장판, 그리고 그토록 소원했던 불 꺼진 방에서 잠을 청하건만, 적응되지 않는다. (중략)

까막소의 잠 안 오는 깊은 밤마다, 창살 너머 동녘 가에 빛나던 별을 쳐다볼 적에 나는 십자가의 예수와 온몸과 온 마음을 다 바쳐 가난한 형제들의 인간다운 삶과 이 땅의 민주화를 위해 싸워온 열사들의 피어린 불꽃과 밤이 깊을수록 별이 빛난다는 말을 떠올렸다.

지금 따뜻한 인간의 세계에서, 민중의 바다에서, 인간의 존엄을 짓밟는 비인간적인 인간 조건을 내 일로 고민하는 사람들에게 드리고 싶은 말은 십자가의 예수는 아직도 필요하며, 갈수록 더욱 필요할 것이니, 때가 가까이 왔다, 깨어 있으라는 가르침이다. 그간 저의 석방을 위해서 애써주신 한국과 크리스천 형제들, 1980년대의 가시밭길을 엎어터지며 전진해온 민족민주운동의 동지들과 가족들에게 존경과 사랑의 인사를 드린다. 1988. 10. 25."

2015년 독일 루터교회에서 독일기독교연합모임과 교육 협의할 때의 필자. 한국기독교장로회 총회교육원 원장이었을 때다. 자동차 프레임 기기를 제단 받침으로 사용한 것이 독특했다.

고문과 죽음 앞에 당당히 맞섰던 '투사'기도 했지만, 예수를 진정 사랑하는 작은 예수, 그리고 휴머니스트라는 생각이 강하게 들었던 기억이 있다. 그런 그가 5대거품빼기운동을 한다는 얘기를 들었다. 불합리한 거품을 빼야 서민이 살고, 국가의 미래가 있다는 주장을 듣고서, 민주화와 노동운동의 전설이자 대부였던 그가 가난하고 힘없는 서민들을 위해 헌신하는 한편 대한민국의 미래비전을 위해 합리적인 대안을 제시하는구나 싶어서 참으로 반가웠다.

그 뒤 2018년 가을. 예술의 전당 오페라 공연장에서 만났다. 공연 티켓이 있어서 초대했더니 흔쾌히 나와주신 것이다. 격의 없고, 인간적이셨다. 그 이후부터 가끔 만날 기회가 있었고, 그때마다 나의 꿈 가운데 하나인 '한국 종교인들을 재교육할 수 있는 공간 마련'에 관심을 갖고 기회가 되면 적극 지지하시겠다는 말씀도 하셨다.

이태복 선생님과 만남은 늘 화기애애했고, 뜻깊었다. "잠들어 있는 우리들의 초심과 열정을 일깨워보자." "인재양성은 청소년들에게만 적용되는 것이 아니라 국민 모두 생애주기에 맞게 평생교육을 받아야 한다." "조국과 겨레의 운명을 개척해나가는 활동에 우리 모두 뛰어들어야 한다."

이태복 선생님이 떠난 지 벌써 1년이 다가온다. 반갑게 마주하던 그 모습이, 여전히 젊은이처럼 뜨겁고 긍정적이던 열정이 눈에 선하다.

노동운동의 전설 이태복 선생님. 무엇보다 많은 후배들에게 나아갈 선한 길을 보여주심에 감사하며, 부디 이제는 편안히 영면하소서!

이태복이라
믿 는 다

나의 영원한 '멘토'

박태완

(전. 울산광역시 중구청장)

나의 진정한 동지 이태복 장관님!

사람이 세상을 살아가면서 여러 번의 변화에 대한 동기부여가 주어진다. 그중에서 이태복 장관님은 나의 인생의 전환기마다 많은 부분을 함께해주신 멘토이셨다.

항간에는 쉽게 공정과 정의, 공평을 이야기하지만 그 진정성이 애매모호하다. 행동으로 실천하는 이태복 장관님 외에는 사실 동의하기가 어렵다. 고귀한 정신과 가치의 실천으로 우리 사회의 선구자적 역할을 하신 이태복 장관님은 분명 존경의 대상이다.

그리고 시국이 어려울 때마다 난 장관님의 생각이 절로 났었다. 지금도 마찬가지이다. 늘 의지하였고, 앞이 잘 보이지 않고 뭘 해야 하나 혼란스러우면 장관님께 전화를 드리면 해결이 되었다. 그래서 늘 나의 곁에는 이태복 장관님이 계실 거라고 생각했다. 언제나 늘 곁에 계셔서 나에게 지침을 가르쳐주실 거라고 추호도 의심하지 않았다. 그런데 벌써 1주기란다. 이런 말도 안 되는 상황이 아직도 믿기지가 않는다.

필자와의 개인적 인연은 1990년대 중반으로 올라간다. 한국비료라는 공기업이 삼성의 거대한 자본에 인수되면서 어려운 무노조경영의 노동환경을 이겨낼 수 있는 것도 든든한 멘토 이태복 장관님이 정신적 지주가 되어주신 덕분이었다. 1995년부터 삼성정밀화학 노조위원장으로서 6년간 자랑스러운 노조의 위상을 정립하고 조합원의 지지를 이루어낼 수 있었다. 사실 당시 삼성에는 서너 개의 노조가 있었지만, 노조를 만드는 것을 방해하기 위한 것이라, 사실상 노조는 삼성정밀이 유일무이했다. 지역의 노사관계문제, 해고노동자 문제 등 울산 내의 노동현장에서 벌어지는 문제들을 장관님께 자문하면 늘 해결해주셨다. 이 인연으로 나중에 노동일보 사외이사로 참여하게 되었고, 늘 함께하면서 영향을 많이 받았다.

그 이후에 5대거품빼기운동에도 동참하여 지역과 서울의 길거리에서 홍보하고 서명을 받으면서 의미 있는 시기를 함께했다. 그 역할의 성

2009년 5대거품빼기 범국민운동본부와 5대운동 발대식 때.

필자.

과들이 우리 국민들의 호주머니를 가볍게 만들었고 독점기업들의 독점 이윤을 위한 폭리, 이것을 감싸주는 정부의 온갖 정책들, 그들간의 커넥션 등이 세상에 알려졌다. 분명 선구자적 역할이셨다. 이후 소비자운동을 소비자주권운동으로 변환시켜 발전시킨 국민석유설립운동에도 뜻을 같이해서 이사로 참여했다. 국민들의 아픔을 먼저 찾아내어 해결하시려고 고군분투하시던 모습이 여전히 생생하게 내 기억 속에 자리잡고 있다.

그뿐만 아니다. 2002년 울산광역시 중구의회 의원으로 출발하여 2018년에 중구청장에 당선되어 올해 2022년 6월까지 활동할 때 언제나 이태복 장관님은 곁에서 지지해주고 응원해주신 멘토셨다. 나는 언제나 장관님과의 관계를 자랑스럽게 여겼고, 나의 저서인 『혁신에서 길을 찾다』에도 장관님과의 소중한 인연을 소개한 바 있다.

또 나를 포함해서 울산지역의 일선 사회복지사 및 공무원들이 잊지 못할 사연이 있다. 장관님은 우리나라 행정 구조상 장관님의 생각이나 지시가 현장에 직접 전달되기가 어렵고, 시간이 걸린다는 점을 염려하여 직접 만나는 간담회 자리를 마련했다. 그날 밤 12시가 넘도록 장관님과 복지사들 간의 열띤 토론과 대화가 이어졌다. 당시 100명도 넘는 사람들이 모였는데, 이탈자가 한 명도 없었다. 사회복지사들은 현장의 문제를 토로했고, 장관님은 열심히 듣고, 자신의 생각을 펼치셨다. 지금까지도 이런 장관이, 이런 선배가 어디 있냐는 평가가 회자된다. 그것이 장관님의 본래 모습이다. 현장을 소중히 하셨고, 현장의 소리에 귀 기울이셨고, 현장의 문제를 파악하기 위해서, 그리고 그 해법을 찾기 위해서 애쓰셨다. 늘 그런 한결같은 모습이셨다.

"우리 장관님 너무 아깝습니다." 5·18민주묘지에서 묘비석 등이 아직 단장되기 전 필자의 참배 모습.

울산에 재활용사업으로 장애인사업장이 처음으로 만들어졌다. '일터'라는 작업장이다. 이때 창업식에 오셔서 장애인, 운영진 등을 진심으로 격려하고 삶의 질을 높이기 위해 노력하겠다는 약속도 하셨었다. 참으로 진실되셨다. 한마디 한마디 진심이기에 하나 되는 감동을 느끼기도 해 참 뿌듯했던 기억이 있다.

장관님은 광주의 민주묘역에서 영면을 취하실까. 아니면 아직도 우리 민족과 국가의 미래에 걱정을 하고 계실까. 묘소 앞에서 많은 기억들을 고하고 다짐의 말들도 전하면서 눈물을 거둘 수 없다. 참으로 아깝다는 생각이 마음 가득 차오른다.

장관님, 기억을 잊지 않고 미래의 생각에 함께하는 영원한 동지가 되겠습니다. 편안한 영면을 기원합니다.

이태복이라
믿 는 다

노학연대 통한 노동개혁의 '선구자'

권순종

(전 대우자동차판매노조 기획실장)

모처럼 단풍 보겠다고 지리산을 돌고 있는데, 이태복 위원장님(창간준비위원장) 생각이 났다. 1992년 봄 대우자동차판매노조 간부교육을 지리산 리조트에서 가졌었다. 당시 난 이태복 위원장님을 꼭 첫 번째 교육 강사로 모시고 싶어서, 거리가 멀고 하루를 주무셔야 하는데 승낙을 안 해주시면 어떻게 하지 끌탕을 했었다. 그런데 아주 흔쾌히 수락해주셨다.

그래서 이태복 위원장님을 모시고 지리산에 왔는데, 차 안에서 전주교도소에 수감되어 있을 때를 회상하셨다. 가을이면 전주교도소 차창 밖으로 모악산의 단풍이 보이는데, 너무 아름다웠다면서, 지리산의 단풍이 보고 싶어서 상상여행을 하셨다고 웃음 지으며 이야기하셨다.

나는 교육시간까지는 아직 여유가 있으니 노고단까지 반 바퀴 돌아서 가자고 제안을 했고, 봄이 아니고 가을이었으면 훨씬 더 좋았을 테지만, 기분 좋게 드라이브를 시켜드렸다. 이때 전주교도소 관련된 말씀을 해주셨다. "제 고향이 전주입니다" 했더니, 전주교도소에서 1982년 10

월부터 1985년 1월까지 있었고 그 뒤로는 대전교도소에서 출소 때까지 있었는데, 전주교도소 하면 떠오르는 것이 몇 가지 있다고 하셨다.

첫 번째는 서울구치소에서는 전혀 밖을 볼 수가 없어서 멀리 현저동 뒷산 꼭대기 나뭇가지만 보였던 것에 비해서 전주교도소 감방의 벽은 높지 않아서 외부세계, 즉 모악산의 모습을 그대로 볼 수 있었다고 한다. 전주교도소는 전주시의 외곽 평화동에 자리 잡고 있다. 이태복 위원장님은 모악산을 보니까 한반도의 다른 산들은 지금 어떨까 하면서 상상여행을 참 많이 했다고 하셨다. 매일 백두산에서 한라산까지 훑으면서 명상도 하고, 백두산의 천지폭포의 물로 몸과 마음을 씻는다는 생각을 매일 했다고 하셨다.

두 번째는 처음 도착하자마자 며칠 지냈던 방이 0.9평짜리 상자갑처럼 생긴 방이었단다. 사방을 튼튼한 철책으로 막아놓고 있는 특사(特舍)로 들어가라고 하더니, 교도관이 재빠르게 문을 닫고 잠궈버리는데, 갑자기 숨이 탁 막혔다고 한다. 방의 크기는 팔을 벌릴 수 없을 정도로 좁아서 똑바로 서서 두 팔을 겨드랑이에 붙이고 옆으로 벌리면 양쪽 벽이 닿을 정도였고, 길이는 똑바로 누우면 발끝이 닿았다고 하니 징벌방인 셈이었다. 0.9평짜리 방에서 며칠 있다가 1.65평 방으로 옮겼는데, 그 0.9평 방을 잊지 못한다는 것이었다.

세 번째는 전주로 이감 온 지 며칠 안 되어 전남대 총학생회장 박관현의 옥중 사망소식이란다. 이태복 위원장님을 믿고 따르고 섬기기를 반봉건적이라 야단칠 정도로 우직하게 했던 후배란다. 광주에서 노학연대 투쟁을 전개할 수 있었던 것도 윤상원-박관현의 구도가 이뤄져서 가능했다면서 그래서 사망소식에 항의단식을 벌였다고 하셨다.

네 번째는 1983년도에 시혜행사인 '사회참관'이다. 전주지역의 유력

인사 부인들이 봉사 차원에서 모악산의 금산사를 구경시켜주고 식사대접을 하고 전주 시내도 관람하게 해주는데, 감옥 밖의 총천연색 색깔 때문에 교도소로 돌아오면 눈이 아파서 며칠 힘들었다는 기억을 들려주셨다. 나는 그때 색깔이 눈을 아프게 할 수도 있구나 하고 놀랐었다.

신기하고도 처절한 얘기들을 들으면서 교육장에 도착했다. 사실 내가 이태복 위원장을 처음 만난 것은 1991년이었다. 노조 기획실장을 맡으면서 노보도 만들어야 해서 노동자신문에서 실시하는 노보편집자교육에 참여하게 되었다. 10월 정도로 기억한다. 서대문의 허름한 신학대학의 강의실과 숙식시설을 빌려서 2박 3일 숙박교육으로 진행되었는데, 그때 이태복 위원장님을 처음 보고, 이렇게 대단하신 분을 왜 나는 진작 몰랐을까 가슴을 쳤던 기억이 있다.

우리들은 고작 노동현장에서 부딪치는 임금이나 단협조건 등 우리 자신들을 위한 처우개선에 골몰하는 '우물 안 개구리' 인데, 이태복 위원장님은 노동운동을 체계적으로 할 수 있도록 이론서, 실천서도 출판하고, 직접 현장에서 활동하시면서 노동운동의 뿌리를 내리고 저변을 확대했으니 노동계의 거물 중의 '거물'이라 생각했다. 특히 노학 연대라는 개념을 암울한 70년대 말의 상황에서 창안하고, 이를 현실에 적용, 실천투쟁으로 만들어내시다니 난 그것이 이태복 위원장님의 가장 큰 업적 중의 하나라고 생각했다. 이런 분이야말로 '선구자'라는 명칭이 어울린다고 확신했다.

그래서 노보편집자교육 이후부터 노동자신문을 100개의 대우자판 분회에 모두 구독시켰다. 당시 대우자판 노조는 투쟁의 여파로 노조의 통장이 압류되어 있었던 상황이라 돈이 없었다. 하지만 100개 구독은 꼭 해야만 한다고 생각했다. 나중에 집행부가 이 돈을 메꾸느라고 힘들었지만, 지금도 생각하면 잘 한 일이라고 생각한다. 왜냐하면 최소한 노조분회에 노동자신문을 비치해놓으면 회사 측이 이런 신문을 보는구나 싶어서 우리를 함부로 대하지 못할 것이고, 대의원, 노조원들이 노조사무실에 올 때마다 노동자신문을 들쳐보면서 조금씩 깨칠 수 있다고 믿었기 때문이다.

사실 대우자동차 판매노조원은 직원 5,000명 중에 노조원이 4,000여 명이나 된다. 대의원들은 120~130명, 간부까지 합치면 150여 명 되는 상당히 큰 노조였다. 난 이태복 위원장님에게 노조 간부들을 소개하고, 어떻게든 힘이 되어드리고 싶었다. 또한 우리 대우자판 노조 간부들에게는 이런 분이 우리를 위해서 어마어마한 고초를 겪으면서 노동운동의 초석을 다지고 왕성하게 활동하시고 계시며, 특히 권력이 이분의 목숨을 노릴 정도이니 이런 분의 강의를 들어야 한다며 소개하고 싶었다.

이런 인연으로 난 노동자신문과 이태복 위원장님의 도움으로 노조활동을 잘 이끌어갈 수 있었다. 노동자신문은 노보편집자교육, 노조간부교육 외에도 다양한 교육과 행사가 많았다. 특히 노동자가요제에는 대상 상품으로 티코를 건 적이 있는데, 협찬은 아니지만, 신문사에 부담을 덜 갖게 연결을 해드린 적이 있다.

이태복 위원장님의 차는 르망이었다. 나는 위원장님의 차뿐만 아니라 직원들 몇 사람의 차도 연결시켜드린 적이 있다. 한번은 "르망을 오래 타셨으니까 한 단계 더 높여서 프린스로 바꾸시는 것이 어떠시냐?" 고 여쭌 적이 있었다. 다른 노조 위원장들도 훨씬 좋은 차를 타고 다니는 것이 무안했던지 바꾸시면 좋겠다고 여러 번 말씀을 드렸다. 하지만 그때마다 "르망이 어때서… 난 이거면 충분해" 하셨다. 격의 없고 소탈하시고 물욕이 없으셨다. 아니 더 정확히 말하면 그런 것에 아예 관심이 없으셨다.

〈주간노동자신문〉이 10년 만에 〈노동일보〉로 전환되었을 때, 이태복 위원장님이 와서 도우라고 하셔서 광고국 일을 맡았다. 사실 신문사 재정 중에 광고가 70~80%를 담당해야 하는데, 광고 일의 경험이 전무했던 터라 별 도움이 안 되어서 늘 좌불안석이었다. 여러 이유로 위원장님이 〈노동일보〉를 떠나시게 되었고, 후임 사장의 여러 지적을 받고 위원장님이 안 계시는데, 내가 여기에 왜 있지 하는 생각에 나도 그만두게 되었다.

그 뒤로도 늘 위원장님 주변에서 맴돌았다. 나에게는 가장 큰 인물이었기에 뭐든지 배우고 뭐든지 같이하고 싶었다.

사)인간의대지 임원들의 고려산 산행. 오른쪽부터 필자, 신만섭, 이태복, 경승수, 김부칠.

그 후에 민주당 영입 인물 1호로 구로동에 선거를 뛰시게 되셨다. 마침 그때 신림동에 쌀가게를 열고 있었는데, 위원장님에게 도움이 되는 일이 무엇일까 고민하다가 내가 굳이 신림동에 있을 이유가 있을까 싶어서 가게를 급히 처분하고 구로로 옮겼다. 아내에게 1년만 열심히 위원장님을 도와주자고 그리 설득했는데, 다행히 아내도 동의해서 아무 연고도 없는 구로로 이사 오고 쌀가게도 열었다.

지금 생각하면 앞뒤 재지 않고 무조건 따르는 '충심'이었던 것 같다. 인연이 쭉 이어졌다. 5대거품빼기운동도 참여하고 사)5대운동의 이사 역할도 하고, 국민석유설립운동에도 동참했다. 인간의대지의 산행이 있을 때도 거의 대부분 참여했다. 나는 이태복 위원장님이 첫 만남부터 무조건 좋았다.

나의 역량이 작아 도와드릴 방법은 적었지만, 이태복 위원장님의 마음이 어떤지는 가슴으로 느낄 수 있다고 생각해왔다. 오늘은 쓸쓸하시네… 그러면 뭔가 해드리고 싶었다. 어느 날은 아내에게 부탁을 해서 고기를 재서 갖고 간 적도 있다. 받기보다 늘 주시는 입장에 계셨기에, 한 번쯤은 위로해드리고 싶었던 마음이었던 것 같다.

2021년 어느 날 나는 "위원장님 만난 지 30년이 됩니다."며 통화를 한 적이 있다. 그리고 얼마 안 되어 청천벽력 같은 소식을 접한 것이다.

나는 "지리산 가을 단풍을 보고 싶다."던 위원장님의 그 말씀이 생각나 지리산 일대의 단풍 몇 가지를 꺾어다가 보여드리고 싶었다. 그래서 광주로 향했다.

위원장님의 부재가 이렇게 가슴 한가운데를 뻥 뚫어놓은 것처럼 시리고 저미고 아플 줄은 몰랐다. 늘 곁에 계실 줄만 알았다. "난 120세까

1992년 "지리산 가을단풍을 보고 싶다."는 말을 기억하고 지리산에서 꺾은 단풍나무 가지를 바치는 필자.

지 살 거야. 그러니 날 오래 보려면 술 적게 먹고 건강관리 잘해라." 하셨는데, 이리 말 없이 훌쩍 떠나셨다니 애통하기 그지없다. 마음도 몸도 어지러운 시절… 이 세상에 꼭 필요한 혜안을 가진 선구자이신데…. 한탄스럽고 통탄스러워 먹먹한 마음을 가눌 길 없다.

아아, 이태복 위원장님, 이제 그 영원한 나라에서 안식과 평화의 행복을 누리소서.

이태복이라
믿 는 다

노동자의 첫 신문, 새 역사

박문식
(전민학련 중앙위원, 제원회계법인 회계사)

이태복 선배와 처음 만난 건 1981년 겨울이었다. 당시 나는 학림사건으로 피소돼 재판을 받고 있었고, 이 선배는 그 사건의 '수괴'였다. 같이 피소된 26명 중 맨 앞자리에 앉은 이 선생은 법정에서 이뤄지는 심문이 처음이 아닌 양, 검찰 심문에 일일이 시비를 가리고 있었다.

반국가단체로 기소되면, 만나서 일상적인 대화를 하는 것조차 범죄가 되기 때문에, 기소장은 1,000여 페이지가 넘었다. 게다가 이 선배는 전민학련과 전민노련 모두에 관계되어 있어서, 이 선배에 대한 법정 심문은 길어질 수밖에 없었다.

이 선배는 며칠씩 이어진 심문에도 흔들림 없이 검찰의 주장을 조목조목 반박하고, 자신이 믿는 바를 피력했다. 사형을 구형받고도 그런 그의 모습은 변하지 않았다. 그때 그는 소신을 굽히지 않는 투사였고, 믿을 만한 동지였으며 훌륭한 지도자였다.

다시 이 선배를 만난 건 1989년 여름 평창동의 한 주택에서다. 그는 여기서 노동운동 단체들과 연합해 노동자신문 창간을 준비하고 있었다. 노동단체에서 만드는 기관지가 아니라, 일반 노동자들에게 구독료를 받고 판매하는 주간 신문이었다. 그는 대뜸 내게 창간 신문의 취재부장을 제안했다. 취재부장이라고는 하지만 기자 예닐곱에 데스크는 나와 편집을 맡은 사람 둘뿐이었다. 모인 사람들 중에 신문을 만들어본 경험은 아무도 없었다. 나는 실소할 수밖에 없었다. 신문사 경력도 없고 징역에서 나온 지 몇 달도 안 되는 사람한테 주간 신문 창간이 가당키나 한 말인가.

그런데도 나는 그에게 설득됐는데, 그건 명분 때문이 아니었다. 만약 이 선배가 신문 창간의 의미라든가, 갈라진 노동운동 정파들의 통합이라든가 하는 얘기만 했다면 나는 손사래를 쳤을 것이다. 징역에서 막 나와 제 앞가림도 못하면서, 결혼해 애까지 둔 내가 할 일이 못 되었기 때문이다.

이 선배는 이 신문의 발행이 가능하고 성공할 수 있다고 믿고 있었다. 필요한 돈을 끌어오고 필요한 사람들을 모았으며 결국엔 신문을 만드는 데 성공했다. 이 선배는 어려움 속에서 새로운 것을 만드는 방법을 알고 있었다. 처음 한 사람을 모으기는 어렵지만, 그 한 사람은 또 다른 사람들을 불러오고 필요한 돈이 생겨나게 했다. 그때 그는 한 사람의 훌륭한 사업가였다.

이 선배가 신문 기사나 편집 방향을 두고 뭐라 한 적은 없었다. 비슷비슷한 성향의 사람들이 모여 만든 신문이기도 했고, 광고, 구독자 확보, 신문 인쇄와 배포망 구축, 심지어는 참여한 노동단체들 간의 이견 조정까지, 그 모든 일을 혼자 하다시피 하면서 신문사로서의 골격을 만드는 데 전념했기 때문이다.

노동자신문

노동자언론시대를 열다

논의시작 1년만에 주간12면 발행

현대엔진 사수투쟁위 구성

서노련사건전모

윤영규

일본 노동운동의 우경화

언론노조 편집권독립요구 확산

광주문제 해결에 대한 우리의 입장

〈노동자신문〉 창간호. 1년여 준비 끝에 노동자언론시대를 열었다. 주간 12면 발행. 1부에 400원, 6개월 정기구독은 1만 원, 1년은 1만 7,000원이었다. 창간호는 16면을 발행했다.

그는 신문 제작을 도와줄 해직언론인들을 모셔 오고, 신문 편집 제작 경험이 있는 분도 모셔 왔다. 그때 모셔 온 두 분 중 한 분이, 지금은 고인이 되신 백기범 선생이다. 백 선생은 1975년 조선일보 자유언론투쟁을 주도하다 해직된 '조선투위' 멤버 중 한 사람으로 〈말〉지와 〈한겨레신문〉, 〈문화일보〉 창간에 관여했던 인물이다. 그는 제도권 언론에 있던 분들 중에는 드물게 노동자신문의 창간이 갖는 의미를 꿰뚫고 있었다. 그는 이따금 평창동에 들러서 대안 매체로서의 노동자신문이 주류 제도권 언론 틈에서 어떤 역할을 해야 하며 어떻게 살아남을 수 있는지 얘기했다. 그는 노동자신문이 편집 방향과 기사의 내용에서만이 아니라, 신문의 판형이나 면 수, 각 면의 레이아웃, 발행주기 같은 신문의 형식에서도 주류 언론과 달라야 한다고 주장했다.

그런데 이 선배의 생각은 그와 달랐다. 이 선배는 노동자신문이 언론계 한 귀퉁이에 존재하는 대안 매체가 아니라 주류 언론과 대등하게 맞설 수 있는 매체가 되기를 바랐다. 제도권 언론의 한계를 인식하고 대안 매체를 찾던 백 선생과 노동운동에서 출발해 그 연장선에서 신문을 창간하려던 이 선배가 노동자신문 창간에 뜻을 같이하면서도 의견을 달리할 수밖에 없었던 이유다. 백 선생이 물러나면서 노동자신문의 방향을 둘러싼 논의는 잦아들고 말았다.

아무튼 우리는 그분들한테 기사 쓰기부터 편집, 대지 작업까지 하나하나 배워가면서 일했고, 공채를 통해 기자들도 충원했다. 두 사람이 새로 채용됐는데 한 사람은 나중에 통계청장을 역임한 황수경이고, 또 한 사람은 현재 현대차 사장으로 재직하고 있는 공영운이다. 노동자신문을 만들던 사람들 중에는 소설가 위기철도 있었는데 그가 연재하던 꽁트는 신문에서 가장 인기 있는 읽을 거리였다. 하지만 결혼 초였던 그에게 원고료 10만 원조차 꼬박꼬박 챙겨주지 못했다. 혼자서 편집 일을 도맡아 했던 편집부장 김진태 선배나 문화 면을 책임졌던 천호영, 기사 갖고 나와 옥신각신 씨름하던 윤지환, 그리고 매주 경제동향을 기고했던 상지대 조석곤 교수 등이 지금 기억에 떠오르는 인물들이다.

처음 이 선배로부터 얘기를 들었을 땐 전혀 가망 없는 일처럼 여겨졌던 노동자신문이 드디어 첫 모습을 드러냈다. 우리 언론사에 없던, 노동자들의 신문이 창간되던 순간이었다. 감개무량한 일이었지만, 창간호를 들고 기뻐할 틈도 없이 우리는 2호를 준비해야 했는데, 회사에 출퇴근하는 것조차 익숙하지 않았던 우리에게 1주일에 한 차례씩 꼬박꼬박 신문을 만드는 일은 쉬운 일이 아니었다. 정해진 날에 기사를 마감하고 편집을 끝내고 인쇄해서 배포하는 일이 그렇게 어려울 수 없었다.

그럭저럭 주간 신문이 궤도에 오르던 어느 날 저녁이 기억난다. 모처럼 늦은 시간에 신문사엔 이 선배와 나 둘뿐이었다. 이 선배는 고생했다며 내 한 달 월급에 해당하는 30만 원을 쥐어주었다. 둘이 신문사가 처한 문제들에 대해 이런저런 얘기를 하다 앞날에 대한 얘기가 나왔는데, 그는 이렇게 말했다. 고생했는데, 언젠가는 일간 신문을 만들어야 하지

2016년 학림사건 자료집인 『빼앗긴 봄의 들판에서』 준비모임을 갖고서. 필자는 뒷줄 오른쪽에서 세 번째.

않겠냐고. 각 지역에 지국을 만들고 구독자를 모으고, 노동단체들의 지원을 끌어들인 건 고작 주간 신문 하나를 만들려고 한 게 아니라고. 그렇게 그는 또 한 번 나를 당황하게 했다.

1주일에 한 번 가까스로 신문이라고 만드는 우리한테 일간지라는 건 전혀 다른 차원의 문제였기 때문이다. 나는 그때 이 선배를 몽상가라고 생각했고, 어차피 당장은 가능하지 않은 일이었기 때문에 한 귀로 듣고 한 귀로 흘려버렸다.

얼마 안 있어 나는 개인적인 사정으로 신문사를 나오게 됐다. 내가 이 선배와 노동자신문 창간을 위해 일했던 건 고작 반년여에 불과했다.

하지만 이 선배는 노동자신문이 창간된 지 꼭 10년 만에 정말 일간 신문을 창간해냈다. 믿기 힘든 일이었다. 그는 우여곡절 끝에 자신이 창간한 노동자신문에서 물러나게 됐지만, 이 선배는 우리 언론사에 처음으로 노동자신문을 만들어낸 언론인으로 기억될 것이다.

변혁운동을 이끈 '선도자'

유용화
(한국외대 교양대 초빙교수)

"우리가 구로공단에서 만났어야 하는데, 이렇게 대전교도소에서 만났군요."

1988년 3월 대전교도소로 이감 갔을 때 이태복 선배가 저녁 식사 자리에서 나에게 건넨 첫마디이다.

나의 대전교도소 첫 저녁 식사는 이태복 선배의 독방에서 이루어졌다. 그의 초대로 나는 교도소에서 가장 비싼 '닭파우치'로 그와 즐거운 저녁 식사를 했다. 오랫동안 외부와 차단된 교도소 생활을 했기 때문인지, 밖의 민주화운동 및 노동운동 상황이 어떻게 돌아가는지가 가장 큰 관심거리였다. 초대된 그의 독방에는 수많은 서적들이 가득 차 있었다. 대부분이 철학·역사서였던 것으로 기억된다.

이태복 선배는 대전교도소에서 '선생님'이라고 불렸다. 그가 복역하고 있었던 7사 동은 이태복 선배가 완전히 장악(?)하고 있었다. 간수들도 이태복 선배에 대한 예우에 무척 신경 쓰는 듯했다. 대전교도소에 복역했던 사람들은 최소한 전과 3·4범이었고, 흉악범도 꽤 있었다. 강도, 강간, 인신매매 등 보통 사람들이 듣기에 너무나 거북한 범죄를 저지르고 중형을 살던 사람들이었다. 그러나 그들은 이태복 선배 앞에서는 깍듯했다. 매우 공손했고, 선생님 불편하시지 않도록 신경을 쓰는 것이 눈에 보일 정도였다.

그들은 이태복 선배에 대한 권위를 최대한 존중하고 존경심을 표했다. 덕분에 나도 대전교도소 수감생활은 커다란 간섭 없이 한정된 자유를 느낄 수 있었다. 사실 악명 높기로 유명했던 대전교도소였지만 7사동은 이태복 선배와 나에게는 감옥 안의 해방구였다.

대전교도소 생활에서 나는 새로운 동지, 친구를 사귈 수 있었다. 7사에서 이태복 선배 호위무사로 자처했던 서원근 씨이다. 그는 3년형을 받고 대전교도소에서 복역 중이었는데, 온몸에 문신을 하고 정말 커다란 망치 같은 주먹을 갖고 있었다. 그러나 그는 이태복 선배 앞에서는 충성스러운 신하였다. 아마도 이태복 선배와의 복역 생활에서 자연스럽게 우러나온 경외감 때문이었을 것이다. 서원근 씨는 명절이 되면 한까치 담배와 맛난 라면을 우리에게 제공했다. 교도소에서 가장 귀한 특식이었다. "선생님 이것 드시소."라고 했던 말이 아직도 귀에 생생하다.

서원근 씨는 이태복 선배의 충실한 연락책이었다. 다른 사동에 복역 중인 민주화운동 동지들의 근황을 우리에게 알려주고, 쪽지도 비밀스럽게 전달하는 역할을 했다.

광주민주화운동 기념일에 우리들은 감옥 안에서 방문을 차며 일명 '샤우팅'을 했는데, '전두환은 물러가라'라고 구호를 외쳤다. 그는 대전교도소의 민주화운동 동지들이 각각 다른 사동에 있었지만, 함께 샤우팅을 할 수 있도록 시간과 구호 등을 전달하는 비밀 연락책이었다. 물론 우리가 샤우팅을 하게 되면, 다른 수감자들도 이때가 기회라고 함께 방문을 차주었다. 대전교도소가 시끌시끌했다. 점잖게 투쟁을 지도하는 배후조종자(?) 이태복 선배와 조직연락대장 서원근 씨 때문이었다.

내가 처음 대전교도소 7사 동에 들어갔을 때 서원근 씨가 "얘들아 방 치워라, 독립군 학생 아저씨 왔다."라고 하자 몇몇 사람들이 내 방을 정성스럽게 치웠던 일은 잊어버릴 수가 없다. 그는 감옥에서 이태복 선배의 교육(?)과 감화로 인해 민주화운동 동지로 새롭게 태어났다.

서원근씨는 출소한 뒤에 우리와 함께 일했다. 노동운동 대열에 합류했다. 그는 이태복 선배가 노동운동 동지들과 함께 창립했던 노동자신문사에서 영업부 직원으로 일했다, 그리고 평창동 노동자신문사를 지키는 파수꾼이 되었다. 그곳에서 기숙을 하면서 노동자신문 로고가 찍힌 봉고차를 자랑스럽게 몰고 다녔다.

감옥 안에서 이태복의 호위무사가 밖에 나와 이태복의 노동자신문 호위무사를 하게 된 것이다. 물론 그는 노동자신문사에 입사하면서 과거 건달 생활은 완전히 접고 개과천선했다. 그는 노동자신문사에서 일하던 여직원과 결혼하여 후에 고향인 마산에서 건설업에 종사했다.

나도 초창기에 노동자신문사 영업부장직을 수행했는데. 서원근씨와 함께 봉고차를 몰면서 신문을 배달했다. 특히 새벽부터 서울 시내 지하철 가판에 노동자신문을 배포하는 일을 맡았다. 우리는 잉크 냄새가 물씬 풍기는 노동자신문을 새벽바람을 쐬면서 한 부라도 더 시민들에게 전달하기 위해 신나게 돌아다녔다. 건달에서 호위무사로 그리고 노동자신문 파수꾼으로, 또 한 집안의 가장으로 변신한 서원근씨. 그는 아마도 이태복 선배에게도 잊지 못할 인물일 것이다.

대전교도소 생활은 나에게 또 하나의 탄생이었다. 대전교도소에서 이태복 선배와 나눈 대화는 이후 나의 30대 인생을 결정하는 가치 기준이 되었다. 교도소 담장을 걸으며 그가 들려주었던 한국의 변혁운동사와 몸소 경험했던 노동현장. 그리고 1970년대 척박한 노동현실에서 한국 노동운동의 선도자로 활동했던 그의 삶은 그동안 내가 짧은 기간 겪었던 학생운동과 노동운동 경험을 무색케 했다.

그는 1980년대의 학생운동과 노동운동에 이념적 지향점과 함께 한국변혁운동의 기틀을 창출한 인물이었다. 그는 뛰어난 조직가이자, 사상가였으며 현장 활동가였다. 전국민주노동연맹과 전국민주학생연맹을 만들어내어 한국 변혁운동사를 이끈 그의 업적은 두고두고 한국 현대사에서 평가될 것이다.

노동자신문사 창립기념일. 현판식을 마치고 앞뜰 마당에서 내외빈을 모시고, 하늘에 노동자신문의 번창을 기원했다.

내가 이태복 선배를 가까이 모실 수 있었던 기회는 〈노동자신문〉이었다. 지금은 국민들도 노동자신문이란 호칭에 큰 거부감을 느끼지 않지만, 1988년에는 대단한 용기와 노동운동에 대한 신념이 없었다면 노동자신문 창간은 불가능한 일이었다. 군사독재정권의 사실상 연장이었던, 노태우 정권의 서슬이 시퍼렇게 살아있었던 시기였기 때문이다.

노동자신문 창간의 초기 목적은 합법화된 노동운동의 기반을 더 확충하고, 노동운동의 역량을 배가하여 대중화시키는 것이었다. 노동자신문은 1987년 노동자 대투쟁으로 합법적인 공간으로 올라온 민주 노동조합운동의 눈과 귀와 입이 되는 일을 자임했다, 그래서 전국의 민주노동조합이 노동자신문의 창간 주주가 되었으며, 조합원들과 민주시민들이 노동자신문의 주주로 참여했다. 이들의 창간 주주 자금이 〈주식회사〉 노동자신문사의 자본금 기반이 되었다.

특히 창간 주도 멤버들 대부분이 군사독재정권하에서 투쟁하던 빵잽이들(?)이라서 노태우 정권이 노동자신문 발행을 승인한다는 것은 수월치 않은 일이었다. 이태복 선배와 오랜 인연이 있었던 황상근 신부님이 발행인을 맡아주셨다. 천주교와 황상근 신부님이 기꺼이 방패막이가 되어주신 것이다. 물론 황 신부님은 노동자신문 편집 방향 등에 대해 일절 말씀을 아끼셨다. 이태복 선배를 신뢰하고 노동자 운동의 시대적 중요성을 잘 알고 계시기 때문이었다. 황 신부님은 자주 평창동 사옥을 방문하셨는데, 그때마다 제과점 빵을 한 아름 들고 오셔서 우리들을 격려하셨다. 그 빵 맛은 지금도 잊을 수가 없다.

이태복 선배는 1970·1980년대 노동운동, 민주화운동을 혁혁하게 몸소 실천했던 동지들을 규합했다. CA사건, 구학련사건. 남노련사건, 전민노련사건, 전민학련사건 등 당시 이름만 들어도 잘 알려져 있었던 민주화운동 리더들을 모아내었다, 그들 대부분이 민주화운동으로 감옥을 갔다가 온 투사들이었다, 신념이 확고한 이들이 노동자신문 창간 동지들이 되었다.

그러나 대중에게 배포되고 검증되고 평가되는 신문을 만들어내는 일은 노동운동에 대한 열의만 갖고는 어려운 일이었다. 전문성과 능력이 필요한 일이었다. 이태복 선배는 창간준비위원장을 맡았다. 그래서 우리 후배들은 신문 창간 이후에도 그를 '위원장'이라고 불렀다. 취재부, 편집부, 영업부, 광고부, 기획실, 총무부 등으로 업무를 나누고 뛰고 달리면서 노동자신문을 만들어냈다. 물론 우리들이 변혁운동 과정에서 지침처럼 여겼던 레닌의 '이스크라'와는 달랐다. 기관지가 아닌 독자성을 갖는 신문을 지향했기 때문이다. 나는 이태복 선배와의 빵(감옥) 동지 인연으로 조금 뒤늦게 기획실로 합류했다.

노동자신문은 독재정권하 비합법 운동으로 기능했던 노동운동을 대중적으로 확산시키고 '한국사회를 노동운동이 어떻게 이끌어나갈 수 있느냐'라는 주요한 시험 무대였다. 노동자신문은 일단 주 1회 발행으로 시작했지만 사실 주 1회 발간도 벅찬 일이었다.

자금도 열악했지만, 노동자신문 기자라고 명함을 내밀면 뭔가 터부시하던 풍토였기 때문이다. 물론 노동조합은 달랐다. 취재부 기자들은 노동조합을 누비고 다니며 정보를 얻고 기사를 썼다. 취재부, 편집부 기자들은 신문 발행 전날 밤을 뜬눈으로 새는 것이 다반사였다, 그러나 노동자신문이 사회적으로 광범위하게 배포된다는 사실은 우리들을 흥분시켰고, 우리들이 젊은 시절, 노동운동에 매진했던 결과가 새로운 장으로 펼쳐진다는 사실에 가슴 벅차 신문 제작에 몰두했다.

노동자신문 기자들이 추후에는 노동부도 출입하고, 국회도, 정당도 출입해서 노동자의 시각에서 본 정치와 경제 행정 사안 등도 다루었지만 노동조합은 기사 정보 생산처였다. 우리는 노동조합을 통해서 기업 비리 정보를 얻어낼 수도 있었으며, 한국 사회의 불평등과 차별의 내용을 하나하나 들추어낼 수 있었다.

광고부 동지들이 가장 힘들었다. 기업광고는 애초부터 유치하기 어려운 일이었기 때문에 사회과학 출판사들이 노동자신문 광고부의 주요 영업 대상이었다. 이태복 선배의 동생인 이건복 사장이 운영하고 있었던 동녘 출판사는 노동자신문의 주요 거래처였다.

그러나 자금이 가장 문제였다, 창간 때 모금한 자금은 조금 지나면서 바닥이 나버렸다. 약 30여 명의 일꾼들이 그래도 활동비는 있어야 했고, 인쇄비와 종이값, 제판비는 충당되어야 신문을 계속 찍어낼 수 있었기 때문이었다. 노동조합에서 우리들을 성원해주었다, 특히 대기업 노동조합에서 많이 도와주었다. 대의원 수만큼 단체구독을 해주었기 때문이다. 지하철 노동조합이 효자였고, 금융노조와 증권사노조 등에서 단체구독을 몇백 부씩 해주었고 목돈을 선불로 주어 운영에 큰 도움이 되었다. 또한 일반 독자들도 마찬가지였다. 구독 납부서를 보내면 거의 90% 이상이 지로로 당월 입금해주었다. 우리는 노동조합 중심으로 구독망이 완성되자 '노보 편집자 교육' '노동자 가요제 ' 노동자 바둑대회' 등을 열어서 일반 노동대중과 접촉할 수 있는 공간을 더 넓혀나갔다.

이태복 선배가 중심이 되고 과거 변혁운동에 투신했던 투사들이 함께 만들어냈던 노동자신문. 우리의 신문은 노동운동의 대중화, 변혁운동의 국민적 신뢰라는 측면에서 볼 때 매우 중요한 시험 무대였다, 물론

제2기 노보 편집자 교육. 50명이 훨씬 넘게 교육받았다. 필자는 두 번째 줄 왼쪽에서 두 번째이다.

열악한 자금과 환경은 우리들을 매우 옥죄었고, '그 어려움을 어떻게 이겨나갈 것인지'라는 중요한 과제가 가로 놓여 있었다. 또한 신문은 이념지향적 민중운동과 다르게 구독과 구매를 통해 시장에서 반응이 오기 때문에 1987년 이후 변화된 환경에서 우리가 새롭게 개척해 나가는 영역을 현실로서 제공해주었다.

노동자신문은 대다수의 언론이 기득권자들과 자본의 이해를 관철시키기 위해 존재하고 있는 현실에서, 노동자라는 깃발을 들고 신문을 발행하고 시대적 전환점을 만들어내는 거룩한 역사적 창조물이었다. 19세기의 마르크스와 레닌주의라는 이념적 투철함만으로는 결코 해결될 수 없는 사안이었다. 더욱이 신문을 계속 찍어내야 하고 신문사에서 일하는 동지들의 먹고사는 문제도 해결해야 하고, 독자들로부터 신뢰받는 기사도 생산하며, 언론시장에서 기득권을 누리고 있는 수많은 신문들과 경쟁해야 하기 때문이었다. 또한 우리의 실질적 기반이었던 노동조합의 활성화와 노동운동의 확충과 노동자신문의 생존은 직결되었다.

노동자신문이 창간되었다는 그 자체. 그리고 주 1회 발행했다는 사실. 많은 부수는 아니었지만 지하철 가판에서도 구입할 수 있고, 그 기사가 정치·사회 영역에서 영향력을 미칠 수 있다는 사실은 감격을 넘어 기대와 희망을 품게 했다.

본인은 5년 정도만 노동자신문에 있었기 때문에 그 후의 노동자신문 활약상에 대해서 논평할 자격은 없지만, 창간 그 자체만 이야기 한다면 분명 현재의 노동운동, 변혁운동 측면에서 볼 때도 적극적으로 반추해 보고, 다시금 당시의 과정과 행로를 따져 볼 일이다

이태복 선배. 그와 함께 보냈던 6개월간의 감옥 생활, 그리고 5년간의 노동자신문사 생활은 그를 통해서 자랑스럽게 이태복의 역사적 삶을 이야기하고, 나의 삶도 결코 후회 없이 살았다는 자긍심을 느끼게 한다. 듬직한 그의 목소리와 자태. 그리고 우렁찬 이태복 선배의 외침을 생각해보면서 이 글을 마칠까 한다. 영원히 그와 함께하겠다는 약속도 하면서 말이다.

12년 노동언론의 꿈

황인상·우미숙
(법무법인 로우 대표 변호사·한살림생산자조합 감사)

우리에게 이태복 선배님은 노동자신문과 함께한 그 시절의 수많은 기억을 떠올리게 합니다.

황인상·우미숙은 1983년경 구로공단의 야학 선후배로 만난 후 수년간 교류가 없다가 노동자신문 창간 때 함께한 인연으로 부부가 되었습니다. 이태복 선배님께서 맺어준 인연이라 해도 과언이 아닙니다.

선배님은 전민노련 전민학련 사건으로 오랜 옥고를 겪고 출소한 직후인 1988년 겨울 경부터 노동자신문 창간 작업을 시작하셨습니다.

주간노동자신문 창간작업은 창간준비위원회의 구성, 실무인력의 확보 및 재원 확보 등으로 진행되었습니다. 1989년 봄 구성된 창간준비위원회의 위원들은 권용목, 김문수, 김병구, 김정환, 김진국, 민종덕, 박노해, 박종현, 박주철, 방용석, 백무산, 성찬성, 송경평, 신철영, 양승조, 오길성, 오순부, 유동우, 윤영규, 이석행, 이성도, 이태복, 정봉희, 정윤광, 정인숙, 조정환(가나다순) 등이었습니다.

이분들 중 김병구, 유동우, 양승조, 신철영, 박태연 님은 이태복님이 광주의 윤상원님과 함께 1980년 5월 1일 노동절을 맞아 전국민주노동자연맹을 결성하고 중앙위원을 맡았던 분들입니다. 권용목, 김진국 님은 현대중공업 노동운동가이고, 박종현, 박주철, 송경평, 오길성, 오순부, 이석행, 이성도, 정봉희 님은 지역 노동운동 지도자이고, 방용석, 김문수 님은 노동조합운동가이고, 김정환, 박노해, 백무산, 조정환 등 민중 문인들, 광주 민중운동가 성찬성 님, 전교조 윤영규 님, 지하철노조 정윤광 님, 평화의 집 정인숙 님 등도 함께하셨습니다.

노동자신문의 발행인은 가톨릭 노동청년회 황상근 주임신부님이었으며, 감사는 민주화를 위한 변호사모임 회장을 역임한 최병모 변호사님입니다. 주간노동자신문사의 조직 구성은 취재부, 편집부, 광고부, 총무부, 운영기획실, 자료실 등으로 편성되었습니다. 창간 때 편집취재부의 주요 인사들로는 김진태, 박문식, 서진영, 이재영, 이현배, 조경숙, 주동식, 천호영, 황수경 등이 함께하였고, 이선근, 김찬, 조성두, 황인상,

『도산 안창호 평전』 출판기념 행사에 축하하러 온 필자 부부.

우미숙, 강성봉, 유용하 등이 창간 전후에 회사를 이끌었습니다.

구독자 수가 특별히 많지 않고 일반 기업광고 수주가 사실상 불가능한 상황에서 신문발행을 위한 자금 조달은 항상 버거운 과제였습니다. 의로운 뜻을 가지고 재정에 도움을 주신 분들은 일일이 열거할 수 없을 정도로 많았으나 가장 큰 기여를 한 곳은 동녘출판사였고, 돌베개와 사계절을 비롯한 여러 사회과학 출판사들이 광고를 게재하는 방법으로 지속적인 도움을 주었으며, 여러 민주노조들은 정기구독과 광고 등으로 든든한 파트너가 되었습니다.

창간호는 1989년 10월 20일 〈주간 전국노동자신문〉이라는 제호로 타블로이드 배판 12면으로 발행되었는데, 신문발생 허가를 용이하게 받기 위해 특수주간신문으로 출발하였다가 1993년 7월 14일 일반시사종합주간지로 등록 변경하게 됩니다.

4년여 주 1회 발행을 하다가 1993년 6월 11일에 주 2회 발행으로, 화요일 8면, 금요일 12면이었다가 바로 매호 12면으로 지면을 늘렸습니다. 주 2회 발행을 6년간 지속하다가 1998년 10월 27일 창간 9주년 기념식에서 노동일간지 창간을 선언하여 1999년 3월 29일 〈노동일보〉로 제호를 변경하고, 같은 해 7월 12일 일간지 첫 호가 발행되었습니다. 주간지 시작 10년 만에 〈노동일보〉로 전환된 것입니다.

2001년 3월 선배님께서 노동복지수석으로 청와대에 합류한 후 오충일 목사님이 대표이사로 취임하여 이끌어갔으나 2003년 재정난으로 인하여 4월 28일 지령 1065호를 끝으로 휴간되었습니다.

이태복 선배님이 10여 년간 전력을 다했던 뜻을 온전히 이해하지는 못하지만, 선배님은 당시 민주노조운동이 성숙기에 접어들면서 노동자

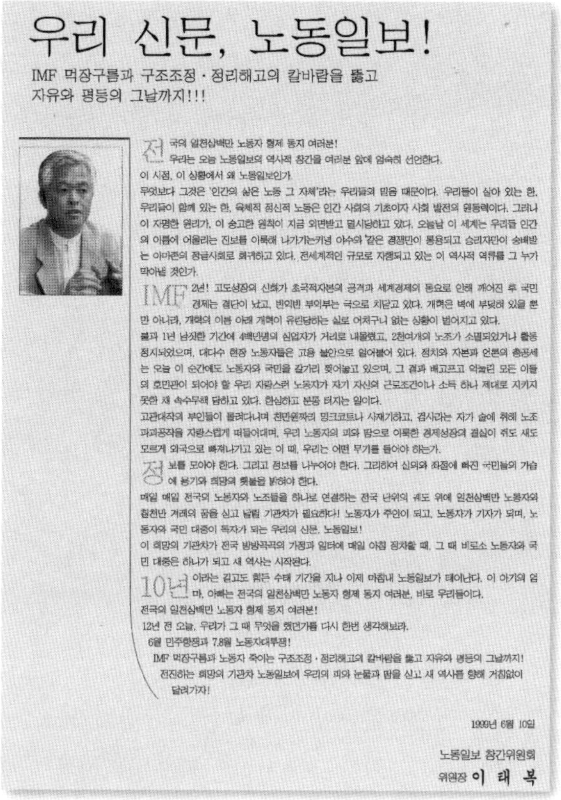

우리 신문, 노동일보!

IMF 먹장구름과 구조조정 · 정리해고의 칼바람을 뚫고
자유와 평등의 그날까지!!!

전국의 일천삼백만 노동자 형제 동지 여러분!
우리는 오늘 노동일보의 역사적 창간을 여러분 앞에 엄숙히 선언한다.
이 시점, 이 상황에서 왜 노동일보인가.
무엇보다 그것은 '인간의 삶은 노동 그 자체'라는 우리들의 믿음 때문이다. 우리들이 살아 있는 한, 우리들이 함께 있는 한, 육체적 정신적 노동은 인간 사회의 기초이자 사회 발전의 원동력이다. 그러나 이 자명한 원리가, 이 숭고한 원칙이 지금 외면받고 멸시당하고 있다. 오늘날 이 세계는 우리들 인간의 이름에 어울리는 진보를 이룩해 나가기는커녕 야수와 같은 경쟁만이 통용되고 승리자만이 숭배받는 아마존의 정글사회로 회귀하고 있다. 전세계적인 규모로 자행되고 있는 이 역사적 역류를 그 누가 막아낼 것인가.

IMF 2년! 고도성장의 신화가 초국적자본의 공격과 세계경제의 동요로 인해 깨어진 후 국민경제는 결단이 났고, 빈익빈 부익부는 극으로 치닫고 있다. 개혁은 벽에 부닥혀 있을 뿐만 아니라, 개혁의 이름 아래 개혁이 유린당하는 실로 어처구니 없는 상황이 벌어지고 있다.
불과 1년 남짓한 기간에 4백만명의 실업자가 거리로 내몰렸고, 2천여개의 노조가 소멸되었거나 활동정지되었으며, 대다수 현장 노동자들은 고용 불안으로 얼어붙어 있다. 정치와 자본과 언론의 총공세는 오늘 이 순간에도 노동자와 국민을 갈가리 찢어놓고 있으며, 그 결과 배고프고 억눌린 모든 이들의 호민관이 되어야 할 우리 자랑스런 노동자가 자기 자신의 근로조건이나 소득 하나 제대로 지키지 못한 채 속수무책 당하고 있다. 한심하고 분통 터지는 일이다.
고관대작의 부인들이 몰려다니며 천만원짜리 밍크코트나 사재기하고, 검사라는 자가 술에 취해 노조파괴공작을 자랑스럽게 떠들어대며, 우리 노동자의 피와 땀으로 이룩한 경제성장의 결실이 쥐도 새도 모르게 외국으로 빠져나가고 있는 이 때, 우리는 어떤 무기를 들어야 하는가.

정보를 모아야 한다. 그리고 정보를 나누어야 한다. 그리하여 실의와 좌절에 빠진 국민들의 가슴에 용기와 희망의 횃불을 밝혀야 한다.
매일 매일 전국의 노동자와 노조들을 하나로 연결하는 전국 단위의 궤도 위에 일천삼백만 노동자와 칠천만 겨레의 꿈을 싣고 달릴 기관차가 필요하다! 노동자가 주인이 되고, 노동자가 기자가 되며, 노동자와 국민 대중이 독자가 되는 우리의 신문, 노동일보!
이 희망의 기관차가 전국 방방곡곡의 가정과 일터에 매일 아침 정차할 때, 그 때 비로소 노동자와 국민 대중은 하나가 되고 새 역사는 시작된다.

10년이라는 길고도 힘든 수태 기간을 지나 이제 마침내 노동일보가 태어난다. 이 아기의 엄마, 아빠는 전국의 일천삼백만 노동자 형제 동지 여러분, 바로 우리들이다.
전국의 일천삼백만 노동자 형제 동지 여러분!
12년 전 오늘, 우리가 그 때 무엇을 했던가를 다시 한번 생각해보라.
6월 민주항쟁과 7.8월 노동자대투쟁!
IMF 먹장구름과 노동자 죽이는 구조조정 · 정리해고의 칼바람을 뚫고 자유와 평등의 그날까지!
전진하는 희망의 기관차 노동일보에 우리의 피와 눈물과 땀을 싣고 새 역사를 향해 거침없이 달려가자!

1999년 6월 10일

노동일보 창간위원회
위원장 **이 태 복**

6면짜리 노동일보 팜플렛.

들의 세력화를 위해 독자적 언론을 갖추는 것이 긴급하고도 필수적인 사업이라고 생각했습니다. 노동운동이 양적 질적으로 성장하던 시기이기도 했지만, 다른 한편으로는, 이념적 편향성이 뚜렷한 집단들 간의 소모적인 갈등이 심각했던 시기였습니다.

선배님은 노동자들의 진정한 이익을 논하고 대변하는 언론기관을 만드는 것을 긴급한 과제로 삼았고, 어떻게 하면 노동자의 눈으로 보고 귀로 듣고 입으로 말하는 신문이 될 수 있을까를 고심했기 때문에 운동권 내부에서의 이념논쟁에 휩쓸리지 않으셨습니다. 오히려 여러 민주노동조합 활동가들 및 지역 민주인사들과의 교류와 소통에 힘쓰고, 노동조합 간부 교육이나 노보 편집자 교육 등과 같이 민주노조의 건강한 역량을 강화하는데 지속적인 노력을 경주하였습니다.

초기에는 운동권의 정파논리가 있어서 노동자신문을 이용하거나 배척하려는 경향이 다소 있었지만, 조직운동체의 길과 노동자신문이라는 언론의 길이 달랐기 때문에 선배님과 우리들은 노동자대중의 역량을 강화하는 일이라면 죽을 힘을 다했습니다. 독자성, 합법성, 전문성, 대중성. 노동자신문이 내걸었던 깃발이었고, 경제 위기, 사회적 위기가 닥칠 때마다 갈등해소와 통합을 강조하셨습니다. IMF위기를 극복하자는 취지에서 노동일보 제호 밑에는 '노동자와 국민을 하나로'라는 캐치 프레이즈도 내걸었습니다.

6월항쟁 이후 민주화운동이 점차 동력을 상실해가는 양상을 보이는 것을 볼 때 선배님이 제기한 문제의식은 재조명되어야 할 거라 생각합니다. 이념 자체가 목적일 수 없다는 데 동의하는 사람이라면 선배님이 추구하였던 독자 언론의 필요성과 중요성에 공감하지 않을 수 없을 것입니다. 구체적인 현실과 그것을 해결하기 위한 실천, 그래서 내용을 채워나가야 한다는 믿음, 그것이 노동자신문의 동력이었습니다.

선배님은 항상 노동운동을 휴머니즘의 관점에서 바라보았고 '인간의대지', '5대운동본부'라는 사단법인을 만들어 복지실천과 민생을 위한 사회개혁운동을 하신 것도 그 연장선상에 있다고 봅니다.

이태복 선배님을 보내드리면서 함께했던 나날들을 따뜻하게 기억하고자 합니다.

이태복이라
믿 는 다

길을 개척한 우리의 영원한 '위원장'

김상균
(주간노동자신문 전 울산지국장 겸 본지 기자)

"이태복 위원장님!" 주간노동자신문 울산지국장과 본사 기자였던 시기의 호칭이 내가 평생 그분을 부르는 호칭이 되었다. 주간노동자신문 창간준비위원장에서 시작된 호칭임에도 불구하고, 장관이 되신 후에도, 그 이후 여러 사업에 몰두하여 각각 다른 직책을 맡아 하실 때도 난 그저 '위원장님!'이라고만 불렀다. 젊은 시절에 처음 뵙고 나서, 몇 년간 근거리에서 보냈던 시간이 강렬하게 남았기 때문이었을 것이다. 그 경험들을 정리해본다.

광민사 산업신서에 대한 기억

1980년대 후반 나는 낮에는 직장을 다니며 밤에는 야학활동을 하고 있었다. 야학에서 활용할 자료들을 찾다가 광민사에서 나온 소책자(산업신서)들을 보게 되었다. 『노동의 철학』, 『노동의 역사』, 『노동운동의 기초』, 『어떻게 생각할 것인가』 등이 그것이다. 100페이지 정도에 큰 활자로 인쇄된 아주 작은 책들이다.

대학생 시절에도 종종 광민사의 책을 읽었다. 하지만 그때는 광민사를 특별히 의식하지 못했다. 진보적인 책을 출간하는 용감한 출판사라는 정도의 느낌이었다. 하지만 야학활동을 위해 읽은 광민사의 소책자들은 충격이었다.

'노동자들에게 꼭 필요한 지식만 쏙쏙 골라내서, 이렇게 간결하고 이해하기 쉽게, 이렇게 정확하게 전달하는 책이 있었네!'

그 책들을 고르고, 다듬고, 짓고, 편집한 분들이 놀랍고 존경스러웠다. 노동운동이론과 현실 노동자에 대해 아주 구체적이고 정확한 인식, 또 그 인식에 기초하여 적절한 글을 쓸 수 있는 지혜와 능력, 이 모든 것을 완벽하게 갖추어야 간행할 수 있는 책이었다.

이때 처음 광민사를 특별하게 생각하게 되었다. 술자리에서 대통령 욕조차 함부로 할 수 없었던 시기에, 산업신서 13권 외에도 『유한계급론』 등 광민신서 17권, 『장글』, 『나의 라임오렌지나무』 등 주옥같은 책들을 만들어냈으니 놀라울 따름이다. 전민노련, 전민학련 사건에 대해서는 피상적으로만 알고 있었기에, 광민사의 중심에 이태복 위원장님이 있었다는 사실을 안 것은 주간노동자신문과 인연을 맺고 나서였다.

주간노동자신문 열독자가 된 이유

직장에 다니면서 야학활동을 하다가 〈주간노동자신문〉 창간 소식을 들었다. '야학활동, 현장활동, 그 외 비공개조직운동들이 무언가 역할을 하고는 있는 것일까?' 하는 생각이 자주 들 즈음이었다. 새로운 돌파구가 만들어진다는 생각에 야학을 같이했던 모두가 선후배들을 찾아다니며 주간노동자신문 주식을 팔았던 기억이 새롭다. 1년 여의 준비 끝에 1989년 10월 20일 금요일, 드디어 〈주간노동자신문〉의 창간호가 세상에 나왔다.

내가 주간노동자신문의 열렬한 독자가 된 것은 노동운동에서의 상징성이나 역할 때문만은 아니었다. 냉엄한 상황인식과 구체적인 대안을 찾으려는 시도가 주간노동자신문은 남달랐기 때문이다.

그 시절, 한국의 6월항쟁 이후 가장 중요한 사건 중의 하나는 소련 해체와 동유럽 민주화이다. 왜 그런 변화가 일어날 수밖에 없었는지 제대로 알고 싶었지만, 납득할 만한 설명을 해주는 곳이 거의 없었다. 나도 막연히 짐작만 할 뿐이었다. 신문에는 유명인들의 이런저런 주장이 실렸지만, 하루는 이런 논조였다가 다음 날에는 완전히 다른 설명을 했다. 주장에 아무런 근거도 논리도 없었다. 매일 논조를 바꾸는 그 신문들이 보기 싫어 한동안 오자마자 그대로 한편에 쌓아두었던 기억도 있다. 과거에 가졌던 믿음이 흔들리는 것이 싫었을까? 지식인들은 눈앞에서 벌어지고 있는 일들을 직시하지 못하고 갈팡질팡했다. 냉정하게 상황을 파악해서 현실 그대로 보여줬던 것은 오직 주간노동자신문뿐이었다.

주간현대 노동자신문

변화는 현실, 있는 그대로 받아들여야

사회주의권의 개혁을 진단한다 ①

변화의 의미

'인민이 소외된 자가당착적 사회주의'의 몰락
변화의 본질은 이념이 아니라 구체적 현실의 삶
'자본주의의 올가미' 가시화되고 있어

폴란드

상반기

경제개혁정책

3차산업 · 경공업

노동자신문 45호. 유럽 노동운동에 관한 기사들이 인기가 높았다.

이태복 위원장은 유럽 각국의 현장을 둘러보고, 동독 붕괴과정을 지켜본 운동가와 석학들을 만났다. 그리고 이들이 스스로 실토한 문제와 사회주의의 실패를 주간노동자신문에서 가감 없이 드러냈다.

"경영 측과 노조가 무능하고 부패했다", "노동자권력도 사회주의도 아니었다", "노동자 이익을 대변할 조직이 없었다", "좌파만 부르짖는다고 대안부재, 노동자 대중과의 결합 소홀이 감춰지지 않는나", "자연과학은 발전했지만 생활에 필요한 재화생산엔 응용이 안 됐다", "프롤레타리아독재론의 스탈린식 사고에 노동자사상이 왜곡되었다", …

맹목적인 교조주의, 독버섯처럼 번진 관료주의 등 실패의 원인에 대해서도 냉엄하게 분석했다. 이런 상황을 대하는 자세에 대해서도 날카로운 지적이 이어졌다.

"이미 대중조차 깨닫고 있는 것을 보지 못한 교조화된 사회주의는 죽은 사회주의다."

"소련과 중국이 남아 있으니 아직 희망이 있다'는 식의 자세는 '사회주의는 이제 망했다'고 기고만장하게 떠드는 것보다 더 나쁜 자세이다. 대처할 시기와 방법을 다 놓치게 만들기 때문이다."

"원래 '사회주의'라는 추상에는 고정불변한 어떤 틀이 있는 것이 아니다. 구체적인 현실과 그것을 해결하기 위한 실천에 의해 그 내용을 채워나가는 것이다."

노동자신문

베를린 리포트 1

동구사회주의 교훈은 '새 모델 찾는것'

데페교수와의 토론

현존 사회주의 위기, 그 원인은 무엇인가

데페교수—동구몰락은 거꾸로 세계자본주의 위기 심화

창간위원장—현실사회주의 붕괴과정의 분석·연구 부족해

이태복 창간위원장이 쓴 '베를린리포트'. 독일 취재를 다녀온 이후 연재가 시작되어 20회 장기 시리즈물이었다.

주간노동자신문은 나라 밖 소식에 대한 해설을 12면뿐인 지면에 1면을 할애했다. '사회주의권의 개혁을 진단한다', '베를린리포트', '변화하는 동유럽 노조들' 등 심도 깊은 리포트가 10~20여 회 연재됐다.

이태복 위원장은 당시 유럽과 미국의 여러 노동조합도 방문했다. 그들과 이야기를 나누고, 관찰한 내용을 주간노동자신문을 통해 알렸다.

황색신문(스포츠연예신문) 하나를 손에 들고 출근해서 일하고 퇴근하는 삶에 만족해버린 유럽 노동자들의 일상, 통독 과정에서 발생한 많은 문제점을 외면하고 자신만의 안락한 삶에 안주해버린 서독의 노동자들, 한국의 자동차가 미국에 들어오면 자신들의 밥그릇에 영향을 미칠까 싶어 전전긍긍하는 미국 자동차노조, 노동자의 연대나 사회전체의 진보에 대한 관심은 찾아보기 힘든 이기적인 노조간부들의 모습… .

발전된 노조의 모습을 기대했던 사람들에겐 실망스러운 모습이었지만 주간노동자신문은 이런 현실을 그대로 보여주었다.

이태복 위원장은 단순히 분석에 머무르지 않고 "역사를 이끌어갈 수 있는 노동조합은 이제 한국의 노조뿐이다"며 한국이 세계 노조운동의 중심이 되자고 독려했다.

"이제 막 성장하기 시작한 한국의 노동자들에게 현존 사회주의의 패배와 좌절은 매우 커다란 충격과 좌절감을 안겨준 것이고, 또 이상을 현실화한다는 것은 결코 쉬운 일이 아니다. 하지만 한국의 노동자들이 착취와 수탈의 현실에 놓여 있는 한, 이 모순을 해결하기 위한 노동운동은 전진할 것이다."

완전히 공감 가는 기사와 글들을 읽으며 자연스럽게 난 주간노동자신문의 애독자가 되었다.

시대의 기적, 주간노동자신문

1990년 야학을 통해 주간노동자신문에서 울산지국장 겸 주재기자가 필요하다는 제안을 받았다. 직장을 그만두고 아내와 함께 울산으로 떠나면서 위원장님과의 직접적인 인연이 시작됐다. 떠나기 전, 온화한 미소를 지으며 걱정으로 경직된 내 등을 두드려 주셨던 기억이 난다. 이후 울산지국과 본사의 일을 하면서 몇 년간 지근거리에서 위원장을 뵙고 그분의 진면목을 피부로 느낄 수 있었다.

주간노동자신문은 주간신문에서 주 2회로 발행횟수를 늘렸고, 일간 신문으로까지 발전했다. 지금도 정말 대단하다고 생각하는 것은 주간노동자신문이 10년 넘게 굳건히 유지됐다는 점이다. 대기업과 중소기업에서 직장생활을 해봤던 난 치열한 생존경쟁 사회에서 살아남는다는 것이 얼마나 힘든 일인지 잘 안다. 더구나 노동자의 목소리를 대변하고 그 깃발의 역할을 다하면서 오랫동안 자본주의 사회에서 살아남았다는 것, 그 자체가 대단히 경이로운 일이다.

우선 위원장은 신문발행인으로서 경제적인 문제를 해결해야 했다. 일반 신문들과 달리 광고비를 기대할 수 없고 신문판매비가 수입의 대부분인 상황에서, 신문발행비, 인건비 등 다달이 지불해야 할 비용들은 어떻게 해서든 마련하셨다. 직원들에게, 아니 같은 길을 가고 있는 동지(실제로 우리들을 동지라고 부르셨다)들에게 누구보다 잘해주고 싶었던 분이지만, 주간노동자신문의 생존을 위해 그러지 못해서 항상 안타까워 하셨다. 중소기업의 사장들이 입에 달고 다니는 말이 있다. "매달 월급날이 다가오면 무섭습니다." 나 같았으면 그 스트레스를 이겨내지 못하고 중간에 포기했을 것이다. 그 힘든 나날을 10년 넘게 견디어 내셨다는 점이 내겐 이태복 위원장의 그 어떤 모습보다 더 존경스럽다.

운영과 영업도 쉬운 일이 아니다. 예산과 인력이 충분하지 않은 상태에서 신문을 제작·배포·판매하고, 판매비를 수거하는 일, 일선에서 고생하는 전국의 지국을 독려하고 관리하는 일, 본사의 영업팀은 눈코 뜰

새 없이 바빴다. 이렇게 어느 것 하나 쉬운 일이 없었지만 위원장은 여기에서 멈추지 않았다. 각 지국별로 강연회, 지역 행사 등을 열었고, 본사에서는 노조간부교육, 노보편집자교육을 지속적으로 진행했다. 그리고 아무도 시도해본 적이 없는 전국노동자가요제, 전국노동자체육대회, 전국노동자바둑대회, 전국노동자등행대회, 전국노동자연설대회 등 매년 전국 노동자들의 축제를 개최했다. 전국 행사를 무탈하게 치루는 것이 얼마나 고되고 스트레스가 많은 일인지 해본 사람들은 알 것이다.

이때의 행사들은 노동자의 단순한 축제로 끝나지 않고, 노조운동의 다양화와 노동문화의 활성화에 기여했으며, 노동자 연대정신을 실질적으로 드높였다.

난 전국노동자가요제를 더욱 특별하게 생각했다. 각 지역 예선을 거쳐 선발된 노조 합창단들이 갈고 닦아온 노동가요들을 멋들어지게 부르고 경쟁하며 하나됨을 느꼈던 그때의 감동을 지금도 잊지 못한다. 창간 1주년 노동자가요제는 연세대 노천극장에서 열렸는데, 1인 1주 갖기 운동, 독자배가운동과 같이 진행되었다. 참여자들의 대기줄이 연대 정문까지 이어질 정도였다. 그날 이태복 위원장은 이렇게 선언했다.

"어떤 이는 하필 노동자의 노래이어야 하는가 하고 묻는다. 이 세상의 많은 노래 가운데 우정 노동자의 노래판을 만드는 까닭이 뭐냐고. 대답은 간단하다. 우리 시대 삶의 진실이 노동자에게 있다. 억압받고 수탈당하는 인간의 노래는 함포고복(含哺鼓腹)의 노래와도 다르고 그냥 건성으로 소리 지르는 사람들의 노래와도 같을 수 없다. 오늘 이 노래 한마당은 상품화되고 소비화되는 그런 노래가 아니라, 이 사회의 주인공으로서, 노동하는 인간들의 가슴 속에서 우러나오는 절절한 소리를, 우리 시대의 진실을, 역사의 올바른 방향을 소리 높여 울부짖는, 동시에 노래하고 즐거워하는 그러한 노래마당이다.”

신문으로서 가장 중요한 것은 노동자의 눈, 귀, 입이 되어 정확한 소식을 전하고, 바른 정론을 유지하는 일이다. 노동자의 삶과 관련된 일들을 골라내고, 일반 신문과 다른 시각으로 더 깊이 취재와 분석을 해서, 노동자의 시각으로 글 쓰는 일은 아무리 해도 익숙해지지 않는 피를 말리는 일이었다. 매주 탈고를 하고 나면 기자들은 거의 탈진상태가 되었다. 기사를 쓰는 것만큼 수명이 줄어드는 느낌이었다. 이 과정을 매주, 4년 후에는 매주 2회 발행을 계속했다. 모든 과정을 지휘하며, 기사의 방향을 잡고, 사설을 써야 하는 주필의 역할도 위원장의 몫이었다. 기자들의 긴장감이 그렇게 심했는데, 신문 내용 전체에 대한 책임을 지고 있는 위원장은 매주 어떤 느낌이었을지 상상도 안된다.

10년이 넘는 세월 동안 주간노동자신문의 발행인으로, 경영자로, 주

지리산 1박 2일 가족동반 산행 전에 남원 광한루에 들렀을 때. 필자는 뒷줄 왼쪽 첫 번째. 앞줄 왼쪽에서 두 번째가 필자의 아내와 딸이다.

필로… 보통 사람 같으면 1년을 넘기기 힘들었을 그 자리의 중압감을 어떻게 극복하셨는지 난 짐작조차 못 한다. 무엇이 그것을 가능하게 했을까? 휴머니즘, 민중에 대한 애정, 의지, 추진력, 철저함, 능력 그 어떤 말로도 설명하기 어렵다.

울산지국과 본사의 추억

나는 울산에서 신문의 보급과 확대, 울산과 주변지역의 기사 작성, 때때로 지역 강연회나 노동자가요제 예선 개최 등 다양한 일들을 했다. 매주 토요일은 거의 밤을 새며 기사를 작성했다. 처음엔 의욕이 넘쳤고 힘든 줄도 몰랐다. 뭔가 진전이 있는 듯도 했지만 2년이 지날 즈음부터 점차 동력을 잃기 시작했다. 몇 가지 사건이 있었는데, 가장 큰 충격을 받았던 일은 어느 노조보다 활발했던 거대노조가 지역 활동가들의 욕심으로 양분되면서부터인 듯하다. 눈앞에 뻔히 보이는 노조의 쇠락을 알면서도 할 수 있는 일이 없었다. 나도 모르게 힘이 빠져가고 있을 무렵, 위원장님이 울산에 왔고 울산지국의 상황을 단박에 파악하셨다. "여기 있다가는 네가 망가지겠다. 정리하고 본사로 와라." 뼈아픈 지적에 난 군소리 없이 짐을 싸서 본사로 출근했다.

사실 위원장님을 생각하면 야단맞은 일들이 더 먼저 떠오른다. 시간이 지나 자세한 상황이 모두 떠오르지 않지만, 예를 들면 취재를 했는데 구멍이 있어서 위원장님의 질문에 답을 못하거나, 피상적인 취재에 그쳤을 때 여지없이 호통을 들었다.

사람 하나하나에 대한 애정은 너무 컸지만, 그래서 그들이 더욱 더 완벽하길 바라셨다. 때론 위원장님의 이런 점이 오해를 만들기도 했다. 특근을 밥 먹듯이 해야 하는 힘든 상황에서 위원장님의 걱정을 들은 몇

몇은 참지 못하고 떠나기도 했다.

야단맞기에 이골이 날 즈음, 하루는 3분의 2쯤 쓴 원고를 가리키시며, “약속이 있어서 지금 나가야 한다. 사설마저 써서 올려라”는 말씀을 하셨다. 사설을 다른 이에게 맡기시는 걸 본 적이 없어서 깜짝 놀랐다. 더구나 당신이 쓰신 글을 완성하라니… . 정말 끙끙 앓았다. 앞글을 여러 번 읽고 그에 맞추어 쓰고 고치고를 반복하며 간신히 시간 내에 완성할 수 있었다. 탈 없이 사설이 나갔고, 다음 날 잘못 썼다는 야단도 맞지 않았다. 인쇄된 사설을 읽고 또 읽는 내 얼굴엔 기분 좋은 미소가 끊이지 않았다. 인정받았다는 느낌, 뿌듯함 등등 그 주는 내내 하늘을 날아다니는 기분이었다.

여담이지만 운동권에서도 알려진 몇몇 유명한 천재들이 있다. 이태복 위원장을 천재라고 이야기하는 사람을 별로 본 적이 없지만 난 그분이 ‘천재’라고 생각했다. 그 바쁜 와중에 언제 자료조사를 하고 생각을 정리하는지 모르겠지만 자리에 앉아서 30분 남짓에 사설을 완성하셨다. 아무리 자세히 들여다봐도 내용이나 문장에서 흠잡을 곳 하나 없는 완벽한 글이었다. 물론 노력도 많이 하셨겠지만, 이런 분이 천재가 아니면 누가 천재이겠는가?

아이가 커가면서 부채가 늘었고, 가장으로서 더 이상 이를 무시할 수 없었던 나는 주간노동자신문을 떠나 월급 받는 직장인이 되었다. 이후로 돌아가시기 전까지 불러주시거나, 내가 찾아뵙거나 하면서 위원장님과 인연이 이어졌다.

보육교사 아내도 받은 혜택

만날 때마다 위원장님은 항상 당시의 문제, 특히 민초들의 삶과 관련

된 문제들에 관해 이야기를 하셨다. 문제들을 관찰하고 분석하고 대안을 만드는 일을 평생의 업으로 삼으신 듯하다. 이런 한결같은 마음이 었기에 짧은 장관 재직 시에 굵직한 족적을 남기셨다고 생각한다.

특히 뵐 때마다 항상 놀랐던 것은 실현이 가능한 대안을 만드셨다는 점이다. 문제를 비판하는 것은 쉽다. 하지만 현재의 상황에서 가능한 '최선의 대안'을 찾아내는 것은 아무나 할 수 있는 일이 아니다.

장관 재직 시에 재정파탄이 뻔한(장관 임명 전에 확정된 의약분업으로 건강보험의 의료비가 약 33%나 늘어났다) 건강보험 정상화정책 수립을 주도한 것은 많이 알려져 있지만, 보육정책의 기반을 닦아놓은 것에 대해서는 대부분의 사람들이 잘 모르고 있다.

아내는 늦게 보육교사 자격증을 따서, 10년 넘게 어린이집 보육교사로 일했다. 장관직에서 물러나신 지 한참 후인, 2000년대 후반쯤으로 기억되는데, 아내는 보육교사를 위한 한 행사에서 위원장님에 관한 일화를 들었다고 했다. 강사로 나왔던 어린이집연합회 회장이 "보육교사의 임금과 처우가 실질적으로 개선된 것은 이태복 전 보건복지부장관님 덕분이다."라며 저간의 이야기를 들려주었다는 것이다. 이태복 위원장은 장관이 된 후에 바로 어린이집 원장, 보육교사, 관련 교수, 관련 단체 인사와 관련 공무원들로 보육정책자문단을 구성해서 현장의 목소리를 듣고 구체적인 현실을 파악하려고 노력했다. 전에도 공무원들이 현장의 문제점을 듣고 가는 경우는 있었지만 그 결과로 해결책이 나오는 경우는 드물었는데, 이태복 장관은 달랐다고 한다.

사실 그즈음 대다수 보육교사는 하루 10시간 이상의 쉴 틈 없는 육체적, 정신적 노동에도 불구하고 최저임금에도 미치지 못하는 급여를 받고 있었다. 어린이집에서 사건이 터질 때마다 의심스러운 눈초리를 받아야 했고, 원장들의 갑질에도 제 목소리를 낼 수 없었다. 하지만 실제 보육을 담당하고 있는 보육교사가 최악의 상황에 놓여 있는데 양질의 보육을 기대할 수는 없을 것이다.

국공립보육시설이 절대적으로 부족한 상황에서 국가와 지자체가 민간보육시설의 보육교사의 임금을 보조해서 처우가 개선되면 보육교사의 수준도 점차 개선되 나갈 것이고 보육의 질도 향상되는 것은 당연하다. 이태복 장관은 장기적인 임금인상계획을 만들고 국가와 지자체가 관련 예산을 확대하여 보육교사의 임금을 지원하도록 했다. 그 혜택을 보육교사인 아내가 받았고, 그 과정을 자문단에서 자문했던 어린이집 연합회회장의 강연을 통해 알게 된 것이다.

이뿐만 아니라 보육교사 국가자격증 제도, 민간보육시설 운영비 지원, 보육시설 국가평가인증제도, 영아 보육시설 확대, 방과 후 보육시설 확대, 지역별 보육정보센터(지금의 육아종합지원센터) 설치, 보육전담공무원 전문직제 도입 등 현재 보육제도의 근간이 되는 제도들을 7개월도 안되는 장관 재직 시에 만들어냈다. 이 정책의 영향으로 2002년부터 2005년까지 민간보육시설과 가정어린이집이 5,698개나 늘어났다. 간이침대를 장관실에 두고 밤낮을 가리지 않고 일한 결과의 하나일 것이다.

"좋은 정책을 만들어주신 덕분에 저처럼 많은 이들이 혜택받고 살아가고 있습니다. 평생 민초들에 대한 걱정을 놓지 않았던 위원장님, 이제는 편히 쉬세요."

이태복이라
믿는다

'우리, 노동자' 노래운동의 든든한 '백'

윤선애
(가수)

" 윤선애씨 참 오랜만이야. 아직도 노래 활동을 하고 있다니 너무 반갑네. 이번에 광주민중항쟁에 대한 전시회가 있는데 거기서 노래를 불러줬으면 해서.."

"아 선배님 너무 반가워요, 잘 지내셨죠?"

"그럼, 나는 참 안타까운 게 광주민중항쟁에 대한 기록이나 평가가 제대로 되지 않아서 말이야. 그 역할을 지금 내가 해야 할 것 같아. 윤상원 열사에 대한 평가도 그렇고 …"

오랜만에 걸려 온 이태복 선배님의 전화에 잠깐 멈칫했지만(너무나도 아득한 옛날에 뵌 적이 있어서..) 금세 선배님의 말투에 젖어 들며 대화를 이어나갔다.

대선이 얼마 남지 않았는데 정치권에서의 분열이 심하니 걱정이 되신다는 말씀을 들으며 내심 현 상황에 대한, 좀 더 정치적인 현안에 대한 분석과 판단을 듣고 싶어서 이후에도 오랫동안 대화를 나누었다.

나는 본래 기억력이 별로다. 그래서 중요한 공연이나 활동은 그때그때 기록해서 정리해두는 편이다. 공연 팜플렛도 되도록 모아놓는 편이다.

얼마 전 옛날 새벽에서 공연했을 때 사진이나 팜플렛을 정리하던 중 낯익은 팜플렛이 눈에 들어왔었다. 연초록색 표지에 크기는 약간 작고 두툼하며 깔끔한 표지에 들어오는 제목 '우리, 노동자'

이 공연은 1989년 주간 전국 노동자신문 창간을 기념하고 1990년부터는 노동자 노래 경연대회로 치러진 성대한 행사였다. '새벽'도 이 행사에 (참여해) 전문노래운동 단체로서 초청되어 노래를 불렀다.

1989년 '우리, 노동자'는 전국노동자신문 창간맞이 노래 한마당이었

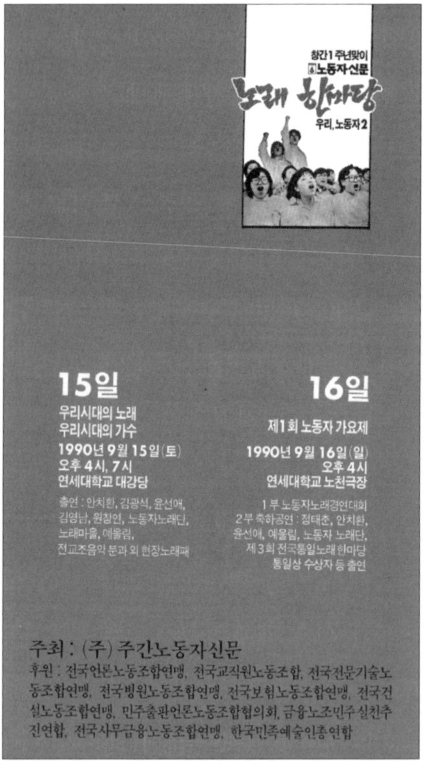

창간 1주년 맞이 노래 한마당 〈우리, 노동자2〉 팜플렛. 1990년 9월 15일과 16일 연속 필자가 출연했다.

다. 동성고등학교에서 열린 이 행사에는 노래를 찾는 사람들, 한국음악극연구소, 민중문화운동연합 음악분과, 민족음악연구회, 예울림, 지하철노동조합노래패 '소리물결' 등 많은 노래운동 단체들과 노동자 합창단이 함께 했다. 나는 민중문화운동연합 음악분과 '새벽'의 일원으로 공연에 참가해 3부에서 다른 성원들과 함께 "저 평등의 땅에, 선언, 백두에서 한라, 한라에서 백두로"를 부르며 공연을 마무리했었다.

이때 이태복 선배님을 만났었다. 당시 새벽은 사람들의 민주주의적 요구를 음악의 전문성을 갖고 표현해내는 건 어떤 걸까 고민을 하고 있었고 끊임없이 새로운 노래를 만들고 있었다. '노래를 찾는 사람들' 음반을 통해 알려진 많은 노래들이 이때 '새벽'의 구성원들이 만든 노래들이다. 노찾사를 통해 노래가 널리 알려지면서 노래는 알지만 이러한 노래들이 '새벽'에서 만들어진 노래라는 것을 아는 사람이 드물다.

이태복 선배님은 이러한 새벽의 활동을 열렬히 응원하고 계셨으며 나아가 더 나은 전문성을 갖춤으로써 더 많은 대중의 사랑을 받길 바라셨다. 이 공연은 노동자들이 스스로의 언어로 노래를 선택할 수 있고 그걸 통해 자신을 표현해나가는 게 어떤 건지 보여줄 수 있는 기회로도 만들고 싶어 하셨다.

또한 노동자를 위해, 노동자의 세상을 위해 만든 노래들을 지켜나가는 역할을 노동자들 스스로 할 수 있어야 한다는 생각을 지니셨던 것 같다.

'우리, 노동자'에 대한 나의 기억은 당시 새벽이 관여했던 여러 가지 공연 가운데 규모가 큰 공연이었으며 공연의 격식을 갖춘 몇 안 되는 공연이었다는 것이다. 아직까지도 그때 팜플렛을 소중히 간직하고 있을 정도로 말이다.

〈윤상원 전국전시회-서울편〉에서 노래 부르는 필자.

그렇게 나는 2021년 11월 17일, 24일 인사동에 있는 KOTE갤러리에서 윤상원 열사 사진 전시회에 참여하여 노래를 불렀다. 본격적인 〈윤상원과 5·18의 진실〉에 대한 이야기 마당을 열기에 앞서 노래 마당을 마련했다. 난 그곳에서 오랫동안 좋아하고 불러왔던 '오월의 노래'와 '부용산' 그리고 마지막으로 '임을 위한 행진곡'을 불렀다.

"우리가 다시 그 시절로 돌아가 같은 상황을 맞이하면 윤상원 열사처럼 그렇게 목숨을 걸고 싸울 수 있었을까? 두려움을 마주하고도 움츠리지 않으며 뚜벅뚜벅 정의를 향해 나아갔던 윤상원 열사의 마음, 오늘 하루 쯤은 그 마음을 조금이라도 흉내 내어 걸어가 봅니다."

' 사랑도 명예도 이름도 남김없이'

노래를 시작하고 얼마 지나지 않아 눈물이 흐르기 시작했다. 가슴의 결림이 한순간 느껴지고 먹먹한 가운데 눈물은 쉽게 멈추지 않았다. 나의 눈물인가, 열사의 눈물인가, 열사의 영혼을 위로하며 (꾸짖는) 나약한 나를 반성하는 눈물인가.

노래하는 사람은 항상 무대에서 감정의 톤을 잘 조절해야 한다. 슬프더라도 노래하는 사람이 눈물을 보이는 순간 듣는 분들의 자유로운 감성을 방해하기 때문이다. 일종의 직무유기다. 나는 눈물을 보인 내가 창

피해서 공연이 끝난 후 어찌할 줄 몰랐다.

그때 다가온 이태복 선배님은 이렇게 말했다. "윤선애 씨 노래에 나도 눈물이 났어요. 고마워요." 난처했던 내가 선배님의 이 따뜻한 말 한마디에 어지러웠던 마음을 추스를 수 있었다.

〈윤상원과 5·18〉 이야기 마당을 마치고 인사동 음식점에서 10여 명이 간단히 저녁식사를 했다. 그날 이태복 선배님의 아내이신 심복자 님을 처음 만났다. 부드럽게 선배님을 챙기시던 아내분은 쾌활하고 활동적인 모습이 인상적이셨다. 동네 친근한 언니 같은 느낌으로 처음 뵈었으나 낯설지 않고 편안했다. 식사를 마치고 헤어질 무렵, 동행한 동창생들과 밝게 웃으시며 좀 더 있다가 집에 들어가자고 제안하시는 모습, 흔쾌히 그러자고 하시는 선배님, 마냥 따스하게 바라보시는 눈빛, 그때의 모습은 마치 20대의 대학생 커플과 같이 내 기억 속 사진으로 남아 있다.

며칠 후 다시 선배님으로부터 전화가 왔다.

"윤선애 씨 지난 번 공연 땐 수고했어요. 이번 12월 1일에 수원에서도 같은 전시회를 열 예정이예요. 이번에도 윤선애 씨가 수고 좀 해주면 좋겠어요. 지난번 공연 끝나고 제대로 사례도 못했는데 이번 공연으로 좀 더 도움이 되었으면 좋겠어요."

선배님이 더 기뻐하시며 약간 들뜬 목소리로 공연을 부탁하셨다. 지난 공연에도 내 입장에선 충분한 사례를 하셨다. 그러고도 공연하는 후배를 챙기시려는 마음이 느껴져 흔쾌히 수원 공연을 함께했다. 조금 더 가다듬어진 공간에서 전시회가 열렸다. 사람들도 많이 모이고 광주에서는 광주민중항쟁 유가족분들도 참가하셨다.

공연과 이야기 마당이 끝나고 행사를 정리할 때 나는 먼저 빠져나와 집에 가려다 엘리베이터를 잘못 타서 다시 행사장을 지나게 되었다. 이태복 선배님이 나를 보셨다. "윤선애 씨 아직 안 갔네, 아 여보 그 선물 받은 떡 윤선애 씨 드려요." 아내분 손에는 수원 화성빵 박스가 들려 있었다. "아니예요 선배님, 선물받으신 건데 가져가셔요." 나는 극구 사양했으나 결국 그 박스는 내 손에 들려 있었다.

"에구 선배님 잘 먹겠습니다. 조심히 들어가셔요." 꾸벅 인사를 하고 달리듯 그 행사장을 빠져나왔다.

그게 선배님을 뵌 마지막 장면이다. 황급히 뛰어나가는 나를 향해 잘 가라고 손을 휘저으시던 모습, 그게 마지막 만남이 될 줄이야.

이틀 후 이태복 선배님이 돌아가셨다는 연락을 받았다.

바로 엊그제까지 맑고 건강한 모습으로 활동하셨기 때문에 전혀 예상치 못한 소식, 마음이 저려오고 현실 같지 않고, 일상이 허무해 보이고… 그리고 바로 심복자 님이 떠올랐다.

수원 전시회 공연이 끝나고 나서. 오른쪽부터 이태복, 필자, 이선근, 김성환, 성효경.

선배님의 그윽한 눈빛 속에서 한없이 평온했던 그녀가 느끼는 슬픔은 얼마나 클까. 감히 내가 알 수 있을까? 한번은 찾아가 위로의 말씀드린다는 것이 통화만 하고 시간이 흘렀다.

지난 4월 담양 공연을 갔다가 찾아간 국립 5·18 민주묘지, 그곳에서 이태복 선배님의 묘소를 찾아뵈었다. 묘비 위에는 예쁘고 작은 수녀인형 세 개가 나란히 놓여 있었다. 이렇게라도 늘 함께 있고 싶은 그녀의 마음이 고스란히 느껴져 가슴이 먹먹해졌다.

생전에 많은 이들을 위해 여러 가지 활동을 하셨던 이태복 선배님, 하신 일의 깊이 만큼, 누가 또 그 일을 대신할 수 있을까마는 그곳에서도 우리를 지키시며 이정표를 보여주실 것 같아 오늘은 고개 들어 맑은 가을 하늘을 오래도록 바라본다.

이태복이라
믿는다

영원한 나의 '뒷배'이자 '배후'

조자명
(주. 워크디자인 대표)

"자명아, 바쁜데 자꾸 전화해서 미안하다. 정부와 국내 완성차들이 수소차 전기차니 하면서 계속 홍보를 하고 있는데 내가 볼 땐 핵심 독자 기술력이 매우 취약하다고 판단되는데 관련 자료를 (좀) 찾아서 좀 보내줘." (2021년 11월 3일)

"우리나라 조선산업이 이러다가 곧 중국에 잡아먹힐 것 같다. 정부나 조선업계 모두 알맹이는 없고 껍데기뿐이다. 노조는 상황판단도 제대로 못 하고 관심도 없다. 이거 참 큰일이다. 좀 더 공부하고 알아봐야겠다. 지난번에 알려준 전문가하고 통화를 해서 확인했다. 다시 연락처를 좀 보내줘. 바쁜데 미안, 또 보자." (2021년 11월 9일)

어디서부터 시작할까. 무슨 얘기를 해야 하나.

무슨 얘기부터 꺼낼까.

마치 마음이 롤러코스터를 타는 듯했다.

수차례 손사래를 치고, 벼르고 작심하기를 반복했다. 큰 태풍이 지나고 난 뒤의 세간살이처럼 내 머릿속은 온통 뒤엉켜 뒤죽박죽이다. 저 멀리 두고 온 기억들을 불러내서 수집하고, 분류하고 다시 정리한다는 것이 두렵고 고통스러웠다.

지금도 역할과 책임을 다하지 못한 죄책감의 늪에서 허우적대고 있다. 노동자언론을 함께했던 선후배들과의 만남과 관계 맺기가 여전히 두렵다. 살아 있는 역사이기 때문에 더욱 망설여지고 조심스럽다.

그래서 이태복 전 장관님과 나의 일화를 중심에 두고 이야기 실타래를 풀어본다.

언제나 '큰 산'이었던 이태복

이태복 선배님! 입에 달라붙지 않고 생경하지만 늘 불러보고 싶었다. 30년 만에 처음이다.

1992년 9월 마치 운명처럼 이태복 선배님을 만났다. 1985년 대학 1년 마치고 군대 강제징집과 복학, 이후 노동 현장 투신(?)을 위해 자퇴를 했다. 좌파 노동운동 조직사건이 발생해서 뿔뿔이 흩어지는 바람에 생각했던 것도 이루지 못했다.

그러던 1991년 5월경 주간노동자신문 포항지국장이었던 강호철 선배님이 잊을 만하면 찾아와서 신문 좀 도와달라는 부탁을 했다. 지역 민주화운동 선배의 절박한 요청을 마냥 뿌리칠 수는 없는 노릇이었다. 신문도 보급하고 취재해서 기사도 써보고, 노동자문화제 등 각종 행사도 닥치는 대로 거들었다.

첫 만남을 또렷하게 기억한다.

1992년 9월 중순 어느 날이었다. 나를 만나러 포항으로 내려온다는 소식을 접했다. 나에겐 '이태복'은 큰 산이었다. 그 당시만 하더라도 그

분은 인간계(?)가 아니었다. '세계의 양심수'를 마주한다는 것이 정말 믿기지 않았다. 내 깜냥으로 감당할 수 있을까 망설여졌다. 무슨 이유를 들이대서라도 자리를 피하려고 했고, 도망가고 싶었다. 하지만 정해진 운명의 틀을 벗어나지 못했다.

"자명 동지, 그동안 관심 있게 지켜봤어요. 이념이란 틀과 잣대로 자신을 가두지 마세요. 객관적인 현실과 현장 상황을 제대로 직시하고 이해해야 합니다. 그래야만 구체적인 해결책을 찾을 수 있고 실천적 노력으로만 변화시킬 수 있습니다. 같이합시다."

처음 들어보는 논리였다. 추상적이지 않았다. 기승전결이 분명했고 명쾌했다. 강렬한 눈빛에 온화하고 포근한 미소. 서로 다른 표현의 언어들이 때로는 충돌하고, 결합하면서 계속 호기심을 자극했다. 벽을 무너뜨리면 다리가 된다고 했던가. 긴장과 경계심이 허물어졌고 결국 완전 무장해제 됐다.

나는 30여 년 가까이 선배님의 눈을 제대로 쳐다본 적이 없다. 늘 나의 이중성과 속내까지 꿰뚫어 보시는 듯해서, 어쩌면 무서워서 눈빛 교환을 못 했다는 것이 정확한 표현이다.

사람중심·현장중심·실천중심 '이태복 정신'

매주 화요일 신문이 고속버스터미널에 도착하면 2개의 신문 꾸러미를 사무실로 가져와서 우편발송과 현장 배달 두 종류로 분류한다. 우편발송 신문은 주소가 적힌 띠지 묶는 작업을 한 후 우체국에 가서 우편발송을 하고, 현장배달 신문은 직접 노동조합을 방문해 신문 보급도 하고 취재와 노조간부 면담 등을 진행했다. 이동할 수 있는 차가 없었기에 버스나 자전거로 공단을 누비며 신문을 보급했다. 경주 자동차부품단지인 용강공단은 대중교통도 애매해서 늘 지인들에게 차를 빌려 타고 움직였다. 그래도 취재와 신문보급을 미룬 적이 없었다.

그 당시 가장 긴장하는 시간이 있다. 아침 8시와 오후 5시. 발행인이신 이태복 선배님으로부터 일주일에 평균 3회 이상 전화를 받아야 한다. 아침 8시에는 오늘의 할 일, 전일 발생한 노동 이슈 상황에 대한 평가 및 분석, 기사 평가 등이었고 오후 5시에는 지국 상황 보고, 구독자 현황, 지역 노동현장 이슈 등이 주를 이뤘다.

"너는 언제까지 과거 운동권적 사고방식에 갇혀 있을래. 현실을 제대로 보지도 못하고, 이해하지 못하고 있잖아. 대일청구자금으로 건설한 포항제철(지금의 포스코)이 국가경제와 산업발전에 기여하기 위해서 무엇을 해야 하는지를 노조운동이 주도면밀하게 고민해야 해. 노동조합이 국민과 지역민으로부터 신뢰받고 인정받기 위해서는 자기 밥그릇만 챙기는 임단협 투쟁에서 벗어나서 정책 전문성을 갖고 대중운동을 펼쳐야 하잖아."

늘 그랬다. 불호령이 떨어진다. 017이나 02로 시작하는 번호가 뜨면 심장이 오그라들었다. 때론 할 얘기가 없어서 허위보고도 했다. 이런저런 핑계를 대고 전화기를 끈 적도 있었다.

돌이켜보면 그때가 '인생 공부'를 하는 가장 소중한 시간이었다. 서서히 허세와 거품이 빠지기 시작했다. 추상적 이념에서 구체적 현실 직시로, 차가운 논리보다 온기 있는 현장성을 단련하는 과정이었다. 전국의 모든 지국과 현장 기자들이 그랬다.

제4회 노동자가요제.

전국이 하나였다. 인천, 안산, 울산, 광주, 전주, 부산, 마산창원, 대구, 구미, 포항 등이 하나가 되어 움직였다. 때로는 생활비가 없어서 굶기도 했고, 또 어떤 날은 차비가 없어서, 기름값이 없어서 발이 묶인 때도 많았다. 견디기 버겁고 힘들어서 한 사람이 빠져나가면 옆 동네에서 그 지역을 메웠다. 또 한 사람이 사라지면 새로운 사람이 그 자리를 지켰다. 전국적인 보급망을 사수해야 했다. 무슨 일이 있더라도. 노동자의 눈과 귀, 입은 피눈물이었다.

노동조합의 정책 전문성과 건강한 노동문화 형성을 위한 대중사업도 활발히 진행했다. 노조간부 아카데미, 노동자가요제, 노동자문화제, 노동자바둑대회, 노동자체육대회, 노보편집자교육, 빈자일등운동, 노동자포럼, 항일유적지 답사, 5·18민주묘역 참배, 노조간부 해외연수 등.

이 모든 활동은 사람중심, 현장중심, 실천중심이라는 세 가지 큰 기둥을 관통했고, 현실 속에서 그 해답을 찾아내고 실천적 노력으로 변화를 만들어내려고 했다. 그것이 '이태복 노선'이었다.

삶의 현장에서 답을 찾아 실천했던 휴머니스트

1998년의 일이다. 외환위기를 겪으면서 기자들이 하나둘씩 떠나기 시작했다. 결국 영남지역에는 혼자 남았다. 간절하고 절박했다. 노동자신문의 건재를 알리고 빨리 지역을 복원해야 한다는 것, 오로지 두 가지 생각밖에 없었다.

그래서 생각해낸 것이 일주일에 한 번씩 영남권 벨트의 주요 노동조합을 방문하는 것이었다. 친동생 차를 빌려 타고 매주 2박 3일 일정으로 포항에서 출발해 경주-울산-구미-대구-부산-마산창원-여수산단으로, 다시 거꾸로 여수에서 포항까지 훑었다.

"노동자신문은 죽지 않고 살아 있습니다. 그러니 힘을 보태주세요" 영남지역에 있는 수많은 노동조합을 방문할 때마다 자동응답기처럼 저절로 튀어나온 말이었다.

죽을 고비도 여러 차례 넘겼다. 남해고속도로에서 야간운전 중에 졸

노동자신문이 국내 최초로 노조간부 해외연수프로그램을 실시, 1997년 10월 현대차, 대우차, 만도기계 등 완성차 및 대형 부품사 노조간부 30여명과 함께 독일, 이탈리아, 프랑스, 미국, 일본 등 선진자동차 견학체험을 진행했다. 사진은 미국 디트로이트 전미자동차노조(UAW)과의 간담회를 마친 후 위싱턴 미 국회의사당 앞에서.

다가 가드레일을 받은 적도 있고, 부산 경주 간 고속도로에서 졸음운전을 하다 대형 트레일러와 충돌 직선까지 간 적도 있다.

얼마나 지났을까. 대구, 창원, 부산지역에 기자가 다시 채워지고 보급체계가 구축되면서 지역이 다시 살아나기 시작했다.

노동일보 창간 준비도 마찬가지였다.

아무리 신문을 잘 만들더라도 현장에서 볼 수 없고, 보급이 제대로 이뤄지지 않으면 무용지물이기 때문이다. 나는 '영남지역 보급망을 구축하라'는 특명(?)을 받았다. 대공장 밀집 지역이라서 이 지역에 신문이 정상적으로 배포, 보급되지 않으면 치명상을 입는다.

반드시 완수해야 할 과제였다. 하지만 돈도 없고, 사람도 없고, 배송망도 없는데 무엇으로, 어떻게 해야 하는지, 그저 답답하고 막막했다. '맨땅에 헤딩' 그 자체였다.

하지만 정해놓은 창간 시계는 멈추지 않았다. 이태복 선배는 마치 '폭주기관차' 같았다. 결심하면 무조건 실천이었다. 늘 그랬다.

'노동자와 국민대중을 하나로, IMF 관리체제 조기극복, 인간다운 삶 보장, 국민경제 균형적 발전'이라는 창간정신을 현장과 결합시키고, 확산시키려면 더 이상 고민할 이유도, 여력도 없었다. 무조건 해야 하는 일이었다.

가장 먼저 한 일은 부산권역(부산 마산 창원지역) 전체에 신문을 보급할 총국을 만드는 일이었다. 경험이 없다 보니 설득과 계약관계가 너무 힘들었다. 부수당 배달 단가, 수익배분, 구독 확장 등을 놓고 협상을 반복한 끝에 계약을 성사시키고 신문배송과 보급을 맡겼다.

다음은 울산지역과 대구경북지역의 보급망을 구축하는 일이었다. 창간이 가까워질수록 예상하지 못한 변수들이 터져 나왔다. 독자층이 중복될 것을 우려한 일부 신문들이 자사 신문 전국 배송담당자와 보급소에 '노동일보 배송 및 보급 금지 지침'을 내렸다.

신문시장의 비정하고도 냉혹한 현실을 현장에서 실감했다. 막연하게 생각했던 애초 계획이 수포로 돌아갔다.

결국 노동일보 단독 보급소를 만드는 방법 외에 다른 방법이 없었다. 지역 사회운동 및 노조간부 출신 인사, 고향 후배를 만나서 설득하고 또 설득한 끝에 독자 보급소를 만들기로 확답을 받았다. 그 결과 포항 3개, 울산 4개, 경주 1개 등 8개의 노동일보 단독 보급소와 연합 보급소를 만들었다.

그 다음은 각 지역별 보급소로의 신문배송 문제. 모든 길이 막혀버렸다. 시간은 총알같이 빠르게 지나갔지만 뾰족한 방법이 없었다.

결국 내가 직접 배송할 수밖에 없었다. 매일 새벽 1시 30분경 대구역 화물열차 편으로 울산지역과 대구경북지역으로 배송할 신문이 도착한다. 그때부터 속도 전쟁이 시작됐다.

경주에서 포항을 거쳐 울산까지 늦어도 당일 새벽 5시까지는 배송을 마쳐야 한다. 대구에서 경주지역 공단지역 보급소로, 다시 포항 남구와 북구, 공단지역 보급소로, 그리고 울산 남구, 북구, 동구, 현대차 정문으로 신문을 배송했다.

배송을 모두 마친 후 영남권 각 지역 담당 기자들과 동향 정보 공유, 취재 계획 회의를 하고 일과를 시작했다. 회의 때 필수 주제는 구독확

필자의 사무실에 놓여 있는 이태복 위원장의 사진, 그리고 주간노동자 신문 포항지국 시절 받은 공로상패와 노동일보 때 받은 표창패.

장. 우리가 구독확장을 해주지 않으면 독자지국과 보급소가 이탈하거나 재정위험에 처할 수밖에 없기에 늘 구독 문제는 골칫거리였다. 주 5일, 3개월여를 버텼을까. 그때부터 영남지역의 신문 배송과 현장 독자 보급이 정상적으로 운영되었다.

노동일보는 이렇게 만들어졌다.

"그만큼 했으면 됐다. 이제 지역 이동은 그만해라. 위험하다. 너희들에게 너무나 많은 희생과 헌신을 강요해서 미안하다, 수고했다, 고맙다." 순두부처럼 마음이 여리고 따스한 사람이었다.

함께 일하면서 가장 많이 들었던 말이 '미·수·고'였다. '미안하다, 수고한다, 고맙다.'

어떤 날에는 말끝이 흐려지면서 전화기 너머로 마른기침 소리가 들려온다. 감정이 북받치고 목이 메어서 더 말을 이어나갈 수 없을 때 쓰는 위장술이다. 늘 그랬다. 우리는 그의 '용심(用心)'을 다 안다.

이제야 고백한다. 험난한 길이었지만 포기하지 않고 쉼 없이 길을 찾아 나섰던 그 힘은 '이태복'이었다. 나의 든든한 '뒷배'였고, 나의 '배후'였다.

1998년 10월경으로 기억한다. 이날도 어김없이 아침에 전화 보고를 했고 그때 특이상황으로 포항철강공단의 한 철강사 노조위원장의 자녀가 가출한 지 3일이 지났는데 아직 행방을 알 수 없다는 보고를 했다. 대수롭지 않게 그냥 지나가는 얘기였다.

그런데 다음날 새벽녘에 선배님으로부터 전화가 걸려왔다.

"어제 자명이 너 얘기 듣고 잠을 한숨도 못 잤다. 마음이 아프다. 노조위원장이 노조활동하면서 가정을 제대로 돌보기나 했겠냐, 자녀들과 밥도 같이 못 먹었을 거고, 대화도 제대로 못 하고 살았을 것이다. 딸 주민번호, 연락처와 인상착의 등을 확인해서 빨리 알려줘."

그리고 나흘 뒤, 그 노조위원장님이 고맙다는 전화가 왔다. 나중에 안 사실이지만 당시 이태복 선배님은 중앙 및 지방 경찰 인맥들을 총동원해서 가출 예상 지역을 쥐 잡듯이 탐문한 끝에 경기 북부지역의 한 도시에서 그 아이를 찾아낸 것이다. 지금은 행복한 가정을 꾸리고 효녀로 살고 있다는 마음 따뜻해지는 소식이다.

당신은 영원한 나의 '뒷배'이고 '배후'입니다

사)인간의대지를 설립해서 복지실천활동을 시작할 때도, 5대거품빼기운동과 5대운동을 할 때도, 국민석유주식회사 설립운동 때도, 늘 이태복 선배님은 나에게 손을 내밀었다.

그때마다 나는 미꾸라지처럼 이런저런 핑계를 대고 빠져나갔다. 때론 마음을 먹기도 했지만 결국은 마음을 쓰지 못했다. 얼마나 힘들고 외로운 길인지를 너무나 잘 알기에 늘 가슴앓이만 할 수밖에 없었다. 그런데도 늘 믿음을 주고, 사람에 대한 예의와 사랑을 실천으로 보여줬다.

지금 고백이 무슨 의미가 있겠냐마는, 어쭙잖은 나의 실력과 태도가 들통날까 겁이 나서 선배님이 힘겹게 내민 손을 때론 모른 척하기도 했다. 나를 깨치기 위해 나 자신의 전부를 의심하고, 솔직하게 들여다볼 수 있는 그만한 용기가 없었다.

2021년 12월 3일 그날을 아셨을까.

10월 말로 기억한다. 점심을 같이 먹자고 해서 신도림동 인간의대지 사무실로 갔다.

"요즘 노동계 상황은 좀 어떠냐, 쟁점이 뭐니"

"민간 대기업, 공공기관, 금융권 대기업 노조들이 선거를 앞두고 있고 내부 권력투쟁이 한창입니다. 그래서…"

"야, 임마 노동조합을 권력으로 인식하면 안 돼. 니가 그런 생각을 하고 있으니 뭐가 되겠냐 응…."

늘 꾸중을 듣지만, 이번엔 느낌과 강도가 달랐다. 간담이 서늘했다. 낮고 차분한 음성이었지만 살을 파고드는 기운을 느꼈다. '맑은 정신으로 살아라.'

그리고, 2021년 11월 15일. 윤상원 열사 서울 인사동 전시회를 이틀 앞둔 날. "자명아, 우리 상원이 보러 올 거지. 와서 나랑 손잡고 팔 흔들면서 '님을 위한 행진곡' 같이 부르자. 참 이날 니가 좋아하는 가수 윤선애도 온단다. 같이 보자"

가슴이 아리고 고통스럽다. 뭔가 하나씩 정리를 해야 하는 데 아직 준비가 안 되었다.

10월 21일 무작정 발길을 떼어 강원도 인제에 있는 오지마을과 산에 들어갔다가 나왔다. 마음을 쓰겠다고 작정하고 나오는 길에 라디오에서 이문세의 '슬픔도 지나고 나면'이라는 노래가 흘러나왔다.

> 어디쯤 와 있는 걸까 가던 길 뒤돌아본다
> …
> 서러워도 그대가 있어 눈부신 시간을 살았지
> 오래전 내 그리움에게 가만히 안부를 묻는다
> 다시 내게 불어온 바람 잘 지낸다는 대답이려나
> 흐느끼는 내 어깨위에 한참을 머물다 간다
> …
> 저 멀리 두고 온 기억들이 나의 가슴에 말을 걸어온다
> 그대를 만나 따뜻했노라고
> 그대가 있어 참 좋았노라고

고장 난 수도꼭지처럼 눈물이 멈추질 않았다.
평생 삶의 현장에서 답을 찾아 실천했던 휴머니스트, 이태복 선배님!
당신은 영원한 나의 '뒷배'이고 '배후'입니다.
당신이 사무치도록 그립습니다. 보고 싶습니다!

이태복이라
믿 는 다

용기와 희망의 '작은 거인'

홍춘봉
(프레시안 강원지역본부 기자)

필자와 이태복 전 보건복지부장관과의 인연은 1989년부터 시작되었다. 당시 필자는 강원도 탄광촌에서 3년 넘게 광부생활을 하다가 1989년 7월부터 태백에서 노동상담 일을 하고 있었다. 1988년 서울올림픽이 끝난 뒤 노태우 정부가 폐광정책(석탄산업 합리화사업)을 추진하면서 탄광들이 문을 닫기 시작했고, 단기간에 추진된 폐광정책은 숱한 후유증과 광부들의 반발 등 커다란 사회문제로 떠올랐다.

광부들은 하루아침에 실직자가 되었고 탄광촌은 삭막한 폐광촌으로 전락하고, 수도권으로 일자리를 찾아 떠나는 발길이 줄을 이었다. 특히 근로기준법과 산업재해보상보험법 등의 사각지대처럼 방치되었고 광부들에 대한 인권과 노동권 유린이 끊이지 않았다.

이런 때 이태복 전 장관이 주간노동자신문 창간을 위해 주식을 공모한다는 소식을 접하게 되었다.

필자는 〈주간노동자신문〉 창간 당시 한국노총 태백지역노동상담소에서 상담부장으로 일했다. 현장은 업무상재해나 사망사고에 보상은 커녕 산업재해로 인정받지 못하거나, 퇴직금이나 체불임금을 받지 못하거나 부당해고를 당하고 진폐증 등 직업병에 걸려도 제대로 보호받지 못하고 방치되는 일이 일상처럼 벌어졌다. 필자는 찾아오는 광부들의 억울한 사연을 듣고 해결을 위해 동분서주했고 산재환자들이 입원해 있는 병원에 찾아가 방문상담을 하며 그들의 해결사처럼 뛰어야 했다.

당시 필자는 노동상담 초보자로 현장 상담을 하면서 벽에 부딪치는 일이 생기면 천주교정의평화위원회 위원 겸 명동성당 노동상담소 상담소장으로 국내 최초의 노동상담을 했던 김말룡 소장의 도움을 많이 받았다. 아울러 필자는 사업주 편을 드는 기관을 상대하면서 현장 노동상담의 나약함과 부족함을 절감하였다.

이런 상황에서 노동자들의 권익을 대변하고 억울한 산재노동자들을 보호하는데 큰 역할을 할 수 있는 주간노동자신문 창간소식은 탄광노동자와 이직 광부들에게 큰 도움이 될 것으로 생각되었다.

이에 필자는 기꺼이 주간노동자신문의 주주로 참여하고 응원하는 차원에서 신문을 구독했다.

이후 강원도민일보의 태백 주재기자로 활동하던 필자는 1999년 주간노동자신문에서 노동일보 창간소식을 듣고, 곧장 노동일보에 입사해 노동일보 강원남부 주재기자로 노동일보와 본격 인연이 시작되었다.

노동일보 시절 필자는 1년에 몇 차례 본사 회의가 열리면 서울 영등포에 위치한 노동일보 본사에서 이태복 발행인과 편집, 취재기자 및 다른 지역 주재기자들과 만남의 기회를 가졌다.

이 발행인은 노동일보 편집회의에서 과거 주간노동자신문 창간 주주로 필자가 참여했던 사실을 기억하며 "머나먼 태백에서 주주로 참여한 것인지 색다르게 생각했었다."며 "홍 기자는 오랜 동지로 이제는 노동일보에 함께 하게 되었으니 대단한 인연"이라고 각별하게 생각하셨다.

노동일보 강원남부 주재기자로 활동하던 필자는 탄광촌의 애환과 비화를 다룬 '광부아리랑'을 약 1년에 걸쳐 연재한 바 있다.

광부아리랑 연재 중 1985년 2월 대한석탄공사 장성광업소 파업사태를 당시 보안사령부가 납북어부 경력이 있던 광부를 주모자로 몰기 위해 체포영장도 없이 검거해 무자비한 고문과 폭행으로 간첩으로 조작한 사건을 연재했다. 억울하게 7년간 교도소 생활을 했던 주인공을 취재하면서 공권력에 의한 탄광촌 광부의 인권과 한 가정을 잔혹하게 짓밟았던 사실, 석방 이후에도 경찰에서 보안관찰 명분으로 24시간 감시하는 내용까지 확인했다. 노동일보에 연재했던 광부아리랑은 또 1980년 광주민주항쟁 20일 전에 탄광촌 사북에서 발생한 사북항쟁을 다룬 내용 등을 연재해 반향을 일으키기도 했다.

이듬해 2001년 노동일보에 1년에 걸쳐 연재했던 광부아리랑을 제목을 바꿔 『탄광촌 공화국』을 출간했다. 이 외에도 필자는 강원랜드, 제련소의 환경문제, 진폐문제 등을 집중적으로 보도한 바 있다.

2001년 3월 초 필자에게 전화연락이 왔다. "나, 이태복 발행인인데 내일 본사로 올라와 나와 만났으면 좋겠다."

당시 강원도 태백에서 열차 편으로 청량리를 거쳐 노동일보 본사를 찾아간 필자에게 이 발행인은 "점심식사를 하러 가자"며 평소 단골 음식점으로 자리를 옮겼다. "홍 기자! 내가 갑자기 일이 생겨서 노동일보 발행인을 그만두게 되었네, 항상 함께 노동일보를 좋은 신문으로 만들고 싶었는데 아쉽게 되었어. 대신 훌륭한 후임자가 잘 이끌어갈 테니 지금처럼 노동일보 주재기자로 열심히 하면 좋겠네."라고 하셨다.

노동일보를 그만둔다는 갑작스러운 말씀에 내심 당혹했으나 발행인은 안면에 미소를 띠우고 인자한 모습으로 "항상 건강하게 잘 지내라"는 말씀을 덧붙이며 아쉽게 헤어졌다. 그런데 며칠 뒤 신문에 '사형수가 청와대 수석이 되었다'는 기사를 접해 눈이 휘둥그레졌다. 그때는 청와대 수석으로 자리를 옮기느라 발행인을 그만두신 거라 생각했다.

하지만 나중에 사실을 알았는데, 타이밍이 교묘하게 맞았던 것이다. 여러 고민 끝에 '복지'로 방향을 바꾸어 대학 강의를 막 시작했는데, 의약분업에 대한 반발이 거세지니까 그간 유보 입장을 주장하면서 저항에 부딪칠 거라는 이태복 발행인의 주장이 옳다고 보고, 해결 적임자라 생각해서 노동복지수석 비서관 자리를 요청한 것이었다.

이태복 발행인이 청와대 수석으로 자리를 옮기고 몇 개월 후에 다시 전화연락이 왔다. "홍 기자! 내일 점심이나 하게 서울에 올라오지. 오랜만에 인사동에서 식사나 하면서 얼굴 좀 보게." 하면서 음식점을 알려주셨다. 다음 날 이태복 수석은 "어려운 조건의 태백에서 생활하는 게 힘들지. 그래도 꿋꿋하게 기자생활을 하는 것을 보니 보기가 좋네." 하며 격려해주셨다. 바쁘신 중에도 강원도 탄광촌에서 근무하는 필자를 배려해주심에 감사했다.

이후 진폐환자들의 보상제도가 개선 대신 개악되는 방향으로 개편되면서 문제가 많다고 판단한 필자는 진폐협회 회장과 함께 이태복 수석에게 지원요청을 하기로 했다. 이태복 수석에게 면담 요청 며칠 후 만나자는 연락을 받았다. 필자와 진폐협회 회장은 청와대를 방문해 노동복지수석실에서 이태복 수석과 약 30분 간 면담을 하며 진폐환자보다 비용절감을 우선하는 진폐제도 개편안의 문제점을 지적하고 도움을 요청한 기억도 생생하다.

마침내 이태복 수석은 이듬해 1월 보건복지부장관으로 취임하셨다는 언론보도를 보고 마음속으로 축하를 전했지만 노동부장관이 아니라서 필자는 아쉬움이 많았다.

보건복지부 장관 취임 이후에는 2002년 여름 무렵 근로복지공단 태백병원에서 간호사들을 상대로 강연이 마련되어 태백을 방문하실 기회가 있었다. 강연을 마친 이태복 장관은 병원 부속실에서 필자와 잠깐 차를 마시며 장관 취임이후 처음으로 얼굴을 마주하는 기회가 되었다.

보건복지부장관을 그만두기 전 어느 날, 속초에서 사회복지사들을 대상으로 한 강연이 있는데 속초에서 만날 수 있겠느냐는 연락이 왔다. 2시간을 달려 속초로 간 필자는 바닷가의 조용한 카페에서 이태복 장관과 오랜만의 재회시간을 가졌다.

그때 이 장관은 푸른 동해바다를 보면서 "사람은 파도를 보면 가슴에 쌓인 스트레스가 씻겨 내려간다고 하더군. 홍 기자도 파도를 보면 기분이 달라지지 않나. 나는 서울에서 스트레스가 생기면 바다가 그리워져." 하면서 감성적인 말씀을 하셨다. 지금도 바닷가를 가게 되면 당시 이태복 장관의 '파도=스트레스 해소'라는 말씀이 귓전을 맴돌고 있다.

이후 이 전 장관과 충남 예산의 수덕사와 다른 사찰에서 몇 차례 만

2021년 10월 28일 태백산 정암사 적멸보궁 앞에서 국태민안을 기원하고 있다. 오른쪽부터 이태복, 김부칠, 그리고 필자.

남을 가졌는데 새로운 차원의 국민운동을 강조하셨다. 이 전 장관은 와신상담 끝에 2007년 4월 '5대거품빼기 범국민운동본부'를 만들어 전국민을 상대로 열정적인 활동을 하셨던 모습이 기억에 생생하다.

특히 국민석유회사를 만드는 일에는 자주 뵙지 못했지만 관심을 갖고 있었고 마침내 2014년 태백지역에 국민석유 주유소를 준비하는 지역모임에 참여하였다. 아울러 필자는 이듬해 2월 국민석유 주식 200주를 매입하면서 국민석유 주주가 되었다.

무엇보다 각별한 인연을 빼놓을 수 없다. 지난 2016년 3월 5일 강원랜드호텔 컨벤션센터에서 아들의 결혼식 주례를 부탁했는데 흔쾌히 승낙을 하셨다. 이 전 장관은 주례사에서 필자와의 인연을 말씀하시고 어려운 탄광촌에서 수십 년간 활동하고 있는 모습을 과분하게 칭찬하셨다. 또한 신랑과 신부에게 했던, 인간관계와 부모에 대한 효도, 지역과 사회를 위해 열심히 노력해달라는 말씀도 기억에 남는다.

가장 많은 추억이 쌓였던 기억은 2021년 10월 초, 3박 4일을 함백산의 한 콘도에서 사모님과 함께 하신 일정이다. 평상시는 약주를 하지 않는데, 막걸리를 몇 잔 정도 하시며 기분 좋은 추억을 만들었다. 둘째 날에는 태백산 정암사 천웅스님과 공양을 같이 하고 적멸보궁에 올라가 '국태민안'을 위해 함께 기도했던 것도 잊을 수가 없다.

당시 동행했던 분은 군대시절 함께 근무했던 전우, 김부칠 대표(신광엔지니어링)로, 군대인연이 50년 가까이 이어지고 있다며 절친 같은 전우와의 인연을 말씀하셨다.

그리고 한달 후인 2021년 11월 13일. 강원랜드 22년의 비화와 에피소드를 담은 『강원랜드 이야기』 출판기념회에 오셔서 축사를 해주셨다. 충남 예산 일정을 물리고 오셨다 했다. "홍춘봉 기자는 1989년 주간노동자신문 주주로 인연을 맺어온 오랜 동지"라며 "노동일보에서 함께 근무하고 청와대 수석과 장관을 하면서도 인연이 이어졌고 이후 국민운

2021년 11월 13일 하이원 그랜드 호텔에서 열린 필자의 『강원랜드 이야기』 출판기념회. 왼쪽이 필자.

동을 함께했다."면서 출판기념회를 축하하기 위해 참석했다고 하셨다.

인생은 호사다마라고 했던가. 필자의 출판기념회를 성황리에 마친 뒤 불과 20일이 지난 시점에 전혀 예상치 못했던 비보가 전해졌다.

2021년 12월 3일 언론들은 일제히 〈'세계의 양심수' 이태복 전 보건복지부장관 별세〉, 〈'노학연대' 노동운동의 선도자 이태복 전 장관 별세〉, 〈노동운동에 평생 바친 '세계의 양심수' 이태복 전 장관 별세〉 등의 제목으로 이 전 장관의 별세를 추모하며 애도를 표했다.

30년 넘는 인연 가운데 직접 접한 세월은 23년인데 더 많은 만남의 기회를 갖지 못했던 점에 아쉬움이 많이 남는 것은 왜일까. 작은 거인처럼 항상 인자함과 어떤 어려움 속에서도 용기와 희망을 잃지 않았던 이 전 장관의 깊은 고뇌와 헤아리기조차 힘든 통찰력이 빛을 발할 기회를 다시 살릴 수 없어서일까.

이태복 전 장관과의 인연이 여기에서 마무리되니, 필자는 매우 애석하고 비통할 뿐이다.

이태복이라
믿 는 다

강인하고 열정에 찬 '장군'

이갑진

(국민대 금속공학과 84학번)

처음 대학에 입학해서 학생운동에 대한 궁금증이 있던 시절, 이태복 선배에 관한 얘기를 들으면 그는 내가 상상하지 못했던 전설상의 위인이었다.

출소 후 가끔 학교에서의 강연과 노동자신문 창간 후 같이 일하고자 신문사에 들어간 선후배들의 얘기, 그리고 내가 졸업 후 만나게 됐던 민주동문회 회장 이태복 선배와의 만남. 그렇게 만난 선배는 노동운동의 전사답게 강인하고 열정에 찬 장군이셨다.

1995년 말쯤. 워낙 바쁘게 각계 인사들과 현장을 다니시던 선배는 당시 평창동에 있던 신문사에서 외부활동을 하기에는 지리적으로 시간적으로 열악한 탓에 시내에 개인사무실을 마련했다. 몇 번 선배와 일한 적이 있던 나에게 같이 일할 것을 제의하셔서 본격적으로 광화문 한글회관에 있는 사무실(나중에 '인간의대지')에서 운전사 겸 비서로 일을 하기 시작했다.

1996년 4월 24일부터 30일까지 인사동 21세기화랑에서 열렸던 〈장애인직업 훈련센타 건립 기금마련 전시회〉에서.

형님의 일상생활과 일하는 모습은 정말 전투적이었다. 하나도 낭비하는 시간 없는 철저한 몰두는 나로서는 따라가기 참 힘든 것이었다. 신문사의 행사가 있거나 개인일정에 대한 준비를 내가 점검할 때면 왜 그렇게 구멍이 숭숭 뚫린 어설픈 결과를 내야 하는지를 건건이 깨달았다. 나로서는 이만큼 확인했으면 될 것 같아 보고했는데, 그 이상의 것을 지적할 때는 자괴감과 부족함을 느낄 수밖에 없었다.

어쩌다 같이 동행하지 않고 나만 사무실에서 해방감을 누릴 때 어김없이 전화하셔서 보고할 사항이 없는지, 무엇을 준비해야 하는지를 물을 때면 숨이 쉬어지지 않을 정도였다.

물론 자신에 대해서도 철저하고 전투적인 자세를 나한테도 요구하는 건, 단지 학교 선후배나 월급받는 직장인이 아닌 같은 노동의 세상을 만들어가는 동지애적인 면에서 당연한 일이었다. 다만 내가 따르지 못할 정도의 부족함과 안일함이 문제였다. 지금도 친구들 모임에 가면 나는 군대를 안 갔다 온 대신 태복이 형과 일했지 않냐 하면 다들 인정하는 분위기다.

이렇게 일할 때는 실제로 하신 말씀 중 "강장(强將) 밑에 약졸(弱卒) 없다."라는 자세로 대했지만, 일과를 벗어난 사적인 관계에서는 다정다감한 분이었다.

한번은 퇴근하고 사무실 근처에서 술자리를 즐기고 있을 때, 삐삐가 와서 사무실에 전화하니 혹시 시간이 되면 신림동 어디를 가자고 해서 술 먹은 사실은 얘기 안 하고 운전을 하고 거의 약속장소에 닿을 무렵 음주단속에 걸리게 되었다. 술은 먹었지만 별로 먹지 않은 상태고 냄새도 나지 않아서 형님이 눈치 채지 못했던지라 자신 있게 불었는데 면허정지 수준의 결과가 나왔다. 약속일정은 깨졌고 경찰서에 가서 조사를 받고 어쩔 줄 모르는 나는 형님이 운전하는 차 상석에 타고 집에 오는 길이 가시방석이었다. "임마! 술을 먹었으면 얘기를 해야지. 오늘은 내가 모시고 갈게." 벌금 70만 원도 형님이 대신 내줬다.

두 번째는, 차종을 르망에서 세피아로 바꾼 지 얼마 안 되어 내 집 근처에 주차하고 다음 날 차를 빼다가 전봇대를 옆에서 박아 엄청 흉하게 찌그러졌다. 그런 상태로 며칠을 보는 사람들의 민망함에도 꿋꿋하게 모시고 다녔다. 수리비가 꽤 나왔을 텐데 이번에도 차 수리비는 형님이 지불하셨다.

이런 민폐를 끼치는 상황에서도 당시 방 1칸에 살던 나에게 방 2칸으로 이사할 비용도 융통해주셔서(물론 나중에 갚았지만) 고마웠던 기억이 떠오른다.

또 쉬고 있던 집사람이 노동자신문 편집 일을 하게 되어 살림살이(?)가 좀 나아지게 되었다.

사무적으로는 내가 따라가지 못한 것도 분명했지만, 열심히 했다. 2년 몇 개월의 시간이 흐르고 결국 IMF가 터졌다. 모든 상황이 불확실하고 불안한 시기였다. 많은 회사가 부도나고 노동자들은 실직하고 길거리에 내몰렸다. 그때 노동자신문도 힘들어졌고 개인사무실을 운영하는 것도 버거워진 것 같다. 결국 대선이 끝나고 98년 초에 사무실을 정리하고 2년 몇 개월의 군 복무 같은 복무를 끝냈다.

형님은 내가 어떻게 일할지 걱정하셨지만 친구가 사업을 도와달라고 해 같이 일을 하기로 해서 큰 부담은 드리지 않았던 게 그나마 다행이었다.

얼마가 지나서 노동자신문도 주간에서 일간으로 발전하고 신문사 위치도 문래동으로 옮기면서 업그레이드되었다. 가끔 동문들과 등반모임도 하면서 형님을 뵈었는데, 청와대로 들어가시게 되었다. 후에 복지부 장관으로 영전하시면서 나를 부르셨다. 들어와서 일했으면 하셨는데 그땐 하던 일을 접을 수가 없어서 사양했는데, 그래도 잊지 않고 불러주신 건 고마운 일이었다.

가끔 모임이나 행사 때 형님을 만나 건강하신 모습만 뵈었었는데 이렇게 허망하게 가실 줄이야…. 벌써 1주기가 되어간다. 항상 바쁘게 열정적으로 일하시던 모습이 선한데 이젠 하늘에서 편안하게 쉬셨으면 좋겠다.

이태복이라
믿는다

언제나 우뚝 서 있는 사람

박태준
(경기도교육청 전 평화교육협력 담당관)

우리는 이태복 선배를 1970·1980년대 학생운동과 노동운동의 전설이자 독재정권의 무기수로 처음 만났다. 1987년 6월 민주항쟁과 1989년 민주노조 대투쟁 시기를 거치면서 학생운동과 민주노조운동이 결합하는 노학연대를 고민하던 시기였다. 우리의 고민은 1988년 출소한 그를 만나면서 비로소 희망을 보았고 실천으로 옮길 수 있었다.

노학연대를 실천으로 옮겼던 유일한 운동가

독재정권의 폭압이 극에 달한 1970년, 그는 국민대 법학과 70학번으로 입학했다. 1971년 교련반대 시위를 주도한 뒤 제적됐고, 곧바로 강제 징집되어 최전방으로 보내졌다. 군 제대 후 1975년 본교에 복학했고 1977년 졸업과 동시에 광민사를 만들어 체계적 노동운동 이론을 확립하기 시작했다.

1970년대를 걸쳐 1980년 민주화의 봄, 광주민주화운동으로 시민군 대변인 윤상원 동지를 떠나보내고, 1981년 전민학련 전민노련 사건으

1999년 노동일보 창간기념식 때. 맨 왼쪽이 필자.

로 무기수가 되기까지 그는 '노학연대'를 실천으로 옮긴 당시 유일한 운동가였다. 그런 사람이 우리에게 돌아온 것이다.

모교인 국민대 초청 강연을 통해 우리는 그를 직접 만날 수 있었고, 강연을 통해서 노동자언론을 통한 민주노조운동의 체계적 조직화가 절실함을 인식할 수 있었다.

이태복 선배가 주간전국노동자신문 창간을 추진하자 우리는 함께 뜻을 모아 주주 모집 운동에 함께 했다. 창간 이후에는 학내에 노동자신문 지국을 만들고 노동자신문이 진행하는 노보 편집자교육, 노조 지도력 강화교육, 노동자 가요제, 노동자 체육대회, 등행대회 등 민주노조와 함께하는 활동에 참여했다.

1995년도에 실시한 노동자신문배 축구리그전.

무기수 노동운동가에서 청와대 수석과 장관으로

주간노동자신문은 종합일간지 노동일보로 발전했고, 2001년 이태복 선배는 김대중 정부 청와대 노동복지수석이 됐다. 그 이듬해에는 보건복지부 장관으로 임명돼 우리 사회 노동자와 어려운 이웃을 위한 복지 의료 정책을 펼쳐 나갔다.

그는 우리 사회구조의 변화, 진정한 발전을 위한 쉼 없는 일정 속에서도 시간을 쪼개 모교를 찾고, 후배들과 함께했다. 언제나 그랬던 것처럼 정세에 대한 해박한 분석과 거침없는 대안 제시 그리고 구체적 실천 방안까지, 우리를 빠져들게 했다. 물론 가끔 퉁명스러운 말투로 후배들의 나태함을 질책하는 것까지 모든 시간이 우리에겐 더없는 소중한 기쁨이었다.

이제는 다시 올 수 없는 시간이 되고 말았지만, 우리에겐 언제나 그 자리에 변함없이 우뚝 서 있는 사람으로 잊히지 않고 기억될 것이며, 우리의 삶과 운동 속에서 계속 존재할 것이다.

이태복이라
믿 는 다

윤상원 열사를 가슴에 묻고 사신 분

이해경
(전국경마장마필관리사 노조 정책실장)

1990년 8월. 서울 종로구 평창동에서 이태복 위원장님의 얼굴을 처음으로 똑바로 뵙게 되었다. 실질적으로 전라도 깡촌(?)녀를 지금까지 서울사람으로 살도록 해주신 분이 그분임에도 첫 만남의 기억은 아쉽게도 기억이 없다.

고등학교 때부터 전교조 활동을 하시는 선생님들을 응원하고 지지하는 소모임 활동을 하며 나름대로 '저항'이랍시고 객기를 부리며 과감히 대학진학을 거부하고 건너건너 아시던 분의 소개로 주간노동자신문 광주지사에서 일하게 되었고, 그때 본사에서 내려오신 이태복 위원장(당시에는 '신문창간준비위원장이였던 호칭을 썼었다. 오래도록 그 명칭을 썼기에 '위원장님'이라는 호칭이 더 익숙하다.)께서 내가 본사에서 근무했으면 좋겠다고 하셨다는 말에 별반 고민 없이 짐을 쌌다.

그렇게 1990년부터 10년 동안 신문사 살림을 맡게 되었는데 당시 신문사는 종로구 평창동 일반 가정집을 사무실로 개조해 쓰고 있었다. 겨울이면 수도가 얼고 터져 여간 곤욕이 아니었다. 지금도 가끔 그 시절 꿈을 꾸곤 한다. 화장실이 얼어 사용하지 못해 단골로 다니던 가게로 달려가기도 했다. 11월이면 어김없이 창문마다 비닐로 바람막이를 하는 것도 일이었다. 100평이 넘는 평창동의 나름 대저택이었기에 창문도 참 많고 컸다. 1층과 2층 창문이란 창문을 모두 비닐로 덮고 테이프로 꽁꽁 막았다.

그리고 김장도 매번 했다. 한 번에 김장하는 배추가 250포기 정도인데, 덤으로 주는 것까지 합하면 300포기가 넘어 보인다. 커다란 플라스틱 빨간 통에다 하는데, 워낙 많다 보니 화장실 욕조까지 이용해야 했다. 배추를 씻고 절이고 다시 씻고를 반복하다보면 얼굴이 퉁퉁 붓는다. 이런 일들은 심복자 편집인(당시 편집부장이었다가 나중에 '편집인'이었는데, 우리는 늘 '편집인'이라고 불렀다.)과 함께했다. 이태복 위원장님은 남자 여자 구분이 없으셨다. 다들 함께하라고 했지만, 꾀부리는 사람이 늘 있기 마련이었다.

그리고 점심을 신문사 식구들이 해 먹었다. 주택가라 근처에 식당도 별로 없었고, 사실 식대도 만만치 않아 변변찮게 먹느니, 반찬은 없어도 따뜻한 밥이라도 넉넉히 먹자는 생각이셨는데, 힘들기도 했지만 나름 재미도 약간 있었다. 매일 순번을 정해 돌아가면서 준비하는데, 메뉴선정에 골치가 아팠다. 어느 기자님은 식사 당번만 되면 물만 붇고 끓이기만 하면 되는 만둣국이 주 메뉴였다. 그 추운 겨울에 만둣국에 미리 담가놓은 김장김치가 전부였다. 주 2회로 넘어가면서부터는 시간이 아깝다면서 근처에 사는 아주머니를 불러서 식사준비를 도와주도록 해 그나마 다행이었다. 그분 음식솜씨가 좋았다.

일의 조건은 더 말할 나위가 없이 열악했다. 1층 업무국은 구독 독려와 배달 확인, 단체구독 확대와 광고 수주. 그뿐만 아니라 노보편집자교육, 노조간부교육, 노동자가요제, 노동자체육대회, 등행대회, 바둑대회 등 각종 행사를 조직해야 하므로 쉴 틈이 없었다. 다양한 활동을 통해서 노동자들의 역량을 키워내기도 하지만, 이 과정을 통해서 노동자신문도 알리고, 독자층도 넓히고, 통신원까지도 만들자는 좋은 취지였다. 하지만 모두들 허덕였다.

이 와중에 갑질(?)하는 노조들이 있어서 눈물 흘린 적도 있었다. 우리는 열심히 노동자들을 위해서 '운동'하고 있는데, 조금이라도 자신들에게 비판적이거나 신경이 쓰이는 기사가 나오면 당장 구독을 끊겠다고 전화 오기도 했다. "우린 기관지가 아니에요. 신문, 언론이란 말입니다." 위원장님이 시키는 대로 했지만, 억장이 무너질 때도 많았다.

하지만 구독료를 미리 보내달라는 편지를 보내면 노동자신문 구독자들은 너무 착하고 고마운 것이 거의 대부분은 편지를 받자마자 구독료를 보내주었다. 선불인 셈이다. 그래서 밀린 운영비를 채웠다.

2층 편집국은 맨날 야근에다 밤샘은 일주일에 최소 한두 번씩이다. 기사를 늦게 쓰면, 제판 작업실과 인쇄소가 연쇄반응으로 늦어지므로 제판실이나 인쇄소 직원들이 퇴근을 못하고 근처 여관방에서 자는 경우가 허다해 노동자신문이 노동자들의 조건을 신경써주지 않는다고 아우성이 컸다. 제발 10시까지 맞춰달라는 주문이었다. 몇 달 안가 10시까지 겨우 맞출 수 있게 되니까 이태복 위원장님이 마치 기다렸다는 듯이 주 2회를 선언하셨다. 그때가 1993년 5월이다. 주 1회도 겨우 해냈는데, 다시 주 2회가 되었지만, 주 2회를 할 수밖에 없다는 것을 우리 모두 잘 알기에 또 전력 질주했고, 결국 해냈다.

그리고 노보편집자교육을 비롯해 모든 교육이나 행사의 진행은 신문사 식구들 모두의 일이었다. 교육기간 내내 매일 참여하라고 하였는데, 최소한 마지막 날에는 방문해서 고생하는 신문사 식구들과 참여한 조합원들을 격려해주었다. 각자의 일이 있어도 위원장님은 교육이나 행사참여를 요령 피우고 게을리하는 것을 많이 싫어하셨다.

모든 교육은 '쌍방향'이라고 믿고 계셨다. 참여자들만 교육받는 것이 아니라, 진행하는 우리들도 배우는 자리라는 것이다. 나도 퇴근 후엔 종로성당 교육장으로 갔다. 구요비 신부님이 종로성당에 계신 이후로는 이곳이 교육장으로 애용했다. 특히 위원장님은 회계, 총무를 맡고 있는 나에게도 다른 교육의 기회를 접해서 다양하게 역량을 높이고 넓히는 것에 신경을 많이 써주셨다. 기사도 쓰게 하셨고, 나중에는 노보편집자교육이나 간부교육에 진행자로 직접 참여하기도 했다.

신문사 집안일을 맡았기 때문에 나는 악역(?)을 할 수밖에 없었다. 그래서 다들 위원장님의 '대변인'이라고도 했고, 위원장님의 '딸'이라고도 했다. 위원장님은 "난 해경이를 믿어. 셈이 한 번도 틀린 적이 없거든. 돈 관리가 이렇게 철저하니 아예 전부 맡겨도 돼. 완전 믿어."라고 하시는 바람에 초기 때부터 내무반장(?) 역할을 자연스럽게 하게 되었다. 또 위원장님이 먼저 "해경이는 내 딸이야. 내 딸."이라고 울타리를 든든하게 쳐주시는 바람에 군기도 잡을 수 있었고, 별명이 '위원장님의 딸'이 되었다.

'딸'이라는 별명은 신문사를 넘어 지국으로, 노동조합들로, 그리고 교육생들까지도 모두 '딸'로 나를 기억했다. 진짜로 믿는 사람들도 있었다. 위원장님은 어린 나이에 서울에 올라와 고생하는 것이 안쓰러우셨던 것 같다. 한번은 "올라오라고 무턱대고 따라올지 몰랐어." 하셨다.

주간노동자신문 때 매월 전 직원이 산행을 다녔다. 뒷줄 오른쪽 첫 번째가 필자.

나로서는 이렇게 믿어주시니 더 열심히 알아서 일을 챙겼던 것 같다.

열댓 명의 신문사식구들이 열악한 노동조건과 과중한 업무에도 그곳을 떠나지 않았던 것은 노동언론의 필요성, 노동언론과 노동운동에 대한 열의와 사명감, 그리고 이태복 위원장님의 확고한 신념에 동의했기 때문이라 생각한다.

구독료만으로 신문을 발행하고 운영하기 때문에 제작비는 서너 달 밀려 지급하기 일쑤이고 활동비 수준의 임금을 주기 위해 출판사에서 받은 문방구 어음을 할인받아야 할 정도로 신문사 재정은 힘들었다.

하지만 해마다 초복이면 노동조합에서 일하시는 분들을 초대해 앞마당에서 복달임 행사를 빼놓지 않아 신문사 정통 행사가 되었다. 현장에 계신 분들을 초대해 앞마당에 돗자리를 깔고, 넉넉한 웃음으로 사람들과 이야기를 나누시던 모습, 건배를 제안하시던 표정들이 가끔씩 스쳐

지나간다.

등산을 처음 가게 된 것도 평창동 시절 때였다. 그때 이태복 위원장님은 한 달에 한 번 전체 직원 산행을 제안하셨는데 당시에는 일주일에 하루 쉬는 휴일마저 뺏긴다는 생각에 많이 억울했지만 지금 생각해보면 그 덕에 지금도, 앞으로도 못할 좋은 경험을 쌓게 되었다. 단풍구경하러 갔다가 산 정상에서 눈 구경만 하고 내려온 충북 제천의 월악산, 휴가 때 가족까지 동반한 지리산행도 기억에 남는다.

신문이 일간지로 전환되고, 영등포 양평동에 사옥을 마련하고 신문사 규모도 커지고 사람들도 많아졌지만 평창동 시대를 잊지 않은 몇몇은 겉으로 표현은 하지 않지만 그때 어렵던 시절을 평생 간직하는 전우애(?), 동지애가 가슴 저 밑바닥에는 깔렸으리라 짐작은 한다.

1999년 2월부터 이태복 위원장님은 '주간노동자신문 창간준비위원장'에서 '노동일보 창간준비위원장'이 되셨다. 3월 윤전기를 계약했다. 5월 11일 양평동으로 입주를 하고 일주일 만인 5월 18일이 잊혀지지 않는다. 노동자신문은 행사할 때마다 늘 날씨가 좋았다. 그날은 비가 계속 왔다. 윤상원 열사를 기려 '윤상원관'이라는 이름을 새긴 현판을 2층 노동일보 들어오는 입구 문 위에 거는 행사였다. 그리고 안으로 들어오자마자 복도 맨 앞쪽에 액자를 걸었다. 윤상원 열사의 사진이었다. 그날 이태복 위원장님은 "광주민중항쟁의 새벽별 윤상원 열사가 일간지 노동일보를 만든다고 하니까 하늘에서 기뻐서 우나 보다."고 말씀하셨다. 그날 비는 늦은 오후가 돼서야 그쳤다. 윤상원을 가슴에 묻고 사시는 것을 새삼 확인하는 날이었다.

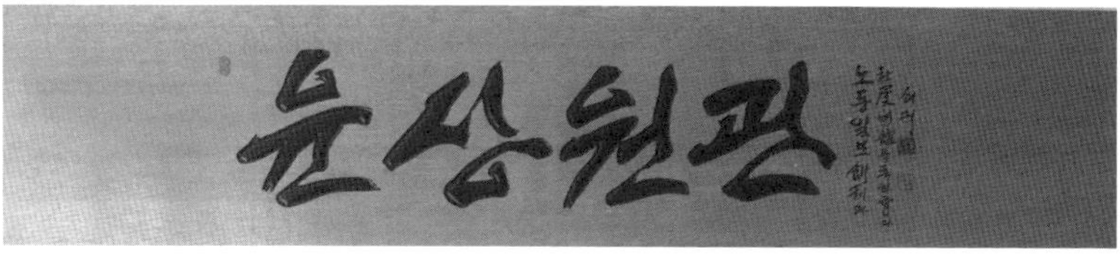

노동일보 사옥의 명칭은 '윤상원관'이다. 1999년 5월 18일 '윤상원관' 현판식을 가졌다.

이태복 위원장님은 노동자신문 식구들과 새로 충원된 지방지 출신 분들을 하나로 통합시키고, 역량을 강화시키기 위해 내부 교육을 주 1회 출근시간 전에 1시간 가졌다. 우리가 왜 노동일보는 만드는지, 협동과 공동체 정신으로 운영하는 것이 무엇이며, 왜인지, 일반 언론기자와 노동일보 기자는 어떻게 다른지, 그래서 기사를 쓸 때 어떤 관점으로 써야 하는지도 다시 공부시키셨다.

특히 노동일보는 노동자의 것이며, 나아가 땀 흘려 일하는 모든 사람들의 것이라고 말씀하셨다. 노동뉴스 전문지가 아니라 세계 최초의, 세계 유일의 노동자 종합일간지임을 자랑스럽게 생각하셨다. "우리가 한 3년, 길면 5년을 참고 견딘다면 일간지로서의 지속성을 얻게 될 거니까 그때까지 우리 주간지 때처럼 잘 견디면서 잘 해보자."라고 하셨다.

그 후로 이러저러한 이유로 신문사를 떠나시고 청와대복지노동수석으로, 복지부 장관으로 자리를 옮기실 때도 늘 신문사 식구들을 챙기시려 애써주셨던 기억이 있다.

나에게도 당시 출강중이시던 그리스도 신학대학 사회복지학과 입학을 권유하셨고, '백수'였던 내 일자리까지 알아봐주시고, 많은 신경을 써주셨다. 그만큼 사람에 대한 정이 각별하셨다.

그 후 간간히 소식을 접했고, 어버이날이면 생각나서 몇 해 동안은 작은 카네이션 바구니를 보냈었다. 이러저러한 이유로 나도 삶에 치여 살아서 무소식이 희소식이다 싶었다. 그런데 갑자기, 허망하게 별세소식을 접하던 날은 온종일, 많은 시간을 허둥거렸다. 그리고 평창동 때의 그 고생스러웠던 기억보다는 오히려 여의도 사무실과 구로 사무실에서 많은 사람들을 만나고 대화하고, 조직하려 애쓰시던 그 안쓰러운 모습이 더 떠올랐다.

> "평생을 그렇게 고군분투 하셨을 삶, 부디 그곳에서 평안하시기를…
> 나에게 '딸'이라고 하셨던 님.
> 생전 꽃 한 송이 드릴 애교도, 마음 씀씀이도 없던 저를 반성합니다.
> 한눈팔지 않고, 꾀부리지 않고, 바지런히 살다가,
> 문득 그리운 날에,
> 정처 없는 발길 돌려 카네이션 한 송이 들고 찾아뵙겠습니다.
> 감사했습니다."

이태복이라
믿는다

현실적인 대안 만드는 리얼리스트

박송호

(참여와 혁신 발행인)

오전 7시. 어김없이 전화벨이 울렸다. 피할 방법이 없다. 전날 있었던 업무의 성과를 보고한다. 그걸로 끝이 아니다. 미덥지 못한 부분에 대한 질문이 이어진다. 그리고 한참을 혼난다. 그렇게 하루를 시작했다. 몇 년을 매일같이 반복되는 일상을 보냈다.

노동일보 창간준비를 위해 지방으로 내려오고 나서도 하루하루가 전쟁 같았다. 주주 참여자들을 모았고, 구독확장 영업을 했다. 창간 후에는 일이 더 늘었다. 새벽엔 기차역에 나가 당일 신문을 받아 지국에 뿌리고, 체계가 갖춰지지 않은 곳에는 직접 배달을 했다. 열심히 사람을 만나고 지역사업을 하고 취재를 하면 뭔가가 될 줄 알았다. 아니 그냥 해야 되는 일이었고, 했었다.

그러나 나의 열정과 바람은 나만의 몫이고 나만의 것이었지 현실은 별반 달라질 게 없었다. 그리고 2002년을 고비로 노동일보는 역사의 뒤안길로 사라졌다. 문득문득 정리되지 못한 노동자신문과 노동일보를 볼 때마다 그 속에서 나의 모습을 본다. 우둔했고 막연히 뭔가 될 거라 믿으며 아집으로 활동하던, 불나방처럼 꿈을 좇았던 스물 후반, 서른 초반 철부지 혁명가들을 바라보며 현실과 미래 사이에서 고민하며 온전히 혼자만의 힘으로 감당했을 그의 고독과 외로움을 생각해보기도 한다.

이태복. 그는 '나'와 '우리'에게 존경과 경외의 존재였다. 전민노련과 전민학련, 광민사…. 해방 이후 감상과 낭만의 운동권에게 과학적 방법론과 지향을 제시하며 현실을 먹어내고자 현실을 치열하게 살았던 '학림'의 수장이었고, 펀드는 것이 아니라 끊임없이 실천적인 대안을 고민한 실천가였다.

신화의 한 장면 같은 그를 진짜로 보게 된 것은 대학 시절 노동자신문의 '수금원' 노릇을 했던 1990년 초다. 그 후 1992년에 전남대 강연을 위해 초대를 했다. 설렁탕집에서 대화를 나누고 어려웠던 그와 발걸음을 맞추며 용지를 지나 대강당을 넘어 경영대 쪽으로 왔다. 그때는 몰랐다. 전남대, 광주, 박관현 열사에 대한 그리움을…. 그리고 광주를 배신하고 자신의 안위를 찾던 투항파, 수습위에 대한 분노를…. 그냥 나는 철부지처럼 대단한 선배를 모시고 걷는다는 것이 마냥 좋았고, 그의 한마디 한마디를 놓치지 않으려고 애를 썼었다.

시간이 흘러 나는 노동자신문에 정식으로 들어가게 되었다. 노동자신문 관리를 해달라는 선배의 부탁이 있었다. 딱히 무엇을 하겠다는 생각이 아니라 광주지역에서의 활동을 위해서라는 명목으로, 그리고 생계의 방편으로 선택했다. 언론사나 기자를 꿈꿔본 적이 없던 나였기에 일을 배우기 위해 서울로 왔다.

평창동에서 나의 첫 업무는 독자관리였다. 뭘 해야 할지에 대한 이야기도 없었다. 독자관리가 제대로 되지 않고 있다면서 도트 프린트로 출력된 독자명부를 건넸다. 요즘 신입사원에게 이렇게 일을 시켰으면 어땠을까? 일단은 부딪쳐보기로 했다. 몇 곳에 전화를 해보니 쉽지 않았다. 나는 지역 '활동'을 위해 노동자신문에 들어왔는데 전화기 너머 독자는 '고객'이었다. 신문의 논조에 대한 비판에서부터 다른 언론사와 비교하며 독자관리를 안 하는 불친절함을 지적하기도 했다. 바쁘다며 전화를 끊기도 일쑤였다. 일을 하기 위해 들어왔는데 노동자신문사 전체의 문제에 대한 질문과 답을 해야 했다.

내가 지금 뭘 하나 싶은 생각이 들었다. 포기하기도 늦었고, 이 정도로 포기하고 싶지도 않았다. 방법을 찾아야 했다. 사람을 만나고 현장을 가기 위해 여기 왔는데, 지금 이 업무조차 풀지 못하면 애초에 불가능해 보였다. 고민 끝에 구독이나 광고 요청 등 내가 필요한 이야기를 먼저 풀어내는 것에서 상대방의 일과 고민, 일하는 방식 문화 등에 대해 묻고 배우는 식으로 방법을 바꿨다. 조잡하지만 현안에 대한 간단한 설문도 해보았다. 의외로 독자들의 반응이 좋았다.

그렇게 달라진 결과를 가지고 매일매일 업무일지 보고를 하는데, 환한 웃음과 함께 구독을 하지 않는 노조와 단체에 전화를 해보라는 말이 돌아왔다. 그리고 국회 환노위 질의응답집 여섯 권을 건네면서 요약을 해보라고 했다. 매일 퇴근 이후 국정감사 질의응답집을 보고 공부해 다음 날 정리한 내용을 제출했고 5개월 뒤 쯤엔 '시험'도 봤다. 공부가 되기는 했지만, 내가 왜 이래야 하나 싶었다.

하지만 누군가 그랬다. 이태복 발행인이 정말 키워보고 싶어 하는 거라고, 열심히 해보라고 했다. 돌이켜 보건데 이태복 선배에게 칭찬을 받아본 기억이 거의 없다. 오히려 세상을 시건방지게 본다고 혼쭐이 난 기억만이 가득하다.

필자.

노동일보

10월 23일

200% 부채비율 맞추기 안간힘

현대 6개사 추가매각

'김치는 보약'

뉴라운드협상 연기 촉구

여야 총재회담 시사

중·고교 수업료 내년도 오른다

"무슨일 있어도 재벌개혁 추진"

선거사범 전담 법원설립 추진

대우 워크아웃 참여 해외채권단 초강수

닷으로 1~2주 고비

1999년 10월 23일 자 〈노동일보〉 1면 지면.

이태복 선배는 책을 정말 많이 읽었다. 퇴근 시간 무렵 돌아와 당신의 방에서 하염없이 책에 고개를 묻고 있었다. 그러다 불쑥 스피노자에 대해 묻고, 자본론의 논리구조나 상품이 왜 제일 처음에 나오는지를 묻기도 했다. 아마도 공부를 계속하고 있는지 확인하고, 계속하라는 의미였을 것이다. 흔히들 말하는 거대한 열정을 입에 올린 적도 없다. 다만 그는 항상 변화를 꿈꾸고 있었다.

이태복 선배는 위기 앞에 현실적인 대안을 고민했으며 노동자 국민의 삶의 질을 높이기 위한 고민을 많이 했다. IMF라는 국가적 위기에 워싱턴 컨센서스의 문제점을 지적하며 조기극복을 위해 활동했다. 한전 등 공기업의 민영화에 대한 문제를 제기했으며, 노동자 서민의 삶에서 많은 부분을 차지하는 통신료 인하 등 5대거품빼기 운동을 주장했다. 이태복 선배는 항상 탐구하며 현실에서 대안을 만들고자 고민했다. 사실 내가 그 생각을 모두 이해하기는 어렵다.

다만 지금 내가 하고 있는 레이버플러스 〈참여와 혁신〉이라는 언론의 정체성, 그리고 그곳에서 아등바등 살고 있는 나의 정체성을 형성하는데 그분의 영향은 엄청나다. 나의 정체성과 태도를 형성하는 데 영향을 준 몇 가지 일화가 있다.

주간노동자신문 시절 평창동에서 있었던 일이다. 겨울이었다. 오래된 구옥의 1층과 2층을 사용했다. 지하실에는 정리되지 못한 자료가 한가득이었다. 지금도 그렇겠지만 구옥 단독주택의 여름과 겨울은 계절을 온몸으로 느낄 수 있다. 특히나 겨울은 심하게 추웠다. 난방을 위해서는 20L의 통 여러 개를 배달시켜야 했다. 매번 되풀이하다 보니 비용이 꽤 나가는 듯해 "연료탱크를 설치하면 한 번에 차로 배달돼 더 저렴할 것 같다"는 의견을 냈다. 아무런 반응이 없었다. 다시 탱크용과 오토바이용 배달의 가격 차이를 설명했는데도, 그냥 말똥말똥 쳐다보기만 했다. 오기도 발동하고 화도 났다. 분명히 더 싼 방법을 찾아서 제시했는데 왜 저러나 싶었다. 몇 번을 고민하다 탱크배달 시 원가와 오토바이 배달 시 원가, 그리고 연간 차액과 연료통 설치비용의 감가삼각비 등을 정리해서 제시했다. 그제야 그렇게 하라는 대답이 돌아왔다. 원망스러웠고 답답했는데 뒤돌아 생각해보면, 당신은 나에게 당위와 효율성만을 주장할 것이 아니라 현실적인 근거를 통한 설득을 원하셨던 것이다. 사실 나는 그랬다. 그래야 한다는 당위로 세상을 살고 그것에 동의하지 않는 사람들을 답답하게 여겼다. 그 사건으로 배웠다. 당위가 아니라 근거와 과정, 그리고 예상되는 결과를 제시해야 된다는 것을 말이다.

광민사에서 만들었던 책들로 공부를 시작했던 나는 아직도 당시의 책들을 가지고 있다. 『어떻게 생각할 것인가』 등은 쉬우면서도 자신의 사고를 점검하고 고민하게 되는 명저(名著)들이다. 인간 이태복은 수없이 많은 독서와 사색을 통해 현실에 대한 대안과 실천방안을 제시했던 긍정적 현실주의자라고 나는 생각한다.

언젠가 노동조합의 장기파업 문제를 놓고 명분과 전체를 얻고자 했던 나에게 '떨떨한 놈'이라고 호통치던 당신의 모습이 생각난다. 일방적으로 이기고 해결하고 싶은 인간의 바람과 의지는 있다고 하더라도 먹고사는 삶을 살아야하는 노동자에게 현실은 의지만으로 살아낼 수 없다. 되어야 할 어떤 것만을 주장하는 방식의 허무함과 무책임함에 대한 꾸짖음이었다. 당신이 그러셨다. 언제쯤 믿고 맡길 수 있겠냐고…, 현실에서 조직을 지키는 것도 중요하지만, 먹고사는 이들의 삶을 생각해본 적이 없었다.

많은 사람들이 자신의 삶에서는 현실을 살면서 다른 이의 삶에는 이상과 원칙을 강요했다. 물론 요즘은 현실과 이상이라는 구분조차도 사치스럽고 낡은 구시대의 유물 같지만 말이다. '공중전'에 익숙한 나의 삶에서 항상 고민이 되는 교훈이었다.

이태복 선배는 노동자신문을 통해 많은 일을 했다. 아마도 지식과 덕성의 함양을 통해 미래의 담지자가 되거나 건강한 노조간부로서, 시민으로서의 역할을 기대했을 터이다. 노동자신문 때 했던 사업으로 노동자가요제, 노조간부교육, 노보편집자 교육 등이 있었는데, 노동자의 의식뿐 아니라 문화의 발전을 위한 일들이었다. 그런 경험을 토대로 지금도 행사나 교육을 시도해보는데 사실 운영이 쉽지 않다. 돈이 되는 것도 아니고, 노동자나 가족이 원하는 수준의 내용을 담아내기가 어려운 게 현실이다. 그런데 20년도 더 전에 그 모든 기획을 본인이 다 해냈다.

이태복 선배는 어려운 사람이었다. 쉬이 곁을 내주지 않았다. 아마도 자신의 삶이 고단했고 부단히 자신의 힘으로 개척해온 삶이었기 때문이었으리라. 불신을 넘어 사람을 용서하고 현실에서 미래를 만들고자 온몸으로 사는 당신에게, 낭만과 감성으로 포장한 무지로 현실을 이야기하는 젊은 후배는 양에 차지 않았을 것이다. 자신이 생각하는 미래를 현실에서 만들어보고 싶었을 것이다. 자신이 고민하며 현실에서 만들어본 사람의 삶과 "그런 것 아니겠어", '자본과 권력'의 음모와 탐욕으로만 바라보고 정치공학만 생각하며 타인을 자신의 손바닥에 놓으려는 사람들에게 이태복 선배가 실천하며 꿈꿨던 미래가 이해되기나 했을까?

묘한 일이지만, 이태복 선배와 마지막으로 자리를 한 것은 '노동일보의 정리' 때문이었다. 노동일보가 망한 후, 모두가 외면하고 버려두었던 노동자신문과 노동일보의 자료들을 챙겨뒀었다. 그 이후에 다시 시작

필자가 대표로 있는 〈참여와 혁신〉 사무실에 주간노동자신문 합본호와 노동일보를 모아 보관하고 있다.

한 노동언론의 열악한 현실을 핑계로 정리도 하지 못한 채 사무실 한쪽에 쌓여 있던 그 '유산'을 정리해야 할 필요가 있었다. 솔직히 죄송스러웠다. 후배로서 제대로 관리할 능력이 못돼 당신께 처리여부를 물었다. 당신은 "그걸 아직도 가지고 있었냐?"라며 한편으로는 대견해하고 고마워했지만, 노동언론의 맥을 잇는다면서 관리조차 제대로 할 수 없는 처지가 너무나 한심했다.

기부를 위해 여러 곳을 알아봤지만 그마저도 쉽지 않았다. 이런 저런 고민을 하고 있을 때 〈참여와 혁신〉 직원들이 "우리가 관리를 계속했으면 한다."는 의사를 표했다. 〈참여와 혁신〉의 제작에 참여하고 있는 레이버플러스의 구성원 대부분은 이태복 선배를 알지 못한다. 그럼에도 그들은 어려운 시절 노동언론을 지켰던 이태복 선배와 노동자신문, 노동일보를 지키겠다고 했다. 그래서 지금은 조그마한 공간을 얻어서 자료를 정리하고 보관하고 있다.

이태복 선배는 나의 주례 선생님이다. 많은 노동자신문, 노동일보 출신 후배들의 주례이기도 하다. 그런 잔칫날이면 한없이 밝게 웃던 그 표정과 모습이 눈앞에 어른거린다.

낭만과 감상을 넘어 논리적으로 미래를 만들고자 조직적으로 실천했던 휴머니스트, 그리고 리얼리스트 이태복 선배….

위기를 변화의 기회로 이끈 변혁가

박성국
(매일노동뉴스 전 대표, 경영학 박사)

1995년 8월경이다. 서울 종로구 평창동 소재 주간노동자신문(이하 노동자신문)을 처음 찾아갔던 때이다.

북한산 자락에 있던 노동자신문 사옥은 경사도가 있는 둔덕에 자리 잡았다. 애초 기독교사회연구소였지만 노동자신문이 창간된 이후 사옥으로 쓰였다. 겉모양은 현대식 2층 주택이었는데 문을 열고 들어가 보니 영락없는 사무실 구조였다. 1층은 경영기획실과 창간위원장실 그리고 식당, 2층은 편집국이 있었다.

사옥에 들어가자마자 만난 분이 바로 이태복 선배님이었다. 대학 동문이었던 이태복 선배님은 모교 강단에서 후배들을 위해 정세 강연을 하던 모습을 먼발치에서 봤을 뿐이다. 학생운동을 했던 나에게 이태복 선배님은 거대한 '산'처럼 느껴졌다. 면접을 겸한 첫 만남에서 나는 긴장한 탓인지 몸이 굳어버렸다. 이태복 선배님은 낮게 깔리는 저음이었지만 정확한 어휘를 구사하기 때문에 듣는 이들을 집중하게 했다. 시간이 그렇게 빨리 지나가는 줄도 모를 정도였다.

면접 이후 곧바로 필기시험을 치렀다. 그것도 이태복 선배님 앞에서 보는 시험이었다. 순간 당황했지만 정작 나를 울렁거리게 했던 것은 시험 내용이었다. 기억이 가물거리지만 또렷하게 생각나는 문제 중 하나는 다음과 같았다. "최근 노동관계법 가운데 노사가 논쟁을 벌이는 '3금3제 법안'을 쓰고 자신의 의견을 정리하라."

당시 노동관계법 개정과 관련 복수노조 금지, 노조의 정치활동 금지, 제3자 개입 금지 등 3개 금지조항을 3금으로, 변형근로시간제, 정리해고제, 근로자파견제 등 3개 제도를 3제라고 불렀다. 노동자신문 입사 준비를 하면서 노동뉴스와 상식을 공부했지만, 깊이 있게 공부하지 못한 문제였다.

나는 충실하게 답안지를 쓰지 못했다. 짧은 면접과 입사 시험을 치른 후 최종 면담이 이어졌다. 이태복 선배님은 "시험은 노동 상식이 어느 정도 있는지 확인하는 거야. 앞으로 공부를 많이 해야 할 거야."라고 말씀하셨지만 들리지 않았다. 답안지를 제대로 쓰지 못한 자괴감 때문이었다.

이태복 선배님은 어느 부서에서 일하고 싶냐고 물었고, 나는 어떤 업무이든 열심히 하겠다고 답변했다. 부족함을 많이 느껴서인지 어떤 업무이든 인정받고 싶었다. 내 인생에서 가장 긴 하루에 해당되던 그날은 이렇게 지나갔다.

당시 이태복 선배님은 사형수이자 민주화운동가로서 다가오지 않았다. 그저 사회 첫발을 내딛는 초급자를 친절하게 안내하는 고참 상급자의 얼굴로서 다가왔다.

주간노동자신문 창간위원장

나는 그를 만나면 '이태복 선배님'이라 불러본 적이 없다. 무조건 '위원장님'이다. 내가 빈번하게 만나는 '노조위원장'이 아니다. '주간노동자신문 창간위원장'이다.

1989년에 창간된 주간노동자신문은 1999년 노동일보로 전환했다. 이태복 선배님은 국내 최초의 노동문제 전문 주간지 창간을 주도한 대표이자 위원장이었다. 노동조합과 전문가 그리고 일반 국민들이 주주로 참여한 방식의 신문 창간은 획기적인 일이었다. 그것도 노동문제를 다루는 곳이 전무한 국내 언론시장에서 주간노동자신문은 거대한 도전이었다. 노동문제를 올곧이 다루되 정치·경제·국제·문화를 노동자의 시각으로 접근한 신문 창간은 매우 이례적인 사건이었다. 그래서 주간노동자신문은 노동자의 눈, 귀, 입을 자처했다.

노동자신문 창간위원장직은 신문 창간뿐만 아니라 지속 가능한 운영을 책임지는 그런 자리였다. 평창동 시절, 내가 본 이태복 선배님은 주간노동자신문 '창간'과 '지속'이라는 과제를 묵묵하게 수행하면서도 스스로 과제를 해결하기 위해 엄격했던 '창간위원장'이었다. 그의 얼굴은 그렇게 각인되었다. 그래서 나는 이태복 위원장님이라는 호칭이 입에 배었다.

엄격하지만 창의적인 경영자

지금도 생각나지만 주간노동자신문의 살림은 넉넉하지 않았다. 노동조합과 국민으로부터 주주모집을 통해 창간했지만 늘 빠듯했다. 원칙적으로 독자들이 낸 구독료를 바탕으로 운영했으며, 광고 수입은 이차적이었다. 기업 광고 영업은 배제하지 않았지만 주 수입원으로 접근하지 않았다. 노동문제를 취재하고 게재하는 신문사로서 원칙과 엄격함

노동자신문 창간 8주년 때 신문사 식구들 단체사진. 필자는 뒷줄 오른쪽에서 세 번째.

을 유지하려 했다. 그러다 보니 대기업 광고보다 노동문제와 관련된 중소기업의 광고를 유치하려 힘썼다.

당시 이태복 위원장은 제조업 현장의 산업안전 문제뿐만 아니라 일반 노동자들이 착용하는 안전보호구를 눈여겨보았다. 이를 바탕으로 노동자신문 편집국에는 일반 노동자들의 산업안전 보호구 착용 및 품질 실태에 대한 연재 기사를 제안했다. 동시에 경영기획실에는 산업안전 보호구 제조업체를 방문해 업계의 현황을 파악하고, 관계자들과 접촉하라고 주문했다. 이를 바탕으로 노동자신문에 적합한 중소기업 광고를 유치하는 방안을 찾아보라는 것이다.

나는 제조업 노동조합을 방문해 안전보호구 품질 및 착용 실태조사를 하는 한편 안전보호구 제조업체를 찾아다녔다. 당시 제조업 대기업 노동조합은 사업장 내 산업안전위원회에 참여하는 한편 명예산업안전

8 1995년 11월 17일(금요일) 주간 노동자신문

환경·산재&건강

노조 산안담당자, 박홍섭 공단 이사장과 간담회

▲지료종결문제 ▲진폐판정문제 ▲척추장애등급문제 논의

척추장애등급 개정건의안 추진중

산업안전 관련 다양한 기사들이 큰 반향을 일으켰다.

감독관제도를 활용해 산업안전 문제에 접근했던 시기였다. 그래서 안전보호구를 제조하는 중소제조업체들은 대기업 노동조합의 산업안전 활동에 관심을 가졌다. 이것은 안전보호구 제조업체와 노동자신문이 협력할 수 있는 계기를 제공했으며, 노동조합과 노동자에게 직접 안전 보호구를 홍보하는 결실로 나타났다.

당시 기업들은 일선 노동자들에게 산업안전 보호구에 관한 정보를 제공하지 않은 채 일방적으로 납품업체를 선정하거나, 노사협의회를 통해 결정했다. 일선 노동자들은 산업안전 보호구에 대한 정보를 접할 수 없었다. 이런 가운데 현장 노동자에게 품질 좋은 안전 보호구를 알리는 광고를 유치하는 사업을 구상하고 추진한 것은 전적으로 이태복 위원장의 혜안이었다.

동시에 1990년대 중반 이후 산업안전 문제에 대한 노동자신문의 지속적인 연재와 보도는 큰 반향을 일으켰다. 이러한 과정을 통해 나는 노동문제를 다루는 신문의 살림살이를 고민하게 되었고 기존 신문과 다른 창의적인 사업적 접근을 배웠다.

또한 노동언론학교, 노동자노래대회, 노동자 바둑대회 등 노동자신문의 고유한 행사와 기획은 다른 곳에서 배울 수 없었던 값진 경험이자 자산이었다.

10여 년 지난 후 나는 노동문제를 다루는 매일노동뉴스의 대표를 맡았다. 평창동 시절의 경험은 큰 동력이 되었다.

노보편집자교육이 40기 이상으로 넘어가면서 노동자 언론인의 축제로 '노보·사진 콘테스트'를 열어 편집일꾼과 사진작가를 발굴 격려하고, 지령 100호 이상을 기록한 노보는 노고를 치하하는 자리를 창간 7주년 행사 때 가졌다.

경제위기와 사회변혁 운동가

대한민국 건국 이래 가장 심각했던 경제위기. 1998년 외환위기가 닥치면서 노동자들은 구조조정과 해고로 인한 고통을 겪어야 했다. "모두 다 죽지 않으려면 난파선에서 누군가는 내려야 한다"는 비정한 논리만 난무했다. 이런 가운데 노사정은 사회적 합의를 도출했으며, 국민들은 금 모으기 운동을 벌였다.

김대중 정부는 알짜 공기업 지분과 자산의 해외 매각을 추진했는데, 투기자본이 호응했다. 그들은 위기를 틈타 기업사냥에 혈안이었다.

국제통화기금(IMF) 관리체제에서 벗어나야 했지만, 그 과정에서 빚어지는 국부 유출과 투기자본 문제를 지적해야만 했다. 이해관계자의 목소리를 대변하는 작업도 필요했다. 그 지점을 정확히 포착해 이해당사자의 목소리를 대변하고, 실천 활동을 유도했던 이가 바로 이태복 위원장이었다.

1998년 외환위기 이후 노동자신문은 알짜 공기업의 해외매각과 국부 유출의 문제점을 지적하는 연재기사를 잇따라 실었다. 이뿐만 아니었다. 이태복 위원장은 해외매각 대상으로 지정된 알짜 공기업의 노동조합과 접촉해 그들과 함께 해외매각 반대운동을 벌였다. 대표적인 알짜 공기업이었던 담배인삼공사노조, 한국전력노조와 함께 이태복 위원장은 해외매각의 폐해와 문제점을 국민에게 알리려고 노력했다.

국민들의 호응도가 높아지면서 공기업 해외매각 반대 여론이 형성되었다. 해외매각 반대운동으로 결집한 여론은 정부가 공기업 해외매각과 일방적 구조조정을 재고하는 계기를 제공했다.

한편 이태복 위원장은 새로운 노동일간지 창간을 추진했다. 당시 주류 언론들은 경제위기 해법을 제시하기는 커녕 IMF와 투기자본의 국부 유출 문제에 침묵했다. 반면 새로운 노동일간지 창간은 IMF 관리체제 조기 극복, 신자유주의 구조조정과 해외매각 반대에 대한 국민 여론을 형성하는 한편 노동문제의 패러다임 변화를 선도해야 한다는 절박한 판단에서 비롯됐다. 물론 당시 노동자신문은 새로운 노동일간지를 창간할 정도의 살림이 아니었다. 그럼에도 이태복 위원장은 금융노련 등 산별노련의 참여를 바탕으로 창간작업에 박차를 가했다.

위기는 곧 변화를 이뤄낼 기회를 동반하는 법. 노동자신문의 후신인 노동일보는 1999년 7월 경제위기가 진행 중이던 시기에 창간되었다. 노동일보는 'IMF 관리체제 조기 극복, 신자유주의 구조조정과 해외매각 반대'를 창간이념으로 분명히 설정했다.

이러한 방향성과 의제는 노동조합과 국민뿐만 아니라 양심적인 기업들로부터 지지받았다. 공기업 해외매각 반대운동과 신생 일간지인 노동일보 창간, 어우러지지 않은 두 과제는 동시에 추진되었다. 이러한 과정은 사회변혁 운동가로서 이태복 위원장의 진면목이 드러나는 순간이었다.

서울 종로구 평창동 노동자신문 시절에서 영등포구 양평동 노동일보 시절까지 나는 이태복 위원장의 다양한 얼굴을 곁에서 보았다.

신생 노동언론의 창간위원장으로서, 위기를 기회로 바꾸는 사회변혁 운동가로서, 따뜻하고 친절한 직장 상사로서, 엄격하지만 창의적인 경영자의 얼굴이었다. 마찬가지로 이태복 위원장의 다양한 얼굴도 입체적으로 접근해야 진정한 모습을 파악할 수 있으리라.

그가 떠난 지금, 나는 이태복 위원장의 얼굴을 하나씩 떠올려본다. 다양한 모습들 속에 관통되는 그 무엇. 문제를 관찰하고 분석하고 대안을 만들고, 끊임없이 실천했던 삶… 이태복 위원장이 꿈꾸었던 '자유롭고 평등한 세상'을 위해 이제 나는 어떤 얼굴로 어떤 실천을 하면서 살아야 할까 그 해답을 찾고 있다. 비록 그의 철학과 삶 전체를 이해하진 못한다. 또 수없이 많은 사람들이 자신이 한순간 마주친 일면으로 왜곡하기도 한다. 하지만 나에게 이태복 선배는 온전히 자신의 힘으로 길을 개척해온 독립운동가 이재유와 겹쳐 보인다. 지금 내가 가고 있는 이 길이, 선배가 걸어왔던 그 길이기에, 내가 이태복 선배를 기리는 방법은 내 길을 묵묵히 걸어가는 것이다.

이태복이라
믿는다

2부

대중운동으로 '민생해법' 제시한 경세가(經世家)

이태복이라
믿 는 다

'민생'을 으뜸으로 삼은 개혁가

이창복
(전 국회의원)

이태복 장관이 우리 곁을 떠난 지 벌써 1년이 되었다니 세월의 빠른 흐름을 새삼 느끼게 된다. 조문을 다녀온 지 엊그제 같은데. 아! 그를 잊고 살았구나 느끼면서 부끄러움을 금할 수 없다.

이 장관은 노동운동이나 민주화운동, 사회개혁운동을 하는 과정에서도 끊임없이 책을 출판했다. 『기백이 있어야 희망이 보인다』, 『대한민국의 활로찾기』는 자신의 실천에 대한 이론적 내용들과 객관적인 근거, 실제적인 해결방안, 대안제시 등을 국민대중과 공유하여 함께 하기 위함이었으리라.

이 장관은 민생을 가장 으뜸으로 두었다. 평소에 의약품의 높은 가격이라든가, 석유의 고가유통에 대하여 지대한 관심을 갖고 주변과 의논했고, 분노와 걱정을 토로하여왔다. 바로 이러한 점이 다른 정치인들과 비교된다고 볼 수 있다. 남들이 놓치는 지점, 왜 그런 일이 벌어지고, 정

석방환영식에서 어머니와 필자를 어깨동무하고 환한 웃음을 짓고 있다.

부는 왜 그것을 방치하고, 그로 인해 누가 폭리를 취하고, 누가 그 고통의 짐을 지어야 하는가를 찾고 해결하려 했던 것이다. 진심으로 나라와 국민을 위한 고민이었다.

이 장관은 개인적으로는 고려 말 목은 이색 선생의 후손으로서 같은 항렬이다. 향기 복(馥)이라는 항렬이다. 그래서인지는 모르겠으나 고향도, 성장지도 다르지만, 서로 친밀감을 느끼고 지내오던 터였다. 언제나 만나면 온후한 성품과 매사에 긍정적인 자신감을 갖는 모습으로 상대방을 편안하게 해주곤 했다.

언제인가 원주를 지나는 길에 연락이 되어 대화하던 중, 집안 선조 중에 한 분이신 취암(醉菴) 이흡(李洽)에 대하여 화제로 떠올렸다. 정치적으로 매우 혼란한 선조시대 상황에서 정쟁(廷諍)에 직언으로 일관하다가 6년간이나 유배를 당하신 일을 상기하면서 후손된 입장에서 취암 선생에 대해 관심을 가져보자고 했다. 조상 중 올곧은 정치인을 찾아 연구하자는 것이 바로 이 장관의 뜻이었다.

이태복을 말할 때 그 어머니에 대한 이야기를 빼놓을 수가 없다. 아들의 구명운동을 위해 서울에 상주하시며 고생하였음을 우리는 기억하고 있다. 민가협 회원들과 함께하기도 하고, 때로는 혼자서 요인들을 찾아다니며 호소하시었다. 예의범절이 분명하시고 온후한 성품으로 진정으로 호소하는 모습에서 많은 사람들이 감동되어 울먹였다.

2001년도 초반의 일이었다. 원주시의 공무원이 내게 찾아왔다. 당시 원주시 국회의원이었던 나를 찾아온 용건은 장애인복지센터 건립과 노인복지센터 건립 2건을 중앙정부에서 예산을 확보해달라는 요청이었다. 두 건을 한 번에 확보한다는 것은 쉽지 않기에 고민하지 않을 수 없었다. 한 건은 복지부장관을 직접 방문하여 부탁을 드려 약속을 받았고, 나머지 한 건은 당시 청와대 복지수석이었던 이태복 수석을 만나 부탁하여 도움을 받았다. 그리하여 같은 시기에 두 건물을 기공도 하고, 준공도 하게 되어 보람을 느낄 수 있었다.

이태복 수석이 보건복지부장관으로 취임했는데, 당시 원주 기독병원을 건립하는 데 크게 공헌하시다가 초대 병원장을 하신 문창모 박사께서 돌아가셨다는 부음을 받았다. 지역사회발전에 크게 기여하신 것을 인정하여 나라에서 훈장을 수여하는 것이 옳다고 판단하여 이 장관께 건의를 했다. 이태복 장관은 고 문창모 박사가 독립운동에 참여한 사실, 결핵퇴치운동을 위해 최초로 크리스마스 씰을 발행한 점을 파악하고 영결식 전에 대한민국 국민훈장 무궁화장을 갖고 직접 왔다. 참으로 고마운 일로 기억한다. 이태복 장관은 상벌이 분명했다. 공익을 위해서인

2007년 4월 25일 5대거품빼기범국민운동본부 및 5대운동본부 발대식. 오른쪽에서 두 번째가 필자.

가, 사익을 위해서인가 그 기준을 분명히 갖고 있었다.

장관직에서 물러난 후에 휴식이 필요할 것으로 보여 치악산 구룡사 주지께 말씀드려 며칠간 객사에 머물기로 했는데, 겨우 하루 저녁 쉬고 간 것을 보아 남에게 신세지는 것을 싫어하는 심성을 엿볼 수 있었다.

고 이태복 장관!

이 세상에 일이랑 내려놓고 편히 쉬시오. 완성하지 못한 일은 후배들에게 맡기시오. 그리고 미망인과 친지들을 무한한 사랑으로 살피시오. 다시 한번 명복을 빕니다.

정의와 평화의 '항심'

이철용
(전 국회의원, 『어둠의 자식들』 저자)

"현장 속에 답이 있다"며 실사구시(實事求是)를 외친 분! 현장 뼈 속까지 파고들어 문제를 분석하고, 대안을 제시한 분! 생활밀착형 정책으로 민생을 살리려 하신 분! 온유하고 선한 외모의 따스함이 많으신 분! 불길처럼 자신을 태우는 아주 특별하신 분! 장관실에 야전침대를 두고 열정적으로 진두지휘해나가신 야전사령관 같으신 분! 노동자와 국민 편에 서되 사회적 약자, 장애우와 동행하셨던 분! 우리 모두의 희망세상을 만들려는 아름다운 가치를 지닌 분!

감히 이분의 이야기를 논하는 필자의 마음은 무겁고, 엄중하여 참으로 조심스럽기만 하다. 혹 누가 되지 않을까 걱정이 크지만, 필자가 곁에서 본 모습의 일부이다.

이태복 장관님이 걸어오신 길은 그 누구도 흉내 낼 수 없는 파란만장한 고난의 길이었다. 경제, 안보, 역사, 사회, 복지, 교육, 문화 등에 대한 해박한 지식, 풍부한 지혜, 맑은 영혼이 담긴 절제된 가치, 풍성하고 여유 넘치는 철학, 합리적인 정책, 따뜻한 동행, 아름다운 나눔. 국민들의

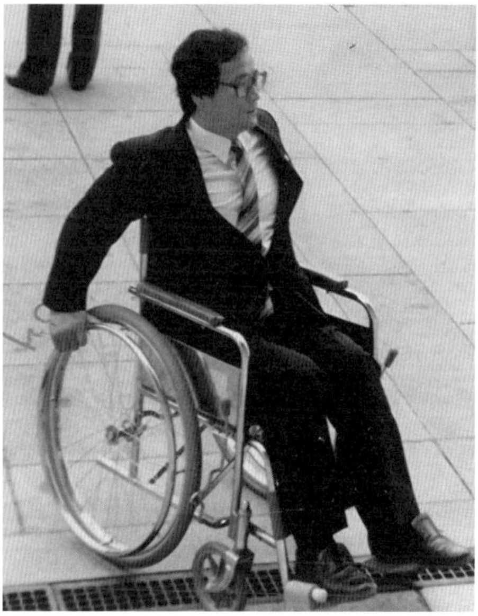

1988년 국회 등원 첫날 편의시설이 없는 국회 출입계단에서 1인 시위하는 필자. 이로써 국회에 장애인의 이동권이 처음으로 확보되었다.

고통을 덜어주려는 사랑 넘치는 마음에서 시작된 민생 살리기….

실천하는 혁명가이자 지칠 줄 모르는 끈질긴 개혁가, 딱딱한 기획자인 듯 보이나 실제로는 노동운동가들에게 노래를 부르라고 권유한 유연한 예술가, 행동을 멈추지 않는 변함없는 양심의 문화운동가, 갈라진 남과 북을 하나로 엮으려는 겁 없는 통일운동가, 많은 권력자들이 피해가려는 다국적 제약사와 맞짱 뜨는 미련한 바보, 담대한 투사 등 어마어마한 족적을 남기고 홀연히 우리 곁을 떠나셨다.

이태복 장관님 같은 분이 국정을 맡고, 국무총리를 했다면 양극화로 인해 기울어진 쏠림현상을 어느 정도 줄였을 것이다. 다 같은 마음이니 국무총리 내정설까지 여의도 정치권 안팎으로 돌았던 것이리라. 한 번이라도 만나서 이야기를 섞어본 사람들이라면, 이 얘기들이 헛소문이 아니라 충분한 역량을 갖춘 분임을 금방 느끼게 된다. 그의 가치와 철학, 정책과 추진력 등이 나랏일에 그대로 반영되었다면 얼마나 좋았을까.

필자가 장황하게 이야기를 늘어놓는 까닭은 이 장관님의 한결같은 항심(恒心) 때문이다. 독점가격이 붙여진 5대품목의 거품빼기운동은 국민대중운동으로 전국적으로 펼쳐졌다. 아니나 다를까. 5대거품빼기운동과 국민석유 설립운동을 하는 가운데 십수 억이 넘는 빚을 지고 있었다 들었다. 재산이 없다면, 마음의 안정은커녕 우울증에 빠져들기 십상이다. 이를테면 항산(恒産)이 없으면 그 여파로 인하여 항심(恒心)을 잃게 된다는 뜻인데, 그럼에도 불구하고 이태복 장관님은 항심(恒心)을 잃지 않고, 그것도 10년 넘게 줄기차게 민생을 위한 활동을 유지했으니 보통 사람들은 감히 흉내 낼 수도 없을 험난하고 고통스러운 길이다.

필자는 평소 개관사방정(開棺事方定)이라는 말을 자주 중얼거린다. 관 뚜껑을 덮은 후에야 관 속에 누운 사람의 가치와 진가를 알 수 있다는 말이다. 생각해보면 볼수록 꼭 이 장관님을 두고 한 말 같다. 정의와 평화를 사모하는 길을 눈감기 전까지 이어왔다.

출판운동, 노동운동, 민주화운동, 복지운동, 사회개혁운동… 일일이 열거가 어렵다. 광민사를 운영한 출판인이자, 노동자신문도 10여 년 넘게 운영해왔으니 언론인이기도 하다. 그런데 13권이나 되는 책을 집필했으니 저술가라고 해도 된다. 평전만 해도 네 분이나 성찰해서 집필했다. 인생의 사표라는 도산 안창호, 매헌 윤봉길, 토정 이지함, 청백리 삼산 이태중. 역사에 박제된 애국선열들을 부활시켜 삶과 사상을 온전히 복원하여 따르게 하려던 선각자이기도 하다.

이런 분을 잃으니 더욱 슬프고, 안쓰럽고, 허망하다.

필자는 추모의 글을 쓰면서 내내 자책감에 가슴을 친다. 이 장관님의 거품빼기 등 여러 분야의 개혁운동에 무슨 염치로 동참하지 않았을까?

필설로 형용할 수 없을 정도로 무궁무진 행동으로 옮겼는데, 너는 그때 어디서 무엇을 했는가? 하는 자문에 부끄러움에 고개를 떨군다.

온화하되 담대하고, 강직하나 겸손하셨던 이 장관님을 다시는 뵐 수 없다는 것에 억장이 무너지는 듯하다.

땅도 울고

달도 울고

별도 울고

다시 못 오실 하늘 길 가셨으니 편안히, 편안히, 편안히 잘 가시길!

이제 영면하시면서 이 땅의 민초들을 도와주십사 기도한다.

양극화 간극이 더 이상 벌어지지 않고 좁혀지도록 도와주시고

이 땅위에서 꿈꾸셨던 복지선진화가 앞당겨질 수 있도록 도와주시고

노동자들의 합창이 처처마다 울리게 하시고,

통일맞이 강강수월래 춤을 남북 모두 함께 덩실덩실 추는 그날이 하루 속히 오도록 도와주십사 기도한다.

흰머리 휘날리면서 환한 얼굴로 지그시 내려다보면서 조용하되 또렷하게 이렇게 대꾸할 것이다.

동지들이여!

산 자들이여!

겁내지 말고,

내가 이루지 못한 운동 완성시켜주시오!

이태복이라
믿 는 다

나라와 국민만 바라보는 분

정인홍
(전 보건복지부 국장)

2002년 1월 30일 모든 신문에 일제히 1·29개각 관련 기사가 헤드라인을 차지했다. 당시 보건복지부 인사담당으로 있었던 나는 자연 보건복지부장관의 임명소식에 눈이 갈 수밖에 없었다. 신문마다 박스기사로까지 이태복 보건복지부장관을 다루었다. "시장 지게꾼서 복지정책 수장으로", "세계의 양심수 선정, 작년 복지수석 임명"(〈한국경제〉), "지게꾼 경험… 노동문제 해박"(〈매일경제〉), "평생 노동운동… 8년간 복역하기도"(〈조선일보〉), "복지수석 역임 '노동운동가'"(〈경향신문〉), "평생을 노동운동 헌신"(〈한국일보〉), "지게꾼·투옥 경력 노동운동가"(〈중앙일보〉).

언론들은 7년 넘게 투옥됐던 노동운동가, 1986년 엠네스티 인터내셔널이 '세계의 양심수'로 선정한 사실 등 노동운동가라는 점을 강조했고, 어떤 신문은 행정실무 경험이 짧고 전문성이 부족하다는 단점을 지적하기도 했다. 치밀하고 추진력이 강하며, 정책 집행 후 현장을 돌며 확인하는 스타일이라는 평가와 더불어 재야 시절 의약분업 유보론을 펼친 점, 저소득층 복지 등에 능통하다는 평도 있었다.

하지만 이태복 장관은 감옥에 오래 살았다거나 평생 노동운동을 한 사람 같지 않았다. 첫인상은 맑고 온순한, 온화한 느낌이었다. 나는 총무과장으로 항상 매우 가까운 지근거리에서 업무지시와 결과를 주고받았다. 가장 많이 가장 가까이서 접촉했던 터라 장관시절의 일은 정확히 꿰고 있다 자부한다.

의약분업, 첨예한 대립을 '상호신뢰'로 풀다

복지부 내부 사정을 잘 아는 나로서는 '의약분업'이라는 문제를 대통령 임기 1년을 남겨놓고 국민들의 불만과 저항이 하늘을 찌르는 상황에서 밀고 간다는 것은 참으로 어려운 일, 불가능에 가깝다고 생각했다. 그건 누가 장관으로 오든 똑같다고 보았다.

이미 보건복지부 내부에서도 크게 둘로 갈라졌다. 의정국은 약사가 하나도 없이 의사가 60% 차지하고 있고, 약정국은 약사 자격을 가진 이들이 90%였다. 자연히 의정국과 약정국은 의사협회와 약사협회의 이해를 대변할 수밖에 없었고, 한의사들의 이해까지 생각하면 내부에서는 정부 입장까지 쳐서 최소한 넷으로 쪼개졌다. 밖에서는 의사협회, 약사협회, 한의사협회 등과 보건복지 관련 공익단체들까지 치면 모두 공식적으로 첨예하게 의견을 달리했기에 의견 조율은 불가능해보였다.

당시 과천정부청사 앞에는 단체들마다 자신들의 이해를 대변하는 집회가 하루도 빼놓지 않고 시끄럽게 열렸다. 오죽하면 다른 부처에서는 과천청사에서 보건복지부를 내보내야 한다는 얘기까지 나돌 정도였다.

그런 상황에서 이태복 장관이 1월 29일 청와대에서 임명장을 받고 보건복지부로 왔다. 청와대 복지노동수석비서관으로 1년여간 보건복

장관 취임 이후 복지부 간부들과 찍은 사진. 필자는 뒷줄 오른쪽에서 두 번째.

지정책도 다루었지만 보건복지부 내부에서는 청와대 복지노동수석 자리가 노동, 복지, 환경 세 파트를 관할하는 자리였기 때문에 '우리 사람'이라기보다는 '노동부장관이 맞지 않나?' 그런 분위기가 더 강했다.

그런 분위기 속에 대회의실에서 취임식을 가졌다. 메모 한 장 보지 않고 청산유수로 취임사를 해나갔다. 나지막하지만 조용한 카리스마가 장내를 휩쓸었다. 자신의 임기 동안 ▲건강보험 안정화 ▲중산층 및 서민층 복지 확대 ▲월드컵 등 국제대회에 대비한 전염병 예방 등 사전예방대책 구축 ▲기초생활보장제도를 포함해 복지제도의 내실화 등 4대 과제를 제시하면서 매진하겠다는 단단한 의지를 천명했다.

사실 장관들은 직원들이 만들어주는 말씀자료를 갖고 각료회의에 참석하고, 행사장에 가서 인사말을 하는, 일종의 얼굴마담 노릇 할 때가 많다. 그래서 전문적인 지식이나 현장을 모르면, 말씀자료에 더 의존하기 마련이다. 하지만 이태복 장관은 말씀자료 없이 자신의 말로 자신의 과제를 피력하고 함께 잘 풀어나가자고 말한 것이다. 더 나아가 "말씀자료 만드느라 힘쓸 필요 없다."면서 만들지 않도록 했다.

한번은 방송 인터뷰에서 앵커가 어떻게 그렇게 전문적인 내용이나 숫자를 꿰느냐는 질문을 받고, "사랑하면 그 사람의 모든 것을 다 알지 않느냐?"면서 "그런 선에서 보면 어렵지 않은 문제"라고 해 그 말이 회자된 적이 있었다.

복지부 내부에서는 장관에게 힘이 되어주기보다는 어떻게 하나 지켜보는 분위기가 지배적이었다. 임명된 다음날부터 이태복 장관은 휘몰아치는 광폭의 행보를 했다. 놀라움의 연속이었다. 사실 〈의약분업〉은 이미 1년 6개월 진행되면서 여러 문제들이 터져 나와 '포기하자', '진행하자' 하는 정반대의 말들이 많아 누가 장관으로 와도 아주 힘든 문제였다.

그런데 이태복 장관은 의약분업문제를 푸는 데에 가장 우선인 문제는 집단별 이해관계를 어떻게 하면 상호신뢰 관계로 변경하느냐에 달렸다고 보았다. 자연히 의사협회, 약사협회, 한의사협회, 대한병원협회 등 단체들을 직접 찾아가기 시작했다. 임명받고 나서 며칠 안 된 2월 5일부터다. 보통 신임장관이 임명되면 협회 쪽에서 인사하러 찾아오는 것이 관례다. 하지만 그것을 깬 것이다. 언론에서도 역대 장관의 관례상 이례적인 일이라고 평했다.

의료현안문제를 풀기 위해 의료단체와 협조해 건강보험재정을 조기에 안정화시키겠다는 복안을 강하게 피력하기도 했지만, 협회의 육성과 격려도 더불어 했다.

언론에서는 이태복 장관이 임명됐을 당시 '의약분업은 실패한 정책' 이라고 얘기한 부분을 이슈로 삼았다. 국회에서 질의응답을 할 때에도 이 질문은 빠지지 않았다. 이때 놀라운 것은 자신의 과거 발언을 발뺌하지 않았던 것이다. 오히려 당당하게 당시 주장을 설명했다. "의약분업 원칙에는 동의하지만, 필연적으로 국민부담이 늘어나는 만큼 일단 유보해야 한다고 칼럼에다 썼었다.", "의약분업에 필요한 재원확보, 의보수가 및 진료체계의 정비, 제약시장의 문제점 개선과 진흥대책 추진, 슈퍼마켓에서의 판매 확대 등의 조치를 충분히 한 뒤에 의약분업을 단계적으로 시행하는 게 옳다는 주장도 정부 관계자들에게 주장을 했었다"고 밝힌 것이다.

특히 "재원확보나 제도준비가 부족하게 되면, 국내제약시장이 다국적 제약사들에게 장악당하게 될 것을 경고했다."는 점도 시인했다. 솔직하게 인정한 것이다. 다만 의약분업정책이 1년 6개월째 시행되고 있었고, 건강보험재정대책에서도 지역건보에 대한 국고지원율을 28%에서 40%로 올려 재원을 확보했고, 20여 가지 재정책도 내놓아 제도를 정비하는 과정을 거치고 있으니, 이 상황에서 의약분업 제도를 폐지할 수는 없기에 기본틀을 유지하고 각 이해단체나 국민들을 설득해나갈 수 있다고 판단한 것이다.

솔직당당한 모습에 나는 또 놀랐다. 내가 익히 보아온 사람들의 모습하고는 너무 달랐다. 보통 과거를 들추어내면서 사람을 코너에 몰면, 과거를 감추거나 아니라고 우기거나 변명하는데 그런 모습이 아니었다. 오히려 시인하지만 현실에서 이 문제를 어떻게 극복해나갈까를 고민하고 대책을 마련하는 그런 사람이었다. 그때 확실하게 느꼈다. 아! 이 사람은 어떤 '주의자'가 아니다. 상당히 솔직하고, 현실적이고, 합리적이구나라는 생각이 들었다.

이태복 장관은 어떤 제도든 악이용하려면 얼마든지 가능하기 때문에 상호신뢰를 어떻게 만들어가느냐가 가장 중요하다고 보았다. 이 장관은 의약분업에 대한 당정 간의 갈등, 협회들 간의 의견대립, 이런 문제들을 전부 다 드러내어 하나씩 하나씩 풀어나갔고, 결국 의약분업이 아주 빠른 시일 내에 제자리를 잡게 만들었다.

어느 날 물어보았다. 성공할 수 있다는 믿음이 애초부터 있었느냐고 했더니 대답은 너무나 심플했다. "의약분업이나 건강보험재정문제를 정부나 가입자, 의약계의 집단별 이해관계 차원에서만 본다면 문제를 풀어나가기 어렵지만, 하나의 공동체의 일원으로서 문제를 함께 풀어나가는 자세와 풍토를 조성할 수만 있다면 얼마든지 달라질 수 있다고 생각했다."는 것이다. 그리고 "누구나 이성을 갖고 상황을 보게 되면, 상호불신과 갈등이 지속될수록 결국 우리 모두가 엄청난 사회적 비용을 지불하게 된다는 점을 알게 되기 때문에 문제를 풀어나가게 될 것"이라고 보았다는 것이다. "살면서 체험한 것이고, 어떤 문제든 현실에 맞게 국민의 이해를 중심에 둔다면, 정답으로 모아지기 마련이더라."고 담담히 말씀하셨다. 그 순간 난 말을 잃었다. 굉장히 큰 그릇이구나.

'처방은 의사가, 조제는 약사가' 하는 것으로 결론이 났지만, 현실에서는 딱 분리할 수 없는 문제들이 많았다. 외딴 섬에서의 상황, 면 단위이지만 의사가 없는 곳, 혹은 의사는 있는데 약사가 상시적으로 없는 곳 등등 수많은 다양한 현실의 조건들에서 벌어질 수 있는 경우의 수들을 찾으면서 병원에 약을 확보하고 약국을 두는 경우, 의사의 처방전이 없이도 약사에게 긴급조제권을 주는 경우 등등 보완책들을 마련했다. 의약분업의 여러 불만과 국민들의 불편함들을 줄여나가는 방안들도 좁혀져서 대립과 갈등이 점차 줄어들었고, 조기에 의약분업은 성공적으로 봉합이 되었다.

건강보험료 인상안도 원래 복지부에서는 9% 인상안이었지만, 국민들의 부담을 가중시킨다는 점에서 이 장관이 9%보다 낮은 인상률을 주장했고, 뜻에 따라 7차례에 걸친 건강보험정책심의위원회에서 건강보험료 6.7% 인상안이 의결될 수 있었다. 의료수가 인하도 당초 1~2%였던 것에서 공익대표들이 제시한 2.9% 인하안이 최선으로 이뤄졌다. 약값인하정책의 핵심이자, 1,600억 원 보험재정절감이 예상되었던 참조가격제가 그 전해인 10월에 보류됐으나 이 장관 취임 후 재추진하게 된 것도 이런 연유에서다.

정책 실행 여부를 점검·확인하는 장관

두 번째로 놀라운 것은 여러 제도들이 수없이 만들어지고 행해질 때, 이를 되짚어 점검하고 확인하는 장관은 별로 없는데, 이태복 장관은 그렇지가 않았다. 현장에서 제대로 시행되고 있는지를 늘 재확인하고, 시정토록 했다. 그 예로 기초생활수급자나 장애인 등에게 지급하는 정부의 사회복지예산이 각 지방자치단체장 명의로 발송되고 있는 상황의 점검이다. 청와대 복지노동수석 시절에 알게 되면서 이를 시정하라는 지시를 하고, 개선되었다는 보고까지 받았으나 복지부에 와서 점검을 해보니, 바꾸라는 공문만 보내고 개선되지 않은 상황을 확인한 것이다. 선거선출직인 지자체 단체장의 이름으로 나가면 그들 덕분이라고 생각하지, 국민의 세금으로 정부가 지원하는 것으로 알지 못하기에, 이를 시정하려고 매주 이행사항을 점검하였다.

약값 인하 건도 마찬가지였다. 청와대 수석 시절 이미 인하된 것으로 보고받았지만 1년이 다 된 시점에서도 2001년 3/4분기 약품조사분을 인하하지 않고 있었다. 이런 일들은 모든 부처에서 골고루 벌어졌다. 이장관은 이를 '도덕불감증'이라고 여겼다. 만성화된 행정 분위기를 바꾸고자 했다.

어느 날 행정쇄신에 대한 얘기를 꺼낸 적이 있다. 이장관은 행정쇄신에서 가장 중요한 것은 목표의 명확한 설정인데, 정부쇄신을 위한 여러 가지 수단인 기구통폐합, 인원감축, 재정축소, 민영화 등을 마치 목표인 양 삼는다는 것이다. 정작 중요한 목표설정문제는 겉돌고, 대신 수단인 인원감축과 효율성만 논의되는 것은 본말이 전도된 것이라며 개탄하신 적이 있다.

이런 사고를 갖고, 그것을 실제로 집행하려고 한다는 것. 정말 놀라운 일이 아닐 수 없었다. 그래서 '현장'을 중요시하는 거였구나 싶었다. 자연, 일선에 있는 공무원들이 어떻게 하느냐를 중요하게 생각할 수밖에 없었을 것 같다.

'직접 찾아가는 행정' 주장… 현장공무원도 살뜰히 살펴

세 번째는 국민들이 보건복지행정의 변화를 피부로 못 느끼니, 피부로 느끼게끔 사회복지전담 공무원들이 직접 발로 뛰는 '찾아가는 확인 행정'을 펴도록 한 점이다. 복지전달체계를 정비해야 할 뿐 아니라 국민들이 체감할 수 있는 복지서비스가 제대로 이뤄지기 위해서는 현장에 있는 복지전담 공무원들의 역할이 중요했다. 그래서 일선 현장의 공무원들을 만나는 일도 열심히 했지만, 한계가 있다고 판단해서 그해 5월부터는 〈서울신문〉에 공직자 에세이 열린 마음이라는 공간을 통해서 '복지사에게 보내는 편지' 제목으로 칼럼을 연재하기도 했다. 그중에 기억나는 대목이 있다.

"인격의 주체로 보면 반복지적인 정서(탐욕, 독선, 증오, 나태)이고, 조직적으로 보면 관료주의, 적당히 책임지지 않는 선에서 대충 대충하는 자세야말로 내부의 적이자 가장 경계해야 될 장애물"이라고 강조했다. "우리는 처음부터 어렵고 힘든 이들의 고통과 불행을 껴안겠다는 각오를 한 사람들이니 우리들이 내미는 따뜻한 손길이 세상을 아름답게 만든다는 평범한 진리를 거듭 환기하고 싶다."고 하셨다. 한결같은 이태복 장관의 자세였다.

그뿐만 아니라 일선에서 일하는 복지전담 공무원들의 노고를 달래는 일 또한 열심이었다. 당시 1인당 200가구를 맡기면서 찾아가는 행정을 실천하라는 주문은 무리라고 판단, 1,700명을 증원해 일선에 배치하고 시도와 시군구에도 복지직을 포진시켰다. 복지행정의 전달체계를 원활히 해야 찾아가는 복지행정의 여건이 정비된다고 본 것이다. 8종의 복지서비스의 창구와 시기를 단일화하고, 여러 과에서 따로따로 내려 보내던 지침도 복지정책과를 거치도록 함으로써 정비했다. 또 오랫동안 일을 하면서 관료라는 틀의 울타리에 안주하는 사람이 늘었기 때문에 관료주의의 함정에 빠지지 않고 언제나 초심을 유지할 수 있게 되기를 바란다고 늘 강조하곤 하셨다.

직원연찬회에도 역대 장관들은 잠시 왔다 갔지만, 이태복 장관은 끝까지 남아 있었고, 지방 순찰을 돌 때에도 늘 현장에서 일하는 복지사들을 만나는 일정을 꼭 잡아 격려하였다.

공부하는 분위기 형성… 국장급 업무능력 재평가도 시작

네 번째는 보건복지부를 공부하는 분위기로 바꾼 것이다. 취임 일성 중 하나가 '숙제'를 낸 것이다. 지위고하를 막론하고 4~5장 분량으로 아이디어를 제출하면, 그중에 훌륭한 아이디어를 제출한 직원은 인사

등에 있어서 인센티브를 부여할 계획이라고도 했다. 복지부 관료들에게는 매우 낯선 이의 매우 낯선 발언이 아닐 수 없었다.

하지만 직원의 60% 가량인 204명이 보고서를 냈고, 이 장관은 보름간 과제물을 채점해 9명을 최우수, 우수, 장려, 아이디어상으로 나눠 3월 22일 포상을 했다. 개인 봉급에서 상금을 마련, 20~50만원(총 230만원)을 지급한 것이다. 최우수상은 건강보험 요양급여비의 과잉, 부정청구를 막을 수 있는 분석시스템 구축방안이 받았다.

이 장관은 "아이디어가 모두 훌륭했지만, 내 봉급에 한계가 있어서 수상작을 9편으로 제한했다."면서, 전국의 사회복지사들에게도 이메일을 통해 아이디어를 내달라고 부탁을 했다. 당시 반응은 예상과는 달리 좋았다. 자신의 업무는 물론 타 부서 업무까지 돌아볼 수 있는 좋은 기회였다는 평가가 많았다.

게다가 국장급 업무능력을 재평가하기 시작했다. 과거 정책을 적당히 보완해서 베끼는 일도 사라졌고, 무사안일한 태도도 줄어들 수밖에 없었다. 장관이 돌아가는 상황을 너무나 잘 알고 있었기 때문이다. 이 과정에서 내가 간첩(?)으로 정보를 주는 것이 아니냐는 억울한 일들도 있었지만, 다 아니라는 것이 드러났다.

야전침대에서 지냈던 까닭 중 하나도 인사정책 때문이었다. 청와대에서 보건복지 업무는 대강 파악하고, 대책도 미리 마련해놓았지만 복지부 직원을 청와대에서 만난 적은 거의 없기 때문에 어떤 사람들이 어떻게 일을 하고 있는지를 정확히 알 수 없었다는 것이다.

회의시간 때 보면, 이 장관은 조용하면서 조곤조곤 몇 가지 질문을 하는데, 준비 없이 회의에 들어가면 뼈아프게 찔리는 경우가 많았다. 우물쭈물하면 이내 다른 질문이 쑥 들어온다. '도산 안창호 선생님의 대화방식'이 모든 회의석상에서 나타났다.

국장, 실장급들이 정책안들을 갖고 와서 브리핑을 하면 장관의 서너 마디 질문으로 바닥이 다 드러난다고 볼멘소리를 할 때도 많았다. 사실 복지부 내부뿐 아니라 건강보험공단, 의료보험심사평가원 등의 인적 자원은 문제가 좀 있었다. 국장급 이상들이 변화를 찾기에는 너무 긴 세월 동안 익숙해진 관습이 있었다.

하지만 과장급들은 이 장관의 이런 자극들을 신선하게 받아들였고, 실무책임자인 과장급들에게 힘을 실어주는 장관의 격려에 날개를 다는 심정이었다. 허리에 해당하는 과장급들은 이 장관의 전폭적인 지지에 신뢰를 보였고, 그 결과 중 하나가 자활과의 신설이었다.

인사정책에 있어서의 이태복 장관의 이런 능력위주, 책임위주, 성실위주의 배치와 그간 관행으로 내려오는 장관 측 인사요구가 없어서 인사행정은 매우 수월했다.

또한 직원들에게는 관련단체와 접촉할 때 반드시 보고한 뒤 만날 것을 당부했다. 복지행정이 국민을 위한 것이 아니라 이익단체의 입장을 대변하는 것을 우려했기 때문이다. 처신을 잘하라는 경고였다. 자연히 공부하는 분위기가 형성됐고, 재탕, 삼탕 정책을 베끼거나 이익단체를 대변하는 직원들의 모습들은 사라졌다.

보안도 잘 지켜졌다. 관련단체와 접촉할 시 정보가 직원들로부터 빠져나가는 경우도 간혹 있지만, 보통은 기자들의 질문에 말려들어 정보가 나가는 경우도 있었다. 의료보험요율 등 보건복지부에는 보험과 관련된 요율에 대한 정보가 사전에 유출되면 큰 이득이 걸리는 문제가 많았다. 하지만 이런 문제는 이 장관 때에는 발생하지 않았다.

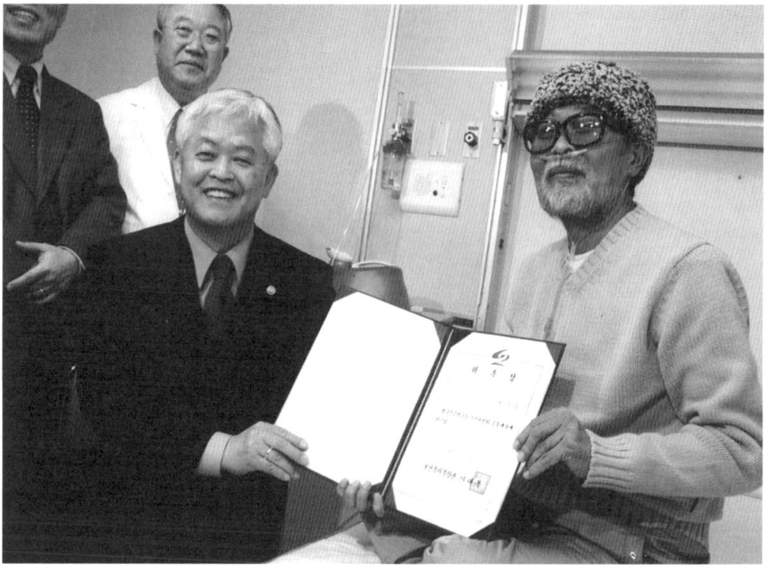

2002년 2월 1일 국립암센터에 입원 중인 이주일에게 범국민금연운동본부 추진위원회 공동대표 위촉장을 전달했다.

이주일씨와 금연운동… 처음으로 TV금연광고, 국민건강 염려

다섯 번째는 금연운동, 절주운동, 아동학대예방운동 등 국민들이 동참하는 캠페인활동에도 열심이셨다.

특히 금연운동은 역대급이었다. 취임하자마자 이태복 장관은 이주일 씨를 찾았다. 병실뿐 아니라 분당 집으로까지 찾아갔다. 청와대복지노동수석일 때인 2001년 12월에도 두 차례 찾아가 금연이야기를 TV에 나와서 해달라고 했었다. 당시 이주일 씨는 자신을 이용하는 것으로 오해를 했다. 그리고 코미디언이었던 사람이 몰골이 죽을 상인데 무슨 TV에 모습을 비추느냐는 입장이었다.

하지만 이 장관의 끈질긴 설득과 국민들을 위해 용기를 내달라는 권유에 금연운동에 동참하기로 결심을 바꾼 것이다. 이주일 씨의 주장인 담배는 독약이고, 가정파괴범이고, 환경파괴범이라는 사실을 그대로

청소년들의 흡연을 예방하기 위해 2002년 3월 13일 핑클을 금연대사로 위촉했다.

담기로 했고, 처음으로 금연TV광고가 기획됐다. 2월 1일 일산 국립암센터에 입원 중인 이주일씨에게 범국민금연운동본부 추진위 공동대표 위촉장을 전달했다. 금연TV광고로 350만 명이 금연운동에 동참을 했으니 상상 밖으로 효과가 컸다.

2월 7일에는 당시 심장수술을 받고 건강을 되찾은 하일성 KBS 해설위원이 입원한 서울 여의도 가톨릭성모병원에 찾아가 범국민금연운동본부의 금연대사 위촉장을 건넸다. 여성 아이돌 핑클을 금연대사로 선정하여 청소년들의 금연운동에도 박차를 가했다.

이외에도 절주운동, 아동학대예방에도 힘을 쏟았다. 특히 아동학대예방 홍보대사에 탤런트 차인표 씨를 위촉해 아동학대 신고전화 1391 홍보에 주력하기도 했다.

그리고 이주일씨와 약속한 월드컵경기 관람이 지켜졌다. 2001년 10월 폐암 판정을 받을 때 의사로부터 3개월 시한부 인생이라고 선고받았지만, 2002년 한일 월드컵에서 한국팀이 활약하는 걸 꼭 보고 싶다는 염원이 이루어져, 한국팀의 4강 신화를 휠체어를 타고 관람할 수 있었다. 5월 31일 개막식 때에는 이태복 장관과 함께 관람을 했고, 월드컵 첫 승전고를 울린 6월 4일 폴란드전도 장관의 초청을 받아 직접 경기를 관람하였으며, 이후 6월 18일 16강 이탈리아전에서 안정환이 골든골을 터뜨렸을 때는 너무 기뻐서 암까지 이겨내고 건강을 반드시 되찾겠다는 인터뷰를 하기도 했었다. 이주일씨는 그로부터 2개월 후인 8월 27일 생을 마감했다.

그때부터 방송에서 드라마의 흡연장면이 퇴출되었다. 흡연장면은 편집되거나 담배를 지우는 장면으로 나왔다.

야전침대에서 한 달간 숙식생활… 직원들에겐 5시 칼퇴 지시

여섯 번째로 놀라운 것은 '야전침대 장관'이었다는 점이다. 취임 다음날인 1월 30일부터 집에 가지 않고 장관실에서 야전침대를 놓고 잠을 잤다. 새벽 6시에 일어나 정부 과천청사를 산책한 뒤 목욕을 하고, 집무를 시작한 것이다. "건강보험재정이 파탄이 난 것은 일반 회사로 치면 파산이나 마찬가지이므로 집에서 발을 뻗고 잠을 잘 수가 없어 집무실에서 자기로 했다."는 것이다.

보건복지부 전체가 비상이 걸렸다. 하루 이틀도 아니고 업무 파악이 거의 끝나는 2월 말까지 한 달 넘도록 장관실에서 숙식을 계속한 것이다. 이불 보따리를 싼 것은 건강보험료 인상안 및 의료수가 인하가 마무리됐다는 평가가 있은 후다.

복지부 직원들은 이런 장관의 모습이 반가울 수가 없었다. 장관이 집에 안 가는데, 퇴근을 해야 하니 마음이 불편했다. 그래서인지 이태복 장관은 격주로 화요일을 '가정의 날'로 지정해 오후 5시를 기해 모든 직원들에게 퇴근할 것을 지시했다. 특별한 업무가 있는 직원이라도 늦어도 7시를 넘기지 말라고 했다.

그뿐만 아니었다. 출퇴근 시간을 줄여야 한다면서 청사 근처에 9평 원룸을 잡았다. 야전침대를 갖다 놓고 추운 과천청사에서 지내던 때인 2월 중순경. 이른 아침 목욕탕에서 쓰러져 놀란 적이 있었다. 하지만 개의치 않으셨다. 그날 저녁에 KBS 뉴스라인에 출연하였는데, 넘어진 얼굴을 화장으로 커버했지만, 부모님을 비롯해 가족들이 얼굴이 이상한 것을 느꼈고, 여의도와 신도림 자택은 가까운 거리라서 그날 집으로 가셨다. 가족들은 추운 곳에서 혼자 계속 지내는 것은 안 된다고 봐서 3월 초 9평짜리 원룸을 구한 것이다.

가보니 너무 좁아서 어떻게 이곳에서 지낼 것인지 걱정이 되었지만, 이 장관은 문제될 것 없다고 했다. 출퇴근 왕복 3시간 거리는 너무 아깝다는 것이었다.

몸을 사리지 않고 일을 하셨다. 5월 중순 제네바에서 개최될 세계보건기구 정기총회에 참석하기 전에 아무래도 몸을 체크해보겠다고 하셨다. 4월 19일 4·19기념식에 참석하고 서울대병원에 들렀었다. 그때 나온 진단결과가 관상동맥이 99% 이상 막혔다는 것이었고, 당장 수술을 받아야 한다는 것이었다. 게다가 안전하게 가슴을 열어 수술을 해야 한다고 했다. 장관님은 건강보험재정 문제로 대형병원들의 협조를 구하고 대책을 추진하던 터라서 잠시라도 자리를 비워서는 안 된다고 보고 다른 방법을 강구해보기 시작했다.

아산병원에서는 수술이 아닌 스텐트 삽입술로 가능할 거라는 보고를 받고, 퇴원을 강행했다. 4월 23일 시술을 받고, 다음 날인 24일 퇴원을 하고, 바로 집무를 보고, 무사히 세계보건기구에 참석하고 오셨다. 급박한 상황에서도 가장 최선의 선택을 위해서 정보들을 수집하고 합리적으로 판단, 곧바로 행동에 옮기는 모습을 보고 놀라움과 더불어, 긍정적인 마음으로 매사를 처리하는 모습에 감탄이 절로 나왔다.

갑작스러운 경질

취임 당시 길어야 1년이었기에 경질될 거라고는 전혀 예상하지 못했다. 게다가 청와대 복지노동수석 일을 하시고 연결되어 영전된 장관이 아니던가. 마지막 인사라고 생각했던 1·29개각이 갑자기 7·11개각으로 나타났고, 이 장관의 해임이 기정사실화되자 복지부 내부에서도 여러 이유들이 나왔다.

퇴임식 때 이 장관은 유인물을 통해 보험약가 인하정책에 대한 국내외 제약산업 특히 다국적 제약회사들과 미국 관계기관들의 저항과 압력 때문이라고 했다. 참조약가제의 실시가 무산되면서 한국입장에서는 1,661억 원의 재정손실이 있다고 보았지만, 실제로 4,000억 원에 달하는 건강보험 적자 절감대책을 마련하고 5월에 대통령 보고를 하려 했는데, 하지 못했다는 얘기도 흘러나왔다. 7월 중에 대통령에게 업무보고를 할 예정이었다는 사실은 알고 있었지만, 너무 갑자기 벌어진 일이라 어안이 벙벙했다. 청와대복지노동수석을 거친 장관이고, 대통령이 이 장관에 대한 신뢰가 없으면 노동부도 아닌 보건복지부에, 그것도 현안 문제가 너무 심각한 보건복지부장관으로 보낼 수도 없었던 터라서 '경질' 사건은 더욱더 놀라왔다.

소비자 주권회복을 위한 주권자의 힘 준비위원회 결성식. 2011년 12월 7일. 뒷줄 왼쪽에서 두 번째가 필자.

이태복 장관의 삶은 자신을 위해서 가족을 위해서 사는 삶이 결코 아니었다. 나라와 국민을 바라보던 사람이었기에 그 불가능한 의약분업을 비롯한 건강재정보험 등을 전광석화처럼 처리하고 잡음도 없었다.

게다가 감옥에 다녀온 티가 전혀 나지 않았었다. 거칠고 남을 업신여기는 그런 태도는 전혀 찾아볼 수가 없었다. 감옥 갔다 온 것을 영웅시하여 마치 1달도 10년처럼 말하기 쉬운데 아예 감옥에 대한 얘기는 꺼내지도 않으셨다.

실수라고는 할 사람이 아니었다. 술을 마시지도 않았고, 자기절제와 자리관리에 철저한 사람이었다. 짧지만 많은 일들을 함께 겪으면서 참으로 맑고 깨끗하고 향기롭다고 늘 생각한다. 그리고 훌륭한 인품을 가진 장관을 모시게 되어서 영광이었다.

이태복이라
믿 는 다

아름다운 세상 위해 '한길' 가신 분

김기남
(보건복지부 복지행정지원관)

지난 10월까지 나는 과천에 있는 국가공무원인재개발원에 파견되어 고위정책과정에서 훈련을 받을 기회가 있었다. 1998년 봄, 공직에 첫발을 내딛으며 신임관리자과정 교육을 받던 바로 그 자리에서 그 때의 설렘을 되새겨 볼 수 있는 소중한 시간이었다.

과천 청사를 지날 때면 항상 청사 옆 관악산 쪽에 있는 주택가 골목으로 저절로 눈길이 가곤 한다. 20여년 전 故 이태복 보건복지부장관님이 셋방을 얻어 사시던 그 곳이다. 장관님이 그 연립주택에서 집무실로 걸어서 출퇴근하시던 그 때를 생각하면, 아직도 어디선가 인자한 웃음으로 나타나실 것만 같다.

2002년 당시 나는 이태복 장관님을 수행하는 비서관이었었다. 1월 말의 어느 밤 늦은 시간에 야근을 하고 있던 나를 장관실에서 찾았다. 새로 부임하신 장관님이 집무실에서 숙식을 하며 업무 파악과 새로운 정책 마련에 전력하실 때였다. 언론에서 '야전침대 장관'이라는 별명을

2002년 봄, 절주운동 행사 참석 직전에 옷매무새를 가다듬어주는 필자.

붙여 준 것도 그 때였다. 출퇴근할 시간을 아끼기 위해 추운 겨울임에도 사무실 간이침대에서 쪽잠을 자며 민생을 고뇌하시던 장관님을 그날 처음 뵈었다. 자정이 다 된 시간에 사무관인 나를 따스한 웃음으로 맞아 주셨다. 강직함과 따뜻함을 함께 가지고 계신 분이셨다.

그 다음 날부터 나는 수행비서관으로 하루종일 장관님을 옆에서 모시게 되었다. 당시 산본에 살던 나는 날마다 새벽 지하철을 타고 구로에 있는 장관님 댁에 도착하여 조찬회의, 사무실 출근, 내부 보고와 회의, 오찬 간담회, 국무회의, 외부 행사, 만찬 일정 등을 수행하고 자정이 다 돼서 다시 구로동 자택에 모셔다 드리고 퇴근했다. 하루 하루가 숨가쁘게 돌아갔다.

장관님은 거의 분 단위로 일정을 나누어 움직이셨고 때로는 밤을 새기도 하였다. 전국의 보건 복지 현장을 다니며 민생을 챙기셨다. 쪽방촌, 복지시설, 동 주민센터, 보건소, 공공의료기관 등을 다니며 '국민을 찾아가는 보건복지행정'의 구현을 위해 애쓰셨다. 그리고는 구로에서 과천으로 출퇴근하는 시간도 아끼기 위해 과천 청사 옆에 조그만 셋방을 얻으셨다. 걸어서 출근하시는 첫 장관님이었다.

장관님은 복지제도의 내실화를 위해 애쓰시면서 누구보다 전국의 사회복지사, 사회복지공무원들에게 남다른 애정을 가지고, 그들이 국민을 위해 일할 수 있는 여건을 만들기 위해 노력하셨다. 수시로 '복지사들에게 보내는 편지'를 통해 일선 현장의 복지사들과 소통하고 함께 가야 할 길을 제시하셨다.

한번은 전국의 복지공무원들을 대상으로 '찾아가는 복지행정'을 주제로 좋은 아이디어를 보내달라고 편지를 보내셨는데, 장관실에서 직접 받도록 하였다. 내 이메일로 전국에서 글이 쇄도하였다. 장관님은 하나하나 직접 읽으시고, 손수 답장을 보내고, 실무부서에 해결책을 모색하도록 지시하셨다.

다른 한편으로 국민 건강 증진을 위한 활동과 정책 수립에도 주력하셨다. 예방적 보건을 위한 금연과 절주, 그리고 걷기와 같은 운동 등 생활 속 건강 실천정책을 보급하기 위해 노력하셨다. 스위스 제네바의 세계보건기구(WHO) 총회에 참석하여 기조연설을 하면서 국경을 초월한 예방적 보건체계의 구축을 강조하기도 하였다. 당시 전 국민의 관심사이던 월드컵 경기장의 장애인 편의시설이나 응급의료체계를 직접 점검하고, 소외계층에게 입장권을 지원하여 모두가 함께 하는 월드컵을 만들기 위한 노력도 적극적이셨다.

수행비서로 모시는 기간 동안 옆에서 본 장관님은 누구보다 사람에 대한 사랑이 가득하셨고, 모두가 살기 좋은 아름다운 세상을 만들기 위해 한길을 가시는 분이었다. 국민들의 행복한 삶을 위해 쉼 없이 고민하

2002년 봄. 강화도 마니산에서 보건복지부 산악회 시산제를 가졌다.

셨고 실천을 위해서는 몸을 던지셨다. 그리고 처음과 끝이 한결 같았다. 장관님이 이임하고 나서도 전국의 보건복지 현장에 계신 분들의 아쉬움을 담은 글들이 답지했다.

그 뒤로 나는 장관님이 사회통합과 민생안정을 위해 불철주야 노력하시는 모습을 언론을 통해 보아왔다. 어느 날 장관님이 과천 청사를 떠나고 몇 달이 지나 밤늦게 전화를 주셨다. 국제전화였다. 중국 어딘가에 출장을 가셨는데 나에게 수행비서로 전국을 따라다니느라 고생이 많았다며 따뜻한 격려의 말씀을 주셨다. 장관님과의 처음 만남에서 뵈었던 그 인자한 웃음과 함께….

그의 글과 발자취에 남아 있는 아름다운 세상을 만드는 것은 이제 우리 모두의 몫이 되었다.

"일선에서 고군분투하고 있는 복지사 여러분! 어젯밤은 그래도 덜 추워서 장관 집무실에서 잠을 잘 잤습니다. 국회 답변 때문에 서둘러 여의도에 나와 보니 파행이 계속되고 있군요. 제가 복지부의 사령탑을 맡은 지, 벌써 20여일이 지났습니다. 그동안 건보재정 안정화, 복지제도의 내실화, 중산·서민층의 복지 확대, 사전예방체계의 강화 T/F를 조직해서 구체적 방안을 마련하면서 올해 복지행정의 중점 추진현황과 과제들을 점검하고 있고, 대통령님께 2월 8일 2002년 복지행정에 대해 업무보고를 드렸습니다. 별첨하는 자료는 보고내용과 대통령님 당부 말씀이니 자세히 읽어보시길 바랍니다…"

「복지사들에게 보내는 편지」 중에서…

"우리는 처음부터 어렵고 힘든 이들의 고통과 불행을 껴안고 살겠다는 각오를 한 사람들입니다. 여러분들이 내미는 따뜻한 손길이 세상을 아름답게 만든다는 평범한 진리를 거듭 환기하고 싶습니다…"

「복지사들에게 보내는 편지」 중에서…

이태복이라
믿는다

실사구시 투철하신 '큰 산'

곽병태

(닥터W 회장, 사. 인간의대지 이사장)

이태복 장관님과의 첫 만남은 김대중 정부 의약분업을 실시하고 1년 이상 지난 어느 토요일 오후다. 사무실 전화벨이 울렸다.

여느 날과 같이 "예, 의약품관리과 곽병태입니다."

"나, 청와대 이태복이요." 청와대 노동복지 수석님이었다. "당신이 곽병태요?" "아! 예. 곽병태입니다."

다짜고짜 "내일 일요일인데 뭐하시오." "일요일이니까 보통 집에서 TV 보면서 쉽니다." 하니까 웃으시면서 "내일 나랑 북한산이나 갑시다." "예? 저랑요?"

간단명료했다. 무슨 일인지 물어보고 싶었으나 지시할 일이 있으시겠지 생각하고 "예, 알겠습니다." 했다. "그럼 내일 북한산에 오를 수 있게 국민대 근처 산 입구에서 10시에 만납시다." "아! 예."

대답을 했으나 산에 가는 것을 언제부터인가 싫어했고 북한산은 몇 군데 힘든 부분이 있어 특히 싫었다. 나는 얼떨결에 대답을 했지만 속으로는 난감했다. 워낙 산에 가질 않아 등산화도 없고 오래된 운동화가 있을 뿐이었다.

다음날 일요일 부지런히 준비하고 북한산 밑으로 시간 맞추어 나갔다.

"청와대 이태복 노동복지수석님이 누구십니까?" "나요, 당신이 곽병태씨요? 자, 이제 산에 올라갑시다."

10여 명의 사람들이 있었으나 나는 모두 처음 보는 사람들이었다.

수석님은 키가 작고 머리가 하얗고 피부가 깨끗하고 다정하게 보여 뭔지 모르게 다소 안심이 되었다.

산에 오르시면서 나더러 옆으로 오라 하시면서 진지하게 말씀하셨다.

"의약분업을 실시하고 1년이 넘었는데 복지부 건강보험에 매년 수천억 원의 적자 발생이 예상되니 이것을 해결할 방법을 찾는데, 이구동성으로 당신이 일부 해결할 수 있다고 하니 당신에게 일을 시키려고 하는데 내가 어떻게 하면 되는지 말을 해 달라."고 하셨다.

나는 이건 국가의 큰 문제인데 저 혼자 한다고 해서 될 일도 아니고

2019년 12월 안양천 걷기대회. 왼쪽에서 두 번째가 필자. 오세제, 곽병태, 손석두, 심복자, 이태복, 김일환, 이평래, 신만섭, 김성환.

식약청 업무도 아님을 설명 드렸으나 수석님은 어디에서 어떻게 들으셨는지 저한테 일을 시키면 해결할 수 있다고 굳게 믿고 계셨으며 저한테 일을 시키겠다고 하셨다.

수석님 의견을 따를 수밖에 없다 생각하고 방법을 설명해 드렸다. 덧붙여 "제가 가장 싫어하는 게 산에 오르는 것인데 다른 분과 함께 다녀오시면 저는 담배나 피우고 아래에서 기다리겠습니다." 하였다. 수석님은 웃으시며 기다리라고 하셨다.

인연은 이렇게 시작되어 함께 일을 시작했고, 성과도 내었다. 물론 내밀한 일들은 아직 '비밀'을 지켜야 하기 때문에 자세히 언급하기는 어렵지만 불도저처럼 일을 밀고 나가셨다. 청와대 수석, 보건복지부 장관까지 이어지면서 탄력을 더 받았지만, 예상 밖으로 빨리 일을 놓아야만 했다. 만약 대통령 임기까지 일할 기회가 주어졌다면, 보건복지계에 일대 큰 변화가 일어났을 것이라 생각한다.

장관님이 공직을 떠나시고 '인간의대지' '5대운동본부' 등 사회사업에 열심히 일을 시작하셨고 여러 번 모임을 가졌고 나도 이사로 참여하게 되었다. 인간의대지에서는 의약품을 국내 무료병원에 후원하고 있었다. 어느 날 미국에서 온 장관님의 지인이 북한 어린아이들이 마취제 없이 수술을 받을 정도로 항생제, 진통제 등이 없고, 결핵에 걸린 사람들이 많다는 얘기를 들으시고는 "아픈 사람들의 문제를 해결해주었으면 하니, 더 확대해서 의약품을 후원할 수 없을까?"라며 의논해오셨다.

나는 제약사 리스트를 드리고 공문을 보내면서 접촉하면 될 거라고 안내해드렸다. 그것이 2008년이다. 인간의대지는 대북지원단체로 승인을 받게 되고, 북녘 동포들에게 매년 십 수 억씩 후원을 했고, 지금은 캄

2022년 7월 사)인간의대지는 스리랑카에 1억 5천 3백여만 어치 의약품을 후원했다. 왼쪽 두 번째부터 사찰 살가무웨 담마끼티 스님, 심복자, 필자, 스리랑카 사비트리 파나보그 대사.

보디아, 몽골, 네팔, 미얀마, 스리랑카 등에 후원을 지속하고 있다.

인간의대지에서는 코로나가 엄중해지기 전에는 늘 산행을 가졌다. 산을 타면서 건강도 다지고 친목도 도모하지만, 산 중턱쯤 가면 세미나가 열린다. 각자 다양한 삶의 현장에 있었으므로, 산행할 때마다 돌아가면서 자신이 머물고 있는 현장의 얘기들을 펼쳐내고 소소한 대책도 마련하는 자리로, 서로를 깊게 이해할 수도 있었다. 특히 다른 현장의 상황을 이해할 수 있는 산 지식과 지혜를 얻는 좋은 자리였다. 아마도 '현장 속에 답이 있다, 실사구시하자'는 평소 지론을 인간의대지 산행에서도 관철하고 계셨던 듯하다.

원래는 초등, 중고등학교 다닐 때 무등산 밑에서 살았다. 무등산 위락시설까지 보통 30~40분에 올라갈 수 있는 산다람쥐 같았다. 그런데 대학을 졸업하고 직장에 들어가서 스트레스, 저녁 회식 등으로 술과 과

식으로 뱃살, 몸무게가 늘어나 언제부턴가 산에 오르거나 오래도록 걷는 게 조금 힘들어졌다. 산행에서 뒤지게 되자, 안되겠다 싶어 열심히 운동을 했고, 지금은 어렵지 않게 산을 탈 정도가 됐다.

나의 건강을 염려하셨던 장관님이 갑자기 돌아가시자 눈앞이 캄캄해졌다. 그동안은 장관님이 시키시는 일, 지시사항만 따라서 했는데, 이제는 그 지표가 사라진 것이다. 어린아이가 된 양 아무 생각도 나지 않는다. 새삼 장관님을 얼마나 큰 산처럼 의지했었는지 느끼게 된다.

큰 산이신 장관님, 언제나 가야 할 지점을 알려주시고, 방법도 알려주신 장관님, 장관님만 믿고 의지하고 살았는데 앞으로 어떻게 해야 할지 막막합니다. 하늘에서도 지침을 가르쳐주시길 바라는 마음이 커서 얼마나 죄송한지 모르겠습니다.

할 수 없습니다. 그 곳에서도 이끌어주시고 가르쳐주십시오.

'공공적' 가치와 '공동선' 정신

이윤선

(7·1동지회, 전 한국PD연합회 회장)

이태복은 나와 동지다. 그는 나를 '동지'라 했다. 같을 동(同), 뜻 지(志). 무슨 뜻을 같이 해왔나? 갑작스레 그를 떠나보내고 망연히 그를 떠올려본다. 그와 같이 걸어왔던 여러 갈래 길. 그의 가치, 그의 철학, 그의 꿈이 서려 있던 길. 그는 나름 이름을 남겼고, 국가 운영의 중심에 섰었고, 자신의 일념을 좇아 열정을 뿜어내며 살았다.

1971년 10월 그와 나는 함께 학사제적되었다. 그리고 강제 징집되었다. 155마일 최전방으로 당시 전국 각 대학 180여 명의 학생운동 지도자들은 산개 배치되었다. ASP(Anti-Student Power)그룹이라는 이름으로 묶여 그는 육군 12사단 강원도 고성으로, 나는 21사단 양구로 배속되어 3년의 군복무를 마쳤다. 그리고 곧바로 그는 노동사회운동에 뛰어 들었다.

그는 옳음을 찾았고, 바름을 좇았고, 곧음을 향했다.

공직을 마치고 나서 다시 깃발을 든 사회 혁신 운동! 바로 '5대 거품빼기 운동'이다. 이태복답지 않은가? 수많은 동조자, 참여자가 함께 했다. 그의 저력, 그의 뚝심, 그의 내공에 그의 막강한 인맥! 거기에 값지고 유용한 사회 공익 운동 명분과 숱한 실리 수혜 예상자들! 안 될 수가 없는 일 아닌가? 아니 안 된다면 이상한 일 아닌가?

그런데 이태복은 왜 그 외에 할 일도, 하고프고 이루려 했던 일도 많은데 뜻을 이루지 못하고 분루를 삼키며 안타까이 스러져 갔나?

그는 2007년부터 국민생활을 위협하는 5대 독점가격인 기름, 휴대폰, 카드수수료, 약값, 은행금리 등 5대 거품빼기운동을 펼치기 시작했다. 2012년에는 새로운 소비자 주권운동으로 착한 기름값을 실현하여 1600만 자가용 운전자의 자동차 유류비를 절감해주고자 조합원 주주 중심의 국민석유주식회사를 설립하였다. 이때 사회 각계 2천여 명이 참여하였고, 인터넷 약정운동으로 1,850억원이 약정되었다. 중소기업공생발전 협약도 체결하였고 200개 풀뿌리 네트워크인 한국지역신문협회와 MOU를 맺어 독점기업, 언론재벌에 대한 대항구도를 구축했으며, 14개 광역시도와 18개 중소도시준비위원회도 출범시켰다. 이렇게 해서 전 국민 대상 1천억 주식청약 공모를 했으나 검은 손이자 큰손인 4대 정유사의 교묘하고 집요한 방해로 끝내 뜻을 이루지 못했다.

이후 여러 다양한 방법들을 찾아 당초의 뜻을 펼치려 고군분투했으나 결국 결실을 맺지 못한 채 이태복은 우리 곁을 떠나고 말았다. 대체 그가 국민석유(주)의 뜻을 이루지 못한 이유는 무엇일까?

낙후된 금융체계… 국제시장에서 통용되는 SBLC 무용지물 시켜

첫 번째 이유로는 한국의 낙후된 국제금융 시스템을 들 수 있을 것이다. 그는 런던, 홍콩, 싱가폴 등지의 국제 펀드 자금들로부터 국민석유사업(원유 도입) 자금으로 SBLC(스탠바이 신용장)를 중단기 융통, 활용할 수 있는 통로로 여러 채널을 마련했다. 그러나 한국의 금융체계는 국제 금융시장에서 통용되는 SBLC 취급을 꺼릴 뿐 아니라 상당히 부담스러워하며 회피했다.

SBLC는 국제 금융계의 큰손들이 삼삼오오 연대하여 조성한 거대한 펀드를 기반으로 예치은행이 지급보증하여 국제간의 상거래에 통용되는 일종의 자금 지급증명 방식(문서)이다. 차주는 일정 비용과 금융 이자를 부담하고 중단기 일정 기간동안 대주의 예치자금과 신용을 담보로 활용할 수 있다. 차주가 대주로부터 SBLC를 확보하여 은행에 제시하면 차주가 거래 계약한 판매자에게 대금을 지급해 준다. 이렇게 되면 국민석유는 현금 자금 대신 SBLC로 대금을 지급하고 원유를 구입할 수 있다.

대부분 SBLC는 1년 약정 기간이므로 국민석유는 이 기간 내에 적어도 3~4개월 단위로 순환 매출을 이룰 수 있어 충분히 원유 및 완제

국민석유 정기주주총회. 뒷줄 맨 왼쪽이 필자.

품 기름을 도입, 국내에 거품을 뺀 기름을 공급할 수 있을 것으로 예상했다. 물론 만약 차주가 활용한 자금을 기간 내에 상환하지 못하면 대주의 예치 자금에서 상환 차감되므로 대주는 차주의 사업성, 능력, 신용 정도를 고려하여 SBLC를 발행하게 마련이다. 일반적으로 국제 무역에서 통용되는 일반 LC(신용장)와 달리 SBLC는 대형 국제 펀드를 기반으로 차주의 여러 요소를 종합적으로 판단하여 단발성, 수시성, 단기성으로 발행, 활용하는 국제 무역 결제 수단이다. 국민석유의 대표가 국가 운영 공직자 출신이고 그 사업 취지와 목표가 사회공익적이고, 법인의 브랜드 이미지가 고려되어 이런 SBLC 확보의 길을 마련할 수 있었던 것이다.

기존 국내 대형 원유 회사들은 국제 원유 시장에서 메이저 회사들과 장기 계약을 체결하고 있어 신축성이 부족한 경직된 조건으로 원유를 도입하고 있다. 그러므로 국제 유가 변동을 소비자에게 유리하게 즉각적으로 반영하기 어렵다. 그런데 국제 원유 시장에는 마이너 회사나 수급 균형 틈새에서 상대적으로 저렴하게 확보할 수 있는 원유가 상당하다. 이런 시장 상황을 적극적으로 활용하면 기름값에서 거품을 뺄 수 있는 현명한 방법이 될 수 있다. 국민석유는 이런 시장 상황과 전략에 착안했던 것이다.

필자.

그렇지만 어렵게 찾아내고 확보한 세계 50위권 이내 수위권 국제은행들이 발행한 여러 건의 SBLC임에도 국내 금융계의 낙후성과 폐쇄성, 경직성은 이를 무용지물로 만들고 말았다.

끈끈한 유착관계… 국내석유시장의 '공익성'과 '혁신' 거부

두 번째로 강고한 관료제와 끈끈한 이해관계의 고착을 들 수 있다. 국내 정유사는 오랫동안 4개사의 과점체제가 이어져 왔다. 이 과정에서 정부 부처와 관계 기관이 구조화된 관료제에 길들여져 있어 새로운 혁신이 들어설 자리가 보이지 않았다. 국내 석유 시장에 혁신과 공익을 내세운 새로운 다크호스의 등장은 그야말로 경계와 방어의 대상일 뿐이었다. 사업 전개 과정 단계마다 소비자의 이익에 아랑곳하지 않는 관료들과 연관 이해 관계자 간의 끈끈한 유착의 그림자만 너울거리고 있었다고 할 수 있다. 이런 풍토에서 어찌 블랙스완이 가능할 것인가?

빅4의 철옹성… 석유협회와 금융기관 담합으로 방해해

세 번째로 시장 진입장벽과 기존 빅4의 철옹성을 꼽을 수 있다. 원유석유 산업은 국가 에너지 산업으로 장기간 과점체제를 유지해오고 있다. 정부의 직접적 통제와 동시에 보호도 받는다. 이런 연유로 비록 사회 공익적 목적이라 해도 자생적 자발적 참여와 신규 시장진입엔 근원적인 장벽이 있다. 그렇긴 해도 현재의 시장구조에서 자연히 생겨나는 틈새 진입조차도 기존 빅4 회사는 물론 관련 단체 기관의 담합적 저항은 예상을 뛰어넘는다. 석유협회만 하더라도 엄청난 자금을 배경으로 관련 네트워크가 함께 유기적으로 움직인다. 이에 따른 금융기관의 담합으로 국민석유는 증자를 통한 신규 자금 확충도 번번히 방해받고 성사시키지 못했다.

이상과 낙관적 사업관… 독과점 폐해 못 뚫어

네 번째로 대표 경영자의 순전한 이상과 낙관적 사업관을 살펴볼 수 있다. 이태복은 일찍이 출판, 언론사를 창립 운영한 경험이 있다. 거기

〈석유시장 경영활성화를 통한 기름값 인하 방안〉 토론회가 2013년 10월 10일 국회의원회관 세미나실에서 열렸다. 둘째줄 오른쪽에서 여섯 번째가 필자.

에다 국가 운영의 중심에 있었던 공직 경험이 더해진다. 그런 그가 공직 퇴임 후 그렸던 5대 거품빼기 운동에 기초한 기름값 거품빼기 운동이라는 사회공익적 이상! 그것도 전국적으로 단위 조합을 결성하여 조합원들이 상부상조하여 자동차 유류비를 절감하려는 공공적 구상! 그리고 경영 경험에 녹아든 공직 경력! 그렇기에 이런 이상과 구상을 향한 그의 열정과 사명감은 별 어려움 없이 구현될 것으로 예상되었다. 그 또한 늘 국민석유의 성공은 자신하고 있었던 듯하다.

그러나 시장과 산업 현실은 녹록치 않았고 "정승집 개가 죽으면 문상을 가도 정승이 죽으면 문상치 않는다"는 옛 속담처럼 퇴직한 전직 장관은 그저 전직일 뿐이었다. 정치계, 관계, 산업계 그 어느 곳도 그를 이해하고 반색하고 협조해 주는 곳은 없었다. 그의 시간과 정열과 자원은 그렇게 10년 가까이에 소진되어 갔다. 점점 본인의 체면이 훼손되어 감을 절감하지 않았을까?

이런 연유들로 해서 국민석유를 향한 그의 꿈, 그의 열정은 못내 빛을 발하지 못하고 사그라들었을 것이다. 결국 건강조차 여의치 않게 되어 대표이사를 내어주고 교체함으로써 그는 국민석유에의 미련을 접었다고 봐야 한다. 전국의 수많은 동조자들이 출자해서 참여했고 후반에는 본인 스스로 상당한 사재를 투입하면서 국민석유가 열매 맺게 혼신의 노력을 다한 그였다.

그러나 자본주의 자유 시장경제 체제에서 독과점의 폐해를 뚫어내지 못하고 2021년 12월 그는 홀연히 우리 곁을 떠났다.

그는 큰 그림의 역사, 정치, 사회 디자이너였다. 그의 가슴 속엔 늘 발해의 꿈과 고구려의 기상이 꿈틀거렸다. 사람들이 사람끼리 사람으로서 사람답게 사는 세상을 꿈꾸었다. 그는 이 땅에 살고 있는 사람들의 자유, 정의, 진실, 복지를 위해 고뇌하고 추구하고 실천한 경세가이다. 그가 추구한 가치는 언제나 공공적 가치였고 그가 사랑한 정신은 늘 공동선 정신이었다. 한 사람이 평생을 추구하는 가치와 정신은 얼마나 지속될 수 있을까? 그는 의심 없이 변함없이 이태복 가치, 이태복 정신을 우리에게 심어주고 훌쩍 떠나버렸다.

이제 그 가치, 그 정신을 우리 남은 이들에게 선뜻 내맡기고 그저 먼저 하늘길로 나선 게 아닐까?

이태복이라
믿는다

경제 정의의 표상, 국민석유

이일구
(사. 매헌 윤봉길 월진회 이사, 국민석유 전 이사)

학생운동과 노동운동에 투신한 민주화운동의 전설적인 인물 이태복, 노동운동의 이론과 실천을 위해 광민사 출판사를 설립하여 출판운동의 역사를 새로 쓰신 분, 사형구형을 받고 무기수로 판결되어 투옥생활을 할 때 엠네스티 인터내셔널 올해의 양심수로 선정돼 국제적 석방운동이 일어났던 분, 7년 4개월 만에 석방, 사면되어 정치권에서 콜이 있었지만, 거절하고 노동자와 국민대중을 하나로 엮어내려고 노동자신문을 10여 년 넘게 이끌어오신 분, 청와대 복지노동수석, 보건복지부 장관을 역임하고, 이 후 꾸준히 사회 운동을 하던 중 사)매헌 윤봉길 월진회 회장에 취임하여 『윤봉길 평전』을 출간하는 등 윤봉길 의사의 애국정신을 고취하는 데 힘쓴 분….

이런 얘기들을 통해 이태복 장관을 추모할 수도 있다. 하지만 내가 사)5대운동의 이사로 몸담았던 시기인 2013년부터의 일, 그리고 이어진 주)국민석유의 사외이사로서 일, 이 장관이 고군분투하시다가 심장

관상동맥에 스텐트를 3년에 걸쳐 3개나 더 박으셔서 결국 사임하게 되는 2019년 7월까지 함께 겪었던 그 상황을 반추하면서 이 장관의 뜻과 유지를 되돌아봄으로써 이 장관님을 추모하고자 한다.

2013년 6월 5일, 서울역 광장. 2007년부터 5대거품빼기범국민운동본부를 발족시켜 민생문제를 해결하기 위해 공공적 성격을 지닌 기름값, 핸드폰, 카드수수료, 약값, 은행 금리 등의 거품 빼기에 총력을 기울인 것을 결산하는 자리였다.

6월 3일부터 3일간 16개 지역에서 '20퍼센트 싼 착한기름 실현'을 위한 행사를 하고, 부산목포에서 기자회견을 시작으로 출발하여, 호남-충남권은 목포-광주-남원-전주-보령-예산-아산 순으로, 영남-충북권은 부산-포항-대구-구미-옥천-청주-진천 순으로 자전거로 릴레이 터치를 하면서 올라와 주)국민석유 본사가 있는 천안에서 합류하여 서

자건거 릴레이 대회. 2013년 6월 3일부터 각 지역에서 자전거로 서명지를 싣고 릴레이로 서울로 올라왔다.

울역으로 집결한 것이다. 자전거마다 지역에서 서명한 서명지 박스를 싣고 올라왔다. 자전거로 서명지를 운반했으니 서명지가 전국의 거대 띠를 형성한 모양새가 되었다. 그동안 서면으로 서명하신 34만 2,727명의 서명지와 인터넷서명운동에 동참하신 29만 7,958명의 서명지 박스들이 16개 지역을 자전거로 돌아서 서울역 행사를 마지막으로 청와대에 전달했다.

지금 생각해도 눈물이 터져나오는 감격의 순간들이었다. 굳이 어렵게 자전거 릴레이로 전국을 돌며 서명지를 운반한 까닭은, '20% 싼 착한 기름값'에 대한 국민들의 염원을 알려서 정유4사 중심의 석유정책을 전면 전환할 것을 촉구하기 위함이었다. 동시에 국민들이 1인1주갖기 운동을 통해서 직접 국민석유회사를 만들어 실현하겠다는 것을 만천하에 공개하는 의미가 강했다. 그때 당시 인터넷으로 약정된 액수는 무려 1,725억원이 넘어서 있었다. 이태복 장관님은 "비판과 청원 중심의 소비자운동에서 획기적으로 전환하여 소비자들이 직접 대안을 만들어내

예산에서의 자전거 릴레이 사전 행사. 왼쪽 진행자가 필자.

는 긍정적인 새로운 소비자운동을 펼치게 된 것"이라며 "우리가 성공한다면 '민주화의 기적'에 이어 '소비자운동의 기적' 시대를 맞게 될 것"이고, "국민석유 회사는 정유4사의 독점력에 맞선 경제민주화 제1호 기업으로서 최선을 다하게 될 것"이라고 기뻐하셨다.

서명서류가 든 박스들을 들고 이 장관이 직접 청와대(당시 대통령 박근혜)에 들어가 접수요청을 했으나 입구에서 외면당했다. 예측된 일이었고, 다소 김이 빠졌지만, 원유수입 과정에서 탈세를 조사하고 기름값의 거품을 빼라는 요구를 계속하겠다는 의지는 여전했다.

물론 주변에서는 거품빼기운동만 하지, 굳이 석유회사까지 세울 필요가 있느냐는 의견들이 있었다. 하지만 막대한 자금과 힘을 갖고 있는 그들의 커넥션이 수십 년 견고하게 형성되어 있었기 때문에 거품빼기 운동은 한계가 있을 수밖에 없었다. 대통령 선거과정에서 우리의 주장을 후보들마다 앞다퉈 공약으로 내걸어 희망도 걸어봤지만, 선거가 끝나니 언제 그랬냐는 듯이 외면했다. 석유협회나 여신업협회 등의 압력으로 언론보도도 차단되어 초기 열기가 가라앉게 되고, 국회 5개 상임위에 국민청원입법안을 제출했으나 국회 회기 내에 심의조차 하지 않고 폐기되고 말았다.

살아남은 것은 오직 캠페인 과정에서 뜨거운 국민들의 참여뿐이었다. 캠페인 운동만으로도 1년에 약 2조 원의 가계비 절감의 효과가 있었다. 하지만 계속 소비자들이 '봉' 노릇을 할 수는 없지 않느냐고 생각한 것이다. IT산업이나 환경사업 등과 비교해볼 때, 석유사업은 분명 한계가 있음을 알고 있었다. 하지만 이태복 장관을 비롯해 우리들은 국민이 함께 한다면 희망을 만들어갈 수 있다고 생각했다. 특히 이태복 장관은 실현가능성이 낮아도 그 일이 필요하다면 현실화시켜나가기 위해 최선의 노력을 해야 한다는 것이 삶의 방식이셨다. 기름값의 문제는 한국경제구조의 문제이고, 부패와 비리의 연결고리이기 때문에 이를 바로잡지 않고서는 한국경제의 문제를 제대로 해결하지 못할 거라는 믿음이 강하셨다.

2007. 3	준비위원회 결성식
2007. 4	감사원에 감사청구 제출
2007. 4	5대운동본부창립대회 및 5대거품빼기 범국민운동본부 발대식
2008. 11	기름값 인하 서명운동 인터넷 서명 29만 명, 서면서명 34만 명
2011. 4	〈석유산업개편, 새로운 경쟁구도가 필요하다〉 국회 공청회
2011. 4	국민석유회사 설립준비위 출범
2012. 6	광역도시 준비위 14곳 발족, 중소도시 준비위 25곳 발족
2012. 9	〈경제민주화와 국민석유〉 정책토론회
2012. 12	1인주식 갖기 인터넷 약정액 1,000억원 돌파
2013. 3	국민석유회사 창립선언 발기인대회, ㈜국민석유 설립
2013. 5	석유수출입법 조건부 등록
2013. 6	기름값 인하 34만 명, 인터넷 서명 29만 명 서명지 청와대 제출
2013. 7	약정액 1,850억 돌파
2013. 8	직접 국민주 공모방식으로 주식모금 개시
2013. 11	기득권 세력의 방해공작으로 청약목표 미달에 따른 환급 고지 및 개시, 환불 완료
2014. 3	앙골라 국영석유회사의 협력회사 등록
2016. 12	미국 FIB Trust 와 투자협정 체결

2018. 3 국민에너지(주)로 상호 전환

2018. 7 직영주유소 1호점, 평화주유소 개업

2018. 8 협동조합주유소 1호점, 월진회 주유소 개업

2018. 9 협동조합주유소 2호점, 영암 주유소 개업

2018. 11 직영주유소 2호점, 대동해주유소 개업

2019. 1 심천에너지 그룹과 해리 석유공급계약 체결

지난 일들을 정리해보니 눈물이 앞을 가린다. 특히 2007년 4월 25일 한국교회백주년기념관에서 1천 명이 넘는 발기인들이 그 넓은 강당을 가득 메웠다. 5대운동본부 창립대회와 5대거품빼기 범국민운동본부 발대식을 함께 거행한 날이었다. 나도 예산 지인분들과 그날 참석했었고, 그때의 감격은 아직도 생생하다. 이 정도의 열기라면 가능하다 자신감이 충만해졌었다.

그날 공공의 이익을 등한시한 산자부, 재경부, 금융감독위원회, 정보통신부, 통신위원회 등의 감사를 철저하게 해달라고 감사원에 공익감사청구서를 제출하고 제도개선을 요구했다. 이날을 계기로 광역지자체마다 지역발대식이 연이어 이어졌다. 수 년간 일들을 열거해보니, 국민들이 함께할 거라는 믿음 속에서 차근차근 돌다리를 두들기면서 단계별로 일을 엮어나간 것이었다.

이태복 장관은 엄혹했던 전두환 군사정권 초기에 민주화운동으로 민주화의 기적을 이루어나간 경험이 있었고, 1989년에 시작한 1인1주식갖기 운동의 노동자신문 10년 넘는 경험이 있었다. 이태복 장관님은 역사를 만들어나가는 힘은 국민과 함께해야 가능해진다고 늘 강조하셨었다.

국민주 청약이 낯설 수 있고, 선뜻 나서기 어려울 수 있어서 인터넷 약정운동을 먼저 해보아서 가능성을 타진해봤다. 한 달만에 350억이 돌파되었고, 석 달만에 500억이 되었다. 약정자 대부분이 1~10주여서 실제 청약단계에서는 1천억은 물론 더 가능하다 내다보았던 것이다. 그리고 경제민주화 1호기업 답게 국민석유 내에도 대주주의 지배를 막아야 한다고 생각해서 1인 소유한도를 3%로 제한하는 안내문까지 내걸었다. 인터넷 약정 열기가 높아지면서 라디오, TV, 신문 인터뷰 기사가 매일매일 나갔고, 그때마다 인터넷 약정 수치는 올라갔다. 해외에서도 참여하고 응원메시지를 주기도 했다. 진보, 보수가 따로 없었다. TV조선 인터뷰도 생방송이 그대로 보도되었고, 반응도 아주 좋았다. 우리는 소비자들의 억울한 분노 감정을 넘어서서 독과점 폐해에 대한 인식이 넓혀진 것으로 판단했다.

열기가 뜨거워지자 부정적 이미지, 안 된다는 얘기를 강조하기 위한 보도가 늘기 시작했고, 인신공격성 기사도 나왔다. 광고에 영향을 덜 받은 KBS도 취재한 내용과 다르게 실제방송은 정유사의 논리를 그대로 방송하는 등 음해공작이 시작됐다.

하지만 이태복 장관님이 누구인가. 대안도 마련했었다. 인터넷으로 약정만 하고, 청약공모에 참여를 안 할 수도 있으므로 1백만 명 참여, 1천억 약정, 대선 전까지 1개월 동안 역량을 전국적으로 집중하면서 지역토론회, 간담회 등을 열어 지역여론을 환기시키고 노조, 신협, 생협 등 국민석유와 지향하는 바가 비슷한 단체나 직접적인 이해당사자인 화물업, 택시 등 운송업체와 결합을 모색했다.

그리고 석유사업 유관업체인 중소기업들과 공생발전 협약식도 체결하고, 200개 풀뿌리 네트워크인 한국지역신문협회와 MOU도 체결하고, 서울지역 아파트연합회와 간담회도 갖고, 문화예술인 간담회, 벌크사업회 설명회, 전농사업단 업무협조 협의도 하고, 국민석유설립에 지지를 표명한 정치인 50명 이름도 공개하는 등 다양한 환경을 만들었다.

그런데 공모준비과정에 여러 가지 방해가 이어지며 공모가 4개월이나 지연되게 되었다. 현행법상 국민들이 자발적으로 돈을 모으겠다면 그 자체는 불법이 아닌데, 50인 이상이 되면 금감원의 감독을 받도록 되어 있다는 것이었다. 명목은 투자자들을 보호하겠다는 것이었는데, 요구기준들은 고무줄 같은 기준이었다. 사실 50인 이상이 되면 금감원의 승인을 받아야 한다는 근거가 명문으로 되어 있는 것은 없었다.

석유협회가 금감원이 공모를 허가하지 않기로 했다는 소문을 내고 다니자, 이태복 장관님이 국회 정무위원장과 금감원장을 직접 만나 결국 "반대할 이유는 없으니 그럴 일은 없다."는 약속을 받아냈다. 그런데

주식청약 공모 첫날. 2013년 10월 18일부터 11월 15일까지 주식을 공모했다.

실무적인 작업이 늦춰지기 시작했다. 증권사들이 주간사로 하기로 계약을 맺고 회계법인과도 계약을 맺어 실사를 끝냈는데, 금감원 제출단계에서 서류가 오지 않는 거였다. 시간을 끌면서 나중에는 오너가 안된다며 발뺌을 하는 경우가 4개 증권사 모두가 그랬다. 시간이 지체될 수밖에 없었다. 알고 보니, 원유수입대금으로 수십조의 채권을 발행하는 4대 정유사의 채권을 분배받으려는 금융기관들이 정유4사의 눈치를 안 볼 수가 없는 구조였던 것이다.

여러 군데를 거쳐서 KTB투자증권과 공모주선주관사 계약을 체결하고 실사를 마치고, 금감원과 협의를 끝내고 계약금까지 다 받았지만, 최종 정정신고서 제출예정일에 계약취소 통보를 해왔다. 계약취소사유는 '자체 판단에 따라서'라는 거였다. KTB가 계약을 파기하자, 곧이어 명의개서 대행업무를 맡기로 한 하나은행에서 공모주선주관사 없이는 실명확인 문제가 있다는 이유로 증권교부업무를 못하겠다고 통보를 해와서 막대한 손실과 큰 차질을 빚게 되었다. 국민석유로서는 중요한 영업

은행창구에서 주식 공모신청서를 작성하고 있는 이우재 고문과 이태복 회장.

비밀, 즉 20% 싼 기름을 공급하되, 비밀유지협약을 맺었던 싱가폴 소재 기업의 이름을 내놓아야만 했다.

4개월이 허비된 것이다. 공모열기에 찬물을 끼얹어버리는 상황이 되어버렸고, 연말까지 넘어가면 안되겠다는 판단에 전국에서 어떤 금융기관이든 이용해서 공모계좌에 넣도록 하겠다고 통보를 했더니, 그제서야 전국에 지점이 제일 적은 하나은행 창구에서 국민주 공모를 하라는 것이었다. 하나은행의 중요한 자금줄이 정유회사인데 하필 거기를 창구로 하라는 것이냐고 반발했지만, 공신력이 문제라서 할 수 없이 수긍하고 공모를 하게 된 것이다. 그러나 하나은행이 협조를 잘 해주지를 않아, 공모주 청약을 한다고 하면 공모가 실패할 거라면서 이체를 해주지 않았다고 분통을 터뜨리는 분들이 많았다. 그래서 오히려 신협이나 새마을금고를 통해서 공모신청을 하는 편이 수월했다.

이 과정에서 조선일보와 한국경제신문 등 일부 언론은 국민주 방식의 청약공모가 성공하지 못하도록 모략성 기사들을 계속 내보내 우리는 언론중재위 제소 및 명예훼손과 업무방해로 형사고소하고 10억 손배소송을 청구하기도 했다. 하지만 심리가 진행되지도 않았다.

결국 국민주 방식의 청약은 100억여 원 정도 모아졌기 때문에 금감위가 최저 조달금으로 공시한 150억 원에 미달되어 전액 환불조치를 하게 되었다. 환불에 인력도 시간도 많이 들었다. 거의 1주~10주 주식청약한 사람들이어서 사무실을 더 임대하고, 인력을 충원해서 일일이 연락을 하고 돈을 보내는 작업을 했다. 당시 공모 준비과정 동안 이태복 장관님이 집을 담보로 3억 5천만 원을 마련해서 썼는데, 사실상 좌절의 쓴 잔을 든 것이다.

이태복 장관님은 조정래 작가님의 『천년의 질문』이라는 소설 3편에 인터뷰를 하시면서 국민주 공모에 대해 평가점검을 솔직히 말씀하신 바 있다. 정유사의 집요한 방해, 금감원의 금융회사들의 불법과 탈법 방치, 정무위를 비롯한 관계기관들의 침묵 등이 실패의 주요한 원인이었다.

하지만 우리 내부의 요인도 있다고 지적하신 것이다. "자금을 모으는 방식이 기존의 금감원 요구대로 진행되다보니 시간낭비와 함께 캠페인의 탄력을 잃어버렸고, 공모작업을 방해한 금감원, 증권사, 회계법인 등을 즉각 고발하는 등 비타협적인 방식을 병행했어야 했는데, 공신력을 위해 합법방식에 너무 매몰되었었다. 그리고 목표치에 미달되게 모금된 돈을 금감원이 돌려줄 것을 강요했고 우리도 약속했지만, 자금 조달 방식에 너무 원리원칙론에 빠졌던 것이 아니었나 싶다."는 반성을 하셨다.

만약에 금감원측의 요구를 거부하고, 공모를 강행했다면 어떤 결과가 나왔을까? 장관님은 인터뷰에서 "저를 구속하거나 고발했을 거고, 공모를 금지시켰을 것"이라고 하셨다.

국민주 청약모금 방식이 실패되어 자금을 모으지 못한 이태복 장관은 실패를 대비해서 미리 모태인 주)국민석유를 설립해놓은 상태였기 때문에, 어떻게든 살려내려 하셨다. 감옥살이로 보상받은 돈도 회사 운영에 몽땅 쏟아 붓고, 나중엔 대출빚만 십수억이 될 정도가 되었다. 활로를 찾다가 주유소를 만들어 운영해보면서 자금을 확보해보자고 해서 직영 및 협동조합 주유소 등을 운영하면서 모색했으나 심장시술을 세 번이나 더 하게 되면서 김부칠 이사장, 신철영 이사장의 시대로 넘어가게 된 것이다. 참으로 안타까운 일이 아닐 수 없다.

2019년 이사장직에서 물러나면서 '사단법인 인간의대지'를 통하여 꾸준히 복지 운동을 펴나갔고, 사)매헌 윤봉길 월진회 회상, 사)윤상원 기념사업회 이사장 활동을 통해서 독립운동사 및 민주화운동의 잘못 조명된 역사를 바로잡으려 애를 쓰셨다. 그 일환으로 『윤봉길 평전』을 집필해서 윤 의사의 상하이 거사의 진실을 만천하에 알리고, 〈윤상원 일대기 전국전시회〉를 통해서 1980년대 민주화운동을 밀어올린 윤상원의 5월투쟁에 대한 진실을 밝히려 애를 쓰셨다.

이태복 장관은 자신의 출세나 이익보다는 우리 모두의 삶을 위하여 신명을 바친 시대의 의인이었다. 편안하고 여유롭게 살 수 있었음에도 그런 것을 포기했다. 2021년 사회적인 경륜과 실력을 인정받으며 유력한 국무총리 후보로 떠올랐는데, 그것이 현실화되었더라면 나라의 운명도 국민의 생활도 달라졌을텐데 참으로 애석한 일이 아닐 수 없다.

2021년 12월 1일 수원에서 열린 〈윤상원 일대기 전국전시회〉 개막

49재날 국립5·18민주묘지에서 헌시를 낭독하고 있는 필자.

식에 참석할 정도로 왕성한 활동을 하셨는데, 갑자기 세상을 떠난 사실은 우리를 한동안 혼란에 빠뜨렸다. 생각할수록 억울하고 원통하고 분하다.

이 장관이 타계한 지 어느덧 1주기가 다가온다. 한창 더 뜻있는 일을 할 나이에 표표히 떠나간 님이다. 님이 뿌린 씨앗은 결코 헛되지 않으리라 믿는다. 이태복 장관의 정의로운 의지와 행동은 역사 속에서 숨 쉬고 다시 빛나는 시대가 올 것을 나는 믿는다.

억울한 세월이 다시 흐르고 있지만, 국민 모두가 다함께 골고루 잘 사는 세상을 만들자는 것이 경제민주화이고, 이태복 장관과 함께 했던 대동세상의 꿈을 우리는 꾸준히 키워갈 것이다. '인간의대지'를 통해서, '5대운동'을 통해서, '이태복기념사업회'를 통해서 또는 다른 통로로 이어지고 이어져 오래오래 세상의 빛이 될 것이다. 님은 떠났지만 결코 우리 곁을 떠나지 않았다.

국민석유 설립운동 캠페인 팜플렛.

이태복이라
믿 는 다

실사구시 정책과 행정의 달인

황기돈
(나은내일연구원 원장)

필자가 이태복 전 보건복지부장관을 처음 만난 것은 독일 유학 시절이다. 당시 이태복은 7년 4개월의 감옥 생활에서 갓 벗어나 국내 최초의 노동자언론인 '주간노동자신문' 창간을 준비하고 있었다. 신문인쇄기가 필요했고, 이를 마련하기 위해 다양한 가능성을 타진하고자 독일을 방문했다. 필자를 포함한 몇몇 유학생과 만나 인쇄기를 마련할 방안을 논의하는 과정에서 국내 노동운동과 민주화운동에 대한 다양한 의견을 나눌 기회가 있었다.

첫인상

눈은 형형하고 얼굴에선 빛이 났다. 노동운동과 민주화운동의 현재와 미래에 대한 논리는 철저히 '현장 중심'으로 구성됐고, 함께 만들어가자던 새로운 세상에 대한 그림은 누구든 쉽게 이해할 정도로 담백했다.

전두환이 몸은 묶을 수 있었지만, 자신감, 공감능력과 세상을 보는 명쾌한 논리는 묶지 못한 듯하다는 필자의 말에 무심한 듯한 대답이 되돌아왔다. "감방에 오래 있다 보니 헛것이 안 보여서 그렇다." 헛것을 보지 말자! 이후 필자의 세상을 보는 중요한 방식이 됐다.

이태복과의 인연은 끊임없이 이어지고 있었다. 주간노동자신문 창간(1989년) 시기에 독일이 통일됐고, 필자는 통일과 노동 및 노동자 생활에 대한 기사를 여러 편 썼다. 필자는 1996년 독일 유학에서 귀국, 정부 산하 교육기관에 근무하면서 어떤 은행 노동조합의 연구소 비상근 소장이기도 했다. 귀국 후에는 종종 필자를 신문사로 불렀다. 무슨 일이냐고 물으면, 빙긋 웃으며 "그냥 보고 싶어서"라 했지만, 주제는 주로 당시 한국사회를 짓누르던 IMF-외환위기 극복 방안이었다.

"IMF 악마들의 준동과 포식"

이태복은 당시 체제를 'IMF 관리체제'라고 명명하면서, "IMF 악마들의 준동과 포식"에 소름이 끼친다고 치를 떨기도 했다. IMF가 전력(발전), 가스, 통신, 철도 등 국가기간산업에 속하는 11개 공기업의 민영

2021년 8월 15일, 영주 풍기에서 필자와 함께.

화를 재촉해 초국적 자본의 한국시장 진출 기회를 열어젖히고, 기업의 젖줄인 금융기관의 생존을 가를 잣대로 BIS 비율 8%를 들이대자 25개 은행이 무너지거나 인수합병이 시작됐다. 순식간이었다. 국민은 40조 원의 부담을 떠안았고, 100조 원의 손실과 함께 알토란 같은 기업들이 외국인의 손에 털렸다.

이런 상황에서는 신속하고 바른 대처방안을 제시할 필요성이 있다며, 신문을 주 2회 발간에서 일간지인 노동일보로 전환했다. 이태복이 고려대학교 노동대학원에서 쓴 논문의 주제가 IMF 관리체제였던 것처럼 1997년부터 3~4년간 몰두했던 주제도 IMF시대의 조기종식에 대한 대안 마련이었고, 여러 가지 처방전을 주간노동자신문과 노동일보 칼럼과 사설을 통해 제시했다. 그런 주제를 놓고 필자와 자주 의견을 나누었다. 그중에서 대표적인 것인 BIS 8% 기준의 비판이었다. 당시 6대 시중은행의 BIS 비율이 모조리 8% 아래인 것이 확실한 상황이었다. 미국도 10여 년에 걸쳐서 겨우 맞춘 이 기준을 국가가 부도난 나라의 금융기관에 일괄 적용하는 것은 "한국경제를 무너뜨리려는 음모"라며 거부해야 한다는 주장을 강하게 피력했다.

IMF의 요구를 그대로 앵무새처럼 대변했던 금융감독위원회를 비롯한 경제전문가들에게 매우 비판적이었던 이태복은 자연히 김대중 정부의 구조조정 및 노동·복지정책에도 비판적이었다. 전력산업 해외매각, 지주회사법에 따른 금융구조조정이 국가 기간산업의 외국 의존도를 강화하고 신(新)관치금융을 낳을 거라며 비판을 이어갔다. 국민·주택은행 등 일부 노조가 파업으로 맞서자, 일산에서 농성 중이던 파업 집행부를 방문, 지지 및 격려하기도 했다.

의약분업도 '실패한 정책'이라 비판하고 "일단 유보하고 각계의 의견을 모아 다시 결정해야 한다."고 주장했다. 가장 염려했던 것은 국민의 불편이 가중된다는 점과 국내 제약시장을 거대 다국적 제약사가 장악할 거라는 우려였다. 아무리 선진적인 제도라도 국민의 불만과 불편함이 커지면 정착하기 어렵고, 국내시장을 다국적 회사들에 내어준다면, 복제약 위주로 진행되던 국내 제약산업의 발전이 어려워진다고 보았다. 앞으로 바이오산업은 우리나라가 이끌어나가야 할 성장산업 중 하나여서, 기초생명과학의 육성, 인프라 확충, 인력양성, 전문화 등 바이오산업의 획기적인 발전을 도모해야 한다는 비전을 제시하기도 했다.

필자가 늘 놀랍게 생각하는 것은 이태복의 선명한 목표와 접근방식이었다. 그의 목표는 선명했다. 나라의 발전과 국민의 안녕이다. 이념이나 여타 다른 수단에 휘둘리지 않았다. 문제를 풀어나가는 방식은 단순명쾌했다. 추상적이고 모호한 표현으로 접근하는 것이 아니라 구체적인 수치로 얘기해야 하며, 첨예한 대립도 상호불신의 벽을 허물어가면서 새로운 입장에서 국민적 의지를 결집해 나가되, 현장에서 문제의 원인을 밝혀내고 그곳에서 해법을 찾아내야 한다는 소신이 확고했다.

복지노동수석비서관 이태복과 대통령 김대중

정부에 비판적이었고, 여권 인사들에게 적극적으로 비판의견을 개진했던 터라, 갑자기 청와대 복지노동수석비서관 임명 제안이 오자 무척 놀랐다고 했다. 당시 노동일보 후배들과 거취를 상의하는 과정에서 "민주화운동을 했던 입장에서 김대중 정부가 좋은 평가를 받게 해야 할 의무도 있다."고 했다. 게다가 당시 진보 노동운동 진영으로부터 오해도 받을 수 있었지만, 국민을 위한 일이라면 어떤 어려움도 감수하겠다는 것이 평소의 소신이었다. 그래서 "정부와 정권의 주요 인사들과 입장의 차이가 커서 일하기 쉽지는 않겠지만, 나의 지혜와 능력이 필요하다면, 나라도 그 역할을 잘 수행해 보겠다."고 판단해 제안을 수용했다고 한다.

이로써, 이태복은 2001.03.26. 개각에서 김대중 정부 청와대 복지노동수석비서관에 임명됐다. 김대중 정부의 구조조정, 노동·복지정책을 강하게 비판하던 진보 노동운동진영의 대표적 인물이 청와대 수석으로 임명되자, 그 의미를 둘러싸고 설왕설래가 많았다. 이태복은 후에 이렇게 밝혔다. "내가 비판을 많이 했는데도 고인(DJ)께서 나를 쓰셨던 것은 내 편이 아니어도, 들을 얘기가 있으면 불러서 쓰는 게 맞다는 국정운영 철학" 때문이 아닌가 싶다. 게다가 한 번 제안에 'NO'라고 답하면 더는 찾지 않는 것이 DJ의 인선 원칙인데, 1988년 정치를 같이하자는 제안을 거절한 바 있기에 십 년 넘어 다시 이런 제안을 한 것은 놀라웠다고 말했다.

김대중 대통령에게 이태복 복지노동수석이 필요했던 이유를 필자의 관점에서 보면 이렇다. IMF 관리체제 아래서 30대 재벌 중 16개의 폐업 및 지배구조 변화, 경제 활력 저하, 대량해고 및 100만 명 이상의 실업, 일상이 된 노조의 저항과 정부의 강경 대응 등 한국전쟁 다음으로 힘든 시기였다. 경제위기와 노사관계 현안 해결을 위한 식견과 조정역량, 노동계의 신망을 기반으로 위기를 조속히 극복하고 그 이후에 국민의 삶의 질 향상이라는 국정 목표 아래 대통령을 보좌하며 복지·노동·환경정책을 재구조화할 막중한 소임을 다할 적임자가 필요했고, 그게 바로 이태복을 선택한 이유다.

실제로 이태복에 대한 김대중 대통령의 신뢰는 확고했다. 이태복이 무기수로 복역할 당시에도 꼭 "이태복 선생"이라고 불렀을 정도다. 복지노동수석으로 일할 때도 김대중 대통령은 비단 노동, 복지, 환경 등 관장 업무뿐만 아니라 국정 기조나 정책 및 정치에 대해서도 이태복 수석의 의견에 귀를 기울이곤 했다. 심지어 밤늦게 집무실로 불러 직접 의견을 듣는 일도 잦았다.

IMF 관리체제를 넘어서 국민의 삶의 질 향상으로

복지노동수석 이태복이 마주한 제도 개혁의 과제는 막중했다. 노사관계 및 노동의 주요 과제는 대부분 1998.02.06. 사회적 대타협의 합의 내용이다. 실업 및 비정규대책, 노동기본권 신장과 주5일제 도입 등이 여기에 속한다. 복지제도의 주요 과제는 복지제도 내실화와 건강보험 재정 건전화다. 전자는 기초생활수급자 선정·관리제도 등 기초생활보장제도의 안착, 노인보건의료체계 개선, 4대 사회보험 적용확대 및 사각지대 해소 등이다. 이 모두가 IMF 관리체제가 만들어놓은 정책적, 제도적 문제를 해결해나가는 일이었고, 이태복은 늘 그랬듯이 고통과 어려움이 있는 곳에서 이를 해결하는 것이 자신의 몫이라고 판단했다.

이태복이 일을 대하는 원칙이 3가지 있었다. 현실과 동떨어지는 관념적인 것을 배제한다. 무슨 무슨 주의나 이념에 근거하지 않는다. 모든 정책이나 제도의 개선을 위해서는 늘 현장에서 해답을 찾아서 국민에게 긍정적인 효과가 나도록 그 목표를 분명히 하며, 죽을힘을 다해 최선을 다한다. 이것이 이태복의 일에 대한 기본자세였다.

필자는 2001년 초가을 청와대 복지노동수석실 소속의 〈삶의질향상기획단〉 기획조정실장으로 부임했다. 훌륭한 역량을 가진 단원들과 함께 필자는 이태복의 발과 귀가 됐으며, 국민과 대통령을 위해 다양한 정책과 제도의 신설 내지는 개선방안을 제안한, 말 그대로 현장을 뛰는 '별동대'였다. 이때부터 이태복은 필자에게 '수석님'이었고 먼 데로 떠나신 지금도 그렇다.

현장에서 해답 찾기

첫 번째가 현장에서 답을 찾기였다. 언제나 도움이 필요한 사람이나 현장을 직접 방문하는 등 항상 눈과 귀를 열어 각계각층의 의견을 충분히 수렴했다. 한 예로, 반월·시화공단의 사례는 현장의 수요를 파악해서 이를 충족시키는 현장 중심의 행정을 시도한 좋은 예였다.

반월·시화공단의 기업현장의 수요를 확인하라는 지시가 수석님으로부터 떨어져 실제 조사한 결과, 회계와 총무업무를 담당할 기혼여성 노동력에 대한 수요가 매우 컸다. 하지만 해당 지역에 개설된 교육과정은 현장이 요구하는 바를 반영하지 못하고 있었다. 기술직 중심의 노동력 공급체계를 보완하는 형태로 지역의 관련 기관과 협의해 회계와 총무 관련 교육과정을 개설하자, 수많은 교육생이 모여들었고, 많은 교육생이 교육 중에 취업할 정도로 효과가 컸다.

반월·시화공단에는 이보다 중요한 해결과제가 확인됐다. 중소기업에 빈 일자리는 존재하는 데 취업할 사람이 없는 현실을 시급히 타개해야 했다. 이를 위해 작업환경 개선은 물론 취업 희망자에게 서민공공주택의 우선분양, 문화 및 교통 등 기반시설 확충 등 중소기업과 중소기업에 취업할 노동자 지원방안을 제시했다.

당시까지 일반적인 실업대책의 범주에 포함되지 않았지만, 현장에서는 절실히 필요하던 사안이었다. 이처럼 기존 실업대책의 획기적인 전환을 불러일으킨 발상은 후에 노무현 정부에서 활성화된 지역고용사업의 출발점이라고 평가할 수 있다.

국민이 피부로 느끼는 효과 지향

두 번째, 복지노동수석 이태복이 추진하는 모든 일은 국민의 고통과 불신의 해소 등 국민이 체감할 수 있는 실질적인 효과를 지향했다. 행정체계에서도 마찬가지였다. 일은 국민 고통의 현장에서 그 정책적, 행정적 원인을 찾는 데서 시작했다. 이를 위해 전국의 사회복지전담공무원과 청와대 복지노동수석실 사이에 직통라인을 개설하고 운영했다. 이와 함께 〈삶의질향상기획단〉의 현장 점검을 통해 파악된 사실을 바탕으로 대통령 지시사항을 작성하고, 중앙부처가 집행하도록 했다. 집행 후에는 지방의 최일선 대민업무 담당 공무원에서 시작해 중앙정부의 고위 공무원으로 이어지는 공무원 전달체계를 역으로 따라가며 대통령 지시사항이 국민이 체감하도록 정확히 전달되고 있는지 확인하는 실사구시의 행정을 펼쳤다.

정부의 고위관계자, 특히 경제 및 사회부처 장관별로 노사관계 정책을 지원할 인력을 배치할 계획도 갖고 있었다. 당시 정부 일각에서는 노사관계에 대한 이해 부족으로 각종 정책의 입안 및 집행과정에서 이를 방관한 결과, 각종 정책이 노동조합의 강한 저항에 부딪혀 집행에 큰 애로를 겪고 있었다. 여러 이유로 실현되지는 않았지만, 노정관계 개선에 좋은 방안 중의 하나였다.

노동운동을 오랫동안 했다손 치더라도 노동문제에 실질적인 전문가가 되어 해법을 제시, 제대로 관철하는 것은 흔한 일이 아니다. 하지만,

장관 취임 후 청와대 수석팀 직원들과의 회식자리. 왼쪽에서 두 번째가 필자.

이태복은 노동행정의 기조를 노-정에서 고용 및 실업으로 전환해냈다. 이태복은 국민의 정부의 고용 및 실업정책을 매우 날카롭고 강하게 비판했다. 일하고 싶은 사람은 많은데 일할 사람이 없다? 이 문제를 해결하기 위해 국민의 정부 5년 동안 22조 원을 쏟아부었지만, 해소되지는 못하고 되레 심화하고 있다는 점을 비판했다.

대안으로 제시한 것은 다음과 같다.

첫째, 고학력 사회로 진입하면서 기능인력의 육성과 공급이 어려워지고 있기에 교육개혁과 직결해 중소기업 취업을 촉진하기 위해 작업환경, 근로조건, 복지문제와 함께 교통과 주거, 교육과 문화 등을 다각도로 고려해야 한다.

둘째, 외국노동력 유입 문제도 단순히 외국인력 공급의 확대냐, 인권보호냐는 식의 접근이 아니라 노동시장에 대한 종합적이며 중장기적인 방식으로 접근해야 한다. 이러한 정책 제안의 총체가 반월·시화공단 대상의 시범사업을 통해 확산하기 시작한 수요자 중심의 지역밀착형 고용대책이다. 이 대책의 골자가 노무현 정부에서 '지역고용' 대책으로 부활하게 되었다.

IMF 외환위기 이후 산업구조의 변화와 고용형태의 다양화 등에 따라 임시직, 계약직 등이 급증했다. 이태복은 고용 및 소득 안정성이 취약하고 산업안전 등 각종 보호의 사각지대에 놓이는 비정규직 문제 해결에 집중했다. 노사정위원회에 〈비정규직 근로자대책 특별위원회〉 설치, 대책 마련을 위한 본격적인 논의를 시작했다(2001.07.). 2002.05.06. 제1차 합의로 기본대책을 마련했다. 주요 내용은 비정규직 통계 개념정리, 오·남용 방지를 위한 근로감독 강화, 사회보험 적용률 제고 등이다. 특히 2년 이상의 비정규직의 정규직화도 추진하면서 동일노동에 대한 정규직과의 임금 격차를 15~20% 이내로 줄이는 방안을 추진하려고 무던히도 애를 많이 썼다. 500만 명에 달하는 비정규직 노동자의 휴식문제에도 관심을 많이 가지고 있었고, 이들을 사회안전망에 포함하도록 제도를 개선해야 한다는 확신도 갖고 있었다.

노동기본권도 신장시켰다. 한국사회에서 오랜 금기였던 노동조합의 정치활동을 보장하고 『교원의노동조합설립및운영등에관한법률』의 개정(2000.02.16.)으로 초기업 단위노조의 정치자금 기부를 허용했으며, 공무원의 단결권을 진전시켰고, 교원의 단결권도 허용해 노조결성권을 보장하기도 했다.

주5일제의 도입은 이태복의 숙원사업이었다. 오랜 논의와 타협을 주

도해 금융기관이 주5일제를 전격 도입(2002.07.01.)한 데 이어서 대기업 중심으로 도입 사업장이 확산한 성과의 기반을 마련했다.

이태복의 노동에 대한 관점은 당시 정부의 다른 부처 수장들과 전혀 달랐다. 주5일제의 개념을 놀고 소비하는 개념이 아니라, 창조적인 노동을 가능케 하는 사회적 조건의 확보이자, 노동력 재생산의 필수요소라고 보았다. 삶의 의미를 성찰하는 시간, 그래서 개별화된 개인이 아니라 가족과 공동체적 의식을 복원·연결해 역사적 존재로서 자신을 발전시키는 탐구시간이 되도록 허용되어야 한다는 인식이 강했다. 주5일제 도입과정에서 마주한 수많은 비판과 저항을 이겨낸 원동력이었다.

노인보건의료체계 개선에도 힘을 많이 썼다. 치매노인 등을 위한 전문요양시설을 대폭 확충하여 1997년에 75개였던 시설을 2002년에 216개로 늘리고, 공공치매요양병원도 1997년 6개에서 2002년 28개로 늘리는 데 이바지했다. 노인요양보험제도의 도입도 기획했다. 보건복지부가 노인복지사업을 막 준비하던 시점에 〈삶의질향상기획단〉 주도로 기본방향을 제시하고, 장기과제로 제시된 재원 조달방식을 확정키 위해 노인요양보험제도 도입을 기획해서, 후에 노무현 정부가 이 제도를 도입할 기반을 닦았다.

당시 복지 분야의 최대 현안인 건강보험 재정 건전화에도 힘을 기울여 의약분업 시행(2000.07.)의 후유증을 최소화해나갔다. 20~30%에 달하는 것으로 평가된 약가의 거품 빼기 등 해결방안을 마련했다. 참조가격제, 약제 적정성 평가제의 조속한 도입, 보험 약가 인하(15%) 등으로 연간 약 7,000억 원을 절감할 계획을 세웠다. 이를 4대 사회보험의 사각지대 해소, 국민기초생활보장제도 등 복지제도의 내실화와 함께 '2002년

복지행정 중점과제'로 김대중 대통령에게 보고했다. 이어서 보건복지부장관으로 부임, 청와대에서 기획한 여러 정책을 현실에 정착시켜 나갔다.

"일을 적당히 처리하는 것은 옳지 않다"

세 번째, 이태복은 일을 적당히 처리하는 것을 용납하지 않았다. 앞서 살펴보았듯이 분명한 목표, 현장 중심의 과정, 그리고 결과는 항상 국민의 삶의 질 향상이어야 했다. 실사구시의 접근방식은 현장의 문제를 직접 발로 뛰어 확인하고, 처리해야 하는 방식이다. 이러한 방식으로 일을 처리하는 사람은 죽을힘을 다해 최선을 다해야 한다. 행정부든 청와대든 심지어 권력 및 출세 지향적인 인물에게까지도 국민에게 헌신적이고 희생적으로 일해야 한다고 요구했다.

필자는 역량은 부족했지만, 일에 대한 자세는 진정성이 있었다고 자

2006년 3월 29일 세종문화회관 5층 컨퍼런스홀에서 열린 새희망포럼 제1차 심포지움. 〈사회양극화 정책진단과 해법찾기〉. 맨 오른쪽이 필자.

평한다. 앞서 언급한 수많은 일 등 중에서 상당한 부분을 기획하고 여러 부처와 각종 이해집단의 이해관계를 조정하다가 퇴근하지 못하고 사무실 의자에 기대 지샌 밤이 부지기수고, 코피는 수시로 터졌으며, 이른 새벽 출근 운전 중에 갑자기 눈이 보이지 않아 고속도로 길섶에서 눈을 안정시키다 1시간 이상을 지각하기도 하고, 멀쩡했던 이빨은 5개나 뽑아야 했다.

몸이 만신창이가 되다시피 한 필자에게 수석님이 하신 격려의 말씀인즉슨 "황 박사가 죽기 살기로 일하는, 바로 그만큼 국민의 삶이 평안해져." 그땐 그 격려의 말씀이 별로 마음에 와닿지 않았다. 그런데 아쉬움은 오래가지 않았다. 청와대를 떠나 보건복지부 장관 부임 직후 출퇴근 시간을 아끼려 장관실에 야전침대를 두면서까지 국민의 건강 및 사회보장 제도의 안착을 위해 열정적으로 일하는 모습을 가까이서 지켜볼 수 있었기 때문이다. 수석님과 공통점 하나를 찾았다며 혼자 은근 기뻐했던 기억이 쑥스럽지만 새롭다.

지난해 이맘때쯤, 윤상원 열사 기념행사를 진행하면서 "곧 큰일을 같이 해야 하니 몸과 마음을 단단히 준비하라."고 말씀하셨지요? 저는 다 준비가 됐는데, 아무 말씀 없이 홀연히 떠나셨네요.

국민의 고통과 어려움이 있는 모든 곳에서 문제를 해결하고자 앞장서라, 나라의 발전과 국민의 안녕을 최대 목표로 삼아라, 헛것을 보지 않는 실사구시 정신을 정책에 실현하라, 일을 절대로 적당히 처리하지 말라. 수석님의 철학이 관철된 삶과 활동에 잠시나마 함께할 수 있어서 영광입니다. 저도 그리 살아보려 애쓰겠습니다.

늘 고맙고 그 환한 미소가 그립습니다. 그런 사람 다시 없을까 두렵기도 합니다만, 그래도 이젠 놓아드려야겠지요. 부디 편안히 영면하소서.

이태복이라
믿 는 다

"복지는 현장이다"

김진학

(한국공공복지연구소 소장, 전 한국사회복지행정연구회 회장)

이태복 수석님!

이태복 장관님!

장관님께서 갑작스럽게 우리 곁을 떠나신 지 어느덧 1년이 됩니다. 돌아가시기 며칠 전, 인사동 갤러리에서 〈임을 위한 행진곡, 윤상원전시회〉를 개최하니 오라고 연락을 주셨는데 일이 바쁘다고 가보지 못하고 미루다 장관님이 돌아가셨다는 소식을 접했습니다. 그날 전시회에 가지 못한 것이 못내 후회가 됩니다.

장관님은 민주주의를 위해 투쟁한 노동운동가이자 세계의 양심수이셨고, 저는 사회복지사로서, 사회복지전담공무원으로서, 장관님을 모시고 사회복지발전을 위해 일한 시간을 영원히 잊지 못할 것입니다.

수석님, 장관님과 함께하였던 시간들이 주마등처럼 떠오릅니다. 사회복지전담 공무원으로서 제가 수석님을 모시고 청와대 〈삶의질향상기획단〉에서 근무를 하던 시기는 국민기초생활보장제도가 시행된 지 얼마 안 된 2001년이었습니다. 일선 복지현장의 소리를 정책에 반영해야 한다고 하시면서 수석실에서 근무할 것을 요청하셔서 서울강서구청에 근무 중 파견근무를 하게 되었습니다. 그 당시 저는 한국사회복지행정연구회 회장으로 사회복지 전담공무원의 사회복지직 전직을 이루어내고 서울사회복지사협회 회장직을 맡고 있었습니다.

수석님을 추모하면서 당시 사회복지전담공무원, 사회복지사와 관련된 정책들을 정리해보고자 합니다.

사회복지시설 종사자 정년제 도입

첫 번째 업무가 사회복지시설 종사자 정년제 도입 정책이었습니다.

당시 사회복지계의 개혁과제 중의 하나가 사회복지시설장의 정년제 도입 문제였는데, 봉사정신과 경륜만으로 사회복지사업을 하기 어려워지면서 전문성과 경영 마인드가 강조되기 시작해 능력 있는 사회복지사가 시설장이 될 수 있는 길이 요구되기 시작하였습니다.

그간 민간 사회복지시설들은 개인의 자산을 기본으로 하는 복지법인

2004년 7월 2일 『대한민국은 침몰하는가』 출판기념회에서.

을 설립했기 때문에 소유와 사유의식이 강하게 있어 본인이나 가족, 친인척들이 시설장을 맡아 오고 있었습니다. 그런데 1999년부터 도입된 사회복지시설평가제도로 매 3년을 주기로 시설평가를 하여 운영비 지급을 차등화하면서 시설장의 사회복지 전문성을 요구하기 시작한 것입니다. 정년제 실시과정에서 반대의견이 있었지만 개인재산 출연에 대한 공적과 연장자가 많다는 현실을 감안하여 시설장 정년을 65세로 정하되 2001년 12월 31일 기준으로 창립, 설립자 및 직계가족 1세대의 경우만 70세 정년제를 도입하고, 종사자는 60세 정년제도를 2002년 1월부터 실시하게 되었습니다.

사회복지시설 종사자 정년제 도입으로 사회복지시설의 사유화 의식을 탈피하고, 소유와 경영을 분리시켜 책임 있는 전문 관리자들이 민간복지 영역에서 역할과 사명을 완수하도록 하고, 사회복지사들의 승진기회를 높여 조직쇄신을 시키게 되었습니다.

종합사회복지관 법인부담금 폐지

전국에 설치된 350개 종합사회복지관을 위탁받은 법인과 복지관에 근무하는 사회복지사들의 가장 큰 어려움은 운영법인 20% 부담 문제였습니다. 이로 인해 위탁을 받지 못하거나, 재위탁이 되지 않는 경우가 많았습니다. 당시 한국사회복지관협회가 앞장서서 자부담 폐지를 위한 노력을 하였으나 해결되지 못하고 있었습니다.

그러던 중 2001년 수석님이 2002년 주재 회의를 추진하여 처음으로 종합사회복지관 자부담 폐지문제를 대통령께 보고했습니다.

이태복 수석께서는 한국사회복지관협회 박상신 회장과 임원단이 함께 참석한 회의에서 사회복지관 운영 수익자 부담 20% 조항 삭제 건의를 받아주시고 이를 해결하기 위한 추진에 많은 힘을 써주셨습니다.

보건복지부 장관이 되어서도 계속 부담금폐지정책을 추진하시다가 노무현 대통령후보자 선거공약에 최종 반영시키게 되어 마침내 2004년부터 종합사회복지관 운영법인 부담금 20% 제도가 폐지된 것입니다.

이로써 위탁 법인, 사회복지사들이 전문가로서 역할에 집중할 수 있게 된 것입니다.

미신고 사회복지시설 신고시설전환

미신고 사회복지시설의 문제는 계속해서 발생되고 있었습니다. 특히 인권문제와 시설안전문제가 계속되자 이태복 수석님께서는 2002년 5월 정확한 미신고 사회복지시설의 실태를 파악하여 미신고 사회복지시설 생활자들의 인권보호문제와 시설안전 문제를 해결하고 지역별로 사회복지시설 설치 확대를 추진하는 계획수립을 지시하셨습니다. 6월에는 미신고사회복지시설 종합관리대책을 발표할 수 있었고, 6월부터 9월까지 4개월간 조건부신고기간을 정하여 실태조사를 하였습니다.

수석님께서는 조사된 미신고 시설에 대해 행정처분을 3년 간 유예하는 조건부 신고 제도와 10인 미만 설치기준을 도입 실시하여 미신고시설의 인권문제와 안전문제를 해결하는 데 앞장서 노력하셨습니다.

사회복지전담공무원 신규임용 1,700명

이태복 수석님께서는 공공복지전달체계 구축을 위해 사회복지전담공무원 1,700명 충원을 추진하셨습니다. 당시는 국민기초생활보장제도를 실시한지 얼마 되지 않은 시점으로 제도정착을 위한 노력에 전국의 사회복지전담공무원들 모두가 건강을 잃어가고, 동료가 과로로 순직하는 일까지 발생되고 있었습니다.

게다가 1999년 별정직에서 사회복지직으로 전직하는 과정에서 전국의 800명이 넘는 사회복지전담공무원 동료들이 직급이 강등되는 일까지 벌어져 의욕이 많이 떨어져 있는 매우 어려운 상황이었습니다.

복지부의 예산안에 사회복지전담공무원 신규채용 1,700명안이 있었으나 전액 삭감되어 신규채용이 어려워진 상황에서 이태복 수석님의 많은 노력으로 기획예산처와 행정자치부의 협의를 통해 1,700명의 채용예산이 다시 반영되었습니다. 이로 인해 전국에 7,200명이 근무하게 되어 이태복 수석님의 노력으로 국민기초생활보장제도의 조기 정착을 할 수 있게 되었습니다.

이 외에도 이태복 수석님은 사회복지전담공무원의 역할과 책임을 다할 수 있도록 기반을 만들어주셨습니다. 특히 한국사회복지행정연구회에서 건의한 요구에 대해서는 최대한 받아주셨습니다. 사회복지전담공무원에 대한 특별 보수교육이 그 예이며, 사회복지 자격증 수당을 신설

2002년 6월 27일부터 1박 2일로 열린 사회복지 전담공무원 워크샵에서.

해주셨습니다. 자격증 수당은 수석님께서 장관님으로 부임하게 되어 더 힘있게 추진하셨던 일입니다. 이로써 사회복지전담공무원들이 전문직으로 인정받게 되었습니다.

또한 2000년 1월 별정직에서 사회복지직으로 전직이 되었지만, 사회복지전담공무원 직급 강등이 되어 사기가 저하되어 있음을 보시고, 청와대에 초청, 김대중 대통령의 격려를 받을 수 있었습니다. 2001년 10월 8일. 비록 전국에서 150명밖에 참석을 하지 못하였지만 사회복지의 날 2주년 기념을 맞아 뜻깊은 자리였습니다.

이태복 장관님의 이러한 사회복지전담공무원에 대한 지지와 응원은 임기를 마치시고도 변함없이 이어지셨습니다. 지금도 저의 귓가에 맴도는 말이 있습니다. 수석님이 참석하시는 회의 때마다 항상 하신 말씀은 "복지는 현장이다." 사회복지현장이 중요하다. 현장 실무자의 의견을 들어야 한다는 말씀입니다.

제가 사회복지사로서 걸어온 38년 동안 사회복지사들에게, 사회복지전담공무원들에게 깊은 애정과 관심을 가져주신 분은 오직 수석님이셨고, 장관님이셨습니다. 최고이셨습니다. 사회복지전담 공무원들을 부하 직원이 아닌 동료, 친구로 대하셨습니다. "너희들은 작은 예수요, 부처다." 늘 격려해주고 존중해주셨습니다. 사회복지전담공무원들은 영원히 잊지 못할 것입니다.

존경하는 이태복 장관님! 저를 비롯한 사회복지사와 사회복지전담공무원 모두는 장관님을 영원히 잊지 못할 것입니다. 장관님, 사랑합니다.

주님의 품에서 영원한 평화의 안식을 누리시길 기도드립니다.

이태복이라
믿는다

10년 이상을 내다본 선구자

노균호
(대한한돈협회 보령시지부 지부장)

이태복 전 장관과 알게 된 인연은 어릴 적부터이다. 아버지가 이순구 면장님 댁에 수양아들 삼아달라고 부탁하는 바람에 나에게 부모님이 더 생겼다. 자연히 가까이 지냈다. 그런데 이 장관이 예산중학교로 유학을 가고, 고등학교는 서울로 가서 방학 때 외에는 볼 기회가 없었다.

오히려 나는 어머님과 태복 형의 동생들과 가깝게 지냈다. 대학에 들어간 뒤로는 더욱 보기가 어려웠고, 대학생이던 1971년 위수령이 발동되어 휴전선 동쪽 끝으로 강제징집당했다는 사실을 알게 되었다. 1974년 만기제대 후 한번 천북집으로 내려왔지만, 이내 바쁜지 서울로 올라가 제대로 대화를 나누지도 못했다. 그 이후로도 시위로 귀향조치가 여러 번 되어서 내려오곤 했다.

나의 생활과 거리가 먼 일들이어서 웃음으로 대신 인사만 했다. 어려웠다. 광민사라는 출판사를 냈다고 했는데 무슨 일을 하는지 하얀 피부가 구릿빛으로 변했다. 아마도 노동현장에서 노동운동을 하고 있었던 때라서 그랬던 것 같다. 그리고 청천벽력. 1981년 여름 감옥에 있다는 거였다. 그때의 충격이란. 동네사람들이 수군거리고, '빨갱이'라는 소문도 들리고, 가까이 하면 혹여 불이익을 받을까 쉬쉬하면서 멀리하던 때다. 어머니는 아들을 만나러 서울 갔다 오셔서는 아들을 믿는다면서 오히려 더 머리와 허리를 꼿꼿이 하고 다니시던 모습이 눈에 선하다.

무려 7년 4개월의 까막소 생활. 신문에서 양심수 석방에 대한 소식이 아주 간간이 있었지만, 암흑같은 시간이 흘렀고, 31살 청년이 40살이 다 되어서 세상 밖으로 나온 것이다. KBS TV에도 인터뷰가 나오고 신문에도 출소소식이 실렸다. 동네 사람들은 정치를 하는 것 아니냐고 했다. 하지만 동네 사람들의 얘기와는 다르게 정치인의 길을 가지 않고 노동자신문을 만들었다. 당시 노동자는 '빨갱이'라는 인식이 여전하던 시기였다. 모든 행보가 일반적인 예측하고는 달랐다.

노동자신문, 노동일보를 10년 넘게 하더니, 갑자기 청와대에 복지노동수석으로 들어간다는 소식이 날아왔다. 천북에서 차관급인 청와대 수석비서관이 나온다는 것은 개천에서 용이 난 것과 같았다. 이때부터는 천북, 보령에서 일이 있을 때는 늘 나와 상의를 하셨다. 보건복지부 장관으로 승진하셨을 때는 그동안의 모든 고난에 대한 보상처럼 느껴졌었다.

늘 10년 이상 앞을 내다보고 일을 하시기에 이제 나라도, 국민들도 변화되겠다는 기대도 크게 가졌었다. 약값 인하 등 열심히 한다고 들었는데, 난데없이 장관이 바뀌는 일이 벌어졌다. 우리가 생각하기에는 다음 정권에서도 큰일을 하실 거라고 믿어 의심치 않았던 터라 충격이 컸다. 경제, 사회, 역사, 문화, 산업 등 모든 분야에 모르는 것이 없었고, 또 열심히 공부하고 고민해서 내 것으로 만들어 해법을 찾는 사람이기에 조금도 의심하지 않았었다.

장관직에서 나와서 이내 민주당의 1호로 영입되는 것을 보고, 어쩌면 더 큰 길을 가기 위한 거였나 보다 했는데, 난데없이 열린민주당이 생기고, 출마를 중도에 접었다. 얼마나 안타까웠던지….

하지만 그런 우리들의 염려에도 조금도 변하지 않고 갈 길을 걷는 형이었다. 『대한민국은 침몰하는가』 책을 시작으로 『도산 안창호 평전』, 『대한민국의 활로찾기』 등 집필활동과 더불어 기름값, 약값 등 5대거품 빼기운동까지 실천하기 시작한 것이다. 참으로 줄기찬 활동이었다. 기름값 인하 서명운동을 하더니 태안유류사고 때는 버스 10대로 자원봉사자들을 인솔하고 내려와 기름띠제거운동을 벌였다. 한 차례도 아니고 그 추운날 무려 네 차례나 내려와서 태안 해변을 비롯해 삽시도 등 주변 섬들의 방제작업을 적극적으로 하는 것을 보고 또 한번 참으로 남다른 사람이구나 싶었다.

기름값 인하운동을 하던 어느 날 시골에 내려오시더니, "천북 이 좋은 동네가 축산농가 때문에 냄새가 나서 다들 오기를 꺼려한다니 큰일"이라고 하시면서 천북면 농가들이 배출하는 돈분뇨를 이용해 전력 및 비료를 생산하는 바이오매스 플랜트를 건설하면 환경오염도 줄이고, 농가의 소득증대도 가져올 수 있으니 천북에 영농조합을 만드는 것이 어떠냐는 제안을 해오셨다. 그때가 2009년 12월이었다.

당시 보령시 천북면은 돼지 17만 두, 소 1만 7천 두 등 면 단위에서 전국 최고수준의 축산단지였다. 하루 1,300톤의 축산폐수가 발생했고, 허가 농가를 제외한 농가의 축산폐수는 하루 600톤 이상이어서 오수처리밖에 하지 못해 축산분뇨는 대부분 개별농가의 탱크에 저장돼 있어 농가불만이 폭발상태에 있었다. 보령시는 하루 100톤을 겨우 처리할 수 있는 시설을 증설하겠다고 했지만, 기존 공법으로는 예산만 130억 원이나 들고 실효성이 떨어져서 축산분뇨와 하수슬러지, 음식물음폐수 등을 함께 처리하여 자원을 재활용할 수 있는 방안으로 전환해줄 것을 요구하고 있었다.

그런데 그때 태복 형이 제안한 모델은 덴마크의 링커가스였다. 이곳의 축산분뇨자원화 시설은 하루에 600톤을 처리할 수 있는 시설이었고, 각종 유기성 폐기물, 즉 축산분뇨 하수슬러지 등을 혼합해서 에너지와 유기성 비료를 생산하고 있어 경제성을 충분히 확보하고 있었다.

태복형은 이내 덴마크 현지 답사 계획을 만들고, 환경부, 농림수산부 국회의원들과 관료들을 만나고, 나는 지역주민들을 설득해서 영농법인을 구성, 구체적인 대안을 실천해나가자고 설득하는 일을 맡았다. 2009년 11월 나와 태복형을 포함해서 박상모(현 보령시의회 의장), 심종대, 김영

2010년 충남에 행사가 있을 때마다 수행했다. 필자는 왼쪽에서 두 번째.

현, 김기원, 남춘권 등이 '천북희망영농조합법인'을 결성했다.

이 과정에서 2010년 갑자기 충남도지사 선거에 출마를 하시게 되었고, 절호의 기회라고 생각해서 당시 박상모 의장을 비롯해 천북희망영농조합 이사들은 열심히 뛰었다. 이제야 손에 잡힐 듯 잡히지 않았던 변화의 기회를 잡게 되는구나 하고 참으로 희망찬 시간들이었었다.

그런데 적극 권유했던 류근찬 의원을 비롯, 정치인들은 정치적, 경제적 이익을 눈앞에 두었지, 충남도민의 이해에는 관심도 없었다.

태복 형이 세간의 평가와 비난을 무릅쓰고 충남도의 변화와 개혁을 위해 결단을 내린 거였는데, 결과적으로 이용만 당한 셈이 되었다. 그렇게 중도에 그만두었지만, 태복 형은 전혀 흔들림이 없었다.

잠시 멈추었던 천북희망영농조합 일을 서둘렀다. 2010년 8월 신재생에너지 자원화사업을 건의하여 9월에는 환경부, 보령시와 천북희망영농조합법인, 대한양돈협회가 현지 확인회의를 갖고, 10월 18일부터 24일까지 덴마크사 공법에 대한 합동 현지해외출장을 다녀왔다.

우리는 하루에 600톤의 처리시설이 필요했기 때문에 덴마크 오덴스시에 있는 리뉴에너지사와 리투아니아의 쿠라나를 방문했다. 태복 형님과 전문기술자인 박용삼 박사, 나와 박상모, 임원규 이사가 참여했다. 한국환경공단 1명과 보령시의 환경보호과와 청정농업과 2명, 이렇게 8명이 떠났다.

5박 7일 동안의 강행군이었다. 태복 형님이 꼼꼼히 짠 일정표에 따라 하수처리장 인근 협기성 소화시설 방문, 유기성폐기물 자원화시설 견학 2곳 견학 등이 숨쉴 틈이 없이 이어졌다. 덴마크 리딩군 소재 링코가스 혐기성소화 시설은 하루에 600톤을 소화하고 있었다. 가축분료 80%, 식품폐기물 20%였다. 리투아니아 쿠라나 시설은 하루에 800톤을 처리했는데, 각종 유기성폐기물 100%를 소화하고 있었다. 축산농가도 방문해서 분뇨처리와 실태를 두 눈으로 직접 확인했다. 분뇨처리는 축사 바닥에 약 60센티 정도의 깊이의 분뇨 보관시설을 설치하여 압력의 차이에 의한 흡입방법으로 액비저장조로 이송했다. 악취처리방법으로 국내에서는 사료 내 미생물을 사용하나, 덴마크에서는 전혀 사용하지 않고, 8~10미터 높이의 굴뚝으로 배출시키는데, 자연배기에 의한 희석으로 오히려 축사 주변에 악취도 없었다.

친환경 자연순환방식으로 양돈 관리시스템이 변해야 함을 태복형님은 강조했고, 우리가 볼 때 꿈같은 일이었다. 그렇게만 된다면, 농가도 살고, 소비자도 살고, 환경도 살리는 가장 이상적인 방식이었다. 분뇨처리비용도 모돈 100두당 100만 원에서 120만 원 절감이 가능하기 때문

덴마크 연수 중에 링코가스 시설을 둘러보고서. 왼쪽에서 네 번째가 필자.

덴마크의 리뉴에너지사 관계자와 이태복 전 장관과 박용삼 박사(오른쪽부터).

에 경제성이 컸다.

태복 형님은 더 나아가 축산 2차가공센터를 만들자는 제안까지 했다. 발효생햄, 숙성소시지 가공 및 유통, 판매센터를 만들자는 것이었다. 축산 2차가공센터는 지역특산관광상품 개발에도 유리하고, 새로운 일자리를 창출할 수 있어서 정말 획기적인 친환경바이오산업이었다. 독일기술로 제작하고 있었던 성요셉수도원에 견학을 가서, 독일 신부님께 친환경소시지를 만드는 방법도 배웠다. 덴마크와 리투아니아에서 기술을 전수받기로 하고, 성요셉수도원과 농촌진흥청 축산과학원에서 교육 및 기술이전까지 받기로 약속을 했으니, 이제 구체적인 부지선정과 설비시설을 안착하면 되었다.

천북영농조합이 주체가 되어 사회적 기업 천북엔지니어링과 함께 환경부의 지원금 100억 원과 한전, 포스코 및 산업은행 등이 투자한 150억 원과 조합이 투자한 금액을 더하여 (가칭) 보령 에너지(주)를 설립하여 자원화시설을 건설하고 사업의 주된 역할을 담당할 계획을 세웠다. 성공했다면 가축분뇨 및 음식물쓰레기 처리 문제해결은 물론이거니와 재생에너지 연간 1,382만 4,000KWh 생산, 친환경 양질의 유기비료 생산, 탄소배출량 저감으로 CDM(청정개발체제)사업 가능 등으로 연 35억 원의 수입은 충분한 친환경사업으로 성장했을 것이다.

하지만, 환경부처와 분뇨처리시설들 간의 이해다툼과 몰이해 속에 무산되고 말았다.

10년이 지난 지금은 이런 얘기를 하면 모두가 금방 수긍하지만, 그때만 해도 아니었다. 10년 이상을 내다본 선구자인 태복 형님의 고뇌와 실천이 가슴 아리다.

늘 꿋꿋하셨고, 그 이후로도 쉬지 않고 늘 나라와 민생을 위한 대책 마련에 온힘을 쏟았는데, 그 열정이 하늘을 찌를 듯해 건강도 챙겨가면서 쉬면서 하시라고 만나면 늘 걱정하였는데…. 바쁜 와중에 모친 장례식에 오셨다 바로 가셨는데, 그게 마지막 만남이었다. 그로부터 며칠 안 되어 급서 소식을 받았다. 얼마나 허망한지….

늘 보령시 일이면 무조건 나와 상의하셨고, 가깝게 마음을 주고받았던 터라 하늘이 무너지는 슬픔을 가눌 길이 없다. 부디 이제는 무거운 짐 내려놓으시고 영면하시길 기도합니다.

이태복이라
믿는다

늘 채워주고 가르쳐주신 형님

이창선
(주. 티큐디에네르히아 대표)

이태복 형님과 나는 5년 차이다. 유도 특기자였던 성동중학교 1학년 때, 형님은 성동고 2학년으로 유도부에서 처음 만났다. 형님 동기들은 검정 띠였는데 비해 형님은 하얀 띠였다. 게다가 말씨도 느리고 어눌하게 느껴졌다. 피부도 하얗고 덩치도 작아서 약해 보였다. 충남 보령과 예산에서 벗어난 본 적이 없어서 완벽한 촌뜨기로 보였다. 그런데 풍겨나오는 인상이 부드러우면서도 단단하고 날카로움이 있었다. 어릴 적부터 특기생으로 단련된 유도 특기자들하고는 실력이 안 되었지만, 꾸준히 연습했고, 특히나 상대에 대한 예의를 지키는 모습이 인상적이었다. 유도는 상대의 힘에 넘어가면 화가 나는, 무조건 이겨야 하는 경기라서 남을 배려하는 자세를 갖기가 매우 어려운 종목이다. 그래서 더욱 유도에서 가르치는 것이 '상대에 대한 예의를 지켜라'이다. 형님은 남을 배려하고 후배들을 챙기는 것이 몸에 배어 있었다.

나는 형님이 그저 건강을 위해서 혼자 운동하는구나 정도로 생각했었다. 그런데 당시 흥사단에 열심히 다니면서 도산 안창호 선생님의 가르침에 따라 인물 되기 위한 수련의 일환으로, 동맹독서와 토론처럼 유도에 열심이었던 것을 그때는 전혀 상상도 하지 못했었다.

형님을 다시 만난 것은 노동자신문을 창간하기 위해 준비가 한창이셨던 1989년 6월 형님의 혼인식 때였다. 어머니가 아프셔서 스페인에서 잠시 서울로 왔는데, 마침 형님의 혼인 소식을 접해서 성동고 동기와 선배들과 같이 혜화동 성당에 갔었다. 모진 고문과 오랜 감옥생활 끝에 맞이하는 기쁜 날이었기에 흥분되는 기분을 감출 수가 없었다. 혜화동 성당에는 검은 양복차림의 남성 수십 명이 두 줄로 양쪽으로 도열하고 있었다. 형님은 내가 유도 국가대표선수였으니까 혹시 정보부에서 나온 사람들일지 모르니까 주의 깊게 보라고 했다. 형님을 다시 잡으러 온 것인지, 아니면 수배해제처리가 안되었던 형수님 때문이었는지 몰라서 염려하고 있으셨다.

알고 보니, 형님 감옥 시절 함께 있었던 김태촌이 부하들을 이끌고 와서 자신의 방식으로 축하해주려고 연출한 장관이었던 것이다. 형님이 야단쳐서 김태촌은 부하들을 물리었는데, 그만큼 감옥에서 태복 형님에 대한 존경심이 컸기 때문이 아니었을까 싶다. 형님이 대전교도소에 있을 때, 1층에 있다가 학생들과의 접촉을 차단하기 위해서 2층으로 보내졌는데, 2층 사동은 출역수들과 모범수, 지도반장들이 생활하는 공간이었다 한다. 모범수 방에는 신영복 선생이 있었고, 첫 방은 김태촌, 형님은 맨 끝방에 있었다. 김태촌은 지도반장 자리에 있었고, 독보권이라고 교도관 동행 없이 혼자 다닐 수 있는 막강한 힘이 있었다. 각 방문이 닫히고 조용해졌을 때, 김태촌이 다가와 자신을 '광주 건달'이라고 소개하면서 저녁에 출출하실 때 동생들을 시켜서 국수를 갖다 드리겠다며, 국수, 라면, 수제비 등으로 바꾸면서 야식을 갖고 왔다. 또 라디오를 들을 수 있었던 김태촌은 MBC 9시 뉴스를 미농지에다 메모해서 몰래 창살 너머로 전달해주기도 했다. 형님은 우스개로 "난 아직 국수값과 MBC 뉴스 시청료를 지불하지 못했어."라 말씀하셨다.

나는 다시 스페인으로 갔다. 형님과는 또 멀어진 것이다. 내가 스페인에 처음 가게 된 것은 1980년이다. 나는 전남체육고등학교 교사이자, 광주 상무관에서 유도사범을 하고 있었다. 당시 상무관은 분수대 바로 앞에 있었다. 5·18 가장 한복판의 현장을 나는 창밖으로 지켜보았다. 유도수련장 바닥은 말린 짚을 깔아놓았는데, 불씨가 붙어서 화재가 날까봐 주전자로 물을 퍼나르면서 노심초사했었던 기억이 있다. 당시 사진과 영상에 주전자를 들고 왔다갔다 하는 장면이 많이 포착되었는데, 그게 바로 나다.

1980년 5월 26일 통제가 해제되어 서울로 올라왔다가 다시 내려갔는데, 도저히 광주에 있을 수가 없었다. 그 현장의 모습들이 계속 눈에 밟혔다. 나는 방림동에 있는 당시 전남일보 이준박 편집장님 집에서 하숙을 했었는데, 그 집안이 박살나는 것을 다 보았기에 광주를 떠날 생각을 했다. 마침 그때 스페인 정부의 요청을 받아 '왕실 유도 사범'으로 발탁되어 초청장이 온 상태라 한국을 떠나 스페인으로 갔다.

나중에서야 5·18과 태복 형님과의 관계, 윤상원 열사와의 관계, 전민노련 등의 조직적 활동, 들불 야학 등을 알게 되었다. 직접적이지는 않았지만, 태복 형님이 실천했던 그 현장에 같은 공간에 나도 있었음에 전율을 느꼈다.

그렇게 나는 스페인에서 30여 년을 지내면서 한국을 잊었다. 아니 잊고 싶었다. 1992년 바르셀로나 올림픽 이후 지도자직을 은퇴하게 되자,

2011년 5월 24일 한국프레스센터에서 열린 『토정 이지함』 출판기념강연회.

스페인 왕실을 통해 '풍력발전'을 접하게 되어 풍력발전회사 가메사에서 일하며 기술을 익힌 뒤, 악시오나 아시아 상임고문으로 한국 투자와 기술이전 약속을 받으면서 국내에 풍력발전을 알리는 데 앞장서게 되었다. 2007년 악시오나 에너지 코리아 회장으로 경북 영양군에 풍력발전단지를 세웠다. 풍력발전기 총 130여 기가 설치된 이 곳은 국내 최고 수준의 발전 효율(39%)을 뽐내며 영양군이 풍력발전 1번지로 거듭나는 데 큰 역할을 했다. 이때 태복 형님 내외분을 초청해 발전소를 보여드리고, 고문으로 모시게 되었다.

마침 태복 형님은 대한민국의 활로를 찾기 위해서는 바이오산업과 신재생에너지에 매진해야 한다는 입장이셔서 대체에너지에 대한 관심이 크셨고 실제로 조사도 많이 하고 계셨다. 2005년부터 매주 꾸준히 쓰셨던 새벽편지에도 '풍력과 대체에너지산업'이라는 글을 쓰실 정도로 대안 찾기에 분주하실 때다. 특히 대체에너지이자 녹색산업인 풍력에 대해서 국가 차원의 현실적인 분석과 구체화를 위한 방안 마련에 적극적으로 나서야 한다는 입장을 가지셨던 터였다.

고루한 관료들의 방어적 태도, 무조건 우기고 보는 단체들의 공격적 자세 등으로 어려움이 커지면, 태복 형님은 특유의 적극성과 도산식 대화법으로 얽힌 문제와 갈등들을 풀어나가려고 애쓰셨다. 사람 만나는 것도 적극적이었고, 해법을 강구하는 데에도 주저함이 없었고, 포기라는 것이 없었다. 나의 일을 도와주시는 것인데, 형님은 사회적 당면과제로 인식하셨고, 그것이 나라와 국민을 이롭게 한다는 생각 속에서 일을 처리하셨다. '상대를 넘어뜨려야 내가 이긴다'는 유도로 점철되어 살아온 나의 삶의 자세와는 너무도 달라서 놀라자, 형님은 "지는 것이 이기는 것"이라는 말씀도 자주 하셨다. 형님은 후배들을 위해서라면 어떤 자리도 마다않고 가셨고, 필요한 사람들도 연결시켜주셨다. 그때부터 나도 후배들한테 이런 선배가 되어야 한다고 생각했다.

형님은 또 나를 대단한 사람인 것처럼 만들어주셨다. 성동고 총동문회장이셨던 태복 형님은 '2009년 자랑스러운 성동인 상'을 주셨다. 형님은 늘 나를 유도선수로서 인간적으로 훌륭한 사람임을 알게 해주셨다. 하기야 형님의 운동의 철학은 '인간에 대한 무한한 사랑'이었기에 격려하고 응원하고 지지해주는 것이 몸에 배어 있었다. 그래서 형님만 만나면 무엇을 해도 자신감이 생기고 힘과 희망을 갖게 되었다.

한번은 『쓰러져도 멈추지 않는다』라는 자전적인 책을 주시면서 "한번 읽어봐." 하셨다. 책을 보고나서 형님과 같은 하늘 아래 숨 쉬는 것이 영광이고, 나 자신이 얼마나 부끄러웠던지…. 특히 "운동하는 놈들 씨를 말려야 한다."면서 생식기에 전기코일을 감아 전기고문을 하던 사람, 그래서 자손을 끊은 사람, 온몸에 멍이 들었는데 재판을 받아야 하

인간의대지 이사회. 오른쪽부터 홍연표, 필자, 장희숙, 이태복, 장재철, 최헌, 홍승숙, 곽병태.

니 안티푸라민을 바르고 랩으로 칭칭 감아서 고문의 흔적을 지운 사람, 그런 사람을 용서한다는 것이 말도 안된다고 생각했다. "감옥에서 이미 용서했어. 고문 기술자 이근안도 따지고 보면 불쌍한 사람이고, 나에게 사형선고를 때린 검사도 하고 싶어서 했을까. 그들도 권력의 피해자고 희생양이야." 이런 용서가 어찌 사람에게서 가능할까. 그런 생각에 난 태복형님을 '바다'라고 생각했다. 넓고 깊은 바다. 잡것들을 다 받아들이고 포용하면서도 자신의 맛을 잃지 않고, 더 나아가 더불어 생명을 살리는 바다다.

마음이 예쁜 태복형님이 어느날 "사업만 하면 안되지, 어려운 사람들을 돕는 일도 해야 해." 하시면서 사)인간의대지의 이사로서 활동을 하라고 하셨다. 흔쾌히 승낙을 했고, 2017년 스페인으로 다시 들어가게 되어서 그만두었지만, 좋은 일과의 만남이었다.

“무형의 제일 큰 자산이 뭔지 아냐? 사람이야.” 그래서 형님은 누구한테나 정성을 다해서 대하셨다. 나의 부족한 점도 강요하지 않고, 무심한 듯 툭툭 가볍게 치시면서 가르치셨다. 국민석유 설립운동을 벌이실 때, 체육하는 국가대표선수들도 동참시켰는데, 그들도 형님을 대단한 분이라고 이구동성으로 말했다. 우린 이기려고만 했다. 또한 사업에서도 필요하다면 거짓말도 한다. 하지만 원리원칙대로 사실과 진실을 얘기하면 그것이 이기는 것이라는 것을 형님으로부터 배웠기에 난 거짓말을 안 한다.

나는 스페인으로 들어가 재충전을 하고, 형님의 열정을 배워 심기일전해서 다시 주)티큐디에네르히아 회사를 만들어 한국으로 들어와 형님을 다시 만났다. 가장 안타까웠던 것은 국무총리 물망에 올랐다가 안 되었을 때이다. 대한민국이 크게 변화할 수 있는 기회를 스스로 빼앗겼구나 가슴이 몹시 아팠다.

지금도 한 달에 한 번은 5·18민주묘지에 가서 형님으로부터 위로도 받고, 편안함도 느끼고 온다. 힘들고 어려우면 생각나는 그리운 형님, 위로받고 싶을 때, 자신감을 얻고 싶을 때, 힘을 받고 싶을 때 형님을 찾아뵈면, 형님은 선한 미소와 맑은 눈빛으로 위로와 응원을 해주신다.

형수님을 사랑하는 마음이 애틋하셨던 분. 형수님과 남은 인생의 과제들을 놓고 가실 때 얼마나 가슴 아프셨을까 생각하면 눈물이 차오른다. 형님, 후배들이 있습니다. 염려하지 마세요.

이태복이라
믿 는 다

포기 모르는 철저한 계획가

김부칠

(신광엔지니어링 대표, 사. 5대운동 이사)

나의 군대생활은 "인제 가면 언제 오나 원통해서 못 살겠다" 말만 들어도 눈물나는 원통 12사단이다. 양구-인제-고성 동부전선 중에 인제와 고성을 커버하는 12사단. 진부령을 넘어 거진항 해변 37연대 12대대 1중대 2소대. 37연대는 고성군을 지키는 부대로, 휴전선 155마일 전선 중 섹터가 가장 긴 산악이 험난하기로 유명하며, 고진동과 오수동 계곡은 수목이 우거져 하늘을 볼 수도 없다. 좋은 점은 전선의 고지에서 검푸른 동해바다를 볼 수 있어 일기 좋은 날 먼 수평선에 솟아오르는 붉은 태양을 보며 잠시나마 내 고향 영덕 강구항 바다를 회상하며 보고픈 가족들을 그리며 향수에 젖어보곤 했다.

이태복 전우와 첫 상면은 동부전선 최북단 마을 명파리 101레이더기지에서다. 호출부호 금강별장. 정상적인 국방의무 수행 차 입대한 나와 달리, 이태복 전우는 학생운동을 하다 강제징집으로 잡혀와 기록카드에 A.S.P 붉은 글씨가 찍힌 특별관리로 분류된 사병이었다.

싱그러운 6월의 태양 아래 군 생활을 시작한 나는 군 생활 3개월 만에 이태복 전우가 해안분초에서 복귀하니 반가왔다. 식기, 청소, 고참 수발 등을 같이 할 생각에 슬며시 웃음까지 나왔다. 그런데 갈참(전역을 앞둔 사람)인 왕고참 이춘대가 "재, 너보다 고참이야. 함부로 하지 마." 알고 보니 논산군번 사만 번이나 빠른 상고참이었다.

이태복 전우는 늘 말이 없었다. 혼자 뭔가 생각하는 듯했고, 늘 월간지를 끼고 읽었다. 다른 병사 같으면 전혀 생각하지 못하는 행위였다. 하루는 이태복 전우와 레이더기지 정문 근무 시 좁은 초소에 더위를 식히려고 나는 군장을 해제하고, 고향 생각에 젖어 있는데, 이태복 전우는 쪼그리고 앉아 지나간 월간지, 걸레가 된 신동아를 읽고 있었다.

당시 군대에는 일본군 잔재가 남아 졸병은 군대생활이 쉽지 않았다. 그런데 우리 부대는 이태복 사병 때문에 오히려 고참들이 불편했다. 쫄병을 괴롭히지 못하고, 식기 닦기, 청소, 빨래 등 자기 일은 자기가 하도록 소대원을 유도하니 우리 2소대만은 항상 화기애애한 분위기였다.

사정은 이러했다. 내가 군대 들어오기 전이었는데, 이태복이 처음 전입된 다음날 정훈시간에 안병찬 중대장이 중대원을 전부 모아놓은 가운데, 이태복을 지명해서 갑자기 군의 임무와 사명에 관한 정훈교육을 하라고 시켰는데, 이태복은 군의 문화가 '빳다문화'로 변화된 잘못된 풍토를 바꾸어야 한다며 대한민국의 헌법질서 수호와 배치된다고 말한 것이다.

항일독립군 부대의 전통을 살려서 고참과 신병이 군의 계급을 존중하면서 서로 사랑으로 감싸안아 단결이 되어야만 군의 사명과 임무를 완성할 수 있다면서, 일부 고참들의 졸병 구타관행이나 고참의 식기닦기, 고참 옷 빨래하기 같은 행위는 일본군대의 잔재라고 지적하며 가장 먼저 바뀌어야 한다고 역설했다고 한다. 모두 어안이 벙벙해 침묵을 지키고 있는데, 안병찬 중대장이 "참 훌륭한 연설이었다"면서 박수를 쳐서 따라서 박수를 쳤다고 한다. 그 이후부터는 고참들은 자신들의 내복, 군복을 빨도록 졸병에게 시키는 것을 눈치보게 되었고, 때리거나 설거지 시키는 관행도 없어졌다.

막사는 명파리 101레이더기지 밑에 있는데, 저녁에 파도가 밀려와서 깜깜한 밤에 파도소리가 피로와 긴장을 풀어버릴 정도로 낭만적이었다. 101레이더기지에서 경비 서는 것은 '특과'라고 해서 간첩 침투를 대비한 것인데 방책선 근무와는 비교가 안될 정도로 수월했다. 그래도 전기가 들어오지 않으니 밤이면 적막강산이다.

우리 대대는 SRP(방책선)에 근무하는 전방근무와 장신리 예비대서 전방투입 교육과 정비 등을 하는 후방근무를 6개월 내지 1년씩 교대로 하였다. 나는 주특기를 못 찾아서 3년을 말단 소총소대 57mm 무반동총으로 항상 GP(북한병감시초소) 파견생활을 했다. 이태복 전우는 개인화기 중 가장 취급하기 힘든 AR소총수였다. 제일 무거워서 고생시키려나보다 생각한 적이 있었다. 하지만 이태복 전우는 사격을 잘해서 특별휴가를 받은 적도 있었다. 또한 특별관리 사병으로 항시 보안대에서 감시대장이어서인지 GP근무를 나처럼 많이 하지 않았다.

그러다 보니 이태복 전우와 유일하게 몇 개월에 한 번씩 진부령 고개아래 장신리 교육대서 만나곤 했다. 이태복 전우는 "이 풍진 세상을~"을 열창하곤 했다.

1973년 유신이 선포되고 난 뒤라 군대에서도 굉장한 긴장감이 감돌던 시기였다. 철모와 대검 쇠붙이는 사용을 규제했다. 장신리 예비대대에서 화진포 전투호 작업을 우리 중대가 나가야 해서 총 대신 삽을 지참하고 중대 사열대에서 중대장의 작전사항을 듣던 중, 갑자기 이태복을 지목하며 "이태복 상병은 대열서 열외하라는 지시를 못 들었는가" 소리를 쳤다. 무슨 영문인지 모르는데, 이태복 상병은 대열에서 나가지 않고 있었다. 다시 "이태복 상병은 작업에서 빠져 사단웅변대회에 나갈 준비를 하라는 지시를 한 거니까 따지지 말고 일단 작업에서 열외하라"고 고함을 쳤다.

1973년 7월 초 장신리 예비대대 앞. 오른쪽부터 강제징집된 7.1동지회인 이태복, 채광석, 임경철, 이상완.

이에 이태복은 "사단웅변대회에 나갈 수 없다. 명령은 부당하고, 복종할 의무가 없다"면서 계속 항명을 했다. 중대장 박상천 대위가 단상에서 뛰어내려와 "야! 이 개새끼야! 명령불복종이야. 군대를 뭘로 보는 거야? 당장 대열에서 나와!" 소리치면서 삽을 뺏으려 했고, 이태복은 안 뺏기려 하다가 실랑이가 벌어졌고, 철모가 떨어지고 단추도 떨어져나가는 등 몸싸움 가운데 사고가 났다. 박대위는 삼사관 1기생으로 월남전에 참전 후 귀국하자마자 바로 우리 중대장으로 부임한 거였다. 이태복에게 군단 사단을 돌며 유신을 찬양하는 웅변을 하라고 하니, 부당한 명령은 받아들일 수 없다고 버틴 것이다.

머리가 찍히고, 피가 흐르고, 의무차와 군의관이 오고, 의무대로 후송하여 머리 봉합수술을 받았다. 그 후 용영일 대대장이 찾아와 "연설대회 안 나가도 좋고, 몸조리나 하라"고 의무대장에게 지시하고 가는 바람에 유신찬양 웅변대회에 참여하지 않아도 되었다. 퇴원하고 나서 이태복 전우는 PX 파견 근무를 조금 했다. 항상 졸병들을 생각하며, 자기에게 주어진 일은 본인이 하도록 소대 분위기를 이끌었기에 이태복 전우는 소대원의 존경과 상사의 인정을 받았던 것이다.

군대 시절에 인물로 꼽는 사람은 대대장 용영일 중령, 선임하사 홍순걸 중사, 이태복 전우, 세 사람이다. 특히 이태복 전우는 사회에서 큰 일을 할 사람이라 생각해 언젠가는 매스컴에서 얼굴을 볼 줄 알았다. 한번쯤 보고 싶은 마음에 예비군 훈련 시간에 우연히 만난 졸병 정현우에게 "이태복 병장 소식 아냐? 꼭 보고 싶은데." 하니 "홍사단에 연락해보세요." 하기에 홍사단에 연락하니 "대전교도소에 현재 복역중입니다"라는 답을 들었다. 제대 후 꼭 10년 됐을 때의 일이다. 그 시절엔 민생고가 시급해 면회를 못 간 것이 항상 마음이 무거웠다.

그로부터 4년 후 어느 날 뉴스를 보다가 머리가 백발이 된 사람이 감옥에서 출소하는 장면이 나왔다. 큰소리로 "여보! 찾았어! 이태복 바로 저 사람이야." 이 병장의 얼굴은 현역 때나 변함이 없는데 검은 머리카락은 찾아볼 수 없는 백발의 청춘이 되어 있었다.

그 후 다시 10여 년 시간이 흘러 이태복은 청와대 노동복지수석으로 발탁되었고, 연락이 와서 한번 만났다. 그후 장관이 되었다는 소식도, 그만두는 것도 TV로 보았다. 20대에 군에서 만난 이태복을 생각하면, 늘 한결같이 나라와 국민만 생각하는 사람이어서 나랏일을 한다면 이 나라가 이 지경에 처하지 않았을 텐데. 얼마나 애통해했는지 모른다.

결국 마음 편히 만난 것은 전역 후 30여 년이 지나서인 2004년부터

이다. 이때부터는 군생활을 추억하기도 하고, 국민의 삶을 걱정하는 이야기도 나누었다. 이태복 전우 내외와 우리 내외 이렇게 네 사람이 716 OP를 찾아가고, 동해안 통일전망대, 무시무시한 낙타봉을 바라보며 해변을 거닐던 명파분초를 돌고, 명파리에서 홍 중사를 우연히 만나 당시 군대생활 얘기를 나누던 때를 아직도 마음에 깊이 묻어두고 있다. 큰 그릇이면서도 작은 인연들에게도 따뜻하게 대하고 미소짓던 그 모습은 아직도 선하다.

2009년 2월 20일 인간의대지와 덕산엔터프라이즈가 함께 북녘 동포에게 후원할 의류원단을 실은 인천 부두의 컨테이너 앞에서 전달식을 가졌다.

난 기업인이긴 해도, 식솔을 거두는 가장으로서의 시선으로만 경제활동을 했지, 경제 돌아가는 것, 세상 돌아가는 이치를 잘 몰랐다. 2004년에 낸 『대한민국은 침몰하는가』를 주면서 공부해야 한다던 말도 잊혀지지 않는다. "나도 모르는 것이 많아서 늘 공부해. 바보가 안 되려면 책을 많이 봐야 해." 이태복이 주는 책이나 자료들은 열심히 보게 되었다. 5대거품빼기범국민운동본부와 5대운동본부 창립대회를 열었던 2007년 4월 25일. 1,000여 명의 동참자들이 모였다. 역이나 터미널, 등산로 입구 등에서 캠페인을 하면 너도나도 서명을 해주었다. 그래서 신이 났었다. 그 여세를 몰아 노인틀니건강보험적용 캠페인까지 했다.

지금 생각하면 지칠 줄 모르던 이태복의 열정이 있었기에 공감하고 함께 했던 수많은 사람들의 실천이 끝없이 이어졌다. 2010년에는 거품빼기와 5대운동 캠페인을 벌이면서 지역간담회를 권역별로 가져 의견들을 모으고, 릴레이 강연도 전국에서 개최했다. 2011년에는 국회 헌정기념관에서 '석유산업개편이 가능한가'라는 토론회를 가지면서 국민석유 회사가 설립이 가능한가를 따졌다. 지역간담회도 13차례나 했고, 지역방송의 좌담회도 열심히 다녔다. 2012년에는 수십 개의 언론사와 인터뷰도 하고, 한국프레스센터에서 '경제민주화와 국민석유'라는 토론회를 비롯해 전국간담회, 지역간담회를 수십차례 하면서 광역도시 준비위 14곳을 발족하고, 중소도시 준비위는 25곳이나 발족했다. 이런 활동을 토대로 운현궁에서 '기름 소비자 주권되찾기 문화한마당'을 개최하면서 국민석유설립운동의 포문을 연 것이다.

그리고 1인1주갖기 운동을 인터넷 약정운동으로 시작했다. 중소기업 공생발전협약식, 지역신문 MOU체결 등 평소 중소기업과 풀뿌리언론에 대한 애정이 강했던 이태복은 이들을 주축으로 하면서 필요한 준비작업을 시작했다. 또한 혹여 이 운동이 무산될 경우를 예비하여 주식회사 국민석유를 미리 만들어 모태를 만들어야 한다고 판단한 것이다. 2013년이다.

이태복은 절대로 무모한 사람이 아니었다. 철저하게 합리적이고 치밀하게 계획적인 사람이었다. 인터넷 약정운동은 국내는 물론 해외동포들도 동참하여 1,850억이나 약정되었다. 나의 짧은 생각이지만 차량을 가진 우리 국민이 1만 원 1장씩만 모아줘도 당시 대한민국 차량수가 1,800만 대니까 간단하게 계산해도 1,800억 원이 모일 수 있다. 그러면 국민기업으로 설립되어 서민들 살림살이에 보탬이 적지 않을 걸로 생각했다.

이제 실제로 국민주 공모를 하면 되었다. 공모를 추진해야 할 증권회

2012년 10월 9일 인터넷 약정 550억 돌파를 기해 3차 확대간부회의를 갖고 약정상황을 보고하고, 대외협력과 기술보고를 했다. 오른쪽에서 세 번째가 필자.

사들이 갑자기 태도를 바꾸고, 다시 다른 증권회사로 바꾸기를 몇 차례 하는 과정에 보수언론들이 불가능하다며 음해하고 분위기는 냉각되었다. 방해공작이 너무 강했고, 결국 약정한 사람들이 공모에 참여하지 않으면서 청약목표 미달일 경우 환급하겠다는 약속대로 환불하는 과정을 거쳐야 했다.

내 눈에도 피눈물이 났는데, 이태복의 눈에서는 어떠했을까. 하지만 이태복은 눈 하나 깜짝하지 않았다. 아, 얼마나 큰 산이면 이럴까 했다.

이태복은 지치지 않았고, 포기하지 않았다. 모태로 만들어놓은 주식회사 국민석유를 시작으로 줄기차게 다른 방법을 모색하기 시작했다. 해외에서 돈을 모을 수 있는 방안을 찾고, 싸고 좋은 기름을 얻기 위한 모색을 했다. 앙골라, 미국, 키르기스스탄, 중동 등과 협정도 체결했다. 2018년부터는 국민에너지로 상호를 전환, 직영주유소와 협동조합주유소를 통해 어떻게든 국민석유설립운동의 취지를 살리고자 노력했다.

이 과정에서 보건복지부장관 시절 관상동맥에 스텐트를 삽입했던 시술을 10년만에 다시 받았다. 그것도 무려 3차례나 했다.

2004년 이후부터 15~16년의 기간을 가까이서 지켜보고 함께하면서 이태복에 대한 신뢰가 굳건해졌다. 그렇기에 나도 국민석유설립운동에 상당한 액수의 투자를 했고, 지인들을 참여시켰던 것이다. 지금도 후회하지 않는다. 함께해서 기뻤고, 뿌듯했다.

그 이후로도 이태복은 내가 만나자고 하면, 급한 일이 없는 한, 나의 시덥지 않는 세평을 그대로 다 들어주었다. "그건 잘못 생각한 거야."라고 얘기할만도 한데, 이태복은 그렇지 않았다. 모른다고 면박주거나 정확히 알지 못한다고 아는 척 하지도 않았다. 초등학생 수준이면 거기에 눈높이를 맞추고, 중학생 수준이면 거기에 맞게 대하고, 대학생 수준이면 그런 상대에 맞춰 대화를 하는 그런 사람이었다. 언제나 내가 갑갑한 것이 있으면 물었고, 이내 답을 내주었다.

이태복이 작년 10월 15일부터 18일까지, 태백의 홍춘봉 기자가 장산콘도에 한번 쉬러 놀러오라고 하니 가겠냐고 물었다. 그래서 이태복 내외와 우리 내외 네 명이 같이 갔다. 해발 1,025미터 공기도 좋았지만, 편안하고 아늑한 휴식공간이었는데, 매일 저녁 홍춘봉 기자가 맛있는 먹을거리를 사갖고 와서 캠프파이어를 했다. 이태복은 캠프파이어란 걸 처음 해본다고 즐거워했고, 술을 마시지 않는 사람인데, 홍 기자가 사온 동강막걸리를 비롯해 다양한 막걸리를 음미하기도 했다. 울진 소광리 금강송 군락지에 사는 친구 이태명도 불러와서 같이 담소를 나누었던

군대 시절의 화진포 바닷가를 찾았다. 오른쪽이 필자.

그때, 참으로 좋은 사람들과 꿀 같은 휴식을 가졌었다. 당시 그는 여러 가지 고민과 해법을 풀려는 생각에 휴식시간을 가졌던 것임을 난 잘 알고 있었다.

세상에서 마지막 숨을 거둘 때까지 그가 놓지 않았던 생각과 실천 그리고 다짐. 그것은 어렵고 힘든 이들을 돕고, 나라 발전을 위해 최선을 다하는 것, 통일을 위해 노력하는 것이다. 동부전선 맨 위쪽. DMZ에서 북녘 땅과 동해바다를 바라보며 이태복은 '고래사냥' 노래를 줄곧 부르곤 했었다. "자, 떠나자 동해바다로… 고래 잡으러…" 갈라진 대치선에 젊음을 바쳐야 했던 우리의 역사적 현실에 목놓아 울기도 많이 울었다.

이태복은 정겹게 나를 언제나 "쫄병"이라고 했다. "헤이, 쫄병."

난 아직도 상고참 이태복을 떠나보내지 못했다. 아마도 영영 보내지 못할 것 같다.

이태복이라
믿는다

든든한 길잡이이자 버팀목

감창규

(나눔교회 담임목사, 기억과 평화 이사장)

이태복 장관을 알게 된 것은 1980년 초다. 서점에서 그가 낸 광민사의 책 『프랑스노동운동사』 『독일노동운동사』를 읽고 많은 영향을 받았다. 그는 민주화를 위해서 헌신한 사람이었고 내가 믿을 수 있는 사람 중에 손가락 안에 꼽혔다.

이태복 전 장관이 감옥에 갔을 때 우리는 충남 천북에 살고 계시는 어머니를 찾아뵌 적이 있다. 시골길을 걸어 낮은 산 아래 집들이 옹기종기 모여 있는데, 마당으로 들어선 우리를 반갑게 맞아주셨다. '귀한 손님'이라시며, 우리의 손을 잡아주셨다.

그 이후 어머니는 서울 기독교회관 목요집회와 양심수를 후원하는 기도회에서 자주 뵈었다. 어느 날은 이해동 목사 사모님, 박영숙 여사와 대한문 처마 밑에서 시위를 하고 계셨다. 1985년도라고 기억되는데 이렇게 오랜 세월 감옥에 있을 줄 몰랐다며 눈물짓던 선한 모습이 눈에 어

2007년 4월 25일 5대운동본부 발대식. 맨 오른쪽이 필자.

른거린다.

1990년 쯤, 띠지에 주소를 타자기로 인쇄하여 붙여 노동자신문을 보내던 정진동 목사가 있었는데 이태복 형에 대해서 너무나 잘 알고 있었다. 나도 노동자신문에 발기인으로 돈을 내고 신문을 구독했었다. 거기에 실리는 뉴스들은 어디에도 나오지 않았던 노동자들의 투쟁과 삶의 이야기였다. 노동자신문이 발행되고 1년이 지나서 청주 도시산업선교회에 방문한 이태복 형을 처음 뵈었다. 넉넉한 웃음에 입가에는 현 정세를 비롯해 신기하고 즐거운 이야기들이 주저리주저리 매달려 있었다. 짜장면을 한 그릇씩 배달하여 먹고 헤어졌다.

그러다가 이태복 형이 장관을 그만두고 5대운동을 할 때 다시 만났으니 세월이 흘렀다. 당시 청주 YMCA 강당을 가득 채워 충북 발기인대회를 하고 거리 캠페인도 하였다. 그리고 국민석유를 한다고 서울 사무실로 불렀다. 많은 액수의 모금을 했지만 허가가 나올 턱이 없었다. 인간의대지에서 후원받은 스케치북을 500~1,000권 교회로 보내주어 시골학교에 후원하기도 했다.

이태복 장관은 내게 생명의 은인과도 같다. 2007년 여름 급성간농양으로 극심한 고통과 건강 악화가 왔을 때 충북대학 병원에서 서울 아산중앙병원으로 긴급 이송되도록 급하게 손을 쓰셔서 다행하게도 죽음 직전에 목숨을 구할 수가 있었다. 이태복 장관님께서 아산병원 이사장과 통화를 해서 나의 생명을 구한 것이다. 29일 만에 퇴원해 통원치료를 하게 되었고, 그때마다 비타민 영양제를 보내주셨고 위로의 전화도 여러 번 하셨다.

몸을 회복한 이후 이태복 형과 자주 만나서 돌아가는 상황을 점검하고 앞으로 시민사회 종교세력들이 어떻게 활동해야 하는가에 대해서 많은 논의를 나눴다. 서울역 4층 그릴에서 한 달에 여러 번 만날 때도 있었다. 특히 2017년 촛불의 힘과 노력이 허사가 되지 않아야 한다는 주장도 하셨고, 앞으로 어떤 일을 해나가야 현 정부 이후의 불행사태에 대해 대비할지에 대해서도 의논을 했었다.

결과적으로 이태복 형의 말씀은 정확하게 맞아떨어졌다. 최근 정국을 보면서 생존해 계셨다면 여러 가지 대안을 내놓았을 텐데 안타까움이 더해진다.

서울역에서 한 달에 두세 번 만날 때만 해도 건강하셨고, 오히려 늘 나를 걱정해주셨다. 그때 말씀을 나누었던 토양오염 제거기가 지금은 완성되어 만들어졌다. 울산에서 실험에 성공하여 실용 단계에 들어가

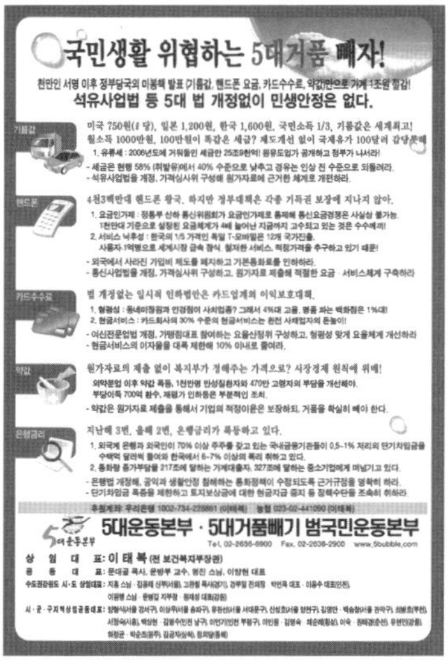

국민생활 위협하는 5대거품 빼자!

천만인 서명 이후 정부당국의 미봉책 발표 (기름값, 핸드폰 요금, 카드수수료, 약값)만으로 가계 1조원 절감!

석유사업법 등 5대 법 개정없이 민생안정은 없다.

기름값

미국 750원(ℓ당), 일본 1,200원, 한국 1,600원. 국민소득 1/3, 기름값은 세계최고!
월소득 1000만원, 100만원이 똑같은 세금? 제도개선 없이 국제유가 100달러 감당못해
1. 유류세 : 2006년도에 거둬들인 세금만 25조9천억! 원유도입가 공개하고 정부가 나서라!
- 세금은 현행 58% (휘발유)에서 40% 수준으로 낮추고 경유는 인상 전 수준으로 되돌려라.
- 석유사업법을 개정, 가격심사위 구성해 원가자료에 근거한 체계로 개편하라.

핸드폰

4천3백만대 핸드폰 왕국. 하지만 정부대책은 각종 기득권 보장에 지나지 않아.
1. 요금인가제 : 정통부 산하 통신위원회가 요금인가제로 통제해 통신요금경쟁은 사실상 불가능.
1천만대 기준으로 설정된 요금체계가 4배 늘어난 지금까지 고수되고 있는 것은 수수께끼!
2. 서비스 낙후성 : 한국의 1/5 가격인 독일 T-모바일은 12개 국가진출.
사용자 1억명으로 세계시장 급속 잠식. 철저한 서비스, 적정가격을 추구하고 있기 때문!
- 외국에서 사라진 가입비 제도를 폐지하고 기본통화료를 인하하라.
- 통신사업법을 개정, 가격심사위 구성하고, 원가자료 제출해 적절한 요금 · 서비스체계 구축하라

카드수수료

법 개정없는 일시적 인하방안은 카드업계의 이익보호대책.
1. 형평성 : 동네미장원과 안경점이 사치업종? 그래서 4%대 고율, 명품 파는 백화점은 1%대!
2. 현금서비스 : 카드회사의 30% 수준의 현금서비스는 완전 사채업자의 돈놀이!
- 여신전문업법 개정, 가맹점대표 참여하는 요율산정위 구성하고, 형평성 맞게 요율체계 개선하라
- 현금서비스의 이자율을 대폭 제한해 10% 이내로 줄여라.

약값

원가자료의 제출 없이 복지부가 정해주는 가격으로? 시장경제 원칙에 위배!
의약분업 이후 약값 폭등, 1천만명 만성질환자와 470만 고령자의 부담을 개선해야.
부당이득 700억 환수, 제약가 인하등은 부분적인 조치.
- 약값은 원가자료 제출을 통해서 기업의 적정이윤은 보장하되, 거품을 확실히 빼야 한다.

은행금리

지난해 3번, 올해 2번, 은행금리가 폭등하고 있다.
1. 외국계 은행과 외국인이 70% 이상 주주를 갖고 있는 국내금융기관들이 0.5~1% 저리의 단기차입금을 수백억 달러씩 들여와 한국에서 6~7% 이상의 폭리 취하고 있다.
2. 통화량 증가부담을 217조에 달하는 가계대출자, 327조에 달하는 중소기업에게 떠넘기고 있다.
- 은행법 개정해, 공익과 생활안정 침해하는 통화정책이 수정되도록 근거규정을 명확히 하라.
- 단기차입금 폭증을 제한하고 토지보상금에 대한 현금지급 중지 등 정책수단을 조속히 취하라.

후원계좌: 우리은행 1002-734-228881 (이태복)　농협 023-02-441090 (이태복)

5대운동본부 · 5대거품빼기 범국민운동본부

Tel. 02-2636-6900　Fax. 02-2636-2900　www.5bubble.com

상 임 대 표: 이 태 복 (전 보건복지부장관)

공 동 대 표: 문대골 목사, 윤방부 교수, 명진 스님, 이향헌 대표

5대거품빼기운동 팜플렛.

게 되었다. 살아계셨다면 참으로 기뻐하셨을 것이다. 가슴이 아프다. 이태복 형은 경제, 정치, 사회, 역사, 복지, 환경 등 모르시는 영역이 없으셨다. 그래서 뭐든 물으면 소상히 알려주고, 해야 할 바도 가르쳐주셨다.

항상 민주화 투쟁의 길에서 '길잡이'가 되셨고, 앞장서시면서 든든한 '버팀목'이 되셨던 장관님, 마지막까지 광주 5·18정신을 심어주셨던 이태복 장관님, 고통 없이 떠나셨으니 하늘나라에서 평화를 누리실 것이라 믿는다.

이태복이라는 이름은 역사에 지워지지 않을 것이다. 따르는 동지들이 있고, 함께 살아온 과거가 말해주기 때문이다. 목회자로서 영원한 하나님 나라에서 영혼의 복된 축복과 안녕을 기원한다.

이태복이라
믿 는 다

흰 머리에 가슴 뜨거운 청년

한용걸
(신부, 함께 걷는 길벗회 이사장)

편히 잠드시라, 나의 영웅이여.

2021년 12월 3일 이태복 장관님이 돌아가셨다. 그분을 아끼고 존경하던 많은 분의 위로와 조문이 줄을 이었다. 나도 그들 대열에 끼어 있었지만 실감이 나지 않았다. 거짓말 같은 사실이었다. 위로의 예와 염을 갖출 마음의 여유도 없이 허둥지둥 정신없이 망월동 국립5·18민주묘지에 모셨다. 갑작스럽게 우리 곁을 떠난 님의 영혼을 위로하듯, 학이 되어 허공으로 날아가는 장관님을 뒤로 하고 텅 빈 마음으로 돌아왔다.

젊은 날 나는 장관님이 설립한 광민사에서 발행한 책 『노동의 역사』, 『노동의 철학』을 보며 노동자를 알게 되었고, 대학 시절 공장 활동을 경험하며 노동운동의 필요성을 자각하게 되었다.

하지만 장관님을 직접 뵌 건 감옥살이하던 시절도 아니요, 치열한 노동운동과 학생운동의 과정에서도 아니었다. 공직에서 물러나신 뒤 석유회사를 설립하여 국민에게 싼값의 석유를 공급하시겠다며 국민석유 설립 운동을 한창 하실 때 강원도 춘천에서였다. 지인의 소개로 처음 만나 뵙고 첫눈에 범상치 않은 분이심을 느꼈다.

흰머리를 한 '가슴 뜨거운 청년'이셨다. 국민석유를 만들어 싼값에 기름을 국민에게 전해드리자는 말씀에 미력하나마 돕겠다고 말씀드렸다. 그러고 나서 얼마 후 기독교계 언론에 국민석유를 소개하고 알리는 역할을 했다. 첫 번째 기자회견에 기독교 텔레비전 방송들과 기독교계 신문이 거의 다 국민석유 기자회견에 참석해 취재와 보도를 해주었다.

그 후 나는 장관님으로부터 당신의 자서전인 한 권의 책을 받게 되었다. 그날 밤 밤새워 책을 다 읽고는 감동적인 인간승리의 전형을 보았다. 특별히 악명 높은 고문 경찰에게서 받은 고문의 상처와 파괴된 인권을 용서한 그의 대인군자 마음에 다시 한번 놀랐다. 증오를 용서로 승화시킨 아름다운 사람의 이야기다.

죽음보다 고통스러운 고문 앞에서 다 부서진 육체를 끌고 사형을 구형받고 이어진 무기 선고 그리고 칠 년 사 개월의 감옥살이가 그의 인생

섬김의 집, 함께 걷는 길벗회 등 필자가 운영하는 법인에 늘 찾아와 격려해주었다.

을 고초와 역경으로 내몰았지만 끝내 무너지지 않고 다시 일어선 사람이었다. 그리고 우뚝 다시 서서 노동하는 인간의 존엄을 보여주셨다.

출소 후 장관님이 가신 곳은 가장 낮은 곳, 어렵고 소외받는 노동자들 곁이었다. 노동자신문, 노동일보, 10여 년이 넘는 국내 최초로 노동자언론의 깃발을 드신 분이시다. 특히 국가부도 상태에 있던 IMF시절의 위기를 극복하기 위한 방안으로 매일매일 신문을 낼 필요성이 있어서 노동일보로 전환했다고 한다. '노동자와 국민대중을 하나로'라는 캐치프레이즈를 내걸고 매일 16면의 지면을 채워냈으니 얼마나 힘겨웠을까.

수많은 기억이 떠오른다. 두 번의 몽골과 시베리아 바이칼 올혼섬 여행, 이르쿠츠크 북해호텔 앞 안개가 낀 안가라강의 기억, 이르쿠츠크서 바이칼의 올혼섬까지 가던 중 끝없이 펼쳐진 자작나무 길, 광활했던 시베리아 벌판들, 그 속에서 고갯마루마다 서 있던 어워를 에워 돌며 그 위에 동전을 올려두고 소박한 소원을 빌던 분이셨다.

올혼섬의 밤과, 새벽 호수와 올혼섬 끝 심해의 바이칼호 북단의 가마우지 떼들, 안가라강으로 흘러가던 바이칼의 물을 바라보던 라트비앙카 언덕, 그 위에서 장관님과 함께 보았던 수많았던 기억들.

러시아 이르쿠츠크에서 기차를 타고 몽골의 울란바토르로 넘어오던 밤, 기차 안에서 나누었던 앞으로 해야 할 많은 일들, 몽골 사막에 나무를 심던 푸른 아시아 몽골지부에 들러 한국인 지부장에게 현지에서 수고하신다고 처음 본 이에게도 비용을 쥐여 주시며 격려하시던 넉넉했던 어른.

게르에서 쉬며 밤하늘을 바라보던 테렐지 국립공원의 밤, 고비사막 가까이 카라코룸에서의 하루, 그리고 서아시아 형제들 나라를 방문할 때 이야기를 나누던 일….

2012년 11월 15일 5차 확대회의. 대전역사 5층 경희실에서 가졌다. 필자는 앞줄 오른쪽에서 두 번째.

우리는 왜 잊혀진 형제들을 만나야 하는지, 우리 민족의 시원과 뿌리가 어디까지 닿아 있는지, 고대사에 대한 끊임없는 해설과 해박한 지식은 결코 내가 따라가지 못할 영역이었다.

2013년 강원도 화천 장애인 시설 준공식부터 우리 법인행사에는 언제나 누구보다 먼저 달려오셔서 격려해주시고 뒷배로 든든히 서 계시던 분, 섬김의 집에도, 제물포 밥집에도 누구보다 먼저 직접 오셔서 격려해주시던 분, 돌아가시기 직전 가을날 오대산 월정사 아래 조정래 김초혜 선생님 집필실에서 나누었던 귀한 대화들.

북한에 의약품 보내기, 길벗회 약품 지원을 비롯한 인연을 맺었던 10여 년 동안 이루 말할 수 없이 많은 관심과 배려를 보내주셨다. 심지어 개인적인 일에도 반드시 오셔서 격려해주시던 자상한 큰형님이셨다.

때로 아버지처럼 큰형님처럼 선생님처럼 다정하게 불러 주시며 우정을 나눠 주셨다. 전철을 타고 신도림역을 지날 때 장관님이 계신 사무실, 신도림 푸르지오 건물을 바라보면 인사를 하고 싶어서 멀리서 안부를 묻기도 했다. 서울을 쳐다보면 왠지 든든하고 나의 '뒷배'로 계신 듯하여 마음이 놓이고 푸근해 했었다.

돌아가시기 얼마 전 홍대에서 만나자는 급전이 왔다. 무슨 일인가 싶어 나갔더니 마지막으로 당신이 국가에 봉사할 수 있는 뜻을 밝히셨다. 잠시 생각했지만, "당신 하시고 싶은 것을 다 하시라."는 게 나의 대답이었다. 결국 뜻이 이루어지지 못했지만, 당신은 세상을 떠나기 직전까지 나라와 민족을 생각하는 큰 선각자셨다.

9월 12일이던가, 평소 페이스북을 사용하지 않는 것으로 알고 있었는데 대문에 장관님 글이 떴다. "용걸님은 내게 천사입니다. 이태복." 깜짝 놀랐다. 내가 장관님에게 그런 존재라니. 그렇게 나를 사랑하고 아껴주신 분이다.

당신의 고통을 자유와 정의와 진리를 위해 승화시킨 사람, 성숙하고 아름다운 사람이 되어 우리 곁에 서 있다가 홀연히 떠나간 사람, 인간 이태복. 대인군자셨다. 모든 역경을 딛고 역사 위에 우뚝 서서 뚜벅뚜벅 민중과 역사 위를 올곧게 걸어간 사람, 그리고 따뜻하게 손을 잡아주시어 지치지 않도록 격려해주시던 대형(大兄), '따거'셨다.

그리운 장관님.

누가 있어 장관님처럼 나의 외로운 길을 인정해주고 보듬어 줄까! 고아가 된 기분이다. 나침판을 잃어버린 항해사의 마음이랄까….

내 마음속 큰 산이었던 분,

인자하신 품성 따라 굳센 의지 따라 배워 이 길을 걸어가리니….

편히 잠드시라, 나의 마지막 영웅이여!

이태복이라
믿 는 다

줄기차게 앞장선 '민생개혁가'

원재성
(횡성포럼 대표)

장관님이 우리 곁을 떠나신 지 1년이 되어 가는데 아직도 실감이 나지 않는다. 당장이라도 전화벨이 울리고 "원 동지, 월정사 갈까?" 하실 것만 같다. 최근 몇 년은 조정래 작가님이 월정사로 오신 탓도 있어서인지 월정사를 자주 찾으셨다. 또 장관님은 강원도에 오실 일이 있으시면 늘 전화로 소식을 전하곤 하셨다.

나에겐 장관님이 강원도를 많이 사랑하시는구나, 하는 느낌을 주실 때가 참 많았다. 5,000권이 넘는 우수도서를 보내주셔서 농촌지역의 작은 도서관을 채울 수 있었고, 아이들의 꿈을 그릴 수 있는 스케치북을 보내주셔서 원주, 평창 등 인근 지역아동센터에 전달할 수 있었다.

장관님과의 첫 인연은 2007년 늦은 가을쯤으로 기억된다. 서울 활동을 접고 고향 원주에 내려와 활동하고 계시던 이창복 선생님의 부름으로 시작되었다. "원 동지, 서울서 훌륭하신 분이 오시니 같이 만납시다." 장관님이 5대거품빼기 범국민운동을 시작하시며, 열악한 강원조직을 만들기 위해 찾아온 자리였다.

솔직히 장관님과의 첫 만남은 부담 그 자체였다. 농사를 지으며 농민운동과 지엽적인 환경운동을 하던 나에게 장관님이 하시는 서민경제를 살리기 위한 5대거품빼기운동은 감당하기 버거운 일이라 생각했기 때문이었다.

그런데 생활품목 5가지, 기름값, 휴대전화 요금, 카드수수료, 약값, 은행의 예대마진 등을 자세히 들여다보니, 생활에 꼭 필요한 품목일 뿐만 아니라 더 중요한 독점대기업의 독점이윤 문제를 제기한 것이었다. 기업의 수익구조를 살펴서 그 가격이 과연 적절하고 공정한가, 정부가 타성적으로 가격담합을 묵인하고 있는 것은 아닌가, 원가는 얼마인데 왜 공개하지 않는가, 20%가 넘는 폭리를 취하고 있는 구조를 왜 방치하고 있는가 등의 비판이었다.

결과적으로 독과점구조의 문제를 해결하지 않고서는 '경제민주화'는 이뤄지지 않는다는 상황판단이었다.

2012년 8월 30일 국민석유 인터넷 약정액 400억 돌파 기념 확대간부회의. 오른쪽 두 번째가 필자.

강원도에서도 서명운동을 시작했다. 월정사 원행 큰스님, 이무승 원장님, 강릉의 유현민, 김미희 시의원, 춘천의 신용봉 선배 등등 많은 분들의 적극적인 참여로 성과가 컸다. 이태복 장관님은 강원도의 축제장에 오셔서 홍보물을 돌리고 서명을 받는 일에 누구보다 열심이셨다.

5대거품빼기운동은 그간 시민운동이나 인텔리 중심의 소비자고발운동하고는 그 내용을 달리했다. 장관님은 대중단체와 일반국민이 지역, 이념, 연령, 남녀, 계층 구분 없이 모두 참여하여 운동하는 진정한 국민대중운동이 되어야 비로소 5대거품빼기운동이 구체적 성과를 가져올 수 있다고 믿으셨다. 실제로 생각이 보수적인 사람도 적극 참여했고, 필요한 운동이라는 인식이 확산됐다.

개혁운동을 하더라도 이태복 장관이 펼치는 내용과 방법은 이렇게 달랐다. 1년 동안 활동하니 카드수수료부터 내리기 시작하더니 5대품목에서 가격인하가 되었고, 약 2조 원의 절감성과를 가져왔다.

노인틀니 건강보험 적용 캠페인도 마찬가지다. 그동안 노인틀니에 대한 건강보험 적용논의가 무성했다가 구체화되지 못한 가장 큰 원인은 재정부담 때문이었다. 정부는 최대 4조 원의 추가부담을 감당할 수 없다는 이유로 번번이 거부해왔다. 하지만 그 문제를 바라보는 관점과 계산방법을 바꾸면 얼마든지 추가부담 없이 가능하다는 것을 이태복 장관은 잘 알고 있었다.

4조 원이 아니라 1조 원 정도면 노인틀니의 재정문제를 해결할 수 있고, 보험료의 추가부담 없이도 가능하다며 그 방법도 제시했다. 그런 점이 이태복 장관의 장점이자 특기였고, 이는 현장에 대한 구체적인 상황을 알기에 가능한 해법이었다. 노인틀니 건강보험 적용 캠페인을 벌인지 1년도 되기 전에 정부는 시행하겠다고 발표했다. 단, 우리 주장대로

65세가 아니라 75세부터 시작한 점이 안타까웠지만, 지금은 65세 이상으로 집행되고 있다.

기름값은 오르내기를 반복하면서 별 효과를 보이지 않자, 기름값 하나에 집중하되, 소비자운동에서 소비자주권운동으로 전환해서 소비자들이 직접 공급자가 되자는 20% 싼 기름을 위한 국민석유 설립운동을 전개했다. 1인1주갖기 운동을 했지만, 인터넷 상에서 약정운동을 벌여서 전국민 홍보도 전개하고, 실제 가능한지를 가늠해볼 수 있는 단계들을 차분히 밟아나갔다.

도전하되, 상황에 맞추어 조건을 만들고, 방법을 찾아나간 것이다. 4대 정유회사를 비롯한 언론, 금감원 등의 방해공작으로 실패했지만, 이태복 장관은 개의치 않으셨다. 그 상황에 꼭 해야만 한다면, 가능성을 넓히면서 전진했다.

더 놀라운 것은 5대거품빼기운동이 어느 순간에 불쑥 튀어나온 아이디어가 아니었다. 장관님은 2005년 1월부터 매주 1편씩 새벽편지를 써서 사람들에게 이메일로 보냈다. 경제는 물론이고, 외교, 통일, 사회, 역사, 보건복지, 인물, 기행 등 곳곳의 세상 돌아가는 그때그때의 현안문제와 이면의 이치를 분석하고 대안을 제시한 것이 253편이나 된다. 매주 1편씩 1년이면, 48편이다. 그것을 5년 넘게 한 주도 빠짐없이 썼으니…. 그의 끈기와 열정은 탄복할 만했다. 그런 고민과 노력에서 5대거품빼기운동이나 민생개혁을 위한 다양한 활동들이 나오게 된 것이다.

개인적으로 잊지 못하는 일화가 있다. 5대거품빼기 천만인 서명운동을 위한 서울운현궁 홍보행사, 천안종합터미널 앞 홍보전, 인제용대리 만해마을 행사 등에서 더위에 약한 내 모습을 보시곤 "조국과 민족을

2021년 6월13일 필자와 함께 강릉 바다를 보며 스트레스가 시원하게 풀린다고 좋아하셨다.

위한 일도 건강이 뒷받침되어야 하는 것"이라며 직접 한의원으로 데려가 약을 지어 주시기도 하셨다. 나중에 한의원 교수님을 통해 알게 된 일이지만 그 약은 심복자 교수님이 드시려 예약했던 것인데 땀을 많이 흘리는 내가 안타까워 나를 올라오라 해서 직접 한의원으로 끌고 가신 것이었다. 매사에 장관님은 가족보다는 동지와 국가를 먼저 생각하셨다. 지금 다시 생각하니 가슴이 먹먹하다.

장관님은 '민생'을 가장 으뜸으로 하여 국민생활을 안정시키며, 분열된 사회를 하나로 모으고, 분단된 조국이 아닌 하나된 통일조국을 염원하셨고, 그것이 장관님의 삶의 목표셨다. 이제 남은 우리들은 장관님의 뜻과 유지를 잘 받들어 대한민국의 미래와 희망을 열어가야 한다.

'하늘을 받들고 이 세상을 열어서 인간세계를 밝게 만들자'는 천일(天日) 이태복 장관님을 생각하며 실사구시 정신으로 최선을 다할 것을 다짐한다.

이태복이라
믿 는 다

천하위민(天下爲民)의 리더

박익규
(혜전대 사회복지학과 겸임교수)

당신이 우리 곁을 떠나신지 벌써 1년이 다 되어갑니다. 찾아뵈려 해도 볼 수 없어서 한없이 그립고, 우리 시민의 삶의 질 향상을 위한 열정을 더 불태워야 하는데 여기서 멈추게 되니 마냥 아쉽고 슬프기까지 합니다.

이태복 장관님과 함께 2007년 3월부터 5대운동·5대 거품빼기 시민사회 운동을 한 시간은 잊을 수 없는 좋은 추억이자 소중한 경험이었습니다. 특히 2007년 12월에 태안 앞바다를 검게 뒤덮었던 국내 최대의 기름유출사고에 태안 앞바다와 보령 삽시도에서 기름때 제거 작업에 자원봉사자와 함께 참여한 봉사활동은 큰 보람이었습니다.

다양한 시민사회 활동을 통하여 이태복 장관님을 가까이에서 보고 경험했던 부분을 새삼 되새기면서 먼저 가신 당신을 마음을 다해 추모하고자 합니다.

태안기름띠 제거작업 5차 봉사 중. 2차는 보령 삽시도에서 2007년 12월 28일에 300여 명이 참여했다. 필자는 왼쪽 첫 번째.

첫째, 사람에 대하여 진정성 있는 관심을 가지고 있는 사람입니다. 어떤 사람이든 누구나 가까이하려 하고 어떤 내용이든 경청하며 다정한 미소로 지지해주는 사람이었습니다.

둘째, 모든 사람에게 늘 마음을 여는 사람입니다. 남녀노소 누구에게나 진심으로 다가가고, 늘 시민의 삶이 어떻게 하면 향상될까 노심초사하는 마음을 볼 수 있었습니다.

셋째, 우리 사회 어려운 이웃의 필요를 충족시키기 위하여 부단히 주는-제공하는 마음을 실천한 행동가입니다. 다양한 시민사회의 자원봉사 활동은 우리 시민이 생활에 필요로 하는 부분을 채우기 위한 노력이었습니다.

넷째, 이태복 장관님은 말과 행동에 대하여 책임을 다하는 사람이었습니다. 우리 사회 허황된 말만 무성하고 행동은 따로 하는 것을 종종 볼 수 있습니다. 그러나 언제나 언행이 정확히 일치한 진실한 사람입니다.

다섯째, 사람을 가리지 않고 존중과 존경하는 마음을 가슴 깊이 가지

2007년 11월 7일 광화문 우체국 앞에서 2차 5대거품빼기운동 촛불집회. 서울을 비롯, 광주, 강원, 인천 전국 동시 개최를 했다. 필자는 오른쪽.

고 있는 사람입니다. 사람의 자유와 인권을 중시한, 사람을 늘 존중하고 존경하는 마음을 실천한 인권운동가라고 할 수 있을 것입니다.

이태복 장관님과 함께 5대 운동본부 등 시민사회 활동을 통하여 확인한 것처럼 장관님은 오직 위민(爲民), 백성을 위하는 마음이 지극한 사람이라는 것을 자신있게 밝힐 수 있습니다. 우리 국민의 생활을 개선하기 위하여 부단히도 고민하고 노력한 순수한 사람이었습니다. 이태복 장관님의 삶의 전 생애를 돌아볼 때 오로지 시민을 사랑하는 마음이 가득했던 사람입니다. 그리고 사랑하는 마음을 사람이 있는 현장에서 섬기는 자세로 직접 실천한 사람이었습니다.

우리 사회의 리더(지도자)는 우리의 사회문제 해결을 전문적으로 잘하는 사람입니다. 이러한 차원에서 볼 때 이태복 장관님은 우리 시대의 진정한 리더라고 할 수 있습니다.

우리 사회의 큰 어른이자 지도자인 이태복 장관님이 우리 곁에 없다는 것이 아직 실감이 나지 않지만, 우리 사회의 문제를 어떻게 해야 하

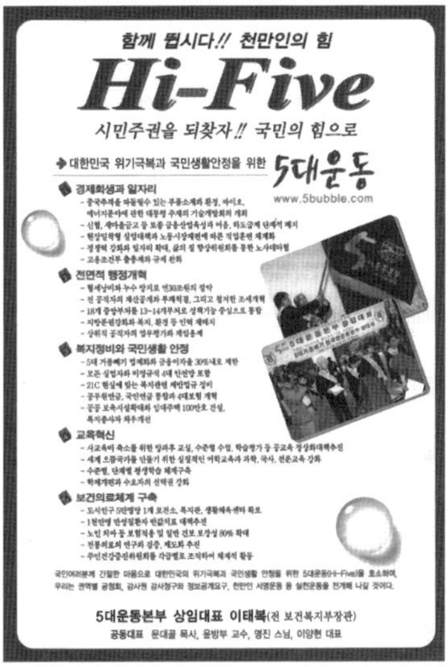

5대운동 팜플렛.

는지에 대한 혜안과 희망을 묻고 싶을 때 볼 수 없다는 것이 가장 큰 아쉬움이자 슬픔일 것입니다. 내 마음의 큰 별이 갑자기 떨어졌습니다.

그러나 당신이 꿈꾼 세상, 부단히도 열정을 다했던 당신의 멋진 정신은 오롯이 내 마음속에 굳건히 자리 잡고 있다는 것을 새롭게 알게 되었습니다.

이태복 장관님! 존경하고 사랑합니다!

이태복이라
믿 는 다

꿈은 이뤄진다는 강한 신념

이만복
(호서대 기계공학부 전 교수)

20여 년 전 매스컴에 '보건복지부 이태복 장관'이란 호칭이 오를 때 순간적으로 한산 이씨일지도 모른다는 생각을 했었다. 인터넷 검색어 '이태복'에서 예상치 못한 기록을 발견하고 한산 이씨에 대한 자부심과 긍지를 느꼈었다.

부모나 가족을 위한 희생이 아니라, 사회나 국가를 위한 대의로 자신을 희생할 수 있는 각오는 아무나 가질 수 없는 고귀한 철학과 의지가 있어야 한다. 또한 주위를 설득하고 그들을 규합하고 앞장서는 것은 막중한 용기와 책임, 그리고 리더십이 수반되어야 한다. 장관님의 생애에 대한 기록은 깊은 감동을 주기에 충분했고, 형용할 수 없는 고통의 순간순간을 인내하며 한계를 극복하는 초인적인 모습이었다.

얼마의 시간이 지나 '피그말리온 효과'라는 말처럼 공직에서 물러나신 후의 장관님을 직접 뵐 수 있는 기회가 현실화되었다.

5대운동본부의 운영에 대한 설명과 함께 인터넷에서만 읽었던 경험

『토정 이지함 평전』 출판기념식. 오른쪽이 필자.

담을 직접 육성으로 들으며, 어떻게 '부드러움'과 '강직함'을 동시에 지닐 수 있을까 신기했다. 나라의 발전과 국민의 안녕, 진정한 애국 충정의 소유자임을 강하게 느끼며, 깊은 인간애에 대한 공감을 가질 수 있었던 순간이었다. 그리고 희안하게도 마치 오랫동안 함께 한 관계 이상으로 친근감이 가슴 속에 깊이 각인되었다.

5대운동은 대기업의 독점적 이익을 국민에게 조금이라도 나눌 수 있게 하기 위한 운동이었다. 호랑이를 잡기 위해서는 호랑이굴 속에 들어가야 하듯이, 나라를 바로 세우려면 제대로 정치가 이루어져야 하고, 정치판을 새롭게 세우려면 직접 그 속으로 뛰어들어야 함에도 장관님은 교언영색과 후안무치의 소굴에서 함께 어울릴 수 있는 분이 아니셨다.

언젠가는 장관님 같은 분이 다시 나라를 바로 세우는 데 등용되시리라 기대했으나, 상황은 매우 유감스럽게 흘러갔다.

장관님은 그런 나의 생각을 별로 주목하지 않으셨다. 그럴 수도, 그렇지 않을 수도 있다 생각하셨고, 오히려 코앞에 놓인 민생 문제에 주력

〈국민께 드리는 호소문〉 기자회견. 2008년 11월 4일 프레스센터 19층 국화실. 뒷줄 왼쪽이 필자.

하셨다. 주)국민석유. 턱없이 부족한 자금으로라도 국민을 위한 전환점을 만들기 위해 키르기스스탄과 카자흐스탄, 그리고 대만의 주요 관계자들을 만나며 더 싼 기름을 공급할 수 있도록 하기 위해 분투하셨던 곁에서 보기에 안타깝고 처연했던 시절이 가슴 시리다.

그렇지만 늘 장관님은 긍정적으로 생각하시며 꿈은 반드시 이루어진다는 강한 신념을 가지셨다.

아직도 신도림역을 지나칠 때 잠시 내려 사무실에 들르면 "이 교수, 어서 와~" 하시며 반갑게 맞아주시는 장관님의 모습과 음성을 보고 들을 수 있을 것만 같다.

여전히 전국 곳곳을 다니시면서 사람들을 설득하고, 힘을 규합하고 일을 만들고 계실 것만 같다. 잠시 눈 앞에 안 계실 뿐, 불쑥 "시간 되면 언제고 와."하시며 전화를 걸어오실 것만 같다.

늘 미소를 지으시며 기다리고 계시는 인간내음 짙은 분이시니까….

'시대정신'을 실천한 선구자

윤석진
(전 월간중앙 부장)

이태복 전 장관을 처음 만났을 때 눈에서 '별'을 느꼈다. '형형(炯炯)한 눈빛'이었다. 세상을 향한 분노가 담겨 있는 듯했다. 솔직히 매섭기까지 했다. 그 눈빛이 지금껏 강렬한 기억으로 남아 있다.

이태복과 첫 대면은 벌써 30여 년 전 일이다. 1988년 10월 이른바 '빵'에서 나온 지 얼마 안 되어서였다.

운동권 '거물'인 이태복은 여러모로 당시 내겐 놓칠 수 없는 취재원이었다. 나는 이태복이 석방된 그해 그 달에 '월간중앙'에 갓 입사했던 신출내기 기자였다. 국민들의 '민주화' '자유화' 욕구가 거세게 곳곳에서 분출했던 노태우 정권 초기였다. 1980년 전두환 신군부에 의해 강제 폐간됐던 '월간중앙'도 그 바람을 타고 8년여 만에 복간된 지 얼마 되지 않았었다. 당시 월간중앙은 대표적인 '보수 언론'으로 꼽히던 중앙일보와 색깔이 많이 달랐다. 사내에서 일종의 '해방구' 같았고, 타칭 '빨갱이' 집합소로 통했다.

당시 숱한 운동권 인사들이 월간중앙 기사 속 주인공으로 대거 등장했다. 중앙일보에서 발행하던 매체치고는 "참 별나다"는 소리를 많이 들었었다. 입사하자마자 '부산미문화원 방화 사건'의 문부식의 옥중시를 단독 입수해 실었다가 회사에서 쫓겨날 뻔했다. 백기완 선생의 '충격적 소감'으로 채워진 생애 첫 '미국방문기'를 용감하게 게재한 뒤 문패를 내릴 뻔도 했다.

월간중앙엔 운동권 출신 선배들이 아주 많았다. 흡사 중앙일보 사내에 있는 운동권 출신 기자들을 끌어 모아놓은 분위기였다. 기라성 같은 그 선배들이 튼튼한 버팀목 역할을 해줘 젊은 우리들은 신바람을 낼 수 있었다. 운동권 관련 기사들을 더 많이 발굴해, 더 자주 쓰라고 강요(?)했다. 심지어 나에게는 운동권 '전문' 또는 '전담' 기자처럼 미션을 주었다. 그랬으니 '이태복' 그 분은 어떤 식으로든 반드시, 자주 만나야 할 취재원이었다.

내가 그를 꼭 만나고 싶다고 했을 때 선경식 선배는 주선자로 선뜻 나서 주었다. 이태복 이름이 편집회의에서 거론되자 선 기자는 '잘 아는 사이'라고 귀띔 하면서 기사쓰기를 내게 양보했다.

처음 만난 이태복은 나를 여러 번 놀라게 했다. 뚜렷이 기억나는 건 우선 목소리가 부드러웠다. 그리고 말하는 게 차분했다. 한 마디 한 마디가 합리적으로 들렸다. 당연하지만 설득력이 넘쳤다. 이태복의 말은 그렇게 내 가슴 속을 파고들었다. '열혈 투사'라는 내 선입견이 여지없이 무너지는 순간을 그때 경험했다.

이태복의 합리적, 균형적인 사고는 10여 년이 흐른 뒤 인터뷰 자리에서도 다시 확인할 수 있었다. 김대중 정부 시절인 2001년 봄 '복지노동수석비서관'으로 청와대에 입성한 직후였다.

필자.

청와대 입성후 첫 단독 인터뷰

이태복

대통령 복지노동 수석비서관

50평생을 노동자와 함께 살아온 이태복 수석. 그가 정권의 핵심인 청와대에 입성해 전혀 새로운 '노동'을 시작했다. 3년 내내 불화를 빚은 勞政의 화해와 바닥난 국민건강보험 재정문제 해결이 그의 발등에 떨어진 불이다. '실천 속에서 희망을 찾는다'는 이수석의 삶과 생각을 육성으로 듣는다.

어떤 도전도 마다않는 고독한 실천가

'인간 이태복' 심층 탐구

2001년 5월 월간중앙에 실린 단독 인터뷰 첫 페이지.

익히 알려진 대로 이태복은 평생을 '노동'을 화두로 삼아 운동을 하고, 일했다. 그랬기에 필시 노동자 편향적인 정책을 펼 것이라는 평가가 지배적이었다. 나 또한 예외가 아니었다. 그런 '우려'를 질문으로 꺼냈더니 곧바로 날아온 한 마디가 '진부'라는 단어였다. "나를 잘 모르는 분들은 한쪽 편만 들지 않겠는가 하고 의심할지 모르겠다."며 '진지하게 노동자와 사용자의 '불가분 관계'를 설명했다.

"나는 분명히 가난하고 어려운 사람들에게 애정을 갖고 있어요. 그렇지만 그 사람들의 삶의 조건을 개선하려면 국민경제가 발전해야 가능하다는 것이죠. IMF 위기 때 노동자들도 위기 극복에 동참해야 한다는 호소를 앞장서서 했던 것도 같은 맥락입니다." "어렵고 힘든 사람들의 목소리를 대변하면서도 기업의 현실, 경제의 속성을 객관적으로 잘 볼 뿐더러 좋은 대안을 내고 중재 노력을 계속해 왔다는 것을 잘 알기에 사용자 단체까지 나의 취임을 환영한 거겠죠.."

당시 사용자 단체로부터도 환영 논평이 나왔다. 전국경제인연합회

손병두 부회장은 "그동안 재야운동을 많이 했지만 합리적 식견을 갖고 계신 분"이라며 "너무 잘된 일"이라고 호평했다. 경영자총연합회의 조남홍 부회장 역시 "노사관계 쪽에서 오랫동안 일해 왔고, 현실과 문제점을 잘 알고 있다"고 높이 평가하며 "앞으로 노사관계의 안정과 발전에 큰 기여를 할 것"이라는 기대감을 감추지 않았다.

그 이후로 이런저런 기회에 이태복과 만나 얘기할 기회가 더러 있었다. 이태복은 좀체 자기 생각을 상대방에게 강요하지 않았다. 내가 알기에 운동권 출신들은 대체로 자기 주장이 강한 편이다. 거기까지는 좋은데 자신의 생각만이 옳다고 여기고 이를 받아들여 주기를 바라는 경우가 흔하다. 심지어 상대방에게 주입하려 나서기도 한다. '쟁쟁한' 거물일수록 그런 경향이 심한 편이다. 듣는 사람 입장에서는 거부감이 들 수밖에 없다. 자존심이 강한 사람은 옳은 말임을 알면서도 받아들이지 않는다. 상대방까지 유사한 성향이면 말씨름으로 번지기도 한다.

이태복이 보건복지부 장관까지 마친 뒤 어느 날 식사 자리에 초대를 받은 적이 있었다. 이태복의 둘도 없는 동지이자 반려자 도반이기도 한 심복자 여사까지 세 명이 그 자리를 함께 했다. 그날따라 나는 몸 상태가 썩 좋지 않았다. 술자리를 찾아다니며 매일이다시피 술에 욕심을 냈던 즈음이었다. 이태복도 나를 한눈에 파악했던 듯하다.

나는 그날 이태복이 따라주는 술잔을 피했다. 보통 이런 경우 '한 잔만 해' 시동을 걸거나 "술은 술로 풀어야 한다"는 괴담을 진담처럼 떠벌이거나 아니면 "이제 술 좀 자제해" 충고하거나 끊으라 하기 일쑤다.

그런데 이태복은 술 얘기를 입에 올리지 않았다. 기껏 "윤 차장도 갱년기를 겪고 있구만" 한 마디 하는 것에 그쳤다. 그러면서 자신이 겪었던 몸의 변화를 예를 들어 설명했다. 결론처럼 건넨 말은 "이제 건강을 챙길 때가 되었다"였다. 건강은 스스로 챙기라는 뜻이었다.

집으로 돌아와 몇 번이나 곱씹어 봤다. 내 건강을 해치는 것에 대해 처음으로 나는 내게 질문을 던졌다. 답이 금방 나왔다. 술, 담배, 운동부족. 이 중에 내가 가장 쉽게 '실천'할 수 있는 건, 술이었다. 술을 자제해야겠다고 마음 먹었다. 태어나서 처음으로 해본 생각이었다. 이태복은 '술'이란 단어를 넣지 않고도 내가 그리 변하도록 단초를 제공해 주었다. 내 몸과 심리 상태를 한 눈에 꿰뚫어 보고 있었던 것이다.

그 이후로 이태복의 드러나지 않는 '내공'에 관심을 기울였다. 이태복의 얘기를 들을 기회가 더 잦아지면서 그 '깊이'를 조금씩 알게 되었다. 그만큼 고개를 더 자주 끄덕이게 됐다. 나도 모르는 사이에 이태복의 말에 늘 '설득'을 당하고 있었던 것이다. 좀 센 표현을 쓰면 '감화'되지 않았나 싶다. 달리 말하자면 나는 이태복의 팬이 된 셈이었다.

이태복의 그런 모습은 1980년 5월 광주민주화운동의 상징적 인물인 윤상원과 깊은 인연을 맺는 과정에서도 잘 드러난다.

전남대 복학생 윤상원을 처음 만난 것은 1977년 말 광주의 녹두서점에서였고, 두 번째 만남은 1978년 서울 경동교회에서 열렸던 행사에서다. 윤상원이 이태복에게 먼저 인사를 했더니 말쑥한 신사복 차림의 윤상원을 알아보지 못했다 한다. 연락을 다시 주면 한번 만나자는 약속만 하고 헤어졌는데, 이태복이 윤상원을 경계했던 까닭은 이른바 '프락치'들이 횡행하던 시절이었기 때문이었다.

윤상원이 그해 6월 하순 출판사인 광민사로 찾아와 이태복과 세 번째 만남이 이뤄졌다. "고민거리가 뭐냐"는 질문에 윤상원의 '고민'은 "은행에 사표를 내고 광주에 내려가 현장운동에 뛰어들고 싶은데, 의욕만 있을 뿐, 구체적으로 어찌해야 할 바를 모르겠다."는 것이었다.

둘은 인근 주점으로 자리를 옮겨 막걸리 한 병을 시켜놓고 본격 대화를 나눴다. 윤상원의 "광주의 김상윤 선배가 주도하는 학습모임에 참여해 한국사회의 구조적 모순을 인식하고 있는데, 가정형편상 은행에 취업했지만 많은 갈등과 분노가 가라앉지 않는다"는 고백이었다.

이태복은 학생운동의 경력도 풍부하지 않은 윤상원이 도대체 뭘 어떻게 하겠다는 생각인지 궁금했단다. 가정환경, 집안내력, 농사규모, 고교, 대학시절 등 주된 관심사 등 10여 가지 사항을 차례로 물었다. 이태복은 윤상원에게 "집안 형편 때문에 동생들이 성장할 때까지는 집안을 돕는 일도 마땅히 할 일"이라고 조언해 주고, 현장 경험이 여러 체험을 자기화해서 노동해방의 여러 경로를 모색하는 것이라며 어려움도 설명해 주었다고 한다.

이태복은 "그때 윤상원을 믿음직하다 생각했고, 좋은 동지로 성장하도록 지원을 아끼지 말자고 마음먹었다."고 회고했다. "현장학습조직과 야학교사모임은 서로 연관된 것이니 적극적인 활동을 하면서 결합해 나가는 게 좋겠다."는 조언을 윤상원에게 해주었다고 했다.

여기서 확인할 수 있듯 이태복은 자기 생각대로 상대방을 끌고 가는 그런 성격이 아니었다. 아무리 동지라 하더라도 자기 삶은 자신이 주체적으로 꾸려야 한다는 점을 윤상원에게 깨우쳐 준 것이다. 윤상원이 스스로 인생행로를 선택하도록 가이드를 해주는 역할을 한 것이다.

그런데 그 뒤로 윤상원이 걸어간 길을 되짚어 보면 이태복의 조언을 그대로 따르고 있다. 윤상원은 그해 7월 10일 남들이 보기에 '번듯한' 은행을 그만둔다. 이어 10월 25일 광주 광천공단에 있는 한남플라스틱 노동자로 변신한다. 아울러 노동자 대상의 야학인 광천동의 '들불야학' 교사로도 활동을 시작한다. 5·18 광주민주화운동에서 핵심 지도부 역할을 했던 '씨앗'이기도 했다.

이태복이 추구했던 삶의 가치 중 가장 중시했던 것이 '실천'이다. 윤상원은 이태복의 조언을 가장 모범적으로 실천했던 셈이다. 이를 지켜본 이태복이 윤상원을 더욱 신뢰를 하게 된 것은 당연한 일이었다. 윤상원을 1980년 5월 1일 메이데이에 인천 계산동 홍진아파트에서 '전국민주노동자연맹(약칭 전민노련)' 중앙위원회 결성식에 중앙위원으로 참여시킨 데는 그런 내력이 있었다. 윤상원은 조직 내에서 광주·전남 지역 담당 중앙위원이었다. 이태복이 한국 민주화운동의 물줄기를 바꾼 5·18 광주민주화운동 상징적 인물의 탄생에 결정적 역할을 한 셈이다.

나도 윤상원과 '특별한 인연'이 있다. 윤상원은 바로 고향 옆 동네 친구의 형이었다. 윤상원이 태어나 자란 마을 '천동(泉洞)'과 우리 마을 '창암(蒼巖)'은 가장 가까이 붙어 있는 마을이었다. 창암 아이들은 면 소재지에 있는 초등학교, 중학교를 오고 갈 때 늘 천동 마을을 지나야 했다. 천동 마을 중간을 가로질러 가는 게 지름길이였는데, 학교까지 4킬로미터 남짓 되는 꽤 먼 길이었기에 중간에 늘 목도 마르고, 배도 고팠다. 갈증은 천동 복판에 자리한 공동 우물물을 퍼마시는 것으로 달랬다. 우리는 어른들이 부르는대로 '시암(샘)골'이라고 불렀다. 그 시암골 물 맛은 최고였다. 특히 여름에 그 시원함이란 냉장고에서 꺼낸 물에 버금갔다.

문제는 배고픔이다. 시암골에서 창암으로 오려면 야트막한 산잔등을 하나 '마지막 고비'처럼 넘어야 했다. 시암골 친구들 집에서 감자나 고구마 등을 많이 얻어먹었다. 어떤 날 '보리 개떡'이라도 내주면 생일처럼 느껴졌다. 그런 시암골 친구 중에 태원이가 있었다. 윤상원의 동생이다. 나이는 같은데 학교는 나보다 1년 늦게 다녔다. 태원이 집 신세도 가끔 졌었다. 태원이와 나는 같은 파평 윤씨였다. 시골에서 종씨라면 일종의 '빽'이다. 태원이 부모가 조카처럼 대해 주었다. 여름날 시디신 열무

김치를 넣어 비벼 먹는 찬보리밥은 말 그대로 꿀맛이었다.

그런데 정작 윤상원은 얼굴을 본 적이 없다. 우선 연배 차이가 10년 가량 났다. 큰형님뻘이다. 거기다 윤상원은 중학교 때 일찌감치 광주로 전학을 가버렸다. 그러니 만날 기회가 없었다.

기자가 된 후로 나는 5·18을 앞두고 거의 매해 광주를 취재 목적으로 찾았다. 입사 이듬해인 1989년에는 윤상원을 통해 본 5·18 기사를 100매 가량 쓰기도 했다. 이 때문에 나는 윤상원 부모나 태원이 그리고 시암골 사람들을 많이 귀찮게 했다. 그런데 정작 5·18 전후 윤상원의 행적과 심경, 고민 등을 가족들조차 잘 알지 못했다. 이 내용을 가장 상세하게, 아주 깊이 알고 있는 사람이 뜻밖에도 이태복이었다. 내겐 구세주 같은 취재원이었다. 한때 '윤상원 평전'을 직접 써볼 요량으로, 이태복이 말하는 윤상원 이야기를 가능한 많이 듣고 싶었다.

이태복의 '실천'과 관련 내가 감동했던 대목은 '지게꾼' 얘기였다. 대학에서 제적당한 뒤 강제징집돼 복무한 군 제대를 앞두고 '학생운동'을 그만두고 '노동운동'으로 방향을 바꾼다. 한국 노동운동의 화신인 전태일이 "나는 왜 대학생 친구가 하나도 없느냐"는 절규가 가슴을 흔들어 놓았다고 말했다. 노동운동에 뛰어드려는데 자신이 노동자 경험이 없다는 사실이 가장 큰 문제점으로 생각됐다는 것이다. 그래서 용산 청과물시장에서 3개월여 동안 지게꾼 생활을 한다.

"그 전에 여러 가지로 준비를 했지만 그것은 관념적인 자기 정리에 불과했다. 평생 노동자로 생활할 수 있느냐 아니냐를 시험해보아야겠다고 생각했는데, 지게꾼을 해보니 견딜만하고 재미도 있었다. 거기서 나도 충분히 노동자로 살 수 있겠다는 자신감을 얻었다."

학생운동을 하다 노동운동 현장으로 옮겨가는 운동 방식은 1980년대에 들어서야 싹이 텄다. 그 훨씬 이전에 이태복이 이를 모색하고 실천했다는 점에서 가히 '선구자'였다. 이태복이 노동운동에 뛰어든 그 시기 한국은 맹렬한 속도로 '농업사회'에서 '산업사회'로 전환되고 있었다. 그 흐름을 제대로 짚고, '시대정신'이 무엇인지 그리고 운동가로서 본인이 무슨 역할을 해야 하는지 정확히 파악한 것이다. 이런 이태복의 뛰어난 통찰력은 오랫동안 내게 부러움의 대상이 되었다.

결국 얼마 후에 소그룹 활동을 넘어 전국민주노동자연맹이라는 전국적 노동자 조직으로 결실을 맺는다. 이런 이태복을 두고 색깔 입히기를 좋아하는 일각의 무리들은 '좌익' 나아가 '극좌파'라는 꼬리표를 붙이기도 했다. 전민노련, '전국민주학생연맹(약칭 전민학련)' 사건이 결정적 영향을 미쳤을 것으로 보인다. 당시 공안 검찰은 '노학연대(勞學聯帶)'라는 처음 보는 형식에 놀랐을 것이다.

그런데 이태복은 늘 연대, 통합의 달인처럼 실천했다. 노동자와 학생을 결합시키고, 노동자와 국민을 하나로 하고, 이념을 넘어 지역을 넘어 남녀노소가 하나 되는 국민대중운동을 지향한다.

이태복이 청와대 수석이 되었을 때 일부 보수 언론을 중심으로 '노동운동' '사형수' 등 색깔을 더욱 부각시켰다. 이태복은 이에 대해 "정말 예의가 없는 짓"이라며 불만을 토로했다.

"어린 시절부터 '시대의 과제'에 정면으로 맞서 문제 해결을 위해 그야말로 헌신했습니다. 군사정권 시절에는 민주화를 위해, 그 이후에는 어렵고 힘든 사람들을 위해 일했습니다. 인간의 가장 소중한 삶의 기본적 조건들을 만들어 공동체를 잘 만들어 나가자는, 공동선을 키우고 지켜 나가자는 활동을 한 것입니다. 그것은 존경받고 사랑받을 일이지, 무슨 색깔을 뒤집어씌웁니까."

이태복은 평소에 자신을 특정한 이념에 치우친 사람으로 바라보는 시각에 대해 극도의 거부감을 드러냈다. 이태복은 인터뷰 때 "내가 특정한 이데올로기에 경도돼 있었다고 생각하는 사람들이 꽤 있는 것 같다."며 자신을 잘못 본 것이라고 강조했다.

"나는 논어, 맹자도 열심히 보는 사람입니다. 성경책도 많이 보구요. 지적 호기심, 탐구력이 다른 사람보다 많은 편입니다. 또 실천에 옮기려고 노력해 왔습니다. 실천을 어떻게 하는 것이 더 과학적인가를 고민하고 노력했던 것뿐입니다." "마르크스도 마르크스주의자라고 인정한 적이 없고, 스스로 마르크스주의는 없다는 말도 하지 않습니까. 나를 색깔로 규정하려는 것이야말로 반지성적 태도라고 봅니다. 인간에 대한 편협한 시각과 사고에서 오는 것이 아닌가 싶어요."

이념은 하나의 추상적 틀이기에 그 안에 무엇으로 내용을 채울지가 중요하다고 생각했다. 그리고 더 중요한 것은 치열한 실천, 목숨을 건 실천을 강조했고, 자신도 그렇게 임했다. 그러니 어떤 '주의자'라고 하는 것은 옳지 않다고 단호하게 선을 그을 수밖에 없었을 것이다.

이태복은 평생 도산 선생님을 사표로 삼았다. 고등학교 시절 흥사단 아카데미 활동도 열심히 했다. 사춘기였으니 아무리 몸부림쳐도 거대한 현실을 변화시킬 수 없다는 무력감에 빠졌다. 그래서 출가를 생각하고 절로 간다. 하지만 스님들의 수행세계도 사바세계와 별다르지 않은 현실을 목도하고 곧 하산한다. "차라리 사바세계에서 부닥치고 실천해가면서 그 속에서 길을 찾고 만들어 나가는 것이 올바르다."

이태복은 목표가 결정되면 이내 실행에 옮겼다. 그리고 그 실천 속에서 반성도 철저하다. 그 반성의 깨달음이 있으면 또 다른 실천을 선택하는 것도 신속하다. 반성할 줄 아는 성찰가이자 실천가이다.

이 짧은 산중 생활 속에서 좌우명도 얻었다 했다. "환난을 만나면 환난을 당하고 죽음을 만나면 죽임을 당한다"는 임제 선사 어록을 가슴에 새긴 것이다. 그래서인지, 이태복은 그 이후 실천을 앞두고 두려워하지 않는 '담담한 인생관'을 갖게 됐다고 말했다. 훗날 사형을 구형받고도 담담하게 받아들일 수 있었다고 했다.

이태복은 의인(義人)이었다. 자유와 평등한 세상을 만들자는 '대의(大義)'를 평생 좇았다. 말로 그치지 않았다. '시대정신'을 실천하는데 누구보다 앞장섰다. 이를 가로막는 세력과 목숨을 걸고 정면으로 맞섰다. 그의 헌신적 모범에 동참하는 시민들이 많았다. 이를 연대와 통합의 기치 아래 국민대중운동으로 끌어올리는 지도자로서 역량도 탁월했다.

이태복이 문재인 정부 마지막 국무총리 후보로 유력하게 부상했었다. 나는 속으로 제대로 된 총리를 만날 수 있다는 기대에 부풀었었다. 그 기대가 사라졌을 때 "우리나라의 복이 이것뿐이구나" 하는 생각이 들었다.

이태복은 이런 모습으로 내 가슴속에 살아있다.

이태복이라
믿는다

'사자후' 휴머니스트

주 진

(이코노믹데일리 생활경제부장, 아주경제신문 전 정치부장)

이태복. 그의 이름을 조용히 불러본다.

암울했던 한 시대를 온몸으로 맞서 불꽃처럼 살다 가신 분.

시대를 앞선 통찰력과 혜안, 신념을 행동으로 옮긴 선구자이자 투사였다.

그가 우리에게 던지고 간 물음은 그의 삶만큼 너무나 묵직하다.

기자로서 이태복 전 보건복지부 장관과 본격적으로 인연을 맺은 것은 불과 몇 해 전이다. 2019년 아주경제신문 정치부장 시절, 동네 어르신이었던 이태복 전 장관을 동네 카페, 공원에서 자주 마주쳤었다. 하얀 머리에 중절모를 쓰고 모시옷 차림새를 한 그는 해질녘이면 골똘히 생각에 잠긴 채 동네 천변 산책길을 걷고 또 걸었다. 하루는 그에게 다가가 불쑥 명함을 건네면서 다짜고짜 "인터뷰를 요청 드리고 싶다." 여쭈니, "언제든지!" 하시며 흔쾌히 받아주셨다.

그와의 인터뷰는 그후 6개월이 지나서야 진행될 수 있었다. 2020년 새해와 함께 찾아온 신종코로나바이러스 감염증 사태가 팬데믹으로 확산되면서 온 나라가 긴장과 위기 속에서 방역 대응에 총력을 다하고 있었기 때문이다.

폭발적인 코로나 감염사태에 늦여름 열기가 가시지 않은 2020년 9월 3일, 이 전 장관을 자택 근처에 있는 그의 사무실에서 만났다. 임기 중후반을 넘긴 문재인 정부가 '조국 사태'로 촉발된 '586 용퇴론', 소득주도성장·부동산 경제정책 실패로 지지율이 곤두박질치고 있는 상황에서 코로나 팬데믹이라는 미증유 사태에 직면해 악전고투하고 있었다. 민주화운동 원로그룹은 문재인 정부에 과감한 인사 쇄신과 개혁을 촉구하고 있었고, 그 중심에 이 전 장관이 있었다.

인터뷰는 2시간 가까이 이어졌다. 그의 첫 마디는 단호했다. "이대로는 안 된다! 민주개혁세력이 분골쇄신해야 한다, 그렇지 않으면 앞으로 극우보수정권이 집권하는 50년, 100년 세월을 견뎌내야 할지 모른다."

그는 김대중 정부의 청와대 복지노동수석(2001.3.~2002.1.)과 보건복지부 장관(2002년)을 지냈다. 복지노동수석으로 일하며 주5일제 도입과 안착을 위해 노력했고, 장관직 재임 당시엔 의약 분업 사태를 수습해 탁월한 조정자로서 면모를 과시했다. 그는 약값 인하 조치를 실행하려고 했지만 국내외 제약사의 압력에 밀려 구체화시키지 못했다고 안타까워했다.

인터뷰 당시 사회 이슈로 파장이 컸던 의사 파업 사태에 대해서도

'사자후' 일성을 토했다. "의약분업 사태 때와 비슷하다. 당정이 정책을 무조건 밀어붙이면서 여론 조성을 하거나 대안을 마련하지 않는다. 공공의료를 강화한다고 하지만, 정부 예산안에 이 부분은 쏙 빠져있다. 준비 없는 정책은 결국 국민 부담만 가중시킬 뿐이다. 코로나 이후 공공의료체계를 다시 세우는 일은 절체절명의 과제다. 가장 먼저 정관계, 병원, 제약사간 고질적인 부패 고리를 끊어내야 한다. 각 부처마다 '관피아'들이 득실댄다. 공직사회부터 개혁하지 않으면 안 된다."

그는 노무현·문재인 정부 주류 세력이자 대한민국 기득권 세력으로 자리 잡은 '586'세대와 민주개혁 세력에도 일침을 가했다.

"촛불혁명으로 정권을 잡았다. 집권 세력이 잘해서 정권을 잡은 게 아니다. 노무현 정권 실패에 이어 문재인 정권도 실패하면 상당히 심각한 일이 발생할 것이다. 민주화 세력은 아마추어 딱지를 벗기가 힘들어진다. 일에는 순서가 있다. 국민의 먹고 사는 문제를 우선 해결해야 한다. 개혁 과제는 국민의 지지를 받고 국민의 적극적인 참여를 통해 이뤄내야 한다. 노무현 정권은 국민들이 바라는 소망을 하나도 해결하지 못하고 기득권 세력과 싸우기만 하다가 그만뒀다."

그가 생전에 마지막까지 가장 최우선으로 내세운 과제는 바로 민생이다. 그는 2007년부터 국민생활의 안정을 위협하는 기름값, 휴대전화비, 카드수수료, 약값, 은행금리 인하 등을 요구하는 '5대거품빼기범국민운동본부' 상임대표와 국민석유주식회사 대표이사 및 이사회 의장을 맡아 활동했다.

"문재인 정부가 내놓은 뉴딜정책, 부동산 공급정책 모두 허울 좋은 껍데기뿐이다. 알맹이가 하나도 없다. 국민들의 피부에 와닿는 정책을

취재 당시 인터뷰할 때의 모습.

현실적으로 접근해 실현시킬 수 있도록 최선의 대안을 마련해야 한다. 기름값, 휴대전화비, 카드수수료, 약값, 은행금리 인하만 해결해도 국민 살림살이는 조금 더 펴진다. 정말 중요한 것은 정부가 해내고자 하는 의지다. 그러면 길이 보인다."

나는 그가 좀 더 권력에 의지를 갖고 정치권에 몸담으면서 국회의원, 정부 인사로 활동했더라면 어땠을까 하는 아쉬움이 들었다. 재야운동가로 잔뼈가 굵은 그를 정치로 이끈 사람은 김대중 전 대통령이다. 이 전 장관은 인터뷰에서 김대중 전 대통령과의 인연에 얽힌 일화도 잠시 들려주었다.

1987년 대통령선거 때 대전교도소에서 복역 중이었는데, 당시 상도동과 동교동 양측에서 민가협 대표로 활동하던 그의 어머니를 통해 '비판적지지 선언'을 해달라고 요청해왔다고 한다. 그는 동교동에 "이번 선거에서 200만 표 차이로 질 것이다. 선거 이후가 더 걱정이다. 지역적 기반을 토대로 한 분열인데 극복하기 어려울 것"이라고 전했다.

그러자 동교동이 발칵 뒤집혔다고 한다. 대선이 끝나고 1주일 후 DJ가 대전교도소로 찾아왔다. "감옥에 갇혀 징역을 오래 산 이 동지가 참모도 많은 나보다 어떻게 알고 그걸 맞혔냐?"고 물었다. 그가 "저는 허깨비가 안보여서 그렇습니다." 했더니 DJ가 한참을 웃은 후 "내가 참모도 많고 정보도 많다고 생각했는데, 알고 보니 내가 허깨비에 씌어서 졌다. 이 동지, 나하고 정치 같이 합시다. 나 좀 도와주소." 했다 한다. 그 후에도 DJ는 몇 차례 찾아와서 정치권 입문을 권유했다. 하지만 그때마다 그는 "정치는 체질에 안 맞는다."고 정중히 거절했다. DJ가 정계에 복귀해 새정치국민회의를 창당할 때도 참여하지 않았다.

잠시 머물렀던 김대중정부의 청와대 복지노동수석과 보건복지부 장관직을 끝으로 오래도록 정·관계와 인연이 끊겼다.

2021년 3월 초 어느 날, 이 전 장관에게서 전화가 왔다. 얼마 전 정세균 국무총리 측으로부터 총리 후보직 추천을 받았는데 어떻게 하면 좋겠느냐고. 포스트코로나 정국을 잘 이끌어나갈 수 있는 정책전문가로 적임자이자, 선명한 개혁성을 지닌 민주화세력의 상징이고, 충청도 출신으로 지역갈등을 허물 수 있는 대안이라는 점이 추천 이유로 꼽힌 것 같다는 설명이었다.

이 전 장관의 전언에 우선 총리실 측의 사실 확인이 필요했지만 인사문제는 보안상의 이유나 추천 상대의 정치적 입장 등이 걸린 것이라 취재가 쉽지 않았다. 하마평에 여러 명의 후보들이 거론되고 있는 만큼 보도에 신중을 기해야 했다. 하지만 벌써 충청 지역 언론에선 단독 문패를 달고 이태복 전 장관을 유력 후보로 내세우고 있었다. 내심 반가웠다. 아쉽게도 분위기는 또 다른 후보인 김부겸 전 행정안전부 장관 쪽으로 흘러갔다. 그리고 문재인 대통령은 대구 출신인 김 전 장관을 총리로 최종

낙점했다. 그 이후 이 전 장관과 몇 차례 전화를 주고받았고, 동네 선술집에서 소주 한 잔 나누자는 약속만 하다 이래저래 시간이 흘러버렸다.

그 해 겨울 12월 3일 이 전 장관은 황망하게 훌쩍 세상을 떠났다. 부고장에 '이 땅의 민주화를 위해 평생 현장에서 답을 찾아 실천했던 휴머니스트'라는 문구만 남긴 채.

2018년 평양서 열린 남북정상회담 취재 당시의 필자. 백화원 앞에서.

혹자들에겐 이 전 장관이 과격한 이상주의자처럼 보였을 수도 있지만, 그는 누구보다도 현실을 적확하게 꿰뚫어 진단했고, 깊은 통찰력으로 미래에 대한 혜안을 제시했다. 또 누구보다도 사람에 대한 따뜻한 사랑이 가득했다.

사표로 삼았던 도산 안창호, 매헌 윤봉길, 토정 이지함, 청백리 삼산 이태중처럼 '무릎 꿇고 살기보다 꼿꼿하게 하늘을 바라보고 살아가길' 원했던 이태복 전 장관.

그는 생애 마지막까지 전국 곳곳을 다니며 5·18 광주민주화운동 당시 마지막까지 전남도청을 사수하다 계엄군의 총탄에 숨진 윤상원 열사를 기리는 기념사업에도 열정을 다 바쳤다. 지금 그는 5·18민주화운동 묘지에 윤상원 열사와 함께 잠들어 있다. 그곳에서 민주주의와 통일을 위해 싸우다 앞서가신 동지들과 즐겁게 웃고 덩실덩실 춤추며 회포를 나누시리라 믿는다.

이 전 장관은 가톨릭 신자로 세례명은 다니엘이다. 성 다니엘은 구약 성경에 나오는 인물로 사자굴에 던져지는 등 심한 박해 속에서도 희망과 용기를 잃지 않고 가야 갈 길을 꿋꿋이 걸어 간 인물이다. 장례식이 끝난 후 그날 저녁 나는 다니는 성당에서 '이태복 다니엘'님을 위한 연미사를 드렸다. 미사 시간 내내 쏟아지는 눈물을 연신 훔쳐내야 했다.

"장관님, 편히 잠드세요. 하늘을 바라보되 땅에 발을 단단히 딛고 이웃과 손잡고 나아가는 삶. 당신이 전 생애에 걸쳐 몸소 실천하고 가르쳐 주신 정의와 공정이 살아있는 공동체, 따뜻한 공동선 가치를 잊지 않고 살아가겠습니다."

이태복이라
믿 는 다

민생정책의 탁월한 지도자

김창덕

(국민대민주동문회 회장, 한국로봇산업협회 상근부회장)

대학을 입학한 후 알게 된 고 이태복 선배님의 활동은 저에게는 무한한 존경과 동경의 대상이었다. 전민노련과 전학노련을 결성한 조직적 성과뿐만 아니라 광민사에서 노동과 자본주의 이행논쟁 관련 서적 출판을 통해 수준 높은 이론서로써 사회과학 학습을 뒷받침할 수 있는 토대를 만들었던 것이다.

이후 구속된 후 오랜 세월을 감옥에서 보내고 석방되어 나온 후에도 〈노동자신문〉을 창간하여 노동자의 의식 확대와 조직적 결속을 위한 광범위한 사업을 전개하였다.

이후 먼발치에서만 보아온 선배님의 모습은 노동운동가의 리더로 출발하였지만, 현실정치에서도 그 진보적 생각들을 정책에서 녹여내는 노련한 정치 지도자의 모습을 보여주었다.

바삐 살다 보니 선배님과 직접적인 접촉과 대화가 없었던 것이 안타깝고 아쉬웠는데, 김윤기열사기념사업회 30주년을 기획하면서 전화를

2022년 2월 11일 사)인간의대지와 사)5대운동 합동이사회 후에 이태복 기념사업회 현판을 달았다. 오른쪽부터 오세제, 윤경식, 곽병태, 신만섭, 필자, 김부칠, 한용걸, 이덕희, 홍승숙. 필자는 가운데 있다.

드려 뒤늦은 만남을 갖게 된다. 무려 30년을 지난 후 선배님을 만나 뵌 내겐 더욱 더 신뢰감과 존경심으로 가득하였다.

그간 선배님에 대한 여러 오해들과 편견들이 있었다. 너무 꼿꼿한 성품 아니냐, 너무 원리원칙이 강한 것 아니냐, 일반 정치인들과 어울리지 못하는 점이 있지 않느냐 등등이다. 시간을 낭비하지 않고, 쓸데없는 잡기에 빠지지 않는 그의 엄격하고 소박한 생활태도가 오해를 불러일으킨 것이었다.

선배님의 말씀를 들으니, 사고의 유연성, 정밀한 정책의 일관성, 특히 민생경제에 대한 철학의 폭과 깊이가 남다르게 뛰어나셨고 국정경험을 통한 현실적 타당성과 비전제시가 돋보였다. 현장을 강조하셨고, 그 현장의 문제를 정확하게 바라보고 해결해야 한다고 하셨다. 문제를 풀어나가는 방법은 연대와 통합의 방식이었다. 노동자와 학생 간의 연대, 노동자와 국민과의 결합을 중요하게 생각하셨다. 그래서 1980년대 노학연대를 주장하셨던 것이고, IMF 위기 때 노동자와 국민대중을 하나로 하자고 하셨던 것이고, 2007년부터 10년 가까이 해 오신 5대거품빼기 운동은 이념, 지역, 연령, 남녀, 계층 구분 없이 모두 참여하는 국민대중 운동으로 발전시키신 것이었다.

이후 가끔씩 전화 통화와 만남을 통해 민생정책에 대한 기초적 논의를 통한 네트워크의 필요성을 공감하였다. 윤상원기념사업회 활동과 김윤기열사기념사업회 설립에 대한 폭넓은 대화를 통해 선배님의 식견과 열사에 대한 사랑도 절실하게 느꼈다.

특히 자신의 국정경험과 철학을 국민들을 위해 풀어낼 수 있는 기회가 없음에 대한 안타까움과 회한이 여러 가지 말씀을 통해 묻어나오는 것을 느꼈다.

2021년 11월 24일 인사동에서 〈윤상원열사 전국전시회〉 서울행사가 끝나고 뒤풀이까지 함께 하고 헤어졌던 선배님이셨는데, 부고 소식을 들으니 머리 속이 하얗게 되었다.

선배님의 경험과 경륜을 바탕으로 '정책네트워크'를 함께 할 생각들로 가득차 있던 나로서는 청천벽력이었고 하늘이 무너지는 아픔이었다.

나라와 국민을 위해 봉사하고 복무해야 할 기회와 시간을 절실하게 필요로 했던 시기에 국민들에게는 국가의 지도자 한 분을 떠나보내게 되는 슬픔이 밀어닥친 것이었다.

선배님의 유지와 정신은 살아남은 자들에게 역사적 책무에서 나오는 실천의 약속을 다짐하게 하는 계기가 될 것이라 믿는다. 나 또한 선배님의 사랑과 그리움을 가슴에 간직한 채 실천하는 믿음직한 후배가 되겠다고 다짐한다.

다시 한번 삼가 고인의 명복을 빕니다.

이태복이라
믿 는 다

'국민통합'으로 해법 제시한 변혁가

심우창
(인천시 서구의회 의원)

대한민국 정치사에 민주주의를 위해 한 생을 바쳤던 분. 김대중 전 대통령, 김근태 고문. 그런데 작년 12월 차가운 바람이 불던 그때. 우리는 또 한 분을 가슴에 묻어야 했다. 과거 김대중 정부에서 청와대 복지노동 수석비서관과 보건복지부장관을 역임했던 이태복.

그의 인생은 독재에 맞서 민주주의를 쟁취하려 했던 투사의 삶으로 정의된다. 학생운동가에서 출판사 발행편집인, 노동운동가, 사회변혁운동가, '학림사건'의 수괴, 무기징역수, 세계의 양심수, 주간노동자신문과 노동일보 발행인, 청와대 복지노동수석비서관, 보건복지부장관, 연세대 사회복지대학원 초빙교수, 한서대 노인복지과 초빙교수, 사)인간의대지 이사장, 5대거품빼기운동본부 상임대표, 사)5대운동 이사장, ㈜국민석유 이사장, 민주유공자, 매헌 윤봉길 월진회 이사장, 보훈처 독립운동 특별심의위원, 사)윤상원기념사업회 이사장. 직함만 열거해도 파란만장한 그의 일생은 마치 한 편의 영화 같다는 생각이 든다.

2003년 정책연구소인 점핑코리아연구소 출범식. 왼쪽이 필자.

저서는 또 얼마나 많은가. 1977년에 설립한 출판사 광민사에서 발간한 책만 해도 30여 권이 넘고, 직접 저술한 저서도 13권이나 된다.『세상의 문앞에서』『노동자의 논리와 희망의 노래』『전환기의 노동운동』『우리시대의 희망찾기』『기백이 있어야 희망이 보인다』『쓰러져도 멈추지 않는다』『대한민국은 침몰하는가』『사회복지정책론』『도산 안창호 평전』『대한민국의 활로찾기』『조선의 슈퍼스타, 토정 이지함』『윤봉길 평전』『조선 청백리 삼산 이태중 평전』. 일일이 책 이름을 열거하는 까닭은 이태복 장관의 폭넓은 식견과 역사의식뿐만 아니라 대한민국의 미래를 위해서 얼마나 많은 고뇌와 연구, 구체적인 실천이 이어졌는지가 드러나기 때문이다.

언론 인터뷰는 또 얼마나 많은가. 한국의 위기와 돌파 전략에 대한 날카로운 혜안은 곳곳에 개혁이 얼마나 절실한가, 그리고 이 사회에 필요한 지도자상은 어떠해야 하는가를 늘 강조했다.

리더란 역사를 관통하는 철학과 비전을 제시하며 이끄는 추진력이 필수인데, 이런 점에서 고 김대중 전 대통령의 모습과 많이 겹쳐 보인다.

특히 "분열을 극복하고 한 덩어리로 만드는 문제는 물론 쉽지 않지만 당면대책에 힘을 모으면 갈등은 얼마든지 조율될 수 있다."면서 '민생으뜸', '국민통합', '선진강국', '조국통일' 4개의 깃발을 들자는 주장은 우리나라 정치인, 지도자들이 새겨야 할 일들이라고 생각한다.

국민생활을 위협하는 기름값, 휴대폰, 카드수수료, 약값, 은행금리 등 5대거품빼기운동을 벌여 가계 20조 원 절감효과를 얻기 위해 불철주야 뛰어다닌 것은 얼마나 대단한가. 뿐만 아니다. 노인들이 치아문제로 고통받고 있으면서도 가족들에게 알리지 않는다는 것을 알고, '노인틀니 건강보험 적용' 캠페인을 벌여 결국 시행을 하게 만들었다.

소비자들에게 더 이상 봉 노릇 그만하자면서 소비자주권운동의 일환으로 국민석유 설립운동을 벌인 것은 또 얼마나 멋진가. 인터넷 약정을 시작한 지 6개월만에 1,000억을 돌파할 정도로 국민들의 응원과 참여는 뜨거웠었다. 4대 정유사들의 방해공작만 없었다면 국민들에게 많은 혜택을 주었을텐데 생각하면 참으로 안타까운 일이 아닐 수 없다.

늘 '민생'을 위해, 그리고 그 해법도 '국민통합'이라는 방법을 통해서 추진하고 해결하려 했던 모습, 나라와 겨레에 대한 뜨거운 열정 속에 인간적인 털털함까지 갖고 있는 소박한 모습, 사익은 찾아볼 수 없는 청렴강직한 모습 등등은 정치인이나 지도자들이 타산지석으로 삼을 만한 일이다. 나도 늘 기억하려 한다.

고 이태복 전 보건복지부장관의 명복을 빌며, 늘 그러셨듯이 하늘에서도 우리 국민과 조국을 위해 헌신하시길 빕니다.

이태복이라
믿 는 다

큰 바위 같은 사나이

이치수
(전 상명대 교수)

이 장관님의 성함과 활동 그리고 그의 그릇에 대해 익히 들어 알고 있었으나 일찍이 뵌 적은 없었다.

2010년 충남 도지사 선거를 앞두고 누군가가 장관님과 저녁식사 자리를 천안에서 마련했다고 하여 장관님과 단 둘이 식사를 하게 되었다. 그 당시 난 자유선진당 중앙당 정책조정위원장이었다.

그 당시 장관님은 퇴임 이후 수년간 점핑코리아 연구소를 만들어 여러 정책들을 제안하고 있었으며, 그 토대로 5대거품빼기운동, 5대운동 등 민생관련 대안 마련에 골몰하고 있던 차였다.

애초에 장관님은 당시 정당에 대한 이념 구분을 크게 염두에 두지 않으셨다. 정치적 명운을 함께 하는 국회의원직하고 지방자치단체장인 행정직은 다르다고 생각하셨다. 나중에 알게 되었지만, 통상적인 이념에 따라 움직이는 분이 아니셨다. 국민들이 고통받고 눈물을 흘린다면 그것을 해결해주어야 한다는 철저한 '현장 위주'의 원칙을 확고히 갖고 있었다.

그러니 충남도민을 위해 바른 행정을 시작할 수 있느냐를 타진하고 싶으셨던 것 같다. 살아온 이력을 보면 이런 움직임이 많은 오해를 살 수도 있지만, 개의치 않으셨다. 주어진다면 얼마든지 개혁적인 일, 충남을 변화시킬 수 있는 여러 복안도 많이 갖고 계셨다.

필자.

식사 후 차 한 잔하며 내가 말씀을 낮추시라 하니, 고맙다며 호칭도 없이 바로 "치수야~" 하고 부르셨다.

사회생활하며 나에게 이름을 부른 유일한 분이셨다. 그날 복지부 장관으로 가게 된 계기며 김대중 대통령과의 인연이며 청와대 수석시절과 장관시절의 알려지지 않았던 말씀을 많이 해주셨던 기억이 난다.

선 굵은 사나이였다. 보기 드문 남자였다.

얼마 전 김부겸 총리를 지명하기 직전에 이 장관님이 총리 후보군이라며 TV방송에 나오시길래 전화를 드렸더니, "글쎄… 나를 추천하지 않을 거다." 하며 크게 웃어버리시던 목소리가 귓가에 선하다.

요즘 보기 어려운 합리적 생각과 행동력을 가지신 큰 바위 같은 사나이셨다.

이 나라의 힘들고 어려운 사람들과 민주주의 발전을 위해 목숨걸고 살아오신 멋진 이태복 장관님의 영전에 머리숙여 명복을 빕니다.

이태복이라
믿는다

3부

애국선열을 '사표'로 부활시킨 선각자

이태복이라
믿 는 다

실질적인 운동을 한 독보적인 사람

이우재

(사. 매헌 윤봉길 월진회 명예회장, 전 마사회 회장)

내가 이태복 동지를 처음 만난 것은 1979년도 남산의 중앙정보부 지하실에서 크리스찬 아카데미 사건으로 조사를 받고 있을 때였다. 어떤 체격이 좋은 사람이 내 취조방을 지나가다가 "이우재 선생님, 저 이태복입니다." 두들겨 맞았는지 얼굴이 뻘건 모습이라서 무슨 일인지 했었다. 그게 첫 대면이었다.

나중에 알고 보니, 광민사 출판사 시절, 『한국노동문제의 구조』라는 책 때문에 문공부에 끌려가 조사를 받다가 건장한 사람들에 의해 남산의 정보부로 끌려왔다는 것이다. 이미 저명한 대학출판부나 유명출판사에서 출판된 논문들을 모은 것임에도 불온서적이라며, '역량'이라는 표현을 물고 늘어지면서 며칠 군홧발로 맞고 다음날 새벽에 앞으로 이런 책을 출판하지 않겠으며 이곳에서 보고 듣거나 말한 것에 대해 일절 누구에게도 말하지 않겠다는 서약서를 쓰고 풀려 나오는 길이었다고 한다. 남산 중앙정보부 지하실에서 기이한 인연이 시작된 것이다.

칼럼

쌀값과 노동자

이우재 (농어촌사회문제연구소소장)

쌀값 인상주장은 임금인상 주장만큼이나 절실한 심정으로 귀기울여야…

가을 들판에 황금물결이 출렁거리건만 농민에겐 추수의 기쁨보다 근심이 앞을 가린다. 금년도 추곡수매값 41% 인상을 주장하던 농민의 의견은 완전히 무시되고 정부의 한자리 숫자주장을 합리화시켜주기 위한 양곡유통위원회의 11% 인상 운운은 금년 가을 농민과 정부당국의 한판 전운까지 감돌게 하고 있다.

양곡유통위원회는 도대체 무슨 근거로 야당이나 농협보다 훨씬 낮은 한자리 숫자를 겨우 넘는 주장을 하는 것일까. 양곡유통위원회에 나간 농업경제학 교수들은 도대체 무슨 생각으로 그런 결정에 참여했는지 도저히 이해가 가지않는다. 정말 이제 한국농업과 농민은 가까운 농업경제학자들에게서마저 이렇게 버림받고 짓밟혀야 하는가.

도대체 농민은 누구와 더불어 의논하고 누구와 더불어 삶의 몸부림을 쳐야 하는가. 이제 노동자들은 정말 농민의 쌀값 41%인상에 관한 주장을 노동자들의 임금인상 주장만큼이나 절실한 심정으로 귀 기울여야 한다. 쌀값을 정할 때마다 전년도 쌀값의 몇 %를 인상할 것이냐는 식의 접근방법부터 틀린 것이다. 이제까지 계속 생산비에도 못미치게 쌀값을 책정했기 때문에 농민들이 생산비를 제대로 주장하면 전년도보다 40% 이상이 된다. 정부는 해마다 이것을 무시하다가 근래에 와서 겨우 선심쓰듯 14%, 16% 정도 올려주니 매년 농민들만 40% 이상씩 올려달라고 떼쓰는 사람처럼 되어버린 것이다.

쌀값이란 쌀만드는데 들어간 비용이다. 자동차 TV 냉장고 만들때 들어간 비용과 꼭 같은 것이다. 쌀 한가마 생산하는데 11만원이 들었으면 11만원만 주어야지 왜 안주려고 하는가.

정부는 쌀값을 올리면 다른 물가가 오르고 또 도시서민들의 부담이 커지니까 올려줄 수 없다고 핑계를 댄다. 오늘날 물가 오르는데 주동역할을 하는 것은 부동산값이다. 노동자는 임금인상 30%씩, 40%씩 한다 하더라도 땅값 오르는 것을 따라잡을 수가 없다. 부동산값이 올라서 돈버는 사람들은 재벌들이다.

또 도시서민들 부담이 커지니까 쌀값 못올린다는 이유를 대는데 이것도 말이 안된다. 도시에서 한집 한달 쌀값은 4만원 정도이다. 쌀값 20%를 올려보아야 쌀 사먹는데 8천원 더 든다. 저임금 근로자 빼놓고 한달 생활비중 8천원 정도를 문제시하는 사람은 많지 않다. 다만 저소득 근로자들에게는 문제가 될 수 있다. 그렇다면 저소득근로자들의 월급을 8천원 더 올려주면 된다. 이것을 올려주기 싫으니까 가난한 사람 핑계대고 쌀값도 안올려 주면서 농민을 죽게 하는 것이다.

노동자들은 쌀값이 오르면 부담스러우니까 농민과 노동자는 이해가 대립되는 것 같이 생각할 수도 있지만 그렇지 않다. 농민이 못살면 도시로 나와 유휴 노동력으로 대기하고 있기 때문에 임금이 싸져서 위협을 받게 된다.

농민이 못살면 공산품을 못사니까 공장이 제대로 못돌아가 문제가 된다. 때문에 농민이 잘살아야 노동자도 좋은 것이다. 노동자나 농민이나 다 같이 자본가와 이해가 대립되는 것이다. 때문에 노동자와 농민은 협력하여 자본가와 싸우는 수밖에 없다. 쌀값을 싸게하는 것은 농산물가를 싸게 해서 저임금을 유지하려는 것이고 이렇게 되면 자본가만 돈을 벌게되기 때문이다. 이제까지 도시사람들은 쌀 한 가마당 약 만원씩 공짜로 먹은 셈이다. 농민이 한 가마당 만원씩 밑지면서 판 것이나, 정부가 밑지면서 팔게 했던 것이나, 이것이 추곡수매가 정책이었다.

오늘의 도시문제는 모두 농촌이 망해서 생긴 문제이다. 급격히 도시로 몰려들어 이제 도시 사람들이 살 수 없게 된다. 그러니 노동자들이 살기 위해서라도 농민과 협력하여 농민문제해결에 함께 나서야 한다.

노동자신문 제2호 1989년 10월 27일자에 실린 필자의 칼럼.

내가 특사로 석방된 것은 1982년. 나와 보니, 이태복 동지는 전민노련 사건으로 감옥에 들어가 있었고, 모진 고초를 겪고 사형 구형에 무기언도를 받았다고 했다. 그로부터 8년여의 시간이 흘렀다.

어느 날 이태복 동지로부터 연락이 왔다. 고향 후배라는 사실을 그때 알았다. 난 원래 6년제 예산농고에 들어갔는데, 중학교 2학년 때 고등학교와 중학교로 분리되는 바람에 예산중학교 2회로 졸업했는데, 이태복 동지는 16회라고 했다. 14살 차이가 난다. 물론 태어난 곳은 보령 천북이지만, 예산중학교를 다니고, 윤봉길 의사를 사표로 삼고 살았으면 같은 고향인 셈이다.

그날 출소해서 노동자신문을 만들어야겠다고 생각해서 준비중이라면서 도와달라고 했다. 〈노동자신문〉을 만들겠다고? 굉장히 중요한 일이고 좋은 일이지만, 얼마나 어려울지, 또 어떻게 하려는 것일까 걱정 반, 기대 반이었다. 그런 결심을 하다니 대단히 놀라운 사람이다고도 생각했다. 우려와는 달리, 〈노동자신문〉은 발행되기 시작했고, 나는 예산에 행사가 있을 때마다 사람들을 모아놓고 이태복과 〈노동자신문〉을 소개하고, 구독을 독려했다. 어떤 이는 한겨레신문도 빨갱이신문인데, 노동자신문은 더 빨갱이 아니냐고 하기도 했다.

꾸준히 노동자신문은 이어졌고, 주 2회가 되더니, 일간으로 바꾸겠다고 했다. 충격이었다. 주간지를 일궈내어 10년 유지한 것도 기적 같이 놀라운 일인데, 그 사이에 주 1회에서 2회로 발행횟수를 늘리고, 지면도 8면, 12면, 16면으로 늘리는 가운데 다시 그것을 일간지로 만든다고? 그때 그의 끈기, 열정에 또 한번 놀랐다. 감히 누구도 할 수 없는 일이라 생각했다.

이태복 동지는 새로운 일을 모색할 때마다, 문제가 있을 때마다 만났다. 하루는 신도림 사무실에 가봤더니, 5대거품빼기운동을 시작한다고 하면서 팜플릿을 주길래 보건복지부장관시절 다하지 못한 약값 인하를 비롯해서 기름값, 카드, 휴대폰, 은행금리 등 생활에 직접적인 영향을 주는 품목을 잘 골랐구나 싶었다. 그리고 운동의 내용이 매우 실질적이고 중요한 일을 하는구나 했다. 나도 서명작업을 열심히 했고, 기름값 인

국민석유 인터넷 약정 550억 돌파. 2012년 10월 9일 확대간부회의. 필자는 앞줄 오른쪽에서 두 번째.

하가 국민석유 설립운동으로 발전하는 것을 곁에서 지켜보았다. 재벌들에 대항해서 꼭 필요한 일을 한다고 생각해서 국민석유설립운동에도 적극 동참했다. 첫 행사를 운현궁에서 했다. 그날 축사도 했지만, 운현궁이라는 장소가 주는 품격이 새롭고 뜻깊게 다가온 기억이 생생하다.

나는 그때부터 주주로 가입하라고 독려하고 다녔다. 충북 재향군인회도 집단적으로 참여케 하고, 예산지역에서도 적극적으로 했다.

윤봉길 의사도 예산에서 공동으로 자금을 모아, 공동구매와 공동판매를 하는 공생운동으로 시작한 첫 품목이 바로 가정에 꼭 필요한 석유였다. 나는 예산 사람들에게 국민석유는 윤봉길의 협동조합운동을 현대적으로 만든 것이라고, 윤봉길 의사의 후예답다는 말을 많이 하고 다녔다. 주유소도 월진회 이름으로 참여해서 차렸다. 4대정유회사의 음모와 외압, 코로나19로 인한 경제 환경의 악재 등이 겹치면서 월진회 주유소도 문을 닫게 되었지만, 이태복 동지의 실질적인 운동과 실천에 박수를 치지 않을 수가 없었다.

게다가 일찌감치 '인간의대지'라는 단체를 통해서 북녘땅에 의약품도 15년간 보냈고, 중국 연길, 흑룡강성, 심양 등 조선족 학교에 1만여 권의 책도 보내서 조선족 소학교, 고등학교에 도서관도 만들어주는 등 참 필요한 일들을 쉼 없이 했다.

이태복 동지가 윤봉길 기념사업회 부회장을 맡았었는데, 둘이서 문제점도 상의하고, 대책에 대한 논의도 많이 나눴다. 그러다가 아예 매헌 월진회 일을 맡아달라고 했다. 일이 너무 많아서 할 수 없다고 하길래, 그럼 2년은 매달 1번씩만 예산에 와서 월진회 일을 옆에서 지켜보고 나

월진회 창립 89주년인 2018년 3월 20일. 13대 이태복 회장을 선출하여 필자가 명패를 전달했다.

서 월진회 회장을 맡으면 되지 않겠냐고 해서 결국 승낙을 받아 2018년부터는 3년간 월진회 회장 일을 맡게 되었다. 마침 『윤봉길 평전』을 집필하고 있었던 터라, 윤봉길 평전을 쓰는 사람이 회장도 맡아야 된다고 압력을 가했던 기억이 있다.

이태복 동지는 예산중학교 시절, 윤의사를 만난 이래, 한시도 머릿속을 떠난 적이 없다고 말했다. 천추대의(千秋大義). 윤봉길 의사의 강의한 사랑을 따르기로 맹세한 사람이라는 것을 익히 알고 있었다. 예산중학교 총동문회 회장일도 맡은, 명실상부 '예산이 낳은 인물'이라 감히 말할 수 있다.

2016년도 일이다. 블라디보스토크에서 시베리아 횡단열차를 타고 러시아까지는 가는 일정이 있었다. 주로 농민운동을 했던 단체들이 중심이 되었다. 이태복 동지에게 가자고 했다. 프로그램을 보더니, 독립운동사에서 중요한 역할을 했던 이르쿠츠크도 보고, 민족의 시원인 올혼

2019년 11월 19일, 문희상 국회의장실에서 한-일 민간 교류협력 만남을 가졌다. 오른쪽 첫 번째가 필자. 두 번째는 일본 월진회 가츠토시 모리 시의원.

섬을 거쳐서 가자는 안을 냈다. 결국 올혼섬에서 평화문화제와 8·15 광복절 기념행사를 하는 뜻깊은 시간을 갖게 되었다. 그때도 이태복 동지를 보면서 상당히 현실적이고 실제적이고 개혁적인 운동가라는 사실을 다시 느꼈다. 여행 내내 기차에서 버스에서 이동하는 과정에서도 우리는 토론과 세미나를 했다. 참으로 열정적이었다.

2021년에는 제1회 충청남도 독립운동가 추모, 선양 학술포럼까지 조직해서 만해 한용운, 매헌 윤봉길, 묵암 이종일, 백야 김좌진, 석오 이동녕, 월남 이상재, 유관순 열사까지 7분에 대한 조명을 하는데 앞장섰고, 좌장을 맡아 성황리에 일을 잘 마무리했다. 역사의식이 뚜렷해서 독립운동사에 대한, 그리고 독립운동가 개개인에 대한 해박한 지식과 식견을 갖고 있었다.

이태복 동지는 이미 2009년에 밀산시 십리와에 안창호 선생을 비롯한 애국지사들이 독립근거지를 마련하고 분투하셨던 그곳에 기념비를 세웠다. 중국 최초의 한글과 중국어로 된 비문이 세워진 것이다. 조그만 표지석이라도 세웠으면 하던 마음의 출발이 1년도 안되어 이뤄진 것이다. 안창호 선생을 비롯한 애국지사들께 100년이 지나서야 그분들의 정신을 기리게 됐다고 참으로 부끄러운 일이라 했던 말이 생각난다. 또한 홍범도, 김좌진 장군의 장군님이셨던 서일장군을 비롯한 독립운동가들과 그곳에서 진행했던 항일운동을 기념하는 기념관도 세워야 한다는 말도 자주 했었다. 언제나 애국선열들의 얼과 뜻을 지금 이 시대에 불러내어 부활시켜 복원해야 한다고 믿었던 동지다.

내가 심장 관상동맥에 스텐트를 삽입해야 한다는 동네병원 진단 결과가 나왔다고 하니까, 이 동지가 아산중앙병원을 소개해줘서 스텐트를 삽입하지 않아도 된다는 정밀검사가 나와 참 많이 기뻐했었다. 그런데, 본인은 장관 시절에 이미 2개의 스텐트를 삽입했고 10년 후 국민석유일로 인한 과중한 업무와 스트레스로 3개나 더 스텐트를 삽입했다는 사실을 알게 되었다. 건강 조심해야 한다고 여러 번 얘기를 했고, 본인도 조심스러운 사람인지라 늘 건강을 체크했었는데, 과중한 업무를 이기지 못한 것이 아니었는지 안타깝지 그지 없다. 월진회 회장직을 그만 둔 것이 2021년 3월. 윤상원기념사업회 일에 집중하고 싶다며, 〈윤상원열사 전국전시회〉에 힘을 쏟았는데, 그 일이 마지막 과업이 될 줄이야….

참으로 애석하고, 원통한 일이 아닐 수 없다. 전화를 걸어서 "선배님, 이 일이 필요하니 같이 동참하시죠." 할 것만 같다. 부디 하늘나라에서는 편히 쉬고, 후배들이 그 뜻을 잘 이어나가길 기원합니다.

이태복이라
믿는다

현대판 선비, 경세가

이문원
(전 독립기념관장, 수당기념관 관장)

이태복은 현대판 선비다. 그는 외모에 풍기는 모습부터 그렇다. 깨끗하고 온화하고 편안했다. 말씨도 조용조용해서 노동운동과는 아예 관계없는 사람처럼 보였다.

내가 이태복씨를 처음 만난 것이 아마 1999년경으로 생각된다. 우연한 기회에 영등포에서 노동일보를 발간하고 있다고 해서 전화를 걸었다. 영등포로 오라고 해서 갔었다. 노동일보를 찾아가니 길에 나와 기다리고 있었다. 그리고 식사하러 가자고 해서 따라갔다.

신문사 건물은 아주 기다란 건물 2층이었다. 현관입구에 노동일보 간판이 있었고, 〈윤상원관〉이라는 신영복씨의 글씨 현판이 문 위에 걸려 있었다. 복도를 따라 쭉 일렬로 정렬되어 있었는데, 맨 앞이 발행인실, 편집인실, 영업부, 광고부, 기획실, 가운데 사방이 유리벽으로 만든 회의실이 있고, 취재부, 편집부, 미술부, 마지막에 커다란 강의실과 자료실이 있었다. 내가 가 본 것은 일간지 신문사뿐이었다.

2년여 지난 2001년 3월 이태복씨가 청와대 복지노동 수석비서관으로 발탁되어 갔다.

필자는 대학교수로 있었는데 그 당시 정년이 1년 밖에 남지 않아 독립기념관장으로 가려고 노력 중이었다. 50대 중반에 이미 독립기념관에 근무하던 아는 분이 독립기념관으로 올 것을 종용한 바 있었다. 신 교수를 비롯해서 9명이 출마를 했는데, 투표까지 해서 다행히 1위를 했다.

독립기념관장의 임명권은 대통령에게 있었다. 도움이 될까 해서 청와대 근무하고 있는 이 수석에게 찾아갔다. "친구가 대통령 비서실장이고 해서 만날 수 있는가?" 이 수석에게 물으니 "수석비서관들도 신청해서 오라고 할 때만 간다."고 했다. 그 후 들으니 대통령이 직접 독립기념관장을 임명해 내려보내려 했지만, 이 수석이 "투표해서 선발한 사람이고 적임자"라고 해서 필자가 선발되었다.

그 당시 청와대 정책기획 수석비서관에게 보증을 서라고 부탁했는데, 이 수석에게 대신 보증을 서라고 해서 이 수석이 나에 대한 보증을 섰다고 한다. 이 수석은 한 번 믿으면 끝까지 믿는 그런 분이었다. 아까운 분이 이 세상 사람이 아니어서 안타까울 뿐이다.

그 후에 이 수석은 보건복지부장관으로 영전했다. 장관으로 임명된 후 장관실에서 '야전침대'에서 숙식을 하면서 복지제도 내실화를 추진했고, 건보재정 안정화와 국민건강종합대책 촉진방안을 마련했다. 또 한편으로는 예방보건체제 강화와 다국적 제약사의 약값 조정 등 많은 계획을 세우는 데 진력했다. 그러한 공로로 대한민국 청조근정훈장을 받았다.

장관으로 있을 때 나도 독립기념관장으로 있었기 때문에 만날 기회는 거의 없었다. 독립기념관은 지방에 있었고, 하는 일도 다르고 분야도 달라 쓸데없이 다니는 것을 필자가 자제했다. 이 장관이 대단히 분주하다는 사실을 다른 분들을 통해 듣고 있었다. 그런데 얼마 지나지 않아 이 장관의 경질 소식을 듣게 되었다. 사실 한산 이씨는 대부분 DNA가 치밀하고 준비도 철저히 하는 스타일이다. 그리고 틀리는 것은 못 본다. '인'과 '의'를 중요시하고 그래서 목은 선조부터 고초도 많이 겪었고, 멸문 위기도 여러 번 당했다. 그럼에도 후손들은 선조들의 '청렴강직'을 가슴에 깊이 새기고 있다. 그 면면은 근대독립운동사에도 이어져 수당선생 같은 분이 계시고, 현대에는 이태복 장관이 있다.

이태복 장관이 설립한 (사)인간의대지는 일반 복지단체들이 하는 다양한 복지사업을 했지만, 범위를 넓혀 북녘동포는 물론 중국을 포함한 해외동포들에 대한 관심도 많이 기울였다. 장학금 보내기, 세탁기 냉장고 후원하기, 한글책 1만 권 보내기, 의약품 후원활동 등. 특히 부모와 떨어져 지내던 중국동포 청소년들을 초청해서 상봉하게 하고, 역사문화체험도 경험하게 하여 같은 '한민족'이라는 유대감도 심어주었다. 서대문형무소역사관에 아이들을 데리고 갔는데 '묵례'를 몰라서 그 의미를 가르쳐주었다는 말도 들었다.

그 후에도 이장관은 쉼 없이 마치 할 일이 미리 마련되어 있는 듯이 5대 거품빼기운동을 전개했다. 5대 독점가격인 기름값, 휴대폰, 카드수수료, 약값, 은행금리 등 20조 원의 절감을 위해 노력한 바 1년만에 약 2조 원의 절감효과를 보았다. 오프라인 35만여 명, 온라인 29만 8,000여 명의 서명을 받아 감사원 감사청구 및 법률개정안을 국회에 제안하는 등 독과점품목과 독점가격에 대한 경각심을 심어주는 데 크게 기여하였다.

장관직을 내려놓은 후 그는 평소에 하고 싶었던 일을 하나씩 열심히 추진했다. 바로 민생을 위한 일이다, 불합리한 거품을 빼야 서민이 살

2004년 7월 2일에 열린 『대한민국은 침몰하는가』 출판기념강연회. 왼쪽에서 두 번째가 필자.

고, 국가의 미래가 있다고 믿었다.

이 운동이 효과를 얻고, 호응이 커지자 노인틀니 건강보험 적용을 위한 전국 캠페인을 벌렸다. 당시 노인들은 틀니를 하고 싶어도 자식들에게 부담이 갈까봐 말 못하고 고통을 안고 지내야만 했다. 11만 명의 서명자와 국회청원서를 보내 결국 노인틀니를 건강보험 적용하는 데 크게 기여하였다. 눈물겨운 일화가 있다. 전국의 노인복지관에 가서 강의를 하고 사인을 받는데, 노인들이 글을 몰라서 사인을 하지 못했다. 그래서 원하는 표시를 하면 된다고 했더니, '동그라미' 표시나 '세모' 표시를 하더란다. 의외로 글을 모르는 노인들이 많았다 했다.

5대 거품빼기운동을 기반으로 경제회생과 일자리 문제, 복지정비와 국민생활안정, 교육혁신 등 민생구제책을 제시하는 5대운동을 전개했다. 그는 청와대에 있었고 장관도 해 보았기 때문에 정부기관만으로는 모든 일을 할 수 없다는 것을 이미 깨닫고 있었다. 국민들과 함께 대중

운동으로 펼쳐나가야 어떤 정책이든, 제도든 성공할 수 있다고 민었다.

국민에 대한 이 믿음으로 5대거품빼기운동을 국민석유 설립운동으로 전환시켰다. 독점가격 거품을 빼자는 소비자운동에서 한발 더 나아가 새로운 소비자운동으로 발전시킨 것이다. 착한 기름값을 실현하기 위해 '국민 1인1주 갖기운동'을 전개하고 국민대상 1천억 주식공모 청약을 했으나 4대 정유사의 집요한 방해로 성공하지 못했다. 하지만, 이태복 장관은 이 과정에서 국민들에게 모든 개혁과 변화는 국민 한 명 한 명의 손에 달려있다는 것을 일깨워준 것이리라.

봉사정신, 애국애민정신을 타고 난 이태복 장관은 위선(爲先)사업과 독립운동가 현창사업에도 힘을 쏟았다. 중국 밀산에 항일투쟁 유적지에 기념비를 세우는 것을 시작으로 선조들의 숭고한 정신을 추모하고 우리시대에 필요한 지도자상, 공직자상을 세우는 데 진력했다. 그의 직조인 삼산 이태중(三山 李台重) 선생의 학술행사를 진행했고, 삼산공의 청백비를 충남 홍성에 세우기도 했다.

또 제1회 충남 독립운동가 추모, 선양 학술포럼도 조직해 독립운동가 정신계승에 열의를 다했다. 『도산 안창호 평전』 『윤봉길 평전』 그리고 『토정 이지함 평전』 『청백리 삼산 이태중평전』도 집필했지만, 애국선열에 대해 해박했고 당시 상황을 꿰뚫어보아 그의 이야기를 들으면 입체적으로 애국운동이 조명되고 마치 애국선열들이 부활하는 듯했다. 지인들에게 애국선열 기념사업회 일을 하도록 적극 독려도 하고, "정신과 얼을 계승하려는 노력이 없으면 우리의 미래 역사란 없다."고 설파하기도 했다.

그는 대한민국을 위해, 민족을 위해, 노동운동을 위해 혼신의 노력을 했다. 70년 생애 중에 50년 동안, 누가 이와 같이 나라와 민족을 위해 노

'조선 영조시대와 청백리 삼산 이태중' 학술회의가 2019년 11월 29일 서울역사박물관 아주개홀에서 열렸다. 필자는 오른쪽에서 네 번째.

력했을까. 대부분의 사람들은 이태복을 노동운동의 대부, 또는 노동운동의 전문가라고만 평가하는데, 그의 관심사와 실천영역은 '노동'이라는 틀을 훨씬 뛰어넘는다.

이태복은 나라와 민족을 위해 지금도 반드시 필요한 사람이다. 그는 현대판 선비로, 현대판 실학자로, 현대판 청백리로, 현대판 경세가(經世家)로 최선을 다했다. 실사구시한 것이다.

신도 시기했는지 더 이상 일을 할 수 없게 되었다. 안타깝기 그지없다. 그러나 다행히도 그는 모든 일을 부인인 심복자씨와 함께 추진해 왔고, 이태복을 따르는 많은 후배들이 있기 때문에 못 다한 일들은 계속 이어지리라 믿는다.

이제 일들을 내려놓으시고 편히 영면하시길 기도합니다.

이태복이라
믿 는 다

언제나 약자 편에 섰던 행동가

김재실
(도산 안창호 기념사업회 이사장, 전 흥사단아카데미 총동문회 회장)

작년(2021년) 초겨을 어느 날 TV를 보다가 '이태복 전 보건복지부 장관 별세'라는 자막을 보고 내 눈을 의심하지 않을 수 없었다. "아니 태복이가 죽다니"하고 수소문해보니 하계동 어느 사우나탕에서 급성심근경색으로 세상을 떠났다는 것이다. 참으로 야속하고 안타까운 일이 아닐 수 없어 입에서 욕부터 나왔다. "미친놈! 지금 코로나19로 이 난리통인데 누가 목욕탕에 간단 말이야! 에이 바보 같은 녀석!" 그러나 이것도 운명이런가 하고 망연자실하며 빈소가 차려진 고대 구로병원으로 달려갔다. 아니나 다를까 부인이신 심 여사도 나를 보더니 첫마디가 "선배님! 참 나쁜 사람이죠?" 하기에 나도 "그래요 참 나쁜 사람이야! 그런 바보가 어디 있어!" 하고 맞장구를 치고는 조문을 하였다. 참으로 애석하고 안타까운 일이다.

이 장관과 나는 70년대 흥사단아카데미에서 만났다. 처음에는 두각을 드러내지는 않았으나 점점 사귀고 나니 그의 진면목을 알 수 있었다.

2003년 4월 2일 '점핑코리아 연구소' 창립기념식.

그는 무슨 모임이나 회의 때마다 자기의 의견을 서슴없이 이야기하곤 하였다. 70년대는 유신시대로 학생운동은 물론 흥사단과 같은 사회운동단체들도 여러 가지 정치사회 여건과 제약으로 인하여 말조심 몸조심하며 활동하던 시대였다.

그러나 이 장관은 이에 아랑곳하지 않고 행동하여 흥사단 내 보수적이며 기득권 인사들로부터 비난도 많이 받아 경계의 인물로 지목되기도 하였다.

이때 이 장관은 광민사라는 이름으로 출판사를 차려 한국 노동문제의 구조를 파헤쳐 노동운동의 이론화에 앞장을 서기도 하였다. 그도 그럴 것이 우리나라가 중화학공업을 중심으로 산업화를 추진하는 과정에서 노동자는 좀 희생해도 된다, 공해도 어느 정도 감수해야 된다는 등의 국민희생에 대한 정책당국의 강요 아닌 강요가 사회전체를 휩싸는 분위기였다. 그래서 1970년대 우리나라는 노동생산성 상승률이 임금상승률을 상회하는 구조로 노동자들이 고통을 받던 시기였다. 이때 이 장관은 이론적으로나 행동적으로나 서슴없이 노동운동을 펼쳐 나갔던 것이다.

이와 같이 이 장관은 고통 받고 있는 약자의 편에 서서 행동하는 지성인이었다. 말로만 하는 운동이 아니라 몸소 그 현장에 서슴없이 뛰어들어가는 용감한 20대 청년이었다. 이것은 흥사단의 4대 정신인 무실역행(務實力行) 충의용감(忠義勇敢)의 정신을 실천하는 모범적 흥사단 단우라고 하지 않을 수 없다. 이러한 정신은 그의 일생동안 면면히 이어져 50대 후반인 2007년에는 서민들의 생활에 크게 고통을 주는 5대 거품빼기 범국민운동을 주도했다. 즉 기름값, 휴대전화 요금, 신용카드 수수료, 약값, 은행 금리 등 5대 항목에는 거품이 있어 그것이 직접적으로 국민 특히 저소득층 서민들의 생활에 큰 고통을 주고 있다고 판단하여 국민운동을 일으킨 것이다.

특히 국민생활과 밀접한 관계가 있는 기름값은 정유 4사가 독점하고 있어 거품이 크게 도사리고 있는 만큼 이를 타파하기 위하여 2012년 9월에 국민석유회사 설립준비위원회를 창립하고 나에게도 이사로 참여해 달라고 권유하여 초창기에 참여하기도 하였다. 그 취지는 소비자들에게 시중 가격보다 20% 싼 기름을 공급하자는 것이었다. 그 방법으로는 우선 기름값의 구조를 분석하여 거품이 있는 부분을 도출하여 알림으로써 국민들이 자발적으로 이 운동에 참여하도록 하고, 한편으로는 이를 실천하는 착한 주유소를 건립하여 경쟁을 유발시키고 그 다음 단계는 산유국으로부터 싼 원유를 도입하자는 것이다. 이렇게 독점 정유 4사에게 경종을 울리도록 하고 이 운동이 국민적 지지로 어느 정도 성공할 경우 전 국민 1인1주 갖기 운동으로 전 국민이 참여하는 제5의 정유회사까지도 설립하겠다는 그야말로 원대한 계획이었다.

이에 대하여 과연 가능할까하는 의구심을 갖는 사람이 대부분이고 허망한 것이 아니냐하는 비판도 있던 것은 사실이었다. 그러나 여기에

2012년 6월 21일 '기름소비자주권 되찾기 문화한마당' 행사가 운현궁에서 열렸다. 필자는 가운데 이태복의 바로 왼쪽이다.

이 장관의 진면목이 나타난다고 할 수 있다. 국민생활의 구석구석을 살펴서 문제가 있다고 생각할 때는 주저 없이 분연히 일어서고 그것이 비록 실현하기 어려워도 꾸준히 방법을 찾아 시도했다. 이 운동으로 소비자들에게 조금이라도 더 혜택이 갈 수 있다는 굳은 신념의 발로라고 할 수 있다.

이 장관은 바위를 조약돌로 칠 때 바위에 아주 작은 눈꼽 만큼이라도 흔적이 나면 그것으로 그 운동의 효과가 나는 것이라는 굳은 신념의 사나이였다.

노동운동만 하더라도 1970년대, 1980년대에 그 장벽이 얼마나 높았는가? 그 당시 이 장관은 노동자의 권익을 도모하기 위하여 1989년에 주간노동자신문, 1999년에 노동일보를 창간하여 발행했다. 언론을 통해 노동자들의 고통과 노동현장의 목소리를 널리 알림으로써 노동자를 보호하고 노동정책의 방향을 올바르게 유도하는 역할을 하기도 하였다.

그뿐인가. 이 장관은 흥사단운동을 하면서도 도산 선생의 사상과 생애에 대하여 깊이 연구하여 『도산 안창호 평전』을 저술하여 출판하기도 하였다.

이 장관은 소위 흥사단아카데미사건이라고 할 수 있는 '학림사건'으로 1981년에 투옥되어 무기징역을 선고받고 복역하던 중 1988년에 7년 4개월만에 가석방되기도 하였다(이는 재심을 거쳐 2012년에 무죄로 확정됨).

이 장관은 감옥에 갇혀있음에도 불구하고 소위 양심범들이 도산 선생을 개량주의자, 부르조아 민족주의자, 준비론자로 매도하고 도산 선생을 일방적으로 폄하하는 것을 보고, 이것을 그대로 두어서는 안 되겠다고 생각하였다.

"이것은 온 몸과 마음을 바쳐 조국의 독립을 위해 밤낮을 아끼지 않고 헌신했던 한 위대한 애국자이신 도산 선생에 대한 도리가 아니다. 특히 도산 선생의 독립운동 방략은 다른 어떤 독립운동의 지도자들보다 큰 틀과 구체적 계획을 갖춘 뛰어난 경륜이 담겨 있었다. 또 그는 좌우파의 대립과 갈등 속에서 통일단결을 일관되게 추진했다. 이런 자세가 다른 독립운동가 혁명가들과 뚜렷이 다른 점이다. 또 끊임없는 자기수양과 동지들이나 비판자들을 대하는 그의 공평무사한 태도, 금전과 이성에 대한 결백에 가까운 청교도적인 일관성은 정말 고결한 인간만이 도달할 수 있는 높은 경지이다. 또 크나큰 인간적 매력이 아닐 수 없다. 이런 도산의 진면목을 제대로 모른 채 딱지 붙이기에 열중하거나 아예 외면하는 풍조는 우리시대의 진지한 역사적 삶에 대한 모욕이다. 그래서 도산을 사표로 삼고 한국사회의 민주화와 발전을 위해 실천활동을 해 왔던 한 사람으로서 항일독립운동의 선구자셨던 도산의 구국운동과 항일운동노선을 종합적으로 봐야겠다는 문제의식을 갖게 됐다."

(이태복 저 『도산 안창호 평전』 머릿말 중에서)

이 장관은 『도산 안창호 평전』을 쓰겠다는 마음을 먹고 옥중에서 20여 페이지를 써 내려갔을 때 볼펜을 빼앗기는 사태가 일어나 1988년 10월 석방될 때까지 집필을 못하다가 20년 만인 2006년에야 집필을 끝냈다고 한다. 이와 같이 이 장관의 도산 선생에 대한 애정과 애착은 그 누구도 추종을 불허할 정도이다.

그뿐인가. 이 장관은 충남 보령 출신으로 중학교 시절 유인물을 통해 매헌 윤봉길 의사를 접하고 윤 의사를 늘 머릿속에 그리면서 흠모하여 2018년에는 매헌 윤봉길 월진회 회장을 역임하면서 2019년 3월에는 『윤봉길 평전』을 집필·출간하였다.

전문 연구가가 아닌 이 장관이 일제강점기 우리나라의 위대한 독립운동가인 도산 선생과 매헌 윤봉길 의사의 평전을 세상에 내놓았다는 것은 애국심과 세상을 바르게 보고 바르게 전해야 하겠다는 깊은 사명감의 발로라 아니할 수 없다.

이제 그는 갔다. 그러나 그의 족적은 남아있다. 우리는 그가 남긴 족적을 따라 이 어지럽고 혼탁한 사회를 바라보면서 이 장관이 그렇게도 사랑하고 따랐던 도산 안창호 선생의 "나는 밥을 먹어도 대한의 독립을 위해, 잠을 자도 대한의 독립을 위해 해왔다. 이것은 내 목숨이 없어질 때까지 변함이 없을 것이다."라는 말씀을 되새기면서 이태복 장관을 내 머릿속에 항상 머물게 하고 싶은 마음으로 이 글을 맺고자 한다.

이태복이라
믿 는 다

'강의한 사랑'이 삶의 좌표

명 진
(평화의 길 이사장, 전 봉은사 주지스님)

크든 작든 한 인간은 자기 삶의 환경과 떼어낼래야 떼어낼 수 없는 운명을 마주하게 된다. 이태복 선생은 나와 같이 1950년에 태어난 '동란둥이'다. 하나의 민족이 서로에게 총부리를 겨누어야 했던 비극의 역사는 그 시절에 태어난 모든 이들에게 적지 않은 영향을 미쳤다. 6·25와 함께 '동란둥이'로 태어난 이태복 선생이 현대사의 질곡과 함께 몸부림치며 가파르게 살 게 된 것은 어쩌면 피할 수 없는 운명이었을 것이다.

나에게 이태복 선생이 남달리 가깝게 느껴진 이유가 하나 더 있다. 동향이라는 점이다. 나는 충남 당진 출신이고 이태복 선생은 충남 보령 출신이다. 돌아보면 이태복 선생과 교류하면서 같은 시기, 비슷한 지역의 공기를 먹고 자란 사람들이 가지는 호의와 동류의식이 서로 깊이 자리하고 있었던 것 같다.

이태복 선생은 남들보다 일찍이 당신이 태어난 시대의 운명과 마주했다. 예산중학교 2학년 시절이던 1964년 지역의 야당, 시민단체와 함

장관 시절 집무실에서 함께.

께 '한일회담 반대! 매국노 김종필 처단!'을 외치며 시위에 참여했다고 하니 말이다. 조숙했던 이태복 선생은 그 시절 한국사회의 정치·경제·사회·문화 전반에 큰 관심을 가지고 있었다고 한다.

그 관심의 한복판에는 윤봉길 의사가 계셨다. 이태복 선생의 고향인 충남 홍성, 예산 일원은 이동녕 선생과 김좌진 장군, 한용운 선사, 윤봉길 의사, 유관순 열사 등 수많은 독립운동가들이 태어난 곳이다. 역사의식과 의로운 기운이 남다른 고장에서 나고 자란 이태복 선생은 윤봉길 의사의 『농민독본』을 읽고 냉철한 논리에 감명받았으며, 어머님께 쓴 편지에 나오는 '강의한 사랑'을 곱씹으며 역사의 굽이굽이에서 삶의 좌표로 삼았다고 한다.

나도 예산 일원을 방문할 때면 윤봉길 의사의 사당에 들러 꼭 참배한다. 우리 근현대사를 살펴볼 때 윤봉길 의사는 가장 상징적인 분이 아닐까 싶다. 이 땅에서 태어난 사람들에게는 윤봉길 의사의 길이 있고, 박정희의 길이 있다고 생각한다. 한 분은 일제에 항거해 홍커우 공원에서 물통 폭탄을 던졌고, 한 사람은 일본 천황에게 혈서를 쓰고 일본군이 되어 독립운동을 토벌하는 데 앞장섰다.

앞으로 누군가 이 땅을 침략했을 때 그들 앞에 머리 조아리고 살 것인가, 아니면 그들에 맞서 나라를 지키고 독립을 쟁취하기 위해서 싸울 것인가 하는 것은 진보와 보수의 문제가 아니다. 정의와 양심의 문제이다. 우리 역사를 몸으로 껴안고 살고자 했던 이태복 선생이 매헌 윤봉길 월진회 회장까지 맡으면서 윤봉길 의사의 삶에 깊이 천착하게 된 것은 결코 우연이 아니었던 것 같다.

이태복 선생과는 고등학생 때 서울로 전학한 것도 비슷하다. 충남 당진에서 서울공고에, 이태복 선생은 성동고에 진학했다. 나는 사춘기 시절 삶이 왜 이렇게 괴로운가, 어떻게 살아야할까를 고민하고 살았고 그것이 동인이 되어 출가에 이르게 되었다.

이태복 선생의 사춘기도 비슷했던 모양이다. 불교서적을 접하고 삶과 죽음이라는 본질 앞에 강한 허무감을 느꼈다고 한다. 그래서인지 부모님의 반대에도 출가를 결심해 입산하기도 했다. 그러나 수행이라는 것은 어떤 특별한 곳이 아니라 사람들과 더불어 사는 삶의 현장에 있지 않을까 하는 결론에 이르게 되어 다시 세상 속으로 돌아왔다고 한다.

시대와 역사 문제를 고민하던 이태복 선생은 1970년 대학에 진학해서도 열성적인 활동을 펼쳤다. 박정희 정권의 3선개헌 반대에서부터 이 땅의 노동인권을 외치며 분신한 전태일 열사를 기리는 투쟁은 물론, 철거민들의 생존투쟁 현장에까지 그의 발걸음이 닿지 않는 곳이 없었다. 당연히 대학시절 학생운동의 주동자가 되어 강제징집을 당했다.

제대 후에 이태복 선생이 광민사라는 출판사를 차려 『유한계급론』 『한국노동문제의 구조』를 펴내자 수천 부가 팔려나갔다. 정부에서는 '불온서적'이라는 딱지를 붙였지만 그럴수록 책은 몰래 몰래 더 많이 퍼져나갔다. 이태복 선생이 이념의 어느 한편에만 사로잡힌 것이 아니라 나름의 낭만도 가지고 있었다는 걸 보여주는 것이 광민사에서 펴낸 『나의 라임 오렌지나무』라는 소설이다.

『나의 라임 오렌지 나무』는 브라질 작가 J.M 바스콘셀로스가 1969년 발표한 소설로 브라질에서는 초등학교 교재로 사용됐고 미국, 유럽 등 전 세계에 널리 번역, 소개된 책이다. 우리나라에는 1978년 발간됐지만 처음엔 별 호응을 얻지 못했다가 1980년대 들어 독자들 사이에 소문이 퍼지면서 지금까지 300만 부 이상 팔렸다고 한다. 5살 '제제'는 아이지만 어른스러운 생각과 행동을 하였고 항상 맞고 지내면서도 씩씩하고 용감한 것으로 그려지는데 어쩌면 이태복 선생의 모습을 담은 듯도 하다.

이태복 선생하면 떠오른 영상이 바로 소년 '제제' 같은 심성과 하얀 머리다.

물론 그 안의 심장은 우리 시대를 껴안고 늘 마그마처럼 끓고 있었다. 그 중에서도 가장 관심을 가진 것은 저 낮은 곳에 자리한 사람들, 특히 이 땅의 노동자들에 대한 관심과 애정이었던 것 같다. 이태복 선생하면 떠오르는 것이 '전국민주노동자연맹' 이른바 '전민노련'이다. 이 땅에 노동운동이 왕성하지 못하던 1970년대부터 선구적으로 노동운동을 펼쳐 구금되었으며, 오랜 옥고를 겪기도 했다.

1988년 7년여의 감옥생활을 끝내고 나와 〈주간노동자신문〉 〈노동일보〉 등을 기반으로 활동을 재개했으며 이러한 인연으로 후일 보건복지

2008년 8월 29일 <제2차 중국동포청소년 가족상봉 및 서울문화체험> 봉은사 견학 중에.

부 장관 등 정부의 일을 맡기도 했다. 정부의 일을 끝내고도 쉬지 않고 세상을 밝히기 위해 고민하던 이태복 선생은 사회복지의 대안을 연구하는 '인간의대지'를 만들어 활동했는데 그 무렵에도 나와 교류했다. 이태복 선생은 커다란 사회 구조적 문제에도 관심이 많았지만 기름값, 휴대전화비, 카드 수수료, 약값, 은행 금리 등 서민생활에 직접 연관이 되는 문제도 소홀히 하지 않았다. 내가 봉은사 주지로 있던 시절 이태복 선생은 '5대거품빼기범국민운동본부'를 만들어 활동하면서 자주 찾아왔던 기억이 있다.

'동란둥이'로 태어난 이태복 선생은 평생 시대를 벗어나지 않고 그 운명 속에서 몸부림치며 산 것 같다. 거칠고 험난한 운명 앞에 주저앉을 법도 한데 결코 그러는 법이 없이 앞으로 앞으로 나아가고자 했다. 끝없이 더 나은 사회에 대한 꿈과 열망을 버리지 않고 한 시대를 진정성 있게 사랑했기에 지금도 우리에게 많은 울림을 주고 있는 것이 아닐까 싶다.

이태복 선생이 꿈꾸던 세상이 얼마만큼 이뤄졌을까? 역사의 구비에서 자신을 던졌던 수많은 의사, 열사, 투사들이 꿈꾸던 세상은 아직 오지 않은 것 같다. 역사란, 인간의 꿈이란 완성되는 그 무엇이 아니라 끝없는 과정 속에서 만들어지고 허물어지고 다시 만들어지는 것이기 때문일 것이다. 지금도 역사의 강물은 앞서거니 뒷서거니 하면서 흘러가고 있다. 어느 구비, 어느 산등성이에 이태복 선생 같은 꿈을 꾸는 풀꽃들이, 나무들이 굽이치는 강물과 함께 하나의 풍경으로 늠름히 자리하고 있으리라.

이태복이라
믿는다

국가와 국민을 사랑한 참스승

윤주경

(국회의원, 윤봉길 의사 장손녀)

이태복 선생과의 첫 만남은 '제제'를 통해서였습니다. 1977년도에 설립한 광민사에서 펴낸 소설 『나의 라임오렌지나무』(1978)에서 학대를 받으면서도 오렌지나무 밍기뉴, 뽀루뚜가 아저씨와 함께 사랑과 우정을 나누는 제제를 보며 어릴 적 펑펑 눈물을 쏟던 일이 생생합니다.

국민들이 연대와 사랑을 통해 독재 정권의 억압을 벗어나, 자유롭고 민주적인 생활을 누릴 수 있게 되기를 바라는 마음에서 이 소설을 최초로 번역 출판하셨을 것이라 생각합니다.

이처럼 선생은 국민들이 더 나은 삶을 살 수 있도록 하기 위해 누구보다도 노력하셨던 분입니다. 노동운동, 도서 출판 및 신문 발행, 공직생활, 민생 안정을 위한 거품빼기 운동 등을 전 생애에 걸쳐 끊임없이 하셨으며, 사)매헌 윤봉길 월진회 회장, 사)윤상원기념사업회 이사장 등을 역임하시기도 하였습니다.

선생님께서 세상을 떠나신지 1년이 지났지만, 다시 한 번 선생님의 행적을 떠올리며 선생님의 모습을 기억해보고자 합니다.

이태복 선생하면 노동운동을 떠올리지 않을 수 없습니다. 전국민주학생연맹·전국민주노동자연맹 사건(이른바 '학림사건')에서 모진 고문을 받으면서도 민주화를 향한 신념을 굳건히 지키는 모습, 국가의 안위와 국민들의 인권을 생각하며 묵묵히 옳다고 생각하는 길을 걸어가신 선생의 모습은 마치 철갑을 두른 소나무 같습니다.

사회복지단체 '인간의대지'를 설립하여 무의탁 노인을 비롯, 국내의 복지 사각지대에 놓인 사람들에게 도움의 손길을 뻗었을 뿐 아니라, 북녘동포들과 몽골·미얀마·캄보디아·네팔 등지에 의약품을 후원하는 일을 전개하셨습니다. 중국 조선족 소학교와 고등학교에 책 1만여 권을 매년 보내 동북3성 조선족학교에 도서관을 만들어 복지의 지평을 넓히셨습니다. 동북아평화연대를 위해 열린 애국의 뜻을 펼치신 선생의 노력은 저 또한 국회의원으로서 어떤 마음가짐으로 업무에 임해야 할지 다시 한 번 고민하게 합니다.

2018년 4월 29일 윤봉길 평화축제 때. 왼쪽에서 두 번째가 필자.

선생의 성격상 대통령비서실 복지노동수석, 보건복지부 장관으로 계시면서 직접 수많은 현안들을 처리하느라 아주 힘드셨을 것입니다. 주 5일제, 비정규직 노동자 보호, 공무원노동기본권 보장, 의약 분업은 지금은 당연시되는 정책이지만 처음 논의가 시작되던 때에는 엄청난 반발에 시달리셨습니다. 국민들의 인권 보호와 편의 보장을 위하여 노력하신 선생의 노력 덕분에 저조차도 편안하게 생활하고 있습니다.

퇴임 후에도 선생은 편안한 길을 택하지 않고 5대 거품빼기 범국민운동본부 상임대표를 맡으셨습니다. 서민들의 삶이 안정화되기 위해서 필요한 것이 무엇일지 고민하신 결과 기름값, 휴대전화 통신료, 카드 수수료, 약값, 은행 금리 등을 낮추는 것이 중요하다는 결론을 내리신 것 같습니다. 이들은 모두 교섭력이 큰 이익집단들과 이해관계가 얽혀 있습니다. 그럼에도 불구하고 열심히 일해도 잘 살지 못하는 서민들을 위해 정경유착, 담합의 고리를 끊고 부담을 줄여주기 위해 맞서 싸우셨습니다. 경제민주화투쟁으로 사회운동의 지평을 넓혀나가신 것입니다. '민생 안정'이라는 목표 하나를 보고 달리는 선생의 기백 덕분에 대한민국 국민으로서의 희망을 느낄 수 있었습니다.

뿐만 아니라 이태복 선생께서는 다양한 책들도 집필하셨습니다. 특히 『사회복지정책론』에서는 선생의 복지 정책에 대한 혜안을 알 수 있었습니다. 진정으로 복지를 필요로 하는 사람들의 수요를 반영하지 못하는, 공급만을 위한 복지 정책을 바로잡기 위해 노력해야 한다고 말씀하셨습니다. 선생의 말씀처럼 국민을 위하는 복지를 실현하고 사각지대를 없애기 위하여 저 또한 열심히 공부하겠습니다.

무엇보다도 이태복 선생의 역사를 바로세우기 위한 노력에 감사를

2019년 3월 『윤봉길 평전』 책과 삶이야기. 필자는 가운데 이태복 회장 왼쪽이다.

드립니다. 『도산 안창호 평전』, 『토정 이지함 평전』, 『청백리 삼산 이태중 평전』 등을 통해서 애국지사 및 선조들의 숭고한 정신을 추모하고, 우리 시대에 필요한 진정한 지도자상을 제시하셨습니다.

특히 선생께서는 저의 할아버지이기도 한 윤봉길 의사의 행적을 바로잡기 위하여 손수 『윤봉길 평전』을 집필하셨습니다. 윤봉길 의사의 폭탄 투척 및 일제 항거를 김구 선생의 지시에 따른 것일 뿐이라고 폄하하는 사람들이 많습니다. 그러나 사실 윤봉길 의사의 행적을 조금만 자세히 살펴본다면, 결코 그것이 사실이 아니라는 것을 알 수 있습니다. 상하이로 가기 전 예산에 계실 때부터 윤봉길 의사는 '월진회'를 조직하여 농민들을 가르치며 문맹 퇴치, 농촌 부흥, 애국사상 고취 등을 위해 힘쓰셨습니다. 이처럼 민족의 정체성을 국민들에게 알리고, 일제에 항거하기 위해 국내에서도 공부하고 노력을 기울이다가 이후 해외 망명과 왜적 처단을 스스로 결심하신 것입니다.

이태복 선생의 노력 덕분에 많은 국민들에게 알려져 있지 않았던 할아버지의 사상을 다시 한 번 깊게 생각해볼 수 있었습니다. 윤봉길 의사가 김구 선생의 행동대원일 뿐이었다는 프레임을 벗어나, 윤 의사의 주체적인 활동을 재조명할 수 있게 해주신 것에 감사드립니다.

이태복 선생은 책 저술에 그치지 않고, 매헌정신을 이어받기 위해 매헌 윤봉길월진회 회장직을 맡기까지 하셨습니다. 윤봉길 의사의 의거를 기리고, 애국 정신을 계승하기 위하여 다양한 행사들을 주최하시며 의사가 강조하셨던 것처럼 단결과 부흥을 위해 노력하셨습니다. 윤봉길 의사의 숭고한 희생을 영원히 기억하기 위한 선생의 노력이 대한민국 국민들에게 올바른 정보를 전달하는 데 큰 도움이 되었을 것입니다.

윤상원기념사업회 이사장직을 지내셨습니다. 민주화를 위해 힘쓰셨던 윤상원 열사의 모습을 기억하고 기리기 위한 노력의 일환이었습니다. 정계에 있는 동안 선생께서 지키려고 그토록 노력하셨던 민주주의의 의미가 퇴색되지 않도록 해야 한다는 것을 명심하겠습니다.

이태복 선생의 정치적 색깔은 저와 다른 부분들이 많습니다. 그러나 선생은 진정으로 존경할 만한 참스승이셨습니다. 민주주의 수호를 위하여 힘겨운 고문과 옥살이를 버텨내고, 지게꾼생활을 하시며 노동자들의 생활에 대하여 몸소 느끼고, '노학연대'라는 새로운 용어를 만들어내기까지 하시며 노동운동에 힘쓰셨습니다. 또한 대한민국이 나아가야 할 방향 및 올바른 역사와 역사적 인물들에 관한 복원작업에도 매진하셨습니다. 공리공론에만 그치지 않고, 무실역행 사상을 몸소 실천하기 위하여 끊임없이 활동하셨습니다.

이처럼 대한민국과 국민들을 보호하겠다는 일념 하에 한평생 연구와 실천에 헌신하셨던 선생의 신념을 이어받아, 저 또한 저의 자리에서 대한민국의 미래를 꽃피울 수 있도록 힘쓸 것을 약속하겠습니다.

이제 선생께서는 편히 쉬시기를 바랍니다.

이태복이라
믿 는 다

미처 몰랐던 '이태복 사용법'

정윤선
(대한광복단기념사업회 회장)

내가 이태복 형을 처음 만난 것은 기억을 더듬어 보면 아마 1991년 봄이었던 것 같다. 장소는 독일 프랑크푸르트였을까? 국내에서 오신 분을 모시고 통역을 해달라는 부탁을 받았다. 당시 나는 여러 가지 이유로 독일 내 거주하시는 한국 분들을 제한된 범위에서만 만나고 있었다. 그래도 우리말과 독일어 통역을 잘한다는 소문이 있어 가끔 의미 있는 일이라면 기꺼이 맡아서 하고는 했다.

「주간전국노동자신문」과 「운동(undong)」

당시 나는 뜻이 맞는 소수의 유학생들과 함께 독일 거주 한인 청소년 1.5~2세, 또 입양되어 온 청소년들과 만나 소위 민족교육이란 것을 하고 있었다. 말은 거창했지만 사실 우리말, 역사, 한국의 사회문제, 놀이 등을 중심으로 1년에 여러 번 만나 2박3일 프로그램을 진행하는 정도였다. "저는 한국사람이 싫어요"라면서도 같은 동포의 선배가 그리워 방문했던 청년들은 지겨운 강의내용에 '지루한 노래'라는 제목의 곡을 작사·작곡함으로써 답하는 '웃픈' 현실이었지만, 그렇게 시행착오를 겪으며 몇 년을 하다 보니 그 중에 우리말과 독일어를 능숙하게 하는 청년들로 구성된 편집진까지 꾸려졌다.

1989년에 우리는 뜻을 같이하는 독일인들도 합류시켜 한국사회의 노동문제 등 사회문제를 독일어로 다루는 계간지를 내기로 했고 잡지명을 「운동(undong)」이라고 정했다. 그해 11월 9일, 우리가 보훔(Bochum)이라는 도시에 모여 아마 세 번째쯤의 편집회의를 하는 날 저녁이었다. 잠깐 휴식을 갖는 동안 집주인 독일여성이 외부전화를 받더니 "베를린장벽이 무너졌대."라고 소리쳤다. 우리는 모두 TV로 달려가서 뉴스를 보며 감격하였고, 이후 독일과 한국의 통일문제도 잡지의 주요 주제가 되었다. 그렇게 「undong _ Zeitschrift für soziale Bewegung in Korea」(운동 _ 한국의 사회운동 잡지)는 1990년 1월 20일에 탄생하였다. 우리나라 역사상 국내의 사회·노동문제만을 다루는, 외국에서 현지의 언어로 만들어진 유일한 잡지였음을 자부하며 「운동」은 1991년 6월에 제3호까지 출간되었다.

그리고 독일은 1990년 7월 1일의 동서독의 사회·화폐·경제 통합을 거쳐 그해 10월 3일에 정치적인 통일을 이루어 냈다. 그날은 마침 우리의 추석날이었고, 거리에서 통일의 축하파티에 여념이 없던 독일인들을 뒤로 한 채, 나는 청소년들과 프랑크푸르트의 타우누스산에 올라가 산위로 떠오르는 그날 유난히도 컸던 달을 보며 사물놀이를 즐겼다.

이러한 시기의 상황 아래 통역을 하러 약속 장소에 나가보니 한국에서 온 분은 이태복 선생이었고 당시 나의 놀라움은 무척 컸다. 조금 더 알게 되면서 나는 이태복 선생을 '형'이라고 부르기로 하였다. 남자 후배들이 나를 '언니'라고 부르는 것과 같은 맥락이다. 이후 다른 유학생들과 함께 어울리는 자리가 여러 번 있었고 내가 통역을 하는 자리도 몇 번 있었다. 독일 노동계 인사, 통일 관련 관료들이었다. 우리는 독일의 통일과정에 대해, 그리고 독일 노동조합의 현실에 대해서 얘기했다. 다른 유학생들을 만나 들었을 얘기였겠지만 태복 형은 내 얘기를 귀 기울여 들어 줬다.

나는 마침 베를린에서 열리는 청소년들의 봄 모임에 대해 얘기했고 태복 형은 한번 보고 싶다고 하여 젊은 청소년들과 대화의 기회도 가졌다. 우리의 잡지 「운동」을 보여주며 곧 3호가 나올 예정이라는 것도 얘기했다. 태복 형은 우리가 짜깁기해서 만든 한글 표제어 '운동'이 아주 힘이 있고 보기 좋다고 했다.

「운동」은 국내의 노동운동에 대해 공식, 비공식으로 발간되는 우리가 구할 수 있는 인쇄물을 바탕으로 만들어진 잡지다. 그중에서도 마침 발간되었던 「주간전국노동자신문」은 우리가 잡지를 낼 수 있는 용기를 주었던 간행물이었고 독일에서 입수되는 대로 철을 하여 주요 자료로 썼던 터였다.

그런데 질문을 주로 한 사람은 태복 형이었고 나는 답을 했다. 우리의 입장에서 태복 형의 의견을 묻고, 듣고, 참고했어야 했다. 지금 생각해 보니 내가 '이태복 사용법'을 잘 모르고 있었던 것이 원인인 듯하다.

독일 통일의 현장

독일의 통일은 소위 말하는 흡수통일이었다. 동독은 베를린장벽의 붕괴와 함께 너무나 맥없이 무너졌고, 이런 기회를 안 놓치고 서독의 콜 수상과 겐셔 외무장관은 발 빠르게 주변의 4대 강국을 설득시켜 장벽 붕괴 후 1년도 채 안 돼 정치적 통일을 이루어냈다. 이것을 역사학자들은 '역사에 열린 창문'(Historisches Fenster)이라고 부른다. 언제 또 올지 모르는 통일의 기회가 이 때 역사 속에 잠깐 나타났다는 뜻이다. 2차대전 패전국인 독일에는 동독에 소련군이, 서독에 미국, 프랑스, 영국의 군대가 주둔하고 있었다. 이들 모두 독일의 통일을 두려워하였으니, 이 설득을 가능하게 한 공신은 소련의 고르바쵸프가 아니었을까 싶다.

1985년 3월 소련 공산당 서기장에 취임한 고르바쵸프는 글라스노스트와 페레스트로이카를 앞세워 소련을 개혁하려 했고 서구에서는 그의 인기가 치솟아 '고르비 선풍'이 불기도 했다. 그러나 다른 한편, 동구가 무너지기만을 기다리던 입장에서는 고르비는 더 좋을 수 없는 때 맞춰 나타난 사람('Our Man')이었다. 프랑크푸르트의 은행가에서는 "우리의 공략이 먹히기 시작했다."고 자화자찬을 하였다.

이 때 나는 베를린장벽이 무너지기 1년 전 겨울의 어느 날을 기억할 수밖에 없었다. 서독에서 서베를린으로 연결되는 고속도로 위에서 한밤중에 차가 고장 나서 섰고 1월의 추위에 나는 오돌 오돌 떨고 있었다. 그런 나를 우연히 발견하고 서베를린 경계까지 데려다 줬던 동독 렉카 기사의 말이 생각났다. 그는 "고르바쵸프의 소련을 가봤지만 이미 망한 나라에서 개혁한들 무엇하겠나? 동독주민들도 조금만 건드리면 봉기를 일으킬 것"이라며 신랄하게 비판했다. 실존사회주의에 대한 기대가 높지 않았던 나에게도 동구의 이런 몰락은 충격이었다.

태복 형을 모시고 유학생 몇 명이 옛 동독 지역의 드레스덴을 다녀왔다. 지나치는 동독의 도시들은 썰렁했다. 많은 노동인력이 이미 서독지역으로 빠져나간 뒤라서 그랬고, 을씨년스럽게 폐허화된 건물들이 또 그랬다. 베를린장벽이 무너지는 순간, 동독사람들은 서독제품을 우선적으로 소비했기 때문에, 동독에서 매일 생산되는 우유조차도 모두 폐기되어야 했고 모든 산업이 거의 하루 만에 무너졌다. 우리도 통일이 된다면 인력유출부터 막아야 한다고 생각한다.

길거리에서 독일식 소시지를 사먹으며 소시지를 굽고 있는 중년 남자와 대화를 시도해 봤다. "무엇을 하던 분이냐?"고 물으니 "상당히 높은 관리 출신"이었단다. 태복 형이 묻는다. "통일된 독일에서 행복하냐?"고. "모든 것이 다 무너졌는데 행복할 수가 없다."고 한다. "그럼 통일이 되지 않기를 바랐느냐?"고 태복 형이 다시 물으니, "어차피 다른 길은 없었을 것."이란다.

버스 안에서 젊은 여선생을 만났다. 그에게 통일 후에 급격히 늘어난 동독지역의 네오나찌 청년들에 대해 물어본다. 그는 울먹이며 말한다. "우리가 했던 모든 사회적 노력과 교육이 수포로 돌아갔다."

다시 서독 출신의 진보적 여소설가에게 물어본다. "이 현상을 어떻게 생각하냐?"고. 그는 말한다. "동독의 정치가들은 사회주의자, 공산주의자로서 나찌로부터 유대인과 똑같은 박해를 당했기 때문에 스스로 독일인이었으면서도 스스로를 피해자로 보지, 가해자라는 인식이 없었다. 그래서 서독과 달리 동독에서는 나찌 시절 역사에 대한 반성과 반추가 없었다. 결국 그것이 이런 현상을 낳았다."

이날 우리는 깊은 토론을 하지 않았던 것 같다. 각자 이 현상을 소화시키기에 여념이 없었던 탓이었나? 적어도 나는 그랬다. 이렇게 나는 또 태복 형의 의견을 들을 기회를 놓치고 말았다. 그런데 태복 형이 독일 다녀온 경험담과 의견을 〈베를린 리포트〉라는 칼럼 20회에 걸쳐 노동자신문에 연재했으니 나는 뒤늦게라도 배울 기회가 있는 셈이다.

그로부터 약 15년 후 나는 귀국을 했고 이태복 형 부부를 만나 밥도 얻어 먹었다. 이 기간 나는 심복자 '형수'와 더 많은 시간을 함께 했으며 많은 얘기를 나누었다. 같이 동지로 일하는 부부의 삶에 믿음이 가며 함께 하고 싶었으나 나는 지방에 둥지를 틀고 살게 되며 많은 인연들과 거리를 두고 살게 되었고 연락이 뜸해졌다.

그러다 이태복 형 부부를 다시 만나게 된 것은 또 다시 15년이 지난 2021년 봄이었다. 우리는 이 때 처음으로 나의 원래 전공인 물리학에 대해 잠깐 얘기를 나누었다. 나는 형의 '우주산업'에 관한 관심과 정열에 놀라기도 하였다.

1913 대한광복단과 채기중 초대 단장

경상북도 영주시 풍기읍에 자리하는 "대한광복단기념공원" 내에 있는 대한광복단기념사업회 회장인 나는 2021년 8월 15일 광복절 행사에 맞춰 〈대한광복단 약사비 제막식〉과 1921년 서대문감옥에서 사형당한 초대 단장 〈채기중 선생의 순국 100주기 추모제〉, 그리고 100년 만에 처음으로 열릴 〈대한광복단 300여 순국열사 합동추모제〉를 준비하느라 여념이 없을 때이기도 했다.

그 얘기를 들은 태복 형은 본인이 매헌 윤봉길 월진회 회장이고 또 보훈위원이라며 줄줄이 얘기하는 것이 아닌가? 형이 독립운동사에 관심을 갖고 일가견이 있을 것이라는 건 내게는 금시초문의 일이었다. 이기적인 후배인 나는 '몰랐구나' 라는 생각은 하지도 않고, '아 언젠가 이 형을 잘 써먹을 수 있겠구만' 이라며 흑심을 품고 있었다.

우리나라 독립운동사, 나는 주로 '독립전쟁사'라는 표현을 선호한다. 독립전쟁사의 기술에 있어 가장 큰 장애는 한 주제 또는 시기의 연구에 있어 일부 국사학자들의 초기연구가 잘못되면 되돌리기가 무척 어렵다

2021년 광복절을 맞아 〈대한광복단 약사비 제막식 및 광복절 기념식과 채기중 선생 순국 100주년 추모제〉. 오른쪽에서 네 번째가 필자.

는 사실이다. 또 하나는 많은 경우의 사학자들이 원 자료의 발굴과 그 사용에 있어 적극성이 부족하거나, 자의적이고 독선적이라는 사실이다. 바로 대한광복단의 역사적 서술이 그러하다.

일경의 시달림을 받던 상주 출신의 채기중은 1906년 풍기로 거처를 옮긴다. 농사를 지으며 자산을 축적하고 때를 기다리던 그는 김원식, 정성산과 재산을 내놓아 1913년 정월에 그들의 표현을 빌리자면 '비밀결사 혁명조직'인 대한광복단을 창단한다. 1912년부터 적극적인 조직사업을 벌였던 이들은 주로 전국 각지에서 모인 '의병잔당과 애국지사들'이었다. ① 일제의 무단통치 하에 지사들이 모두 외국으로 떠날 때 처음으로 국내에서 무장투쟁을 통한 독립국가 건설을 목표로 하였고 ② '민국(民國)'을 지향하였으며 ③ 이들의 행동방식은 이후 의열 투쟁의 모범이 되었고 ④ 처음으로 '광복'이라는 개념이 독립전쟁사상 대두되었다.

대한광복단 약사비 앞에서 필자.

⑤ 또 1960년대 초반에 채기중의 풍기읍 동부리 거택지에서 수천 발의 탄환이 들은 항아리가 발견되었던 점으로 미루어 이들은 외국에서의 무장투쟁 지원만을 염두에 두고 있지 않고 국내에서의 전면전도 준비했던 것으로 보인다.

이 대한광복단은 여러 차례 단체명과 조직형태를 바꾸어가며 활동하는데, 조직의 변천을 보면 1913 대한광복단 → 1915 광복회 → 1916 대한광복단 → 1918, 1919 암살단, 주비단, 광복단결사대 (→ 1919 의열단)으로 활동을 전개하였다. 1919년 이후 대한광복단의 국내 활동은 사실상 중단되었으나, 만주로 도피했던 대한광복단 최연소 창립단원 김상옥이 1923년 1월에 국내로 잠입하여 '종로경찰서 폭탄투척거사'를 벌이며 10여일간 1천여 일경을 전율케 하다 결국 자폭해버린 사건이 발생하였다. 이로써 대한광복단, 그 10년간의 활동에 종지부가 찍힌다.

양한위의 「양벽도공제안실기」라는 문건과 창립단원 한훈의 기록에 의하면 1915년에 광복회로 바뀔 때는 경주(울산)의 박상진이 풍기의 채기중을 찾아와 서로 의기투합하여, 군대식 조직으로 개편하였다. 채기중은 박상진을 총사령으로 앞세우고 자신은 경상도지부장의 역할을 맡으며 핵심행동대원인 소위 모험용사대의 양성에 힘을 기울였다. 박상진이 약 1년간의 옥고를 치르는 동안 1916년에 채기중, 한훈 등은 김좌진, 노백린 등과 함께 다시 '대한광복단'으로 조직을 결속하였다. 이 자리에서 김좌진은 만주로 파견되기로 결정된다.

이에 대한 국사학자들의 왜곡은 만행에 가깝다. 그들은 1915년의 '광복회'를 문건 어디에도 없는 '대한광복회'로 만들기 위해 1913년의 '대한광복단'을 '풍기광복단'이라고 하며 지역적, 소극적 단체로 폄훼하는 등 이유 없는 왜곡을 했다. 이 때문에 후손들 사이에 불필요한 갈등을 야기하기도 했다. 우리 〈대한광복단기념사업회〉는 이러한 왜곡을 바로 잡고 1910년대 초반의 독립전쟁사를 올바로 쓰기 위한 노력을 하고 있다.

이런 얘기를 여기서 길게 하는 이유는 다음 일화 때문이다.

2021년 영주 광복절 행사와 충남 독립운동가 추모·선양 학술포럼

위에 말했듯이 2021년도 영주시의 광복절행사는 대한광복단 관련 행사들과 맞물려 대한광복단기념공원이 있는 영주시 풍기읍에서 치러졌다. 아직 코로나 국면이라 참가인원 제한도 있고 하여 형께서 올 것은 별로 기대를 않고 '언제 써먹을 욕심'으로 초청장을 보내 놓기로 했다. 근데 형께서 그 먼 길을 진짜로 올 줄은 몰랐다. 와서는 행사에서 나누어주는 인쇄물과 기념사 등을 꼼꼼히 읽는 것이 아닌가. 그동안 경상도 독립운동가나 대한광복단에 대해 모르던 분이니 크게 관심을 가지는 것에 나는 내심 기뻤다. 그러나 내가 주최자로서 행사 뒤처리를 하는 동안 형은 어느새 떠나고 없었다. 식사를 같이하며 얘기하려고 했는데, 그

때 아쉬운 만남이 마지막 인연이 될 줄은 상상도 못 했다. 언제나 웃음을 띄며 내가 필요해서 찾아가면 그 곳에 있을 것으로만 생각했는데….

그러다 나중에야 그해 9월과 10월에 독립운동가 정신계승을 위한 〈제1회 충청남도 독립운동가 추모·선양 학술포럼〉에 만해 한용운, 매헌 윤봉길, 묵암 이종일, 백야 김좌진, 석오 이동녕, 월남 이상재, 유관순 열사 일곱 분의 행사 중, 다섯 분의 행사의 좌장을 맡으시고, 10월 21일에 종합평가 자리에서도 전체 좌장을 맡아 이끌어 갔다는 것을 알게 되었다. 마침 유튜브로 기록이 남아 있어 그 내용을 들을 수가 있었다.

이 자리에서 이성우 충남대 교수(충청문화연구소)가 김좌진 장군에 대해 발제를 했다. 그런데 '1915년 7월 15일 결성된 광복회의 총사령이 박상진, 부사령이 김좌진이며 김좌진은 만주부사령으로 광복회에서 파견 되었다'는 취지로 발표를 한 것이었다. 김좌진 장군 관련 발제에 광복회와 박상진 등의 이름이 거론될 것은 아마 생각을 못했을 이태복 형께서는 발제가 끝난 뒤 다음과 같은 질문을 하며 의견을 제시한다.

"아까 말씀하신 것 가운데, (김좌진 장군이) 박상진 의사와 같이 활동하신 것이 최근의 연구결과는 영주의 대한독립군단. 지금 여기 박상진 열사가 대표로 돼 있는, 그게 영주에 기념관도 세워졌고. 생가, 그 원래 조직했던 분의, 일종의 생가죠, 집이 거기 있거든요? [발제자의 질문: 영주요?] 네. 영주, 경북 영주요. 그 사람이 중심이고 그 조직의 일부가 박상진과 (연계)됐다, 이렇게 그 쪽에서는 얘기를 하고 있습니다. 그래서 저도 거길 가서 직접 보고 자료를 좀 확인을 해 봤는데 〈김좌진기념사업회〉에서 그런 부분도 좀 정리를 해야 할 필요가 있을 거예요. 뭐가 정확하게 진실을 얘기하는지 아직 모르겠습니다. 어쨌든 그 조직 자체가 그 이전부터 조직이 됐던 것이고 그 생가에서 총도 나오고 여러 가지가 나왔어요. 그러니까 사실 대한독립군단이라고 하는 조직이 그렇게 이름만 있고 일제가 발표하기 위한 그런 조직은 아니었고 실제 존속했던, 한반도 안의 조직으로서 역할을 했던, 그런 점에서는 우리가 연구를 해 볼 필요가 있지 않을까 그렇게 생각이 좀 듭니다."

형께서는 '대한광복단'을 '대한독립군단'으로, 채기중의 '거택'을 '일종의 생가'로, 여기서 발견됐던 수천 발의 '탄환'을 '총'으로 바꾸어 말하기는 했어도 문제의 본질을 정확히 짚고 있었다. 나와 단 한 번 대화를 하고 이렇게 정확히 내용을 꿰뚫고 있었다니. 형은 이런 내용의 발제가 있을 것을 예상했더라면 자료조사를 꼼꼼히 하고 갔을 것이다.

그 외에도 발제내용의 문제점을 보자면, 실제로 1915년에 김좌진은 감옥에 있었고 광복회 부사령은 이석대였다. 이석대가 전사하자 김좌진이 부사령을 이어받은 것은 사실이나 1916년 이후인 것이 확실하다. 그리고 여러 문건에 김좌진은 광복회가 아닌 대한광복단에 가입한 것으로 되어 있다. 이 때 박상진은 감옥에 있었다. 그렇다면 김좌진은 한훈이 주장하는 것처럼 채기중과 한훈, 김한종 등에 의해 만주로 파견됐을 가능성이 높다. 이 부분 역사는 더 연구되어야 한다.

내가 형의 활동범위를 더 자세히 알았더라면 형과 더 심층적인 얘기를 나누었을 것이고 그로부터 훌륭한 조언을 들을 수 있었을 것이다. 그리고 형은 예리한 분석력으로 상대방의 부정확한 표현들을 지적했을 것이다. 이것이 '이태복 사용법'을 제대로 간파하지 못한 내가 아쉬워하는 부분이다.

이기적인 후배는 선배의 믿을 수 없는 죽음을 이렇게 애도한다.

이태복이라
믿 는 다

밀산 십리와에 항일기념비 세우다

김정득
(『밀산 조선족 백년사』 저자)

2008년 여름 장관님은 사)인간의대지에서 추진하고 있는 〈제2차 중국동포 청소년 가족상봉 프로그램〉의 인원 모집과 밀산지역 항일근거지 현지 답사를 위하여 밀산에 오셨다. 밀산은 흑룡강성의 남부 중심지역인 목단강에서 동북방향으로 중국과 러시아의 국경지역에 위치하고 있다.

나는 밀산시 정부의 위탁을 받고 접대와 안내를 하게 되었는데, 학생 모집을 책임진 이금화 선생님(밀산시 조선족중학교 교원)이 장관님께 나를 소개하니 장관님은 일어나 두 손으로 나의 손을 잡으시면서 "이렇게 만나 참으로 반갑습니다. 잘 부탁드립니다." 하시며 밀산에 오신 두 가지 목적을 말씀하셨다.

장관님을 뵌 첫 인상은 자상하고 마음이 따뜻한 오랜만에 만난 친구 같았다. 말씀하실 때는 항상 미소를 지으시며 겸손하고 조용히 이야기하셨다. 하여 나는 마음의 부담 없이 장관님을 대하게 되었으며 내가 알고 있던 밀산 조선인의 눈물겨운 이민 역사와 항일근거지사 등을 상세히 설명해 드릴 수 있었다.

나는 2007년에 출간한 『밀산 조선족 백년사』 편찬 사업에 참여하여 조선인 거주사와 농업 발전사 부문을 4년 넘게 집필하였다. 조선인의 이주 초기의 자료들을 찾고, 민간에 내려오던 전설들을 수집하며, 증인들을 찾아다니는 일이 많이 힘들었는데, 특히나 1910년대 조선의 항일운동가들이 밀산에 들어와 활동하던 자료들은 더욱 찾기가 힘들었다. 무려 100년 전의 일이다. 나의 이런 고충을 듣고 있던 장관님은 "참 수고가 많았구만요."라고 하시면서 공감해주셨다. 나는 장관님과 술 한잔하면서 많은 이야기를 나누었는데 "오늘 우리는 옛 항일투사들을 잊어서는 안 된다."고 하시면서, 눈시울이 젖었던 장관님의 그 모습이 아직도 생생하다.

2008년 7월13일부터 2일간 나는 장관님과 연변 방송국에서 오신 이정준 국장님을 모시고 밀산 지역 초기 우리 민족 항일유적지인 십리와(十里洼) 한흥동, 당벽진, 봉밀산, 흥개호, 중로 국경지를 방문, 고찰하였다. 첫날에는 밀산에서 지프차로 한 시간 정도 달려 십리와(현재의 흑룡강서 계서시 흥개 향흥 농촌)에 도착했는데, '흥개'는 만족어로 물이 높은 곳에서 낮은 곳으로 흐른다는 뜻이다.

차에서 내린 장관님은 우리를 보고 "1910년대 신민회의 해외기지 건설의 꿈이 어려 있는 이 십리와는 500가구 2,000명의 망국노들이 조국광복의 꿈을 안고 몸부림 친 곳"이라고 설명하셨다. 우리가 현지 답사할 때 이 마을의 재적 호수는 약 100여 호였다. 우리는 성이 이씨인 촌장의 안내를 받아 마을 주변을 돌아보고 세 호의 가정도 방문하였다. 자료에 의하면 1910년 이강과 김성무는 조선 신민회 지도자 안창호와 미주 국민회의 지시를 받고 밀산 십리와 지역의 토지 30여 팍지(1팍지는 대상으로 32일경)를 구매하고 김성무를 토지 주인으로 하였다.

그리고 우리 일행은 촌장의 인솔 하에 이곳 전설로 내려오던 홍범도 도랑을 한참 걸었다. 전설에 의하면 1910년대 홍범도 장군은 자기 군인들도 먹고 살기가 힘든 상황에서 주민들의 농사일이 걱정되어 군인들을 조직하여 마을 사람들과 함께 물도랑을 파고 비덕강의 물을 끌어들여 수전을 개간하였다고 한다. 홍범도 도랑에 대한 이야기는 지금도 밀산 지역 민간에 전해지고 있다.

이야기를 듣던 장관님은 걸음을 멈추고 도랑둑에 서서 한참 깊은 사색에 잠기시더니 "우리가 어떻게 편안한 마음으로 이 도랑둑을 걸을 수 있는가? 세월은 참 무심도 하지. 당신들이 고생한 것을 이제야 알게 되었으니 부끄럽기 짝이 없다."고 말씀하셨다.

십리와는 밀산에서 동쪽으로 약 100리 되는 곳인데 북쪽으로는 완달산맥이 동서로 뻗어있고 남쪽은 끝이 보이지 않는 몽홍 평원이 펼쳐져 있다. 십리와에서 멀리 보이는 봉밀산 사이에는 몽릉강이 흐르고 완달산 남쪽 기슭으로부터 몽릉강 사이 10여 리가 저습지라 옛날부터 '십리와'라 불렀다. 십리와 방문을 마치고 봉밀산과 흥개호 쪽으로 이동하는 차에서 나는 봉밀산 이름의 유래를 장관님께 얘기해 드렸다. 봉밀산은 장백산 줄기가 동북쪽으로 뻗은 말단에 있는 가장 높은 봉우리로 해발 570여 미터이고 전설에 의하면 야생 꿀벌들이 떼 지어 다니며 채밀하여 빚은 꿀이 바위 사이로 흘러 내려 매년 가을이 되면 집집마다 산에 올라가 꿀을 1,000여 근씩 땄다고 한다. 이야기를 듣고 있던 장관님은 웃으시며 나의 손등을 어루만지시면서 "참 재미있는 이야기"라고 하셨다.

일제 관현의 1916년 조사 보고서에 의하면 "한국 독립운동가들의 무관학교가 밀산현 봉밀산자에 있으며 이갑이 교장이다"라고 되어 있다고 간단히 보고하였다. 신민회 일원이었던 이동휘는 밀산의 깊은 산속에서 무관학교를 설립하고 교포 청년 1,500명을 훈련해 독립전쟁에 대비하였다.

2008년 7월 답사 중. 임호촌 표지석 앞에서.

우리 일행은 봉밀산 동쪽 작은 산마루 언덕을 넘어 약 15km를 더 달려 흥개호 북쪽에 자리 잡고 있는 백포자향 림호촌 3조(한흥동) 마을에 도착하였다. 백양나무가 우거진 마을 어귀에 내려 마을을 돌아보았는데 옛날 조선인들이 살던 흔적은 찾아 볼 수가 없었다.

장관님은 마을 어귀 길가에서 한흥동의 유래를 간단히 말씀하셨다. "한흥동은 1909년 이승희가 이상설 등 조선 반일 애국지사들의 위탁을 받고 러시아의 블라디보스토크로부터 밀산으로 와 봉밀산 인근의 비옥한 토지 100여상을 사들이고 중국과 러시아에 살던 조선인 100여 호를 이주시켜 한흥동을 세웠다." "한흥동이라 부른 까닭은 대한제국을 부흥한다는 뜻에서였고, 백포자 일대에서 제일 처음 세워진 마을이었다. 다른 말로는 '고려영'이라고도 불렀다." 그리 말씀하셨다.

한흥동을 지나 우리는 계속 달려 흥개호에 도착하였다. 흥개호는 중국과 러시아의 국경에 있는 약 4,300제곱킬로미터 되는 담수호로서 바다와 같이 넓으며 끝이 보이지 않는다. 호수의 3/4은 러시아에 속하고

흥개호에서 필자와 함께.

중국이 1/4을 차지하고 있으며 수면 국경선 길이는 약 70킬로미터다. 호수 서북쪽으로 약 20킬로미터 떨어진 곳에는 봉밀산이 우뚝 서있다.

우리 일행은 보슬비를 맞으며 차에서 내렸다. 끝없이 넓은 호수와 서남쪽으로 멀리 흐릿하게 보이는 러시아 투리러거 쪽 산맥을 바라보시던 장관님의 얼굴은 굳어지시며 깊은 사색에 잠기셨다가 말씀하시기를 "블라디보스토크에서 도산의 명을 받은 이강과 안중근 동생 안공근이 700리 길을 마차를 타고 또 걸어 망국노의 치욕을 씻고자 주먹을 불끈 쥐고 밀산의 신천지 건설을 위해 먼 길을 왔던 그 피눈물의 역사는 흥개호의 어디에 있는가?"라고 한탄하셨다.

흥개호를 떠난 우리 일행은 흥개호 서북쪽에 자리 잡고 있는 국영 8510 농장 5련(당벽진)에 도착하였다. 나는 당벽진을 남북으로 가로질러 흐르는 러거하(작은 개울이라는 뜻) 다리목(옛 중촌)에 서서 당벽진의 역사와 서일 장군의 순난지(殉難地)를 이야기하였다. 당벽진은 백림하를 사이에 두고 러시아 투리러거 쪽 산맥과 동서로 마주하고 있다.

1889년 3호의 조선인이 러시아의 연해주로부터 당벽진으로 이주하여 왔는데 이는 "밀산 조선족 백년사"의 시작이 되었다. 이주 초기부터 1900년대까지 당벽진에 거주한 조선인 이주민은 얼마 되지 않았으나 1910년대부터는 급속히 증가하여 러거하를 따라 상촌 중촌 하촌 세 개 조선인 부락이 형성되었다. 1926년에는 당벽진과 인근의 신흥동 리수구를 합쳐 약 400~500호의 조선인이 거주하게 되었다. 당벽진 역사를 간단히 소개한 후 나는 그곳에서 북쪽으로 약 3리 떨어져 있는 구릉지 농장의 옥수수 밭을 가리키며 저곳이 옛 당벽진 상촌 마을이고 그 뒤 멀리 보이는 산골짜기가 서일 장군님이 순난한 곳이라고 이야기하였다.

내 말을 듣고 있던 장관님은 "이곳이 바로 우리 항일역사에서 가장 비통한 비극 현장 중의 하나이다."라고 격앙된 어조로 이야기하고는 "홍범도, 김좌진 등 장군 모두가 서일 장군의 부하였으니 서일 선생의 지도력과 헌신적인 정신은 얘기할 필요도 없다."면서 당시 비극 사건을 계속 말씀하셨다. "서일 선생님이 자결로 생을 마감한 것은 일제의 토벌을 피해 봉밀산 일대의 몇 개 마을에 분산되어 둔병 생활을 하던 독립군들이 일제의 사주를 받은 마적 떼의 야밤 기습으로 몰살당했고 많은 부하들을 잃은 서일 사령관은 무장독립의 희망을 잃고 몇 명 부하들의 만류에도 불구하고 자결하였다."라고 하시며 탄식하셨다.

밀산 항일유적지를 답사한 다음 장관님은 아직도 항일운동 관련 자료들이 발굴되지 못한 채 묻혀 있는 데 대해 안타까워 하셨다. "밀산 십리와 항일운동 기지 건설에 대해 적지 않게 발굴되었으나 일반 국민들의 관심이나 항일 운동사에서 주목을 받지 못하고 있다."고 하시며 십리와 밀산 항일근거지 사업이 실패한 원인에 대해서는 "토지를 매입하고 100여 채의 가옥과 축사를 만들었으나 내부 분열과 일제의 탄압, 러일동맹의 강화라는 국제 정세의 변화로 지속되지 못했다"고 말씀하셨다.

그리고 항일유적지 기념비를 세우는 데 대한 긴박성을 이야기하면서 "지금까지 지나온 것을 볼 때 기록이나 유적지들이 흔적도 없이 사라질 수 있다. 특히 중국지역의 경우 조선족 집단 마을이 점차 해체되고 항일운동의 숨결을 느꼈던 분들이 대부분이 타개하고, 극히 일부만 생존해 있기 때문에 하루 빨리 세우지 않으면 위치조차 파악하기 어렵게 될 지 모른다." 고 말씀하셨다. 장관님은 나를 보고 "어떻게 가정집에서 세우는 자그만한 비석이라도 세울 수 없을까"고 물으셨는데 나는 비석 세우는 일을 잘 몰라 대답하지 못하였다.

그해 겨울 나는 한국에 갔다가 장관님을 뵈려 서울 신도림 사무실에 갔었다. 여러 이야기를 나누던 중 밀산의 십리와에 비석을 세우는 문제를 상의하게 되었는데, 장관님은 비석을 세우고자 하는 의지가 매우 강했고, 나는 여러 방면으로 알아보기로 했다. 비석을 세우는 일은 쉽지 않았는데 특히 외국에서 중국에 와 기념비를 세우는 절차는 엄청 까다로웠다. 나는 장관님의 사무실에서 전화로 밀산시 수리국에서 설계사업을 책임졌던 임성록(조선족) 부국장에게 문의하였는데 가정집 비석은 중국 위안화 2만 원 좌우면 된다고 하고, 정책 문제는 시 민정국에서 근무한 경력이 있던 맹고군(조선족) 부시장에 문의한 결과 기념비가 아닌 유적지로 변통하면 될 수 있다고 하였다. 나는 장관님과 십리와에 유적지 기념비를 세우기로 약속하고 밀산으로 돌아왔다.

2009년 봄, 나와 맹 부시장은 흥개향 흥농촌(옛 십리와)에 찾아갔는데, 촌장님이 마을 뒷산 소나무밭을 기념비 세우는 데 무상으로 증정하겠다고 했다. 그리고 이어서 우리는 밀산 시정부가 십리와, 한흥동, 서일, 세 곳에 항일 유적지 기념비를 세우는 데 허락한다는 "밀산시 정부 문건"을 발급받았다.

그해 여름 장관님은 한국에서 지인들을 통해 1,000만 원을 모금하여 밀산으로 보내주셨다. 기념비 세우는 토지와 환경정리는 흥농촌에서

密山市人民政府文件

密政批[2009]9号

关于同意立"韩兴洞"、"十里洼"纪念碑的批复

市文化体育局：

你局《关于在抗日历史旧址立"韩兴洞"、"十里洼"纪念碑的申请》（密文发[2009]8号）已收悉。经市政府研究，同意你局在白泡子乡临湖村三组和兴凯镇兴农村分别立"韩兴洞"、"十里洼"纪念碑。所需资金由民间团体自筹。

此复。

密山市人民政府

二〇〇九年五月十二日

主题词：文化　纪念碑　批复

密山市人民政府办公室　2009年5月12日印发

共印5份

밀산시에서 기념비를 설치해도 좋다는 2009년 5월 12일자 허가공문.

무상으로 제공받고, 비석 세우는 설계는 밀산시 건설국 설계실 맹주임(조선족)이 무상으로 해주었다. 기념비 기초와 돌 난간 석재는 산둥성 제녕산 대리석이고 비석체를 제조하는 석재는 쓰촨성 주자이거우(구채구) 산 백옥으로 높이 2미터 너비 1미터였다.

비석에 새기는 글은 한글과 중국어 두 가지로 맹 부시장과 장관님이 이메일을 주고 받으며 결정하였다. 비석자료 가공 글자 새기기와 산둥에서 밀산 십리와 현장까지 운수 그리고 현장 시공 모두 산동제녕 호씨 석재 가공 회사에서 책임지고 끝마쳤다. 나는 비석설계, 자료선택, 현장관리, 자금관리, 그리고 산둥 회사와의 연락 등을 책임졌다.

비석 시공은 8월 중순에 끝마치고 제막식은 그해 2009년 10월 17일 십리와 뒷산 기념비 현장에서 열었다. 이 행사에는 밀산시 정부 관계자들과 조선족촌 촌장, 홍농촌 촌민 등 200여 명과 한국에서 오신 장관님을 비롯한 귀빈 5명이 참가하였다. 제막식에서는 밀산 시정부 관계자가 시정부를 대표하여 제막사를 했다. 그는 연설 중 한국독립운동 밀산 기지가 밀산의 항일전쟁에 준 영향을 말할 때 "1910년대와 1920년대 조선의 애국지사들이 조직 실시한 밀산의 십리와, 한흥동, 당벽진 등 항일투쟁 근거지는 당시 밀산의 조선인 사회에 항일의 불씨를 뿌려주어

기념비 설치공사를 마친 후 기념촬영. 기념비 왼쪽이 밀산시 맹고군 부시장, 오른쪽이 필자.

'9·18' 이후에 전개된 밀산의 항일전쟁 초기에는 조선인들이 골간으로 활약하였다."고 말하였다. 그리고 한국에서 기념비 건설자금을 모금해 주신 장관님께 감사의 뜻을 표했다.

장관님은 헌화하셨는데 선열들에게 "너무 늦게 찾아와서 죄송합니다. 용서해 주세요. 늦었지만 기념비를 세워 추모할 수 있어서 조금이나마 마음의 빚을 갚게 되었다."라고 하셨다. 그리고 밀산시 정부와 기념비 사업에 참가한 여러 분들에게 감사의 인사를 드렸다.

십리와유적지 기념비 제막식을 끝마치고 귀국길에 오르기 전 장관님은 나를 보고 "밀산시 정부에서 이미 십리와 한흥동 서일 항일유적지 기념비 허가가 내려진 상황에서 나머지 두 개 유적지 기념비를 세우는데 힘쓰면 어떻겠는가"라고 물으시면서 장관님도 한국에 가서 노력해 보겠다고 하셨다.

기념비 제작 후원자들의 이름이 비석 뒤에 새겨져 있다. 오른쪽부터 이태복, 강용찬, 류청로, 류진춘, 정범규, 김선주, 임현재, 서인규, 홍성종, 도산기념사업회.

장관님께서 밀산 항일 근거지 답사와 밀산 십리와 항일유적기념비 건설사업을 위해 동분서주 한지 벌써 14년이 지났다. 장관님의 심혈과 노력으로 세운 밀산 십리와 항일유적지 비석은 밀산 지역에서 최초로 만들어진 한글과 중국어로 새겨진 유적지 비석이다. 장관님이 밀산 십리와 비석 세우기를 첫 시작으로 2015년에는 당벽진에 서일항일투쟁유적지 기념비가 세워졌고 2017년에는 백포자 한흥동에 유적지 기념비를 세웠는데 불가피한 사정으로 한흥동 비석은 세운 그날로 내려놓게 되었다.

십리와 비석을 세운 지 십여 년이 지난 현재 흥농촌(옛 십리와) 촌민들뿐만 아니라 밀산시에 사는 적지 않은 조선족들이 이곳을 찾았으며 특히 밀산시 내 조선족 노인 단체들은 단체로 이곳을 찾아올 때가 많았다. 매년 청명절이 오면 흥개 중학교에서는 (한족학교)학생들을 조직하여 이곳에 와 헌화하고 청소하며 청소년 본토 혁명 역사교육 기지로 삼고 있다.

밀산 십리와 항일투쟁유적지 비석을 세우는 동안 장관님은 항일역사

십리와 항일투쟁유적지기념비 제막식은 2009년 10월 17일 기념비 설립추진위와 밀산시와 공동으로 개최했다. 한국에서 참석한 5명과 밀산시 간부들과 함께.

와 국내 정세를 말씀해 주셨으며 늘 "역사를 잊은 민족은 미래가 없다"라고 말씀하셨다. 항상 겸손하고 자애로운 미소로 사람을 대하시는 장관님의 모습이 너무 그립다. 장관님이 매사에서 이론과 실천을 결합하고 실사구시한 태도는 우리가 배워야 할 귀중한 유산이다.

장관님의 위대한 업적은 천추에 길이 빛날 것이다.

장관님의 영면 1주기를 맞이하며 위와 같이 추억의 글로 추모하는 바이다.

이태복이라
믿 는 다

흥사단 중앙을 반역한 변방의 단우

조성두

(전 흥사단 공의회 의장)

2021년 12월 3일, 이태복 선배의 죽음을 알린 비보는 나에게도 황망함, 당혹스러움, 단절감 등 복잡한 감정을 수반하며 다가왔다. 나는 12월 7일까지 진행된 장례 기간 내내 이러한 나의 심정을 어떻게든 다스려서, 그와 함께한 지난 50년의 긴 삶과 다중적인 인연이 정리될 수 있기를 바랐다. 그러나 난마 같은 감정을 정리할 수 없었다.

이제 곧 1주기가 된다. 여전히 별반 달라진 것은 없다. 다른 점이 하나 있다면, 그가 광민사 시절 발행한 『시민혁명의 구조』(다카하시 유키하치 高橋幸八郎 지음) 뒷 표지에 새겨 놓은 철학적 명제 "죽은 자가 산 자를 잡고, 산 자가 죽은 자를 살린다."를 머릿속에서 떠올려, 이 명제의 지혜를 빌어 그와의 관계를 다시 진행형으로 재정립하고자 한 점이다. 이 명제가 말하는 바는 혁명가의 삶은 죽음을 경계로 분리시켜 인식해서는 안 되며, 죽은 혁명가가 이뤄낸 삶, 사상, 제도는 그의 죽음 후에도 살아남아 후대의 적폐를 청산하는 역할을 할 수 있고, 후대의 혁명가는 이어받은 혁명적 과제의 수행을 통해 선대 혁명가의 삶과 실천의 의미를 현재 시점에서 되살려 낼 수 있다는 것이 아니겠는가. 이러한 생각으로 나는 이 선배와의 관계 문제에 대해서 정면으로 마주하여 괴로워하기보다는 진행형의 모드로 재정립하여 어느 정도는 편안히 받아들이는 길을 선택하였다.

특히 이 선배와 홍사단의 관계에 특정하여 나에게 가능한 범위 내에서 정리하는 것이 나의 의무라는 생각이 들었다. 홍사단 단우들 중 나만큼 긴 시간 그와 관계를 가진 단우도 흔치 않다는 점을 새삼 느꼈기에, 그 일은 나의 의무로 받아들였던 것이다(아래에서는 선배라는 용어를 생략한다).

이태복이 홍사단에 첫발을 디딘 것은 언제였을까? 그의 동생(건복)의 전언에 의하면 1966년 성동고 1학년 때였다. 당시 마포 신수동에 자취방을 얻어 둘이 함께 거주하며 소년 이태복은 매일 아침 걸어서 만리재를 넘고 퇴계로를 거쳐 신당동 소재 성동고까지 다녔다고 한다. 그 무렵 홍사단은 대성빌딩에서 매주 개최하는 금요강좌 안내문을 시내 여기저기에 벽보로 부착하여 청중을 모았는데, 고1 소년 이태복이 이 벽보를 보고 이끌려 대성빌딩에 가서 금요강좌를 청취하게 된 것이 홍사단에 입회하는 계기라 한다. 그는 그때부터 고등학교서울아카데미(1963년 창립)가 개최하는 학습토론회에 참여하였고, 곧이어 성동고 내에 동맹독서 학습그룹을 만들어 운영했던 것으로 보인다. 그는 방학 중에는 남대문 지게꾼들 틈에 끼어 지게짐을 지어 벌이에 나서기도 했다(아마도 부친 이순구 님이 충남 보령 면사무소 직원으로 근무하며 지원하는 돈이 부족해서인 듯하다). 빡빡머리 단신의 고1 소년 이태복이 지게를 지고 남대문 옆에서 다른 성인 지게꾼들과 함께 고객을 기다리고 있는 장면을 상상해 보라. 한편 귀엽기도 하고, 다른 한편 구한말 흑백사진 속에 등장하는 서울의 남루한 지게꾼 모습이 나에게는 연상된다. 그랬던 그가 후술하는 바와 같이 1971년 위수령 사건으로 군에 강제징집 당한 뒤 1970년대 중반 청년 이태복으로 돌아와서 다시 용산 지게꾼 대열에 들어가 그들을 노동자로 조직하는 작업에 나섰다면 어떠한 생각이 드는가? 실제로 그는 그렇게 했고, 그로 인해 경찰서에 몇 번 끌려간 적도 있었다.

이태복은 1970년 국민대학교 법학과에 입학하여 국민대아카데미를 결성하고 회장을 맡아 운영하면서 흥사단아카데미운동을 확장하는 일에 일조했다. 이후 국민대아카데미는 해산과 재창립의 기복이 있었지만 권운상, 박봉진, 김희용, 박태준 등의 민주화운동가를 배출하는 학생조직으로 성장했다. 1970년대 초 박정희 정권은 장기집권을 획책하여 재야 민주세력 및 언론에 대한 탄압, 학원 병영화를 시도하였으며, 1971년 하반기에는 전국 각 대학에서 교련거부 투쟁이 일자, 10월 15일 위수령을 발령하여 전국 대학에서 180여 명의 주동자들을 신체검사도 없이 병영에 강제로 입영시키는 폭거를 자행했다.

이때 이태복은 국민대 교련 반대 주동자로 몰려 강제 입영되었으며, 함께 병영에 끌려간 흥사단아카데미 사람들로는 장상환, 이채언, 이흥수, 김대환, 박원철(이상 서울대아카데미) 등이 있었고, 정종휴(전남대아카데미)는 무기정학에 처해졌다. 그 밖에 이때 함께 끌려가서 이태복과 친분을 쌓은 사람들로는 채광석, 정수용(이상 서울대) 등이 있었다, 동생(건복)에 의하면 위수령으로 강제입영되기 전 "아무래도 나는 도산 안창호 때문에 끌려갈 것 같다."며 웃으며 말했다고 한다.

이태복은 자신의 행동과 실천의 발원점이 어디에 있었는지를 명확히 인식하고 있었던 것이다. 보안사는 이들을 아스피린이라 부르며 인사 기록 카드에는 A.S.P.(Anti-government Student Power)라고 써놓고 특별 관리 대상으로 삼았다. 그러니 이태복의 병영생활이 순탄할 리 없었다. 그는 1972년 유신헌법 찬반 국민투표 때 군에서 투표를 하였는데, 그가 반대표를 던져 소속 소대 투표함의 개표 결과 100% 찬성이 나오지 않자, 소대 투표함을 소각하고 100% 찬성표를 담은 투표함으로 바꿔치기 한 일도 벌어졌다고 한다. 또한 소속 중대장이 유신정신 함양 연설대회에 출전하라는 지시와 함께 연설 연습을 하도록 명령을 내렸으나, 그는 이를 거역하여 출전도 연습도 할 수도 없다고 저항하다가 삽으로 머리를 찍혀 출혈이 심해 봉합수술을 겪는 일도 있었다.

이태복은 군에서 제대 후 1974년 말에 흥사단 예비 단우로 입단하여 흥사단 서울지부에서 활동을 시작했다. 1978년 1월 7일에는 평생을 흥사단주의에 헌신하기로 서약하여 통상 단우가 되었다. 그는 더 이상 학생 신분이 아니었다. 그는 아카데미에서 활동할 수 없었고, 아카데미를 거쳐 대학을 졸업한 사람들이 흥사단의 이상과 가치를 구현하기 위해 1977년 창립한 흥사단청년회에 참여하여 기획부장직을 맡아 활동하였다.

그런데 흥사단청년회는 1978년 11월을 고비로 전환기를 맞게 되는데, 그 전환의 계기는 이태복이 1978년 4월~7월 청년회 월례회에서 발표한 연구발표 내용 3건이 문제가 되어 본부 징계 대상이 된 데 있었다. 우선 이태복은 4월 월례회에서 1940년 당시 중국에 있던 흥사단 원동위원부의 해체 원인이 흥사단 내부 모순(그 실제 내용은 1940년 7월 16일 흥사단 원동위원부의 단우들 53명이 1937년 수양동우회가 해산되었던 것을 핑계로 자신들이 "대일본제국의 신민임을 재인식하고 황국신민으로서 당연히 나아가야 할 바른 길로 용진하고자" 원동위원부를 해소한다는 성명을 발표한 사건)에 의한 것이라고 주장을 하였는데, 이에 대해 당시 흥사단본부 총무였던 안도명은 이태복이 근거 없는 주장으로 흥사단의 권위를 실추시켰다고 비판하였다.

둘째, 이태복은 동년 6월 월례회에서 행한 아카데미운동에 대한 연구발표에서 "자아혁신도 자기가 속해 있는 현실 즉, 역사적·사회적·경제적 조건에서 해야 하며… 흥사단운동도… 화평주의, 타협주의, 융화주의 등을 근본적으로 파괴하고 실천적 내용을 가지고 민중운동을 통하여 신성단결을 이루어야 한다."고 주장하였다. 이에 대해 본부는 "약법 전문에 근본적으로 위배되는 사상"이라고 비판했다.

셋째는 7월 중 아카데미 문제 해결책을 논의할 때, 이태복은 당시 아카데미운동이 학교마다 자유화되지 못한 데 대해 학교 당국, 문교 당국, 정부 당국에 대해 단계적으로 항거 또는 항쟁을 해야 하며, "이것을 계기로 반정부운동을 강력히 전개해야 한다."고 주장했다. 이에 대해 본부는 "이것은 정치를 초월하는 우리 단의 근본정신에 위배된다."고 지적하였다.

이처럼 이태복의 청년회 월례회 발표 내용 3건이 문제되어 본부에 의한 징계 대상이 되었을 때 본부 심사회(현 감사회)의 일원이었던 이윤배 단우가 이에 대해 변호하다가 군에 입대하자, 다음 해 1979년 3월 19일 흥사단 심사회는 무저항 상태에서 이태복에게 '정권' 처분을 단행하였다. 이 3건의 이태복의 단 비판은 당시 전통 흥사단주의의 보수 일색으로 운영되어 오던 흥사단 중앙을 일개 청년 단우가 직격 내지 반역한 일대 사건이었다.

여기서 그치지 않고 그해 이태복의 제안으로 〈산업사회 실태조사 사업〉을 추진하기로 결정하고, 청년회의 경비를 지원받아 유효종(현재 일

1988년 10월 29일 흥사단대회에서 이태복의 석방을 축하해준 서영훈 이사장.

본 거주 역사학자)이 8월 월례회에서 연구발표까지 하였으나 이 사업을 부정적인 시각으로 본 일부 청년 단우들의 저지로 이 조사사업도 중도에 무산되는 일이 있었다.

청년회에서의 이러한 이태복의 일련의 주장과 행위는 당시 보수적인 시각을 가진 흥사단우들의 페르소나나 아비투스와는 전혀 맞지 않은 것이었다. 그 결과 그는 진보적 시각에서는 옳은 주장 또는 선진적 주장으로 받아들여지는 점이 없지 않았지만, 대부분의 단 본부의 보수적 시각의 단우들로부터는 이태복에게 류(類)를 달리하는 사람이라는 일종의 '낙인'을 찍는 결과를 가져왔다.

당시 본부에 의해 내려진 '정권' 처분은 1980년대 중반 젊은 사람들과 대화를 좋아하고 이태복 단우의 사람됨을 귀히 여겨 석방운동에 앞장섰던 서영훈 이사장에 의해 철회되었지만, 그 때의 낙인이나 비주류로의 분류는 지금까지도 보수적 시각의 단우들에게는 여전하여, 이태복은 흥사단에서는 주류의 위치에 설 수 없게 되었다.

1980년대로 접어들면서 이태복은 자신이 세운 한국사회 변혁론에 입각하여 1980년 5월 1일 전국민주노동자연맹을 결성하고, 1981년 2월 27일 전국민주학생연맹이 결성되도록 지원하는 등 노동운동과 학생운동 양면에서 괄목할 조직 작업의 성과를 이루었다. 이태복은 1970년대 말 YH노조 사건 발생 전에 이미 기존 노조의 민주화투쟁, 미조직노동자의 노조 결성 운동 등을 추진해 산업별 체제로 전화해 가면서 노조운동의 전국적 센터를 결성할 구상을 가지고 있었다.

아울러 노동자들만의 투쟁으로는 현실적으로 큰 힘을 창출하는 것이 불가능하다고 보고, 오랜 전통을 가진 학생운동과 연대해 활동할 필요를 인식하며 전투적인 학생운동 조직 작업을 병렬적으로 모색하고 있었다. 이러한 그의 변혁운동 조직 작업을 활동가 동원이나 조직 방법론의 측면에서 살펴보면 두 단체 모두에서 흥사단 운동을 통해 성장한 사람들이 큰 역할을 담당하고 있었음을 알 수 있고, 조직 작업의 방법론의 측면에서도 흥사단운동의 유산이 큰 역할을 한 것을 알 수 있다.

특히 전국민주학생연맹을 조직할 시에는 이태복이 직접 조직책임자인 이선근에게 "오늘의 흥사단 조직이 보수적인 운동단체로 전락하였지만 일제하에서 오늘날까지 살아남은 조직이 흥사단조직이다. 1963년도에 흥사단의 하부조직으로 아카데미를 창설할 때 원로 선배들이 모여서 세포조직에 관한 세미나를 하고 의견을 모은 것이 세포요강이다."며 조직 방법론까지 지원하고 있었음을 발견할 수 있다.

뿐만 아니라 흥사단운동의 가장 화려한 한 페이지를 장식하고 있는 도산의 한말 비밀결사 조직인 신민회운동 시에 적용된 조직 방법론 및 활동가 충원 방식들도 두 단체 결성 시에 밑그림처럼 자리 잡고 있었다는 것은 놀라운 일이 아닌가.

1981년 6월 두 단체는 그 활동이 당시 경찰 조직에 탐지되어 경찰측 의견으로는 노련 관련자 약 600여 명, 학련 관련자 약 1000여 명이 수사 대상에 올랐다는 것이며, 최종적으로는 26명이 구속되는 이른바 '학림 사건'으로 공개되어 사회적인 파장을 낳았다.

이 사건은 한국의 학생운동, 노동운동, 민주화운동을 기술함에 있어 그것을 거론하지 않고는 완성할 수 없을 만큼 큰 영향을 미쳤고, 이 사건으로 인해 형성된 쟁점은 1980년대는 물론 지금에 와서도 곱씹어 볼 만한 가치를 내장하고 있는 것으로 평가된다.

그렇다면 이러한 두 단체 운동의 모태가 되었던 흥사단 및 아카데미에 이 사건이 미친 파장과 영향력은 어떠했을까를 이태복 및 그와 함께 한 흥사단아카데미 회원들은 다시 음미해 볼 필요가 있지 않을까 생각하게 된다.

흥사단아카데미 운동은 1963년에 시작하여 80년대 말까지 약 10만의 회원을 배출한 것으로 알려지고 있는데, 이러한 역사와 규모의 흥사단아카데미운동에 학림사건은 그 한가운데에 깃발을 세운 것으로 또는 그 심장부에 큰 상처를 남긴 것으로 상반된 시각에서 받아들여지고 있다는 것을 유념할 필요가 있다.

학림사건의 수괴 이태복은 1981년 6월 남영동 대공분실에 구금되어 1988년 구속 7년 여 만에 가석방으로 출소하였고, 2012년에는 이 사건 관련자 모두 대법원 재심에서 무죄가 확정되고 광주 민주화 국가유공자로 인정되기에 이르렀다.

이태복은 1989년 주간노동자신문을 창간하여 운영하고 1999년 노동일보로 전환, 이어지는 시기까지를 포함하면 약 12년 동안 노동자 언

노동자신문을 발행하던 시절. 왼쪽부터 송영인, 이태복, 필자.

론에 헌신하였다. 이후 그는 2001년 청와대 복지노동수석, 2002년 보건복지부 장관을 역임하고 그 뒤에는 2003년 한서대 노인복지학과 초빙교수 등을 역임하고, 2006년에는 『도산 안창호 평전』 초판을 2012년에는 그 개정판을 출간한 바 있다. 그 뒤 한때 국민석유 설립 사업을 펼치기도 하였으나. 이 기간 동안 이태복과 흥사단과의 관계에 어떠한 특별한 변화 요인이 발생한 것은 아니었다고 본다. 다만 그가 복지부장관을 그만둔 뒤 정치인으로의 발돋움을 위해 당을 선택할 때 그 행보가 너무나 혼란스러워 흥사단 단우들을 포함하여 많은 사람들로부터 의문을 가지게 하였다(아래에서는 다시 선배라는 용어를 사용한다).

이태복 선배에 대한 흥사단 단우들의 평가는 앞서의 설명에서 짐작해 볼 수 있듯이 넓은 스펙트럼을 가진다. 어떤 단우들은 흥사단의 노선을 벗어나 정치주의에 기울거나 이념적으로 좌편향이 아니었느냐는 의구심을 가지고 있고, 또는 그의 행실이나 실천은 도산에 뿌리를 둔 것은 아니라고 보면서 그에게서 거리감을 느끼는 단우들도 상당히 있다. 다른 한편 학림사건으로 대표되는 그의 실천적인 노력과 과정이 없었다면 흥사단아카데미가 과연 무엇을 변변히 내세울 것이 있겠는가라고 묻고, 그가 흥사단운동과 아카데미운동을 가장 넓게 또한 가장 높게 확장하고 고양시킨 인물이라고 평가하는 이들도 있다.

나는 이러한 상반된 평가의 정당성 여부를 지금 논하고 싶지는 않다. 양자 사이에 일정한 긴장이 나타나는 것을 거역하기보다는 당연하게 받아들이고 앞으로의 흥사단 단우들의 삶의 과정을 통해 새롭게 반추되어 재해석의 기회를 갖도록 기대하는 것이 올바른 태도라고 판단하기 때문이다.

다만 나는 두 가지 점에서 다른 흥사단의 단우들과 공유점을 갖기를 바란다. 하나는 그의 삶과 실천은 여러 갈래와 여러 측면을 가지지만, 알고 보면 그의 행위와 실천의 최초의 또한 원천적인 발원점은 도산 안창호에 있다는 것을 말하고 싶다. 그는 『도산 안창호 평전』 서문에서 전주교도소 수감 중 함께 수감 생활을 하던 많은 양심범들(대부분 진보적인 학생들)이 도산을 "개량주의자, 부르주아민족주의자, 준비주의자로 치부하고 아예 연구해 볼 가치조차 없는 사람으로 경멸하는 것"을 보고 그래서는 안 된다고 역설하였지만 그들이 귀담아 듣지 않는 것을 보고, "도산을 사표로 삼고 한국의 민주화와 발전을 위해 실천활동을 해온 한 사람으로서 도산의 항일 구국운동과 항일운동노선을 정리해 봐야겠다는 문제의식을 갖게" 되었다. 그리고 이를 위해 감옥에서는 구하기 어려운 볼펜을 단식투쟁을 하면서까지 검사로부터 특별히 제공받아 실제로 집필 작업에 들어갔고, 나중에 출소해 2006년에 『도산 안창호 평전』으로 출간하게 된 경과를 말하고 있다.

나는 그의 태도에서 진정성을 느낀다. 실제 그가 겪은 1971년 10월 15일의 강제징집 전 "도산 안창호 때문에 끌려갈 것 같다."는 발언이나 전민노련과 전민학련을 기획하면서 그의 접근법에서 그가 도산을 사사하고 있었음을 느낀다.

다른 하나는 이 글을 쓰기 전 그의 행적을 내 나름대로 몇 차례인가 더듬으면서 그는 참으로 무실역행(務實力行) 충의용감(忠義勇敢)하였던 사람이라는 느낌을 갖게 되었다. 그러지 않고는 1970년대 말 1980년대 초 그 엄혹한 시기에 가장 위험하고 변혁적인 전국민주노동자연맹과 전국민주학생연맹의 조직 작업을 할 수 없을 것이었다.

그는 목숨을 내놓고 그 작업을 하였다. 자신의 시간을 분초를 다투어 그것의 성공을 위해 다 쏟아붓고 진력하였던 것이다. 당시의 기록을 두루 읽고 상고하는 동안 나는 흥사단 강당에 김기승 선생의 붓글씨로 기록된 흥사단의 4대 정신 '무실', '역행', '충의', '용감'이 환하게 빛을 발하는 체험을 하였다.

이태복 선배의 1주기를 맞아, 이 선배에게 당신의 정신적 고향이자 활동의 모태였던 흥사단의 단우들이 당신의 살아 생전의 흥사단운동에 대해 어떠한 인식을 하고 있는지 가감 없이 보고 드리는 것이 후배인 나의 도리일 것이라고 판단한다.

이태복 선배의 명복을 빈다.

이태복이라
믿 는 다

도산과 토정 닮은 이 시대의 '선생'

이은봉

(대전문학관 관장, 광주대 명예교수)

'이태복 장관을 추모하며'라고 글을 시작하다가 '이태복 선생'이라 고쳐 쓴다. 아무리 생각해도 장관이라는 말보다는 '선생'이라는 말이 그에 대한 존경의 마음을 더 많이 담고 있다고 생각되기 때문이다. 도산 안창호를 닮고 싶어 한 사람, 토정 이지함을 닮고 싶어 한 사람…. 그를 어찌 선생이라고 부르지 않을 수 있으랴.

내가 이태복 선생의 이름을 처음 들은 것은 대학교 저학년 때인 듯하다. 흥사단 아카데미의 일원으로 활동하던 1970년대의 어느 날이 아닌가 싶다. 도산 안창호 선생과 관련해 누군가 대공주의(大公主義)에 대해 말했고, 그에 깊이 경도해 있는 사람으로 이태복 선배를 추천했기 때문이다.

하지만 내가 정작 그를 마음속에 좀 더 깊이 넣고 다니기 시작한 것은 그가 도서출판 광민사를 설립해, 의미 있는 책들을 발간하기 시작한 때인 것 같다. 물론 그때도 나는 그를 직접 만나지 못했다. 1980년대 초에 그가 곧바로 감옥에 들어갔기 때문이다.

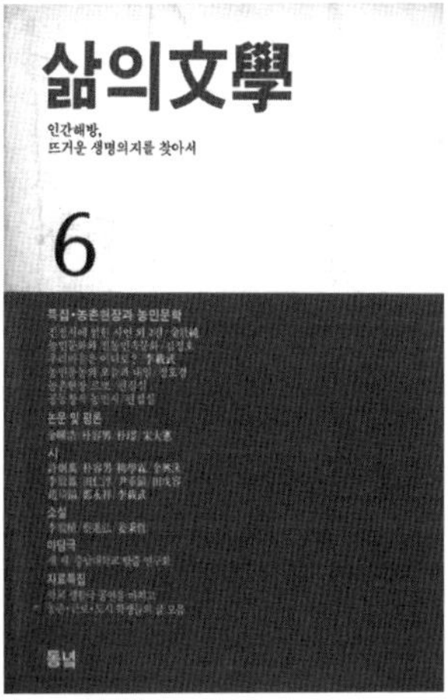

《삶의 문학》 6집 표지.

고등학교 때부터 흥사단 아카데미 활동을 했지만 나는 기본적으로 문학도였다. 좋은 시를 쓰고 싶어 하는 일개 서생이었다는 얘기이다. 운동권 언저리에 있기는 했지만 늘 운동보다는 문학에 방점을 찍고 있던 범생이었다.

그렇다고는 하더라도 박정희와 전두환의 군사독재가 대한민국의 대안적 미래가 아니라는 것쯤은 잘 알고 있었다. 당대로서는 아메리카니즘이 대안적 미래일 수밖에 없다고 하더라도, 그것의 제대로 된 실현을 위해서라도 나는 일단 박정희와 전두환의 군사독재를 반대하고 부정하는 일에 적극적으로 동참했다.

1980년 육군소장 전두환이 광주에서 무수한 살육을 한 뒤 대한민국의 정권을 찬탈하고 문화예술까지 억압과 핍박을 자행할 때였다. 충청도 사람의 하나로서 나도 무언가 전두환의 문화적 탄압에 대항을 하고 저항을 해야겠다고 생각했다. 1983년 대전지역 젊은 문학인들과 손잡고 내가 일종의 무크지인 종합문예지《삶의 문학》5집을 발간한 것도 그러한 연유에서였다. 1978년부터 만들던 문예동인지《창과 벽》까지 합쳐 이 무크지에《삶의 문학》제5집이라고 이름을 붙였는데, 당시로서는 그 일에 대한 문단의 반향이 아주 컸다. 그렇다고는 하더라도 나로서는 앞으로《삶의 문학》제6집을 발간할 일을 생각하면 자주 눈앞이 캄캄했다.

그러던 어느 날이었다. 우두커니 대전시 대흥동에 있던 창의서점에

삶의문학 친구들. 왼쪽부터 유도혁, 필자, 김종관, 조만형, 이은식.

늘르게 되었다. 창의서점은 자타가 공인하는 대전의 운동권 서점, 대전의 사회과학 서점이었다. 그런데 그곳 사장인 오원진이 갑자기 "《삶의 문학》 제6집은 동녘출판사에서 내주기로 했다면서?" 하고 내게 물었다. 다소 어리둥절해 있던 내게 그가 다시 말을 이었다. "감옥에 있는 이태복 선생이 《삶의 문학》 5집을 보고 아우인 동녘출판사 이건복 사장에게 그렇게 말했다고 하던데…." 아무튼 이 한 마디가 인연이 되어 《삶의 문학》 제6집 이후 제7집, 제8집을 동녘출판사에서 간행하게 되었다. 나로서는 참으로 고마운 일이지 않을 수 없었다.

필자.

《삶의 문학》 제7집, 제8집이 간행되는 동안에도 이태복 선생은 계속해 감옥에 있었다. 그러는 동안에도 나는 자주 이건복 사장한테 이태복 선생의 안부를 묻고는 했다. 1988년 10월 석방이 되었지만 내가 처음 그를 직접 본 것은 1989년 6월 그의 결혼식장에서였다. 혜화동 성당에서 이태복, 심복자 부부의 혼배성사가 있었는데, 얼마간은 낯설고 어색했지만 이내 나는 그와 마음을 함께할 수 있었다.

1989년 그에 의해 〈노동자신문〉이 창간된 뒤 나는 당대의 사회 현실과 관련한 내용으로 그 신문에 칼럼을 연재하기도 했다. 물론 칼럼을 연재하게 된 것은 사장인 이태복 선생의 주선 때문이었다. 그런 뒤였다. 여러 명망 있는 선후배들과 더불어 무슨 포럼 같은 것이 만들어져 그와는 주기적으로 만나기도 했다.

당시 이태복 선생에 대한 나의 기대는 매우 컸다. 나는 그가 오늘의 도산 안창호 산생이 되기를 바랐고, 오늘의 토정 이지함 선생이 되기를 바랐다. 주기적으로 만나 그로부터 배우고 듣는 가운데 나는 1995년 광주대학교 문창과 교수로 부임하게 되었다. 오랫동안 실업자 생활을 해온 나로서는 힘들게 얻은 교수직에 최선을 다했다.

이 무렵에도 그는 광주항쟁 당시 도청에서 장열하게 산화한 윤상원 열사의 추모 사업을 꼼꼼하게 이어가고 있었다. 언젠가 이들 일로 광주에 내려온 그와 함께 광주시 변두리의 어느 식당에서 저녁식사를 했던 일이 떠오른다. 한때는 그와 함께 소설가 이문구 선생 기념사업회를 꾸리고 '이문구 문학관'을 건립하기 위해 동분서주한 일도 있었다. 끝내 소설가 이문구 선생 기념사업회를 결성하지도, '이문구 문학관'을 건립하지도 못했지만 말이다. 그러한 중에 요동치는 현실과 더불어 서울과 지방에서 이태복 선생과 함께 했던 일들은 자연스럽게 내게서 멀어져 갔다.

2007년 초의 어느 날이었다. 이태복 선생은 〈5대운동 & 5대거품빼기운동〉을 하려고 하는데 힘을 합치자는 제안을 내게 해왔다. 그에 대한 무조건적인 신뢰 때문에 나는 그의 제안을 무조건적으로 받아들였다. '5대운동'은 일종의 소비자 운동인 '5대거품빼기운동'에 기초를 두고 있었다. 약값, 기름값, 카드 수수료, 핸드폰비, 은행 금리 등에 끼어 있는 거품부터 빼자는 것이 이 운동의 기본방침이었다.

〈5대운동 & 5내거품빼기운동〉과 관련한 회의가 있을 때마다 나는 부지런히 광주에서 서울로 올라왔다. 〈5대운동 & 5대거품빼기운동〉은 오래잖아 국민석유운동으로 발전이 되었다. 〈5대운동 & 5대거품빼기운동〉이 국민석유운동으로 발전되면서 광주에 거주하고 있던 나로서는 다시 또 그와 멀어질 수밖에 없었다.

이태복 선생의 주도로 사회복지운동 단체 〈인간의대지〉가 발족된 시기를 2001년으로 기억한다. 언젠가부터 나도 〈인간의대지〉의 후원회원으로 참여해왔는데, 구체적인 시기는 잘 기억나지 않는다. 그가 세상을 떠나고 난 뒤인 지금까지도 나는 〈인간의대지〉의 착실한 후원회원으로 복무하고 있다.

코로나19가 한참 요란스럽게 왕왕댈 때였다. 그가 문득, 별안간, 갑자기 이승을 버렸다는 연락이 왔다. 나로서는 하지혈관에 문제가 생겨 시술을 한 후 거동이 불편한 때이기도 했다. 문상도 가지 않고 조의금만 보내는 풍조가 만연할 때이기도 했고. 나도 결국은 그렇게 했다.

손도 한번 제대로 못 흔들고 이태복 선생을 저승으로 보낸 마음이 아직도 아프다. 지금이라도 손을 흔들며 말하고 싶다. "명계(冥界)에서는 더욱 건강하시고 좋은 일 많이 많이 하세요."

이태복이라
믿는다

대의를 위해 헌신하신 분

배영호
(전 부산흥사단 회장, 신우회계법인 공인회계사)

지금도 어디선가에서 나타나셔서 "배 동지!" 하며 부르실 것만 같은데 어디로 그리 급히 가셨습니까?

언제인지는 잘 기억이 나지 않지만 부산흥사단 월례회에 와서 강의를 하시고 뒤풀이 장소에서 처음으로 인사를 나누었으며, 그 이후로 장관님의 따뜻한 친화력으로 인하여 급속도로 친해져서 부산에 오시면 꼭 만나서 대화를 나누곤 했던 기억이 난다.

장관님은 에너지가 넘치고 다양한 아이디어로 깜짝 놀랄 만한 말씀을 많이 해 주셨다. 특히 내가 부산흥사단 회장을 맡고 있을 때 특강을 하기 위하여 여러 번 부산을 찾으셨고, 한 번은 우리 집에서 자고 그 다음날 서울로 올라가신 적도 있었다.

장관님은 그 바쁜 와중에 『도산 안창호 평전』과 『윤봉길 평전』을 쓰셨다. 두 권 모두 자필 서명을 해서 저에게 주셨으며, 지금 서재의 중요

2006년 5월 부산흥사단 창립 43주년 기념특별 강연회. 앞줄 왼쪽에서 네 번째가 필자.

한 자리를 차지하고 있다. 특히 도산 선생님을 얘기할 때는 늘 눈에 가득 눈물을 머금을 때가 많았다. "그 분이 지금 우리들과 이 나라를 보면 얼마나 가슴이 아프실까. 그분이라면 지금 어떤 실천을 강구하셨을까." 장관님은 늘 사표로서 도산 선생님을 가슴에 모시고 계셨다.

그 이후로 5대 거품빼기 운동을 할 때 부산에 와서 활발하게 일하시던 모습이 생생하다. 그리고 이어서 국민석유주식회사를 설립해서 기름값을 국민들이 저렴하게 지불하고 쓸 수 있도록 하기 위하여 동분서주하면서 애쓰시던 열정과 아이디어와 실천력을 보여 주셨다.

장관님은 늘 낮은 목소리로 말씀하시면서도, 매우 힘 있고 확신에 차 있으셨다. '기백이 있어야 희망이 보인다'며, 현실을 냉철하게 분석하고 하나하나 역사적인 변화의 물줄기를 열어나가기 위한 노력을 늘 강구하셨다. 자신의 목숨을 걸어야 길이 나타나고, 희망이 만들어진다 생각하셨다. 그런 치열성 없이 난관이 어찌 돌파될 수 있겠는가. 옳으신 말씀이지만, 나에게는 참 어렵고 버거운 일이었다.

나는 장관님처럼 민주화운동을 하거나 노동운동을 한 적은 없지만 우리 사회가 건전하게 발전하여 모두가 잘 사는 아름다운 나라를 만들어 가고자하는 신념은 같다고 생각한다. 다만 나는 일신의 일에 우선 순위를 두고 살았으나, 장관님은 소아를 버리고 대의를 위해 헌신하셨다.

나는 장관님이 하시는 일을 뒤에서 돕는 것으로 방향을 정하고 구체적인 생각들을 정리하고 있던 가운데 갑작스런 비보를 듣고 보니 안타까운 마음이 갈 곳을 잃어버린 것 같다.

이제 남은 자의 몫으로 장관님의 유지를 받들어 여러 가지 방법으로 실천할 길을 찾아보아야 하겠다.

이태복이라
믿는다

실천력 강한 '청년 도산'

황영식

(기러기문화원장, 전 부산흥사단 평의회 의장)

이태복 선배는 저와 영원한 흥사단 단우로, 도산 안창호 선생님을 사표로 삼았습니다. "당면 난제를 앞에 놓고 선택과 판단이 어려울 때마다 도산 선생님이라면 어떻게 하셨을까 떠올리면서 고민을 토로하고 결의를 다져왔다"라고 말씀하신 적이 있습니다. 삶의 거울로 삼았던 것입니다. 저도 같은 마음이기에 이 선배를 추모하면서 도산 선생의 가르침을 되새겨보게 됩니다.

감옥에서 출소 후 부산에 처음 내려 오셨을 때 중절모가 참 멋져 도산 선생님 느낌을 받은 기억이 있습니다. 저도 평생 흥사단 울타리에 저를 가두어 놓고 자아혁신과 게으름에 대한 반성을 밥먹듯이 하면서 살고 있기에 도산 선생님에 대한 이 선배님의 자세는 저에게는 거울과 같았습니다.

이 선배님은 "우리 몸은 우리 것이 아니라며 해야 할 과제들을 잘 수

국민석유 설립 부산준비위원회 출범식. 둘째줄 가운데가 필자.

행하려면 몸 관리를 잘 해야 한다."는 말씀도 하셨습니다. 한번은 보건복지부장관을 하시고 나서 서울역에서 둘이 만났는데, "서양사람들 중 당뇨나 혈압이 있는 사람들이 커피를 마시기 위해서 카푸치노를 개발해서 먹는다."고 하셨습니다. 커피가 우리 몸에 들어가면 칼슘 흡수를 방해하지만 계피가루를 넣어 먹으면 당뇨 있는 분들도 먹을 수 있다고 하시면서 카푸치노를 권해주셨던 것이 인연이 되어 저는 지금까지 커피점에 가면 카푸치노만 시켜 먹습니다. 계피를 좋아하는 계기가 되었고 일상에 깊숙이 영향을 받은 부분 중 하나입니다.

암울했던 긴급조치 이후에 출판사 광민사를 만들어 『노동의 역사』, 『노동의 철학』 등 노동신서나 『유한계급론』 등 사회과학책 못지않게 『나의 라임오렌지 나무』 등을 출판한 까닭도 민주화운동을 제대로 하려면 총체적인 인간이 먼저 되어야 함을 알고 실천한 것이 아니었나 싶습니다.

바닷가 모래사장에 '조국통일' 글씨를 쓰는 이태복 전 장관.

홍사단우들은 민족주의자로서 통일을 목표로 두고 힘을 길러야 한다는 명제를 안고 있습니다. 도산 선생님은 민족분열을 가장 경계하셨고, 독립운동역사에서 좌우파를 비롯해 온갖 대립과 갈등 속에서도 일관되게 통일단결이라는 실천론을 고수하면서 온몸과 마음을 바치셨습니다.

이태복 선배도 궁극적인 목표는 통일이라고 했고, 그 힘을 길러내기 위해서 통합을 강조했습니다. 『대한민국의 활로찾기』라는 책 속에는 그런 고민과 노력의 흔적들이 많이 보입니다.

특히 "치욕적인 역사는 다 까닭이 있으니, 갈등은 얼마든지 조율할 여지가 많다." "객관적 현실에 근거해서 정책경쟁과 건설적인 대안제시를 하자. 그것이 국민통합과 단결을 위한 필수요소다." 며 '민생으뜸', '국민통합', '선진강국', '조국통일' 4개의 깃발을 들자고 주장했습니다. 홍사단 단우들이라면 도산 안창호 선생의 정신이 녹아서 21세기에 '청년 안창호 이태복'을 만나는 느낌을 갖게 될 것입니다.

『도산 안창호 평전』은 이태복 선배님이 울면서 집필한 책이라 들은 적이 있습니다. 전주교도소에 있을 1983년, 감옥에 들어온 후배들이 도산 선생님을 잘못 이해하고 편향적인 시각을 갖고 있어, 객관적인 입장에서 학습에 참고가 되게 써야겠다고 했는데, 볼펜과 노트를 회수당해 23년만인 2006년에 와서야 쓰게 되었다고 했습니다.

이태복 선배가 역사광장에 도산 선생님을 불러내야겠다고 마음먹은 까닭은 도산 선생이야말로, 공리공론이 아니라 구체적인 방안을 무실역행하는 운동, 풍부한 독립운동 방략을 갖고 '인물 기르기'를 실천한 운동을 했고 통일단결과 통합의 리더십이 지금 시대에 가장 절실하다 믿었기 때문입니다. 그 마음이 읽혀져서 교육할 때마다, 행사를 할 때마다 이 선배님이 쓴 『도산 안창호 평전』을 소개했던 것 같습니다.

이태복 선배님은 도산 안창호 선생님께서 주장한 경제역량 강화에 대해서도 많은 실천을 했습니다. 독과점 가격으로 인해 고통 받는 국민들을 위해서 5대거품빼기운동도 벌였고, 경제민주화 1호기업인 국민석유 설립운동 캠페인도 열심히 했습니다. 저도 사)5대운동의 이사로 함께 동참하면서 도산 선생님의 후예임을 새삼 확인할 때가 많았습니다.

"도산의 삶을 진정으로 본받기 원한다면 초심으로 돌아가 우리사회 발전에 헌신하는 일대 자기혁신에 철저할 것을 다짐해야 한다. 저절로 이뤄지는 역사는 없다. 피와 땀과 눈물이 넘쳐나야 조국통일의 큰 길이 열리고, 복된 나라의 꿈도 현실화될 수 있다." 그 말씀 새기겠습니다.

청년 도산 이태복 선배님, 몹시 그립습니다. 삼가 명복을 빌며, 영면하시길 기도합니다.

이태복이라
믿 는 다

큰 빛이셨던 '어른'

김선주
(민주평통 광주동구협의회장)

내 가슴에 이태복 형님은 온화하면서도, 목표 설정을 하면 그 빛이 같은 동시대의 인물들과는 남다르셨다. 뿐만 아니라 사람과 사람의 관계를 매우 중요시하셨다. 광주가 없었다면, 그 광주에 윤상원 열사가 없었다면, 80년대 이후의 운동이 가능했을까, 과연 민주화가 이뤄졌을까? 아니라고 본다. 그런데 그 윤상원 열사는 이태복 형님과 같은 연배임에도 이태복 형님을 '선배님'으로, '어른'으로 모셨다. 그것이 바로 이태복 형님의 본모습이다.

이태복 형님을 알게 된 것은 1974년으로 거슬러 올라간다. 1973년도에 국민대에 입학한 나는 민족이 두 동강난 현실이 해결되어야 한다는 추상적이지만 통일에 대한 뜨거운 가슴을 갖고 있었다. 그러던 중에 형님을 바라보게 되었다. 1971년 위수령으로 제적, 강제징집된 180여 명의 학생 중에 국민대에서 대표적인 인물이 이태복 형님이셨다. 1974년 복학 후 1977년 졸업하실 때까지 가끔 학교에 나오셨는데, 그 모습이 국민대학을 상징하는 북악산 큰 바위 같으셨다. 학내 활동보다는 더 높은 가치, 시대정신을 실천키 위해 동분서주하셨기에 직접 만나서 대화를 나누거나 막걸리 한잔 나눌 기회는 없었지만, 선배들로부터 들은 전설 같은 이야기와 먼발치로 바라본 범상치 않은 모습은 지금도 선명하다. 별 말이 없으시면서도 일사분란하게 선배들을 지휘하고 어느 순간 사라지면서도 눈에 띄는 그런 분이셨다. 당시 국민대에는 본격적인 학생운동 조직이 없었는데, 그런 국민대에 흥사단아카데미 조직이 만들어졌고, 권운상, 박봉진, 유길상 후배들의 활동에 불을 지피고 계셨다.

민족문제에 꽂혔던 나는 흥사단에 나가게 되었고, 그런 가운데에 흥사단에서 태복 형님을 볼 수 있었다. 도산 안창호 선생의 민족혼과 실사구시 정신을 강조하셨던 기억이 있다. 하지만 가끔이었다. 이미 노동현장에 중심축을 두고 계셨기 때문인 걸로 알고 있다.

1977년 광민사를 설립해서 노동 관련 서적 등 사회과학 서적을 발간하셔서 『노동의 역사』, 『노동의 철학』 등 몇 권의 책을 사보았는데, 어느 날 갑자기 구속이 됐다는 소식을 접했다. 길고 긴 투옥 이후 출소하셨다는 뉴스를 보게 되었고, 노동자신문을 창간하기 위한 준비 작업에 바로 들어가셨다는 것까지 알게 되었다.

1997년에 제일제당 경기지사 지점장이 끝인 15년간의 충실한 회사생활로 나의 생활반경은 수도권이 되어 버렸다. 그래도 민족문제에 관심이 많았기에 1991년에 경남대학교 대학원 북한학과 석사과정을 밟고 그 문제를 해소하고 싶어했다. 늘 민족문제와 통일에 관심이 많았던 나는 1998년에 장애아동시설인 무지개법인을 만들어서 복지활동을 새로이 시작하게 되기까지는 그 문제에 매달렸다.

그 기간에 이태복 형님은 청와대 수석비서관과 장관을 거쳐서 5대거품빼기운동, 5대운동 등 경제민주화투쟁과 사회운동을 하셨다. 청와대 복지노동수석 비서관이었던 2001년 저희 장애시설을 방문해주셨는데, 민간 장애전담 어린이집 교사들의 고충을 듣고, 열악한 처우개선을 위해 정책을 바로 개혁해서 교사들이 헌신할 수 있는 초석을 놓아 주셨다. 이에 많은 전국 장애전담 어린이집 원장들께선 깊은 감사의 마음을 지금도 간직하고 있다.

형님의 인품대로, 사)인간의대지를 주도하여 자연의 어머니 '대지'처럼, 더 외롭고 가난한 이웃들의 자상한 '어머니'가 되자는 캠페인을 벌였고, 노동자들도 이제는 자신보다 더 어려운 이들에게 관심을 갖고 복지실천에 나서자 하셨다. 노조도 사회적 책임을 다하기 위해서 자신보다 더 어려운 경제적 약자를 보호하고, 사회적 병폐를 고쳐나가는 데 앞장서자는 취지셨다. 처음에는 인간의대지의 뜻이 좋아서 후원만 하다가 이태복 형님이 이사로 함께 하자는 제안을 2008년에 하셔서 이때부터는 이사로서 활동을 함께 했다.

인간의대지 활동을 하면서 이태복 형님을 남다르게 느낀 지점이 3가지이다.

하나는 민족문제에 대한 폭넓은 시야와 실천이다. 늘 그렇듯이 문제를 발견하면, 실천에 주저함이 없으셨다. 중국과 수교한 1992년 노동자들과 함께 만주벌판을 기차를 타고 가면서 이름 없이 독립운동을 하셨던 분들의 넋을 기리기 위해 국화꽃을 뿌리면서 갔다는 일화는 유명하다. 2003년 조선족 학교를 돌아보시고 나서는 곧바로 중고등학생 골고루 장학금을 전달하는 사업을 시작했고, 조선족 학교에 한글책이 대여

2006년 10월19일『도산 안창호 평전』 출판기념식. 왼쪽부터 화백 박희숙, 심복자, 이태복, 김선주·박정숙 부부.

섯권만 꽂혀있다는 것을 눈으로 보고서는 2004년부터는 조선족, 초, 중학교에 1만여 권의 책을 보내셨다. 2005년과 2006년에는 아예 조선족 학교에 도서관을 만들고 책을 기증했다. 할빈시 민방중학교, 흑룡강성 화천현 조선족중학교, 상지시 조선족소학교, 라북현 조선족중학교, 오상시 조선족 실험소학교 등 십여 곳에 도서관이 만들어졌다. 한국에 와서 일하는 부모와 중국에 있는 아이들이 7~8년 떨어져 지내는 현실을 보고는 2007년부터는 〈가족해체 위기에 있는 중국동포 청소년 초청 가족상봉 및 역사문화체험 프로그램〉을 시작했다. 민족문제, 동포문제, 교육문제, 부모들의 노동문제 등을 보고 해법을 활동으로 만든 것이다.

내가 이사가 된 2008년에는 이 프로그램이 서울시에서 우수상을 받을 정도로 정말 감동적인 활동이었다. 당시 부모가 아이들을 몰래 데리고 가면, 중국과 외교상 문제가 생긴다고 하여, 안전과 책임을 지겠다는 각서를 형님이 일일이 다 쓰시고, 한 아이당 자원봉사 학생 1명씩 다 붙여서 멘토역할을 하도록 했다. 만에 하나 실종사건이 벌어지면 어떻게 하냐"고 했더니, 형님 말씀이 "우리 민족은 교육열이 대단하다. 아이들

2009년 12월21일 의약품 및 의류원단을 몽골로 전달하기 위해 인천부두에서 전달식을 가졌다. 왼쪽에서 네 번째가 필자.

이 반듯하게 공부해서 훌륭한 사람으로 커가기를 원하지, 본인도 불법 체류자인데, 아이들의 인생을 망칠 부모는 없다"며 자신하셨다. 고난 속에서도 희망을 일구어내고자 노력하는 인간을 꿰뚫어보는 따스함이 있기에 가능한 일이었다.

두 번째는 북녘땅에 의약품 후원을 시작했을 때다. 대북지원단체로 등록절차를 받고 의약품을 후원하기 시작한 것이 2008년이다. 태복 형님은 "배고픔 다음으로 서러운 것이 아픔이다."고 하셨다. 태복 형님은 평양보다 어려운 평안남도로 목표지역을 정하셨다. 2008년에 19개 인민병원에 40만 달러 어치의 의약품을 지원했다. 2009년에는 담요, 공갈 젖꼭지, 분유 등 6만여 달러 어치, 의약품 45만여 달러 어치를 후원했다. 12월 21일 추운 인천부두에서 11톤짜리 컨테이너에 의약품을 잔뜩 실어 보냈던 사진을 나는 아직도 간직하고 있다. 의약품 후원활동은 2016년까지 계속 이어졌고, 현재 북한이 거부해서 못 보내고 있지만, 몽골, 네팔,

카자흐스탄 등 동북아지역은 물론 미얀마, 캄보디아, 레바논, 스리랑카에 지금도 계속 의약품 후원을 이어가고 있다. 올 7월에도 1억 4000여만 원어치 의약품이 국가부도에 처해진 스리랑카에 보내졌다. 태복 형님의 유지이다. 배고픔 다음으로 아픔을 해결해야 하는 것이 복지실천의 중요한 일이다.

세 번째는 중국 흑룡강성 밀산시 십리와에 항일투쟁 유적지 기념비를 제막하는 일이었다. 2008년부터 중국연변자선총회와 연대사업으로, 중국 용정 양광학교, 훈춘 서광조선족기술제학교 등을 후원하면서 그해 7월에 중국의 밀산, 즉 봉밀산에 다녀오셨다. 이제야 안창호 선생을 비롯한 한말 지사들의 항일운동의 거점지역인 중국의 밀산에 가봤다며 감격해하셨다. 1907년 1월에 안창호 선생이 국내로 들어와서 신민회를 조직해 독립전쟁준비에 들어가면서 1909년 이강, 김성무 등을 연해주에 파견하고 미주의 미주국민회에서 5만달러를 모금해 1천만평의 땅을 매입해 500호 가옥을 신축하고 토지를 개간한 곳이 연해주와 국경을 접하고 있는 흑룡강성 밀산시 십리이다. 이곳에 동명학교를 세워 민족교육을 펼쳤으며, 해외이주민과 독립군 부대의 생활을 안정시켰으며, 독립전쟁을 대비하던 곳이다.

밀산지역은 중국 상해 못지 않은 독립운동 근거지였는데, 그 어떤 흔적도 남아있지 않아 태복형님은 '표지석'이라도 세웠으면 좋겠다고 안타까워 하셨다. 그런데 당시 밀산시 요청으로 안내를 맡았던 김정득 전 농업국장(『밀산 조선족 백년사』 저자)이 밀산시 정부가 협조할 수도 있다는 말을 해서 밀산시의 맹고군 부시장을 만나 타진하기 시작하여, 2009년 3월 공문을 보내서 항일역사유적지 기념비를 세울 것을 신청했다. 전광석화 같은 움직임이었다.

결국 국내의 열 분의 참여로 1,000만 원이 보아져 밀산 시 지역에 최초의 한글비문이자 항일유적기념비가 탄생되었다. 무려 100년이 지나서 비석이 세워지게 됐으니 제막식 때 형님이 느꼈을 감회는 남달랐을 것이다. 형님은 “100년만에 이제사 찾아온 저희를 용서하시고 높은 뜻을 이어가겠다는 다짐을 했다.”면서 식민지로 전락해가는 조국의 운명을 바꿔보고자 몸부림쳤던 선열들께 조금이나마 빚을 갚게 되었다는 심정이어서 눈물이 쏟아졌다고 하셨다. 당시 일 때문에 참석하지 못한 나는 기념비 맨 아래 기증한 이들의 이름도 남겨놓은 것에 안도하면서 역사에 길이 남을 일이 태복 형님 덕분에 동참해서 이뤄진 것에 고마워했었다.

태복 형님은 마음은 닦는 것이 아니라 쓰는 것이라고 하셨다. 마음을 먹으면 바로 실천으로 옮겨야 한다고 하셨다. 그리고 늘 도산 선생님이라면 어떤 결단을 내리셨을까 되새김한다고 하셨다.

70이 되었으니 이제 통일문제에 집중하겠다고 하셨는데, 올곧은 지도자가 보이지 않는 이 시대에 도산 안창호 선생님의 민족관, 역사관, 세계관을 이어받은 이태복 형님의 황망한 이별에 가슴이 무너집니다. 우리나라의 크나큰 손실임을 새삼 깨달으며, 한없이 존경하는 이태복 형님의 정신을 기려 이어나가는 데 소명과 책임감을 갖고 최선을 다하겠습니다.

형님, 이제는 편히 쉬시고, 후배들의 약진을 잘 지켜봐주십시오.

이태복이라
믿는다

청백리 삼산공으로 맺어진 인연

안동교

(해동문헌연구소 소장)

벌써 4년 전의 일이다. 조선대학교 강의실에서 필자와 함께 초서로 쓰인 옛 서간을 공부하던 김상집 이사장(사단법인 광주전남 6월항쟁)이 강진 지역의 진사 조명조 집안에 삼산(三山) 이태중(李台重, 1694~1756)의 자료가 있는지를 물어왔다. 필자가 2000년 초에 전라남도 문화재 전문위원으로, 조 진사 집안 소장 자료를 문화재로 지정하기 위해 조사했었기 때문이다. 알고 보니, 삼산의 후손인 이태복 전 보건복지부 장관이 『이태중 평전』을 집필하는 데 활용하기 위해서였다.

당시 촬영해둔 사진 파일을 밤새워 찾아보니 삼산과 관련된 자료를 다수 발견했고, 삼산공이 1735년 흑산도에 유배당했다가 이듬해에 영암군으로 이배되었을 때 조 진사 집에 머물렀다는 사실을 알게 되었다.

『청백리 삼산 이태중 평전』

광주 전남도청에서 윤상원 열사 피살 당시를 생생하게 그린 김상집 작가(맨 왼쪽)와 함께. 맨 오른쪽이 필자.

며칠 뒤 광주의 한 식당에서 이태복 장관님을 처음으로 만났다. 2019년 9월 중순으로 기억한다. 이 장관은 여말선초의 문신·학자인 목은(牧隱) 이색(李穡)의 후예이자 영조 때의 직신(直臣)인 삼산 이태중의 8대손이었다. 선조 삼산공이 청백리(淸白吏)로 불리는 것을 매우 자랑스럽게 생각하였고, 동시에 《삼산집》이 없어져 버린 것을 매우 아쉬워하였다.

그렇게 시작된 인연으로 자료들을 찾기 시작했다. '정신을 한 곳에 모으면 자료가 눈앞에 저절로 정렬된다'고. 약 10개월의 수집 끝에 삼산공이 직접 지은 40여 수의 시(詩)와 약 34통의 상소류, 약 28통의 편지와 기타 서문·발문·묘문 3편을 찾아내었다. 진도·해남·강진·영암·무안·나주·화순·곡성·보성·부안 등지를 여러 차례 탐문하면서 자료 발견의 놀라운 경험을 하곤 하였다. 새로운 자료를 발견할 때마다 이 장관에게 연락하고 수시로 메일로 보내드렸다.

심지어 필자의 증조부가 강학했던 죽곡정사(竹谷精舍)의 소장 서간첩

본 속에서도 삼산공이 1753년 3월 17일에 참봉 안휴(安烋, 1686~1757)에게 보낸 답장 한 통을 찾아내었다. 이 서간첩에는 인조 반정공신 원두표(元斗杓)와 숙종 조에 영의정을 지낸 남구만(南九萬) 등의 친필 서간이 들어 있는데 놀랍게도 삼산공의 서간이 가장 첫 페이지에 수록되어 있었다.

삼산공이 전라도 관찰사에 부임하지 않자 영조는 삼산공을 진도군수로 좌천시켜 부임토록 강제했고, 당시 해남에 유배된 후배 이기경(李基敬, 1713~1787)을 찾아가 위로하였는데, 이기경의 소개로 삼산공은 해남 우슬재를 넘어 마고동을 방문하여 안 참봉 사랑채에서 담소를 나누고 형 아우 하는 사이가 되었던 것이다.

삼산공과 안 참봉의 만남은 어쩌면 더 오랜 인연과 연결되어 있는지도 모른다. 삼산공의 선조 목은 이색과 안 참봉의 먼 선조 안면은 1341년(충혜왕, 신사년)에 열린 진사시(進士試)에 합격한 동기생이기 때문이다. 《목은시고》 7권에 실린 〈과거 동기생 안면에게 주다[安勉同年]〉라는 시에는 두 분의 애틋한 우정이 서려 있다.

필자는 전라도 지역에 산재한 삼산공 자료를 모아서 《삼산유고(三山遺稿)》 한문본을 만들어 2020년 8월경에 광주를 다시 찾은 이 장관에게 전달하였다. 장관은 참으로 감회가 깊다고 하면서 바쁘겠지만 많은 후손들이 읽을 수 있도록 국역해 달라고 해서 1년여의 시간과 공력을 들여 본격적으로 작업에 들어갔다. 그 뒤로는 이 장관은 광주에 올 때마다 필자와 김 이사장을 찾아 회포를 풀었다.

2021년 10월 중순에 초역본을 보내드리고 11월 18일에 완성본을 보내드렸다. 이 장관은 전화로 노고를 치하하고 ㅎ 출판사에 넘겨 올해 안으로 발간을 마칠 생각이라고 하였다. 그리고 12월 초에 광주에 내려가면 만나서 문집 발간 건을 다시 한 번 상의하자고 하였다.

그랬건만 호사다마(好事多魔)라고 했던가! 갑자기 12월 3일에 한 통의 부음이 들려왔다. 깜짝 놀라 열어보니 바로 이 장관의 타계 소식.

이 무슨 변고란 말인가! 이 무슨 소리란 말인가! 항상 건강해 보였고 매사에 열성적이었던 분이었는데…. 그렇게 갑작스레 타계한 이 장관은 광주 망월동의 민주묘역에 안장되었다. 필자는 만년의 교분이 정중하여 장지를 찾아 마지막 가는 길을 배웅하였다.

분명 삼산 이태중 공과 만났을 테고, 그간의 노고를 치하받으셨겠지만, 이제 만난 지 4년여밖에 안된 필자로서는 너무 안타깝기 그지없었다. 인연이 더 계속되었더라면, 얼마나 많은 일들을 같이 했을까 가슴이 저며 온다.

이제는 그침 없이 일하신 수고를 내려놓으시고 부디 영면하시길 기도합니다.

청렴강직한 현대판 청백리

이의석
(홍주향토문화연구회 회장)

이태복 장관님, 벌써 하늘나라 가신 지 1년이 되는군요. 참으로 열정적으로 일을 하시고, 아주 검소한 옷차림, 소박하고 서민적이고 그러면서도 기품있게 당당하셨던 모습이 눈에 선합니다.

『도산 안창호 평전』『매헌 윤봉길 평전』을 집필하셔서 독립운동, 애국운동에 조예가 깊으시다는 것은 익히 알고 있었고, 『토정 이지함 평전』을 집필하셔서 예산, 홍성, 보령 등지에서 강연도 하시는 등 활동이 활발하셨기 때문에 행사장에서나 강연장에서 여러 번 스쳤지만, 가까이 접한 것은 제가 홍주향토문화연구회를 맡으면서였습니다.

2020년은 매우 뜻깊은 한 해였습니다. 청산리대첩 100주년이란 아주 큰 행사가 홍성에 있었고, 저도 홍주향토문화연구회를 1월에 맡게 되어 어깨가 무거워서 40여 년 전통이 있는 홍주향토문화연구회를 어떻게 잘 이끌어나갈까 고민하던 시기였습니다. 홍주성의 향토문화를 발굴, 조사, 보존하며 연구를 통해서 애향심을 고취하고 향토문화발전에 기여하고자 하는 단체였기에, 조상들의 발자취와 역사를 찾아내어 밝히고 조명하는 일에 최선을 다할 결심을 굳히고 있었고, 홍성군 내 곳곳에 자리잡은 문화재를 돌보는 활동도 적극 하려고 했던 때입니다.

홍성읍 매일시장 이삿갓 식당. 멸치김치찜이 유명했는데, 시장 안에 있는 낡은 집이었지만 소탈하게 식사를 하시는 장관님의 모습이 인상적이었습니다. 아마도 2020년 늦여름이었던 것으로 기억합니다.

홍성에서는 2019년에서야 호조판서를 지낸 삼산 이태중 공의 올곧은 선비정신이 조금씩 알려지기 시작한 상태였습니다. 이태복 장관님이 홍성군청 문화관광과에 삼산 이태중 공에 대한 문의 전화를 하였고, 사정을 잘 몰랐던 공무원이 내포구비문학연구소의 김정헌 소장님께 문의를 하여, 김정헌 소장님이 문헌을 찾고 조사를 하면서 이태중 공의 청렴강직한 일생이 그제서야 소개가 되었던 것입니다.

그 인연으로 홍주향토문화 제35집에 기고도 해주셨습니다. 『청백리 삼산 이태중 평전』을 2019년에 집필하셨기 때문에 그 내용과 더불어 이태중 공의 연보를 실었었습니다. 특히 청백리 이태중의 청렴결백한 태도는 결국 백성들의 신임과 사랑을 받았고, 그가 죽었다는 소식을 듣고서 관서백성들이 목놓아 울었다는 일화도 소개했습니다.

그러면서 청백리 이태중 공과 이태복 장관이 참으로 유사한 부분이 많다는 점도 알게 되었습니다.

청백리 이태중 공은 흑산도, 영암, 갑산, 의주, 다시 갑산, 진도 등 여섯 차례 유배생활을 했고, 이태복 장관도 학생운동, 노동운동, 민주화운

호조판서 삼산 이태중 청백비 제막식. 2021년 6월 29일 이태복 장관 오른쪽 옆에 김석환 홍성 군수, 그리고 필자.

동으로 강제징집도 당하고, 8년간 옥고도 치르셨습니다.

이태중 공은 영조의 탕평책이 올바르지 못하다고 20여 년간 50여 회 청요직을 거부하고, 전라도 감사를 마다하고 유배겸 진도군수를 택한 청렴강직한 선비였으며, 수재와 전염병 창궐로 백성들이 죽어간다고 하자, 그제서야 황해도 관찰사로 백성구제에 나섰던 인물입니다. 이태복 장관도 감옥에서 출소해서 김대중 대통령이 함께 같이 정치하자고 했을 때 어려운 이들을 대변하는 실천을 하겠다고 거절하고 10년 넘게 노동자신문을 만들면서 고생했고, 의약분업과 건강보험재정 적자문제가 커지고 국민들이 불편을 겪자, 김대중 대통령이 "사형동지이고 신문사를 만든 동지"라면서 함께 일을 하자고 하자, 청와대 복지노동 수석과 보건복지부 장관을 맡게 되었습니다. 이런 인생 과정도 너무 흡사합니다.

황해도, 평안도 감사 시절, 이태중 공은 된장찌개 하나, 멸치 한 접시로 생활을 했으며, 봉록 24만전 중 23만전을 가난한 백성을 위해 사용했다고 합니다. 이태복 장관도 평범한 옷차림, 소박한 식사 등 검소하게 살며, 민주화운동에 대한 보상금도 다 사회운동에 보태고, 십수 억의 빚을 질 정도로 사재를 털어서 개혁운동에 온 힘을 쏟으셨습니다. 이 또한 얼마나 비슷합니까.

청백리 이태중 공은 부패, 비리 척결은 물론 잘못된 군역을 개혁시켜 감세시키고 빚 탕감 등 백성들의 민생을 위해 해법을 제시하고 개혁을 추진했습니다. 이태복 장관 역시 현실의 문제를 개혁하기 위해 보건복지정책도 개혁하시고 5대거품빼기운동과 5대운동, 국민석유설립운동 등은 물론 사회복지활동도 열심히 하시면서 개혁대안을 제시하고 실천하셨으니 두 분의 인생이 똑같다 그리 생각했었습니다.

홍주향토문화연구회 회장으로서, 이태복 장관님과의 인연으로 알게 된 청백리 이태중 공을 홍성의 인물, 만해 한용운, 김좌진 장군, 이응노 화백 등과 더불어 널리 알려야겠다고 생각했습니다. 그 작업의 하나로 청백비 건립에 적극 참여하기로 마음먹은 것입니다.

우선 홍주향토문화연구회에서 주관으로 하여 세우는 것이 좋겠다는 논의가 이뤄졌고, 이때가 2021년 1월7일. 홍주향토문화연구회 월례회에서 김정헌 소장이 참석, 발의를 하여 이뤄지게 된 것입니다. 참석자 전원이 찬성해서 홍주향토문화연구회 주관으로 건립추진위원회를 구성하기로 하였습니다. 2020년 청백비 건립비용 지원을 홍성군에 신청했고, 최종적으로 군의회의 승인이 이루어져 청백비를 건립할 수 있게

홍성 천년기념탑 근처 소나무 녹지공원에 세워진 청백비 앞면(왼쪽). 청백비 뒷면(오른쪽).

된 것입니다.

건립과정은 홍성군청의 김석환 군수가 적극적으로 도와주어서 잘 진행할 수 있었지만, 복병이 한둘이 아니었습니다. 원래 잡아놓았던 대교공원 주차장 측면 천변이 아주 좋았는데, 녹지문제로 자리를 옮겨야 했습니다. 이태복 장관님은 홍주순교성지가 있고, 홍주의사총이 있으며, 홍주성역사관에서 홍주순교성지까지 2.3킬로미터 거리에다가 많은 이들이 오고 가는 평화의 거리라서 이곳을 마음에 두셨었는데, 어렵게 되는 바람에 얼마나 가슴이 아팠는지 모릅니다. 몇 군데 적합한 장소를 물색하다가 두 번째로 타진된 곳이 홍성 상징탑 근처였는데, 그것도 다른 용도 계획이 있어서 결국 홍성 천년탑 근처 소나무 녹지공원에 건립하였습니다.

다음은 비석이었습니다. 호조판서 삼산 이태중 청백비 건립에 자부심과 긍지를 갖고 오래도록 후대에 남기기 위해 충남 보령 웅천 지방을 6개월 탐색하던 중 비오는 날 웅천 중량석재에서 수년간 보관해오던 고품질의 오석을 찾아내어 흐뭇한 마음으로 석각 명인을 찾아 백영국 명인에게 석각을 의뢰하고, 비 전면의 글씨는 한글체로 하고, 고민하다가 매일같이 청백비 12자를 연습하여 제가 영광스럽게도 근서하게 되었습니다.

사실 이태복 장관님과 저와의 인연은 바로 청백리 이태중 공의 시대로 올라갑니다. 연안 이씨인 저희 집안에 3대 대제학이셨던 이단상 어르신이 바로 이태중 공의 할아버지 이행의 스승님이시고, 이행 님의 인품을 보고 자신의 딸을 시집보내 사위로 맞이하셨습니다. 그리고 이단상 어르신의 아들 이희조 님이 이태중 공의 아버지 이병철 님의 스승이시고, 이태중 님의 스승이십니다. 3대에 걸쳐서 스승과 제자 사이이니

홍성 은하면 청백리 이태중 공의 묘지 입구 도로에 세워진 표지석.

얼마나 깊은 사이인지요.

게다가 이태중 공은 이희조 님이 유배가셨을 때 따라가서 시중을 들었으니 얼마나 각별한 관계인지… 그 인연이 후대로 내려와서 청백비 건립 일을 이태중 어르신의 후손 이태복 장관님과 이단상, 이희조 어르신의 후손 저와 같이 하게 되니 이 인연은 하늘과 조상이 맺어준 기적 같은 일이 아닐 수 없습니다. 그 감격은 말로 다 표현할 길이 없습니다.

전광석화처럼 일을 하시는 이태복 장관님의 추진력과 홍성의 여러 분들의 도움으로 청백비 제막식은 2021년 6월 29일 성황리에 거행할 수 있었습니다.

뿐만 아니라 은하면 묘지 입구에 표지석도 세워 사람들에게 알릴 수 있는 기회가 더 생겼으며, 홍주성역사관에서는 10주년 건립기념으로 2021년 3월 24일부터 12월말까지 삼산 이태중 인물전시회도 개최해서 청백리 삼산 이태중의 삶과 철학을 이해하는데 도움을 줄 수 있었습니다.

이제 남은 일은 묘지에 세워진 호조판서 비석인데, 문화재 등재작업을 고대하셨던 이태복 장관님의 마음을 잘 알기에 어려운 일이지만, 성심성의껏 진행하도록 노력하겠습니다.

이제 청백리 삼산 이태중 공을 만나셨을텐데… 부디 고된 업무는 어깨에서 내려놓으시고, 영면의 세계에서 편히 안식을 취하시길 기도하겠습니다.

이태복이라
믿는다

우리 시대의 거울 '청백리'

김정헌
(내포구비문학연구소 소장)

이태복 장관님과의 인연은 참으로 우연히 시작되었다.

2019년 여름쯤으로 기억된다. 홍성군청 문화관광과 젊은 직원이 전화를 걸어왔다. 조선시대 호조판서를 지낸 '청백리 삼산 이태중'을 아느냐는 전화였다. 그분의 산소가 우리 고장 홍성군 은하면 목현리에 있다고 했다. 아마도 젊은 직원은 필자가 향토문화에 관심을 갖고 있다는 것을 알고, 혹시나 하는 심정으로 전화를 한 것 같았다. 하지만 삼산 이태중은 처음 들어보는 이름이었다. 그분의 산소가 우리 고장 홍성에 있다는 것도 전혀 아는 바 없었다.

젊은 직원의 뜬금없는 전화를 받으면서 무슨 영문인지 궁금했다. 왜 그 분을 찾느냐고 되물었다. 젊은 직원의 대답인즉, "국민의 정부 시절에 보건복지부장관을 역임했다는 분이 전화를 걸어왔습니다. 조선시대 호조판서를 지냈고 청백리에 녹훈된 삼산 이태중이 선조인데, 그분의 산소가 있는 우리 고장 홍성에서는 어떻게 기록하고 있는지 궁금해서 전화를 하셨답니다. 제가 잘 몰라서 선생님께 전화로 문의드리는 것입니다."

젊은 직원의 전화를 받으면서 아무리 기억을 떠올려보아도 알지 못하는 이름이었다. "내 기억으로는 처음 들어보는 이름인데, 기록을 한번 찾아보고 전화를 드리겠습니다." 하고 일단 대화를 끝냈다.

전화를 끊고 즉시 관련 자료들을 뒤적여 보았다. 홍성군에서 시대별로 발간한 홍성 군지를 비롯한 각종 서적들을 뒤적여보았지만, '삼산 이태중'의 행적을 기록한 자료는 없었다. 다행이라고 해야 할까, 간신히 찾아낸 기록은, 1980년에 발간한 홍성군지 과거급제자 편에서 '李台重韓山人號三山文科戶曹判書謚文敬公淸白吏(이태중 한산인 호 삼산 문과 호조판서 시 문경공 청백리)'라고 기록된 내용이었다.

궁여지책으로 인터넷을 뒤적여보았다. 인터넷에서 컴퓨터 자판으로 '청백리 호조판서 삼산 이태중'을 치는 순간, 그분의 행적이 주욱 나열되어 나타났다. 특히 삼산공의 평양감사 시절 일화, 과거시험 일화, 묘자리 일화 등이 전설처럼 전해오는 내용들을 읽으면서 깜짝 놀랐다. '아, 참으로 대단했던 분이구나.' 하는 생각이 떠나지 않았다.

특히 한산 이씨 홈페이지에 기고한 이태복 장관님의 글 '삼산 이태중의 흑산도 유배길'을 읽으면서, 삼산공의 행적을 대략 알 수 있었다.

이 글은 이태복 장관님이 2012년 4월에 흑산도를 방문하여 삼산공의 유배길을 답사하고 발표했던 글이다. 글 속에는 삼산공의 올곧고 청렴 강직했던 성품, 임금 앞에서도 죽음을 두려워 않고 직언을 하던 기개 높은 선비의 모습, 임금의 심기를 건드렸다고 흑산도와 갑산 등으로 위리안치 유배를 떠나던 모습, 자리에 연연하지 않고 관직을 제수 받고도

필자의 저서『내포 옛터 이야기』(2019)에는 〈조선시대 호조판서를 지낸 삼산 이태중의 올곧는 선비정신〉 제하의 글이 수록되어 있다.

나가지 않은 기록, 청백리에 녹훈된 내용 등이 담겨 있었다. 이처럼 훌륭했던 선조의 산소가 우리 고장에 있다는 것은 참으로 큰 의미가 있다고 생각되었다.

우선 필자는 처음 전화를 했던 문화관광과 젊은 직원에게 그동안 살펴본 내용을 전달했다. 그리고 연락처를 물어서 이태복 장관님께 직접 전화를 드렸다.

사실, 필자가 장관님께 전화를 했던 직접적인 이유는 인터넷에서 접한 '삼산 이태중의 흑산도 유배길' 원고에 대한 욕심 때문이었다. 당시에 필자는 우리 고장을 답사하며 채록한 다양한 이야기들을『내포옛터이야기』라는 제목으로 3집을 준비 중이었다. 이 책에 장관님의 옥고를 그대로 실어 보고자 하는 욕심이 생겼던 것이다.

이렇게 장관님과 필자는 처음 전화상으로 인사를 나누었고, 이후로 소중한 인연을 이어가게 되었다. 처음 대화에 옥고를 싣도록 기꺼이 수락해주셔서 책의 품격도 더욱 빛낼 수 있었다.

이후 장관님은 내포에 자리 잡은 충남도청에 오셨다가, 일을 끝내고 홍성을 직접 방문하여 저녁을 사주셨다. 그때 처음 장관님을 뵙고 먹었던 음식, 코다리찜을 잊지 못한다. 처음 뵐 때 앉았다 일어서는 동작이 불편해 보였는데, 전두환 정권시절 민주화운동을 하며 수감생활과 고문 때문에 생긴 병이라고 짐작되었다.

홍주성역사관에서 개최된 〈삼산 이태중 인물전시회〉. 2021년 3월부터 12월까지 열렸다. 왼쪽부터 필자, 유환동 홍성문화원장, 이의석 홍주향토문화연구회 회장, 김석환 홍성군수, 이태복 전 장관, 윤용관 홍성군 군의회 의장.

장관님이 고향 보령에 내려오실 때마다 전화연락을 하며 수시로 만나 뵙게 되었다. 2021년에는 장관님과 뜻있는 분들의 힘을 합쳐 홍성읍 공원에 삼산공의 청백비를 세우고, 홍주성역사관에서 삼산공을 기리는 전시회도 개최했다. 조상의 정신을 기리는 일에 최선을 다하는 장관님의 모습에서, 후손을 잘 둬야 선조의 업적도 빛나겠다는 생각을 해보기도 했다.

필자는 삼산공의 청백비 건립과 전시회 협의 문제로 장관님을 뵙고 대화를 나눌 때마다, 삼산 이태중의 또 다른 분신이 바로 눈앞에 앉아계신 듯한 느낌을 강하게 받곤 했다. 자신의 안위를 생각하지 않고 오로지 나라와 백성을 생각하는 삼산공의 올곧은 선비정신은, 300여 년을 뛰어넘어 이태복이라는 강단 있는 후손을 통해서 다시 환생한 것이라는 느낌이었다.

장관님은 삼산공의 청백리 정신을, 당신의 세상살이에 가장 중요한 정신적인 거울로 삼고 있는 모습이 확연했다. 어쩌다 만나 뵙고 대화를 나눌 때마다 나라와 국민을 생각하는 모습이 삼산공의 모든 것을 그대로 빼닮았다는 생각을 지울 수 없었다. 장관님 역시도 자랑스런 조상의 청백리 정신을 그대로 빼닮은 우리 시대의 거울이었다.

2021년 여름에는 충남도청이 자리잡은 보훈회관에서 충남지역 독립운동가 아홉 분의 숭고한 정신을 기리는 세미나를 개최했다. 이때 개최한 세미나의 좌장을 맡으셨는데 세미나 진행 모습을 보며 깜짝 놀랐다. 군더더기 없는 깔끔한 진행은 물론이고, 독립운동가들의 모든 행적을 낱낱이 섭렵하고 있었다.

이날 좌장을 맡기 위해 단편적인 지식을 공부하고 오신 것이 아니었다. 평소에 꾸준한 독서와 공부를 하지 않으면 결코 알 수 없는 깊이 있는 내용을 전문가들과 막힘없이 토론하고 있었다. 평소에 폭넓은 학문연마로 정신적인 내공이 결코 가볍지 않다는 것을 알 수 있는 계기가 되기도 했다.

장관님과 사모님이 함께 홍성에 오셨던 한여름 어느날이었다. 홍성읍 상설시장 허름한 식당에서 김치찌개로 맛있는 점심식사를 마치고 나오는 길이었다. 시장 입구에서 시골 할머니가 좌판을 깔아놓고 토마토와 야채를 팔고 있었다.

그 모습이 안쓰러웠는지, 사모님은 손님이 없어 꾸벅꾸벅 졸고 있는 할머니 앞으로 조용히 다가갔다. 사모님은 토마토 한 무더기를 사서 비닐 봉투 두 곳에 나눠 담았다. 그 중에서 한 봉지는 필자에게 건네주셨고, 나머지 한 봉지는 장관님께 들고 가도록 맡기셨다. 장관님은 두말 않고 토마토가 담긴 비닐봉투를 흔들흔들 들고 승용차까지 걸어가셨다. 그 모습 어디에서도 장관을 지냈던 모습은 찾아볼 수 없었다. 사모님의 세심한 배려와 장관님의 소탈한 뒷모습이 오래오래 뇌리에서 지워지지 않았다.

지금 이 순간에도, 장관님과 짧은 시간동안 함께 했던 여러 일들이 영화필름처럼 스륵스륵 스쳐지나간다. 마치 장관님이 필자의 눈앞에 선명하게 앉아계신 듯하다.

장관님의 갑작스런 부음을 듣고 한동안 정신이 혼란스러웠다. 장관님께서 심혈을 다해 세운 삼산공의 청백비 앞을 지날 때마다, 장관님 모습이 떠오르며 한참을 서성이곤 한다.

부디 이 세상에서 겪었던 모든 영욕을 잊으시고, 하늘나라에서 편안하시기를 기도드린다. 그리고 홀로 남으신 사모님의 건강과 행복한 여생을 위해서 기도드린다.

이태복이라
믿 는 다

봉오동 독립전쟁 지지한 '역사 연구자'

최성주
(언론개혁시민연대 공동대표)

경실련을 시작으로 30여 년 언론시민운동에 참여하고 있는 나는 이태복 장관을 선배 노동운동가로 이해하고 있었다. 그러던 중 봉오동 청산리 독립전쟁 승리의 주역 최운산 장군의 삶을 직접 전해드리면서, 역사가 이태복을 다시 만나게 되었고 인연의 깊이가 달라졌다.

간도 제일의 거부(巨富) 최운산은 마적으로부터 조선동포와 재산을 지키기 위해 대규모 사병부대를 운영할 만큼 군사력의 중요성을 이해하고 있었고, 한일병탄이 되자 자신의 소유지 봉오동을 독립군기지로 개발하고 무장독립군을 지속적으로 양성했다. 1919년 3.1독립선언을 계기로 최운산의 사병부대는 대한민국의 첫 군대 〈대한군무도독부〉로 전환되었다. 형 최진동 장군이 사령관을, 동생 최치흥이 참모를, 조카 최태여가 군자금 관리를 맡아 본격적으로 독립전쟁에 대비하기 시작했다.

1920년 상해 임시정부가 독립전쟁 원년의 해를 선포하고 만주의 대소 독립군부대가 봉오동에 모여 통합군단 〈대한북로독군부〉를 창설했다. 이 통합군단이 봉오동 청산리 독립전쟁을 승리로 이끌었다.

전쟁의 승리는 거저 얻어지는 것이 아니다. 우리 독립군이 일본군에 필적할 만큼의 무기와 병력을 소유하고 있었고, 고난도의 군사작전을 결행할 능력이 있었기에 일본군 정규군과 격돌한 독립전쟁에서 대승을 거둘 수 있었던 것이다. 이는 봉오동 독립전쟁 후 일본군이 기록한 '봉오동전투상보'에서도 확인할 수 있는 내용이다.

북간도 독립군이 봉오동에서 대통합을 이룰 수 있었던 배경에는 각 독립군 부대 별로 주둔지를 제공하고 무기와 식량, 군복을 지원한 최운산의 경제력이 있었다. 또한 10년간 훈련·양성된 정예부대 〈대한군무도독부〉가 통합군단의 중심에서 전체 통합군을 단일 체계로 운영했기에 승리가 가능했던 것이다.

그러나 지금까지 우리 독립운동사 연구는 그 부분을 너무 간과하고 있었다. 그동안 북간도 독립전쟁의 역사가 제대로 알려지지 않았던 것은 우리나라 독립운동사 연구 인력이 부족하고 특히 무장투쟁사 연구는 더 취약했기 때문이다.

우연한 자리에서 이태복 선생님께 봉오동 독립전쟁의 역사적 사실을 구체적으로 전해드릴 기회가 있었고 장관님은 봉오동 독립군기지와 무장투쟁사가 그 중요도에 비해 지나치게 간과되는 현실에 안타까움을 표하시며 깊이 공감하셨다.

『도산 안창호 평전』을 시작으로 『윤봉길 평전』 그리고 『조선의 슈퍼스타, 토정 이지함』, 『삼산 이태중 평전』까지 여러 권의 평전을 집필하실 만큼 우리나라 독립운동사와 근현대사에 대한 관심이 남다르셨던 이태복 선생님은 논문이나 사료를 찾아 공부하는 것을 넘어 만주와 연해주 곳곳을 눈으로 직접 확인하는 열정적인 연구자였다.

2016년 7월4일에서 열린 최운산장군기념사업회 창립식. 필자는 두 번째 줄 가운데 여성이다.

답사팀을 이끌고 북만주 밀산에 항일유적기념비를 세우는 과정에서 통합군단의 총사령관 최진동 장군에 대해 알게 되셨는데 봉오동의 최씨 4형제와 일가가 모두 무장투쟁의 선봉이었다는 사실을 사료를 통해 새롭게 이해하게 되었다고 기뻐하셨다.

이태복 선생님은 봉오동 청산리 독립전쟁사가 역사적 사실과 달리 마치 신화처럼 이해되는 문제점을 지적하시면서 연구해야 할 것은 많은데 연구자들의 관심도, 국가의 지원도 부족하고 우리나라 북간도 무장투쟁사 연구가 아직 너무 미약하다고 안타까워 하셨다.

2016년 〈최운산장군기념사업회〉 창립식에도 참석하셔서 후손들이 해야 할 몫을 잊지 말라고 당부하셨다. 가끔 신도림역 사무실로 찾아뵙고 새롭게 확인한 사료를 전해드리면 “손녀가 직접 봉오동의 역사를 다시 정리하는 일을 시작했으니 일생의 사명으로 생각하고 힘을 내라.”고 밥을 사주시며 격려해주시곤 했다.

그러던 중 2019년 최진동 장군이 친일 논란에 휩싸이자, 독립운동사 연구자의 한 사람으로 이 사안을 깊이 살펴보셨고 계속 관심을 놓지 않으셨다. 당신이 역사를 찾는 과정에서 직·간접으로 살펴본 최진동 장군은 친일은커녕 일생을 바친 무장투쟁조차 정당하게 평가받지 못하는 불운을 겪고 있다고 판단하셨기 때문이다.

이태복 선생님은 "후세대인 우리가 북간도 무장투쟁을 지휘한 총사령관 최진동 장군을 이렇게 무례하게 대접하면 안 된다."고 말씀하시기도 했다. 보훈처 서훈심사위원회의 잘못된 결정을 구체적 사료를 통해 입증해 나가는 과정을 묵묵히 지켜보시며 후손인 내가 이 문제를 제대로 이해하고 대응할 수 있도록 학자의 관점에서 객관적인 조언을 해주시기도 했다. 후에 알게 된 사실이지만 당신께서 보훈처 특별자문위원으로 친일에 대해 검증하는 논의에 참여하셨기에 그 조언이 더 구체적인 힘이 있었던 것 같다.

어느 날 그렇게 무심하게 봉오동 독립전쟁을 재조명하는 내 곁에 다가오신 이태복 장관님은 선생님처럼 선배오빠처럼 힘내라고 툭툭 어깨를 두들겨 주시더니 당신은 또 그렇게 무심하게 훌쩍 먼 길을 떠나셨다. 아직 의논하고 싶은 일과 하소연하고 싶은 말이 가슴에 그대로 남아있는데…. 이제 최운산 장군 형제들을 모두 만나셨을 이태복 선생님, 독립투사 선배 동지들을 만나 반가우셨나요? 100년 전 역사 속으로 들어가 나눈 더 깊고 새로운 이야기에 속이 시원해지셨지요?

당신의 부재를 미처 실감하지 못하는 저는 아직도 당신의 위로와 격려가 필요합니다. 뵙고 싶습니다.

이태복이라
믿 는 다

청백비 입수가 숙명이었다

이은규

(한산 이씨 아계상공파종회 이사장)

지난해 초겨울 이태복 前 보건복지부 장관의 갑작스런 부음은 무어라 형언할 수 없는 애통함이었다. 민주화운동으로 투옥되어 긴 시간 옥고를 치루고 성치 않은 몸으로 평생을 노동자와 사회개혁을 위한 헌신으로 삶을 살아오신 분이다. 고향에 내려오시면 종종 연락하여 일가 간의 우의를 나누곤 하였던 기억이 다시금 슬픔을 느끼게 한다.

청와대에서 복지노동 수석비서관을 하고, 보건복지부 장관으로 옮겨갔고 DJ정부 임기가 얼마 안 남았기에 오히려 다음 정권까지 이어서 일할 거라 기대했었다. 1년 8개월 정도 나랏일을 하고는 물러나게 되었을 때 방송과 신문에서는 다국적 제약사 압력에 대한 뉴스가 연일 계속되었다. 당연히 그런 일이 내면에 깔렸겠지 하면서 안타까왔던 기억이 있다.

한산 이씨 집안은 인(仁)의 피도 강하지만 의(義)의 피는 더 강하다. 목은 이색 선생처럼 필력도 강하지만, 뜻을 굽히지 않는 기개도 크다.

아마도 이 장관은 그 피를 온전히 이어받은 듯하다.

광민사 출판사도 설립해 책도 30여 권 냈다 들었는데, 본인이 직접 집필한 책 중에 『도산 안창호 평전』『토정 이지함 평전』『윤봉길 평전』『청백리 삼산 이태중 평전』『대한민국의 활로찾기』 등 내가 아는 것만 해도 십여 권이 넘는다. 바쁘게 여러 일들을 하면서도 붓을 놓지 않은 것은 아마도 진실의 기록, 역사의 기록에 대한 남다른 애정이 크기 때문이리라.

그래서인지, 조상에 대한 애정도 남달랐다. 한산 이씨 조상만이 아니라 나라와 겨레를 위해 힘쓰신 애국선열들에 대한 복원, 재조명, 널리 알리는 일에 관심이 많아서 얘기가 잘 통했었다. 늘 나를 "대부'라 불러서 전화기 너머로 들려오던 "대부!" 그 정겨운 목소리가 아직 귀에 선하다.

가깝게 이 장관을 만난 것은 2007년 5대거품빼기운동을 전국적으로 전개할 때이다. 나라와 겨레에 대한 대의를 늘 가슴에 품고 살았던 터라, 국민생활을 위협하는 독과점 품목인 기름값, 핸드폰, 카드 수수료, 약값, 대출 금리 등의 가격 거품을 우선 빼야 한다는 생각을 했을 것이다. 물론 이득이 되는 것도 아니고, 그 운동이 효과를 보려면 많은 돈과 시간, 열정이 투여되어야 하니 일상을 살아가는 우리네들은 동의해서 서명을 할지언정, 적극 참여하여 세를 불리는 일을 만들어가는 것은 쉽지 않았다.

우선 일가를 중심으로 참여자를 모았지만, 축산농가들과 시민사회단체들도 의외로 호응이 좋았다. 5대운동본부, 5대거품빼기범국민운동본부의 대전본부가 5월 29일 창립되고, 충북본부는 5월 16일, 충남본부는 6월 11일, 그리고 7월 6일 예산을 시작으로 공주, 연기, 서산, 부여, 보령, 당진, 서천, 아산 등 매일매일 간담회가 열릴 정도로 열정적으로 설명회와 서명 작업이 벌어졌었다.

그렇게 전국을 떠돌면서 독과점 가격의 거품빼기운동에 동참을 호소했고 이런 일들이 짧은 기간 동안에 이루어졌다. 1년여간 활동의 성과가 2조원 절감이라니 대단했다. 장관 시절 약값 인하정책을 펼쳤던 것을 사회운동으로까지 이어서 펼치고 있었으니 대단한 사람인 것만은 분명했다.

민생대책을 마련하고 실천하는 일을 제대로 하려면 사실상 정치든, 생활정치인 행정직이든 하는 것이 옳다. 그런데 불행하게도 정치판이라는 것이 아사리판(?)이기에 순수하게 민생생활정치를 한다는 것이 참으로 어렵다. 특히 나라의 활로를 찾고 개척하는 일을 지속하려면 정치와 결합하지 않을 수 없었을 것이다. 그것이 안타깝게도 모순이었다.

사실 처음 만났을 때의 인상은 학생운동, 민주화운동, 감옥살이 등의 모습이라고는 상상이 안 될 정도로 온순하고 온화한 모습이었다. 깨끗한 사람인데… 걱정도 앞섰다. 자칫 그 명성을 이용하려는 자들 때문에 흠집이 날까 우려가 크지 않을 수 없었던 것이다. 어렵사리 시작한 충남도지사 출마도 결국 중도에 그만두게 되었고, 참으로 안타까왔지만, 그 이후 도지사들의 운명을 보면 안한 것이 더 나았을지도 모르겠다는 생각이 들기도 했었다.

태복 장관은 오뚜기 같았다. 최선을 다해 끝까지 가되, 이것이 끝이구나 싶으면 지체하지 않고 놓고 곧바로 다른 일을 만들어나갔다. 신기할 정도로 그 회전이 빠르고 결과에 개의치 않았다. 아마도 최선을 다했기에 후회가 없었던 것은 아닌가 싶다. 그리고 목표가 자신의 부귀나 명예가 아니고, 나라와 국민의 삶의 개혁이기에 그랬을지도 모른다. 해야 할 일들은 세상에 널려 있었으니까….

그리고 태복 장관은 참으로 겸손했다. 모르는 것이 있으면 언제든지 물었고, 그것을 부끄럽게 생각하지 않았다. 종회일은 물론이거니와 지역의 구체적인 상황이나 변화, 혹은 개인적인 의견 등도 늘 상의하고 의견을 물어왔다. 2021년 이른 봄이었다. 태복 장관의 전화가 울려서 반갑게 인사를 건네고 어떤 일이시냐 물으니 "대부님을 만나고 싶다."고 하였다. 천북 본가에 왔다고 하여 광천에서 만났다. 부인되시는 심복자 교수와 동행이었다.

서로 안부 인사를 나누고 근처 식당으로 이동하여 자리하니, 삼산공 청백비(淸白碑)를 건립하고자 하는데 묘하(墓下) 초입에 마땅한 부지를 물색할 수 있도록 도와줄 수 있느냐는 요청이었다.

『청백리 삼산 이태중 평전』 출판기념회 및 학술회의에서. 필자는 오른쪽

홍성 천년탑 부근 녹지공원 안에서 열린 삼산 이태중 청백비 제막식. 왼쪽 첫 번째가 필자.

태복 장관은 그간 삼산 이태중 공의 『삼산집』이 없어진 것을 안타깝게 생각해, 자료를 발굴해가며 쓴 『청백리 삼산 이태중 평전』을 2019년 가을에 출판기념회 겸 학술회의를 열었다. 그런데 그 뜻을 기리려면 청백비를 세워야겠다고 다짐한 모양이었다. 사실 청백비를 세운다는 것이 쉬운 일은 아니었다. 다행히 홍성군에서 협조를 적극적으로 해주어서 진행은 되고 있었지만, 어디에 세울 것인가가 과제였다.

삼산공 묘소는 충남 홍성군 은하면 덕신리에 소재하기에 그 인근 토지를 수일간 여러 사람에게 물색하여 보았으나 토지 소유자들의 불응으로 택지(擇地)를 마련하기가 여간 어려운 일이 아니었다. 그 와중에 생각해보니 굳이 인적이 드문 묘하에 세우는 것보다는 홍성읍 권역에 입수(立竪)하여 많은 사람들이 비문을 보고 현대인의 귀감이 될 수 있도록 하는 것이 좋겠다는 판단에 홍성읍 권역의 여러 곳을 돌아보았다. 그래서 첫 번째 택한 곳이 홍성읍 대교공원 주차장 측면 천변이었다. 태복 장관도 와서 보고 만족해왔다.

그러나 공원 내 구조물의 과다로 세울 수 없다는 주무부서의 통보에 홍주향토문화연구회 이의석 회장과 몇 곳을 돌아보았으나 적합한 장소가 없었다. 홍주성 외벽을 돌아보다 홍성 상징탑 옆에 공간이 있기에 군에 타진을 해보니, 군에서 다른 용도로 사용할 계획이어서 곤란하다 하였다.

또 다른 몇 곳을 찾다가 정한 곳이 홍성의 상징탑인 천년탑에서 북동쪽으로 약 50여 미터 떨어진 소나무 공원이었다. 2021년 6월 29일 결국 여기에 삼산 이태중 선생 청백비를 세우게 되었다.

이태복 전 장관은 생전에 노동자의 복지와 시민의 권리 실현을 삼산 이태중 선생의 청백염리(淸白廉吏)에서 구하고자 한 것 같다. 청백비 건립 과정에서 평소와 달리 조급히 서두름을 느낄 수 있었다. 시간을 갖고 진행하자는 의견도 있었으나, 태복 장관은 빠른 추진 의지를 굽히질 않았다. 이렇게 갑자기 태복 장관이 가시고 돌아보니 당신에게 삼산 이태중 선생의 청백비 입수(立竪)가 숙명이었던 것 같다.

이태복 전 장관의 바램인 청백한 세상이 하루빨리 펼쳐지기를 기대하며, 이제 모든 일 내려놓고 편안히 영면하시길 기도합니다.

이태복이라
믿는다

애국선열의 얼을 제대로 계승한 분

김충한
(광복회 광명시 지회장)

내가 이태복 전 복지부 장관을 알게 된 것은 시대적 상황이 가져다 주었다고 볼 수 있다. 1987년 노동자 대투쟁 이후 우후죽순처럼 신생 노동조합이 만들어 지고 있던 때이다. 내가 몸담고 있던 회사에서도 어렵사리 노동조합이 만들어졌고 노조간부가 되어 활동하게 되었다. 사실 조합은 만들어 놓았지만 어떻게 운영해야 할지는 막막한 상태였다. 주변 선배 노조를 찾아다니며 운영 노하우를 배우고 다닐 때였다.

마침 노동자신문사에서 노보 편집자 교육을 한다고 해서 무작정 찾아갔다. 물어물어 평창동 산 중턱에 가정집 같은 신문사를 찾았다. 그때 이태복 위원장(당시에는 창간준비위원장이어서 위원장이라고 불렀음)을 처음 만났다.

나이는 나보다 세 살이 작았지만 세상을 보는 눈은 바다보다 더 넓었고, 학식이나 인품은 나와 비할 바가 되지 않았다. 이때부터 잦은 교류를 가지면서 친분을 쌓아 갔다. 고향이 충남 보령이고 중학교를 예산에서 다녔단다. 동시대에 인근 지역에 살았으니 어쩌면 스쳐 지나가는 인연이라도 있었을 법하다.

차츰 교분을 가지면서 그의 살아온 흔적들을 듣기 시작했다. 이름을 대면 누구나 알 수 있는 고문 기술자에게 고문을 받던 일도 들었다. 광민사에서 펴낸『민중과 조직』『노동의 역사』책 글자 하나에 한 대씩 침대 각목으로 때리는 고문을 받던 중, 발바닥을 얼마나 맞았는지 발바닥에 염증이 생겨 일어설 수조차 없었단다. 고문 기술자와 동행하여 외부 경찰병원에 차를 타고 가던 중 고문 기술자는 같이 가는 동료와 얘기를 하면서 자식이 감기에 걸려 걱정이 된다고 하더란다. 모진 고문을 자행하던 잔인성은 온데간데 없고 가족에 대한 애뜻한 감정은 여느 아버지와 별반 다를 게 없더란다. 그때 이 사람도 독재자의 주구가 아니라 또 다른 피해자구나 생각했단다. 그리고 용서가 되더란다. 그는 이렇게 마음이 후덕한 사람이었다.

무기 징역형을 받고 독방에 갇혀 하루 종일 말 한마디 하지 않고 몇 개월을 지내다 보니 말하는 것을 잃어 버렸단다. 큰일 났다 생각하고 말하는 것을 잊지 않기 위해 성경책을 소리내어 읽었다고 했다. 독방에 넣어 주는 책은 오직 성경책뿐이라 읽고, 또 읽었단다. 목사님들도 나만큼 성경책을 많이 읽은 사람은 없었을 것이라고 할 때는 그의 처절한 삶이 어떠했다는 것을 알 수 있었다.

1993년 봄, 나의 아버지께서 일제강점기 시절, 신간회 중앙위원으로 활동을 하신 공로로 독립유공자 서훈을 받으시게 되었고, 대전 현충원 독립유공자 묘역에 모실 수 있게 되었다. 현충원에 모실 때 비문을 써야 하는데 이태복 위원장께 부탁했다. 기꺼이 응해 주었는데 문제가 생겼다. 비문 내용 중에 "새벽 별이어라"라는 문구가 있었는데 당국에서 이 단어를 빼 달란다. 반공 국가에서 북한식 용어라 생각했던 모양이다. 비문을 써 주신 분에게 물어보고 연락해 주겠다고 했더니, 얼마 후 그 문구가 들어간 비석을 세웠다고 사진과 함께 보내왔다. 아버지의 비석에 남아 있는 비문을 보면서 산소에 갈 때마다 이태복 위원장을 생각하게 된다.

내가 몸담고 있던 회사는 경영난에 허덕이고 있었다. 노동조합은 근로조건 개선이나 임금인상은 생각지도 못했다. 밀린 임금을 하루빨리 받아 내는 게 문제였다. 노동조합은 회사가 어려워진 이유로 정경유착을 첫 번째로 꼽았다. 임원들의 부패 또한 경영 부실의 원인이 되었다. 노동조합은 경영 정상화 운동을 먼저 펼쳐야 했다.

이때 이태복 위원장의 조언이 필요했다. 조언대로 회사 단일 문제가 아니라 정경유착을 사회 문제화해 투쟁할 것을 조언해 주었고, 사회문제화시키기 위해 경영층의 비리를 폭로하는 기자 회견을 하기도 했다. 결국 창업주가 물러나고 회사는 법정관리에 들어갔고, 이후 회사는 그냥저냥 굴러가게 되었다.

반대로 노동자신문과 노동일보는 늘 운영난에 허덕였다. 노보 편집 교육에 참여도 하고, 신문사 주식을 사주었지만, 보탬이 크게 되지 못한 것 같아 그동안 참 미안했다.

십수 년이 지난 후 우연히 다시 만나는 기회가 있었다. 지금 살고 있는 동네의 지자체장이 예산 출신이고 고향에서 활발한 활동을 하고 있는 월진회 회원에 가입했는데 회장이 이태복 장관이란다. 월진회는 윤

월진회 광명지회 발족식. 필자가 사회를 보고 있다.

봉길 의사가 농촌 계몽운동을 하기 위해 만들어 지금까지 이어온 단체다. 일제 강점기에 만들어진 사회단체 중에서 현재까지 이어오는 단체는 도산 안창호 선생이 만든 흥사단과 월진회뿐이란다. 그러고 보니 이태복 장관은 흥사단 활동과 월진회 활동을 한 사람이라고 할 수 있겠다.

이태복 장관과 지자체장, 나 셋이서 같이 만날 수 있는 기회가 있었는데 덕산의 출향 인사로 타지에서 지자체장이 되신 분이시니 월진회 고문직을 맡아 달라고 요청을 했고, 내게는 광복회 회원이라 이사직을 맡아 달라 요청을 해와 기꺼이 수락했고, 내가 사는 동네에 월진회 지회를 만들라고 하셔서 광명지부도 탄생하게 되었다.

이태복 장관은 광명동굴이 일제강점기 때 우리 자원의 착취와 수탈의 증거 현장이라며 월진회 지회 활동으로 광명동굴 옆에 그냥 나무를 심을 것이 아니라 무궁화 심기를 하자고 해서 2021년 처음으로 1,000그루의 무궁화를 심어 무궁화동산을 만들었다.

안중근 의사와 윤봉길 의사의 순국을 기념하면서 무궁회 꽃 심기를 처음으로 개최한 날. 2021년 3월 22일. 앞줄 오른쪽에서 두 번째가 필자.

하나의 행사를 하더라도, 그 일을 왜, 어떻게 해야 하는가를 분명한 관점을 갖고 추진하신다. "100년이 넘은 홍사단이, 100년이 다 돼가는 월진회가 나라와 겨레의 중심에 서 있었다면, 지금의 상황은 달라졌을 것"이라고 늘 말씀하셨다. 살아있는 우리들의 과제와 연결되기 때문에 타성적으로 관성적으로 일을 하는 우리들을 나무라신 것이다. 살아있는 후손들이 애국선열들의 얼과 뜻을 제대로 계승해야 한다는 점을 늘 강조하셨다. 그때 아주 건강한 모습으로 젊은 회원들과 무궁화를 심는 모습은 순수하고 활기차 보였었다.

갑자기 너무도 황망하게 떠나버린 이태복 장관의 1주기를 추모하며, 하늘나라에서 영면하시길 기원한다. 그가 심은 무궁화는 올해도 활짝 피어났고 이름처럼 이태복과 함께 무궁토록 피어날 것이다.

이태복이라
믿 는 다

윤봉길 의사와 닮은꼴

김월배
(하얼빈 이공대학, 월진회 중국지부장)

이태복 장관과 나의 인연은 윤봉길 의사를 고리로 한다. 나는 2008년부터 (사)매헌 윤봉길 월진회(이하 월진회) 중국 지부장을 14년째 역임하고 있었고, 4월 상하이 의거를 기념하여 열리는 평화축제에 중국, 일본, 몽골 등 동북아지역의 외국인들도 참여토록 하고 있어서 중국 측 일원들을 이끌고 참여하였다. 상하이 루쉰공원, 상하이 대한민국임시정부 박물관, 항저우 임정, 류저우 임정, 충칭 임정, 하얼빈 안중근 의사 기념관, 731부대, 그리고 뤼순 감옥 등 관계자들을 돌아가며 참여토록 했다.

그러던 중, 2015년에 외국인 친선교류 모임, 윤봉길 다례식(茶禮式), 개막식에 직접 인솔을 하던 이태복 장관을 만났다. 인솔 차량에 동승하여 편의를 직접 제공하셨다. 중국인들은 공직자에 대하여, 마음 속에 위계의식을 가지고 있어서 일국의 장관을 역임하셨던 공직자 출신의 서비스는 중국인 방문객에게 깊은 인상과 감동을 주었다.

그 후 2018년 월진회 회장을 맡으셨고, 2019년 월진회 창립 90주년 행사는 월진회의 존재를 전 국민들에 각인시키는 계기가 되었다. 아울

2018년 4월 28일 중국방문단과 함께. 필자는 윗줄 왼쪽에서 두 번째.

러, 윤의사가 공부하던 '오치서숙 터' 발굴은 큰 결실이었다.

특히 『윤봉길 평전』은 이태복의 윤봉길 의사 선양의 백미(白眉)였다. 천추대의(千秋大義) 윤봉길 의사에 대한 이야기를 언제고 써야겠다고 생각했지만, 구체적인 계기는 『도산 안창호 평전』을 쓰실 때인 2006년부터라고 하셨다. 『도산 안창호 평전』을 쓰기 위해 여러 자료들을 확보하다 보니, 『백범일지』에 기록된 '김구의 지시에 따라 윤봉길이 수행한 것'이라는 프레임이 틀렸다는 전체 그림이 그려졌다고 한다.

이태복 회장의 『윤봉길 평전』은 안창호와의 관계, 주도적인 노동운동과정(야학 교사-농촌계몽 운동가-시인-모자공장 노동자를 거쳐 독립투사)을 밝혔고, 윤봉길 상하이 의거를 김구에서 윤봉길 중심으로 바꾸는 계기가 되었다. 즉 김구의 행동대원에서 자발적인 의열투쟁의 독립운동가, 주체적인 독립운동가로 승화시킨 것이다. 이러한 이태복 회장의 『윤봉길 평전』은 후학들의 저술에 작용을 하였다. 나도 이를 토대로 2022년 『윤봉길, 동북아에 평화를 묻다』를 저술하였다. 윤봉길 의사를 강의(剛毅)한 사랑을 실천하는 지행합일(知行合一)의 독립운동가, 그리고 동북아 평화를 선양하는 월진회 모습을 담아낼 수 있었다.

그러고 보니, 윤봉길 의사와 이태복 회장이 닮은 부분이 많았다. 당시 국민석유 대표로서 경제의 쌀, 석유가 국민생활에 미치는 영향이 지대하니 4대 정유회사의 독점으로부터 국민들이 고통받지 않도록 착한 기름값을 실현해야 한다고 했는데, 윤봉길 의사 역시, 자립독립이라는 목표를 달성하기 위해 생필품 공동구매와 판매사업 등 공생사업도 추진하셨다. 그 품목 중 첫 번째가 석유였다. 큰 통에 석유를 사서 작게 나누어 판매하면 이득이 될 거라고 생각했는데, 양잿물이나 비누도 마찬가지였다. 국민생활의 고통을 주는 가격의 거품을 빼는 운동을 벌인다든지, 직접 판매를 도모하는 것도 참으로 비슷하다. 목숨을 건 투쟁도 비슷하다. 도산 안창호 선생을 사표로 삼아 존경한 것도 비슷하다.

그런데, 윤봉길 의사를 고리로 한 인연 외에도 채광석 시인과 얽힌 인연도 매우 깊고 중요하다. 채광석 시인은 나의 안면 중학교 선배이자, 안면도의 자랑이며 나의 자긍심이다. 그런데 이태복 회장이 채광석 시인과의 인연이 매우 두텁다는 사실을 알게 되었다.

1971년 대학가에 위수령이 발동되고 학생운동 주동자 180여명을 제적처리한 뒤 군대에 강제 입대시킨 것이다. 채광석 시인은 52연대이고, 이태복 회장은 37연대. 시기는 다르지만 나도 37연대에서 군대생활을 했다. 인제 원통, 거기서도 한참 더 들어간 간성, 명파리 DMZ이다. 시간은 다르지만 공간적 공통점을 가지고 있다.

5·22사건으로 서산군 운산면장 채광석 시인의 아버지 채규송 님이 면직되었고, 보령군 미산면 면장 이태복 회장의 아버지 이순구 님이 면

고 채광석 시인의 민주문화인장 장례식. 맨 앞이 이태복 어머니 이정숙.

직되었다는 공통점도 있다. 이태복 회장과 채광석 시인은 민중운동의 방략도 같이 짤 정도로 관계가 깊었다 한다. 특히 채광석 시인은 광민사에서 『쟝글(jungle)』(1979)을 번역했다고 하니, 1987년 채광석 시인이 불의의 사고를 당하지 않았다면, 세상은 얼마나 변화했을까 안타깝다.

2020년 5월말, 나의 『안면도의 역사를 묻다』라는 출판기념회에 이태복 회장은 출판기념회에 부쳐, 책에 표사(表辭)를 주셨다. "안면도는 내가 결코 잊을 수 없는 친구이자 동지인 채광석의 고향입니다. 채광석 시인이 못다 이룬 꿈을 그의 후배 김월배 교수가 이루어주길 기대합니다. 안면도 사랑이 넘치는 이 책이 그 첫걸음이 되리라 믿어 의심치 않습니다."

이것이, 민족시인 채광석과 독립운동을 선양하신 이태복 장관, 그리고 김월배와의 인연이다. 낙월옥량 (落月屋梁). "지는 달이 지붕을 비춘다"고 고인에 대한 그리움이 간절합니다. 이태복 회장님! 채광석 선배님! 저도 '글로써 사회 변혁에 이바지'하겠습니다.

이태복이라
믿는다

님의 심장은 오늘도 뛰고 있습니다

임종본

(매헌 윤봉길 월진회 부회장)

충남 보령 해변으로 붉은 노을 지던 지난해 겨울
그토록 염원하시던 이 나라의 평화와 안전과 희망이 함께 멎고
장엄한 노을이 멈추어 서고 말았습니다.

이 나라의 뿌리를 위한 상흔을 어루만지시며
평생을 몸 바치신 잠들지 못할 염원을 품고 떠나신지
어언 삼백 육십 오일을 맞이하는 이 순간
님의 심장은 오늘도 뛰고 있습니다.

아직 하실 일 많은 세월을 접고
갑작스레 펼치신 그 길을 황망히 떠나실 제
영원히 품어 오신 사랑 진혼곡으로 흐르고
심 교수님 곁에 머무른 붉은 노을 유난히도 빛났습니다.

나라에 대해 애국에 대해 노동운동에 대해
흠모하신 그 상심 절절히 전해져오고
오로지 한길만을 뚜벅뚜벅 걸어오신 의연하신 뚝심에
고뇌의 귀로 앞에 가슴을 적시며 오늘도 혼연히 기도합니다.

‘세계의 양심수’로 선정되어 고 김수환 추기경의
석방 탄원으로 가석방 되셨던 그 날을 기억하시는지요?
그토록 환하게 웃음 짓던 어머니의 품속에서
님의 그때 그 모습은 아직도 그대로인데

고교 시절부터 품어 오신 흥사단과 월진회는
오늘도 건재하건만 학생운동에 투신하셨던 그때의 그 시절을
용산 청과물시장에서 뛰어 넘으신 노동의 현장을
그 극복을 위해 설립한 광민사를 기억하시는지요?

제1회 평화 윤봉길 전국 시낭송대회. 2018년 4월 29일. 필자는 오른쪽에서 네 번째.

이 나라 최대 노동운동의 이론화를 위하여
『노동의 역사』를 편찬하시던 그 시대의 연마
엄연히 이룩하신 노동운동의 극복과 온 국민을 위하신 복지화는
마침내 대한민국의 영원한 보건복지부 장관님으로
범국민운동본부의 상임대표로 적임되셨던 임의 발자국
국민 복지의 극대화를 위하여 오로지 혼신을 바치신 거룩하심
떠나시는 그 시각까지 대중적인 국민운동을 위하심

영혼으로 남아 현시대를 살아가는 저희에게
님의 심장은 오늘도 뛰고 있습니다.

이태복이라
믿 는 다

행동하는 참 지식인

김일환
(전 한국체육과학연구원 실장)

이태복 님은 길지 않은 인생을 사셨지만, 결코 짧지 않은 누구보다도 가치 있는 긴 인생을 사셨습니다. 항상 온화한 미소와 부드러운 말씨로 사람들을 친근하게 대하셨으며, 소탈하고 서민적인 외유내강한 성품의 소유자이셨습니다.

비록 짧은 기간이었지만 님과 함께 지냈던 시간들이 사뭇 그립습니다. 가끔 산행을 함께 하면서 사회 현안에 대해 허심탄회하게 논하기도 하고 세상사는 이야기도 도란도란 나누곤 했었지요.

2018년에는 몽골과 시베리아 일대를 함께 탐방했었습니다. 몽골의 청청한 밤하늘을 보면서 반짝이는 별빛에 환호하고 늦게까지 이야기꽃을 피우기도 했었지요. 그리고 난생 처음 말로만 듣던 몽골인의 이동식 천막집인 게르에서 함께 잠을 자고 낙타도 탔었는데, 그때 어린아이마냥 즐거워하시던 모습이 눈에 선합니다.

시베리아 일대 탐방 때에는 곳곳의 유적지를 답사하면서 북방민족의 흥망사와 한민족의 뿌리와 그 관계에 대한 상세한 설명과 함께 정부 차원에서의 북방지역에 대한 심도 있는 연구와 교류의 필요성을 역설하셨는데, 님의 해박한 역사 지식과 통찰력에 자못 놀랐었습니다.

또한 잊혀진 역사를 되살리는 일은 우리의 위대한 사업이자 소명이라는 말씀에 귀가 번쩍 뜨였었는데, 흘러가는 말이었지만 님의 뚜렷한 민족 주체성과 역사의식을 읽을 수 있었습니다.

2018년 가나자와 방문시 필자와 함께.

같은 해에 일본 가나자와에 있는 윤봉길 의사 암장지 방문에도 동행한 적이 있었습니다. 일본이 윤 의사의 유해를 쓰레기장 주변에 암장해 일본인들이 그 유해를 짓밟고 다니게 했다는 암장지에서 일동 엄숙하고 정중히 참배를 드렸습니다. 이후 님의 제안에 따라 윤봉길 의사 순국기념비 앞에서 동행인 모두가 민족적 울분을 삼키며 손에 손을 잡고 애국가를 힘차게 불렀습니다. 역사를 잊은 민족에게 미래는 없다라고 강조하셨던 기억이 지금도 생생합니다.

되돌아보면, 이태복 님은 젊은 시절에는 민주화와 사회정의를 위해 남다른 큰 뜻과 강한 의지로 치열하게 살아오셨으며, 그로 인해 힘든 인고의 시간을 보내셨습니다. 이후에도 평생을 노동운동, 소비자운동, 사회복지활동, 애국보훈활동 등 국가의 발전과 국민복리를 위해 삶의 현장 속에서 다양한 활동을 열정적으로 실천하셨습니다.

바이칼 호수 앞에서. 맨 왼쪽부터 류진춘, 이일구, 이태복, 필자 그리고 성일제.

저는 이태복 님은 참으로 사람답게 사는 길이 무엇인가를 끊임없이 찾아왔으며, 인간의 존엄이 보장되는 사회를 만들고자 부단히 고뇌하고 답을 추구해왔던 분이라고 생각합니다. 또한 이 시대의 참 지식인이었다고 믿습니다. 언제나 인간사에 중대한 의미를 갖는 문제에 대한 진실을 발견해내고, 그 진실을 수호하고 실천하며, 대중에게 그 진실을 전파하고자 온 힘을 쏟아붓는 행동하는 지식인이었습니다.

이태복 님과 함께했던 지난 세월은 제게 세상을 어떻게 살아가야 하는가에 대한 많은 깨우침을 준 소중한 시간이었으며 큰 축복이었습니다. 님의 아호인 천일(天日)의 의미를 떠올리며 재삼 고인의 명복을 빕니다.

"하늘을 받들고 이 세상을 열어서 인간세계를 밝게 만들자."

이태복이라
믿는다

'제2의 윤봉길 의사'

이선연

(전 매헌 윤봉길 월진회 팀장)

월진회 13대 회장님… 윤봉길 의사 선양사업에 앞장서신 헌신, 봉사 정신이 빛나고, 늘 당당하고 넉넉하신 회장님…. 이태복 회장님은 멋진 중절모에 귀티 나는 외모로 참으로 멋있으셨습니다.

"모자가 멋있으세요." 하면 "그래." 빙그레 미소지으시며 "사실 만 원짜리야." 작은 목소리로 비밀도 알려주셨습니다. 강하고 엄격한 모습도 있으셨지만, 그보다는 순수하고 천진무구한 모습도 많으셨습니다. 회장님으로 활동하셨던 2018년부터는 지근거리에서 모시게 되어 많은 대화를 나눴던 추억이 떠오릅니다. 그래서 회장님의 깊은 속내와 남들이 잘 모를 수 있는 부드럽고 온화하고 따스한 모습도 많이 뵙게 되어 다행이었습니다.

예산 기차역에서 내리시면 사무실까지 모시고 오가는 짧은 시간이지만 실무진이었던 나로서는 월진회의 여러 행사들, 실무적인 일 등 진행사항을 상의드리고 의견을 구하면, 비로바로 명쾌하게 정리하셨넌 잠으로 명석하셨던 기억이 새록새록 살아납니다.

항상 "이 국장, 이 국장" 하셔서 "아녀유~, 팀장유~"라 해도 언제나 격상시켜서 국장님 대우를 해주셨습니다. 실무자들의 고충을 아시고 염려하고 배려해주시고 특히 여성이 가정일과 사회 일을 함께 한다는 점에 더욱더 아껴주시고 격려해주셨습니다. 청와대 장관일을 하시고 노동운동으로 감옥까지 가서 사형 직전까지 가셨다는데, 이런 따스한 면이 있으신가 놀랄 때도 참 많았습니다. 특히 이태복 회장님은 아내를 '각시'라고 부르셨지요. 심복자 교수님을 대하는 모습은 익히 보아왔던 일반 남성, 남편의 모습이 아니셨습니다. 사랑스런 눈빛으로, 따스한 미소로, 다정한 목소리로 배려하고 존중하는 태도는 놀라왔습니다. 발을 닦아주신다고 하던데, 정말인가 보다 했습니다. 이태복 회장님은 "아내도 남편의 꿈을 버리지 않게 도와줘야 하지만, 남편은 더 아내의 꿈을 포기하지 않도록, 늘 지지하고 응원하고 이뤄지도록 적극 도와야 한다."고 말씀하셨습니다. 정말 남다른 모습이셨습니다.

월진회 일을 오래 했으면서도 실무에 치이다보면, 가끔 매헌 윤봉길 의사의 정신을 관성적으로 받아들이고 대하게 될 때가 많습니다. 그런데 이태복 회장님은 늘 뜨겁게 윤 의사님을 안고 계셨습니다. 월진회가 얼마나 중요한 조직인가를 항상 깨우쳐 주셨습니다.

"이런 조직이 없다. 개인이 대의를 위해 조직을 만들어서 90년, 100년 이어져 온다는 것은 엄청난 일이야. 도산 선생이 이끈 흥사단은 1913년. 월진회는 1929년. 그런 생각을 하면, 월진회 일을 대강할 수가 없어." "월진회는 친목회원단체가 아니야. 구국운동을 위해 비밀결사대로 시작한 흥사단과 같이 항일운동으로 대한독립의 꿈을 이루기 위한 큰 뜻을 품었기에 목숨을 건 실천도 가능했던 거야. 물론 나라를 잃었을 당시와 지금 상황은 다르지만, 그런 투철한 정신을 갖지 않으면 윤 의사의 강의한 사랑을 얘기할 자격이 없게 돼. 그게 삶의 정수 아니겠어? 보람이고….”

그래서 이회장님은 축사를 하시거나 글을 쓰시거나 강연하실 때마다 ‘결사의 정신’ ‘목숨 건 실천’ ‘역사의 제단’을 강조하셨습니다.

윤봉길 의사의 생가 터 안에 있는 사무실에 매일매일 드나들고, 늘 윤봉길 이름을 외우고 있는 내가 접하는 물리적인 가까움과는 달리, 이회장님의 머리와 가슴에는 온통 윤 의사로 채워져 있구나 싶어서 고개가 절로 숙여졌습니다.

역사를 되살리는 일은 우리 자신뿐 아니라 자라나는 청소년들에게 달려있기에 월진회에서 진행하는 교육을 중요하게 여기셨습니다. 제2, 제3의 윤봉길을 만들어내야 하는 공간이라고 강조하셨습니다. 사)인간의대지에서 후원받은 스케치북도 항상 아낌없이 넉넉히 주셔서 월진회 교육에 참여하는 청소년들에게 좋은 선물이 되었습니다.

“역사에 박제되어 죽어있는 상태로 있느냐, 살아있는 역사로 만드느냐는 우리 손에 달려있어. 그래서 교육에 신경을 많이 써야 하는거야.” 이회장님은 사)인간의대지에서 10년 전부터 〈4계절 희망국토대장정 청소년단〉을 만들어 꼭 충의사에 들르셨다고 했습니다. 묵념을 제대로 할 줄 모르는 청소년들이 윤 의사가 조국에 목숨을 바친 나이가 24세라고 하면, 묵념을 하고 나서 큰 절까지 한다고 했습니다. 교육도 피부로,

호흡으로 접촉하게 해야 한다고 하셨는데, 가슴에 콕콕 박혀오는 말씀이셨습니다.

2019년 3월 28일 서울 여의도 광복회관 대강당에서 열린 〈『윤봉길 평전』 책과 삶의 이야기〉행사에 찾아갔을 때는 놀라움의 연속이었습니다. 하시는 일도 많으신데, 2018년 겨울에 쓰신다고 윤봉길 관련 자료와 관련 사진을 요청하셔서 파일 몇 개를 등기로 보내드린 적이 있는데, 책이 이렇게 빨리 만들어질 거라고는 생각 못했습니다.

『윤봉길 평전』을 보고, 설명을 들으니, 윤 의사가 모자를 만드는 공장에 다니고, 영어를 배우고, 도미유학 준비를 하고, 그러면서도 목숨을 걸어야 하는 실천이 과제로 다가오면 그것을 피하지 않고 역사의 제단

2018년 일본 가나자와 윤봉길 암장지. 필자는 왼쪽에서 두 번째 여성 3명 중 가운데이다.

에 목숨을 바치셨다는 생애 모습이 생생하게 그려졌습니다.

뿐만 아니라 흥사단 이유필 선생, 안중근 의사 동생 안공근 선생, 김광 선생, 임득산 선생, 최석산 선생, 계춘건 선생 등 함께 고민하고 숙의하던 젊은 동지들이 곁에 많이 계셨다는 것, 도시락 폭탄이 아니라 물통 폭탄으로 거사를 치르셨다는 것, 김구 선생의 지시로 폭탄을 던진 행동대원이 아니라 윤 의사의 결단이셨던 점 등 기존의 알려진 윤 의사님에 대한 내용을 완전히 반전시키셨습니다.

마치 눈앞에 영화가 상영되듯이 윤 의사의 모습이 그려졌습니다. 특히 책의 순서가 시간 순서대로가 아니라 윤 의사의 거사와 죽음부터 쓰셨기에 더 충격적으로 윤 의사님의 의거가 다가왔고, 공감도 훨씬 더 컸습니다. 역시나 참모습은 마지막 죽음의 모습에서 드러나는구나 싶었습니다.

그래서인지, 일본 가나자와 암장지에 갔을 때는 그 감동이 더욱더 현실감 있게 다가왔습니다. 여러 차례 방문한 암장지였으나 『윤봉길 평전』 책과 삶의 이야기 행사를 거치고 나서는 다를 수밖에 없었습니다. 암장지에서 이태복 회장님은 "가나자와는 진정한 애국이 무엇인지 깨닫고 실천하는 한국과 일본의 지식인, 실천가들의 씻김과 닦음의 땅으로 순결한 성지가 되고 있다"며 '열린 애국의 길'에 대해서 말씀하셨습니다. 애국이 한 나라 안에서만 이뤄지는 것이 아니라 국경을 넘어 더불어 살아가는 평화의 공동체 안에서 가능하구나를 깨닫는 시간이었습니다. 새삼 일본에서 열심히 윤봉길 정신을 기리는 정치인들, 단체 활동가들, 동포들, 특히 여성동포들의 생활과 활동이 이제사 정확히 이해가 되었습니다. 국경을 넘어, 이념을 넘어, 양심과 진실을 찾는 이들이 하나 되는 경험을 가나자와 암장지에서 절절하게 느끼게 되었습니다.

윤봉길 의사와 상하이 거사에 대한 진실의 퍼즐을 맞춰주신 이태복 회장님, 진정한 애국의 길이 무엇인지 깨우쳐주신 이태복 회장님, '동북아 평화연대'의 진정한 뜻이 무엇인지 그 방향을 가르쳐주신 이태복 회장님, 고맙습니다. 이태복 회장님은 '제2의 윤봉길 의사'십니다. 월진회 1대 회장 윤봉길 의사, 월진회 13대 회장 이태복 장관님.

흔들리거나 주저앉고 싶을 때 이태복 회장님이 쓰신 『윤봉길 평전』을 거울처럼 곁에 두고 있겠습니다. 그리고 여성이기에 더욱더 배려해주신 따스하고 넉넉한 격려와 응원, 잊지 않겠습니다.

귀한 그 모습, 수 많은 말씀들, 꼭 기억하겠습니다. 자신을 사랑하라고 하신 말씀도 꼭 기억하겠습니다. 그동안 사랑해주셔서 아껴주셔서 격려해주셔서 너무너무 감사했습니다.

부디 하늘나라에서는 편안하게 영면하시길 기도드립니다.

이태복이라
믿 는 다

토정의 경륜을 되살린 경세가

이행수

(토정 마루 대표)

각 집안마다 다르겠지만, 우리 한산 이씨는 이름 끝자의 돌림자 한자어를 보면, 목은 이색 선생의 자손임을 알 수 있다. 대략 조선시대에서 근대에 이르기까지 사용하였고, 지금도 지키고 있는 가정도 많다. 예를 들어 필자의 이름 행수 수(洙) 항렬로 보면 부친은 원(遠), 조부모는 복(馥), 증조부는 구(求), 고조부는 규(珪)자이고 바로 윗대는 직(稙)자로 5대조까지의 끝자 항렬이다. 서로 일가간의 호칭으로는 복(馥)자 항렬 위로는 대부 또는 대부님, 원(遠)자 항렬은 아저씨라 부르는데, 반대로 같은 항렬이면 연배에 따라 동생 또는 형님 아우 또는 아우님으로 호칭하고 항렬이 높은 분은 조카 또는 조카님이라고 부르며 나이와 관계없이 항렬로 서열을 따진다.

나는 태복 대부님을 2019년 8월 20일 충남 예산 선영에서 아계 이산해 선생 8주갑(480년) 탄신제를 올릴 때 처음 뵈었다. 이태복 전 보건복지부 장관이 우리 문중 사람이라는 것을 어렴풋이 들어 알고 있었지만,

그 외는 아는 바 없었다. 매우 다정하고 많은 일가님들의 환영 속에서 바쁘게 움직이며 담소를 나누는 모습을 보면서 저렇게 검소한 차림의 저분이 그 유명한 장관 이태복씨라고? 아니겠지 혼자 생각했었다. 망설임 끝에 "대부님 죄송했습니다. 10여 년 전 『토정 이지함』 출판 기념일에 못가서요." 누구 소개도 없이 처음 보는 사람이 무례함을 무릅쓰고 인사를 드렸는데 되레 반갑게 맞이 해주시며 명함을 내어주셨다. 짧은 시간인데도 많은 말씀을 들려주시던 모습이 지금도 잊혀지지 않고 있다.

2020년 4월 어느 날 필자가 운영하는 보령에 새로 건축한 사업장의 개업을 3개월 앞두고 여식(딸)과 가던 중 태복 대부님과 통화를 하게 되었다. 이미 작고하신 이문구 선생을 아느냐고 물으셔서 저는 잘 모르는데요, 하니 "가까운 집안이고 탄생지가 바로 옆 갈머리 관촌인데, 저서 『관촌수필』을 모른다니 한번 사서 봐." 하시는 것이었다. 나는 그 뒤 즉시 구입하여 통독하였다. 사실 나는 사업한답시고 주어진 일에만 몰입하여서 문인 권영민 같은 고향 후배는 알고 있었지만 문학세계는 잘 몰랐다.

"내가 말야. 감옥에 있을 때 별시런 사람들이 면회를 왔었다."면서 "이름과 성도 안 밝히고 그냥 보고만 가는가 하면, 한번은 곧 이곳을 나갈테니 관복을 입을 준비나 하라고 하고 돌아갔다."는 얘기도 들려주셨다. 또 한번은 "토정 자손이라며 이름도 밝히지 않고 왔다 가면서 꿈과 같은 말씀을 하셨는데, 그 뒤로 출감하고 사실로 이어졌다."는 말씀도 하셨다.

코로나19가 대유행이 되어 계획했던 개업식은 하지 못했다. 대신 서울 신도림 소재 사)인간의대지 사무실, 태복 대부님의 집무실을 찾아갔

'토정 마루'에서.

다. "토정 할아버지와 모습이 비슷한데…." 하시며 나이를 물으셨다. 나한테는 두 번째 만남이지만 편안하고 친근하시며 무척 부드러웠다. 이때는 집안 항렬을 떠나서 나보다 연배로 알고 만나 뵈었기에 그랬을텐데 지금도 똑같은 마음이다.

또한 보령 사업장의 쉼터 이름을 지어주셨다. '토정 마루'. 이름을 지어주셨을 뿐만 아니라 토정 이지함의 후예인 태복 대부님의 염원이 담긴 곳이라고 생각해 애정이 많이 간다. '토정 마루'를 열던 날, "아무쪼록 이행수 회장이 고향 땅에서 토정 이지함 선생의 백성 사랑을 본받아 토정 마루를 개창하고 토정 선생의 경륜을 오늘에 되살리고자 하니 뜻있는 이여! 그와 함께 포부와 기개를 맘껏 펼쳐라!"라고 격려와 응원을 해주시던 낭낭한 목소리가 귀에 생생하다.

보령시장님과 같이 뵈었을 때 "나에게는 자식이 없다"고 하신 말씀이 지금도 잊어지지 않고 있는데, 그때 "다 갖추지 않아도 옆에 간절히 계신 심 박사님이 계시잖아요." 했었다.

세상 떠나시기 정확히 6개월 전인 6월 3일 보령문화원에서 〈21세기 대한민국의 진로와 토정 이지함 정신〉이라는 제하로 특별강연을 하셨다. 그날 태복 대부님은 "토정 이지함은 토정비결의 저자이거나 기인의 행적을 많이 한 사람 정도로 알려져 있는데, 토정 선생이 펼친 백성구제 사업, 그리고 조선사회의 현실에 대한 냉철한 분석과 구체적인 구국방략 등 대안제시에 대해서는 잘 알려져 있지 못하다."며 "반만년 역사에서 최고의 경세가로서 조명될 필요가 있다."고 하셨다. 특히 "북방의 여진족이나 왜구의 2~3만의 병력으로도 조선은 반드시 무너진다."는 임진왜란과 병자호란에 대한 토정 선생의 예측은 놀라울 뿐이었다. 특강에서 태복 대부님이 주장하신 "토정 이지함은 토정을 짓고 걸인청을 세운 것뿐만 아니라 백성들을 살리기 위한 여러 대책을 내놓으셨고, 그것은 토정의 어진 성품이 피워낸 '역사의 꽃'이기에 지금 새로운 역사의 꽃을 피어나게 해야 한다."는 말씀은 잊혀지지 않고 내 뇌리에 박혀있다.

또한 태복 대부님은 토정사상을 왜곡하거나 과장하는 일도 경계해야 한다고 하셨다. 토정 이지함 선생이 16세기 초중반에 주자성리학의 공리공론을 배격하고 백성들의 고통과 불행을 어깨에 걸머쥐고 좌절과 절망을 이겨나갈 구체적인 방안을 제시하고 직접 해결하기 위해 밤낮없이 노력했다는 점, 신분제와 사농공상의 질서가 철저한 사회적 조건에서 농업, 상업, 어업, 광산, 국제교역 등 백성들의 생활구제에 필요한 모든 방안을 강구하고 성공적인 사례를 보여주셨다는 점, 문무를 겸비한 인재의 양성을 주장하면서 진짜 큰 인물은 관직을 얻지 않은 것보다 귀함이 없고, 부유함은 욕심을 내지 않은 것보다 부유함이 없다는 논리를 편 점 등 토정 이지함 선생의 훌륭한 삶의 발자취를 발굴하고 재조명하여 21세기 오늘의 현실에 되살려낼 수 있다면, 한국사회가 부딪친 난제들의 해법도 찾아질 수 있다고 믿으셨다.

토정 이지함 선생의 삶과 실천을 미래 젊은이들이 본받게 될 수 있도록 힘써서 우리시대의 희망의 등불이 되어 달라는 말씀도 강조하셨다. 참으로 옳으신 지적이시다.

며칠 뒤 대천에서 고향 천북 친구분 아들 결혼식 때 주례를 보시기 전에 단상에 올라가 인사드렸더니, 그때 말씀이 홍성 천년탑 로터리 부근에 청백리 삼산 이태중 어르신 청백비 건립을 6월 29일 한다는 말씀을 하시면서 관심을 가지라고 하셨다. 그 이후로 뵙지 못한 것이 천추의 한으로 남는다. 벌써 일주년이다.

만 2년여 짧은 만남이었습니다만, 태복 대부님의 명언을 잊지 못한다. "진실이 무조건 최상의 답이 아니다. 진실을 잠시 묻어두고 사랑과 관용으로 포용해주는 넉넉함이 세상을 풍성하게 해주는 것이다."

이 말씀을 깊이 깨닫고 뜻있게 살아가도록 하겠습니다. 이젠 평소 인자하시고 어려운 이웃들을 보살피며 대업을 위한 일이면 주저하지 않고 뛰어드는 성품 이만 접으시고 편히 쉬십시오. 가급적이면 고향 선산에 오셨으면 집안의 조카와 고향의 친구로서 오다가다 찾아뵙기 좋았을 텐데, 국립 5·18민주묘지에 묻히셔서 질투가 납니다. 고이 잠드소서.

이태복이라
믿 는 다

잊혀진 옛 형제나라를 아우르다

피광우

(몽골 해피투어 대표)

"저 학생을 지원할 수 있는 방안이 있나 좀 알아봐 주세요."

'사)인간의대지' 이태복 이사장님께서는 몽골에서 단체 승마를 끝내신 후, 제게 조용히 말씀하셨습니다. 2017년 8월의 일입니다. 그 학생은 말고삐를 잡던 11살짜리 어린 소녀로, 마부의 딸이었고 구김살 없이 밝고 총명해 보이는 아이였습니다.

그해 겨울, 한국을 찾은 저와 여의도에서 만난 자리에서 장관님께서는 지난 8월의 당신 말씀을 상기시키셨습니다.

"'아노'를 도울 수 있는 방법이 있던가요?" 그때 무척 당황스러웠습니다. 당시 저는 그저 장관님의 지나가는 말씀으로만 여겼으니까요. 장관님은 작은 인연조차 가벼이 여기시지 않는 따뜻한 분이셨구나 생각했습니다.

"'아노'가 자유롭고 평등하게 살 수 있도록 꿈과 희망을 주고 싶습니다." 편모 밑에서 자라고 있다는 저의 말씀을 흘려듣지 않고 새겨두신 것 같았습니다.

'행동하고 실천하는 삶'에 무게를 두셨던 터라 강건한 의지만 있는 줄로 알았는데, 평소 소박하고 인자한 하얀 웃음이 느껴져서, 사람에 대한 사랑이 크셨기에 그 모질고 거친 길도 가셨던 거였구나 했습니다. 그 후부터 장관님의 낮고 조용한 말씀을 더욱 귀담아 듣게 됐습니다.

이태복 장관님을 추모하면서 회고록『쓰러져도 멈추지 않는다』(2002)의 책장을 다시 펼친 것은 그리 오래되지 않은 인연인데 왜 이렇게 깊게 각인될까 그 까닭을 찾고 싶었기 때문입니다. 회고록에는 유난히 많은 이들의 실명이 거론되었습니다. 일일이 이름을 기억해 주었고 이름을 불러주는 것은 존재로서 자존감을 느끼게 해주는 일입니다.

"죽음은 언제든지 나에게도 다가올 수 있다. 그것이 무엇이든 그 시기가 언제이든 다가온다. 그러면 내가 이제까지 사랑하고 미워했던 모든 것들과 이별해야 한다. 영원한 이별! (…) 모든 인간이 존엄한 이름에 어울리도록 자유롭고 평등하게 살 수 있는 세상. 둘로 갈라진 조국이 아니라 하나로 통일된 아름다운 조국, 나는 그런 나라를 만들고 싶었던 것이 아닌가." (187쪽)

"이제 남은 삶 동안 살아있는 모든 것을 사랑하자." (188쪽)

1981년 사형 구형된 당시 만 31살 때의 마음입니다. 31살의 젊은이가 자신이 소망한 꿈을 되새기며, 죽음을 맞이하면서 갖는 회심(悔心)과 용서, 그리고 사랑의 무게는 나를 압도했습니다.

'이 땅을 인간이 사람답게 살 수 있는 곳으로 만들자, 소외되고 불우한 처지에 있는 사람들과 함께 함으로써 우리 사회가 하나가 될 수 있는 아름다운 삶을 지향하자.'

2022년 10월 6일 쳉헤르 온천 앞에서 필자.

아마도 그래서 사)인간의대지의 이름을 그리 지었나 봅니다. 사람을 품을 수 있는 대지처럼, 또 대지 위에서 사는 사람들이 좀더 자유롭고 평등하게 그리고 아름답게 살 수 있도록 노력하자는 취지였던 것으로 이해합니다.

겨울로 접어드는 초원의 날씨는 잔뜩 흐린 상태로 을씨년스러웠지만, 집을 나서기로 했습니다. 이태복 장관님과의 재회는 '길'에 있을 것만 같았습니다. 몽골의 수도 울란바토르를 떠나 서쪽으로 향했는데, 이 길은 중앙아시아로 이어지는 서역로입니다. 과거 인류의 역사가 이어진 길이며 오늘날의 역사도 이 길로 이어지고 있습니다.

이태복 장관님과의 첫 만남은 2017년 이색적인 여행 의뢰로부터입니다. 우리 민족의 시원을 찾는 일정을 만들었으면 좋겠다는 주문이었습니다. 자연을 테마로 하는 것이 몽골여행의 특징인데, 역사탐방의 주제는 생소함과 더불어 현실적으로 어려움이 큽니다. 유목민의 역사는 대부분 바람에 씻기고 지워졌으며, 몽골 중세의 역사는 중국에 속해버린 까닭에 몽골 땅에서 유적지를 찾는 것은 고민거리였습니다.

이렇게 시작된 이 장관님과의 인연으로 이뤄진 여행은 2017년과 2018년 '옛 형제나라의 발자취 탐방'이란 이름으로 이어졌습니다.

참석자들의 면면을 보면서 중압감도 컸습니다. 까다롭고 따분할 수 있다는 선입견도 강했습니다. 일정 짜는 데에 많은 조정의 시간이 필요했습니다. 목표가 분명한 만큼 세세한 요구가 이어지고 수정되기를 반복했습니다. 여행을 같이 하면서 듣게 된 이야기지만, 2004년 몽골 대통령과 면담 시, '헤어진 옛 형제'라고 지칭하는 것을 듣고, 동북아평화연대라는 막연한 구상에서 〈한민족 역사문화공동체〉〈한민족 경제공동체〉로 구체화할 필요가 있다고 판단하여, 탐방여행의 목표가 정해지고 일정 하나하나에 의미를 많이 두셨다 하셨습니다.

그래서인지 여행 참가자들은 실제 소탈하였습니다. 까다롭지도 따분하지도 않았습니다. 복장은 수수했고 굳이 좋은 음식, 편안한 숙소, 깨끗한 차량을 요구하지도 않았습니다. 장거리 이동과 교통편 환승, 비포장 구간이 상당했음에도 힘든 내색이나 불평은 전혀 없었습니다.

단체의 목적이 분명했기에 한민족 동북아벨트를 구체화하기 위한 내용에만 큰 의미를 두고 있었습니다. 전문가와의 토론, 그들의 입장과 의견 등 다양한 정보와 시각을 원한다고 하였습니다. 저희는 여행 가이드 외에 역사학 박사님들을 동행하며 그 분들의 설명과 의견을 듣고 질문과 답을 하도록 준비하였습니다.

지금도 당시 같이 동행한 몽골의 역사학 박사님도, 세미나와 같은 행사가 아닌, 여행을 통해 몽골 역사와 동북아 역사에 관해 그토록 진지한 관심을 보여주신 분들은 처음이어서 아직도 기억이 생생하다고 합니다. 또 토론 중에 '세계 유일의 분단국가인 한반도'라는 어느 분의 말씀을 듣고, '몽골은 3분단 국가'(몽골, 남몽골(내몽골), 그리고 브랴트를 포함한 바이칼 일대의 몽골 민족)라고 설명을 드렸더니 모두들 크게 공감했던 기억과 돌궐 역사박물관과 거란의 성곽터 등을 돌아보면서 경청하시던 분들의 모습들이 떠오른다 하였습니다.

2017년, 2018년 두 번의 여행지는 바이칼, 울란우데, 하르호룽, 울란바토르를 잇는 구간들이었습니다. 지금은 전쟁의 혼란 속에 러시아 구간을 제외하고 있지만, 광활한 호수이며 생명의 발원지인 바이칼은 한 민족의 시원지로도 알려져 있습니다.

이 일정에 장관님은 바이칼 알혼섬을 보트를 타고 둘러보기를 원하셨습니다. 예정에 없던 일정을 넣는 것은 여러 가지 불편함을 만들게 됩니다. 날씨도 좋지 않았고, 잘못해서 사고가 나면 큰일이었습니다. 결국 장관님 뜻대로 원하는 사람들만 타는 것으로 했습니다. 바이칼호수는 바다와 같기 때문에 출발하고 얼마 안되어 파도가 보트를 집어삼킬 듯해 모두들 난간을 꼭 쥘 정도로 큰 도전이었습니다.

하지만 호수에서 보니 징기스칸이 묻혀있다는 전설의 장소의 범상치 않은 기운도 더 잘 느낄 수 있었고, 알혼섬 꼭대기 근처에 있는 수십 개의 아주 작은 섬들에 새까맣게 앉은 가마우지의 수천, 수만 마리의 장엄한 모습은 감격 그 자체였다고 했습니다.

장관님께 왜 보트를 고집하셨냐고 물었더니, "현장을 정확히 파악하려면, 여러 각도의 시선과 다양한 관찰이 필요하다." "그래야 문제가 정확히 보이고, 해법도 그 속에서 나온다." 저는 이때의 일을 통해서 장관님이 다양한 삶의 계층들을 포용하고, 다양한 민족을 아우르고, 다양한 문화를 인정하는 열린 마음과 열린 사고를 갖고 계시구나 느꼈습니다.

2019년에는 사)매헌 윤봉길 월진회 주관으로 개최되는 "제9회 동북아평화국제심포지움"에 몽골과 울란우데의 역사 학자들을 초대하고 싶다고 추천도 하고, 참석도 하라고 하셨습니다. 한반도의 평화는 세계평화와 공존해야 하며, 가까이는 동북아의 지식인들이 함께 관심을 갖고 공동 모색을 해야 가능해진다고 강조하셨습니다.

이태복 장관님께서는 내년에는 알타이 공화국 쪽으로 가보자고 하셨었습니다. 투바공화국, 천산에도 가서 그들의 삶을 같이 느껴보자고 하

잊혀진 옛 형제 나라를 찾은 몰골순례단이 푸른아시아 몽골지부 사무소를 찾았다. 공골의 사막화를 방지하기 위해 활동하는 단체이다. 비닐하우스 재배, 양묘장시설도 갖추고 있다.

셨습니다. 코로나로 계획은 멈췄습니다. 그리고 당신께서도 별이 되었습니다.

은하수가 흐르는 청정한 10월의 초원. 수천 마리 양과 염소 떼들이 매매거리는 어두운 초원에서 북쪽 지평선 위에 낮게 떠있는 북두칠성이 유목민들이 가야 할 곳을 알려주고 있습니다. 저는 인생의 길에서 이정표가 되어 주신 분으로 장관님을 기억합니다. 그리고 당신께서 사신 삶은 제게 큰 자극이 됩니다. 거칠고 척박한 이 땅에서 '소외되고 어려운 사람들과 함께 하면서 인간이 사람답게 살 수 있는 곳'으로 만들도록 노력하겠습니다.

흔들리는 삶에서 잃어버린 길의 좌표가 되어 주시리라 믿습니다.
이제 세상의 시름 다 내려놓으시고 편안히 쉬십시오.
잊혀진 옛 형제나라를 크게 아우르셨던 이태복 장관님,
몽골의 바람 부는 길에서 다시 뵙겠습니다.

이태복이라 믿는다

4부

온화하고 청렴강직한 휴머니스트

이태복이라
믿 는 다

전통음악을 사랑하신 '하얀 선비'

조순자

(가곡 명인, 가곡전수관 관장)

복지부 장관직을 멋지게 수행하신 이태복 前 장관님의 추모집에 추모글을 쓰게 될 줄은 상상도 못했습니다.

지금도 불쑥 힘차고 정다운 음성으로 전화 주실 것 같은 분!

그분과의 첫 만남은 2009년 11월 15일 국립국악원 예악당에서 함께 대담을 하면서였습니다. '2009 국립국악원 해설공연시리즈 〈선가(善歌) 하규일〉편' "명사, 명인을 만나다" 무대에서였습니다. 사회의 각계각층을 대표하는 3명의 명사들과 국악을 빛낸 3명의 작고하신 명인들을 중심으로 전통무용, 민속음악, 정가의 세 장르의 명인들의 해설이 대담으로 꾸며지는 무대였습니다. 그날은 3번째 무대로 선가 하규일(1853~1937)님을 기억하는 자리였습니다. 선가(善歌)는 가곡의 명창에게 붙는 최고의 수식어이고, 가곡계의 독보적인 존재였던 하규일 선생의 삶과 음악세계를 여행하는 무대였습니다.

2001년에 중요무형문화재 제30호 가곡 예능보유자로 지정되어 가

2009년 11월15일 국립국악원 예악당에서 열린 해설공연시리즈 〈명사, 명인을 만나다 선가(善歌) 하규일〉 무대공연.

곡전수관장인 저와 2002년에 보건복지부 장관으로 취임하시고 사)인간의대지 이사장이셨던 이태복 전장관이 명인, 명사로 만나 선비들의 노래인 가곡, 자유로움 속의 기품이 있는 가사, 담백하고, 우아한 노래 시조를 여행하는 넉넉하고 평화로운 시간들이었습니다.

'하얀 선비' 같은 장관님은 이 무대에서 만나기 전에 2005년 1월부터 매주 쓰시어 많은 분들께 이메일로 보내는 〈새벽편지 240편〉에서 "가곡 조순자 명인을 아시나요?"라는 글을 보내셨다 하셨습니다. 그 새벽편지에서 "일반인들이 가곡을 '그리운 금강산'이나 '산유화' 같은 서양곡조의 가곡으로 알고 있는 사람들이 많을텐데, 국악 가운데 가사, 시조가 형식에서 비교적 자유스러운 반면, 가곡은 전문적인 수련을 쌓은 사람, 즉 가객이 부르는 절제된 음악이라 설명했다."고 하셨습니다. 새벽편지 마지막에는 "마산의 한 귀퉁이에서 모욕당하고 있는 한국 가곡의 현실을 상징하듯, 동분서주하고 있는 가곡 명인 조순자 선생께 격려와 위로를 드리면서 국립국악원에서 만남을 고대한다."고 적으셨습니다. 함께 무대를 꾸밀 사람에 대한 예의를 다하는 모습에 국악을 사랑하는 장관님의 자세는 물론 우리의 예술과 문화를 아끼고 잘 버텨나가기를 고대하는 마음까지 읽혀져 역시 선비를 닮았다는 첫인상과 일치해서 매우 기뻤던 기억이 납니다.

가사는 조선시대에 발달한 가사문학과 문인들이 즐겨 읽던 중국의 고전 명문장을 시조와 비슷한 발성을 노래하는 음악을 말하고, 시조는 가곡의 창법과 분위기는 비슷하면서도 초장, 중장, 종장의 간결한 형식에 삶의 희로애락을 담아 음악형식과 선율을 단순하게 고정시킨 성악곡입니다. 쉽고 간단한 정가 스타일의 생활노래인 셈입니다. 반면 가곡은 조선시대에 선비들이 풍류방에서 즐기던 노래로, 시조라고 하는 정형시를 기악 반주에 맞춰 13분 가량 걸리는 느린 노래부터 3분 정도 걸리는 짧은 노래까지 고루 갖춘 한국의 대표적인 성악곡입니다.

이태복 장관님은 무대에서 처음 마주한 '가곡'에 흠뻑 심취하시고 기뻐하셨습니다. 그리고 늦게 알게 되어 부끄럽고 미안하고도 하셨습니다. 너무도 편안하게 예약당 큰 무대를 아우르게 해주시어 고맙고 감동을 크게 느껴 그 후에도 종종 통화를 했었습니다.

그 다음해 통영에서 강연을 할 기회가 생겼다면서 마산 가곡전수관을 방문하고 싶다는 연락을 받았습니다. 먼 길인 마산까지 부인되시는 심복자 교수님과 함께 오셔서 어시장의 해안식당에서 뱃사람 시민들의 입맛을 함께 하시는 소박한 모습이 지금도 눈에 선합니다. 이태복 장관님은 "실무를 맡고 있는 듬직한 신용호 팀장과 손상민 간사, 두 사람이 있기에 조순자 명인과 함께 부르는 울림이 계속되겠다는 믿음이 생겨서 더욱 음식맛이 좋았다."고 하셨습니다.

그런데 이번에도 〈새벽편지 251편〉에 "마산 가곡전수관 방문기"라는 편지를 쓰셔서 사람들에게 가곡과 가곡전수관을 다시 한번 더 알리셨습니다. 사람과의 관계를 소중히 하는 이태복 장관님의 자세에 또 한번 놀랐습니다. 이태복 장관님은 "한국사회처럼 변화무쌍한 풍토에서 한 길을 간다는 것은 결코 쉬운 일이 아닐뿐더러 이런 삶의 자세를 넘어 자신의 사재를 털어 명맥을 잇고, 후진 양성에 온 정성을 기울이는 모습이 얼마나 소중하고 아름다운가. 정말 힘내시라고 격려하고 고맙다는 인사를 드리고 싶었다."고 하셨습니다.

그리고 가곡 전수관의 지음실, 나눔실, 강의실, 행정실을 소개하고, 교육과학기술부의 학점은행제 평가인정기관으로, 전통음악과 학사학위과정을 개설하여 전통예술학사를 양성하고 있음도 알리면서 15명의 이수자가 있고, 80여명의 전수생과 문하생이 가곡 전승 및 보전에 힘쓰고 있음도 소개해주셨습니다. 마침 숙박교육을 하는 20여명의 전수생들과 일일이 악수하고, 우리의 전통의 음악이 되살아나서 국민들의 생활 속에 자리 잡았으면 좋겠다는 덕담도 나누시던 모습이 아직도 눈에 선합니다.

그 후로 2016년 10월 16일 국립국악원 예악당에서 있었던 故 녹성 김성진 선생 탄생 100주년 기념행사 〈만파식적의 큰 스승! 푸른 별로 남아…〉 공연장으로 두 내외분이 오셔서 함께 해주시는 등 각별했던 일들이 너무도 그립습니다.

2016년 10월 16일 국립국악원 예악당. 〈故 녹성 김성진 선생 탄생100주년 기념공연〉 행사에서 이태복·심복자 부부와 함께.

사)인간의대지를 통해서 국내 어려운 이웃들을 돕는 일을 비롯해서 해외 동포들에게 책과 의약품을 보내시면서 복지실천을 넓혀오셨는데, 그 매듭을 곱디 고운 심 교수님께 남기시고 홀연히 가시다니 참 하늘도 무심하다 느낍니다. 부디 가신 장관님께서 남기신 일은 잘 이어지기를 바랍니다.

그리고 장관님! 하얀 선비처럼 맑고 깨끗하고 선한 장관님!

부디 하늘나라에서 편안하게 그리고 평화롭게 영면하시길 기도합니다.

이태복이라
믿 는 다

온화하고 깨끗한 '하얀 미소'

김창수
(전 외교부 대사)

이태복 전 장관(이하 존칭 생략)의 인물됨을 한 마디로 특징짓는 저 '하얀 미소'라는 표현은 어디에서 나온 걸까? 이 수식어를 처음 생각해낸 통찰력의 소유자는 누구일까? 소년같이 해맑으면서 약간은 수줍은 듯이 퍼지는 그 미소, 참 아름답지 아니한가! 일부러 그런 미소를 지으려고 애쓴다고 하여 아무나 되지 않는다. 내면에서 우러나야 하지 억지로 되지 않는다. 곰국에서 사골의 진액이 우러나듯이 말이다. 실로 변함없는 마음에서 한결같은 넓이와 깊이로 우러나야 한다.

1971년 위수령사태로 강제 입영하게 되어 논산훈련소에서 처음 이태복을 만났다. 인사를 나누면서 넉넉한 미소의 이태복의 모습이 너무나 인상적이어서 속으로 '참 멋있는 사내구나' 했던 기억이 생생하다. 같은 중대에 소속되어 수시로 대화를 나누는 가운데, 한편으로 부드러운 이태복의 내면에 감춰져 있는 강인함을 목격하기도 했다.

어느 날 일과 후 중대장에게 불려가서 중대장에게 신고를 하는데, 이태복이 중대장을 향해 경례하는 것이 아니라 옆 탁자 위에 놓여있는 중대장의 모자를 향해 경례를 붙였다. 이를 눈치 챈 중대장이 "왜 모자를 향해 경례하느냐"고 힐책하자, 이태복은 "경례는 상관에게 하는 만큼, 상관의 계급을 드러내는 모자를 향해 경례하는 것이 이상한 짓이 아니지 않느냐?"며 당당하게 대답했던 것이다. 어이가 없었던지 중대장이 피식 웃어서 별일 없이 넘어갔지만 만일 까탈스럽게 굴었으면 곤욕을 치를 뻔 했다.

군대에서 제대한 이후 이태복과 필자는 각자 다른 길을 걸었다. 필자는 외교관으로 해외를 많이 떠돌게 된 관계로 이태복과 자주 만나지 못했다. 하지만 귀국하여 국내 근무를 할 때에는 수시로 연락하여 만나기도 하였는 바, 반평생의 만남 동안 이태복의 온화하고 깨끗한 미소는 바래지 않았다.

이태복은 만남을 통해 늘 먼저 상대방을 배려하며 보탬이 되고자 하였다. 성경에 나오는 인간관계의 황금률을 삶 속에 투철하게 구현한 셈이다. 이러한 관심과 배려는 상대방과의 관계를 부드럽게 하는 윤활유가 됨은 물론 때로 상대에게 큰 도움을 주기도 한다. 필자의 경우도 해당이 되기에 아래의 일화를 소개하고자 한다.

2002년 초 이디오피아 근무를 끝내고 호주로 전임하는 도중에 이대목동병원에서 건강검진을 받았다. 대장에 선종이 발견되어 내시경으로 떼어냈으며 조직검사 결과 악성종양으로 판명되었다. 주치의는 내시경 사진들을 보이면서 암세포의 전이가 이루어진 것으로 보이는 만큼 주

2004년 12월 호주 시드니총영사 관저에서 필자와 함께.

위의 대장을 상당 부분 절제해야 한다는 소견을 내어놓았다.

그렇지만 혹시 모를 오판의 가능성을 막자는 지인의 조언과 신속한 조치로, 이대병원을 나와 당일 오후 영동세브런스병원에 입원했다. 세브런스병원의 외과과장의 사진 판독 결과도 수술해야한다는 진단으로 나왔기 때문이었다. 그래서 외과과장의 재량으로 최대한 빠른 일정을 잡아 다음날 수술하기로 했다.

환자복으로 갈아입고 병실에 들었는데, 이태복이 전화를 했다. 병원에 있다고 하니까 깜짝 놀라며 무슨 일이냐고 물었다. 경위를 얘기하니 "대장 절제는 함부로 하는 것이 아니야!"라고 단호하게 말하면서, 연락을 취해 놓을 테니 국립암센터로 가서 박재갑 원장을 당장 만나라고 하였다. 박재갑 원장이 누구인가? 대장암의 세계적 권위자로 한국 정부가 특별히 초청하여 국내에 들어온 저명한 의료인이 아닌가!

내자와 의논한 바, 필자가 박 원장에게 가는 것에 의견이 일치하여, 오후 늦게 집사람이 사진들을 가지고 일산으로 내달았다. 박 원장은 '우리 장관님'으로부터 연락받았다고 하면서, 암센터의 관련과 과장들을 소집하여 함께 사진들을 면밀히 검토했다. 그리고 박 원장은 과장들의 판독 소견들을 종합한 뒤에 주변으로 전이되었다고 확증할 수 없다고 결론을 내리면서 수술을 받지 말라 했다.

세브란스병원으로 돌아와서 집사람이 박재갑 원장의 의견을 전하면서 수술을 받지 않겠다고 하자 내과 과장이 벌컥 화를 내었다.

"박재갑 원장만 권위자냐? 나도 대한민국의 권위자다. 이 건은 누가 뭐래도 절제수술을 하는 것이 맞다. 예정대로 내일 아침 일찍 수술하겠다."

집사람이 당혹스런 표정을 짓자 과장은 '부원장의 특별부탁으로 내시경 사진을 판독하였으며 암세포의 전이로 보여 급하게 수술 일정에 넣었는데, 사람을 망신 주는 것이냐!'며 매우 불쾌한 표정을 지었다.

난처한 상황에 처하게 되어 주저하다가 박재갑 원장과 재차 상의해 보기로 하고 집사람이 다시 일산으로 달려갔다. 내자를 만난 박 원장은 매우 안타까운 표정을 지으면서 말했다.

"사모님, 혹시 유방암이 생길지도 모르는 우려가 있는데, 절제하지 않고 그냥 호주로 가시겠습니까? 만일에 대비하여 차라리 떼어 놓고 가시지요."

그리고 이어서 박 재갑 원장은 또박또박 강조하듯이 말하면서 내자를 안심시켰다.

"장관님의 각별한 당부 말씀이 계셔서 최선을 다했습니다. 이번에 그냥 호주로 가시고 만일 문제가 생기면 바로 연락 주십시오. 그러면 내가 직접 수술을 해드리겠습니다. 설혹 문제가 되어 그때 수술해도 늦지 않습니다.”

길길이 날뛰는 외과 과장의 반대와 지인의 체면을 도외시하고 퇴원을 강행한 것은 불문가지라 독자들의 상상에 맡긴다. 이태복이 장관직에서 물러난 상황임에도 박재갑 원장이 보여준 이태복에 대한 경외감은 각별했다. 이는 장관직의 권위에 대한 것이 아니라 이태복의 고매한 인격에 대한 깊은 감화와 존경심에서 우러나온 것이리라. 적시에 이태복이 전화를 주어 잘릴 뻔 했던 대장이 온전히 유지된 것은 필자에게는 시쳇말로 ‘신의 한 수’였다. 하얀 미소의 혜택을 순전히 내가 누렸으니 말이다.

이태복과의 우정에서 경험하거나 이태복의 탁월한 공적 및 사회적 활동을 통해 간접적으로 알게 된 소소한 에피소드가 많으나, 휴머니스트로서의 이태복의 인간됨을 보여주는 진정한 사례는 고문기술자 이근안에 대한 태도라 하겠다.

출옥한 이근안이 2년 만에 목사 안수를 받게 되어 여론이 떠들썩하던 즈음에, 지나가는 말투로 이태복에게 이근안에 대해 물었었다. 이태복은 “감옥에서 마음속으로 이미 용서했다.”고 짤막하게 대답했다. 그리고 잠시 침묵 후 역시 지나가는 듯한 담담한 말투로 말했다. “어떻게 보면 그도 독재 권력의 피해자다.”

이근안에 관한 우리들의 대화는 이렇게 선문답하듯 극히 간단하게 끝났다. 그러나 ‘용서했다’는 이태복의 대답은 내 마음속에 엄청난 감동을 불러일으켰다.

영화 '남영동 1985'를 보며 끝 모를 인간의 악에 전율을 느끼면서, 그 대칭점의 선의 극치는 악한 인간을 품는 용서라는 생각이 들었었다. 그러나 말이 그렇지 용서가 어디 그리 쉬운 노릇인가! 용서는 의지적 결단만으로는 어림없다. 용서는 상대방을 긍휼히 여기는 마음이 없이는 불가능하며, 또한 용서받는 자의 뉘우치는 자세가 절대적으로 중요하다. 당시 언론에서 김근태 씨가 이근안을 용서했다고 보도한 데 대해, '회개하는 모습이 전혀 없는 이근안의 뻔뻔스러운 태도를 보자 결코 용서할 수 없었다.'고 보도 내용을 부인한 김근태 씨의 스토리가 문득 뇌리를 스쳐갔다.

용서가 인간의 힘으로 용이하지 않기에 신의 도움을 간구하는 내용이 문학과 예술 작품 등 수많은 고전을 수놓은 것이 아니겠는가. 오죽하면 용서는 인간이 아니라 하나님의 영역으로 치부했을까. 그런데 이태복은 저리 담담하게 용서를 입에 올릴 수 있단 말인가! 하얀 미소를 떠올리며 이태복의 마음이 되어보고자 애를 썼다.

이 용서를 위해 이태복은 수많은 밤들을 지새웠을 것이다. 심령 가운데 무수한 영적 전투를 치르면서 자아와의 싸움을 거듭했을 것이다. 인생이라는 배로 항해하면서 용서해야 한다는 사명감을 영혼의 닻으로 삼지만, 뱃머리를 거스르는 물결과 거센 바람으로 인해 나아가지 못할 때 얼마나 고뇌했을까! 그리고 절대자의 손을 붙잡고 용서할 수 있는 내면의 힘을 부어달라고 얼마나 간절히 구했을까!

이태복의 용서는 깊은 영성에서 우러나온 간절한 염원의 기도가 마침내 승리하였음을 오롯이 보여주는 증좌임에 다름 아닐 것이다. 그러기에 지금 이태복은 천국 마당을 환하게 밝히는 하얀 미소가 되어 있겠지….

이태복이라
믿 는 다

맑은 성품의 '천일'(天日)

양국주
(서빙더네이센스 국제대표)

천일 이태복(天日 李泰馥)과는 학생운동의 동지였다. 그러나 막상 대학생 시절에는 학교도 달랐거니와 같은 그룹이 아니어서 그를 알지 못했다. 박정희에게 끌려간 전방부대 생활조차 나는 피의 능선으로 유명한 양구 최전방에서, 천일은 향로봉 부대로 유명한 설악산에서 3년을 보내었다.

그가 본격적인 노동운동에 뛰어들기 전 충무로에 있던 광성무역에서 일한 적이 있었다. 목포에서 삼학소주로 유명했던 사주 집안에서 무역업무를 위해 별도로 꾸린 회사였다. 이 사주와 오랜 인연을 맺고 있던 내가 천일과 만나 뒤늦은 우정을 나누기 시작하였다.

많은 동질감이 우리를 가깝게 만들었다. 광성무역의 사주는 우리보다 연배가 서너 살 위였지만 그는 천일에 대해 경탄해마지 않았다. 일에 대한 추진력과 대인 관련 모든 문제에 탁월함에 경탄을 금치 못하였다. 친구가 기업주로부터 그만한 인정을 받는다는 것은 기분 좋은 일이다.

그가 청와대로 가서 일한다는 소식은 신문지상을 통해 듣게 되었지만 1987년에 미국으로 이주하였던 터라 자연스레 소식을 전할 수도 없었다. 어쩌다 한국에 나와 청와대로 전화하면 교환을 통해 연결하는 일이 얼마나 어려운 일이었는지 내가 스스로 포기하고 말았다. 이해는 하면서도 속으로는 좋은 친구 하나 잃은 듯 섭섭하기까지 하였다. 장관직을 물러 나오고 나서야 우린 다시 예전의 정다운 얼굴로 만날 수 있게 되었다.

2007년에 필자는 미국 워싱턴에서 NGO기구들을 모아 타운 미팅을 조직하였다. 미국 정계 인사들과 외교관들을 초청하여 이야기도 듣고 의견을 교환하는 일이었다.

한국에서 스피커를 초청해야 하는 차례가 되어 천일을 추천하였다. 문제는 기금이 없던 처지라 태평양 왕복 티켓과 초청 인사에 대한 사례가 문제였다. 비행기 표는 필자의 마일리지로 해결하였으니 마음 한편으로는 미안한 마음뿐이었다. 그래도 전직 장관인데 일등석은 못해도 비즈니스 클래스는 마련해야 하는데 다른 한편으로는 노동운동을 한

2007년 5월 12일 워싱턴에서 강연을 하는 천일(天日) 이태복.

친구가 비즈니스 클래스를 탔다가 그를 알아보는 사람이라도 만나면 그에 대한 이미지가 깎일 것 같다는 자기합리화로 애써 위안을 삼았다.

워싱턴에 와서 일주일간을 함께 하면서 본인이 원한 것도 아닌데 방송과 여러 기관을 함께 다니며 인터뷰도 하였고 마침 김대중 선생이 돌아간 기일이 겹쳐 호남향우회 모임에서 김대중을 추모하는 강연까지 강행하였다.

모임이 끝난 후 우리는 애팔래치아 산맥이 있는 쉐난도 산으로 올라가 이틀을 머물며 산악 등산도 하였다. 억새풀이 그윽한 정상에서 우린 각자가 살아온 이야기에서 가슴에 품고 사는 별의별 이야기를 허심탄회하게 할 수 있었다. 청와대로 가면서 잃어버렸던 친구를 이제야 다시 찾은 듯 이틀 동안 나눈 대화가 낮밤을 이었다. 그런 친구를 아무런 강연료도 챙겨주지 못하면서 짐짝 같은 이코노미석에 태워 보내었다.

이때의 실례와 미안한 마음을 몇 달이 지난 후 그가 운영하던 인간의 대지에 이때의 미안함을 곱으로 계산하여 성금을 보내주었다. 아무런 의전도 챙기지 못하고 수고비도 없이 초청했던 나의 무례를 그는 아무런 내색도 하지 않았다. 나이를 먹다보니 나도 강연에 불려 다니는 일이 많아졌는데 천일에 대한 이때의 실례를 타산지석으로 삼아 내 스스로를 반성하게 된다. 다른 한편으로는 친구인 천일의 인품과 사람 됨됨이를 느끼게 된다.

필자가 한국으로 나와 재단을 운영하게 되었는데 천일을 우리 재단의 이사로 청빙하였다.

더욱 가깝게 느낀 것이 1950년생인 천일이 태어난 때가 6·25 전란 중인데 '태복'이라는 이름을 지어주신 어른의 품위와 세심함이 다시 한번 가슴 깊이 느껴온다.

태(泰)는 편안하고 자유로움을 나타낸다. 복(馥)은 향기가 높은 형상을 나타낸다. 그는 칠십이 넘어 우리 곁을 떠났지만 그 이름에 걸맞게 편안하고 고매한 인격으로 가득한 삶을 보여주었다.

필자.

이런 사람이 오래 살아 세상을 밝히는 등불이 되어야 할 텐데 하나님이 진정으로 천일을 아끼고 가까운 데서 함께 하고 싶어 그를 일찍이 데려간 듯하여 자못 아쉬울 뿐이다. 그가 청와대와 장관직에 있을 때 어떤 몸가짐으로 일했을는지 그를 다시 한번 회상하게 한다.

천일, 하늘을 받들고 이 세상을 열어서 인간세계를 밝게 만들자는 다짐이라 했지. 그대는 이름 자 그대로 하늘과 해일세. 그대의 맑은 성품과 너그러움으로 부인이 살아갈 길과 어지러운 이 세상을 위해 마음 써 주시게나.

그립다. 그리워!

천일이 없는 세상에서 무슨 낙으로 살아야 한단 말인가?

이태복이라
믿 는 다

가장 진실되고 정의로운 실천가

류청로
(부경대 해양공학과 명예교수)

부산수산대학 교수로 해양공학-항만공학을 강의하고 토론하는 어느 날 전화 한통이 나를 놀라게 했다. 해양-수산과 관련된 일이라면, 누가 전화를 해도 이상할 일이 없지만, 이태복이란다. 보건복지부 장관.

부산에서 점심식사 자리를 마련하고 싶다는 정중한 제의, 그것도 장관이 직접 전화로, 더욱 이상했다. 시간과 장소를 받고, 장관께서 많은 사람들과 식사하는 자리의 말석에서 한번 보자는 이야기 정도로 가볍게 생각했다. 식당은 조용한 한식당이었고, 예약된 방은 개인실에 단 세 명의 자리였다. 송세경씨와 나, 그리고 이태복 장관이었다. 내가 이 낯선 분위기에 당황하자, 충격적인 이태복의 증언이 시작되었다.

"나는 수산대학생 류청로의 편지를 까막소에서 받았다. 분명한 것은 이상한 대학의 이상한 학생이 보낸 편지가 잊혀지지 않았다. 그 일이 인생을 바꾸게 하였다."

진지하게 따뜻하게 이야기를 풀어갔다. 이름도 한국에는 하나뿐인 이름이고, 수산대학이라는 영역도 좁을 것이고, 그래서 찾아보기로 했다. 쉽게 그것도 수산대학 교수의 직을 수행하는 나를 찾을 수 있었단다. 꼭 만나야 할 사람으로 치부하면서 살아왔단다. 그런데 노동운동가, 민주화운동가, 홍사단 단우, 그것만으로 연락하기에는 스스로에게 당당하지 못하였단다. 청와대 수석, 장관이 되고서, 이제 만나야겠다. 당당하게 그리고 이야길 털어놓고 싶었단다.

노동운동, 민주화운동의 현장에서, 그리고 까막소에서 우리사회와 고문하고 괴롭힌 사람들에 대한 원한과 복수심으로 가득한 가슴과 그 독소를 마음껏 발산하던 눈빛은 가히 독기로 가득찬 것이었다고, 면회를 오는 가족들은 이태복이 무섭다고 어려워했을 지경이었단다.

내가 보낸 편지는 그 무렵, 어느 날 전달되었단다. 나는 그때, 이태복에게 보낸 편지라고 기억하지는 않았지만, 나 자신에 대한 각오와 결심을 잘 표현하곤 했다. 당시 아카데미운동을 선도하시던 안병욱 교수님께서 늘 만나면 '수산대학에는 류군이 있지!'라는 말씀 하나였다. 그 말에 용기를 얻어 나는 정의롭고자, 진실되고자 노력했다. 그래서 자신에게 늘 주문처럼 외워댔고, 나는 세상이 어떻게 변하고, 내가 어떤 위치에, 어떤 곳에 처하더라도 늘 행복하게 평화롭게 나의 방식으로 살 것이다. 그들의 감시와 동행에 별 감응이 없다고 무시하듯 중얼거렸다. 설사 까막소에 가더라도 나는 행복할 것이다. 그곳은 나만의 공간과 시간이 아니겠는가? 고문은 힘들겠지만, 고문하는 그 사람들도 나의 진실과 의지에 대한 가치를 손상하지는 못할 것이기에….

"모두, 고문한 그 사람까지 용서합시다. 그것은 나를 위해서입니다. 그리고 우리 사회를 위해서 평화와 사랑이 가득한 눈으로 그들을 만나 용서하는 용기가 필요한 때입니다. 그것이 우리사회를 변화시키는 제일 빠른 길이 아닐까요. 고생하는 까막소에서 독기서린 눈으로 그들을 노려본들 세상은 변화하지 않고, 그들도 변하지 않고, 나만 더 힘들고 고통스럽지 않을까요. 수산대학생 나는 바다 속의 난파선 속에서도, 고된 고문의 까막소에서도 행복한 얼굴로 멋지게 사는 것이 나의 희망이고 내가 추구하는 가치입니다. 오늘 따뜻한 가슴으로 사랑이 가득한 눈빛으로 나를 개조하는 순간이 찾아오길 늘 기도합니다."

그에게도 나의 이상한 낙서 더미 중 하나가 편지가 되어 전달된 모양이다. 그래서 그는 변했고, 그 고문의 대명사였던 그분을 용서하고 포용하는 기회를 만들었단다. 그리고 후배들은 그의 따뜻한 눈빛에 감동했단다. 그의 변화가 어찌 낯선 후배 학생 한사람의 편지에 기인했을까만 그가 만든 변화임에 분명한 것이었다.

"류교수! 내 눈을 좀 봐봐! 내 눈에 독기가 남아 있는가?"

"아니요. 평화 그 자체이군요. 따뜻하고, 진실됩니다."

"이렇게 좋은 눈으로 바꿔준 귀한 편지의 주인이 당신이란 말입니다."

이런 큰일의 계기를 마련해준 친구라고 감히 나를 기억한다고 고백하는 모습은 진지했다. 믿지 않을 수가 없었다. 나는 젊은 날의 거친 생각과 행동 하나가 이런 일을 만들다니… 공학도가 된 나의 가슴이 한동안 먹먹해지는 이상한 감동의 시간이 지속되었다.

그리고 이어진 그와의 대화는 정말, 처음 대하는 자리지만 오랜 동지처럼 한마디 한마디가 공감되는 것뿐이었다. 본질을 중시하는 그의 생각과 행동들, 진실과 정의에 대한 신념과 행동들이 내가 속한 대학과 사회, 그가 일하는 정무와 지도자들의 세상에서 한 치의 차이도 없이 통용

2007년 4월25일 열린 5대거품빼기 범국민운동본부 발대식.

되는 논리들이 모처럼의 동지의식을 발현시키기에 충분했다. 높은 곳의 높은 분들은 사명감을 가지고, 진실과 정의를 기반으로 치밀하고 계획적으로 잘 하리라고 믿어야 하겠지만, 사실은 시장바닥의 배추장수 수첩보다도 본질이 엉망인 것들이 난무한단다. 세상을 잘 바꾸고 키워간다는 것이 쉽지 않다. 고민하는 모습이 역력했다.

"류교수도 류교수의 영역에서 젊은 날의 정의에 기반해서 진지하게 고민하고 실천할 수 있길 기대합니다."

부산에 오면 소통하고, 주례가 있어서 내려온 어느 날에는 커피 한잔 즐기며 따뜻한 가슴과 평화로운 눈빛을 공유할 수 있었다.

어느 날인가 중국의 밀산에 독립운동관련 기념사업을 추진한다는 말에 조용히 소액의 후원금을 보내게 되었고, 내가 존경하는 『도산 안창호 평전』을 완성했다고 해서 조용히 100부를 구매해서 학생들과 지인들에게 도산을 소개하는 좋은 기회를 마련하기도 했다. 그리고 국민석유, 카드수수료 등 사회적 이슈를 한참이나 앞서서 추진하는 각종 행동들을 지켜보면서 그를 마음속으로 존경하고 있었다.

그리고 그가 만든 법인에서 하는 중국동포관련 각종 후원 사업에서 보여준 진심과 본질, 남북문제, 한민족의 동질성 회복과 화합과 상생을 향한 근원적 일들을 구상하고 실천하는 일, 보건복지라는 그의 정치적 역량을 충분히 살리는 모습들을 지켜보고 있었다. 그의 길에 크게 공감하고 존경하고 감동하고 있는데 갑자기 비보가 뉴스를 통해 들려왔다.

'감동의 스토리를 가진 그와 나의 이야기도 끝이구나!' 하는 어느날, 심복자 여사의 따뜻한 전화에 놀랐다. "이태복이라서 믿는다"라는 김수환 추기경님의 의미 깊은 말을 제목으로 한다 해서 더욱 반가웠다. 나는 안병욱 교수의 "수산대학에는 류군이 있지!" 이 말씀 한마디로 바다에 대한 용기와 정의를 실천해왔다.

이태복 선배는 도산이라는 선지적 지혜의 실천가, 어려운 한국사회의 변화를 따뜻하게 지켜준 김수환 추기경님의 깊은 사랑으로, 세상이, 한민족이 본질적으로 더 가치 있는 사회로 통합되고 화합되기를 가장 간절히 원한 운동가이고 실천가였다. 그래서 나는 이태복을 믿어왔다. 그리고 앞으로도 그와 나눈 내 영역의 본질적 가치 혁신에 남은 인생을 투자해야 한다고 다짐해 본다.

이태복의 길, 그 길은 어디로 이어지고 펴져갈지? 책임감과 기대감이 교차한다. 내가 세상에서 만난 사람 중, 가장 진실되고, 정의로운 실천가다. 따뜻한 가슴으로 세상의 가치를 가장 고상하게 멀리 보면서 걸어가는 아름다운 길을 개척하는 이, 이태복이 만든 길은 많은 지도자가, 시민, 학생들이 공감하는 세상 곳곳에서 각 분야에서 이어지고 펼쳐질 것이다.

이태복이라
믿 는 다

온화하고 자애로운 선비

김정희
(우보, 한국서가협회 초대작가)

이태복 장관님을 처음 만난 것은 2017년. 문화센터에서 사군자를 배우던 심복자 선생을 만나면서다. 심 선생이 갖고 와야 할 물건을 놓고 오면, 그것을 가져다주던 모습에서 참 보기 드물게 자애로운 사람이다 싶었다. 바쁘다고 하거나 시간 없으니 당신이 와서 가지고 가라고 할만도 한데, 아내의 공부시간을 조금도 훼손하고 싶지 않은 모습에서 아내를 배려하고 격려하는 모습에 감동을 받았었다.

당시에는 장관직을 했었는지도, 민주화운동을 하다가 감옥을 오래 살았는지도 몰랐다. 2014년부터 심 선생이 풍이 와서 건강관리를 위해서 사군자와 서예를 시작했다고 하길래, 도움이 될까 싶어 10년 전 개인전을 열었던 도록을 선물로 주었다.

그 다음 주에 심 선생으로부터 이태복 장관님이 "글을 너무 예쁘게 잘 쓰신다."며 "우리 한글 궁체 쓰는 것을 보면, 사람의 인품이 보이는데 참 좋으신 분 같고, 실력도 대단하니 이 분한테 배우면 좋겠다."고 했다는 얘기를 들었다. 장관님도 감옥에서 서예에 관심이 많아서 교도소측과 싸워서 연필도 제공받고, 먹과 붓도 제공받았다고 한다. "집에 선물 받은 벼루와 먹, 붓이 많은데, 할 일 좀 하고, 80이 되면 그때나 붓을 들려고 한다."는 말씀도 하셨다.

심 선생도 늘 복지활동과 강의로 바빠서 어느날 부터는 안보여서 바빠서 못나오나 보다 했다. 그렇게 시간은 흘렀다.

1년여 넘는 시간이 지난 2019년 가을 어느날, 심 선생이 갑자기 카톡으로 연락을 해왔다. 집안 어르신 중에 청백리 삼산 이태중공이 계신데, 그분이 쓰신 시를 써보았다면서 한번 봐달라는 것이었다. 고쳐야 할 부분이 한둘이 아니라서 카톡 문자로 써서 보낼 일이 아니었다. 한번 집에 방문할 수 있냐고 물었더니 이내 오겠다고 했다. 이태복 장관님의 숙원과제가 『청백리 삼산 이태중 평전』 집필인데, 이를 위해서 그분이 유배생활을 하셨던 흑산도에 여름에 다녀왔노라고 한다. 유배지 근처에 숙소를 정하고, 먹과 한지를 갖고 가서 시를 써보면서 이태중 어르신을 떠올리기 위해 두 분이서 노력을 한 모양이다. 서울에 돌아와서 구체적으로 평전 집필을 하는 과정에 전지에 글을 써보았다면서 겸연쩍게 웃었다.

그때부터 심 선생과의 인연이 깊어졌고, 1주일마다 집으로 와서 배우며 스승과 제자 사이가 됐다. 자연히 이 장관님과도 가까워졌다. 식사도 우리 부부와 같이 넷이서 하고, 언제나 뭔가 챙겨주시려고 하셨다. 사무실에 가서 대화도 나누었다. 감옥까지 갔다가 사형 구형에 무기징역을 언도받아 7년 여간 독방에서 지낸 분 같지가 않았다. 마치 '선비'를 보는 듯했다. 당당하면서도 여유롭고 부드럽고 온화했다. 서예를 비롯해 사군자, 한국화 등에도 조예가 깊었고, 특히 심선생의 글씨가 수정되고, 날로 실력이 늘어난다며 기뻐하셨다.

어느 날 수제비를 끓였는데, 와서 먹지 않겠냐고 전화를 했더니, 심 선생이 이 장관과 같이 왔다. "수제비를 원래 좋아해서 따라왔어요."하고 환하게 웃으시던 모습이 참으로 예뻤다. 두 그릇을 맛있게 잡수시고는 후식으로 내놓은 과일을 보시더니, "과일 깎기는 내 당번이에요." 하시며 과일을 깎는 모습을 보고 깜짝 놀랐다. 서민적이시고 거리감이 전혀 없으시고 상대방을 편하게 해주시는 모습이 남달랐다.

2008년 예술의 전당에 전시된 필자의 작품 앞에서.

2000년 6월 제28회 대한민국서예전람회에 심 선생이 한글에 입선해서 예술의 전당에서 전시회가 열렸다. 기쁜 마음으로 가서 보고 접수대에 앉은 나에게 "각시의 스승이면, 저에게도 스승입니다." 하시더니 차로 모시고 가겠다며 집 근처까지 같이 왔다. "만난 김에 사부님도 나오시라고 해서 같이 식사를 하고 싶다."고 해 넷이서 만나는 자리가 되었다. 낯을 많이 가리는 남편이지만, 같이 식사를 하고나서 "참 격의 없는 사람"이라고 말했던 것이 생각난다. 그리고 "우보선생님의 필치를 보고 우리 각시가 빨리 따라갔으면 좋겠다."는 말씀도 하셨다. 그 다음해인 2021년 6월 제29회에도 심 선생이 또 입선을 했다. 아내의 일을 자신의 일보다 더 기뻐하는 것을 보고, 어쩜 이런 부부가 있나 싶었다. 여느 부부에게서 못 느끼는 것이 느껴졌다. 아내는 남편을 존경하고, 남편은 아내를 사랑스런 눈으로 쳐다보고, 알콩달콩 잘 사는 두 분의 모습은 보기 너무 좋았다. 그래, 자식이 없으면 어때… 그런 생각을 더 하게 된 것 같다. 여성의 마음은 여성이 잘 안다고, 이 장관님한테 고마운 마음까지 갖게 됐다.

얼마 전에 장관님은 심 선생이 붓을 안 놓기를 바랄 거라고 설득해서 제30회 대한민국서예전람회에 출품토록 했고, 올해에는 특선을 하게 되었다. 장관님이 계셨더라면 얼마나 기뻐하셨을까 가슴이 미어진다.

장관님은 서로 아끼고 존중하는 부부를 보면 보기 좋다는 격려도 해주셨다. "인연이 얼마나 소중합니까? 하물며 부부는 말할 것도 없지요." 정겨운 목소리가 지금도 들리는 듯하다.

어느 날은 장관님이 우보선생님과 각시의 작품을 함께 소개하는 전시회를 열어주겠노라고 했다고 한다. 스승과 제자의 합동 전시회를… 나는 가방끈이 짧은 대신, 오로지 한글서예 하나만을 파고 들었다. 그런 나를 인정해주고 응원해주는 넉넉한 마음이 얼마나 고맙던지, 그 말씀에 묵혀두었던 작품들을 꺼내보며 그날을 기대하며 희망에 부풀기도 했었다. 작은 선물도 큰 마음으로 소중하게 주시니 정말 인간적인 분이시다는 생각이 많이 들었다. 늘 주변 사람들을 염려하고. 걱정해주고. 도와줄 것을 찾고, 격려해주고. 지지해주는 모습이 배어있으셨다.

2021년 〈윤상원 전국전시회〉가 광주, 부산, 울산에 이어 서울에서 11월 17일과 24일 열리므로, 그 준비로 서예 공부를 잠시 쉬어야겠다고 했다. 그런데 12월3일 갑자기 비보가 들려왔다. 가슴이 철렁했다. 같이 식사를 한 지가 한 달도 안 됐는데… 그때 그 특유의 하얀 미소가 머리를 딱 때리는 듯했다. 심 선생 어찌하면 좋을까. 양자측정기로 건강을 체크해

주는 기기를 이 장관님 때문에 샀다면서 나에게도 체크해준 것이 바로 얼마 전인데, 가슴이 아려온다. 늘 싸우고 진저리내던 부부 사이에서도 한쪽이 먼저 하늘나라 가면 세상이 무너지는 심정이 되는데….

어떻게든 상실감에서 벗어나도록 해야 했다. 49재날 버스로 5·18민주묘지에 간다고 해서 구로서예가협회 박경희 사무국장과 정찬우 사무차장과 함께 이 장관님의 영면 기원과 심 선생 위로 차 다녀왔다. 전날 그렇게 눈이 왔지만, 장관님이 누운 곳은 평화롭기 그지 없었고 맑고 깨끗한 하늘이 장관님의 성품 같았다. 위로와 평안을 빌러 왔는데, 우리가 오히려 위로받고 평화를 얻은 기분이 들었다. 돌아오는 길의 노을도 얼마나 아름답던지… 1월 20일 한겨울 날씨, 그것도 대한이었는데, 포근함과 맑음, 평화로움이 가득 찼고, 그 기운이 서울로 올라가는 버스 안에도 가득 차 마치 축복받은 기분이었다.

그래, 이것이야말로 이태복 장관님의 인품이고 기품이다. 남을 배려하고 격려하고 지지하고 잘 살도록 도와주는 일만 해오셨으니, 하늘나라 가셨어도, 민주묘지 그 곳에 몸은 묻히셨어도 생전에 하셨던 일과 품격이 어디 가겠는가. 생전이나 하늘나라 가서나 똑같을 수밖에….

그리운 장관님, 장관님도 한가해지면 붓을 잡지요 하셨는데, 하늘나라에서 붓을 잡고 평안을 누리셨으면 좋겠습니다. 그리고 심 선생도 장관님이 좋아하셨던 붓을 다시 잡을 수 있게 도와주십시오.

온화하고 자애로운 장관님, 영면하시길 기도합니다. 평화와 안식이 가득하소서!

이태복이라
믿 는 다

꿈과 희망 주신 '큰 도인'

한순옥
(법사, 고불선원)

이태복 장관님을 처음 만난 것은 큰 누나 이향복 님을 통해서였다. 2001년 11월 어느 날이었다. 연말모임이 있어서 끝나고 충주 고불선원까지 오려면 늦게 도착할 것 같다는 연락을 받고 기다리고 있었다. 이미 고불선원은 어둠이 짙게 깔린 뒤였다. 청와대 복지노동수석을 하실 때다. 부인 심복자 님이 운전하고, 누나 이향복님과 같이 오셨다.

첫인상은 목소리가 유난히 부드럽고 온화해 보이셔서 감옥살이를 7년 넘게 했고 노동운동, 민주화운동을 평생 했다는 것이 믿기지가 않았다. 게다가 청와대 수석비서관이면 차관급이었는데, 꾸밈이 없고 소박하면서도 아주 단단함이 있으셨다. 목소리와 얼굴의 미소에는 따스하게 감싸 안아주면서 밝게 비추는 선함과 온화함이 있었다.

나도 서울에서 조계사에 열심히 다니면서 많은 이들을 만났고, 또 동국대 대학원을 마치고 충주로 내려와서 수행의 길을 선택했을 때에는 나름 여러 생각과 선택, 결정이 있었기에 쉽게 사람에게 놀라거나 반하

늘 왕생극락을 기원하며 기도를 올린다.

는 성격이 아니었다. 하지만 이태복 장관님은 참으로 달랐다.

가장 놀라운 것은 여성에 대한 태도이다. 일반 남성들이 가질 수 있는 가부장제적인 모습이 전혀 없었다. 여성에 대한 배려와 격려, 응원, 지지 등이 말과 태도에 배어 있었다. 처음에는 평생동지이자 각시라고 부르는 아내 때문인 줄 알았다. 같이 운동하고 같이 활동하고 같이 생활을 하니까 그런 것 아닌가 했는데… 그런 점도 있었지만, 그것보다는 여성에 대한 기본적인 이해가 달랐다.

여성이 갖는 여러 꿈들을 지지해주고 응원하고 잘 키워나가도록 격려해주는 마음이 고스란히 느껴졌다. 이것은 고불선원에 다니는 장애우들이나 못살고 못 배운 이들을 대할 때에도 마찬가지였다. 진정한 휴머니스트라는 생각을 했다. 그리고 그런 첫인상은 20여년의 인연 속에서 한결같았다.

물론 불의와 불평등에는 칼날 같이 매서움이 있었다. 엄격한 자기수

고불선원 한순옥 법사.

행. 그러면서도 인간에 대한 희망과 믿음, 세상에 대한 변화가능성 등 열려 있는 모습이어서 이태복 장관님을 대할 때마다 내가 위로받는다는 생각을 하게 만드셨다.

한번은 선원에 오셔서 나의 모습을 보시고 얼굴색이 노랗다고 하시면서 한양대병원에 가서 건강검진 받으라고 예약을 해주시는 바람에 병원에서 검진 받는 일도 있다. 참으로 자비하신 마음이 아닐 수 없다.

내가 기도도 하고, 수행과 공부를 하면서도, 찾아오는 이들에게 공양주 노릇까지 한다는 것을 안타깝게 여겨서 언제부터인가는 용돈을 주시기 시작하셨다. 현실의 어려움을 공감하고 이해하니 힘을 내시라는 메시지였을 것으로 믿는다.

어느 날은 하나의 방안으로 우리가 갖고 있는 문화재급들을 충남도에 문화재로 등재를 시키면 여러 지원들이 나올 것이라며 직접 이런 일들을 나서서 처리하시기도 했다. 또한 나중의 노후를 생각해서 복지시설을 결합하는 방안도 제안하는 등 나의 수행과 나의 공양주 일을 늘 염려해주셨다.

갑자기 보건복지부 장관직을 그만둘 때에도 어떤 동요가 전혀 없으셨다. 마치 큰 미륵불처럼, 크고 깊은 바다처럼 어떤 일에도 눈 하나 끔쩍하지 않으셨다. 장관직을 그만두고, 다른 일을 하면 되는 거였기 때문이다. 그때 확실히 느꼈다. 이 사람은 속세인들이 생각하는 부와 명예에 관심이 없구나. 삶의 초점이 나와 가족이 아니라 어렵고 고통받는 사람들이었고, 부조리와 불의가 넘쳐나는 세상에 있었다.

어렵고 소외받는 사람들을 위한 복지활동, 밥을 굶는 슬픔과 고통 다음이 아픈 이들이라면서 의약품을 후원하는 활동 등을 꾸준히 하시는 모습을 보고 나와 가족의 이득이 아니라 모든 이들의 이익과 행복을 위해 실천하는 사람이구나 싶었다.

참으로 한결같이 꾸준하셨다. 기름값 인하 등 5대거품빼기운동과 남들이 다 우려하던 국민석유 설립운동까지 이어지면서 더욱더 나를 놀라게 했다. 여러 봉사활동이야 할 수 있다. 하지만 출발부터가 다른 이들과 너무 달랐다. 조건이 되니까, 성공할 수 있으니까 하는 것이 아니었다. 국민의 삶을 어렵게 만드는 것이 있다면, 기름값이든 약값이든 이것의 거품을 빼는 캠페인 활동을 하고 그 한계가 나타나면 방향을 바꾸어 직접 소비자가 주인이 되는 국민석유까지도 만들어보자는 것까지 이어지는 것을 보니… 이분의 그릇의 크기가 짐작이 되지 않았다. 가능성이 몇 퍼센트인가는 크게 주목하지 않으셨다. 가능성은 사람들의 동참을 끌어내는 과정에서 얻어지는 거라 생각하셨다.

또 희망을 이끌어내면서 기어코 이루어지고 만들어내는구나 하는 믿음이 생겼다. 어떤 자리를 욕심내고, 어떤 지위를 탐내는 것이 아니라 사람들과 세상을 보고 필요한 일을 만들어가는 '도인' 같은 사람이구나 싶었다.

그리고 더 놀라운 것은 그 어떤 결과에도 흔들리지 않고 최선을 다하되 안 되면 바로 다른 실천을 모색하는 모습이었다. 어찌 상처를 받지 않겠느냐만.. 그에 굴해서 포기하거나 좌절하지 않고 다음의 수를 읽고 움직이는, 그야말로 해탈하지 않고서야 이럴 수는 없다고 생각했었다.

한평생 민주화를 위해 살아가셨던 장관님이 이 세상을 떠나신 지도 벌써 1년이 다가온다. 온화하시고 자상하셨던 성품으로 우리들의 삶을 따스하게 감싸 안아주시면서 밝게 비추어 주셨던, 그리고 훌륭한 삶을 살다 가신 장관님이 그립기 한이 없다.

모든 이들의 이익과 행복을 위해 항상 사시고, 많은 사람들의 건강을 위하여 그 많은 의약품들을 후원해주시고, 많은 이들의 행복하고 편안한 삶을 위하여 5대 운동을 발기하시어 실천적으로 행동하시고 많은 사람들에게 귀감이 되시었던 일들을 생각해 보면 감사할 뿐이다.

나라를 위하여 몸을 바치신 호국선열의 뜻을 기리시고, 우리 후세들에게 꿈과 희망을 주신 장관님이 왕생극락하시기를 기원하면서 늘 기도를 올린다.

이태복이라
믿는다

자상하면서도 청렴강직한 분

이필원

(전 영성건설중기 대표)

장관님이 가시다니… 청천벽력도 그런 충격이 다시 없다. 청렴강직하시며 나라일도 잘 하실 분이신데, 참으로 애석하다. 특히 작금의 상황을 보니, 더욱더 소중하고 안타깝다. 장관님은 인자하실 뿐만 아니라 대화를 할수록 깊이 정이 가는 사람이었다.

"그런 얘기하시면 안됩니다." 이태복 장관님이 좀처럼 화를 내시는 분이 아니신데, 그날 따라 역정을 내셨다. 나는 장관님의 마음을 알기에 입을 다물었다. 2010년 일이다. 장관님이 충남도지사에 출마하신다는 얘기를 듣고 아는 지인이 장관님 혼자 애쓰시는데 마침 천안에서 건설중기 임대사업을 하고 있고, 발도 넓어 정치판도 아니까 도와드렸으면 좋겠다고 해서 만나게 되었다.

도지사 선거에 나설 정도면 어느 정도의 돈을 써야 하는지 대략 안다. 정치판이 아무리 나아졌다고는 하지만 그 틀이나 내용이 달라지지 않고 있었기 때문이다. 그런데, 장관님은 사회운동 하듯이 하셨고, '실탄'을 끌어오는 창구는 다 부인 몫인데, 사모님은 복지활동 하듯이 선거판을 열심히 뛰고 계셨다. 아 이분들이 정말 정치를 하실 생각이신가? 정치판을 전혀 몰라서인가? 생각이 복잡해졌다. 내가 아는 정치판과는 다르게 움직이시려보다 그리 믿고 있었다.

바닥의 민심과 평판은 좋았다. 새로운 인물, 믿을 만한 인물, 변화를 가져올 사람 그런 평가들이 있어서 상승분위기가 계속 유지하고 있었다. 하지만 내부가 문제였다. 다들 이태복 장관님과 심복자 교수님을 쳐다보고 있었다. 쳐다본다는 것은 바로 '실탄'을 내려달라는 소리다. '실탄'이 내려와야 조직을 움직이고 그래야 성과를 낸다. 그러나 두 분은 이런 것을 모르는 듯, 아니 전혀 아랑곳 하지 않고 열심히 충남 곳곳을 누비면서 명함을 나눠주고 자신들이 왜 이 더러운(?) 정치판에 나왔는지를 설득하고 다니셨다. 어떤 세상을 충남도에 보여줄 것인지 해법들을 제시하면서 기회를 달라고 외치셨다.

선거를 시작하면, 일명 정치브로커들이 달려들고, 그들 손에 의해 달라지는 것이 밑바닥 정치판의 세계다. 이태복 장관님 주변에도 이런 브로커들이 지역 인사랍시고 자리하고 있었고, 사회운동을 했던 정치초년병들이 몸으로 정치를 하고 있었다. 결이 다른 두 세계가 결합되어 아슬아슬한 균형을 유지하고 있었다.

그래서 장관님께 용기내서 말씀을 드렸다. "'실탄'을 가져올 끈들을 찾으면 있기 마련입니다. 그러니 그 끈을 잡으시면 어떻겠습니까?" 장관님은 듣지 않으셨다. "난 돈이 없습니다. 이미 제안이 왔을 때도 분명히 그 얘기를 했고, 그럼에도 나를 필요로 한다면, 충남도를 세상 바꿀 수 있는 모범케이스로 만들 자신이 있으니 해보자고 한 것입니다." "그리고 기존의 정치꾼들이 하는 방식을 난 쓸 수가 없고, 쓸 마음도 없습니다. 정치꾼이 되려는 것이 아니라, 충남을 개혁하려는 것이고, 이것을 디딤돌 삼아 대한민국을 변화시켜야 한다." 하셨다. 그래서 화를 내신 것이다.

결과는 와달라고 읍소했던 기존 정치인들이 자신들의 배를 든든히 채울 새로운(?) 후보에게 방향을 틀었고, 일종의 '팽'이 시작되었다.

결국 슬프게도 접어야 했다. 당시 깨끗한 돈은 일가로부터 나오는 수밖에 없었다. 뒤늦게 한산이씨 측에 건의를 했다. 나도 한산이씨이다. 그런데 답이 오지를 않았다. 논의를 하고 있다는 얘기만 들었다.

해산하기로 한 날… 기자회견을 했다. 이날 놀라운 것은 기자들의 태도였다. 너무나 애석해하는 거였다. 닳고 닳은 지역기자들 눈에도 '이태복'이라는 카드는 기막힌 카드였던 것이다. 이런 분이 정말 당선된다면 충남도가 달라지고, 선거판도 달라지고 대한민국이 달라질 수 있다는 희망을 걸고 있었다는 평가들이 나왔다. 어떤 기자는 액수까지 말했다. "충남도 선거를 하려면 수십억이 필요한데, 이태복 장관이니까 10억 정도만 있어도 됐을 겁니다."고 안타까워 했다.

기자회견 때도, 해산식을 할 때도 다들 울고불고 했지만, 장관님은 전혀 표정에 변화가 없으셨다. 그저 "내 길이 아니었나 봅니다." 그 말씀뿐이셨다.

하기야 장관님은 그 길이 아니더라도 실천할 소재들이, 해결해야 할 일들이 많았다. 굳이 그 길이 아니어도 되었고, 그 길에 대한 제안은 너희들이 했고, 나도 동의해서 했는데, 그것이 아니라면 그것으로 되었다. 딱 그 정도셨다. 장관님은 선거 때문에 잠시 접었던 보령시 축산농가의 분뇨처리 및 재생에너지 문제로 곧바로 방향을 트셨다.

이태복 장관님이 받으실 타격은 사실 컸다. '왜 정치를 하려고 해' 혹은 '다른 정당도 아니고 왜 그 정당을…' 그런 선입견을 갖고 있었으리라. 하지만 곁에서 지켜봤던 나의 생각은 이런 시선이 얼마나 '이태복'이라는 사람을 피상적으로 이해하는 말인지 잘 알게 되었다. 문제가 현실에 있는데, 해법을 찾을 수 있다, 그런데 기회가 왔다. 그러면 그 길을 가야 하는 것이 '이태복'의 실천이라고 나는 이해했다.

유세 기간 동안 오로지 충남도민의 민생문제, 해법을 찾았기 때문에 자연 이태복 장관님은 선거판을 정책 대결로 이끄셨다. 상대 정당의 후보는 존중하였고, 비난 발언은 1도 없었다. 오히려 잘 하라고 화이팅! 손을 번쩍 들면서 격려했다. 장관님 눈에는 상대 경쟁 후보를 '후배'로 봤던 것이다. 사리사욕이나 명예 때문이 아니었기에 당당하셨다. 결과적으로 기회를 빼앗긴 충남도민들을 안타깝게 생각하셨다. 대쪽 같이 청렴강직하셨다. 기존의 정치꾼들하고는 질적으로 달랐다. 정당에 의지하여 공천헌금 내고, 필요한 자금줄로 자신을 칭칭 감아매어 속박당하고 있는 기존 정치꾼들하고는 전혀 다른 분이셨다.

그러면서도 사람들을 대할 때에는 언제나 부드러우셨고, 자상하셨다. "이건 이래야 해서 이렇게 해야 되는 겁니다." 늘 설명하셨고, 이해되도록 했다. 이해가 모자란 사람이나 너무 넘쳐 큰 소리로 눈에 띄는 사람도 넉넉하게 다 아우르셨다. 틀려도 부족해도 뭐라 하지 않으셨다. 다만 정직하지 않은 것, 정당하지 않은 것에는 역정을 내셨다.

2012년 9월 천안시청에서 연 국민석유 충남준비위 출범 기자간담회. 오른쪽 첫 번째가 필자.

난 그동안 정치판, 기업쪽, 시민운동 두루두루 사람들을 많이 봐왔지만 이태복 장관님 같은 분은 처음 본다. 검소하기도 이루 말할 수가 없었다. 사람들은 옷, 구두 혹은 무엇을 먹느냐, 무슨 차를 타느냐를 보고 판단한다. 언제나 검소한 옷차림. 20년도 넘은 양복에다가 구두도 비싸야 2만 원. 모자도 1만 원이다. 어느 날은 후배가 외국 다녀오면서 모자를 사주셨다고 좋아 하셨다. 차량도 2001년 다이너스티다. 20년이 넘었다. 5대거품빼기운동할 때 이미 20만 킬로가 넘었으니, 차량값을 빼고도 남았다. 차안은 또 얼마나 낡았는가. 그래도 전혀 신경 쓰지 않는다. "노동자신문 할 때, 노조위원장들이 차 좀 바꾸세요 했어요. 르망 타고 다닐 때지요. 어떠냐고 했더니, 저희들이 너무 부끄럽잖아요 하더군요. 그래서 제가 이렇게 말했어요. 노조위원장은 회사의 사장이 아니거든. 그런 착각이 드는 순간, 노조는 방향성을 잃어버려요."

장관님은 당당하셨다. 무엇을 입느냐, 무엇을 먹느냐, 무엇을 타느냐가 하등 문제가 되지 않으셨다. "늘 난 이거면 충분해요."

그런 마음을 잘 알기에 서울 올라갈 때마다 천안의 호두과자를 두 개사들고 간다. 장관님이 대단한 효자라서 하나만 사갖고 가면 당신은 안 잡수실 것이 뻔해서이다. 그래서 어머님 것, 장관님 것, 두 개를 사간다. 김장철 때만 되면 김치를 해서 보냈다. 아내가 고생이 많았다. 하지만 장관님이 어떠신지를 우리는 잘 알기에 고생도 기쁘게 했다. 그러면 아내에게 선물을 꼭 보내시면서 고마움을 전하고 격려를 해주셨다.

장관님 가셨다는 얘기를 듣고 찾아뵈었을 때, "알아주는 이 없는데 왜 이리 고생만 하셨습니까!" 외치고 싶었다. 지금까지도 장관님을 생각하면 목이 타들어가 말이 안 나오고 억장이 무너진다. 나라에서 큰 인재를 놓쳤구나 라는 생각이 떠나지 않는다.

벌써 1주기다. 늘 웃어주셨던 이태복 장관님, 설마 그곳에서도 쉬지 못하고 또 일거리 찾아서 일하시는 것은 아니시지요?

장관님이야말로 정치랑 어울리십니다. 정치꾼들의 정치가 아니라 '사람 살리는 정치' 말입니다. 나라와 국민을 살리는 새로운 정치를 하셔야 할 분이셨습니다. 삶이란 후회투성이라고 한다지만, 장관님의 그 길을 일찍 좀 더 힘껏 도와드리지 못한 점, 국민석유를 안착시키는 데 힘을 더 보태지 못한 점이 후회투성이네요.

부디 그곳에서는 편안하게 쉬시길 기도드립니다. 평안하소서!

청렴강직한 장관님! 순하디순한 너그럽고 자상한 장관님!

잊혀지지 않습니다. 아니 도저히 잊을 수가 없습니다. 뵙고 싶습니다.

이태복이라
믿 는 다

명품

정낙훈
(사. 매헌 윤봉길 월진회 이사)

목걸이도 팔찌도 가방도
수억 원에 팔리는 믿기지 않는 세상

내가 아는 어떤 사람은
늘 중절모자를 쓰고 다녔다
독립군과 밀정을 그린 영화 '암살'에서
하정우도 이정재도 썼던 그런 모자를

장관도 사장도 교수도 하였으니
저 모자는
뭔 루이뷔통이라던가 아니면 프라다
값은 수백만 원이 넘을지도

명품과 자신이 동일시되는 시대

그러나 내 기대를 배반하며

고속도로 휴게소에서 만 원 주고 샀다고

거리낌 없이 말하는 그 사람이

오히려 명품처럼 빛이 번쩍거렸다

일본 가나자와 윤봉길의사 암장지에서. 왼쪽이 필자.

이태복이라
믿 는 다

나라와 겨레 감싸안은 철갑무사

박정규
(전 원자력연구소 연구원, 『원자력과 방사성폐기물』 저자)

2002년 겨울에 나는 만주 땅 연길에서 영성수련에 몰두하고 있었다. 스승으로 모시고 수련하는 분은 조선족 할머니셨다. 경주김씨. 조상 고향이 경주시란다. 일제 강점기에 살길을 찾아 북간도로 넘어온 분들의 3대손이다. 아버지는 일제 강점기 시대에 마을 사람들을 일본 군인들로부터 지켜주신 덕에 마을에서는 '수호인'으로 불리웠고, 당시 70대 할머니였던 선생님을 주위 지인들은 '백두산 성모님'이라 불렀다.

원래 한민족은 영성이 뛰어난 모양이다. 바이칼 호수를 시원으로 하는 샤마니즘의 큰 줄기가 한반도로 내려와 열매를 맺었다. 특히 여성들의 영성이 뛰어나다. 중국에서도 뛰어난 기공사들은 대부분 만주족이거나 조선족이다.

선생님은 중국 기공대회에서 부러진 뼈를 붙이는 기공을 펼쳐 왕리핑(王力平, 『영보필법(靈寶畢法)』의 저자)과 함께 공동 1위를 했다고 들었다. 30여 년간 무료 의료봉사를 하던 선생님은 기공대회 1등으로 의사

자격증을 발급받았다. 중국 병원체제는 양한방을 동시 운영하는데, 능력과 효과만 객관적으로 인정받으면 무엇이든지 다 수용하는 제도가 부럽다. 문화대혁명 등 여러 사회 갈등을 겪으면서, 선생님은 연길에서 두문불출하시며 소수의 인연 닿는 제자들만 양성하고 계셨다.

나는 한때 한의학에 심취했다가, 영성 수련에 관심이 많아졌고, 그때부터 열심히 여러 선생님을 찾아다니며 수련하기 시작했는데, 어느덧 만주 땅까지 찾아오게 되었다.

2002년 12월 캐나다에서 연수를 마치고 바로 연길로 와서 수련하고 있었는데, 어느 날 신입생이 온다고 선생님께서 말씀하셨다. 보통 새로운 사람이 오면, 예민한 사람들은 밀려오는 파장으로 느끼기도 한다. 중국 고전을 보면, 노자와 공자는 단 한 번 만났는데, 충분한 대화도 나누지 않은 채 서로 목례만 하고 지나쳤다고 한다. 그 정확한 이유야 알 수 없지만, 내 짐작으로는 가까이 마주하자 이미 모든 걸 다 파악해버린 고수들이였다고 본다. 한편, 굉장히 아픈 사람이 신입생으로 오면, 선생님과 같이 있던 제자들이 며칠 끙끙 앓게 된다. 역청처럼 찐득찐득 품어내는 온갖 폐기를 다 받아주고 깔끔이 씻어주어야 하기 때문이다.

사실 신입생이 오기 며칠 전부터, 머리가 상당히 아팠다. 선생님은 가급적 아무 데도 나가지 말고, 집안에서 수련만 하기를 권했지만, 조선족 사회를 좀 더 알고 싶어서, 연길 시장 중심으로 한 시간 돌아다니다 오면 머리가 아프다. 어쨌든 요번에는 머리가 좀 길게 아팠다.

2002년 12월 26일 해가 질 무렵, 신입생이 들어왔다. 중년의 신사와 숙녀, 두 사람이었다. 인사를 나누려고 다가간 순간, 깜짝 놀랐다. 바로 태복이 형과 부인 심복자 여사였다.

태복이 형은 내가 1970년대에 흥사단 대학생아카데미 활동을 하면서 선후배 사이로 알게 되었다. 내가 1978년도에 대학생아카데미 서울인천지역 연합회 회장직을 맡게 되었는데, 그때는 억압적이고 암울한 유신시대 말기 미쳐 돌아가던 시기라 특히 선배들의 조언이 필요했다. 때로는 공개적인 회의석상에서, 때로는 은밀한 만남으로 조직의 활동방향에 대해 이야기를 나누었다.

또 형이 사회과학 전문출판사인 광민사를 만들고, 『유한계급론』을 번역 출간해, 학생들 사이에 이 책 읽기 붐이 일었다. 이후로 연속해서 노동문제에 대한 좋은 책들을 계속 발간해서 한국 출판계에 사회과학 전문출판사로 우뚝 섰다. 물론, 이런 역할은 엄청난 고난을 예약하는 것이었지만, 형은 이에 굴하지 않고 뚝심으로 밀고 나아갔다.

그 이후, 태복이 형은 노동현장으로, 나는 다른 삶의 단계로 나아가 만남이 뜸해졌지만, 가끔 흥사단에서 만나면, 민족개조론으로만 인식되고 있는 안창호에 대한 새로운 면모를 파헤치는 일, 만주권 독립운동에 대한 연구가 이념적 잣대로 남한에서 거의 이루어지지 못하고 있는 현실에 대한 타개책 모색 등을 들을 수 있었다.

그 이후에는 형을 만날 수 없었다. 1981년에 감옥에 가게 됐기 때문이다. 내 주변에 많은 인물들이 감방 가고, 죽고 했지만, 박정희가 죽고 난 뒤인 1980년대에도 나아지지 않았다.

이런 시기들을 거치면서 내 삶의 방향이나 생각도 많이 바뀌어 갔다. 내 상황을 봐서는 과학기술에 내 인생을 담는 것이 더 보람될 것이라는 판단이 들었다. 그래서 공대에 들어갔다가 다시 한신대 신학대학원에 몸담았지만, 전두환 정권의 어지러운 시절은 나를 가만두질 않았다. 그렇게 방황하다 내린 결론은 다시 과학기술 혁명의 일원이 되자는 것이었고, 몇 년 후 대덕연구단지에 정착하게 되었다.

그런데, 타고나는 게 있는 모양인지, 자주 계룡산을 찾게 되고, 선도 수련하는 사람들을 만나게 되었다. 나는 동서양을 통합해 '영성 수련'이라 부르는데, '에너지'의 개념이다. 에너지는 파장으로 흘러나가고 들어온다. 내가 강력한 에너지 파장을 가지고 있다면, 병약한 사람에게 그 에너지를 주어 몸을 변화시켜줄 수 있다. 나는 영성수련에 몰두했다.

그러던 중 1988년 10월 태복이 형이 오랜 형무소 생활을 마치고 드디어 출소했다. 얼마 뒤 몸을 좀 추스린 다음, 흥사단에서 환영회를 열었는데, 몸을 많이 상한 것이 느껴졌다. 7년 동안 세상과 완전히 단절된 채로 살아, 그동안 한국사회에 어떤 일이 있었고, 세상이 어떻게 바뀌었는지 알아야겠기에 1981년도 신문부터 쭉 살펴보고 있다고 했다. 감방생활을 오래하다 보면, 사람이 바뀌어서 나오는 경우가 종종 있는데, 태복이 형은 여전히 한국사회 변혁이 최대 관심사였다.

연구단지 노조 활동도 자연스럽게 하게 되었는데, 얼마 뒤, 노조를 통해 태복이 형이 새로운 모색으로 노동자신문을 창간하려고 주주를 모집한다는 연락이 왔다. 기념으로 한 달 월급을 몽땅 털어 창간 주주로 이름을 올렸다.

노동자신문 후로 십여 년 만에 다시 태복이 형을 만나다니, 그것도 전혀 인연이 없을 것 같았던, 만주 땅 연길 영성수련장에서. 얼마나 놀랐던지… 두 사람이 연길에 오게 된 것은 청년사 출판사를 경영하던 정성현 사장의 권유라고 한다. 태복 형이 장관시절 심장 관상동맥에 스텐트 시술을 받았던 것을 알고, 태복형의 심장병도 선생님께 의뢰하면 좋겠다고 생각해, 연길 방문을 권유했다고 한다. 몇 개월 뒤 몸과 마음도 쉴 겸 한번 연길을 방문하겠다는 소식을 알려와 정 사장이 먼저 와서 기다리고 있었다.

영성 수련장에는 선생님과 정성현 사장, 그리고 내가 있었다. 낯선 이의 방문을 거절하시는 선생님이신데, 전날 꿈에 하얀 닭이 집안으로 들어오려는 것을 힘써 막았는데 결국 못 막았다고 하셨다.

형이 온 첫날 밤은 수련을 하지 않고 선생님이 이런저런 말씀만 많이 하셨다. 이를 '장커(讲课)'라 하는데, 강의하다 라는 뜻이다. 선생님이 말씀하시면 입에서 불꽃이 튀듯이 나와 낯선 이의 폐기를 1차로 없앤다. 몇 시간을 말씀하시니 넓은 거실에 열기가 가득 찼다. 이제 됐다 하시면서 진짜 수련은 내일부터 한다고 말씀하셨다.

다음 날 아침에 작은 방에 둘러앉아 수련에 들어갔다. 선생님이 창가에 앉으시고, 맨 앞에 태복형 내외가 앉고 그 뒤로 나와 정성현 사장이 나란히 앉았고, 문가에 선생님의 따님이 앉으셨다. 따님도 상당한 경지에 도달해 우리가 '작은 선생님'이라고 불렀다. 잠시 후, 노란 연기와 시커먼 연기가 모락모락 피어나더니 온 방을 가득 채웠다. 물론 우리들은 모두 다 눈을 감고 있었고, 내가 본 것은 내 앞에 나타나는 영상을 의미한다. 티벳 불교식으로 이야기하면, 인당혈에 있는 제3의 눈으로 보는 광경이다. 점점 짙어지는 연기 속에서 시커먼 철갑을 두른 사람이 보였다. 아니 몸 자체가 철갑이었다. 직감적으로 태복이 형임을 알아보았다. 모진 세상 풍파, 불타는 환란 속에서 자신을 지키고자, 자신을 철저하게 철갑으로 무장시킨 모양이었다. 그랬기에 그 모진 세월을 견디어내고, 좌절이나 변절하지 않고 꿋꿋이 버티어오지 않았겠는가.

서서히 철갑 몸속으로 들어갔다. 그러자, 큰 목욕탕이 나타났다. 가운데에 한 사람이 들어가기에 적당한 욕조가 있고, 온 사방에 다양한 금속관들이 벽을 따라 연결되어 있었다. 욕조는 시커먼 때가 잔뜩 끼어 있었고, 금속관들은 다 부식되어 너덜거리는 상태였다. 온 신경과 에너지를 집중하고 있자, 서서히 욕조의 때가 벗겨지면서 아름다운 옥색이 드러나기 시작했다. 또, 전기가 통하듯, 썩은 관들도 서서히 반짝반짝 빛이 나는 은은한 은색 새로운 금속으로 바뀌어 갔다.

이런 이야기를 처음 듣는 분은 귀신 씨나락 까먹는 몽상의 극치라고 하겠지만, 수련하는 사람들은 진지하다. 내가 본 것은 무엇일까? 왜 수련 중에 만화 같은 영상이 펼쳐진 걸까? 나의 경험과 직관으로 보건대, 우주의 언어는 바로 그림과 영상이다. 태몽도 그중에 하나요, 신화와 전설도 이런 해석이 가능한 부분이다.

'눈을 뜨라'는 선생님의 지시가 내려지면, 모두 자신들이 본 영상을 이야기하고, 선생님께서 해석과 평을 해주신다. 수련 중에 내가 본 몸속에 있는 욕조는 자궁을 의미한다는 직관이 왔다. 온 사방 벽에 널려있는 부식된 금속관들은 핏줄, 신경, 내분비선들로 이해했다. 즉, 이것들에 문제가 있다는 뜻이고, 반짝반짝 새것으로 변해가는 것은 치료가 되고 있다는 뜻이다. 이 영상은 나만 보았다. 선생님은 온 힘을 다해 두 사람에게 생명 에너지를 쏘아 넣느라 기진맥진했고, 다른 두 사람도 흘러 넘쳐 나오는 폐기들을 처리하느라 정신이 없었다고 한다. 그간 얽힌 인연이 나에게 모종의 책임을 주는 느낌이 들었다.

나중에 두 분에게 들은 이야기로는 남영동에서 워낙 모진 고문을 갖가지로 당해 몸이 완전히 망가졌다는데, 건강 회복 못지않게 원하던 일은 2세를 갖는 일이었다. 그동안 시험관 시술도 수십 차례 했는데, 다 실패했다고 한다.

표피에 있는 가벼운 증세가 아닌 태복이 형처럼 오랫동안 몸속에서 커져 온 문제들은 한 번으로 끝나지 않는다. 마치 서로 밀고 밀리는 진지전 전투처럼 계속되는 치료가 필요하다.

특히 가장 사람을 골병들게 만드는 게 전기 고문인 것 같다. 후유증이 가장 심하고 내상을 가장 크게 오랫동안 입힌다. 인체는 아주 정밀하고 미세한 전자기 시스템으로 작동한다. 신경계를 포함해 다양하고 복잡한 순환 사이클로 연결되어 있다. 상호 신호전달에 기장 기본은 전자의 흐름이다. 신경을 타고 극미세 전자파가 이동해 정보와 동작 지시를 내리고, 전자를 각 사이클 간에 주고받으며 산화환원반응이 일어나 효소와 단백질이 합성되고 물질이 바뀐다. 이런 생체에 갑자기 강한 전류를 흘려보내면, 엄청난 충격이 생체회로에 가해지고, 순환 체계가 망가진다. 게다가 강한 전류가 반복적으로 가해지면, 인체는 생체 핵심을 보존하기 위해 방어기제로 일부 순환 체계를 스스로 끊어버리기까지 한다.

며칠 수련이 계속 이어졌다. 선생님께서는 진궁(기공수련)을 시작하면, 태복형은 "아주 높은 산 소나무 위에 앉아서 이리저리 세상을 둘러보고 있다."면서 '큰 도인'이라 하셨고, 심복자 여사는 바로 연꽃 위에 앉는다"면서 지상보살 같다고 신기해하셨다. 수련 중 태복형은 "큰 나무판에 글이 쓰여져 있는 것을 보았다."고 했고, 심여사는 "무지개 위로 많은 선녀들이 올라가는 것이 보인다."고 했다. 두 사람 다 이쪽 세계에 큰 인연이 있는 모양이었다.

귀국 날짜가 다가오자, 선생님은 태복 형에게 제자임을 알리는 금반지를 가운데 손가락에 끼워주시며, "제자는 다 도인이고, 우리는 죽어서도 도인세계에서 다시 만날 거다."라고 말씀하셨다. 그리고 남한에서 꼭 가야 할 곳을 말씀해주셨다. 한반도에는 나라를 위해 올리는 국성 제단이 4군데인데, 백두산, 태백산, 한라산, 속리산을 꼽으셨다. 특히 속리산은 겸손한 마음으로 가야 하니 마지막 올라갈 때는 두발로 서서 가지 말고 무릎으로 간다는 의미로 기어서 가라고 하셨다.

사실 나는 속리산과 인연이 좀 있다. 연길에서 선생님을 만나기 전에 태백산 선맥을 이었다는 원광스님을 스승으로 모시고 수련을 했었다. 국선도를 창안한 청산거사와는 사형지간이 되고 청운선사가 그분들의 스승인데, 바로 이분들이 속리산에서 희양산에 이르는 산맥을 따라 수행했었다. 원광스님이 돌아가시고, 그분들의 발자취를 찾아서 속리산을 헤집으며 헤매던 중 대단한 선인이 수행하던 자리를 희양산에서 찾아내는 행운을 누리기도 했다.

속리산은 선도뿐만이 아니라, 불교나 풍수에서도 중요한 곳이다. 신라시대 때부터, 이곳을 중악(中嶽)이라 해서 신령한 산으로 섬기며 천제를 지냈다고 한다. 한반도를 대륙을 향해 앞발을 쳐든 호랑이 형상이라고 볼 때, 속리산은 배꼽 혈처에 해당한다. 임진왜란 시 원군으로 온 명나라 총대장 이여송은 한반도의 이 기세를 억누르고자 수정봉 중턱에 있는 거북바위의 목을 치고, 거북 잔등에는 무거운 10층 석탑을 세웠다고 한다. 왜란 후, 거북 머리를 다시 이어 붙이고, 석탑을 무너뜨렸는데, 지금도 잔해가 주변에 널려있다. 그렇기에 속리산에 오면, 저절로 국가를 생각하고 미래의 청사진을 그리게 된다. 속리산에서 독보대사를 스승으로 수행했던 임경업도 그랬다.

연길 수련 이후, 2년이 지난 2004년 8월 태복 형과 연락이 닿아 속리산 문장대를 함께 오르기로 했다. 구비 구비 올라가는 길목마다 적송들이 맞이했고, 태복형과 세상사, 인간사에 대한 대화로 행복한 시간들이었다. 8부 능선쯤부터는 속리산의 주인님께 '국태민안'을 빌며 기어가는 태복 형님의 마음과 함께 했다. 그런데 마침 어떤 청년이 태복 형님을 보더니 업고 가겠다고 하는 것이 아닌가. 태복형도 젊을 적 검도와 유도를 해서 체구가 건장한데, 청년의 제안이 놀라왔다. 힘이 들어서가 아니라 겸손한 마음으로 기어가던 것이었는데…. 태복 형은 잠시 생각하더니 호의를 고맙게 받아들였다. 마치 골고다 언덕에서 예수님의 십자가를 대신 지어주던 구레네 사람 시몬 같은 느낌을 받았다.

문장대는 무섭도록 차고 습한 구름들이 앞을 분간하지 못할 정도로 끼었지만 우리 일행이 도착하고, 명상을 시작한 지 얼마 되지 않아 태양이 머리 위에 이글거리고 구름들을 하나씩 거두어갔다. 일반 등산객과 15명의 비구니 스님들이 오르내리는 것을 느끼면서 1시간 정도 명상을 했다. 역시 문장대는 배꼽 혈처답게 저 아래 마그마에서부터 기가 뿜어

문장대에 올라서. 맨 오른쪽이 필자.

져 나와 온 누리에 퍼져나가는 느낌이 들었다. 함께 명상하면서 동시에 느낀 것은 바로 붉은 기운이다. 나는 이글거리는 마그마를, 태복 형님은 붉은 빛을, 심 여사는 붉은 기운이 붉은 장미로 변하고, 무지개가 땅에서 하늘로, 다시 넓게 타원형으로 돌아가는 것을 보았다고 했다. 그 외에 탑, 황금 모래산, 돌로 만든 띠, 거대한 잔에 물이 가득 넘치는 모습, 월계관과 호랑이 등 많은 영상들이 우리 앞에 펼쳐졌다.

문장대에서 자하산 정기를 받아 깨침이 있었는지, 얼마 후 형은 국민석유 설립운동을 시작했다. 국제석유자본이라는 거인과의 싸움으로, 정부까지 그들의 편이 되어 일일이 훼방을 놓을 일이 뻔히 보였다. 형인들 그걸 몰랐을 리 없고, 미리 좌절하지 않고 해야 할 일이라면 그대로 돌진하는 수련 중에 본 진격의 철갑무사 이미지 그대로였다.

선생님 생신이 음력 12월 17일이라, 신정 연휴 때 찾아뵙는다는 얘기도 들었다. 코로나19로 하늘길이 막히기 전까지 꾸준히 선생님을 찾아뵌 모양이다. 선생님께 가면, 백두산에 올라 국태민안을 빌기도 했단다.

선생님께서 말씀하셨듯이, 태복 형님은 '큰 도인' 같았다. 치열하게 자신을 태워서 민주화의 불을 밝혀 민주사회를 위한 민주화 제단에 자신을 던지는 투사이기도 했고, 어려운 이들을 따뜻하게 감싸 안는 아씨시의 프란치스코 같은 모습도 있었다.

생애 마지막 순간까지 한국사회 발전을 위한 비전과 활동을 멈추지 않았던 사람, 이제는 역사가 되어버렸지만, 그가 펼친 뜻을 후배들이 이어받아 한발 한발 또 전진해야겠다.

배려와 나눔 가르친 큰 형님

윤경식
(전 한국배구연맹 사무국장, 사. 인간의대지 이사)

장관님! 아니 존경하는 태복 형님.

이제 어느덧 완연한 가을이네요. 파주집 차장 밖 잔디에는 제법 낙엽이 소복히 쌓여만 가고 있습니다.

평소에 "파주집에 한번 놀라가야 할텐데…." 매번 말씀하셨던 당신께서 지난 2021년 10월 9일 파주집에서 심교수님과 김성환, 오문환, 그리고 김일환 형님 내외와 함께 그 유명한 한산 소곡주에 삼겹살을 맛있게 드시면서 서로의 건강을 약속했던 그날이 태복 형님과 마지막이 될 줄이야…. 너무 갑작스런 이별에 아직도 장관님의 목소리, 말투, 그리고 몸짓, 모두가 내 머리 속에 다 그려지는데 이제는 볼 수 없으니 참으로 슬프고 원통하기만 합니다.

이제 우리 곁을 떠나 하늘의 별이 되신 지 어언 1년이란 세월 속에 새삼 장관님과의 지난날 추억들이 아련히 떠오르며 더더욱 그리울 뿐입니다. 평소 국가와 오직 국민을 위한다는 생각에 충남도지사에 출사표를 던지고 '도민프로축구단 창단'이라는 공약을 실천하기 위해 저와 함께 지역 곳곳을 다니면서 무던히도 애쓰셨던 그 때의 그 애정과 열정….

부모와 7년, 9년 떨어져 기숙사에서 지내는 조선족 청소년들의 눈망울을 보고 가족해체 위기를 방치하면 안된다고, 〈중국동포 청소년 가족상봉 및 역사문화체험〉 프로그램을 만드셨던 일. 연길, 흑룡강성, 심양에 사는 청소년들을 초청해서 성장한 아이들을 못 알아보다가 서로 부둥켜 얼싸안는 뜨거운 상봉을 지켜보며 함께 기쁨의 눈물을 흘렸던 소중한 시간들… 혼자만 엄마를 못 만난 아이, 놀랄까봐 엄마가 일하다 손가락이 절단된 사실을 숨겼다가 그날 행사 끝나고 밤늦은 시간에 저보고 엄마 있는 병원에 데리고 가서 만나게 해주라는 부탁의 말씀. 어린 딸이 충격을 받을까봐 세심히 배려하고, 그 어머니의 산재문제도 비록 불법체류자였지만, 보상을 받도록 말끔히 처리해주시는 모습 등… 여주천문대에서 은하의 세계를 보여주시며 "너희들은 공부 열심히 해서 역량을 키워야 나중에 커서 더 많은 이들을 도와줄 수 있다."며 인생관

〈제3차 중국동포 청소년 가족상봉 및 문화역사체험〉. 2009년 8월 25일에 필자가 청소년들에게 월드컵 상암 경기장을 구경시켜주고 축구선수들의 사인이 새겨진 축구공을 한 개씩 선물로 주어 뜻깊은 추억을 만들었다. 오른쪽 첫 번째가 필자.

을 손쉽게 가슴으로 가르쳐주시던 모습들…

3년간의 스포츠계 공백을 딛고 새롭게 한국프로배구사무국장으로 출발하던 2012년 그날 어느 누구보다 더 기뻐하시며 나의 손을 꼭 잡고 축하해주셨던 따뜻한 장관님. 지금은 행사 화환 대신 사랑의 쌀을 대신 받는 경우가 많지만, 10여 년 전만 해도 그렇지 않았어요. 장관님의 말씀대로 배구행사 때마다 화환 대신 '사랑의 쌀'을 받았더니, 처음에는 뭐라 하던 이들도 오히려 좋다는 인식을 갖게 되었고, 그것이 관례가 되었지요. 그래서 매년 300kg 이상의 쌀을 사)인간의대지를 통해서 독거노인, 노숙인, 장애인생활시설에 기부했던 뜻깊은 일들….

어느 날 문득 저에게 전화하셔서 중2인 오문환의 딸래미 오세연을 배구선수로 키워보라고 진심으로 말씀하셨죠. 원하던 프로팀에 뽑혀서 숙소로 들어가던 날. 고기를 사주시면서 격려하고 경기장에서 나오면 응원갈 테니 그때 보자고 격려하셨던 모습. 오세연 선수는 지금 3년 만에 당당히 프로팀 주전선수를 뛰어넘어 국가대표까지 바라보는 훌륭한 선수로 성장했는데, 당신께서는 이를 지켜볼 수 없으니 참으로 안타까울 따름입니다.

장관님과의 인연 속에 지금까지 이래저래 살아가다보니, 이렇게도 그리움에 가득 차 어제와 같은 지난날의 추억을 글 속에 담아봅니다.

지난날 서로 소중한 사람으로 가깝게 지내면서도 더 나은, 더 좋은 일들을 만들지 못하고 사회생활의 노예가 되어 당신의 소중함도 잊어버린 채 세상살이에 몰두했으니, 이것 또한 핑계 아닌 핑계라고 생각하며 이제라도 속죄 드립니다. 장관님, 정말 죄송합니다.

장관님은 지난 세상 자신보다 남을 먼저 생각하고 배려하며 없이 사

2011년 5월 24일 한국프레스센터 20층 국제회의장에서 열린 『토정 이지함 평전』 출판기념강연회.

셨지만, 마음만은 항상 부자이셨습니다. 그러니 저 세상에서도 감히 그 누가 당신을 욕되게 할 수 있겠습니까? 어림 없지요.

지금 계신 곳은 어떠신지요?

이 글을 쓰기 3일 전 처음으로 제 꿈에 나오셨는데, 장관님의 밝은 미소에 안도의 마음을 갖고 편안하게 이 글을 쓸 수 있었습니다. 그래도 그곳에서는 잘 지내고 계신가 봅니다.

사람은 누구나 언젠가 간다는데, 장관님과의 너무 이른 이별에 그동안 슬픔을 참고 견디어 왔지만, 쉽사리 진정이 안 되는군요. 그래서 그리 쉽게 당신을 잊을 수가 없답니다. 끝까지 함께 해주지 못한 저를 용서하시고, 계시는 그곳에서 부디 행복하세요.

당신이 좋아하는 심복자 교수님, 그리고 성환, 문환이 모두 제가 잘 지키고 있을게요. 걱정 마십시오.

당신이 마냥 그립고 보고 싶어요. 그리고 사랑합니다.

이태복이라
믿 는 다

영원한 나의 영웅

김성환

(사. 인간의대지·5대운동 사무국장)

‘면장님댁’, 장관님 이종사촌 동생 조한수, 이 두개의 고리로 연결되어 어릴 적 장관님에 대한 기억은 아주 단편적입니다. 등하교길에 늘 스치는 면장님댁과 제법 큰 밭에서 수건을 머리에 두르고 일하시는 사모님, 그리고 가끔 그 밭에서 일하던 청년 이태복. 초등학교 2학년쯤 제가 본 청년 이태복은 키가 훤출하고 하얀피부의 단아한 모습이었습니다.

사형선고라는 무시무시한 얘기, 수근대는 동네사람들, 그리고 석방소식. 당시 제 나이는 18살, 27살 때입니다.

제 나이 38살이던 2001년, 청와대 수석비서관으로 임용되셨다는 보도기사를 보고 뛸 듯이 기뻐서 서울에서 급히 축하 현수막을 2개 제작하여 광천에서 천북으로 들어가는 길목에 설치하고 가슴 뿌듯해 했습니다. 누가 시킨 것도 아니었는데, 신이 났습니다. 신문들은 용산지게꾼, 출판사, 노동자신문, 사형수, 양심수 등 대서득필했고 인쇄소 일을 하던 저에게 출판사와 신문사를 하셨다는 얘기는 동아줄 같은 끈이 연결되는 듯, 비슷한 동질감을 주어 더욱 기뻤습니다.

2019년 10월 21일 단양 사인암에 이태중 공의 이름이 새겨진 바위 앞에서.

며칠 지나 고향에 내려와보니, 어러 단체들의 축하 현수막이 십수 개 걸려 있었습니다.

다음해에 보건복지부장관으로 영전됐다는 소식이 1면에 크게 실렸고, '이제 정말 되었다' 무릎을 쳤습니다. 그런데 몇 달 안 가 경질 소식과 개각 소식이 들렸고, 곧 이후 국회의원 출마소식이 있어서 도울 일이 없을까 망설임 끝에 선거사무실을 찾아간 적이 있습니다. 낯가림이 심하고, 너무 큰 웃어른이라 부담도 컸지만, 심부름이라도 해서 돕고 싶었습니다. 그것이 지금까지 이어진 인연의 실제 시작이었습니다. 열린우리당 탄생, 민주당 후보 출마 포기…. 그렇게 시간은 갔고, 사)인간의대지와 5대거품빼기운동 등 20여년 동안 늘 지근거리에서 장관님을 모시면서 참 많은 일들을 했습니다.

인간의대지에서의 사계절별자리캠프, 4계절희망국토대장정 청소년단, 중국청소년가족상봉 및 역사문화체험, 수재해 재난지역의 현장복구, 태안기름띠제거 자원봉사 등 복지실천은 이태복 장관님의 '대지' 같은 큰 사랑을 배우는 기회였습니다.

나라와 국토사랑, 친구와 선배와 이웃 관계 회복, 한민족이라는 유대감 형성, 멘토링을 통한 직업모델, 자신감 회복 등 청소년들에게 실질적인 '꿈'과 용기를 갖게 했습니다. 이태복 장관님은 모든 활동마다 자원

태안 기름띠 제거를 위한 자원봉사활동. 2007년 12월 20일부터 2008년 3월 8일까지 5차례 매번 버스 10대를 대절해서 봉사를 다녀왔다.

봉사자를 결합시켰기 때문에 자원봉사자들의 변화도 함께 이뤄냈습니다. 나눔의 삶, 선배로서의 멘토 역할, 공동체의식의 체험, 파괴된 자연 복구 등을 함께 일궈냈습니다.

"더 넓은 세상이 있다, 목숨 바쳐 역사를 만들어 우리에게 '지금'을 열어주신 애국선열들이 계시다, 나보다 더 어려운 이들에게 손을 내밀자, 나에게 있는 사랑의 일부를 내어놓는 것이 복지실천이니, 시간, 재능, 물질, 경험, 신체의 힘 등 뭐든지 가난한 이웃들을 위해 손을 내밀어 하나의 끈으로 이어가자, 내 역량을 건강하게 키워서 더 많은 이들을 돕고 사회를 좀더 아름답게 변화시키자, 방향을 잘 잡고 여건만 조금 만들어진다면 슬기롭게 헤쳐 나갈 수 있으니 함께 힘을 모아 아름다운 세상 만들어가자."

장관님이 앞장서 실천하시면서 우리를 변화시키고자 하셨던 말씀들입니다.

2012년 10월 21일 국민석유 전국 간부수련회. 두 번째 줄 맨 왼쪽 끝이 필자.

5대거품빼기범국민운동본부의 거품빼기 전국 서명캠페인, 지역간담회와 전국 발기인대회, 노인틀니 건강보험 적용운동, 국민석유설립운동 등은 전국을 대상으로 하는 것이라서 하루에 3군데, 많게는 5군데 지역을 도시면서 장관님의 열정을 쏟아내셨습니다.

2007년 3월 23일 서울역 KTX 4층 별실에서 5대운동본본부 준비위원회 결성식과 5대거품빼기운동 발대식과 4월 25일 한국교회 100주년기념관에서 1,000여 명이 넘는 가운데 열린 5대운동본부 및 5대거품빼기범국민운동본부 창립대회를 시작으로 특별시, 광역시 도본부 창립대회, 5대거품빼기 법개정 촉구대회, 각 지역행사, 지역간담회, 거리문화제, 촛불집회, 100만 서명작업, 1인 릴레이시위, 기자회견, 토론회, 자전거릴레이대회, 국민석유설립운동을 위한 인터넷 약정운동, 인터뷰 등 이루 헤아릴 수 없는 활동들이 2019년까지 이어졌습니다. 자동차로만 다닌 거리가 20만 킬로미터가 넘습니다. 부산까지 거리가 477킬로미터이니까 420회 다니셨다는 애기가 됩니다.

그런데 민생을 살리고 나라를 건강하게 하자는 정신이야말로 이태복 장관님의 한결같은 삶의 목표였지만, 그 실천을 더욱 위대하게 만든 것은 뜻을 모으고 힘을 모아가는 과정에 있었습니다. 인생의 선배, 운동의 동지, 지인들의 의견을 묻고 지역 여론에 귀 기울여서 머리를 맞대어 현실적 대안을 함께 만들고, 국민대중과 함께 운동을 완성해나가셨습니다. 1인의 참여로 시작되어 1,000, 1만, 10만, 30만, 50만, 70만이 동참하는 경험을 목도했습니다. 대한민국의 중요한 1인이라는 자존감도 생겼습니다. 이 놀라운 체험을 함께 이끌어주신 이태복 장관님께 얼마나 감사한지 모르겠습니다.

2020년, 2021년은 그간 집필해오신 『도산 안창호평전』『윤봉길 평전』『조선의 슈퍼스타, 토정 이지함』『청백리 삼산 이태중 평전』을 강연과 좌담회, 전시회를 통해서 널리 알리는 역할에 주력하셨습니다. 청백리 기념비도 세우고, 전시회도 열고 특별강연도 하셨습니다. 김좌진, 이종일, 이동녕, 이상재, 유관순, 한용운, 윤봉길 등 충남 독립운동가 인물 포럼도 조직해 좌담회도 여러 차례 이끄셨습니다.

"지금 혼탁한 세상에 필요한 지도자, 공직자는 다름 아닌 애국선열들이다, 박물관이나 기념관에 처박아두지 말자, 살아있는 이 세상마당에 다시 불러와 온 국민의 사표로서 부활시키자. 그들의 목숨 건 실천이 있기에 지금 우리가 있는 것이다." 이태복 장관님의 말씀입니다.

그리고 5월 광주민중항쟁의 윤상원 열사의 삶과 그날의 진실을 알리셨습니다.

21세기, 세계 12위 나라에 무슨 목숨을 거냐 할 수 있습니다. 달라진 세상에 무슨 '목숨 건 실천'이 필요하냐 할 수 있습니다. 하지만 이태복 장관님은 우리가 역사를 바로 알지 못하면, 우리가 이 세상 돌아가는 이치를 바로 알지 못하면, 그리고 우리가 신경 쓰지 않고 관심 갖지 않으면 세상흐름과 역사의 흐름은 변질된다 하셨습니다. 그러니 치열하게 살라는 말씀이셨습니다.

2021년 12월 3일. 어찌 그날을 잊겠습니까. 그 크신 뜻과 치열했던 삶의 끝자락을 놓으신 그 날을 어찌 잊겠습니까.

이태복이라서 믿었고, 이태복이라서 따랐고, 이태복이라서 함께 했습니다.

그간 하셨던 활동처럼, 그간 하셨던 말씀처럼 우리가 잇고 또 잇는다면, 영원히 살아있는 이태복 장관님으로 계실 것이며, 우리의 영원한 등대로, 우리의 정확한 나침판으로, 우리의 용기 있는 깃발로 우리와 함께 하실 것이라 믿습니다.

작은 것일수록 더 소중하고, 사랑하셨던 장관님이시기에 많이 부족하고 모자란 저도 용기내어 장관님 뒤를 바짝 이어서 따를 것입니다.

부디 학처럼 훨훨 자유롭게 날으십시오. 그리고 늘 하셨던 것처럼 응원과 용기 주십시오. 고맙습니다. 사랑합니다.

이태복이라
믿 는 다

'희망' 나누기 실천을 선물해주신 분

심우경
(사. 인간의대지 회원)

사촌매형과 사촌처남이라는 새로운 가족으로 처음 인사하며 악수할 때가 생각납니다. 노동자신문을 만드시고 계실 때였습니다.

중년의 깊은 멋이 느껴지는 기품과 당당함이 넘치는 모습, 손을 잡아주며 반갑다고 맞아주시던 따뜻한 모습을 이제는 그리움으로 달래봅니다. 가슴 속 깊이 공감하고 존경하던 마음이 컸었기에, 추모집에 동참하고 싶은 마음으로 매형의 발자취를 따라가 보았습니다.

처음 뵈었을 때, 노동자의 대변자로, 눈과 귀와 입이 되시겠다며 고행의 길을 마다하지 않으시고 계신다는 사실에 놀랐었습니다. 〈한겨레신문〉도 시선이 곱지 않았던 시절이었기에 대단한 용기를 갖고 계시구나 했습니다. 노동운동과 사회개혁운동으로 7년 넘게 옥고를 치르시며 몇 번의 사선을 넘기셨다는 것이 믿겨지지 않을 정도로 온화하신 성품이셔서 신념과 용기가 얼마나 대단하면, 저런 모습과 인상을 가질 수 있을까 했습니다. 내공이 단단함에도 부드러움으로 감싸여진 모습에서 한편으로는 '도인'같다는 인상도 컸습니다.

가까이 다가가 대화를 나누기에는 너무 큰 산 같아서, 『쓰러져도 멈추지 않는다』 책을 주시길래 살아오시면서 열심히 하셨던 활동들을 간접적으로 접했습니다. 마치 위인전을 보는 기분이었습니다. 저와는 너무 다른 세계에 이런 분이 계셔서 나라가 변화하고, 사람들이 먹고 사는구나 했었습니다.

그 이후로 『대한민국은 침몰하는가』 『대한민국의 활로찾기』 『조선의 슈퍼스타, 토정 이지함』 등의 출판기념회 때 뵙고 책을 접하면서 평생을 국민의 삶을 개선하고자 노력하시고 국가의 발전을 위해 중요한 정책 제안도 하시는 모습에 감동을 받았습니다.

여러 분야에서 만드신 사업 모두에 함께 할 수는 없었지만, 제가 참여했던 5대거품빼기 서명작업은 새로운 경험이었습니다. 아쉽게도 무산되었지만 신선한 아이디어로 시작한 '국민석유설립운동'도 누구나 동

연탄 나르기 자원봉사.

참할 수 있고 주인공이 될 수 있다는 자신감과 더불어 힘을 모으면 국민이 국민을 위한 사업의 주체가 될 수 있다는 희망을 선물해 주셨습니다.

지금도 진행형인 사)인간의대지는 저에게 작게나마 사회에 기여할 수 있는 기회와 더불어 보람을 찾을 수 있는 행복의 길을 보여주셨습니다. "사랑의 끈으로 하나 되는 땅, 자유와 평등을 꿈꾸는 땅, 사람으로 온전히 인정받는 땅, 넉넉한 나눔이 있어 기쁨이 넘치는 땅, 인간의대지로 오십시오." 홈피 대문에 올려져있는 글은 저의 마음을 늘 따스하게 감싸면서 삶의 희망을 새롭게 품게 합니다.

인간의대지에서의 여러 활동 중에 저에게 크게 다가온 일들이 몇 가지 있습니다. 첫 번째가 한부모가족 아이들에게 주는 희망이었습니다. '별자리캠프' '전국 국토대장정'. 소년소녀들이 현실의 암울함을 털어내어 우주비행사, 체육교사, 사회복지사 등의 꿈을 만들어주시는 일은 작지만 큰 보람이었습니다. 부모님을 한국에 보내고 7~8년을 떨어져 지내는 중국동포 청소년들을 초청해서 가족상봉을 하고, 역사문화체험을 시켜주신 것도 참으로 귀한 활동이셨습니다. 특히 '우수도서 1만 권 보내기운동'은 전국의 공부방들에게 등불이 되어주셨고, 더 나아가 중국 조선족 소학교와 고등학교에도 보내 도서관을 만들어주시면서 역사의식과 '한민족은 하나다'라는 동질감을 심어주신 활동은 '희망의 빛'을 나누는 뜻깊은 일이었습니다.

두 번째가 의약품 후원활동입니다. 아파본 사람만이 안다고, 처음 의약품 후원을 했던 15년 전에는 돈이 아까와 약국도 병원도 가지 못하는 사람들이 많았습니다. 그런데 국내의 여러 곳의 무료병원에 의약품들

청송심씨 시제. 처남 심우권 오른쪽이 필자.

을 후원하고, 북녘 동포들에게도 십 수 억 원 어치의 의약품을 보내는 활동은 얼마나 가슴이 크면 이 같은 활동을 생각해내실까 했습니다. 캄보디아, 몽골, 네팔, 미얀마, 스리랑카 등 더 넓게 더 멀리, 아픔을 치유하는 활동을 펼치셨으니, 대지와도 같은 그 너른 마음을 저도 같이 동참하면서 배우고 익히고 있습니다. 저는 앞으로도 인간의대지와 늘 함께할 것입니다.

아직도 이 사회에서는 해야 할 일들이 많고, 매형처럼 사심 없이 오로지 국민들을 위해 일하는 분들이 적기에, 힘드시더라도 이 곳에서 더 많은 역할을 하셔야 했었는데, 참으로 하늘도 무심하십니다. 그래서 더욱더 안타까운 마음에 때늦은 욕심을 부려 보기도 합니다.

매형은 바쁘신 와중에도 누나를 위해서라면 궂은일도 마다하지 않는 한없이 다정다감한 사랑꾼이셨습니다. 누나의 발을 닦아 주시면서 소중한 연인을 존중하고 사랑하며 정을 나누시는 행복한 가정을 만드셨고, 누구나 한번쯤은 귀찮아서 건너뛰고 싶어 할 법한 쓰레기 분리수거, 시장보기 등 집안일을 기꺼이 하셨습니다. 작은 것일수록 소중히 여기고 뭐든지 함께 나누고자 하셨던 점을 알기에 저도 아내와 가정, 그리고 이웃과 사회에 필요한 역할을 하도록 노력하겠습니다. 다만 님을 떠나보내고 반복되는 일상에서 그리움과 공허함으로 힘들어하고 있는 누나가 이제는 새로운 목표를 가지고 건강한 모습으로 열심히 살아가시는 모습으로 돌아왔으면 합니다.

급하게 떠나신 자리에는 그리움과 못다 이룬 과업의 아쉬움이 크게 자리잡고 있지만, 그 위로 새싹이 돋아 새로운 희망으로 자라 빈자리를 가득 채우리라 믿습니다. 그리고 후배들과 후손들의 기억에 오래도록 남아 구심점이 되고, 길이 되고, 빛이 되어 주시리라 믿습니다.

이제 무거운 짐은 내려놓으시고 가벼운 마음으로 영면하시기를 기원합니다.

이태복이라
믿 는 다

큰 향기로 길이 남으소서

이창원

(사. 5대운동 사무차장)

오얏 리(李), 클 태(泰), 향기 복(馥)
큰 향기로 길이길이 남을 어르신,
이제 볼 수 없어 존함 석자에 고합니다.

평생 초연한 뚝심으로 살아오신 어르신
재물과 명예는 다 필요 없는 거추장스러운 껍데기
그저 올곧은 사람 됨됨이만 있으면 된다 하셨죠.

온화한 미소에 나지막한 목소리,
크고 넉넉한 따뜻한 가슴으로
노동자와 국민들의 고통과 눈물을 함께하셨습니다.

5대거품빼기, 태안기름띠제거, 노인틀니, 국민석유
크든 작든 문제가 있다면 현장에 달려가서

해법 찾아 실사구시
그치지 않는 열정이 어디서 샘솟는지
사회 곳곳, 전국 방방곡곡
개혁 일구고, 사람 살리고, 온기 나눠주고

가히 범접할 수 없는 크고 큰 향기 만들어
자유롭고 평등한 땅, 아름다운 세상 위해
늘 고군분투하셨는데

필자.

전기고문, 7년4개월의 옥고도
거뜬히 이겨내셨는데
어찌 이리도 빨리 가셨나요?

매콤한 비름나물 초무침에 밥 비벼 먹고 사무실에서 일했던 순간들
일평생 제일 맛난 점심으로 기억합니다.
힘들어도 힘든 줄 모르던 시절
드문드문 하셨던 잔소리도 잘 크라는 뼈 있는 채찍.

그때가 그립습니다.
큰 산이 되어 버팀목 되어 주신 그때가 그립습니다.
순박한 웃음으로 배려와 응원하시던 그때가 그립습니다.
나보다 더 어려운 이들을 살피고 도우라는 가르침
항상 기억하겠습니다.
부디 편안히 쉬시기를 기도합니다.

이태복이라
믿는다

지하철 타는 자상한 휴머니스트

고진선

(사. 굿위드어스 이사)

살면서 한번쯤은 누군가의 삶의 여정을 한번 되돌아 볼 날이 있을 것이라고 생각했다. 하지만 나에게 삶의 여정의 이야기는 준비되지 않은 상황에 너무도 빠르게 찾아왔고 그것이 내가 존경하고 사랑했던 그분의 이야기일 줄은 상상조차 해본 적이 없었다.

첫 만남

장관님과의 첫 만남이 있기 전, 먼저 만나 뵌 분이 바로 심복자 교수님이시다. 2002년 강의를 듣고, 그 다음해 강의 중에 어느 날 한통의 전화를 주셔서 사무실에 방문하게 되었다. 사실 그때까지만 해도 젊은 청년이 필요하니깐 전화주신 거구나! 정도로만 생각했었고 전직 장관님이시라는 것도 몰랐다. 그렇게 사무실에 처음 방문을 하게 되었고 사무실의 전경에는 〈인간의대지〉라는 간판이 붙어 있었다.

처음 뵌 장관님은 백발의 모습에 온화한 모습을 지으며 "자네가 심교수가 이야기했던 그 친구인가?" "사회복지를 무슨 이유 때문에 하고 싶은 건데?"라는 질문에 평소에 고민하고 있던 이야기를 제대로 말씀드리지 못하고 나왔던 것으로 기억한다.

지금도 편안한 복장의 모습으로 차를 드시고 계신 장관님의 모습이 또렷하게 떠오른다. 그 모습만 보면 세상에 아무런 고민과 걱정 없이 여유 있는 삶을 살아가는 모습으로 보였다. 하지만 대화 내용 중에 느껴지는 근엄함에 압도될 수밖에 없었고 다양한 주제에 대한 이야기를 나누는 시간 속에 역사적 의미와 사회적 가치와 철학, 그리고 삶과의 연결고리에 대해서 쉽고 명쾌하게 설명을 해주셨던 것으로 기억된다.

지하철 타는 장관

시간이 얼마나 흘렀을까? 장관님을 처음 만나 뵌 후 몇 년이 지났던 것 같다. 시간 날 때 한번 사무실에 오라고 하셔서 영등포 시장 역 근처에 위치한 사무실에 방문했었다. 처음 만난 구로동에 있었던 사무실보다 훨씬 넓었다. 그날은 교수님도 함께 계셨었다.

장관님께서는 대한민국의 서민들이 고통받고 어려움에 놓여있음에도 불구하고 많은 사람들이 자신의 이득만을 위해 서민의 고통에 관심두지 않음을 안타까워 하셨다. 또한 중국이 수 년 안에 대한민국을 앞지를 수 있기에, 중소기업을 기반으로 하는 탄탄한 경제 동력을 만들어야 한다고 말씀하셨다. 더불어 서민생활을 위협하는 기름값, 핸드폰 요금, 카드수수료, 약값, 은행금리의 거품을 빼야 된다고 설명하셨다. 오손도손 다양한 이야기를 함께 나누던 중 장관님께서는 다른 선약이 있으셔서 이동을 하셔야 된다고 하였다. 나는 당연히 차량을 가지고 이동하시고 별도의 기사 분들이 계신 줄 알고 있었다. 그런데 내 생각과는 다르게 장관님께서는 지하철 노선을 확인하고 계셨다.

흔히 관료 출신의 통상적인 관행하고는 달라 적잖게 놀랐던 기억이 있다. 생활 속에서 지하철을 타시는 장관님의 모습을 보면서 검소함과 그 멋을 느낄 수 있었다.

책 읽는 리더

한통의 전화가 걸려왔다. "진선아! 시간될 때 사무실에서 한번 보자!" 장관님이셨다. 장관님은 늘 따뜻하고 인자하신 목소리로 가끔 나에게 전화를 해주셔서 시간될 때 놀러오라고 말씀하셨다. 신도림동 사무실에 들렀을 때 조용히 차를 드시며, 책을 보시고 계셨다.

"왔니?" 하시면서 "요즘은 무슨 책을 보고 있니?"라고 물으셨다. 난 아무 말도 할 수가 없었다. 바쁘다는 핑계로 사실상 책을 볼 마음의 여유조차 없이 하루하루 살고 있었기 때문이다.

아무런 답변도 하지 않고 웃고 있었던 내게 장관님은 『도산 안창호 평전』을 꺼내서 사인을 해주셨다. 그리고 나에게 책을 읽고 역사를 바로 알고 있어야 하는데 한국사회에 역사가 왜곡되고 잘못 알고 있는 것들이 너무나 많이 있다고 하셨다. 아무도 신경 쓰지 않고 관심 갖지 않으면 그렇게 역사는 변하고 멈춰질 수밖에 없으며, 그래서 리더들은 책을 통해 다양한 삶을 간접적으로 경험해야 한다는 말씀이 아직도 마음속에 남는다.

평소에 무릎 꿇지 마라!

어느 날 장관님께서는 "만나고 있는 여자 친구 한번 데려와라. 함께 저녁을 먹자꾸나!"라고 말씀하셨다. "네"라고 바로 대답을 하고 여자친구에게 전했더니 부담을 많이 느낀다는 거였다. 아직 시부모님 되실 분들도 뵌 적이 없는데 장관님과 교수님을 뵙는 것이 어렵고, 전직 보건복지부 장관님이라니 더욱 부담되었던 것 같다.

그렇게 초대받은 후 식사를 하러 간 곳은 닭갈비와 닭발을 파는 곳이었다. 음식을 가리지 않는 나와 달리, 여자친구는 닭발을 단 한 번도 먹어본 적이 없어서 당황했지만, 열심히 노력해서 식사를 마치고 헤어졌다. 집에 돌아오는 길에 여자친구는 장관님이 서민적이고 친근하고 따뜻하게 대해주셔서 오히려 편안했다고 한다.

그렇게 첫 만남 이후 몇 달 안 되어 나는 여자친구와 결혼을 하게 되었고 장관님이 주례를 해주셨다. 결혼식에 교수님도 같이 오셔서 환하게 축하해주셨다. 특히 장관님의 마음이 듬뿍 담긴 주례사는 집안어른들이 여러 번 말씀하셨다. 양가부모님들께 요일을 정해서 꼭 안부전화 드리라는 당부, 밥통에 밥이 있더라도 새로 밥을 지어서 정성을 드리라는 말씀, 아내의 꿈이 사라지지 않도록 곁에서 격려하고 응원해주라는 말씀, 행복할수록 주위의 어려운 이웃들에게도 관심을 갖고 나눔과 배려를 베풀어야 한다는 말씀 등등이 신선하게 다가오신 듯했다.

혼인식에 주례를 해주고 축하해준 이태복·심복자 교수님과 함께.

주례사를 듣고 양가 부모님께 인사를 하는 시간이 되었다. 평소에 결혼식 사회를 많이 보고, 많이 다녔기에 양가부모님께 큰 절을 할 시간이구나 생각했다. 습관적으로 무릎을 꿇는 듯 보이셨는지, 장관님께서는 "오늘은 정말 사랑하는 아내를 맞이하고 그동안 잘 키워주신 부모님들께 진심을 다해 인사를 드리고 안아드려라." 하셨다. 하지만 평소에는 무릎을 쉽게 꿇는 것이 아니다. 살아가면서 그런 날들이 많을 테지만, 그때마다 모두 무릎을 꿇어서는 안 된다 하셨다.

더불어 "이제부터는 서로를 위한 따뜻한 마음을 함께 나누는 부부가 되었으니 세상의 풍파 속에 서로에게 힘이 되는 가정을 꾸려라."고 말씀해주셨다.

보고싶고 기억하고 싶은 나의 우상!

나는 아직도 10년이 훨씬 지난 장관님과 교수님의 눈빛을 잊을 수가 없다. 서로를 생각하시는 애뜻한 마음과 존경하고 사랑하고 계시는 그 눈빛들! 아무리 좋은 말보다 직접 실천하시는 두 분의 마음들을 보면서 늘 다짐한다. 살아가면서 장관님이 교수님을 생각하시는 마음을 우리 부부가 모두 실천할 수는 없겠지만 그 발자취를 따라가는 모습을 보여 보겠다고 다짐한다. 그래야 우리 부부의 주례를 서주신 장관님이 하늘나라에서 웃으면서 바라볼 수 있지 않을까?

아직도 눈을 감으면 환하게 웃고 계신 장관님의 미소와 목소리가 들리는 듯하다.

가슴을 울리는 따뜻한 사람! 말이 아닌 삶에서 실천하는 사람!

이태복 장관님이야 말로 이 시대가 꿈꾸던 진정한 로맨티스트라고 생각한다.

이태복이라
믿는다

전환점이 된 교수님의 손편지

김인수
(서산시 장애인복지관 사회복지사)

이태복 교수님께서 서거하셨다는 말씀을 듣고, 2006년 3월 한서대학교 교수님으로 계실 때 제게 써주신 편지를 책장에서 다시 꺼내 보았습니다.

그 당시 교수님께서는 수강하는 모든 학생들에게 손 편지를 써 주셨습니다. 저에게도 써주신 손편지는 제가 지금까지 간직하는 유일한 편지이자 제 인생에 중요한 전환점이 되었습니다.

복학 후 학교생활에 적응하는 모습을 유심히 지켜봐주시고, 열심히 하여 잘 극복했다고 칭찬도 해주셨습니다. 더불어 분명한 관점과 깊이 있는 생각이 왜 중요한지, 그리고 부족한 부분은 어떻게 보완해 나가야 하는지에 대한 조언도 강의를 통해서 손편지를 통해서 알려주셨던 기억이 납니다. 사고를 좀 더 깊이하기 위해서는 인문 사회 교양의 폭을 넓히고, 자주 생각하는 시간을 가지라 하셨습니다. 친구들과도 거리를 좁혀서 가까이하고 대화도 많이 하라시면서 나중에 학창시절의 친구처

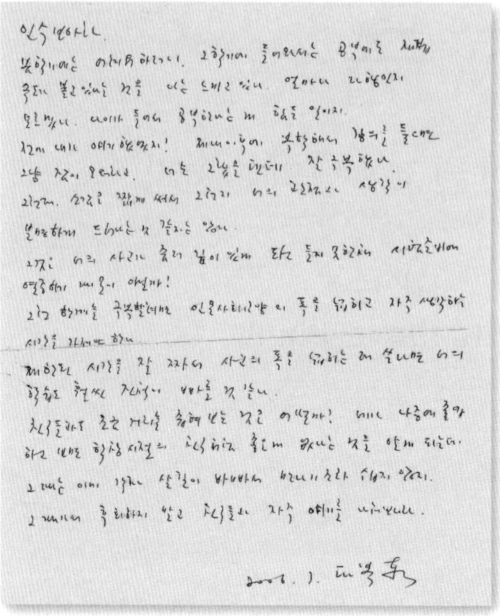

인수 보아라.
[illegible] 그 학기에 들어와서는 공부에도 [illegible]
흥미 붙고 있는 것을 나는 느끼고 있다. 얼마나 다행인지
모르겠다. 나이가 들어서 공부하는 때 힘도 있겠지.
처음에 내게 얘기했었지! 제대 후에 복학해서 강의를 들을 때는
그냥 잠이 오더라고. 너는 그것을 딛고 잘 극복했다.
[illegible] 생각이
분명하게 드러나는 것 같지는 않다.
그것은 너의 사고가 [illegible]
[illegible] 때문이 아닐까!
그런 한계를 극복할 때는 인문사회과학의 폭을 넓히고 자주 생각하는
시간을 가져야 한다.
제한된 시간을 잘 짜서 사고의 폭을 넓히는 데 쓰느냐는 너의
학습도 훨씬 진척이 빠를 것 같다.
친구들과도 좋은 대화를 충분히 하는 것은 어떨까! 그리고 나중에 졸업
하고 나면 학창 시절의 친구 외에 좋은 게 없다는 것을 알게 되는데.
그때는 이미 각자 삶의 길이 바빠서 만나기조차 쉽지 않지.
그래서 후회하지 말고 친구들과 자주 얘기를 나누거라.

2006. 1. 태복 [illegible]

2006년 이태복 교수님의 손편지. 유일하게 보관하고 있는 편지다.

럼 좋은 게 없다는 것도 잘 알게 될 거라 하셨습니다.

산행을 좋아하셨던 교수님은 학교 뒷산에 올라 강의를 해주신 적도 있는데 그때는 모든 학생들이 노트를 가지고 산에 올라야 했습니다. 왜냐하면 교수님께서는 행정론과 정책론을 강의해 주셨지만, 교과서에서 배울 수 없는 노동과 사회문제에 대한 깊은 내용도 많이 포함되어 있었기 때문입니다.

특히 이태복 교수님께서는 저희들에게 복지현장에 대해 많이 알려주셨는데, 그 당시에 정확히 이해하지는 못했습니다. '사람'이 힘이고, 사람관계를 통해서 배우는 지혜도 지식을 통해서 얻는 지혜보다 더 크다 하셨고, 문제해결 방법도 "사람을 통해서, 사람들과 함께"해야 한다고 하셨습니다. 또한 "복지는 현장이다." 사회복지 현장에서 문제의 원인

야외수업을 자주 갖곤 했다. 이태복 교수님 오른쪽이 필자.

을 밝혀내고 그곳에서 해법을 찾아내야 한다는 소신이 확고하셨습니다. 2008년 졸업하고 사회복지 현장에 와보니, 새삼 하신 말씀이 새롭습니다.

교수님께서 이사장으로 계시는 사)인간의대지와 사)5대거품빼기운동본부가 2007년 12월 태안 앞바다 원유 유출에 따른 피해복구를 위해 수천 명 자원봉사자를 모아 몇 차례 오셨었는데, 그곳은 제 가족들이 모두 어업에 종사하고 있는 저의 고향이기도 합니다.

교수님에 대한 고마움에 사)인간의대지에 회원으로 가입, 멀리서나마 도움을 드리고 싶은 마음에 소액의 후원을 하게 되었고, 국민석유설립 운동에 대해서도 알게 되어 그 취지에 공감하여 직접 참여하기도 하였습니다.

제자들이 부부가 되어 가족이 되었다.

항상 환한 미소로 학생들을 지도해 주셨고, 어려운 이웃들과 고통받는 이들의 아픔을 함께해 주신 교수님! 그 당시 수업을 같이 들었던 교수님의 제자 김정미와 저는 현재 사회복지사로 일하고 있으며, 2018년에 결혼하여 지금은 김지율, 김서율 두 아이의 엄마와 아빠가 되었습니다. 좋은 가르침과 인연을 만들어 주신 교수님께 진심으로 감사드립니다.

항상 교수님의 가르침을 잊지 않겠습니다. 그리고 복지현장에서 초심의 마음으로 최선을 다하겠습니다. 편안히 영면하시길 기도합니다.

이태복이라
믿는다

'너의 향기를 가지라'는 가르침

김주연

(인천광역시 자살예방센터 사회복지사)

전 한서대학교 노인복지학과에서 이태복 교수님의 사회복지정책론 강의를 수강하고 졸업한 김주연 사회복지사입니다. 개인적인 교류가 없었기에 교수님은 기억을 못 하실 수도 있지만, 저는 늘 기억하고 지냈습니다.

14년 전 교수님의 첫 강의 때가 떠오릅니다. 전 보건복지부 장관님에게 강의를 들을 수 있다는 생각에 무척이나 설렜던 것 같습니다. 마치 유명 연예인을 기다리는 마음이랄까? 처음 인사를 하시던 그 모습이 잊혀지지 않습니다. 온화한 미소와 중후한 목소리톤, 그 무게감이 부담감과 거리감보다는 매우 친근하게 느껴졌습니다. 그럼에도 불구하고 그 때는 어린 마음에 다가가기 어렵고 인사만 열심히 했습니다.

어느날 엘리베이터 앞에서 마주쳤는데 그 중후한 목소리로 "요즘 대학생활은 재밌냐?"하는 평범한 대화가 저는 감사하게 느껴졌습니다. 매우 바쁘신 와중에 멀리 강의까지 오시면 정신없으실 거라 생각했는데

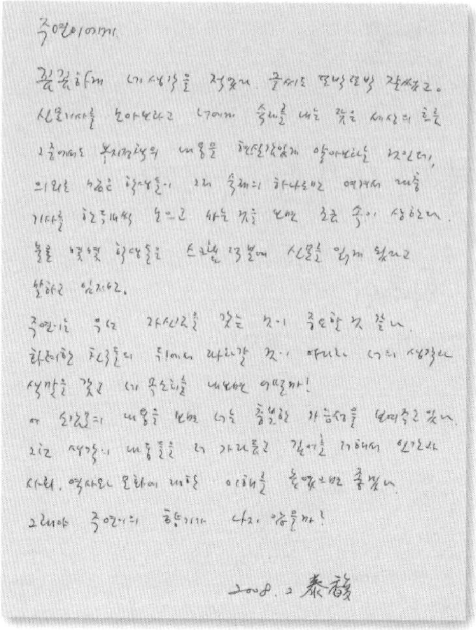
주연이에게.

꼼꼼하게 너의 생각을 적었고 글씨도 또박또박 잘 썼구나.
신문기사를 찾아보라고 너에게 숙제를 내는 것은 세상의 흐름을
그중에서도 복지정책의 내용을 현실감있게 알아보라는 것인데,
의외로 많은 학생들이 그저 숙제의 하나로만 여겨서 대충
기사를 오려서 붙이고 마는 것을 보면 조금 속이 상하구나.
물론 몇몇 학생들은 스크랩 덕분에 신문을 읽게 되었다고
말하고 있지만.
주연이는 우선 자신감을 갖는 것이 중요할 것 같다.
화려한 친구들의 뒤에서 따라갈 것이 아니라 너의 생각과
색깔을 갖고 너의 목소리를 내보면 어떨까!
이 숙제의 내용을 보면 너는 충분한 가능성을 보여주고 있다.
그런 생각의 내용들을 더 가다듬고 깊이를 더해서 인간과
사회, 역사와 문화에 대한 이해를 높였으면 좋겠다.
그래야 주연이의 향기가 나지 않을까?

2008. 2 泰馥

2008년 이태복 교수님의 손편지. 신문스크랩 숙제 파일도 보관하고 있다.

교수님은 늘 우리에게 친근하게 다가와주셨습니다.

저에게는 이태복 교수님 하면 떠오르는 기억이자, 제가 지금까지 사회복지에 몸 담고 일하면서도 놓치지 말자라고 다짐한 것이 있습니다.

첫 강의 때 사회복지 관련 신문기사 스크랩이라는 학기 중 과제를 내주셨습니다. 지금은 지면신문을 구경하기조차 힘든 시대가 됐지만 그때에도 대학생 중에 지면신문을 보는 학생은 드물었습니다. 이 과제를 듣고 초등학생 가족신문도 아니고 웬 신문스크랩? 이라는 생각도 하고 사실 귀찮을 때도 있었습니다.

하지만 그 과제 덕분에 현재 동향을 바라보는 데, 폭넓은 시야를 키우는 데 밑거름이 되었습니다. 근 10년 동안 노인복지를 거쳐 현재 정신

2017년 여름 캄보디아 봉사활동. 놀이봉사와 학교 보수작업을 했다. 필자는 왼쪽에서 두 번째.

보건파트인 자살예방센터에서 근무하면서도 습관처럼 관련 분야의 기사를 찾아보고 있습니다. 아직도 많이 부족하지만 이 습관의 시작이 이태복 교수님의 가르침 때문이었습니다.

저에게도 뜻깊었던 과제였기에 스크랩 파일을 보관하고 있었는데, 기사에 대한 소감문에 하나하나 코멘트를 해주셨고, 특히 손편지가 너무 좋았습니다. 오랜만에 교수님의 손편지에 담긴 메시지를 보니 울컥합니다. 요즘 들어 이 복지업에 대한 회의감과 허탈감으로 건강에도 적신호가 켜져 힘들었는데, 교수님의 메시지는 마치 지금 저에게 들려주는 것 같습니다.

"주연이는 우선 자신감을 갖는 것이 중요할 것 같다. 화려한 친구들의 뒤를 따라갈 것이 아니라 너의 생각과 색깔을 갖고 네 목소리를 내보면 어떨까? 이 소감문의 내용을 보면 너는 충분한 가능성을 보여주고 있다. 그런 생각의 내용들을 더 가다듬고 깊이를 더해서 인간과 사회, 역사와 문화에 대한 이해를 높였으면 좋겠다. 그래야 주연이의 향기가 나지 않을까?"

2008년의 교수님의 메시지에 다시한번 힘을 받게 되었습니다. 저의 향기가, 저의 따뜻한 향기가 좋은 영향으로 스며들 수 있도록 현장에서 더 열심히 하겠습니다. 지켜봐주세요! 지치는 순간이 오면 교수님의 온화한 미소와 가르침을 되새기겠습니다.

그곳에서는 교수님 하고 싶으신 거 다 하시면서 평온한 나날 보내시길 바랍니다.

교수님, 감사합니다!

이태복이라
믿 는 다

사회 큰 버팀목이 된 '큰 나무'

이예복

(둘째 누나)

"부모 생존하고 형제 구존하면 이보다 더 좋은 일은 없단다. 나는 육남매 하나도 중간에 잘못되지 않고 잘 자라 주어 좋다." 아버지는 늘 만면에 미소 띠시며 말씀하셨습니다.

내 동생 태복이가 황망하게 떠나고 나니 아버지 말씀의 무게를 이제야 알 것 같습니다. 아버지 이순구 요셉(1906년 8월 2일, 86세), 어머니 이정숙 모니카(2020년 6월 27일, 97세)에 이어 맏아들이자 셋째로 태어난 그리운 내 동생 이태복 다니엘(2021년 12월 3일, 71세).

동생이 어릴 적 어떤 마음씨로 어떤 모습으로 자랐는지, 엄혹했던 시절 가족들이 겪었던 내용을 추모하는 마음으로 적습니다.

1950년 12월 11일. '6·25동이'였기에 어머니가 당시 느꼈을 불안감과 공포를 태중에서 고스란히 느껴서일까, 생후 1년 동안은 설사를 계속해서 무진 애를 태웠다고 합니다. 출발부터 세상의 관문을 어렵사리 건넌 셈이었습니다. 아버지의 태몽은 어머니의 배 위에 우리나라 지도가 펼쳐져 있고, 지도 위에 무궁화꽃이 피어나더니 전 국토에 활짝 피어나는 꿈이어서 통일에 기여할 자식이구나 하셨답니다. 자상하시고 자애로우신 아버지는 어머니를 늘 존중하셨고, 두 분은 언제나 서로 존대말을 쓰시면서 가사일도 힘껏 도우셨습니다. 어릴 적 그런 부모님의 모습에서 여성에 대한 태도도 자연스럽게 갖추어지지 않았을까 생각합니다.

어린 시절 이웃에 저와 동갑인 청각장애인이 있었습니다. 눈만 뜨면 우리 집에 왔고, 우리는 늘 곁에 있어야 하는 아이로 여겼습니다. 자연히 말투를 흉내 내면서 남자 형제 셋은 심하게 말을 더듬었고, 힘도 세서 자기와 놀아주지 않으면 동생들 얼굴에 손톱으로 할퀴거나 때려서 태복의 눈가와 뺨에는 흉터가 제일 깊고 심했습니다. 그래도 부모님이나 우리 모두 한 번도 혼내지 않고, 묵묵히 받아들였습니다. 어렵고 소외된 이웃에 대한 태도는 어릴 적 이런 삶에서 비롯됐다고 여겨집니다.

딱히 구경거리가 없었던 그 시절 명절에 고향을 찾아온 사람들에게 모교에서 열리는 가을 운동회는 큰 축제였습니다. 특히 '짝 체조'는 4·5·6학년 남자아이들이 구령에 맞춰 전신을 이용하여 탑을 만드는 체조였는데, 개구쟁이 아이들까지 숨을 죽이며 관람하는 인기 종목이었습니다. 1층 쌓기, 2층 쌓기, 점점 높이 쌓을 때마다 사람들의 탄성과 환호가 높아지는데, 3층 쌓기 때부터는 무너지는 탑이 생깁니다. 무너지면 그 자리에 앉아서 3층 쌓기 짝 체조가 다 끝날 때까지 기다렸다가 4층 쌓기가 시작될 때 대열에 합류합니다. 드디어 가장 절정의 순간, 5층 탑을 쌓고 그 위에 한 아이가 두 손 높이 번쩍 들고 태극기를 흔드는 것을 지켜봅니다. 바로 내 동생 태복이었습니다.

강인한 체력과 단결심을 가져야만 성공한다는 경험 속에서 내 동생

(태복)은 여럿이 함께 힘을 합쳐 인내하며, 격려하고 끝내는 이루어내는 호연지기를 배웠을 겁니다.

초등학교 6학년 때 수학여행을 다녀왔는데, 동생의 가방에서는 계속 선물이 쏟아져 나왔습니다. 맛있는 것 사 먹으라고 주신 용돈으로 선물을 산 것입니다. 아버지 담뱃대, 어머니를 위한 당귀, 막내를 위한 구불거리며 움직이는 뱀, 뒤뚱거리며 다니는 오리 등 여덟 식구 중 한 사람 것도 빼놓지 않았습니다. 셋째였지만, 어머니가 늘 '큰 사람'이라고 부르듯이, 든든한 큰 사람 노릇을 시작한 거였습니다.

아버지의 박봉 급여와 농사 조금 짓는 것으로는 살림과 공부 가르치기가 어려워 돼지, 닭, 누에치기, 바느질하기를 부업으로 하셨습니다. 그런데도 두 딸을 예산여고에, 큰 아들을 예산중학교에 유학 보내셨습니다. 6명이 모두 학교에 다니니 학비가 밀린 적이 많았는데, 다행히 동생(태복)이 예산 중학교에 장학생으로 입학하여 천북의 자랑거리가 되었고, 중학교 내내 장학생의 지위를 유지했습니다.

예산중학교 졸업식 때 우등상장을 받은 동생과 함께.

셋이 예산서 자취를 하면서, 점심 도시락은 싸간 기억이 없습니다. 시골집에서 가져온 반찬이 떨어지면 밥만 먹었고, 과일도 부모님께서 사주시는 것 외에는 산 적이 없었습니다. 열악한 상황에서도 모범적인 생활을 할 수 있었던 것은 부모님의 근검절약을 배운 탓도 있지만, 늘 들려주신 한산이씨 집안의 청렴결백한 정신 때문이었던 같습니다.

집안 논일과 밭일을 하는 품삯 일꾼들이 있어서 아침 일찍 밥부터 먹고 일을 시작합니다. 고등학교에 다니던 동생(태복)이 방학 때 내려왔는데, 자기 밥그릇을 들고 일꾼들 상으로 가서 먹었습니다. '큰 사람'이 높게(?) 처신하기를 바라셨던 어머님에게는 충격이었는데, 동생은 일꾼들 밥상에 앉아 같이 밥을 먹는 것을 그만두지 않았습니다. 누구나 다 똑같으며, 존중받아야 한다는 철학을 이미 갖고 있었습니다.

가장 존경하고 닮고 싶은 인물은 도산 안창호 선생님이라며, 흥사단 활동을 열심히 했습니다. 어느 날 '청죽'(靑竹)으로 호를 정했다길래, 푸른 대나무로 살기 힘들지 않겠니? 한 적이 있습니다. "나에게 주어진 길이 그 길이라면 힘들어도 피하지 않고 그 길을 가야지."라고 답했습니다. 어릴 적부터 목표의식과 실천의지가 강했습니다.

1971년 데모 소식에 세상이 들썩거리고 대학교 앞에 탱크가 서 있는 사진이 신문에 실릴 즈음, 강제징집 학생 명단 속에 동생(태복) 이름이 있었습니다. 집결지인 대전에 아버지께서 동행하셨는데, 그날 밤 늦게 도착하신 아버지는 "죽으러 가는 것 같아서…" 하시며 많이 오래도록 우셨습니다. 나중에 들었지만, 아버지는 꾸중 한번 하지 않고, 끝까지 웃으시며 건강염려만 하시고 배웅해 주셨답니다. 아버지와 맏아들 간에 오간 무한한 신뢰와 사랑의 힘은 모진 삶의 고비마다 동생을 일으켜 세우는 힘의 원천이 되었을 겁니다.

고등학생 시절의 동생. 앞줄 이건복, 이예복 뒷줄 이향복, 이태복.

내 동생(태복)은 대학 졸업 후 '광민사' 출판사를 만들겠다고 했습니다. 낯설어하는 내게 몇 달 뒤 『유한계급론』을 들고 왔습니다. 첫 출간 소식을 전하는 동생의 얼굴은 기쁨으로 빛이 났습니다. 동생은 치밀하게 준비하고, 방향이 정해지면 확신에 차서 밀고 나가는 성격입니다.

1981년 봄에 시골로 잠시 내려온 동생은 "동대문 성당에 고약한 신부님(김승훈 마티아)이 계시는데 혹시 나에게 무슨 일이 생기면 그 신부님이 도와주실 거야." 하면서 웃었습니다. 또 "이제부터는 누나가 생활비 보내지 마. 알아서 꾸려나가라고 말했어. 이제 누나는 누나만 생각하고, 하고 싶은 것 실컷 다 하면서 지내." 잡혀갈 것을 예견하고 집안의 일을 정리하였던 것이었습니다.

7월 중순이 지나 여름방학이 되자 고향에 갔는데, 며칠 뒤 서대문 구치소에 있다는 소식을 동생(건복)이 전했습니다. 가족들이 '큰 사람' 소식을 알게 된 것은 6월 10일 불법체포된 지 한달 보름이 넘은 7월27일. 불법구금상태에서 벌어진 구타, 물고문, 전기고문까지 끔찍하게 받았다니 너무나 아찔했습니다. 서울구치소로 넘어간 날짜는 딱 두 달이 된

병원에 입원해 계실 때 병문안 간 동생과 김승훈 신부.

8월 10일이었습니다. 그때 김승훈 신부님 생각이 나서 언니 이향복 데레사와 함께 찾아갔는데, "너무 늦게 아셨네요." 조용히 빙긋이 미소 지으시며 낮은 음성으로 다시 물으셨습니다. "태복 군이 그렇게 말했어요?" "네, 자기에게 무슨 일이 생기면 동대문 성당에 가라 했어요. 세례명도 '다니엘'이라고 지었다고 하였습니다."

김승훈 신부님을 뵌 다음날 월요일에 언니와 나는 서대문 구치소를 찾아갔습니다. 하지만 빨간 줄이 쳐져 있는 '접견금지' 통지서만 받았습니다. 고문으로 얼굴을 비롯, 신체 곳곳에 남아있는 상흔이 겉에서 사라질 때까지 접견을 금지할 수밖에 없다는 얘기였습니다. 누나가 할 수 있는 일이 아무것도 없다는 사실에, 그때처럼 무기력하고 초라한 자신이 무참하게 느껴진 적이 없었습니다. 대전으로 내려가자마자 교리 공부를 시작했고, 그해 크리스마스날 세례(헬레나)를 받았습니다.

얼마 뒤 '사회주의 국가를 건설하려 했다'는 대형 사건으로 수괴는 '이태복'이라는 기사가 실려 있었습니다. 동료 교사들은 걱정 어린 눈길로 수군거렸고, 나를 아는 학부모님들은 염려해주셨고, 임병선 교장

선생님도 "시간이 가면 다 밝혀질 테니 당당하게 다녀." 용기를 주셨습니다.

고향에서는 황당한 일들이 벌어졌습니다. "면장님 댁 큰 아들이 빨갱이로 감옥에 잡혀가서 그 집이 다 망해서 집이랑 논이랑 밭이랑 전부 다 팔려고 내놓았다, 그래서 광천 읍내에 사는 사람이 집을 둘러보고 갔다."는 등 흉흉한 소문은 더 쉽게 날개를 달았습니다.

한 달간의 '접견금지'가 끝나서 서대문 구치소에 면회를 다녀오신 어머니께서는 구속자 어머니들 모두 당당하고 떳떳하게 행동하신다며, 여럿이 다녀서 의지가 많이 된다고 하셨습니다. 어느 곳에 도움을 요청하고, 어떻게 재판에 대응해야 하는지를 의논하셨습니다.

한국교회사회선교협의회에서 '전민노련 사건 구속자들'을 맡아 변호해줄 변호인들과 신원을 보증하는 자발적 후견인이 정해졌습니다. 그렇지만 동생(태복)은 진짜 빨갱이라며 신원을 보증해줄 후견인이 나서지 않았습니다. 그때 김승훈 신부님께서 "태복이는 내가 신원보증 후견인이 되어주겠다."고 선뜻 나서주셨고, 이로써 구속자 모두 변호인과 신원보증 후견인이 정해졌습니다. 내 동생(태복)은 이돈명 변호사님께서 1심 재판에서 무료 변호를 맡아 주셨는데, 우리가 변호사님께 드린 것은 시골 '빈섬'에서 채취한 토종 굴 한 깡통이 전부였습니다.

다행히도 1심 재판이 진행되는 기간이 겨울방학이어서 재판을 볼 수가 있었습니다. 검찰 호송차에서 내린 내 동생의 모습은 고문으로 몸이 절반으로 홀쭉해져 있었고, 푸른 수의에 두 손을 앞에서 묶고 묶은 줄을 뒤로 돌려 허리에 칭칭 동여매어 있었습니다. 방청석은 이미 정체모를 사람들이 앉아있어서 가족들이 앉을 자리가 부족해 밖에 서 있었습니다. 외신기자들은 와 있었지만 국내 기자들은 방청이 불허되었습니다. 신철영씨의 부인 김은혜씨는 헌신적으로 구속재판기간 내내 든든한 대들보 역할을 해주었습니다. 우리는 재판에서 나온 발언들을 받아 적고, 이 메모들은 '전민노련' 재판상황을 알리는 유인물로 만들어서 배포하였습니다. 재판정에는 김승훈 신부님이 어머니 곁을 늘 지키셨습니다.

1심 구형 재판이 열리는 날, 윤보선 대통령께서 참석하셨습니다. 검사, 판사, 변호인, 피의자 모두 착석했는데, 누군가 판사에게 쪽지를 전해주더니 재개정 날짜도 공지하지 않은 채 판사가 '휴정'을 선언했습니다. 결국 윤보선 대통령께서도 부축을 받아 재판정을 나가셨습니다.

연기되었던 1심 구형 재판은 며칠 뒤에 다시 열렸습니다. 이돈명 변호사님께서는 통탄하시며 "내 돈과 내 시간 들여가며, 누가 시키지도 않았는데 이렇게 훌륭한 일을 찾아서 하는 젊은이들을 나라에서 상을 주지는 못할망정, 이게 뭐하는 짓이냐?"고 외치셨습니다.

검사는 '전민노련사건 피의자들"에게 구형을 선고했습니다. 마지막으로 내 동생의 이름을 부르고 "극형"이라고 뇌까렸습니다. 검사에게 달려들어 붙잡고 통곡하고 몸부림치며 울부짖는 소리로 법정 안은 순식간에 아수라장이 되었습니다.

이어서 동생이 최후진술을 했습니다. "노동자들이 이 나라의 주요한 생산을 담당하고, 세계적인 장시간 노동을 하는데도 근면, 자조, 협동정신 부족으로 못산다고 천대받고 모멸 받는 그런 민주주의라면 저는 반대합니다. 경제적으로 독점재벌을 위한 어떠한 도그마도 반대합니다. 자유의 이름으로 자유를 탄압하는 민주주의는 부정합니다. 후배를 만나 빨간 사상을 주입해서 빨간 집에서 살고자 했다는데, 저는 지금 하얀

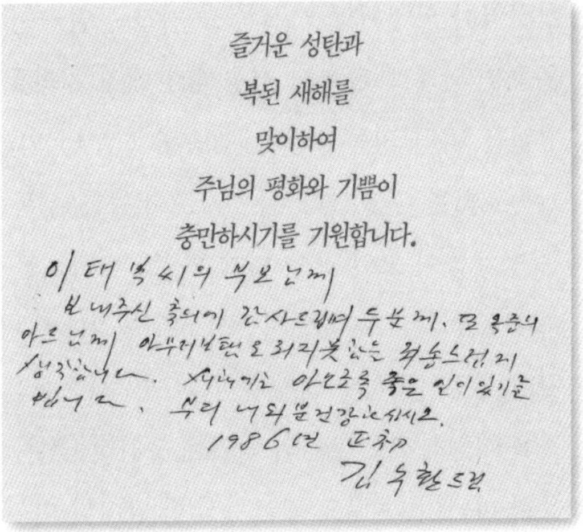

명절 때마다 카드나 엽서를 보내준 김수환 추기경의 손글씨.

페인트, 파란 지붕, 연미색 방에서 색동옷을 입고 살고 싶습니다." 떨리지도 않고 담담하게 차근차근 말하였습니다.

다음 날 서울 구치소로 면회를 갔습니다. 자해를 예방하기 위해서라며 손에는 수갑이 채워져 있었고, 가슴의 수인 번호판은 빨간색이었습니다. 동생은 사형집행 가능성을 말하며, 추기경님 얘기를 하였습니다. 나중에 들어보니, 황인철 변호사가 면회 와서 "사형이 집행될 수도 있으니 마음준비를 하라."고 하셨답니다. 가족들은 동생이 처한 상황의 위급성과 처참함에 정신이 번쩍 들었습니다. 부모님은 천주교에 입교하여 이순구 요셉과 이정숙 모니카로 영세를 받고, 군복무 중이었던 막내 남동생(영복 안드레아)도, 둘째 남동생(건복 프란치스코)과 막내 여동생(화복 린다)도 하느님의 자녀가 되었습니다.

1심 극형. 사형 구형이 나온 며칠 뒤에 신문 한 면의 한 귀퉁이에 기사가 실렸습니다. 놀랍지도 화도 나지 않았습니다. 대법원까지 가서 무기징역이 확정되었습니다. 그 기간 동안 어머니는 아들의 감형과 석방 운동을 위해 부평에서 서울까지 매일 지하철로 이동하며 김수환 추기경님을 뵈러 명동성당에, 김승훈 신부님 뵈러 홍제동성당에, 종로5가 기독교회관 수요집회, 목요기도회 등 군부독재 아래 탄압받고 고통 받는 형제들이 모인 곳에 함께 하였습니다. '민주화운동 가족 실천협의회 초대 공동의장'을 맡으시면서 시위현장에서 머리띠를 두르고, 구호를 외치며 성명서를 낭독하셨습니다. 민주화운동을 하는 아들들의 뜻과 생각들을 이해하시고 불의와 억압에 용감히 맞서는 투사로 변하셨습니다. 운동화 바닥이 다 닳고 헤어져서 한 달마다 바꿔 신어야 했습니다.

1983년 10월 9일에 동생의 운동권 선배인 남편(장재철)을 만났습니다. 긴급조치 9호 위반으로 징역 10개월, 5월 민주화운동으로 징역 2개월 두 번의 감옥생활을 하였습니다. 1984년 김승훈 신부님의 주례로 혼배성사를 올렸고, 남편은 나와 가족들을 진심으로 이해하고 든든한 지원자가 되어 주었습니다. 그해 11월 아들 정환을 낳았고, 1986년 둘째로 은정 미카엘라가 태어났습니다. 특별면회를 통해서 조카를 처음으로 본 동생은 조카를 품에 안고 활짝 한참을 웃었습니다.

얼어붙은 이 땅에 피눈물로 뿌린 겨자씨는 50여년이나 자라 큰 나무가 되었습니다. 맑고 정결한 마음과 몸짓으로 동지들과 함께 죽기까지 이 땅의 민주화와 사회개혁을 위해, 민생을 위해 '실사구시' 그 길을 간 이태복 다니엘님, 그대는 행복하십니다!

이태복이라
믿 는 다

우리 가족의 '큰 산'

백지현
(외조카)

"어렵고 힘든 이들을 돕고, 국가 발전을 위해 노력하는 것이 내 인생이야. 그게 아니라면 아무것도 의미 있는 것은 없어. 그리고 이것이 나의 행복이야."

2018년 여름, 큰 외삼촌의 큰누나이자 나의 엄마 이향복 님이 심장내막염으로 아산병원에서 응급수술을 마치고 중환자실에서 병마와 한참 싸우고 있던 때, 중환자실 앞에서 면회시간을 기다리던 중이었다.

"외삼촌, 이제 힘든 일 그만 정리 하시고, 외숙모와 함께 여행도 다니시고 건강관리도 하시면서 사시면 안 돼요? 엄마 보세요. 저렇게 아파서 병원에 있는데, 나라 걱정이 무슨 소용이에요. 남은 인생 즐기시며 편안하게 행복을 누리며 사시면 안 될까요?" 라고 내가 말했을 때 하신 답이시다.

큰 외삼촌께서도 고문후유증으로 보건복지부장관 시절 심장 관상동맥 스텐트 시술을 하시고, 그 이후에도 다양한 중증 심장질환과 당뇨병으로 몇 번의 위험한 고비가 있었고, 국민석유 일을 하실 때 다시 스텐트 삽입수술을 3차례나 받았던 터라 건강관리가 매우 중요했다. 그래서 외삼촌을 뵐 때마다 항상 "건강하셔야 해요. 건강이 제일 중요해요. 일을 줄이셔야 해요."라고 말했었다

2018년 여름은 큰 외삼촌이 국민석유의 이념을 포기하지 않으시고 산유국과 지속적인 협상, 자금 마련, 국내 국민석유 주유소 확보 등 내·외부 이슈가 많았던 시기로, 매우 바쁘시고 그로 인한 고뇌와 스트레스로 정신적 육체적으로 힘든 시기였다.

그 바쁜 와중에 큰 누나가 중환자실에서 병마와 싸울 때, 외숙모와 함께 매주 면회 오시고 매일 전화하셔서 엄마의 상태를 물어봐 주셨다. 고비가 있을 때마다 나를 위로해 주셨던 분이 큰 외삼촌이셨다.

2011년 5월28일 교보문고에서 『토정 이지함 평전』 책 사인회 때. 엄마 이향복과 큰외삼촌.

그 이후로도 지속된 엄마의 2년 여 간의 오랜 병원 생활 동안 꾸준히 면회를 오시고 끝까지 챙겨주셨던 분도 큰 외삼촌이셨다. 병원을 옮겨야 할 때, 치료 방향을 정해야 할 때, 처음이라 당황스럽고 경험이 없어 힘들어 했던 나에게 유일하게 상의드릴 수 있는 분이 큰 외삼촌이셨고 항상 따뜻한 조언과 위로를 주셨고 도움을 주시기 위해 항상 애써주셨다. 지금 요양원에 계신 엄마를 자식들보다 더 가장 많이 면회를 가신 분도 큰 외삼촌이셨다.

큰 외삼촌은 평생을 어렵고 힘든 이들을 헌신적으로 도와주셨지만, 이렇게 가족들에게도 헌신적인 사랑과 도움을 주셨다. 결혼 후 평생 경제적으로 어려웠던 큰 누나의 처지를 누구보다도 안타까워하시며 물심양면으로 도와주셨다. 지금도 엄마는 "태복이는 내 동생이지만, 나한테는 큰 오빠 같았어. 내 큰 산이었어. 태복이가 있다고 생각하면 항상 든든했어."라고 하신다.

나한테도 외삼촌은 '아버지' 같은 존재셨다. 대학교 입학금을 주셔서 대학교에 다닐 수 있게 해주신 분도, 큰 일을 상의할 때도, 어려운 일이 있었을 때도, 결혼을 하고 아이를 낳았을 때도 항상 그 옆에는 큰 외삼촌과 큰 외숙모가 계셨었다.

큰 외삼촌의 사랑은 내가 아주 어릴 때부터 항상 있었다. 1988년 석방될 때까지 감옥에서 항상 편지를 보내주셨다. 내가 글을 읽지 못했을 때 외삼촌의 편지를 엄마가 읽어 주셨던 기억이 난다. 외삼촌은 늘 "남자든 여자든 인간으로서는 다 똑같은 존엄한 존재"라고 강조하셨다. "2000년대의 사회는 오늘의 여성들의 삶의 모습과는 완전히 다른 사회조건 속에 놓이게 될 것임에 틀림없다."고 하셨다. 1986년 4월 29일 편

1976년 돌 즈음에 할머니가 안고 있는 아이가 필자. 앞줄은 엄마 이향복, 뒷줄은 이영복 막내외삼촌, 이태복 큰외삼촌.

지에서다. 통찰력은 물론 따뜻한 시선으로 사람을, 특히 여성을 보는 것을 이제 새삼 느낀다.

그날 편지에는 "여성이 한 인간으로서 자신의 삶을 사회적으로 창조하기 위해서는 사회적인 직업과 능력을 갖지 않으면 안되겠지? 아저씨는 네가 남성과 동등한 자유로운 한 인간으로 성장해서 우리 사회를 좀 더 인간답게 살 수 있는 사회로 만들기 위해 힘쓰는 여성이 되기를 바라고 있다. 그러려면 역사와 사회, 자연에 대해서 공부를 열심히 하고 네 주위의 사람들에게 뽐내기보다는 겸손을, 사랑받기 보다는 사랑해주기를, 거짓보다는 진실을, 비겁보다는 용기를 갖도록 노력해야 할 줄 안다. 그리고 무엇보다 건강하기를…."

내가 지금도 사회생활을 하고 있는 것은 아마도 큰 외삼촌의 이런 지속적인 격려 때문이리라 생각한다.

뿐만 아니다. 석방 이후에는 맨 처음 먹어본 서양식 생일 케이크도, 처음 가본 극장도, 처음 가본 경양식집도 모두 큰 외삼촌과 함께였다. 경제적으로 어려워서 우리 남매들이 많은 경험을 하지 못하고 교육적 혜택을 받지 못하는 것을 항상 마음 아파 하셨던 큰 외삼촌은 석방 이후 바쁘신 와중에도, 넉넉하지 못한 상황에서도, 시간과 마음을 넉넉히 나누어 주셨다.

아마 이것은 엄마에게도 마찬가지였다. 월세집을 전전했던 우리집이 처음 전세로 가게 됐을 때도 큰 외삼촌의 도움이 있었고, 엄마도 나처럼 맨 처음 가보는 콘서트장, 맨 처음 가보는 레스토랑, 맨 처음 가보는 자동차 드라이브도 모두 큰 외삼촌과 함께였다. 큰 외삼촌도 경제적으로 여유롭지 못한 시절이셨지만 당신 것을 아끼고 절약하며 도와주시고 내어주셨다.

큰 외삼촌과 큰 외숙모는 그 바쁘신 일정과 인간의대지, 5대국민운동, 집필활동 중에도 2006년 86세로 돌아가신 외할아버지의 3년간의 병원생활, 2020년 97세로 돌아가신 외할머니의 노환을 모두 책임지시며 우리 가족의 '큰 산'으로 큰 버팀목이셨다.

그렇게 밖에서는 어렵고 힘든 이들을 돕고 우리나라가 선진강국이 되기를, 국민들이 살기 좋은 나라가 되기를 염원하시고 그 이념을 직접 실천하셨던 사회개혁가로 평생을 고난과 인고의 세월을 보내셨는데, 안에서도 집안의 장남이자 동생이자 형이자 오빠로써 부모님과 6남매와 조카들 모두를 아낌없이 돌봐주시고 끝까지 변함없이 책임지시고 챙기시고 헌신하셨던 큰 외삼촌이셨다.

나에게 그런 존재였던 큰 외삼촌이 허망하게 하늘나라로 가셨을 때 비현실적인 상황을 받아들이기 힘든 나날들이였다. 자꾸만 자신의 몸을 태워 불을 만들어 사라진 불새가 생각났다. 돌아가시기 직전까지도 얼굴이 부으시고 안 좋은 몸 상태에서도 윤상원기념사업회에 열정을 바치시고 심지어 기념전시회 일정으로 바쁜 와중에도 별세 2주 전에 큰누나를 챙기신다며 시골 보령에 있는 요양원 면회도 다녀오셨다.

큰 외삼촌이 너무 아깝고 아깝고 아깝고 그리웠다. 지금이라도 전화를 드리면 다정한 목소리로 "지현이니!~" 하실 것만 같고 그 목소리가 메아리쳤다. 코로나19를 핑계로 자주 못 찾아뵈었던 자책에 괴로웠다. 항상 받기만 하고 이제 돌려드려야 하는데 그럴 수가 없어서 가슴 아팠다.

그러던 올해 봄 우연히 금천구에 있는 호압사에 가게 되었다. 그날 하늘이 가을 하늘처럼 몹시도 맑고 깊었다. 호압사를 감싸고 있는 큰 산세가 마치 큰 외삼촌처럼 포근하고 든든했다. 지장보살님께 절하고 큰 외삼촌이 평소에 보시면 좋아하실 꽃분홍과 연노랑 초를 시주하고 하늘을 쳐다보는데 그리도 듣고 싶었던 큰 외삼촌 목소리가 들려왔다.

"나 잘 있다! 여기서 행복하다! 너도 행복하고 감사해라!" 짧지만 간결한 큰 외삼촌의 목소리… 큰 외삼촌은 역시 나의 행복을 우리 모두의 행복을 바라시고 계셨다. 저 맑은 하늘처럼, 큰 산처럼…

그 이후로 나에게 조금씩 변화가 찾아왔다. 큰 외삼촌이 그곳에서 등대처럼 신호를 주고 계신 것일 수도 있다. 평소에는 느끼지 못했던 소소한 일상의 행복과 하루하루 감사한 마음이 들기 시작했다.

이제 곧 큰 외삼촌의 1주기가 다가온다. 1년이 정말 빨리 지나갔지만 나에게는 큰 변화가 있던 1년이었다. 큰 외삼촌이 주신 선물이자 숙제를 생각하고 나만의 방식으로 실천할 생각이다.

"큰 외삼촌. 저 행복하고 감사할게요. 그리고 우리 모두 행복하고 감사하게 될 거예요. 그곳에서 늘 행복하세요."

이태복이라
믿는다

이태복의 뜻과 유지를 이어주시길

심복자

(평생 동지, 각시)

우리 몸의 세계인 이승과 이태복님이 가시는 영혼의 세계와 마지막으로 작별하기 위해 먼 걸음 해주신 여러분 고맙습니다. 아마도 이태복님은 "괜찮아, 걱정하지마." 하며 온화하고 환한 미소를 짓고 계실 겁니다. 나라와 국민을 위해 큰 일들을 해내고, 한 사람 한 사람을 다정하게 감싸주었기에 분명, 좋은 하늘세상에서 평화로운 자비 속에 편히 쉬고 있을 거라 믿습니다.

잘 아시다시피 이태복님은 올곧고, 솔직 당당하며, 정확한 정세분석과 추진력, 그리고 큰 그림으로 희망을 그려내던 선도자였습니다. 매달 대여섯 권의 책을 사볼 정도로 세상변화에 집중했고, 배움을 게을리 하지 않았습니다. 또한 부드럽고 다정다감하며, 긍정적이고, 낙관적이었습니다.

흥사단 활동, 학생운동-노동운동을 했을 때도, 광민사에서 사회과학

서적을 출판, 양서보급운동을 전개했을 때도, YH노동자투쟁을 지도하고 전민노련을 이끌었을 때도, 두 달 넘는 고문과 사형구형, 7년 4개월 옥고를 치를 때도, 주간노동자신문-노동일보, 12년 노동자언론을 일구었을 때도, 노동자들이 이제는 자신보다 더 어려운 이들을 보듬어서 자유롭고 평등한 세상 만들자며 사)인간의대지를 만들었을 때도, 노동-환경-보건-복지 나라행정을 맡을 때도, 민생해법을 위해 기름값 등 5대거품빼기운동과 노인틀니를 건강보험에 적용하라는 전국캠페인을 벌일 때도, 국정현안에 대한 정책을 제안하고 실천하자며 사)5대운동을 만들었을 때도, 국민석유설립운동을 통해 착한 기름값을 실현하려 노력할 때도, 조선시대의 경세가 토정 이지함과 청백리 삼산 이태중을 현실세계로 불러 공직자상을 바로세우고자 할 때도, 도산 안창호 선생의 삶을 재조명, 제대로 된 실사구시를 실천하자고 독려할 때도, 백범 김구의 지시라는 정설을 뒤집어 윤봉길 거사임을 밝히는 윤봉길 평전을 썼을 때도, 중국 흑룡강성 밀산에 항일유적지기념비를 세우고, 독립운동가 인물포럼을 조직하고, 보훈처의 독립운동 심의를 맡을 때도, 동북아평화연대의 원대한 꿈을 꾸며 시베리아, 바이칼, 몽골, 만주벌판을 순례했을 때도, 80년대 민주화운동을 밀어올린 윤상원과 5월 결사항전에 대해 전국순회전시회를 통해 진실을 토해냈을 때도, 70이 됐으니 경제, 외교, 통일에 전념하겠다고 계획을 세웠을 때도, 그는 0.01%의 가능성만 있어도 문제해결을 위해 조건을 만들어 끈질기고 치열하게 실천을 했던 사람이었습니다.

매년 5월이 오면, 살아있음이 '덤'이라며 정면으로 마주하기 어렵다 했었는데, 지난 5월 윤상원과 5월 영령들을 어루만져 보아야겠다며 "살아남은 우리가 동지처럼 목숨을 내놓고 싸웠다면, 그게 정치든, 경제든,

문화든 이런 처지에 빠지지는 않았을 텐데, 너무나 부끄럽다."고 말했었습니다.

늘 나라를 걱정하고 국민생활을 염려했던 그였습니다. 비정규직의 비명소리가 넘쳐나는 나라, 세계 최고의 자살율과 노인빈곤율, 마침내 모든 분야에서 중국에 추월당해 활력을 잃어가는 경제현실, 매일 문 닫는 영세기업과 자영업자들, 그리고 빚더미에 올라앉은 가계들의 한숨, 민생이라는 말로 기득권을 덮고 있는 나라, 썩은 부패의 고리로 엮여진 관료-재벌-사법권력이 국민 위에 군림하는 세상, 항일 애국지사들이 꿈꿨던 '참으로 복된 나라'는커녕 헬조선에서 벗어날 희망이 보이지 않는 나라, 국민을 위해 헌신하고 희생할 생각은 추호도 없이 오로지 출세와 황금을 게걸스럽게 먹어치우는 이 땅의 지도층들, 세계 유일분단국가에서 서로 못잡아 먹어 안달인 나라….

이태복님은 우리가 직면한 숱한 문제들을 해결하기 위한 유일한 길은 도산 안창호 식, 매헌 윤봉길 식, 5월 윤상원 식의 실사구시와 '목숨을 건 실천' 밖에 없다고 입버릇처럼 말했습니다.

저 역시 공감해왔습니다만… 이 세상 그 무엇과도 바꿀 수 없는 하늘 같은 신랑, 어지러운 세상에 꼭 필요한 맑고 깨끗한 지도자, 그 사람이 떠났고, 그의 울타리와 큰 산이 사라진 지금, 그가 말한 '목숨을 건 실천'이란 것이 얼마나 무거운지, 얼마나 두려운지, 얼마나 버거운지 잘 알기에 피하고 싶은 심정입니다.

다만, 떨칠 수 없는 까닭은 "다른 길이 없다. 목숨을 건 실천을 하자!"

『청백리 삼산 이태중 평전』 집필 당시 단양의 사인암 앞에서.

는 것이 바로 이태복 님의 뜻과 유지라는 사실입니다. 위로해주신 많은 분들, 비통함과 슬픔을 함께 하고 진정 그의 존재의 상실을 애달파 하시는 분들, 이태복 님이 세월의 흐름에 따라 흔적 없이 사라지기를 바라시지 않는 분들은 저와 함께 그 뜻이 이 땅에서 살아 숨 쉴 수 있도록, 이태복 님을 우리 가슴에서 부활하도록 힘써 주셨으면 고맙겠습니다.

앞으로 힘들고 어려운 매 순간을 지금의 고통과 슬픔을 디딤돌 삼아 묵묵히 걸어 나갈 수밖에 없습니다. 아직 우리에겐 갈 길이 남아있기에….

저의 역량이 너무나 미천하여 혼자 감당키 어려우니, 부디 어여삐 여기셔서 함께 이태복 님의 뜻과 유지를 이어주시길 간곡히 부탁드립니다. 감사합니다.

(49재 인사말)

시간아~

찬 바람 스쳐간 사이
비가 내리고 진달래는 다시 꽃피우는데
눈물로 아픔과 상처 덮어
아물게 하는 것이 슬픔의 자비이거늘

피할 수 없는 모진 이별에
눈물이 강 되어도 이어지지 않아
강한 그리움만큼 강력한 기도가 없다는 말도 허사 되네

보고픈 님
이생에서 다시 만날 길 없어
하늘 향한 학에게 이 마음 어찌 전할까

이 땅의 민주화와 사회개혁에 온몸 던지고
지옥 같은 고문도 이겨냈던 님인데
세간의 자잘한 평가는 먼지로 날리고
겨레행복, 조국번영, 통일의 큰 길만 생각하고 달렸던 님인데
세상 욕심이라곤 하나도 취함 없이
오로지 당면 난제 해결에만 골똘해 줄기차게 실천했던 님인데

시간아, 눈부셨던 님과의 그날을 돌려다오
바람아, 온화하고 인자한 님의 미소 돌려다오

창밖 보름달의 은은함에 눈이 맞춰지고
하염없이 통곡처럼 흐르는 밤

님의 소리, 님의 영상 듣고 보지만
만지지 못하는 서러움에 사무쳐
입던 옷에 코 박고 내음 맡는데
어느새 그마저도 옅어져 버렸네

역사는 세월 속에 묻히는 것을
우리의 꿈은 누굴 향하고 어디로 가는가
님의 실천 잇는 한, 우리 사랑 무한대라는 걸
모습은 사라졌는데 님의 외침 여전하네

지난 생의 인연으로 다시 만난 이번 생
그대가 품고, 그대와 함께 했던 꿈
손에 쥐고 가슴에 담아
한번 더 인연 이어지길 손꼽아 꿈꾸네

시간아, 눈부셨던 님과의 그날을 돌려다오
바람아, 온화하고 인자한 님의 미소 돌려다오
(2022. 4. 18)

이래서, 이 사람이 참~ 좋다

1988년 10월 3일
'부활'하여 까막소 밖, 세상으로 되돌아온 님
31살에 들어가 40이 다 되어 백발로 돌아왔다.
10년을 돌고 돌아 마주한 그해 12월 3일
함께 끝까지 일하자며 '동지'임을 확인하고

1989년 6월 3일
'평생동지'로 언약하며 신랑 각시 되어
"삶과 실천 통해 아름다운 세상 만들자" 맹세했다

생각도, 뜻도, 실천도 오롯이 함께 했던
33년의 소중한 시간
서로 아끼고 소중히 배려하며
신뢰하고, 존중하고, 격려하며 서로의 '스승'도 되었다.

그런 님이
2021년 12월 3일
홀연히 별이 되었다.

세상사 변화를 토론하고,
시대를 앞선 통찰력과 혜안으로 이끌어주던 님
'민생으뜸' '국민통합' '선진강국' '조국통일'
한시도 놓지 않았던 님의 지향점
'사람 중심' '현장 중심' '실천 중심'
먼저 길 닦으며 전진하던 님

치욕적인 역사는 다 까닭이 있으니
구체적 현실에 근거한 당면대책 마련하고
국민과 함께 해야 역사가 이뤄진다 믿었던 님

님 닮은 자식 낳지 못해도
"우리 지금처럼만 살자"며 웃어주고
서로가 '자식'이라 위로하던 고운 님
서로 감사하며 손잡고 꿈 만들듯
하루 마무리하고 잠자리에 누우면 꼭 손 잡아주던 따스한 님

늘 한결 같이 믿을 수 있는 스승 같은 사람
늘 사람에 대한 사랑 품었던 넉넉한 사람
늘 큰 산처럼 버팀목이 되어주던 듬직한 사람

이래서 이 사람이 참 좋다!
이래서 이 사람이 영원했으면 좋겠다!
(2022.10.03.)

이태복 연보

- 1950년 충남 보령시 천북면 하만리에서, 아버지 이순구 님과 어머니 이정숙 님 사이에 3남3녀 셋째(아들로는 장남)로 태어났다. 고려말 충신 목은(牧隱) 이색 선생을 중시조로 하는 한산이씨는 올곧은 선비를 많이 배출하였고, 대대로 우국충정의 지조로 유명하다.

- 1958년 천북초등학교를 거쳐 1963년 예산중학교에 진학했다. 예산중 2학년 때는 굴욕적인 한일협정을 반대하는 시위에 참가한다. 이를 계기로 조국애에 눈이 떴고, '매헌 윤봉길'을 사표로 삼는다.

- 1966년 성동고등학교에 입학, 흥사단 금요강좌 벽보를 보고 흥사단 고등학생 아카데미 활동에 참여한다. '도산 안창호 선생'을 사표로 삼아 무실(務實) 역행(力行) 충의(忠義) 용감(勇敢) 덕목을 생활화하는 한편, 유도부에서 심신을 단련한다. 성동고 아카데미 조직을 만들고, 무학여고, 수도사대부고 등 흥사단 조직 결성을 돕는다.

- 1970년 국민대 법과에 입학하여 대학생 아카데미활동과 함께 고등학생 아카데미 지도위원으로 활동한다.

- 1971년에는 흥사단 대학생 아카데미 전국연합회 총무부장과 대학생 서울 아카데미 회장을 맡는다.

- 1971년 학원병영화 반대시위로 학사 제적되어 강제 입영된다. 인제 원통의 전방 12사단 37연대 12대대 1중대 2소대 AR소총수로 DMZ에서 근무한다. 삶의 좌표가 이 방책선에서 정해졌다고 회고한다. 유신정신함양 연설대회 참여를 거부하는 과정에서 중대장이 내리친 삽으로 머리가 찢어져 7~8바늘을 꿰매는 사고가 벌어진다.

- 1974년 7월 말 만기제대하자, 홍사단 아카데미의 동료 선후배들을 만나 전국의 아카데미 조직을 학생운동의 튼튼한 주력부대로 만들기 위한 활동에 들어간다. 이때부터는 홍사단 일반 활동보다는 핵심간부들을 지도하는 활동으로 전환한다. 11월 학생시위 배후조정혐의로 성북서 연행, 강제 귀향 조치된다.

- 1974년에는 학생운동이 중심되어서는 비전을 만들 수 없다고 판단, 노동운동을 결심, 현장 활동을 위한 여러 가지 실태파악을 서두른다. 용산 청과물시장 지게꾼을 첫 직업으로 택해 3개월 동안 자신을 테스트한 다음 구로 대한광학에서 첫 공장생활을 시작하고, 영등포, 부평 등지의 노동현장에서 1~2개월씩 현장노동을 하면서 학습 서클을 만들어 노동법 등을 가르친다. 이때부터 수공업적이고 서클주의적 운동방식을 극복할 방법을 찾기 시작한다.

- 1975년 서울대 5·22시위 배후로 동부서에 연행, 강제 귀향 조치된다. 수도권에서 벗어나 포항, 울산, 부산 등에서 노동현장 조사와 대림통상, 포항제철 등 위장취업을 통한 현장 활동을 지속한다. 김병구, 양승조, 유동우, 황영환 등 청계피복 민주노조운동가와 만나고, '한국노동문제연구원 비상임연구원'이라는 신분을 갖고 섬유와 화학, 광산, 연합 등의 노조활동가들도 만난다. 이때 야학교사들을 공장 활동으로 대체시키는 작업을 한다. 고립분산된 활동은 오히려 분파주의를 만들고, 개인의 의식발전에 중심을 두고 사고하는 한, 운동의 조직적 발전은 요원하다는 판단 하에 전국 노동운동의 규합과 반독재민주화운동으로 결집시켜내야 한다고 생각한다.

- 1976년 4월과 11월 두 번 연행되어 강제귀향조치를 또 받는다. 노동현장에서 필요한 것이 무엇인지를 조사하고 그 데이터들을 모음으로써 노동운동가와 학생활동가들에게 필요한 이론, 현장을 바탕으로 한 실천론 등 운동전략과 전술을 준비한다.

- 1977년 대학 졸업 후, 합법적인 신분이 필요해서 광성무역에 몇 개월 근무하며, 광민사 출판 준비를 본격화한다. 출판방향은 첫 번째 이미 출판된 논문집에서 운동에 도움이 되는 논문들을 모아서 낸다. 두 번째 외국의 노동운동상황이나 근대경제학자들의 저술을 소개한다. 세 번째 노조간부들의 의식을 발전시킬 수 있는 값싼 문고집을 편집하여 발간한다 등이며, 순차적으로 낼 계획을 짠다. 광민사 출

판등록증이 나온 날짜는 9월 13일이다.

- 1977년 6월 채광석이 출소하면서 민주화운동을 어떻게 전개할 것인지 토론을 한다. 채광석은 민중문학론 쪽으로, 이태복은 조직적인 노동운동으로 방향을 잡고 서로를 격려한다. 또한 다양한 부문의 다양한 인사들을 접촉하고 조직해나가는 작업은 함께 하기로 한다.

- 1978년 광민선서1 『유한계급론』과 광민선서2 『한국노동문제의 구조』를 출간한다. 『한국노동문제의 구조』는 1주일 만에 판매 금지되고 남산 중정에 끌려가 3일 동안 고초를 받았지만, 당시 각 지역에 만들어지기 시작한 양서협동조합을 통해서 주문이 폭주하는 바람에 재정에 큰 도움이 되어 세 번째로 계획한 노동자 학습용 산업신서의 출판을 앞당기고, 활동자금도 조달할 수 있게 된다.

- 1979년에 발간된 책은 산업신서1 『민중과 조직』, 산업신서2 『노동의 역사』, 광민선서3 『위대한 거부』 광민선서4 『대지의 저주받은 자들』이다. 1980년에는 『민중과 민주주의』 『사회운동사』 『영국노동운동사』 등 광민선서가 발간되고, 1981년에는 『노동조합이란 무엇인가』 『노동의 철학』 『노동운동의 기초』 『조합결성이 기초지식』 등 산업신서가 출판되어 총 31권의 책이 학생운동, 야학활동, 노동운동의 토양을 만들고 저변 확대에 기여한다. 광민사가 폐간될 경우를 대비해 동녘출판사를 미리 등록해놓아 출판문화운동이 지속될 수 있도록 한다.

- 1976년부터 1979년까지는 구로동, 양평동, 문래동, 부평, 안양, 대구, 포항, 울산, 부산 사상, 전주 팔복동, 이리 등 전국에 산재해 있는 공단에서 현장 소그룹을 조직하고 의식화작업을 하는 등 현장활동을 하면서 민주화운동세력 내에 노동자세력을 중심에 세우고 대두시킨다. 특히 1978년 말에는 YH무역의 투쟁을 지도하였다. 1979년 8월 9일 신민당사 점거농성을 통해 노동문제를 정치문제로 전환해 이슈화시킴으로써 사회 전면에 부각시키는 데 기여한다. 광주의 김경숙이 진압과정에서 희생되는 안타까운 일이 벌어진다.

- 1979년 10·26 이후와 1980년 봄에 대한 객관적인 상황판단을 분석한다. 첫째, 신군부는 권력이양 의사가 전혀 없다. 둘째, 선거를 통한 정권교체를 희망하는 야권의 상황판단은 오류이며 불가능할 것이다. 셋째, 학생운동권에 만연해 있는 '준비론'은 노동운동을 핑계대고 당면한 투쟁을 기피하는 태도로 잘못된 전술이

다. 오히려 적극적 투쟁을 통해서 노동자들의 의식각성과 투쟁의식을 고취시켜 노동운동세력의 결집과 활성화에 기여해야 한다. 넷째 노동자를 중심으로 한 민중의 힘이 커져야 확실한 민주주의가 이뤄질 수 있다. 학생운동의 내용과 진로는 끊임없이 동요할 수밖에 없기 때문에 노동운동이 지도하지 않을 경우, 운동의 발전에 장애가 될 수도 있다. 다섯째, 노학연대를 통해서 학생운동의 한계를 뛰어넘고, 반독재투쟁의 경험을 가진 학생운동가들을 노동운동가로 성장시켜야 한다. 또한 민주노조운동의 틀 안에서 갇혀있는 노조운동의 조건을 변화시켜서 민주노조운동가를 노동운동가로 전환 발전시켜야 한다.

- 1979년에 양승조 청계피복 노조위원장과 10·26 이후의 정세판단, 민주화의 전망, 노동운동의 역할 등에 관해 종합적인 토론을 진행해서 비공개, 반합법의 노동운동 조직을 결성하기로 뜻을 모은다. 그리고 몇 년 동안의 기반구축 과정을 함께 한 대구경북의 김병구, 안양의 유동우, 서울 청계피복의 양승조, YH의 박태연, 울산의 하동삼, 광주의 윤상원, 도시산업선교회의 신철영을 축으로 최초의 전국적 노동운동 조직인 '전국민주노동자연맹(전민노련)을 1980년 5월 1일 메이데이를 기해 결성한다. 전민노련은 노동3권의 완전한 보장, 최저임금제 실시, 8시간 노동제 확보, 기존 노조의 민주화, 미조직노동자의 노조결성운동을 추진해 산업별 조직체계 전환과 노조운동의 전국적 센터 건설에 기여한다.

- 1979년, 운동의 기본틀로 노-학연대 투쟁론을 제시, 구체화한다. 광주에서는 전민노련 중앙위원인 윤상원과 전남대 총학생회장 박관현을 통해서 그 실천이 이뤄진다. 서울에서는 학생회를 장악하지 못해 구현시키지 못했다. 이태복은 서울의 학교 쪽 작업을 서두르지 않은 것을 후회한다. 당시 남민전 사건과 크리스천아카데미 사건이 터진 이후라서 학생조직 작업에 어려움도 있었다. 1980년 봄, 이선근을 통해 학생들이 적극적인 투쟁으로 신군부의 재집권 기도를 폭로하고, 민주세력의 대단결로 국면돌파를 해야 한다고 주장했다. 하지만 서울대 일부 77학번 그룹과 복학생그룹의 일부는 재야정치인들의 영향을 받아 낙관적인 민주화대세론을 믿고 있었기 때문에 5월 15일 서울역 해산을 결정한다. 결국 전두환의 전국 확대계엄 실시와 전국에 걸친 민주인사들의 체포감금령이 떨어졌고, 민주화시위를 이어간 광주만 고립무원 상태에서 대학살을 당하게 된다.

- 1979년에 이태복과 채광석은 주변의 청년 민주화운동가들을 규합하여 비공개

반합법 조직을 결성하기로 하고, 10·26 이후의 정세에 대처하기로 한다. 채광석, 심지연, 박홍석 등으로 짜인 전국민주청년연맹은 1980년 2월에 결성한다. 이태복은 전민노련 사건으로 고문을 받을 때에도 끝까지 부인하여 민주청년연맹은 피해를 입지 않았다. 이태복이 구속된 이후 채광석 중심의 민주청년연맹은 분산된다.

- 1980년 적극적 투쟁론을 갖고 있었던 전민노련의 활동이 광주에서 구체화된다. 당시 전민노련의 중앙위원으로 광주전남지역을 담당했던 윤상원, 전남대 총학생회장인 박관현과 들불야학의 투사회보 배포 등 조직적인 노학연대투쟁이 자리잡으면서 광주민중항쟁을 이끈다. 21일 새벽 시외전화가 끊어지기 전까지 이태복은 윤상원과 정보를 주고받으면서 상황을 공유하고 전남도청을 끝까지 지키겠다는 윤상원의 뜻을 수용하고 목숨을 건 적극적 실천론을 지지한다. 5월 20일 포항의 김병구를 만나 밤새 논의를 하고, 21일 광주로 진입하려 했으나 들어가지 못하고 부산으로 되돌아간다.

- 1981년 전민노련 등 노동운동을 학생운동과 조직적으로 연대하기 위해서 '전국민주학생연맹'을 결성, 노학연대를 통한 비합법비공개 투쟁을 주도한다. 전민노련 중앙위원으로 전남광주지역을 맡은 윤상원의 결사항전을 알리며, 학살자 전두환 정권의 폭력성과 광주의 민주주의적 정당성을 국내외에 알리기 시작한다. 5·18 1주기 추모식을 전민노련, 전민학련, 민주청년연맹이 합동으로 개최한다.

- 1981년 부산, 울산, 포항지역에서 현장활동을 하면서 전민노련 산하에 교육캠프를 설치하여 노동운동가를 훈련시킬 가칭 '윤상원 노동자대학' 안을 전민노련 중앙위원들과 상의하고 설치자금을 마련하기 위해 5월 말 상경했다가 6월 10일 불법 체포된다. 전민노련과 전민학련은 공안당국에 의해 '학림 사건'으로 규정되면서 1981년 구속 수감된 26명은 도합 926일 동안 남영동 치안본부 대공분실에서 불법구금과 고문을 당했다. 이태복은 그중 가장 긴 44일 동안의 모진 고문을 받는다. 광민사에서 출판된 『민중과 조직』 『노동의 역사』 등 책의 글자 하나에 한 대씩 무자비한 구타, 살해 협박, 잠 안 재우기 등이 이어졌고 칠성판에 묶은 채 물고문과 전기고문을 자행했다. 이태복은 살인적인 고문에 굴복, 3차례 항복을 했다고 고백한다. 항복을 하면, 팬티가 입혀진다. 이런 고문이 끝나서 서울구치소로 넘어온 것이 1981년 8월 10일. 공소된 날짜는 9월 8일. 이때부터 형식적인 재판

이 진행된다.

- 1982년 1월 13일 전민노련 전민학련 26명에게 사형부터 2년형까지 구형된다 이태복 사형, 이선근 무기징역, 박문식 15년, 이덕희 7년, 신철영 5년 등이 구형된다. 전민학련은 반국가단체로, 전민노련은 반국가단체 미수 혐의다. 1월 22일 선고에서는 이태복은 무기징역, 이선근은 10년, 나머지 23명은 5년에서 2년 징역으로, 1명은 무죄가 선고된다. 이태복, 이선근, 박문식, 이덕희, 홍영희 등 5명은 4월 17일 항소를 하고, 이에 대한 판결은 5월 22일이며, 다시 상고를 8월 6일 하고 대법원 형 확정이 된 날은 9월 14일이다. 이로부터 31년만인 2012년 6월 14일 대법원 재심에서 모두 무죄판결을 받으며, 2013년에는 5·18 민주유공자로 인정받는다.

- 1986년에는 국제앰네스티가 만델라와 함께 '올해의 양심수' 석방 집중운동 대상 5인 중 1명으로 선정하여 국제적인 석방운동이 전개되고, 김수환 추기경, 윤보선 전 대통령, 김승훈 신부 등 각계인사들의 노력으로 감옥생활 7년 4개월, 2,671일 만인 1988년 10월 3일 가석방되고, 그해 12월 21일 특별사면 복권된다.

- 1989년 2월 10일 주간노동자신문 창간추진위원회를 구성하고, 3월 21일 주간노동자신문 창간준비위원회(위원장 이태복)를 발족한다. 실제적인 준비를 시작하여 10월 20일 한국 최초의 노동자 합법신문 〈주간전국노동자신문〉 창간1호가 발행된다. 발행인 겸 편집인은 황상근 신부로 하여 등록 및 폐간에 대한 대비를 한다. 취재부에 박문식, 주동식, 편집부에 김진태, 이현배, 사진팀에 어균동, 업무국에 김찬이 움직인다. 12면 발행으로 1부에 400원, 6개월 정기구독료는 10,000원, 1년은 17,000원이다. 신문제작만이 아니라 노보편집자교육, 노조간부교육, 노동자가요제, 노동자등산대회, 노동자체육대회, 노동자바둑대회, 노동자연설대회, 노보·사진 콘테스트, 노동자신문배 축구리그전 등 다양한 교육과 대중사업도 펼친다.

- 1993년 5월 27일 〈주간노동자신문〉을 주2회(화, 금) 발행한다. 1부 500원, 6개월 정기구독료 12,000원, 1년은 22,000원이다. 7월 14일에는 특수주간신문에서 일반시사종합주간지로 등록을 변경한다.

- 1996년 6월 PC통신 천리안, 하이텔 서비스를 개시한다.

• 1996년 12월 사회복지단체 '인간의대지'를 만들어 빈자일등(貧者一燈) 캠페인, 노동자-소외이웃 자매결연, 사랑의 동아줄잇기운동, 사랑의 장기기증운동 등을 전개한다. 노동자들과 노조들이 자신보다 더 어려운 소외이웃들에게 손을 내밀어야 한다는 캠페인을 확산시키고 노동자들도 복지활동의 주체로 참여해야 한다고 독려한다.

• 1998년 10월 27일 창간 9주년 기념식에서 노동일간지 창간을 선언한다. 1997년 IMF경제위기 이후 더 큰 위기가 오자, 이를 극복하기 위해서는 일간지로 전환해서 제 목소리를 내야 한다고 판단한다. 당시 체제를 'IMF관리체제'라 명명하면서 'IMF 악마들'의 준동과 포식을 폭로한다. IMF의 초긴축고금리정책과 BIS비율 8% 요구는 초국적 자본이 한국시장에 진출, 장악하여 25개 금융기관, 11개 공기업 등 한국경제를 털어먹기 위한 '음모'이며 이로 인한 국민적 손실이 100조원 이상되므로 IMF 고발과 IMF의 정책 거부투쟁을 벌여야 한다고 주장한다.

• 1999년 2월 20일 노동일보 창간준비위원회(위원장 이태복)를 발족한다. 3월 윤전기 계약을 마치고, 5월 11일 양평동으로 이사하고, 그해 5월 18일 노동일보 사옥을 광주민중항쟁의 새벽별 윤상원을 기려 '윤상원관'이라 명명하여 현판식을 거행한다. 5월 19일 윤전기 설치를 완료하여 시운전을 하고, 5월 31일 최첨단 CTS 신문제작시스템 설치를 완료한다. 6월 1일에는 문화관광부에 일반일간신문으로 등록을 하고, 6월 24일 노동일보 임시주총 및 창간발기인 대회를 개최한다. 7월 12일 〈노동일보〉 첫 호가 발행된다. 1부에 700원, 6개월에 25,000원, 1년에 49,000원이다.

• 2001년 3·26 개각에서 청와대 복지노동수석 비서관으로 임명된다. 공무원노동기본권 보장, 교원의 단결권 보장, 비정규직 보호, 주5일제 도입, 치매노인 등 전문요양시설 대폭 확충, 의약분업 시행 후유증 최소화 대책으로 약가인하와 보험료율 인하, 참조가격제 도입을 통한 건강보험 재정 건전화, 새만금 대책 등 노동과 복지, 환경정책을 수립한다. 특히 노동행정의 기조를 노-정에서 고용 및 실업정책으로 전환시킨다.

• 2002년 1.29 개각으로 40대 보건복지부장관으로 취임한다. 건강보험 안정화, 중산층 및 서민층 복지확대, 월드컵 등 국제대회에 대비한 전염병 예방 등 사전예방

대책 구축, 기초생활보장제를 포함해 복지제도의 내실화 등 4대 과제를 제시한다. 첨예한 대립이 있었던 의약분업을 이해당사자 간의 상호신뢰 기반을 만들어 풀어나간다. 건강보험료 인상안도 당초 9%보다 6.7%로 낮추고, 의료수가 인하도 당초 1~2%에서 2.9% 인하안으로 밀어붙이고, 약값인하정책의 핵심이지만 보류되었던 참조가격제를 재추진한다. 직접 찾아가는 행정이 되도록 복지전달체계를 내실화하고 복지전담 공무원 1,700명을 증원해 일선에 배치시킨다. 정책 실행이 제대로 되고 있는지 점검 확인하도록 하고, 국장급 업무능력에 대한 재평가를 실시하여 국민을 위한 복지행정이 되도록 환경을 조성한다. 이주일, 핑클, 조정래, 사크라 등과 금연운동을 벌여 350만 명이 금연하는 효과를 본다. 효율적인 행정, 국민에게 혜택이 최대화되는 복지행정, 수혜자 중심의 의료보건 서비스체계에 초점을 두었으며, 일선 복지사들의 현장의 소리에 귀를 기울이며 '소통하는 장관', '야전침대 장관'이라는 별명도 얻는다. 일부 반개혁세력의 반발로 그해 7·11 개각으로 갑작스럽게 경질된다. 2003년에는 청조근정훈장을 받는다.

- 2003년 4월 점핑코리아연구소를 설립하여 국가개혁과제를 제시하고, 긴급처방전을 제시한 책 『대한민국은 침몰하는가』(2004)를 출판한다. 점핑코리아연구소의 활동은 2007년 5대운동본부로 이어지고, 2009년 사)5대운동의 토대가 된다.

- 2001년 7월에는 사회복지단체 '인간의대지'를 사단법인으로 전환하여 독거노인, 장애인, 결손가정 등 이웃을 돕는다. 4계절 희망국토대장정청소년단을 만들고, 공부방에 책보내기 운동, 작은 도서관 짓기 운동을 펼친다. 중국 조선족 학교에 한글책 1만권 보내기운동과 더불어 2009년 9월 30일 대북지원사업자로 지정되면서부터는 북한의 평안남도 19개 인민병원에 매년 십수억의 의약품을 후원한다. 국내무료병원을 비롯해 몽골, 캄보디아 카자흐스탄, 키르기스스탄, 미얀마, 스리랑카 등 무료병원에도 의약품 후원활동을 지속한다.

- 2005년 1월부터 매주 1편씩 〈새벽편지〉라는 이름으로, 현안문제에 대한 분석과 대책을 발표한다. 〈새벽편지〉는 총 253편으로 경제, 사회, 역사, 보건복지, 인물, 리더십 등 다양한 주제로 2010년 초까지 5년 넘게 이어진다. 이중 대안을 중심으로 『대한민국의 활로 찾기』(2009)를 출간한다.

- 2006년 1월 20일 새희망포럼 창립대회를 연다. '새희망포럼'은 전국의 다양한 분

야에서 활동하는 50여명이 모여 학습하고 토론하면서 정치, 경제, 사회 현안문제에 대한 연구, 분석과 대안을 제시하는 역할을 한다. 3월 29일 제1차 심포지움 〈사회양극화 정책진단과 해법찾기〉를 세종문화회관 5층 컨퍼런스홀에서 연다.

- 2006년 9월에는 도산 안창호 선생의 삶의 자세를 따라 배우게 하기 위해서 『도산 안창호 평전』을 집필한다. 김옥에 들어온 후배들이 도산 선생을 잘못 이해하고 편향적 시각을 갖고 있어 객관적인 입장에서 학습에 참고가 되는 용도로 1983년 전주교도소에서 쓰기 시작했으나 볼펜과 노트를 회수당해 23년 만에 이뤄진다.

- 2007년 3월 23일 공공재적 성격을 갖지만 독과점 품목인 기름값, 휴대폰, 카드수수료, 약값, 은행 금리 등 5가지를 선정, 5대거품빼기범국민운동 준비위원회 결성식을 갖는다. 4월 25일 감사원에 감사청구를 제출하고, 이날 대한민국 위기극복과 국민생활안정을 위한 '5대운동본부' 창립대회와 '5대거품빼기범국민운동본부' 발대식을 갖는다. 5월 7일부터 6월 26일까지 특별시, 광역시, 도본부 창립대회를 잇따라 개최하고, 11월 22일 국회의원 3차 간담회를 거쳐 5대 개정법률안을 제출하는 등 가계 20조원 절감을 위해 노력한다. 1년여 만에 2조원 절감효과를 본다. 2008년 12월 말까지 집계된 전국각지에서 서명한 인원은 34만2,727명이고, 인터넷 서명운동에 동참한 인원은 29만7,958명이다.

- 2007 12월 태안 유조선 기름띠 유출사건으로 12월 20일부터 2008년 3월 8일까지 5차례 1천5백여 명 자원봉사자들을 조직해서 태안 구름포 및 삽시도 등에 기름띠 제거활동을 한다. 이 결과 5대운동본부는 국무총리 단체표창장을, 사)인간의대지는 충남도 감사패를 받는다.

- 2008년 5월 복지박람회 서명작업을 하고, 6월 19일 5대거품빼기 인하 거리문화제를 시청 앞 광장에서 열고 8월 10일부터 22일까지 한국은행 본점과 전국 지점서 1인 릴레이 시위를 벌인다. 11월 4일에는 〈민생안정 촉구 대국민호소문〉 기자회견을 한국프레스센터에서 갖는다. 한편, 틀니가 없어서 고통받는 230만 노인들을 대표하여 11월 7일 노인틀니 건강보험적용 토론회를 개최한다.

- 2009년 2월 10일 〈보험료 인상 없는 '노인틀니 건강보험 적용' 촉구〉 집회 및 100만 서명운동을 종묘공원에서 개최한다. 4월 14일에는 여의도 문화공원에서 법개정 촉구집회를 갖고 국회의원 기자회견장에서 기자회견을 갖고 11만 명의

서명지와 함께 국회청원서를 제출한다. 결국 2012년 만75세 이상부터 적용하겠다는 정부의 발표가 나오고, 이후 2015년에는 70세 이상, 2016년에는 65세 이상에 적용되도록 제도개선에 기여한다.

• 2009년에는 중국 흑룡강성 밀산에 〈십리와 항일투쟁 유적지 기념비〉를 세운다. 밀산은 도산 안창호 선생이 독립전쟁의 근거지를 마련하기 위해 개척한 곳이다. 조국의 광복을 위해 고군분투했던 도산 안창호 선생을 비롯한 애국지사들의 숭고한 정신을 추모하고 영원히 기념하기 위한 것이다. 비석은 십리와 입구인 대통로에서 약 300미터 떨어진 곳에 크기 2미터, 너비 1미터 크기인 산동 석재로 만들어 세워졌으며, 한글과 중국어로 비문이 새겨진 비석이다. 이태복을 비롯 강용찬, 류청로, 류진춘, 정범규, 김선주, 도산기념사업회, 임현재, 서인규, 홍성종 등 10명이 모금했다.

• 2009년 7월 24일 5대운동 준비위원회 모임을 가져 사단법인으로 전환한다. 5대거품빼기운동과 5대운동본부의 3년여 활동을 평가하면서 캠페인, 서명작업 등과 공청회, 포럼 등의 방식을 적극 활용, 국민대중운동으로 전개하기로 한다. 11월 19일 국회 산하 공익법인 설립허가증이 나온다. 경제회생과 일자리 창출, 과감한 행정개혁, 복지제도 전면적 정비, 환경개선 및 교육개혁 등 다양한 실천운동을 통해 의제를 공론화하고 적극적인 법제화활동도 전개해나간다. 2010년 12월부터는 기획재정부 지정기부금단체로 지정된다.

• 2011년과 2019년에는 바른 공직자상의 모범을 알리기 위해 토정 이지함과 삼산 이태중에 대한 인물평전을 집필한다.『조선의 슈퍼스타, 토정 이지함』(2011)은 순조를 비롯한 조정대신들의 무능과 무책임을 비판하면서 조선 당대의 최고의 경세가인 토정 이지함의 진면목을 부각, 민생에 집중하라는 메시지를 보낸다.『청백리 삼산 이태중 평전』(2019)에서는 6차례 귀양살이, 20여 년간 58회 청요직 거부 등 영조의 탕평책이 바르지 못하다고 목숨을 걸고 진언한 청백리 이태중의 청렴 강직한 모습을 타산지석으로 삼으라 한다.

• 2011년 4월 22일 〈한국석유산업의 현실과 개선방향 토론회 – 석유산업 개편, 새로운 경쟁구도가 필요하다〉는 정책토론회를 국회 헌정기념관에서 열면서 '국민' 석유회사의 현실가능성을 타진한다. 이때부터 5개 품목 중 기름값에 집중하기 시

작한다. 캠페인이라는 소비자운동의 한계를 극복하기 위해 소비자주권 회복운동으로 발전시켜 2011년 4월에는 국민석유회사 설립 준비위를 출범시킨다.

- 2012년 6월부터는 직접 기름공급업체가 되어 20% 싼 '착한 기름값'을 실현하기 위한 〈국민석유설립운동〉 벌인다. 4대정유회사의 독점에 대항하는 1인1주 갖기 운동을 벌여 3달 만에 인터넷 주주참여 약정이 500억원이 되었으며 6개월 만에 1,000억원을 거쳐 최종적으로 1,850억원이 된다. 석유유관 중소기업 공생발전협약식 체결, 200개 지역 언론이 참여한 풀뿌리 네트워크 한국지역신문협회와 MOU 체결, 소비자주권운동 정책토론회 개최 등 다양한 환경을 만든다. 이윤구 전 적십자총재, 조정래 소설가, 이우재 전 마사회 회장, 구요비 신부, 정련 동국대 이사장, 이문원 전 독립기념관장 등 25명의 고문과 김재실 전 산은캐피탈 사장 등 공동대표, 그리고 14개 광역시도와 18개 중소도시준비위가 출범하고, 지역의 공동대표, 대회협력위원, 준비위원 등 사회 각계 2,000여 명이 참여한다.

- 2013년에는 국민석유회사 창립선언 발기인대회를 갖고 국민석유(주)로 등록을 하고, 5월에는 석유수출입법 조건부 등록을 한다. 전국 16개 지역에서 받은 34만 2,727명의 서명지는 6월3일부터 3일간 자전거릴레이행사로 영남-충북권, 호남-충남권으로 나눠 올라와 천안에 합류한 뒤 서울에서 모여서 온라인으로 서명받은 29만7,958명의 서명지와 함께 청와대로 전달한다. 인터넷 온라인 약정운동의 성과를 디딤돌로 하여 10월 18일부터 11월 15일까지 전 국민대상의 1천억 주식 청약 공모를 시행한다. 4대정유사의 집요한 방해로 공모 준비작업이 4개월이나 지연면서 참여 열기가 가라앉아 금감원이 제시한 150억원에 못미치는 100억여 원 모이게 되어 공모한 자금을 모두 되돌려준다. 이와 관련된 내용은 조정래 소설가의 『천년의 질문』 3권 9장에 실려 있다.

- 2014년부터 2016년까지 앙골라 국영석유회사의 협력회사로 등록하고 미국 중국 등 투자협정 체결 등 노력을 기울였지만 추가자금 확보에 어려움이 봉착하게 된다.

- 2018년 상호를 국민석유에서 국민에너지로 전환하고 평화주유소, 대동해주유소 등 직영 주유소와 월진회 주유소 등 협동조합 주유소 등을 개설하면서 새로운 길을 모색하지만 코로나19가 겹쳐지면서 불황이 계속돼 주유소사업도 접는다. 비

록 실패했지만 경제민주화는 핵심문제인 독과점을 해결하지 않으면 이뤄질 수 없다는 사실과 독점가격으로 인한 국민들의 부담과 고통을 줄이기 위해서는 새로운 소비자주권운동이 필요함을 각인하는 데 기여한다.

- 2017년과 2018년 〈잊혀진 옛 형제나라 발자취 탐방〉을 조직하여 한민족의 서원인 바이칼호수와 몽골지역을 순례한다. 2004년 몽골대통령 면담 시, '헤어진 옛 형제'라고 지칭하는 것을 듣고, 동북아평화연대의 틀을 만들기 위한 교류의 일환으로 진행했다.

- 2018년부터 2021년까지 매헌 윤봉길 월진회 회장을 역임하고, 『윤봉길 평전』(2019)을 집필한다. 특히 윤봉길 의사의 4·29 상하이 폭탄의거는 백범 김구의 지시에 의해서가 아니라 윤봉길 의사가 여러 젊은 동지들과 계획을 세워 자신의 몸을 역사의 제단에 바친 '독립전쟁 선포'라는 점을 밝힌다. 일본 가나자와의 윤봉길 의사 암매장지를 매년 참배하면서 조국에 대한 '강의한 사랑'을 실천하기 위해서는 윤봉길식의 실사구시밖에는 다른 길이 없다고 주장한다.

- 2019년 윤상원기념사업회 이사장을 맡아 80년대 민주화운동을 밀어올린 윤상원의 5월투쟁에 대해 재조명하고 '윤상원 기념관' 건립을 위해 동분서주한다.

- 2020년 8월 92명의 서명자와 함께 〈전면적인 국정쇄신을 촉구한다 – 간절한 마음으로 문재인 정부와 민주화세력의 성공을 바라면서〉 라는 제하의 성명서를 신문에 싣는다. "촛불을 들었던 국민들의 기대와 희망이 사라지고 있다."면서 전면적인 국정쇄신의 의지와 청사진을 제시하라고 촉구한다.

- 2020년부터 보훈처에서 독립운동 심의를 맡았으며, 2021년 9월과 10월에는 독립운동가 정신계승을 위한 제1회 충청남도 독립운동가 추모.선양 학술포럼을 조직, 좌장을 맡아 이끌어나간다. 9월 7일 만해 한용운과 유관순 열사, 9월 9일 석오 이동녕과 묵암 이종일, 9월 14일 백야 김좌진 장군과 매헌 윤봉길, 9월 16일 월남 이상재 선생 순으로 학술포럼이 이어졌는데, 다섯 분의 토론 좌장을 맡고, 10월 21일 일곱 분에 대한 종합 평가 학술포럼에서도 좌장을 맡는다.

- 2021년 5월부터 〈윤상원 일대기 전국전시회〉를 광주, 부산, 울산, 서울, 수원, 인천 등에서 연다. 특히 11월 17일과 24일 서울 전시회에서 〈윤상원과 5·18의 진실〉 이야기 마당을 통해서 윤상원의 결사항전의 진실을 40년 만에 밝힌다. 이어 〈임

을 위한 행진곡, 윤상원 – 수원전시회(12월 1일~14일)〉 개막식이 수원컨벤션센터에서 12월 1일 염태영 시장 참여 하에 개최된다. 이어서 인천전시회를 12월 17일부터 열기로 한다.

- 2021년 12월 3일 갑자기 서거한다. 장례식은 425명의 장례위원이 구성되어 민주사회장으로 12월 7일 발인하여 국립5 · 18민주묘지 제2묘역에 안장된다.

묘비명은 "이 땅의 민주화와 사회개혁을 위해 평생 삶의 현장에서 답을 찾아 실천한 휴머니스트 혁명가"이다.

저서 목록

『세상의 문 앞에서(옥중서한집)』(1990, 민맥)

『노동자의 논리와 희망의 노래』(1992, 주간노동자신문)

『전환기의 노동운동』(1995, 주간노동자신문)

『우리시대의 희망 찾기』(공저, 심복자, 1996, 동녘)

『기백이 있어야 희망이 보인다』(2000, 동녘)

『쓰러져도 멈추지 않는다』(2002, 청년사)

『대한민국은 침몰하는가』(2004, 청년사)

『사회복지정책론』(공저, 심복자, 2006, 나남)

『도산 안창호 평전』(2006, 동녘)

『대한민국의 활로 찾기』(2009, 흰두루)

『조선의 슈퍼스타, 토정 이지함』(2011, 동녘)

『윤봉길 평전』(2019, 동녘)

『조선 청백리 삼산 이태중 평전』(2019, 동녘)

광민사 출판 서적 목록

산업신서1 『민중과 조직』(1979)
산업신서2 『노동의 역사』(1979)
산업신서2 『노동조합이란 무엇인가』(1981)
산업신서4 『프랑스노동운동사』(1981)
산업신서5 『독일노동운동사』(1981)
산업신서6 『노동의 철학』(1981)
산업신서7 『노동운동의 기초』(1981)
산업신서8 『임금이란 무엇인가』(1981)
산업신서9 『최저임금제의 인식』(1981)
산업신서10 『자본주의 발자취와 사상』(1981)
산업신서11 『노동문제의 기초이론』(1981)
산업신서12 『조합결성의 기초지식』(1981)
산업신서13 『어떻게 생각할 것인가』(1981)

광민선서1 『유한계급론』(1978)
광민선서2 『한국노동문제의 구조』(1978)
광민선서3 『위대한 거부』(1979)
광민선서4 『대지의 저주받은 자들』(1979)
광민선서5 『여성해방의 논리』(1981)
광민선서6 『정치란 무엇인가』(1979)
광민선서7 『5·4운동: 중국의 지식혁명』(1980)
광민선서8 『민중과 민주주의』(1981)
광민선서9 『자본주의 발달사: 시민혁명의 구조』(1980)

광민선서11 『사회운동사(상)』(1980)

광민선서12 『사회운동사(하)』(1980)

광민선서13 『영국노동운동사(상)』(1980)

광민선서14 『영국노동운동사(하)』(1980)

광민선서15 『자본주의 이행논쟁』(1980)

광민선서16 『자본주의 발전연구』(1980)

광민선서17 『정치경제학과 자본주의』(1980)

『나의 라임오렌지 나무』(1978)

『쟝글』(1979)